最新经济管理政策法规

中国
银行业监督管理
政策法规汇编

2014年版

丛书编辑部 编

经济管理出版社

ECONOMY & MANAGEMENT PUBLISHING HOUSE

图书在版编目（CIP）数据

中国银行业监督管理政策法规汇编（2014 年版）/《最新经济管理政策法规汇编》丛书编辑部编. —北京：经济管理出版社，2014.2
（最新经济管理政策法规汇编丛书）
ISBN 978-7-5096-2954-3

Ⅰ.①中…　Ⅱ.①中…　Ⅲ.①银行监督—银行法—汇编—中国—2014　Ⅳ.①D922.281.9

中国版本图书馆 CIP 数据核字（2014）第 021687 号

责任编辑：谭　伟　梁植睿
责任印制：司东翔
责任校对：张　青

出版发行：经济管理出版社
　　　　　（北京市海淀区北蜂窝 8 号中雅大厦 A 座 11 层　100038）
网　　　址：www. E-mp. com. cn
电　　　话：（010）51915602
印　　　刷：三河市海波印务有限公司
经　　　销：新华书店
开　　　本：880mm×1230mm/16
印　　　张：35.5
字　　　数：1026 千字
版　　　次：2014 年 5 月第 1 版　2014 年 5 月第 1 次印刷
书　　　号：ISBN 978-7-5096-2954-3
定　　　价：298.00 元

最新经济管理政策法规汇编丛书（第一辑）
专家审读组

最新经济管理政策法规汇编丛书（第一辑）
丛书编辑部

主 任：谭 伟

成 员：姜 雨　王 菊　覃 毅　卢彬彬　沈鹏远　李 娇
　　　　黄 洁　孔静敏　彭亚男　张大伟　胡 月　范美琴

编辑说明

一、为了方便银行业投资者、研究者和管理者全面、系统地了解和掌握银行业相关政策法规，指导相关投资以及政府对银行业政策法规的完善与更新，我们特编印此书。

二、《中国银行业监督管理政策法规汇编》按以下顺序编排：1. 综合类政策法规；2. 政策银行及商业银行政策法规；3. 农村金融机构政策法规；4. 外资金融机构政策法规；5. 非银行金融机构政策法规；6. 部分地区金融机构政策法规。

三、本汇编较为系统地梳理、收录了我国 2000~2013 年中央及地方出台的有关银行业监督管理方面的政策及法规，在编辑过程中编者对一些已经失去时效或相关部门明确表示作废、终止的政策法规进行了筛选和删除。

四、本书将根据国家银行业监督管理政策法规的制定、出台及更新情况及时进行修订。

五、由于时间仓促，本书在编辑方面难免存在不足，敬请指正。

编　者

2013 年 12 月

目　录

第一编　综合类政策法规

第二编　政策银行及商业银行政策法规

第三编 农村金融机构政策法规

第四编 外资金融机构政策法规

第五编 非银行金融机构政策法规

第六编 部分地区金融机构政策法规

第一编　综合类政策法规

金融业发展和改革"十二五"规划

序　言

《金融业发展和改革"十二五"规划》是经过国务院审批的"十二五"国家专项规划，是党中央提出全面建设小康社会战略目标和科学发展观以来编制的第二个金融中期发展改革规划。本规划依据《中华人民共和国国民经济和社会发展第十二个五年规划纲要》和 2012 年全国金融工作会议有关文件编制。制定和实施好这一规划，对完善金融体制机制、促进金融业持续健康发展具有重要意义。

2010 年 9 月，国务院批准金融业发展和改革"十二五"规划列为国家级专项规划以来，人民银行会同银监会、证监会、保监会、外汇局开展一系列调研，组织多次专家研讨会，广泛征求社会各界意见，对"十二五"时期金融业发展和改革的重点问题进行了深入研究。

本规划旨在阐明国家在"十二五"时期推动金融业改革发展的指导思想、主要目标和政策导向，明确金融工作重点，凝聚各方力量，推动金融发展再上新台阶。本规划分为九章：第一章，回顾了"十一五"时期金融业发展和改革取得的主要成就，分析了"十二五"时期金融业发展面临的机遇和挑战，提出了"十二五"时期金融业发展和改革的指导思想、主要目标和政策着力点。第二章至第八章，分别从改善金融调控、完善组织体系、建设金融市场、深化金融改革、扩大对外开放、维护金融稳定、加强基础设施等七方面，明确了"十二五"时期金融业发展和改革的重点任务。第九章，提出了完善规划实施的保障机制。

本规划实施时间为 2011 年至 2015 年。

第一章　加快金融业改革开放　促进经济发展方式转变

"十二五"时期是我国金融业大有作为的重要战略机遇期。我国金融业将抓住机遇，顺应国内外金融形势变化的新趋势，继续推动金融改革、开放和发展，全面构建组织多元、服务高效、监管审慎、风险可控的金融体系，不断增强金融市场功能，更好地为加快转变经济发展方式服务。

第一节　"十一五"时期金融改革和发展的主要成就

"十一五"时期，在党中央、国务院的正确领导下，金融业成功经受了国际金融危机的严峻考验，整体实力和抗风险能力显著增强，金融调控和监管不断加强，金融市场快速发展，金融改革和开放深入推进，金融基础设施建设成效显著，金融服务水平明显提升，在应对国际金融危机冲击、促进国民经济持续健康发展方面发挥了重要作用。

（一）金融机构综合实力显著提升

金融机构资产规模快速增长，抗风险能力大幅提升。2010 年末，银行、证券、保险业金融机构总资产达到 101.36 万亿元，较 2005 年末累计增长 158%。其中银行业金融机构总资产达到 94.26 万亿元，比 2005 年末增长 152%，平均资本充足率为 12.2%，商业银行拨备覆盖率达到 217.7%，整体实力显著增强。证券业机构总资产达 2.05 万亿元，比 2005 年末增长 583%，抗风险能力明显提升。保险业机构总资产达到 5.05 万亿元，比 2005 年末增长 230%，机构体系不断完善。

（二）金融宏观调控和金融监管不断加强

针对不同时期经济金融的运行情况，货币政策适时适度调整，综合运用多种政策工具进行宏观调控，货币政策的预见性、针对性和灵活性不断提高。金融监管进一步强化。银行业监管能力不断提升，证券期货业基础监管制度趋于完善，保险业现代监管框架基本形成。金融监管协调和信息共享进一步加强。系统性金融风险防范和处置机制不断完善，金融稳定动态评估机制逐步健全，金融安全网建设稳步推进，证券投资者保护基金、期货投资者保障基金和保险保障基金设立，积极推进存款保险制度建设。

（三）金融市场功能显著增强

债券市场迅速发展，2010 年债券发行量（含中央银行票据）达 9.7 万亿元，比 2005 年增长 120.5%。短期融资券、中期票据、中小企业集合债等非金融企业债务融资工具相继推出。货币、外汇、黄金市场快速发展，体制机制不断健全，金融创新步伐加快。股票市场不断壮大，2010 年末，沪深股市上市公司达 2063 家，总市值 26.54 万亿元，分别较 2005 年末增长 50% 和 719%。主板市场进一步巩固，中小板市场得到加强，创业板市场平稳推出，场外市场逐步发展。期货市场稳步发展，上市了 13 个大宗商品期货品种，商品期货成交量跃居全球第一位，股指期货顺利推出。保险市场快速发展，2010 年保费收入达到 1.45 万亿元，比 2005 年增长 170%。

（四）金融改革取得突破性进展

国有大型商业银行股份制改革全面完成并成功上市，公司治理结构不断完善。政策性银行改革取得重要进展。中小商业银行改革持续深化。金融资产管理公司转型稳步推进。农村信用社产权制度改革取得新突破，新型农村金融机构建设有序推进，金融支持"三农"力度不断加强。资本市场股权分置改革顺利完成，股票发行体制改革进一步深化，证券机构综合治理全面完成并转入常规。现代保险企业制度基本建立，形成了原保险、再保险、保险中介、保险资产管理协调发展的现代保险组织体系。利率市场化改革稳步推进，初步建立起以上海银行间同业拆放利率（Shibor）为代表的市场基准利率体系，市场化定价机制作用增强。汇率形成机制改革不断深化，以市场供求为基础、参考一揽子货币进行调节、有管理的浮动汇率制度进一步完善。

（五）金融对外开放与合作进一步深化

金融业全面履行对外开放承诺，对外资金融机构实行国民待遇，积极引进境外战略投资者。中资金融机构通过设立海外分支机构、并购等方式，稳妥布局境外市场。外汇管理理念和方式加快转变，跨境贸易和投资便利化加快实施，进口核销制度改革深化，强制结售汇制度取消，境内市场主体经常项目外汇收入可自主保留。人民币资本项目可兑换继续推进，合格境内、外机构投资者制度稳步实施，跨境贸易人民币结算开始试点，双边本币互换稳步推进。金融对外交往合作继续深化，积极参与国际金融标准和准则的制定与修改，推动国际金融监管改革，中国金融业的国际地位和话语权不断提升。

（六）金融法制和基础设施建设成效显著

金融法律制度和执法体系逐步完善。金融产品和服务日益多元化。支付体系建设不断加强。征信及社会信用体系建设稳步推进。货币发行体制进一步完善。经理国库水平不断提高。金融信息化建设大力推进。反洗钱监管不断深化。金融会计制度和金融机构信息披露制度不断完善。金融统计数据集中系统建成。金融人才建设成效显著。

第二节　"十二五"时期面临的机遇和挑战

"十二五"时期，在加快发展方式转变过程中，我国经济社会发展将呈现新的阶段性特征，国际金融危机之后，全球经济金融格局也将继续深度调整。"十二五"时期，我国金融业仍将处于可以大有作为的重要战略机遇期。

加快金融改革发展正面临难得的历史机遇。从国际看，金融危机改变了世界经济金融格局，新兴市场国家特别是中国成功应对了金融危机冲击，在国际经济、金融事务中将发挥更大作用。危机促使全球金融监管规则不断改进，加强金融宏观审慎管理、防范系统性金融风险已成为国际社会的共识，对资本、流动性、系统重要性金融机构和"影子银行"的监管将得到加强，这为我国借鉴国际标准、推进金融改革提供了新动力。从国内看，"十一五"时期金融业发展和改革取得巨大成就，为下一步的发展创造了有利条件。我国工业化、信息化、城镇化、市场化、国际化深入发展，国民收入稳步增加，经济结构转型加快，既为金融发展提供了坚实基础，也加大了对多样化金融服务的需求，我国多元化金融机构体系和多层次金融市场体系将进一步完善。

加快金融改革发展也面临诸多挑战。从国际看，国际金融危机影响深远，发达国家和新兴市场国家金融发展模式均面临转型压力，货币、金融政策的国际协调难度增大。我国金融发展的外部环境更趋复杂，在国际金融标准制定、国际金融治理等全球金融问题上将承担更多责任。从国内看，对外开放不断扩大，需要建立和完善能够有效调节大国开放经济的金融政策框架。生产要素成本上升，"人口红利"开始减少甚至消失，人口老龄化将逐步显现，金融发展的经济基础出现新变化。金融宏观调控面临更复杂的挑战，在经济结构和国际收支失衡背景下，外汇净流入增加较多导致货币被动投放的机制和压力仍然存在。金融支持经济发展方式转变和结构调整的任务十分艰巨，对中小企业和"三农"等金融服务还存在一些薄弱环节。金融业粗放经营方式尚未根本转变，国有控股金融机构公司治理需进一步完善，整体竞争力和抗风险能力有待增强。各种潜在风险因素不容忽视。面对难得的发展机遇和诸多复杂的挑战，我们必须主动适应环境变化，准确把握金融业发展趋势，有效化解风险，更加奋发有为地开创金融发展和改革的新局面。

第三节　指导思想

高举中国特色社会主义伟大旗帜，以邓小平理论和"三个代表"重要思想为指导，深入贯彻落实科学发展观，全面推动金融改革、开放和发展，显著增强我国金融业综合实力、国际竞争力和抗风险能力，显著提高金融服务实体经济的水平，着力完善金融宏观调控和监管体制，形成种类齐全、结构合理、服务高效、安全稳健的现代金融体系，开创金融改革发展的新局面。

第四节　主要目标

金融总量保持平稳较快增长。全面发展金融服务业，"十二五"时期，金融服务业增加值占国内生产总值比重保持在5%左右，社会融资规模保持适度增长。

金融结构调整取得明显进展。到"十二五"期末，非金融企业直接融资占社会融资规模比重提高至15%以上。银行、证券、保险等主要金融行业的行业结构和组织体系更为合理。

市场在金融资源配置中的基础性作用进一步增强。利率市场化改革取得明显进展。人民币汇率形成机制进一步完善。人民币跨境使用稳步扩大。在信息监测及时有效、风险可控的基础上，人民币资本项目可兑换逐步实现。银行、证券、保险业市场化水平显著提升，多层次金融市场体系进一步完善，市场机制建设取得重要进展。

金融机构改革进一步深化。大型金融机构现代企业制度逐步完善，创新发展能力和风险管理水平明显提升。证券期货机构规范发展，保险机构创新服务能力进一步加强。金融机构国际竞争力进一步增强。

金融服务基本实现全覆盖。坚持金融服务实体经济的本质要求，确保资金投向实体经济，坚决抑制社会资本脱实向虚、以钱炒钱，防止出现产业空心化现象。支持科技创新和经济结构调整的力度进一步加大。对"三农"、小型微型企业等领域的贷款增速超过全部贷款平均增速，资本市场体系建设基本完善，功能进一步发挥，保险覆盖面和服务领域明显拓宽。

金融风险总体可控。主要银行业金融机构资本质量和水平保持较高标准，不良贷款率继续保持较低水平，风险管理能力持续提升。证券业风险防范机制进一步完善，期货市场风险预警和监测机制不断健全。保险业资本实力和偿付能力明显增强。外汇和国际收支风险防范能力显著提高。系统性金融风险防范预警体系、评估体系和处置机制进一步健全，存款保险制度等金融安全网制度基本建立。

第五节　政策着力点

着力完善金融宏观调控。优化货币政策目标体系，更加突出和重视保持物价总水平基本稳定的目标。构建逆周期的金融宏观审慎政策框架。完善货币政策的传导机制，丰富金融宏观调控工具和手段。

着力推动经济结构调整。通过健全金融机构体系和市场体系、增强金融服务能力，推动经济结构调整和经济发展方式转变。支持国家创新体系建设，加强对科技创新的金融支持，促进新能源、新材料等战略性新兴产业创新发展。支持绿色发展，加快构建绿色金融体系，推动节能减排。逐步建立碳排放交易市场，促进低碳金融发展。

着力促进国际收支趋向基本平衡。发挥利率、汇率和外汇管理等金融政策在促进国际收支平衡中的重要作用，支持实施扩大内需战略，重点支持扩大国内消费需求，促进形成消费、投资、出口协调拉动经济增长的新局面。支持转变外贸增长方式，逐步改变贸易不平衡状况。完善资本流出入均衡管理，便利企业和个人境外投资。

着力深化金融关键领域的改革。逐步解决阻碍金融发展的深层次体制机制问题，充分发挥市场在金融资源配置中的基础性作用，进一步推进利率市场化和汇率形成机制改革。

着力促进金融创新。以市场为导向，以提高金融服务能力和效率为根本目的，鼓励和加强金融组织、产品和服务模式创新。通过调整监管者功能定位、发展机构投资者和建设多层次金融市场，促进金融创新。动态把握金融创新的界限，把防范风险贯穿于金融创新的全过程。

着力发挥金融市场的投融资功能。优化投融资结构，实现社会资本资源的优化配置。丰富货币市场和资本市场金融投资工具，推动发展金融衍生产品市场，疏通投资渠道，提高金融投资的安全性、流动性和盈利性，增加居民财产性收入。

着力提升金融机构全面风险管理能力，不断提升金融监管有效性。建立和完善银行体系与资本市场之间的"防火墙"，防止风险跨业传染。规范系统重要性金融机构行为，避免因过度发展造成"大而不能倒"问题。进一步加强和改善金融机构信息披露制度，提高信息披露质量。深化监管合作，完善监管协调机制，抑制监管套利行为，持续改进监管工具和方法，进一步提升监管的有效性，接受公众监督。

着力加强金融消费者权益保护。保护广大存款人、投资人、被保险人等金融消费者的合法权益，通过宣传教育和信息披露，增进公众对现代金融产品和服务的了解，识别相应风险，严肃查处金融机构损害存款人、投资人、被保险人等金融消费者权益的行为。

第二章　完善调控　促进经济平稳健康发展

加强和改善金融宏观调控，处理好保持经济平稳较快发展、管理通胀预期和调整经济结构的关系，增强政策的预见性、灵活性和有效性，更好地保持价格总水平基本稳定，促进经济平稳健康发展。

第一节　建立健全金融宏观审慎政策框架

借鉴国际经验并结合我国国情，进一步构建和完善逆周期的宏观审慎政策框架，有效防范系统性金融风险，保持经济金融平稳较快发展。把货币信贷和流动性管理等总量调节与强化宏观审慎管理相结合，引导并激励金融机构稳健经营，主动调整信贷投放，提升金融机构风险防范能力。建立、完善逆周期缓冲资本和前瞻性拨备制度，更好地发挥杠杆率等工具的作用。完善系统性金融风险监测评估框架，建立具有前瞻性的风险预警体系。研究制定系统重要性金融机构的评估方法，针对系统重要性金融机构设定更为严格的资本和流动性要求。构建层次清晰的系统性风险处置机制和清算安排。建立和完善宏观审慎政策与微观审慎监管协调配合、相互补充的体制机制。

第二节　完善货币政策调控体系

进一步完善货币政策决策机制。发挥好货币政策委员会在国家宏观调控、货币政策制定和调整中的作用，建立健全多层次的货币政策决策咨询体系。

优化货币政策目标体系。更加突出价格稳定目标，关注更广泛意义的整体价格水平稳定。处理好促进经济增长、保持物价稳定和防范金融风险的关系。合理调控货币信贷总量，保持合理的社会融资规模。在继续关注货币供应量、新增贷款等传统中间目标的同时，发挥社会融资规模在货币政策制定中的参考作用。

健全货币政策操作体系。完善市场化的间接调控机制，逐步增强利率、汇率等价格杠杆的作用，推进货币政策从以数量型调控为主向以价格型调控为主转型。完善公开市场操作目标体系、工具组合和操作方式，增强公开市场操作引导货币市场利率的能力。加强存款准备金工具与公开市场工具的协调配合。充分发挥再贷款、再贴现的作用，支持经济结构调整，促进薄弱环节发展，防范和化解金融风险。根据经济金融形势，合理安排货币政策工具组合、期限结构和操作力度，加强货币政策工具之间的协调配合，强化流动性管理，调节货币信贷增长。

第三节　加大对薄弱领域的金融支持

不断改进信贷政策实施方式，提高信贷政策调控效果，进一步优化信贷结构。发展消费信贷，支持扩大内需，促进国际收支基本平衡。加大对节能环保产业等战略性新兴产业、现代服务业、科技自主创新等领域的金融支持，强化对就业和再就业、助学、扶贫开发等环节的金融服务，促进区域经济协调发展。严格控制高耗能、高污染和产能过剩行业的贷款，支持低碳经济发展。

深化农村金融改革，解决农村金融服务不足的问题。以服务"三农"为根本方向，充分发挥政策性金融、商业性金融和合作性金融的作用，构建多层次、多样化、适度竞争的农村金融服务体系。金融机构要积极探索服务"三农"模式，加大对"三农"的支持力度。积极拓展股票、债券和期货市场服务"三农"的渠道和模式，完善农业保险制度。加大财税政策支持"三农"力度。

着力解决小型微型企业融资困难。鼓励金融机构创新服务小微企业的金融产品和信贷模式。完善财税、担保、坏账核销、风险补偿、保险等政策支持体系和差异化监管措施，调动金融机构服务小微企业的积极性。完善资本市场体系，加大中小企业板、创业板、场外市场对小微企业的支持力度，鼓励创业投资机构和股权投资机构投资小微企业，发展中小企业集合债券、中小企业私募债等融资工具，拓宽融资渠道。

第四节　进一步加强宏观经济政策之间的协调配合

进一步加强财政政策与货币政策之间的协调配合。明确财政政策、货币政策的职能定位，完善财政部门与中央银行之间的合作机制，构建防范财政金融风险相互传递的"防火墙"。科学确定财政政策与货币政策的松紧配合。协调处理好财政收支、国债发行、国库现金管理与货币政策操作的关系。

加强金融监管与货币政策之间的协调配合。完善相关政策法规，协同做好金融体系建设的各项中长期规划。明确监管政策、货币政策的职能定位，加强监管部门与中央银行之间的信息交流和共享，引导金融业更好地处理支持经济发展和防范金融风险之间的关系。

专栏1：金融宏观审慎政策框架

2008年国际金融危机爆发后，构建宏观审慎政策框架成为国际金融改革的重点之一。宏观审慎政策是指以防范系统性金融风险为目标，主要采用审慎工具，以必要的治理架构为支持的相关政策。宏观审慎政策是宏观的、逆周期的政策，目的是更好地防范和管理跨时间维度和跨行业维度的整个金融体系的风险，解决金融体系顺经济周期性和系统性风险集中的问题，弥补微观审慎监管和传统货币政策工具在防范系统性金融风险方面的不足。宏观审慎政策框架是一个动态发展的框架，危机后国际金融组织和有关国家把一些公认的政策工具加以归纳完善，初步形成了宏观审慎政策框架。这一框架主要涉及对银行资本、流动性、杠杆率、拨备等审慎性要求，对系统重要性金融机构流动性和资本的额外要求，会计标准、信用评级、衍生产品交易和清算体系等方面的改革以及"影子银行"监管等内容。我国高度重视加强宏观审慎管理，在宏观审慎政策的制定和实施方面进行了有益探索，提高了最低资本比例和资本质量要求，实施差别准备金动态调整措施，探索建立逆周期资本缓冲，针对房地产价格波动调整按揭贷款首付比例，在会计准则、建立中央交易对手方面积极向国际标准靠拢等。下一步，我国将借鉴国际有效做法，根据我国国情，不断发展和完善宏观审慎政策框架。

第三章　优化布局　构建现代金融组织体系

优化金融机构的行业和地区布局，构建和完善现代金融组织体系，提升金融创新能力和服务水平，显著增强金融业综合实力、国际竞争力和抗风险能力。

第一节　完善银行业组织体系

构建功能健全、服务高效、竞争有序、效益良好、安全稳健的现代银行业体系。大力推进政策性银行、大型商业银行、全国性股份制商业银行、地方中小银行、非银行金融机构等各类银行业金融机构分层配置、科学合理布局，加快建设和完善社区金融服务组织体系，完善农村金融组织体系。

加强以资本约束和风险管理为核心的银行业内控机制建设，提高银行业经营管理水平。形成政策性银行与商业银行分工合理、相互补充、良性发展的格局。政策性银行建立和完善治理机制，坚持以政策性业务为主体，慎重把握自营性业务发展，严格管理业务范围。要明确划分政策性业务和自营性业务，实行分账管理、分类核算，防范道德风险。对政策性业务，由财政给予必要的支持；对自营性业务，要严格资本约束，实行审慎性监管。

建设一批具有良好品牌形象和国际竞争力的大型商业银行。鼓励中小商业银行选择合理的市场定位，提高可持续发展能力和竞争能力。加快社区金融服务组织体系建设，促进地方中小商业银行更加专注于社区居民和小微企业金融服务。

继续深化农村信用社改革，发挥支农主力军作用，坚持分类指导，推进产权制度改革，增强资本实力，坚持经营管理重心下沉，保持县域法人地位的长期总体稳定，减少行政干预。培育发展村镇银行等新型农村金融机构，规范发展农村信用合作组织，促进县域金融机构适度竞争。

强化银行业金融服务功能建设，推动银行业金融机构提供与实体经济发展相匹配的金融服务，实现服务专业化、特色化、精细化、品牌化，促进基础金融服务均等化，提高金融服务的可获得性。

第二节　促进证券业机构规范发展

大力完善证券期货经营机构、服务机构和资产管理机构的治理结构与内控机制，鼓励组织创新、业务创新和产品创新，不断提升证券业机构规范发展能力和专业服务水平。

积极支持证券公司做优做强。鼓励证券公司以合规经营和控制风险为前提、以市场需求为导向开展创新活动，提高核心竞争力。完善证券公司融资融券管理办法和配套规则，逐步扩大标的证券范围，适时推出并规范发展转融通业务。鼓励证券公司通过上市增强实力，提升竞争力。

支持证券公司为企业并购重组提供优质服务。支持期货公司通过兼并重组、增资扩股等方式，进一步壮大规模和实力。推动优质期货公司开展境外期货经纪业务，在服务实体经济"走出去"的过程中，逐步提高国际经营能力。

健全证券期货市场中介组织，推动中介机构归位尽责，规范发展，发挥中介机构对市场健康发展的监督约束作用。

大力发展资产管理机构，壮大多元化机构投资者队伍。促进创业投资和股权投资机构健康发展，规范发展私募基金机构。鼓励证券公司、基金管理公司等金融机构不断扩大资产管理业务，适时研究推动期货公司开展资产管理业务。研究放宽公募基金管理机构业务范围。继续推动社会保障基金、企业年金等中长期资金参与资本市场。

第三节　鼓励保险业机构创新发展

顺应经济社会发展需要和市场需求，初步建成市场体系完善、服务领域广泛、经营诚信规范、风险防范有效、综合竞争力较强的现代保险业，实现发展速度、质量和效益的统一。

着力优化保险业组织体系，形成市场主体多元、竞争有序、充满活力的市场格局。推动保险集团公司进一步完善内部治理，加强资源整合，依托保险主业，促进业务协同，提高运营透明度。鼓励发展养老、健康、责任、汽车和农业等专业保险公司，探索发展信用保险专业机构，初步形成专业性保险公司差异化竞争优势。支持中小保险公司创新发展，形成各有优势、各具特色的经营模式。规范发展相互保险组织，试点设立自保公司。规范保险资产管理公司管理体制，支持符合条件的中小保险公司设立公司治理完善、股权结构合理、市场化运作的保险资产管理公司，探索设立专业化保险资产管理机构。鼓励保险中介机构专业化发展，积极推动专属保险代理机构和保险销售公司的建立和发展。支持符合条件的国有资本、民间资本和境外资本投资保险公司。

第四节　继续积极稳妥推进金融业综合经营试点

引导具备条件的金融机构在明确综合经营战略、有效防范风险的前提下，积极稳妥开展综合经营试点，提高综合金融服务能力与水平。引导试点金融机构根据自身风险管控能力和比较优势选择金融业综合经营模式。推动中信集团公司和光大集团公司深化改革，办成真正规范的金融控股公司。加强综合经营机构的并表管理和全面风险管理。建立健全金融业综合经营风险监测体系和有效的"防火墙"制度，合理确定各类业务的风险限额和风险容忍度，制定有效的风险隔离措施。

第四章　鼓励创新　加快建设多层次金融市场体系

积极推动金融市场协调发展，显著提高直接融资比重。着力推动金融产品创新，不断丰富产品种类，优化产品结构。加强市场制度和基础设施建设，完善市场运行机制。促进资金在各市场之间有序流动，提高市场联动性和效率。逐步形成层次合理、功能互补的金融市场体系，更好地为实体经济发展服务。

第一节　着力完善股票市场

规范发展主板和中小板市场，支持中小企业运用资本市场发展壮大。推进创业板市场建设，提高运行质量和效率，支持创新型经济发展。扩大代办股份转让系统试点，加快建设覆盖全国的统一监管的场外交易市场。探索建立国际板市场。完善不同层次市场间的转板机制和市场退出机制，逐步建立各层次市场间的有机联系，形成优胜劣汰的市场环境。

继续深化股票发行制度市场化改革，积极探索发行方式创新，进一步弱化行政审批，强化资本约束、市场约束和诚信约束，完善新股发行询价制度，提高发行定价的合理性。探索建立优先股制度。健全退市制度，坚持优胜劣汰，不断提高上市公司质量，促进一级市场和二级市场协调健康发展。进一步完善上市公司再融资制度和投资者回报机制，引导和鼓励上市公司增加现金分红。

第二节　积极发展债券市场

完善债券发行管理体制，加强各部门协调配合，强化信息披露要求，落实监管责任。稳步扩大债券市场规模，推进产品创新和多样化。加强债券市场基础设施建设。坚持市场化改革方向，着力培育商业信用，强化市场约束和风险分担机制，提高市场运行透明度，为债券市场发展营造良好的制度环境。

第三节　继续发展货币、外汇和黄金市场

大力推动货币市场各子市场协调健康发展，进一步加强货币市场基础设施建设，不断完善货币市场管理制度，优化货币市场机构投资者结构，大力发展货币市场中介机构。鼓励货币市场工具创新，拓宽市场广度和深度，增强流动性管理功能。稳步推进外汇市场建设，丰富外汇市场产品，完善外汇市场交易机制，支持中小金融机构参与外汇市场，继续推进外汇市场对外开放。推动黄金市场稳步规范发展，改进黄金市场服务体系，完善黄金市场仓储、运输、交割和黄金账户服务体系。

第四节　积极培育保险市场

更好地发挥保险服务功能，不断丰富保险产品，拓宽保险服务领域。大力发展个人寿险、健康保险、养老保险、企业年金业务，以及与住房、汽车消费有关的保险业务。搞好个人税收递延型养老保险试点。总结推广商业保险参与社会保障、医疗保障体系建设的经验和做法。加快发展与公众

利益密切相关的环境污染、公众安全等责任保险。逐步建立国家政策支持的巨灾保险体系，完善巨灾风险分散转移和补偿机制。大力提高保险服务水平，规范保险市场秩序，解决销售误导和理赔难等突出问题。鼓励开展资产管理产品创新，稳步开展保险资金投资不动产和未上市企业股权。支持保险资金在风险可控的前提下拓宽投资渠道，依规投资保险类企业、非保险类金融企业和与保险业务相关的养老、医疗、汽车服务等企业股权。

第五节 推动发展期货和金融衍生品市场

推动期货市场由数量扩张向质量提升转变。稳步发展商品期货市场，继续推动经济发展需要、市场条件具备的大宗商品期货品种上市，推动发展商品指数期货、商品期权、原油期货、碳排放权期货等。继续加强金融期货市场建设，在确保股指期货平稳运行的基础上，适时推出国债期货，积极稳妥发展其他权益类金融期货期权产品，以及利率、外汇期货期权产品等金融衍生品。

积极稳妥地推进金融衍生品市场制度创新和产品创新，健全金融衍生品监管法规体系。加强机构投资者队伍建设，积极扩大金融衍生品市场参与主体。稳步推进资产证券化，便利市场主体融资和实施资产管理。继续探索发展银行间市场信用风险缓释工具，在加强管理、严防风险的前提下，稳步发展场外信用衍生品市场，逐步形成有效的市场定价和风险管理机制。

专栏 2：银行间市场信用风险缓释工具

银行间市场信用风险缓释工具（CRM）是我国银行间市场发展的用于管理信用风险的基础性信用衍生品。银行间市场已初步构建了以信用风险缓释合约和信用风险缓释凭证为核心的"2+N"的产品创新框架。其中，信用风险缓释合约（CRMA），是信用保护买方按照约定的标准和方式向信用保护卖方支付信用保护费用，由卖方就约定的标的债务向买方提供信用风险保护的金融合约。信用风险缓释凭证（CRMW），是由标的实体以外的第三方创设，为持有人提供信用风险保护的有价凭证，是一种可交易、一对多、标准化、低杠杆率的产品。

与国际上通行的信用违约互换（CDS）不同的是，信用风险缓释工具的产品特性体现了"服务实需、简单透明、控制杠杆"的原则，其中信用风险缓释凭证是高度标准化的信用衍生产品，实行"集中登记、集中托管、集中清算"，是中国银行间市场交易商协会组织广大市场成员在总结国际金融危机教训基础上，结合我国实际，自主创新的信用衍生产品。信用风险缓释工具的推出，有利于完善信用风险分担机制，对金融市场健康发展将产生积极而深远的影响。

第五章 改革攻坚 不断完善金融运行机制

坚持按照市场化方向推进金融重点领域与关键环节改革，不断完善金融运行机制，激发市场主体活力，充分发挥市场在金融资源配置中的基础性作用。进一步明确政府作用的领域和边界，减少政府对微观金融活动的干预。

第一节 稳步推进利率市场化改革

推进金融市场基准利率体系建设，进一步发挥上海银行间同业拆放利率的基准作用，扩大其在市场化产品中的应用。健全中长期市场收益率曲线，为金融机构产品定价提供有效基准。按照条件成熟程度，通过放开替代性金融产品价格等途径，有序推进利率市场化。继续完善中央银行利率调控体系，疏通利率传导渠道，引导金融机构不断增强风险定价能力，依托上海银行间同业拆放利率建立健全利率定价自律机制，确保利率市场化改革按照"放得开，形得成，调得了"的原则稳步推进。

第二节　完善人民币汇率形成机制

按照主动性、可控性、渐进性原则，稳步推进人民币汇率形成机制改革。完善以市场供求为基础、参考一揽子货币进行调节、有管理地浮动汇率制度，增强人民币汇率双向浮动弹性，保持人民币汇率在合理均衡水平上的基本稳定。协调推进外汇市场发展，丰富汇率风险管理工具。进一步研究建立人民币对新兴市场货币的双边直接汇率形成机制，积极推动人民币对新兴市场经济体和周边国家货币汇率在银行间的外汇市场挂牌。

第三节　逐步实现人民币资本项目可兑换

依照"突出重点、整体推进、顺应市场、减少扭曲、积极探索、留有余地"的总体原则，进一步放宽跨境资本流动限制，健全资本流出流入均衡管理体制，完善对外债权债务管理，稳妥有序推进人民币资本项目可兑换。以直接投资便利化为出发点，实现直接投资基本可兑换；以开放国内资本市场和扩大对外证券投资为重点，进一步提高证券投资可兑换程度；以便利跨境融资为重点，加快改革信贷业务外汇管理，深化外债管理体制改革，规范对外债权管理和监测；以扩大个人用汇自主权为着力点，进一步放开个人其他资本项目跨境交易。

第四节　进一步改进外汇储备经营管理

积极探索和拓展外汇储备多层次使用渠道和方式，完善外汇储备经营管理体制机制。进一步深入研究和评估外汇储备经营的风险承受力，加大对各类投资领域、产品和工具的研究，坚持长期战略性的投资理念，坚持科学有效的投资基准模式，在审慎评估的基础上稳步推进多元化投资，优化货币资产配置，提高投资收益，实现外汇储备安全、流动和保值增值的目标。创新外汇储备运用方式，更好地支持配合国家发展战略，服务国家可持续发展目标。

第五节　继续深化金融机构改革

继续深化大型金融机构改革，进一步完善公司治理，厘清股东大会、董事会、监事会和高管层的职责边界，形成有效的决策、执行、制衡机制。推进金融机构股权多元化，研究国家对国有控股金融机构的合理持股比例，完善国有金融资产管理体制。建立有效的选人用人机制，健全科学合理的激励约束机制。坚持和深化国家开发银行商业化改革，妥善解决债券信用、资金来源、监管标准等问题。继续推动中国进出口银行、中国农业发展银行和中国出口信用保险公司改革，完善治理框架。促进金融资产管理公司商业化转型。完善保险机构公司治理，继续推动国有保险公司股份制改革，支持符合条件的保险公司规范上市。

第六节　鼓励和引导民间资本进入金融服务领域

在风险可控的前提下，鼓励和引导民间资本参与银行、证券、保险等金融机构的改制和增资扩股。支持民间资本参与设立村镇银行、贷款公司、农村资金互助社等新型农村金融机构和小额贷款公司。在加强有效监管、促进规范经营、防范金融风险的前提下，进一步加大民间资本参与金融服务的力度，增强对"三农"和小微企业的金融服务能力。

第六章　互利共赢　深化金融对外开放

统筹国内国际两个大局，坚持"以我为主、循序渐进、安全可控、竞争合作、互利共赢"的方针，统筹"引进来"和"走出去"，深化金融对外开放。把握好对外开放的时机、力度和节奏，使金融对外开放与我国经济发展水平、市场发育程度和金融监管能力相适应。

第一节　提高金融对外开放水平

借鉴国际先进金融管理理念、经验和准则，完善我国金融业公司治理，提升稳健标准。鼓励金融机构通过多种形式利用境外资本，开展与境外机构的深度合作。有效利用国外优惠贷款和国际商业贷款，完善外债管理。处理好完善人民币汇率形成机制、实现人民币资本项目可兑换与扩大人民币跨境使用的节奏和先后顺序。进一步推进货币市场、资本市场、外汇市场和黄金市场对外开放。

完善金融机构"走出去"相关制度，引导金融机构采取行之有效的海外发展战略，加强国际型人才储备，逐步发展我国大型跨国金融机构。鼓励金融机构稳健拓展国际业务，提升国际化经营水平，加快发展有利于出口产品升级换代和企业"走出去"的对外金融服务体系。完善对金融机构海外分支机构的监管，推动建立跨境金融机构的风险处置机制。

第二节　逐步扩大人民币跨境使用

坚持实需为主、先易后难、强化监测、风险可控原则，推动人民币跨境使用。做好跨境贸易人民币结算工作，稳步扩大跨境直接投资人民币结算业务，支持境内银行业金融机构开展境外项目人民币贷款业务，逐步开展个人人民币跨境结算业务，探索建立人民币对外债权债务管理框架，不断拓宽境外机构人民币资金运用渠道。稳步推动境内机构赴香港发行人民币债券，继续推动境外机构在境内发行人民币债券，支持有关国家将人民币纳入国际储备。完善人民币跨境及海外流动的统计和监测机制，建立风险防范体系和处置机制。

第三节　深化内地与港澳台金融合作

加快上海国际金融中心建设，加强沪港金融合作。支持建设以香港金融体系为龙头、珠江三角洲城市金融资源和服务为支撑的金融合作区域。支持香港发展成为离岸人民币业务中心和国际资产管理中心，巩固和提升香港国际金融中心地位。建立更加紧密的粤港澳金融合作机制，深化粤港澳三地金融业在市场、机构、业务、监管和智力等方面的合作。加强海峡两岸金融合作，推动以适当方式建立两岸货币清算机制，推进厦门两岸区域性金融服务中心建设。

第四节　加强国际和区域金融合作

积极参与全球经济治理，深化双边、多边经济金融政策对话与合作，加强与主要经济体宏观经济金融政策协调。积极推动国际金融体系改革，促进国际货币体系合理化。积极参与金融稳定理事会、巴塞尔银行监管委员会等国际组织的金融标准修订和制定工作，在国际经济、金融组织中发挥更大作用。深化多边金融和货币合作，引导和推动区域金融合作进程。不断巩固与境外中央银行、监管机构的合作，完善信息共享机制。

专栏3：跨境贸易和投资人民币结算

受国际金融危机影响，美元、欧元等主要国际结算货币汇率大幅波动，我国及周边国家和地区的企业在使用第三国货币进行贸易结算时面临较大的汇率波动风险，不少企业希望使用人民币进行贸易结算。2009年4月，国务院决定在上海市和广东省四个城市开展跨境贸易人民币结算试点，2009年7月，试点正式启动。2010年6月，取消了境外地域范围限制，明确业务范围涵盖跨境货物贸易、服务贸易和其他经常项目人民币结算。2011年8月，跨境贸易人民币结算境内地域范围扩大至全国。截至2011年末，全国累计办理跨境贸易人民币结算业务金额达到2.6万亿元。

为配合跨境贸易人民币结算试点工作，扩大人民币跨境使用，人民银行组织开展了人民币跨境投融资结算业务。在个案试点的基础上，2011年，人民银行先后明确境外直接投资、外商直接投资、境外项目贷款人民币结算政策，跨境人民币业务从贸易等经常项目扩展至资本项目。2011年全年累计办理人民币对外直接投资结算金额201亿元，外商直接投资结算金额907亿元。跨境贸易人民币结算业务试点初期，人民币回流渠道有限，以"走出去"为主。随着境外人民币存量逐步增加，香港离岸人民币业务中心稳步发展，境外人民币回流需求增强，外国投资者来华投资、境外"三类机构"（境外中央银行或货币当局、香港及澳门地区人民币业务清算行、跨境贸易人民币结算境外参加银行）投资银行间债券市场等回流渠道逐步建立，人民币跨境资金的良性循环初步形成。

第七章　强化监管　维护金融稳定和安全

坚持积极防范化解金融风险是永恒的主题。提高金融机构风险管理水平，加强金融监管能力建设，避免监管缺位和错位，有效防范经济与金融风险相互作用，金融与财政风险相互传递，外部风险向境内转移。积极稳妥化解风险隐患，守住不发生系统性、区域性金融风险的底线。

第一节　继续加强金融监管

银行业要积极稳妥推动实施新监管标准，不断优化监管工具和指标体系，切实提升银行业风险识别、计量、评价、监测、控制和预警能力。坚持动态资本充足率要求，有效控制杠杆化水平，强化贷款拨备率和拨备覆盖率监管要求，不断改进和加强流动性风险监管。按照资本充足率水平对商业银行实施分类监管，提高对系统重要性银行资本充足率监管要求，推动建立与新资本协议实施相配套的风险计量、信息管理系统。强化金融集团并表监管。加强对金融机构股东和实际控制人的监管。规范商业银行理财和委托贷款业务。进一步强化银行业市场准入监管，提高非现场监管和现场检查有效性。

加强证券期货公司净资本监管，完善以净资本为核心的风险控制指标体系。强化动态的风险控制指标监控和净资本补充机制，完善证券期货公司分类监管制度。推动证券期货机构完善公司治理与合规管理，提高风险管理能力。继续推动上市公司完善公司治理。加强证券期货市场运行监管和风险防范，严厉打击市场操纵等违法违规行为。

健全保险业偿付能力监管体系，强化资本补充和约束机制，健全以风险为导向的分类监管制度。完善保险公司治理监管制度和标准，显著提高公司治理监管制度的执行力。强化保险资金运用监管，防范投资风险。发挥保险保障基金的重要作用。

第二节 提升金融监管协调的有效性

健全金融监管机构之间以及与宏观调控部门之间在重大政策与法规问题上的协调机制。完善金融稳定信息共享机制，实现信息共享的规范化和常态化。细化金融机构分类标准，统一监管政策，减少监管套利，弥补监管真空。强化对综合经营和新产品、新业务的监管协作，探索对金融产品的功能监管，严格把握高关联、高复杂程度创新产品的市场准入，防范跨行业、跨市场风险。建立健全本外币跨境资金流动监管框架，加强本外币协同监管。加强金融风险处置协作，提升系统性金融风险处置能力。

第三节 加强对系统性金融风险的防范预警

建立健全适合中国国情的系统性金融风险监测评估方法和操作框架，完善跨行业、跨市场、跨境金融风险监测评估机制，加强重大风险的识别预警。明确对交叉性金融业务和金融控股公司的监管职责和规则，加强对系统重要性金融机构的监管。引导金融机构切实加强政府性债务管理，关注地方政府融资平台的风险，避免财政金融风险相互传递。加强对"影子银行"体系的统计监测、风险评估和宏观审慎管理。健全跨境资金流动监测预警体系，完善国际收支应急预案。

第四节 建立完善存款保险制度及金融机构市场退出机制

建立健全存款保险制度，加快存款保险立法进程，择机出台《存款保险条例》，明确存款保险制度的基本功能和组织模式。进一步完善证券投资者保护基金、期货投资者保障基金、保险保障基金管理制度，制定《证券投资者保护基金条例》。研究起草《保险公司风险处置条例》。建立适合我国国情的金融机构破产法律体系，规范金融机构市场退出程序，加强行政退出与司法破产之间的有效衔接。

第五节 完善地方政府金融管理体制

发挥中央金融管理部门的指导、协调和监督作用，维护金融业改革发展战略、金融宏观管理政策、监管规则与标准的一致性和权威性；注重引导和调动地方政府的积极性，发挥好地方政府的作用。强化地方政府金融监管意识和责任，进一步明确地方政府对小额贷款公司和担保公司等机构的管理职责，强化地方政府的风险处置责任。地方政府要大力改善金融环境，减少行政干预，促进经济和金融健康发展。

第六节 引导和规范民间融资健康发展

完善法律、法规等制度框架，加强引导和教育，发挥民间借贷对正规金融的补充作用。打击高利贷、非法集资、地下钱庄、非法证券等非法金融活动，加强对担保公司、典当行等机构的监测和监管，维护良好的金融秩序。

专栏4：存款保险制度

存款保险制度是对商业银行等存款类金融机构进行风险处置的一项制度安排，主要指存款类金融机构向存款保险机构缴纳保费购买存款保险，当金融机构濒临倒闭或倒闭时，存款保险机构运用存款保险基金及时向存款人赔付并适时处置问题机构，发挥保护存款人利益、维护金融稳定的作用。与政府直接救助金融机构相比较，存款保险制度的优势在于通过建立市场化的风险补偿机制，市场、股东和存款人合理分摊因金融机构倒闭而产生的财务损失。自20世纪30年代美国建立世界上第一个存款保险制度以来，迄今已有逾百个国家建立了这一制度，存款保险制度成为政府防范与化解系统性金融风险、应对金融危机的重要手段。

第八章　夯实基础　优化金融发展环境

完善金融法律法规，加强金融基础设施建设，规范金融会计统计制度，提高金融业信息化水平，加强金融研究，建设金融人才队伍，保障金融体系安全高效运行。

第一节　继续加强金融法制建设

适应金融业改革发展需要，借鉴国际金融改革经验，完善金融法律框架。加快制定金融业综合经营、存款保险、金融机构破产、上市公司监管、信用评级以及征信等方面的法律法规。加快农业保险立法。加强金融消费者保护立法。制定规范和引导民间借贷、打击非法金融活动的法规和规章。进一步修订《中华人民共和国中国人民银行法》、《中华人民共和国票据法》、《中华人民共和国证券法》、《中华人民共和国证券投资基金法》、《期货交易管理条例》等金融法律法规，推动制定《中华人民共和国期货法》、《中华人民共和国保险法》司法解释。完善对各类金融市场、金融产品和金融机构的监管规定。

第二节　加强支付体系、社会信用体系建设和反洗钱等工作

加快完善支付结算基础设施，建设第二代中央银行跨行支付系统和跨境人民币清算系统，继续推动非现金支付工具应用，进一步完善账户实名制，加强对非金融机构从事支付服务的监督管理。进一步健全金融市场的登记、托管、交易、清算系统。抓紧建立覆盖全社会的征信体系，完善国家金融信用信息基础数据库，加快建立金融业统一征信平台。促进我国信用评级机构发展，增强竞争力和公信力。加快推进行业信用和地方信用建设，完善中小企业和农村信用体系。构建符合国际标准和中国国情的反洗钱工作体制。研究建立特定非金融行业反洗钱制度。提高人民币防伪能力。

第三节　完善金融会计标准和统计制度

完善金融企业财务制度。积极跟踪研究国际财务报告准则改革，促进金融保险会计准则与相关国际财务报告准则持续趋同。推进金融统计标准化工作，建立统一、全面的金融业综合统计体系，支持监测社会融资规模。进一步完善国际收支统计，按照国际货币基金组织最新发布的《国际收支手册》第六版要求，修订相关统计制度，更新统计报表编制模板及公布表式。构建金融业综合统计信息平台，完善数据信息共享机制。

第四节　提升金融信息化水平

以科技手段促进金融服务与管理创新，提高金融信息化水平。完善金融业信息安全防护体系，大幅提升信息系统抵御风险能力。推广电子交易，不断提升金融业电子渠道交易替代率。建设金融

信息化标准体系，推进信息化标准检测认证。全面实施银行卡芯片化迁移工作。建立适应新时期外汇管理改革需要的信息化体系。

第五节 加强金融消费者权益保护

借鉴国际经验，加强金融消费者权益保护制度和组织机构建设。督促金融机构遵守消费者权益保护的法律法规，信守对公众的承诺。建立金融消费者权益保护的申诉处理和处罚机制。加强金融消费者权益保护教育和咨询系统建设，积极开展金融知识普及宣传工作，提高金融消费者的安全意识和自我保护能力。

第六节 提高金融研究工作水平

及时分析和预测国内外经济金融形势，为金融宏观调控提供科学依据。收集、研究金融机构和市场的基础数据，度量和报告系统性金融风险状况。研究加强对金融机构和金融市场监管的措施。推广金融风险管理的国际标准和惯例。加强金融稳定评估和金融机构压力测试，提高对系统性金融风险的识别能力。不断强化经济金融基础理论研究，培养高素质研究队伍。

第七节 加强金融人才队伍建设

实施金融人才发展中长期规划，统筹推进各类金融人才队伍建设。加强高层次、创新型、国际化人才的开发、引进和培养。规范行业资格准入和专业技术资格认证管理，优化金融人力资源配置，促进人才合理流动。完善金融人才服务和评价体系，构建科学合理的金融业薪酬体系，完善激励约束机制。加强金融后备人才储备和信息库建设。

第八节 推进行业自律组织建设

加强行业协会等自律组织建设，完善自律组织的治理结构，提升行业自律管理水平。进一步厘清金融监管、自律组织和市场的边界，发挥行业自律组织提供服务、反映诉求、规范行为的作用，增强自律公约约束力，督促会员依法合规经营，不断提升服务能力，依法维护行业合法权益。

第九章 完善规划实施的保障机制

本规划反映了国家在金融发展和改革领域的战略意图，是国家在金融领域实施调控、履行监管职责和提供公共服务的重要依据。各级政府部门和金融管理部门要根据规划提出的发展和改革目标，全面履行职责，制定和落实支持金融业发展和改革的保障措施，创造良好的政策环境和市场环境，引导市场主体行为，实现规划提出的各项目标。

第一节 加强规划实施的组织领导

在各级政府部门和金融管理部门的统筹下，实行规划目标责任制，及时制定规划实施方案，明确部门分工，落实工作责任，将规划落实情况列入部门工作考核目标。各部门要加强领导，精心组织，协同合作，形成合力。

第二节 强化与其他规划的统筹协调

强化金融业专项规划与国家其他专项规划的统筹协调。加强各级部门的沟通和协调，合理安排地方金融规划与本规划的衔接，形成以金融业发展和改革的国家规划为统领、各级地方政府金融发展规划为补充的统一衔接的金融规划体系。

第三节 建立完善规划评估机制

建立对规划实施情况的跟踪监测、检查和评估制度。根据国家宏观经济金融形势，适时调整相关政策的方向和力度，确保规划目标的顺利实现。对规划执行中出现的新情况、新问题，及时采取应对措施，提出调整和修订规划的意见。加强规划实施情况的信息披露，鼓励公众参与监督，切实推进规划实施。

附："十二五"时期金融业发展指标及说明

一、金融业发展指标："十二五"时期，金融服务业增加值占国内生产总值比重保持在5%左右

测算说明：1.国际经验表明，金融服务业增加值占国内生产总值比重呈缓慢增长态势。美国20世纪50年代、80年代、21世纪前10年平均为3.22%、5.59%、8.01%，日本20世纪80年代、21世纪前10年平均为5.79%、6.53%。2.从我国看，金融服务业增加值占国内生产总值比重在20世纪90年代和21世纪前10年平均分别为4.46%、4.42%。3."十二五"时期，预期我国金融服务业增加值增速将高于国内生产总值增速，金融服务业增加值占国内生产总值比重将保持在5%左右。

二、金融业发展指标：到"十二五"期末，非金融企业直接融资占社会融资规模比重提高至15%以上

测算说明："十一五"时期，社会融资规模显著增长，非金融企业直接融资占社会融资规模比重也明显提高。"十五"时期的2001~2005年年平均为5.03%，"十一五"时期年平均为11.08%。"十二五"时期，在继续显著提高直接融资比重的政策支持下，预期非金融企业股票和债券融资占社会融资规模比重将显著提高。

中华人民共和国人民币管理条例

(1999 年 12 月 28 日国务院第 24 次常务会议通过，自 2000 年 5 月 1 日起施行)

第一章 总 则

第一条 为了加强对人民币的管理，维护人民币的信誉，稳定金融秩序，根据《中华人民共和国中国人民银行法》，制定本条例。

第二条 本条例所称人民币，是指中国人民银行依法发行的货币，包括纸币和硬币。

从事人民币的设计、印制、发行、流通和回收等活动，应当遵守本条例。

第三条 中华人民共和国的法定货币是人民币。以人民币支付中华人民共和国境内的一切公共的和私人的债务，任何单位和个人不得拒收。

第四条 人民币的单位为元，人民币辅币单位为角、分。1 元等于 10 角，1 角等于 10 分。

人民币依其面额支付。

第五条 中国人民银行是国家管理人民币的主管机关，负责本条例的组织实施。

第六条 任何单位和个人都应当爱护人民币。禁止损害人民币和妨碍人民币流通。

第二章 设计和印制

第七条 新版人民币由中国人民银行组织设计，报国务院批准。

第八条 人民币由中国人民银行指定的专门企业印制。

第九条 印制人民币的企业应当按照中国人民银行制定的人民币质量标准和印制计划印制人民币。

第十条 印制人民币的企业应当将合格的人民币产品全部解缴中国人民银行人民币发行库，将不合格的人民币产品按照中国人民银行的规定全部销毁。

第十一条 印制人民币的原版、原模使用完毕后，由中国人民银行封存。

第十二条 印制人民币的特殊材料、技术、工艺、专用设备等重要事项属于国家秘密。印制人民币的企业和有关人员应当保守国家秘密；未经中国人民银行批准，任何单位和个人不得对外提供。

第十三条 未经中国人民银行批准，任何单位和个人不得研制、仿制、引进、销售、购买和使用印制人民币所特有的防伪材料、防伪技术、防伪工艺和专用设备。

第十四条 人民币样币是检验人民币印制质量和鉴别人民币真伪的标准样本，由印制人民币的企业按照中国人民银行的规定印制。人民币样币上应当加印"样币"字样。

第三章　发行和回收

第十五条　人民币由中国人民银行统一发行。

第十六条　中国人民银行发行新版人民币，应当报国务院批准。

中国人民银行应当将新版人民币的发行时间、面额、图案、式样、规格、主色调、主要特征等予以公告。

中国人民银行不得在新版人民币发行公告发布前将新版人民币支付给金融机构。

第十七条　因防伪或者其他原因，需要改变人民币的印制材料、技术或者工艺的，由中国人民银行决定。

中国人民银行应当将改版后的人民币的发行时间、面额、主要特征等予以公告。

中国人民银行不得在改版人民币发行公告发布前将改版人民币支付给金融机构。

第十八条　中国人民银行可以根据需要发行纪念币。

纪念币是具有特定主题的限量发行的人民币，包括普通纪念币和贵金属纪念币。

第十九条　纪念币的主题、面额、图案、材质、式样、规格、发行数量、发行时间等由中国人民银行确定；但是，纪念币的主题涉及重大政治、历史题材的，应当报国务院批准。

中国人民银行应当将纪念币的主题、面额、图案、材质、式样、规格、发行数量、发行时间等予以公告。

中国人民银行不得在纪念币发行公告发布前将纪念币支付给金融机构。

第二十条　中国人民银行设立人民币发行库，在其分支机构设立分支库，负责保管人民币发行基金。各级人民币发行库主任由同级中国人民银行行长担任。

人民币发行基金是中国人民银行人民币发行库保存的未进入流通的人民币。

人民币发行基金的调拨，应当按照中国人民银行的规定办理。任何单位和个人不得违反规定动用人民币发行基金，不得干扰、阻碍人民币发行基金的调拨。

第二十一条　特定版别的人民币的停止流通，应当报国务院批准，并由中国人民银行公告。

办理人民币存取款业务的金融机构应当按照中国人民银行的规定，收兑停止流通的人民币，并将其交存当地中国人民银行。

中国人民银行不得将停止流通的人民币支付给金融机构，金融机构不得将停止流通的人民币对外支付。

第二十二条　办理人民币存取款业务的金融机构应当按照中国人民银行的规定，无偿为公众兑换残缺、污损的人民币，挑剔残缺、污损的人民币，并将其交存当地中国人民银行。

中国人民银行不得将残缺、污损的人民币支付给金融机构，金融机构不得将残缺、污损的人民币对外支付。

第二十三条　停止流通的人民币和残缺、污损的人民币，由中国人民银行负责回收、销毁。具体办法由中国人民银行制定。

第四章　流通和保护

第二十四条　办理人民币存取款业务的金融机构应当根据合理需要的原则，办理人民币券别调剂业务。

第二十五条　禁止非法买卖流通人民币。

纪念币的买卖，应当遵守中国人民银行的有关规定。

第二十六条　装帧流通人民币和经营流通人民币，应当经中国人民银行批准。

第二十七条　禁止下列损害人民币的行为：

（一）故意毁损人民币；

（二）制作、仿制、买卖人民币图样；

（三）未经中国人民银行批准，在宣传品、出版物或者其他商品上使用人民币图样；

（四）中国人民银行规定的其他损害人民币的行为。

前款人民币图样包括放大、缩小和同样大小的人民币图样。

第二十八条　人民币样币禁止流通。

人民币样币的管理办法，由中国人民银行制定。

第二十九条　任何单位和个人不得印制、发售代币票券，以代替人民币在市场上流通。

第三十条　中国公民出入境、外国人入出境携带人民币实行限额管理制度，具体限额由中国人民银行规定。

第三十一条　禁止伪造、变造人民币。禁止出售、购买伪造、变造的人民币。禁止走私、运输、持有、使用伪造、变造的人民币。

第三十二条　单位和个人持有伪造、变造的人民币的，应当及时上交中国人民银行、公安机关或者办理人民币存取款业务的金融机构；发现他人持有伪造、变造的人民币的，应当立即向公安机关报告。

第三十三条　中国人民银行、公安机关发现伪造、变造的人民币，应当予以没收，加盖"假币"字样的戳记，并登记造册；持有人对公安机关没收的人民币的真伪有异议的，可以向中国人民银行申请鉴定。

公安机关应当将没收的伪造、变造的人民币解缴当地中国人民银行。

第三十四条　办理人民币存取款业务的金融机构发现伪造、变造的人民币，数量较多、有新版的伪造人民币或者有其他制造贩卖伪造、变造的人民币线索的，应当立即报告公安机关；数量较少的，由该金融机构两名以上工作人员当面予以收缴，加盖"假币"字样的戳记，登记造册，向持有人出具中国人民银行统一印制的收缴凭证，并告知持有人可以向中国人民银行或者向中国人民银行授权的国有独资商业银行的业务机构申请鉴定。对伪造、变造的人民币收缴及鉴定的具体办法，由中国人民银行制定。

办理人民币存取款业务的金融机构应当将收缴的伪造、变造的人民币解缴当地中国人民银行。

第三十五条　中国人民银行和中国人民银行授权的国有独资商业银行的业务机构应当无偿提供鉴定人民币真伪的服务。

对盖有"假币"字样戳记的人民币，经鉴定为真币的，由中国人民银行或者中国人民银行授权的国有独资商业银行的业务机构按照面额予以兑换；经鉴定为假币的，由中国人民银行或者中国人民银行授权的国有独资商业银行的业务机构予以没收。

中国人民银行授权的国有独资商业银行的业务机构应当将没收的伪造、变造的人民币解缴当地中国人民银行。

第三十六条　办理人民币存取款业务的金融机构应当采取有效措施，防止以伪造、变造的人民币对外支付。

办理人民币存取款业务的金融机构应当在营业场所无偿提供鉴别人民币真伪的服务。

第三十七条　伪造、变造的人民币由中国人民银行统一销毁。

第三十八条　人民币反假鉴别仪应当按照国家规定标准生产。

人民币反假鉴别仪国家标准，由中国人民银行会同有关部门制定，并协助组织实施。

第三十九条　人民币有下列情形之一的，不得流通：

（一）不能兑换的残缺、污损的人民币；

（二）停止流通的人民币。

第五章 罚 则

第四十条 印制人民币的企业和有关人员有下列情形之一的，由中国人民银行给予警告，没收违法所得，并处违法所得 1 倍以上 3 倍以下的罚款，没有违法所得的，处 1 万元以上 10 万元以下的罚款；对直接负责的主管人员和其他直接责任人员，依法给予纪律处分：

（一）未按照中国人民银行制定的人民币质量标准和印制计划印制人民币的；

（二）未将合格的人民币产品全部解缴中国人民银行人民币发行库的；

（三）未按照中国人民银行的规定将不合格的人民币产品全部销毁的；

（四）未经中国人民银行批准，擅自对外提供印制人民币的特殊材料、技术、工艺或者专用设备等国家秘密的。

第四十一条 违反本条例第十三条规定的，由工商行政管理机关和其他有关行政执法机关给予警告，没收违法所得和非法财物，并处违法所得 1 倍以上 3 倍以下的罚款；没有违法所得的，处 2 万元以上 20 万元以下的罚款。

第四十二条 办理人民币存取款业务的金融机构违反本条例第二十一条第二款、第三款和第二十二条规定的，由中国人民银行给予警告，并处 1000 元以上 5000 元以下的罚款；对直接负责的主管人员和其他直接责任人员，依法给予纪律处分。

第四十三条 故意毁损人民币的，由公安机关给予警告，并处 1 万元以下的罚款。

第四十四条 违反本条例第二十五条、第二十六条、第二十七条第一款第二项和第四项规定的，由工商行政管理机关和其他有关行政执法机关给予警告，没收违法所得和非法财物，并处违法所得 1 倍以上 3 倍以下的罚款；没有违法所得的，处 1000 元以上 5 万元以下的罚款。

工商行政管理机关和其他有关行政执法机关应当销毁非法使用的人民币图样。

第四十五条 办理人民币存取款业务的金融机构、中国人民银行授权的国有独资商业银行的业务机构违反本条例第三十四条、第三十五条和第三十六条规定的，由中国人民银行给予警告，并处 1000 元以上 5 万元以下的罚款；对直接负责的主管人员和其他直接责任人员，依法给予纪律处分。

第四十六条 中国人民银行、公安机关、工商行政管理机关及其工作人员违反本条例有关规定的，对直接负责的主管人员和其他直接责任人员，依法给予行政处分。

第四十七条 违反本条例第二十条第三款、第二十七条第一款第三项、第二十九条和第三十一条规定的，依照《中华人民共和国中国人民银行法》的有关规定予以处罚；其中，违反本条例第三十一条规定，构成犯罪的，依法追究刑事责任。

第六章 附 则

第四十八条 本条例自 2000 年 5 月 1 日起施行。

中华人民共和国中国人民银行法

（1995 年 3 月 18 日第八届全国人民代表大会第三次会议通过，根据 2003 年 12 月
27 日第十届全国人民代表大会常务委员会第六次会议《关于修改
〈中华人民共和国中国人民银行法〉的决定》修正）

第一章 总 则

第一条 为了确立中国人民银行的地位，明确其职责，保证国家货币政策的正确制定和执行，建立和完善中央银行宏观调控体系，维护金融稳定，制定本法。

第二条 中国人民银行是中华人民共和国的中央银行。

中国人民银行在国务院领导下，制定和执行货币政策，防范和化解金融风险，维护金融稳定。

第三条 货币政策目标是保持货币币值的稳定，并以此促进经济增长。

第四条 中国人民银行履行下列职责：

（一）发布与履行其职责有关的命令和规章；

（二）依法制定和执行货币政策；

（三）发行人民币，管理人民币流通；

（四）监督管理银行间同业拆借市场和银行间债券市场；

（五）实施外汇管理，监督管理银行间外汇市场；

（六）监督管理黄金市场；

（七）持有、管理、经营国家外汇储备、黄金储备；

（八）经理国库；

（九）维护支付、清算系统的正常运行；

（十）指导、部署金融业反洗钱工作，负责反洗钱的资金监测；

（十一）负责金融业的统计、调查、分析和预测；

（十二）作为国家的中央银行，从事有关的国际金融活动；

（十三）国务院规定的其他职责。

中国人民银行为执行货币政策，可以依照本法第四章的有关规定从事金融业务活动。

第五条 中国人民银行就年度货币供应量、利率、汇率和国务院规定的其他重要事项作出的决定，报国务院批准后执行。

中国人民银行就前款规定以外的其他有关货币政策事项作出决定后，即予执行，并报国务院备案。

第六条 中国人民银行应当向全国人民代表大会常务委员会提出有关货币政策情况和金融业运

行情况的工作报告。

第七条　中国人民银行在国务院领导下依法独立执行货币政策，履行职责，开展业务，不受地方政府、各级政府部门、社会团体和个人的干涉。

第八条　中国人民银行的全部资本由国家出资，属于国家所有。

第九条　国务院建立金融监督管理协调机制，具体办法由国务院规定。

第二章　组织机构

第十条　中国人民银行设行长一人，副行长若干人。

中国人民银行行长的人选，根据国务院总理的提名，由全国人民代表大会决定；全国人民代表大会闭会期间，由全国人民代表大会常务委员会决定，由中华人民共和国主席任免。中国人民银行副行长由国务院总理任免。

第十一条　中国人民银行实行行长负责制。行长领导中国人民银行的工作，副行长协助行长工作。

第十二条　中国人民银行设立货币政策委员会。货币政策委员会的职责、组成和工作程序，由国务院规定，报全国人民代表大会常务委员会备案。

中国人民银行货币政策委员会应当在国家宏观调控、货币政策制定和调整中，发挥重要作用。

第十三条　中国人民银行根据履行职责的需要设立分支机构，作为中国人民银行的派出机构。中国人民银行对分支机构实行统一领导和管理。

中国人民银行的分支机构根据中国人民银行的授权，维护本辖区的金融稳定，承办有关业务。

第十四条　中国人民银行的行长、副行长及其他工作人员应当恪尽职守，不得滥用职权、徇私舞弊，不得在任何金融机构、企业、基金会兼职。

第十五条　中国人民银行的行长、副行长及其他工作人员，应当依法保守国家秘密，并有责任为与履行其职责有关的金融机构及当事人保守秘密。

第三章　人民币

第十六条　中华人民共和国的法定货币是人民币。以人民币支付中华人民共和国境内的一切公共的和私人的债务，任何单位和个人不得拒收。

第十七条　人民币的单位为元，人民币辅币单位为角、分。

第十八条　人民币由中国人民银行统一印制、发行。

中国人民银行发行新版人民币，应当将发行时间、面额、图案、式样、规格予以公告。

第十九条　禁止伪造、变造人民币。禁止出售、购买伪造、变造的人民币。禁止运输、持有、使用伪造、变造的人民币。禁止故意毁损人民币。禁止在宣传品、出版物或者其他商品上非法使用人民币图样。

第二十条　任何单位和个人不得印制、发售代币票券，以代替人民币在市场上流通。

第二十一条　残缺、污损的人民币，按照中国人民银行的规定兑换，并由中国人民银行负责收回、销毁。

第二十二条　中国人民银行设立人民币发行库，在其分支机构设立分支库。分支库调拨人民币发行基金，应当按照上级库的调拨命令办理。任何单位和个人不得违反规定，动用发行基金。

第四章 业 务

第二十三条 中国人民银行为执行货币政策,可以运用下列货币政策工具:

(一)要求银行业金融机构按照规定的比例交存存款准备金;

(二)确定中央银行基准利率;

(三)为在中国人民银行开立账户的银行业金融机构办理再贴现;

(四)向商业银行提供贷款;

(五)在公开市场上买卖国债、其他政府债券和金融债券及外汇;

(六)国务院确定的其他货币政策工具。

中国人民银行为执行货币政策,运用前款所列货币政策工具时,可以规定具体的条件和程序。

第二十四条 中国人民银行依照法律、行政法规的规定经理国库。

第二十五条 中国人民银行可以代理国务院财政部门向各金融机构组织发行、兑付国债和其他政府债券。

第二十六条 中国人民银行可以根据需要,为银行业金融机构开立账户,但不得对银行业金融机构的账户透支。

第二十七条 中国人民银行应当组织或者协助组织银行业金融机构相互之间的清算系统,协调银行业金融机构相互之间的清算事项,提供清算服务。具体办法由中国人民银行制定。

中国人民银行会同国务院银行业监督管理机构制定支付结算规则。

第二十八条 中国人民银行根据执行货币政策的需要,可以决定对商业银行贷款的数额、期限、利率和方式,但贷款的期限不得超过一年。

第二十九条 中国人民银行不得对政府财政透支,不得直接认购、包销国债和其他政府债券。

第三十条 中国人民银行不得向地方政府、各级政府部门提供贷款,不得向非银行金融机构以及其他单位和个人提供贷款,但国务院决定中国人民银行可以向特定的非银行金融机构提供贷款的除外。

中国人民银行不得向任何单位和个人提供担保。

第五章 金融监督管理

第三十一条 中国人民银行依法监测金融市场的运行情况,对金融市场实施宏观调控,促进其协调发展。

第三十二条 中国人民银行有权对金融机构以及其他单位和个人的下列行为进行检查监督:

(一)执行有关存款准备金管理规定的行为;

(二)与中国人民银行特种贷款有关的行为;

(三)执行有关人民币管理规定的行为;

(四)执行有关银行间同业拆借市场、银行间债券市场管理规定的行为;

(五)执行有关外汇管理规定的行为;

(六)执行有关黄金管理规定的行为;

(七)代理中国人民银行经理国库的行为;

(八)执行有关清算管理规定的行为;

(九)执行有关反洗钱规定的行为。

前款所称中国人民银行特种贷款,是指国务院决定的由中国人民银行向金融机构发放的用于特定目的的贷款。

第三十三条　中国人民银行根据执行货币政策和维护金融稳定的需要，可以建议国务院银行业监督管理机构对银行业金融机构进行检查监督。国务院银行业监督管理机构应当自收到建议之日起三十日内予以回复。

第三十四条　当银行业金融机构出现支付困难，可能引发金融风险时，为了维护金融稳定，中国人民银行经国务院批准，有权对银行业金融机构进行检查监督。

第三十五条　中国人民银行根据履行职责的需要，有权要求银行业金融机构报送必要的资产负债表、利润表以及其他财务会计、统计报表和资料。

中国人民银行应当和国务院银行业监督管理机构、国务院其他金融监督管理机构建立监督管理信息共享机制。

第三十六条　中国人民银行负责统一编制全国金融统计数据、报表，并按照国家有关规定予以公布。

第三十七条　中国人民银行应当建立、健全本系统的稽核、检查制度，加强内部的监督管理。

第六章　财务会计

第三十八条　中国人民银行实行独立的财务预算管理制度。

中国人民银行的预算经国务院财政部门审核后，纳入中央预算，接受国务院财政部门的预算执行监督。

第三十九条　中国人民银行每一会计年度的收入减除该年度支出，并按照国务院财政部门核定的比例提取总准备金后的净利润，全部上缴中央财政。

中国人民银行的亏损由中央财政拨款弥补。

第四十条　中国人民银行的财务收支和会计事务，应当执行法律、行政法规和国家统一的财务、会计制度，接受国务院审计机关和财政部门依法分别进行的审计和监督。

第四十一条　中国人民银行应当于每一会计年度结束后的三个月内，编制资产负债表、损益表和相关的财务会计报表，并编制年度报告，按照国家有关规定予以公布。

中国人民银行的会计年度自公历1月1日起至12月31日止。

第七章　法律责任

第四十二条　伪造、变造人民币，出售伪造、变造的人民币，或者明知是伪造、变造的人民币而运输，构成犯罪的，依法追究刑事责任；尚不构成犯罪的，由公安机关处十五日以下拘留、一万元以下罚款。

第四十三条　购买伪造、变造的人民币或者明知是伪造、变造的人民币而持有、使用，构成犯罪的，依法追究刑事责任；尚不构成犯罪的，由公安机关处十五日以下拘留、一万元以下罚款。

第四十四条　在宣传品、出版物或者其他商品上非法使用人民币图样的，中国人民银行应当责令改正，并销毁非法使用的人民币图样，没收违法所得，并处五万元以下罚款。

第四十五条　印制、发售代币票券，以代替人民币在市场上流通的，中国人民银行应当责令停止违法行为，并处二十万元以下罚款。

第四十六条　本法第三十二条所列行为违反有关规定，有关法律、行政法规有处罚规定的，依照其规定给予处罚；有关法律、行政法规未作处罚规定的，由中国人民银行区别不同情形给予警告，没收违法所得，违法所得五十万元以上的，并处违法所得一倍以上五倍以下罚款；没有违法所得或者违法所得不足五十万元的，处五十万元以上二百万元以下罚款；对负有直接责任的董事、高级管理人员和其他直接责任人员给予警告，处五万元以上五十万元以下罚款；构成犯罪的，依法追究刑事责任。

第四十七条　当事人对行政处罚不服的，可以依照《中华人民共和国行政诉讼法》的规定提起行政诉讼。

第四十八条　中国人民银行有下列行为之一的，对负有直接责任的主管人员和其他直接责任人员，依法给予行政处分；构成犯罪的，依法追究刑事责任：

（一）违反本法第三十条第一款的规定提供贷款的；

（二）对单位和个人提供担保的；

（三）擅自动用发行基金的。

有前款所列行为之一，造成损失的，负有直接责任的主管人员和其他直接责任人员应当承担部分或者全部赔偿责任。

第四十九条　地方政府、各级政府部门、社会团体和个人强令中国人民银行及其工作人员违反本法第三十条的规定提供贷款或者担保的，对负有直接责任的主管人员和其他直接责任人员，依法给予行政处分；构成犯罪的，依法追究刑事责任；造成损失的，应当承担部分或者全部赔偿责任。

第五十条　中国人民银行的工作人员泄露国家秘密或者所知悉的商业秘密，构成犯罪的，依法追究刑事责任；尚不构成犯罪的，依法给予行政处分。

第五十一条　中国人民银行的工作人员贪污受贿、徇私舞弊、滥用职权、玩忽职守，构成犯罪的，依法追究刑事责任；尚不构成犯罪的，依法给予行政处分。

第八章　附　则

第五十二条　本法所称银行业金融机构，是指在中华人民共和国境内设立的商业银行、城市信用合作社、农村信用合作社等吸收公众存款的金融机构以及政策性银行。

在中华人民共和国境内设立的金融资产管理公司、信托投资公司、财务公司、金融租赁公司以及经国务院银行业监督管理机构批准设立的其他金融机构，适用本法对银行业金融机构的规定。

第五十三条　本法自公布之日起施行。

中华人民共和国银行业监督管理法

（2003 年 12 月 27 日第十届全国人民代表大会常务委员会第六次会议通过，根据 2006 年 10 月 31 日第十届全国人民代表大会常务委员会第二十四次会议《关于修改〈中华人民共和国银行业监督管理法〉的决定》修正）

第一章　总　则

第一条　为了加强对银行业的监督管理，规范监督管理行为，防范和化解银行业风险，保护存款人和其他客户的合法权益，促进银行业健康发展，制定本法。

第二条　国务院银行业监督管理机构负责对全国银行业金融机构及其业务活动监督管理的工作。

本法所称银行业金融机构，是指在中华人民共和国境内设立的商业银行、城市信用合作社、农村信用合作社等吸收公众存款的金融机构以及政策性银行。

对在中华人民共和国境内设立的金融资产管理公司、信托投资公司、财务公司、金融租赁公司以及经国务院银行业监督管理机构批准设立的其他金融机构的监督管理，适用本法对银行业金融机构监督管理的规定。

国务院银行业监督管理机构依照本法有关规定，对经其批准在境外设立的金融机构以及前二款金融机构在境外的业务活动实施监督管理。

第三条　银行业监督管理的目标是促进银行业的合法、稳健运行，维护公众对银行业的信心。

银行业监督管理应当保护银行业公平竞争，提高银行业竞争能力。

第四条　银行业监督管理机构对银行业实施监督管理，应当遵循依法、公开、公正和效率的原则。

第五条　银行业监督管理机构及其从事监督管理工作的人员依法履行监督管理职责，受法律保护。地方政府、各级政府部门、社会团体和个人不得干涉。

第六条　国务院银行业监督管理机构应当和中国人民银行、国务院其他金融监督管理机构建立监督管理信息共享机制。

第七条　国务院银行业监督管理机构可以和其他国家或者地区的银行业监督管理机构建立监督管理合作机制，实施跨境监督管理。

第二章　监督管理机构

第八条　国务院银行业监督管理机构根据履行职责的需要设立派出机构。国务院银行业监督管理机构对派出机构实行统一领导和管理。

国务院银行业监督管理机构的派出机构在国务院银行业监督管理机构的授权范围内，履行监督管理职责。

第九条 银行业监督管理机构从事监督管理工作的人员，应当具备与其任职相适应的专业知识和业务工作经验。

第十条 银行业监督管理机构工作人员，应当忠于职守，依法办事，公正廉洁，不得利用职务便利牟取不正当的利益，不得在金融机构等企业中兼任职务。

第十一条 银行业监督管理机构工作人员，应当依法保守国家秘密，并有责任为其监督管理的银行业金融机构及当事人保守秘密。

国务院银行业监督管理机构同其他国家或者地区的银行业监督管理机构交流监督管理信息，应当就信息保密作出安排。

第十二条 国务院银行业监督管理机构应当公开监督管理程序，建立监督管理责任制度和内部监督制度。

第十三条 银行业监督管理机构在处置银行业金融机构风险、查处有关金融违法行为等监督管理活动中，地方政府、各级有关部门应当予以配合和协助。

第十四条 国务院审计、监察等机关，应当依照法律规定对国务院银行业监督管理机构的活动进行监督。

第三章　监督管理职责

第十五条 国务院银行业监督管理机构依照法律、行政法规制定并发布对银行业金融机构及其业务活动监督管理的规章、规则。

第十六条 国务院银行业监督管理机构依照法律、行政法规规定的条件和程序，审查批准银行业金融机构的设立、变更、终止以及业务范围。

第十七条 申请设立银行业金融机构，或者银行业金融机构变更持有资本总额或者股份总额达到规定比例以上的股东的，国务院银行业监督管理机构应当对股东的资金来源、财务状况、资本补充能力和诚信状况进行审查。

第十八条 银行业金融机构业务范围内的业务品种，应当按照规定经国务院银行业监督管理机构审查批准或者备案。需要审查批准或者备案的业务品种，由国务院银行业监督管理机构依照法律、行政法规作出规定并公布。

第十九条 未经国务院银行业监督管理机构批准，任何单位或者个人不得设立银行业金融机构或者从事银行业金融机构的业务活动。

第二十条 国务院银行业监督管理机构对银行业金融机构的董事和高级管理人员实行任职资格管理。具体办法由国务院银行业监督管理机构制定。

第二十一条 银行业金融机构的审慎经营规则，由法律、行政法规规定，也可以由国务院银行业监督管理机构依照法律、行政法规制定。

前款规定的审慎经营规则，包括风险管理、内部控制、资本充足率、资产质量、损失准备金、风险集中、关联交易、资产流动性等内容。

银行业金融机构应当严格遵守审慎经营规则。

第二十二条 国务院银行业监督管理机构应当在规定的期限，对下列申请事项作出批准或者不批准的书面决定；决定不批准的，应当说明理由：

（一）银行业金融机构的设立，自收到申请文件之日起六个月内；

（二）银行业金融机构的变更、终止，以及业务范围和增加业务范围内的业务品种，自收到申请文件之日起三个月内；

（三）审查董事和高级管理人员的任职资格，自收到申请文件之日起三十日内。

第二十三条　银行业监督管理机构应当对银行业金融机构的业务活动及其风险状况进行非现场监管，建立银行业金融机构监督管理信息系统，分析、评价银行业金融机构的风险状况。

第二十四条　银行业监督管理机构应当对银行业金融机构的业务活动及其风险状况进行现场检查。

国务院银行业监督管理机构应当制定现场检查程序，规范现场检查行为。

第二十五条　国务院银行业监督管理机构应当对银行业金融机构实行并表监督管理。

第二十六条　国务院银行业监督管理机构对中国人民银行提出的检查银行业金融机构的建议，应当自收到建议之日起三十日内予以回复。

第二十七条　国务院银行业监督管理机构应当建立银行业金融机构监督管理评级体系和风险预警机制，根据银行业金融机构的评级情况和风险状况，确定对其现场检查的频率、范围和需要采取的其他措施。

第二十八条　国务院银行业监督管理机构应当建立银行业突发事件的发现、报告岗位责任制度。

银行业监督管理机构发现可能引发系统性银行业风险、严重影响社会稳定的突发事件的，应当立即向国务院银行业监督管理机构负责人报告；国务院银行业监督管理机构负责人认为需要向国务院报告的，应当立即向国务院报告，并告知中国人民银行、国务院财政部门等有关部门。

第二十九条　国务院银行业监督管理机构应当会同中国人民银行、国务院财政部门等有关部门建立银行业突发事件处置制度，制定银行业突发事件处置预案，明确处置机构和人员及其职责、处置措施和处置程序，及时、有效地处置银行业突发事件。

第三十条　国务院银行业监督管理机构负责统一编制全国银行业金融机构的统计数据、报表，并按照国家有关规定予以公布。

第三十一条　国务院银行业监督管理机构对银行业自律组织的活动进行指导和监督。

银行业自律组织的章程应当报国务院银行业监督管理机构备案。

第三十二条　国务院银行业监督管理机构可以开展与银行业监督管理有关的国际交流、合作活动。

第四章　监督管理措施

第三十三条　银行业监督管理机构根据履行职责的需要，有权要求银行业金融机构按照规定报送资产负债表、利润表和其他财务会计、统计报表、经营管理资料以及注册会计师出具的审计报告。

第三十四条　银行业监督管理机构根据审慎监管的要求，可以采取下列措施进行现场检查：

（一）进入银行业金融机构进行检查；

（二）询问银行业金融机构的工作人员，要求其对有关检查事项作出说明；

（三）查阅、复制银行业金融机构与检查事项有关的文件、资料，对可能被转移、隐匿或者毁损的文件、资料予以封存；

（四）检查银行业金融机构运用电子计算机管理业务数据的系统。

进行现场检查，应当经银行业监督管理机构负责人批准。现场检查时，检查人员不得少于二人，并应当出示合法证件和检查通知书；检查人员少于二人或者未出示合法证件和检查通知书的，银行业金融机构有权拒绝检查。

第三十五条　银行业监督管理机构根据履行职责的需要，可以与银行业金融机构董事、高级管理人员进行监督管理谈话，要求银行业金融机构董事、高级管理人员就银行业金融机构的业务活动和风险管理的重大事项作出说明。

第三十六条　银行业监督管理机构应当责令银行业金融机构按照规定，如实向社会公众披露财务会计报告、风险管理状况、董事和高级管理人员变更以及其他重大事项等信息。

第三十七条　银行业金融机构违反审慎经营规则的，国务院银行业监督管理机构或者其省一级派出机构应当责令限期改正；逾期未改正的，或者其行为严重危及该银行业金融机构的稳健运行、损害存款人和其他客户合法权益的，经国务院银行业监督管理机构或者其省一级派出机构负责人批准，可以区别情形，采取下列措施：

（一）责令暂停部分业务、停止批准开办新业务；

（二）限制分配红利和其他收入；

（三）限制资产转让；

（四）责令控股股东转让股权或者限制有关股东的权利；

（五）责令调整董事、高级管理人员或者限制其权利；

（六）停止批准增设分支机构。

银行业金融机构整改后，应当向国务院银行业监督管理机构或者其省一级派出机构提交报告。国务院银行业监督管理机构或者其省一级派出机构经验收，符合有关审慎经营规则的，应当自验收完毕之日起三日内解除对其采取的前款规定的有关措施。

第三十八条　银行业金融机构已经或者可能发生信用危机，严重影响存款人和其他客户合法权益的，国务院银行业监督管理机构可以依法对该银行业金融机构实行接管或者促成机构重组，接管和机构重组依照有关法律和国务院的规定执行。

第三十九条　银行业金融机构有违法经营、经营管理不善等情形，不予撤销将严重危害金融秩序、损害公众利益的，国务院银行业监督管理机构有权予以撤销。

第四十条　银行业金融机构被接管、重组或者被撤销的，国务院银行业监督管理机构有权要求该银行业金融机构的董事、高级管理人员和其他工作人员，按照国务院银行业监督管理机构的要求履行职责。

在接管、机构重组或者撤销清算期间，经国务院银行业监督管理机构负责人批准，对直接负责的董事、高级管理人员和其他直接责任人员，可以采取下列措施：

（一）直接负责的董事、高级管理人员和其他直接责任人员出境将对国家利益造成重大损失的，通知出境管理机关依法阻止其出境；

（二）申请司法机关禁止其转移、转让财产或者对其财产设定其他权利。

第四十一条　经国务院银行业监督管理机构或者其省一级派出机构负责人批准，银行业监督管理机构有权查询涉嫌金融违法的银行业金融机构及其工作人员以及关联行为人的账户；对涉嫌转移或者隐匿违法资金的，经银行业监督管理机构负责人批准，可以申请司法机关予以冻结。

第四十二条　银行业监督管理机构依法对银行业金融机构进行检查时，经设区的市一级以上银行业监督管理机构负责人批准，可以对与涉嫌违法事项有关的单位和个人采取下列措施：

（一）询问有关单位或者个人，要求其对有关情况作出说明；

（二）查阅、复制有关财务会计、财产权登记等文件、资料；

（三）对可能被转移、隐匿、毁损或者伪造的文件、资料，予以先行登记保存。

银行业监督管理机构采取前款规定措施，调查人员不得少于二人，并应当出示合法证件和调查通知书；调查人员少于二人或者未出示合法证件和调查通知书的，有关单位或者个人有权拒绝。对依法采取的措施，有关单位和个人应当配合，如实说明有关情况并提供有关文件、资料，不得拒绝、阻碍和隐瞒。

第五章　法律责任

第四十三条　银行业监督管理机构从事监督管理工作的人员有下列情形之一的，依法给予行政处分；构成犯罪的，依法追究刑事责任：

（一）违反规定审查批准银行业金融机构的设立、变更、终止，以及业务范围和业务范围内的业务品种的；

（二）违反规定对银行业金融机构进行现场检查的；

（三）未依照本法第二十八条规定报告突发事件的；

（四）违反规定查询账户或者申请冻结资金的；

（五）违反规定对银行业金融机构采取措施或者处罚的；

（六）违反本法第四十二条规定对有关单位或者个人进行调查的；

（七）滥用职权、玩忽职守的其他行为。

银行业监督管理机构从事监督管理工作的人员贪污受贿，泄露国家秘密、商业秘密和个人隐私，构成犯罪的，依法追究刑事责任；尚不构成犯罪的，依法给予行政处分。

第四十四条　擅自设立银行业金融机构或者非法从事银行业金融机构的业务活动的，由国务院银行业监督管理机构予以取缔；构成犯罪的，依法追究刑事责任；尚不构成犯罪的，由国务院银行业监督管理机构没收违法所得，违法所得五十万元以上的，并处违法所得一倍以上五倍以下罚款；没有违法所得或者违法所得不足五十万元的，处五十万元以上二百万元以下罚款。

第四十五条　银行业金融机构有下列情形之一，由国务院银行业监督管理机构责令改正，有违法所得的，没收违法所得，违法所得五十万元以上的，并处违法所得一倍以上五倍以下罚款；没有违法所得或者违法所得不足五十万元的，处五十万元以上二百万元以下罚款；情节特别严重或者逾期不改正的，可以责令停业整顿或者吊销其经营许可证；构成犯罪的，依法追究刑事责任：

（一）未经批准设立分支机构的；

（二）未经批准变更、终止的；

（三）违反规定从事未经批准或者未备案的业务活动的；

（四）违反规定提高或者降低存款利率、贷款利率的。

第四十六条　银行业金融机构有下列情形之一，由国务院银行业监督管理机构责令改正，并处二十万元以上五十万元以下罚款；情节特别严重或者逾期不改正的，可以责令停业整顿或者吊销其经营许可证；构成犯罪的，依法追究刑事责任：

（一）未经任职资格审查任命董事、高级管理人员的；

（二）拒绝或者阻碍非现场监管或者现场检查的；

（三）提供虚假的或者隐瞒重要事实的报表、报告等文件、资料的；

（四）未按照规定进行信息披露的；

（五）严重违反审慎经营规则的；

（六）拒绝执行本法第三十七条规定的措施的。

第四十七条　银行业金融机构不按照规定提供报表、报告等文件、资料的，由银行业监督管理机构责令改正，逾期不改正的，处十万元以上三十万元以下罚款。

第四十八条　银行业金融机构违反法律、行政法规以及国家有关银行业监督管理规定的，银行业监督管理机构除依照本法第四十四条至第四十七条规定处罚外，还可以区别不同情形，采取下列措施：

（一）责令银行业金融机构对直接负责的董事、高级管理人员和其他直接责任人员给予纪律处分；

（二）银行业金融机构的行为尚不构成犯罪的，对直接负责的董事、高级管理人员和其他直接责任人员给予警告，处五万元以上五十万元以下罚款；

（三）取消直接负责的董事、高级管理人员一定期限直至终身的任职资格，禁止直接负责的董事、高级管理人员和其他直接责任人员一定期限直至终身从事银行业工作。

第四十九条　阻碍银行业监督管理机构工作人员依法执行检查、调查职务的，由公安机关依法给予治安管理处罚；构成犯罪的，依法追究刑事责任。

第六章　附　则

第五十条　对在中华人民共和国境内设立的政策性银行、金融资产管理公司的监督管理，法律、行政法规另有规定的，依照其规定。

第五十一条　对在中华人民共和国境内设立的外资银行业金融机构、中外合资银行业金融机构、外国银行业金融机构的分支机构的监督管理，法律、行政法规另有规定的，依照其规定。

第五十二条　本法自 2004 年 2 月 1 日起施行。

中华人民共和国反洗钱法

(2006 年 10 月 31 日第十届全国人民代表大会常务委员会第二十四次会议通过，
2006 年 10 月 31 日公布，自 2007 年 1 月 1 日起施行)

第一章 总 则

第一条 为了预防洗钱活动，维护金融秩序，遏制洗钱犯罪及相关犯罪，制定本法。

第二条 本法所称反洗钱，是指为了预防通过各种方式掩饰、隐瞒毒品犯罪、黑社会性质的组织犯罪、恐怖活动犯罪、走私犯罪、贪污贿赂犯罪、破坏金融管理秩序犯罪、金融诈骗犯罪等犯罪所得及其收益的来源和性质的洗钱活动，依照本法规定采取相关措施的行为。

第三条 在中华人民共和国境内设立的金融机构和按照规定应当履行反洗钱义务的特定非金融机构，应当依法采取预防、监控措施，建立健全客户身份识别制度、客户身份资料和交易记录保存制度、大额交易和可疑交易报告制度，履行反洗钱义务。

第四条 国务院反洗钱行政主管部门负责全国的反洗钱监督管理工作。国务院有关部门、机构在各自的职责范围内履行反洗钱监督管理职责。

国务院反洗钱行政主管部门、国务院有关部门、机构和司法机关在反洗钱工作中应当相互配合。

第五条 对依法履行反洗钱职责或者义务获得的客户身份资料和交易信息，应当予以保密；非依法律规定，不得向任何单位和个人提供。

反洗钱行政主管部门和其他依法负有反洗钱监督管理职责的部门、机构履行反洗钱职责获得的客户身份资料和交易信息，只能用于反洗钱行政调查。

司法机关依照本法获得的客户身份资料和交易信息，只能用于反洗钱刑事诉讼。

第六条 履行反洗钱义务的机构及其工作人员依法提交大额交易和可疑交易报告，受法律保护。

第七条 任何单位和个人发现洗钱活动，有权向反洗钱行政主管部门或者公安机关举报。接受举报的机关应当对举报人和举报内容保密。

第二章 反洗钱监督管理

第八条 国务院反洗钱行政主管部门组织、协调全国的反洗钱工作，负责反洗钱的资金监测，制定或者会同国务院有关金融监督管理机构制定金融机构反洗钱规章，监督、检查金融机构履行反洗钱义务的情况，在职责范围内调查可疑交易活动，履行法律和国务院规定的有关反洗钱的其他职责。

国务院反洗钱行政主管部门的派出机构在国务院反洗钱行政主管部门的授权范围内，对金融机构履行反洗钱义务的情况进行监督、检查。

第九条 国务院有关金融监督管理机构参与制定所监督管理的金融机构反洗钱规章，对所监督管理的金融机构提出按照规定建立健全反洗钱内部控制制度的要求，履行法律和国务院规定的有关反洗钱的其他职责。

第十条　国务院反洗钱行政主管部门设立反洗钱信息中心，负责大额交易和可疑交易报告的接收、分析，并按照规定向国务院反洗钱行政主管部门报告分析结果，履行国务院反洗钱行政主管部门规定的其他职责。

第十一条　国务院反洗钱行政主管部门为履行反洗钱资金监测职责，可以从国务院有关部门、机构获取所必需的信息，国务院有关部门、机构应当提供。

国务院反洗钱行政主管部门应当向国务院有关部门、机构定期通报反洗钱工作情况。

第十二条　海关发现个人出入境携带的现金、无记名有价证券超过规定金额的，应当及时向反洗钱行政主管部门通报。

前款应当通报的金额标准由国务院反洗钱行政主管部门会同海关总署规定。

第十三条　反洗钱行政主管部门和其他依法负有反洗钱监督管理职责的部门、机构发现涉嫌洗钱犯罪的交易活动，应当及时向侦查机关报告。

第十四条　国务院有关金融监督管理机构审批新设金融机构或者金融机构增设分支机构时，应当审查新机构反洗钱内部控制制度的方案；对于不符合本法规定的设立申请，不予批准。

第三章　金融机构反洗钱义务

第十五条　金融机构应当依照本法规定建立健全反洗钱内部控制制度，金融机构的负责人应当对反洗钱内部控制制度的有效实施负责。

金融机构应当设立反洗钱专门机构或者指定内设机构负责反洗钱工作。

第十六条　金融机构应当按照规定建立客户身份识别制度。

金融机构在与客户建立业务关系或者为客户提供规定金额以上的现金汇款、现钞兑换、票据兑付等一次性金融服务时，应当要求客户出示真实有效的身份证件或者其他身份证明文件，进行核对并登记。

客户由他人代理办理业务的，金融机构应当同时对代理人和被代理人的身份证件或者其他身份证明文件进行核对并登记。

与客户建立人身保险、信托等业务关系，合同的受益人不是客户本人的，金融机构还应当对受益人的身份证件或者其他身份证明文件进行核对并登记。

金融机构不得为身份不明的客户提供服务或者与其进行交易，不得为客户开立匿名账户或者假名账户。

金融机构对先前获得的客户身份资料的真实性、有效性或者完整性有疑问的，应当重新识别客户身份。

任何单位和个人在与金融机构建立业务关系或者要求金融机构为其提供一次性金融服务时，都应当提供真实有效的身份证件或者其他身份证明文件。

第十七条　金融机构通过第三方识别客户身份的，应当确保第三方已经采取符合本法要求的客户身份识别措施；第三方未采取符合本法要求的客户身份识别措施的，由该金融机构承担未履行客户身份识别义务的责任。

第十八条　金融机构进行客户身份识别，认为必要时，可以向公安、工商行政管理等部门核实客户的有关身份信息。

第十九条　金融机构应当按照规定建立客户身份资料和交易记录保存制度。

在业务关系存续期间，客户身份资料发生变更的，应当及时更新客户身份资料。

客户身份资料在业务关系结束后、客户交易信息在交易结束后，应当至少保存五年。

金融机构破产和解散时，应当将客户身份资料和客户交易信息移交国务院有关部门指定的机构。

第二十条　金融机构应当按照规定执行大额交易和可疑交易报告制度。

金融机构办理的单笔交易或者在规定期限内的累计交易超过规定金额或者发现可疑交易的，应当及时向反洗钱信息中心报告。

第二十一条　金融机构建立客户身份识别制度、客户身份资料和交易记录保存制度的具体办法，由国务院反洗钱行政主管部门会同国务院有关金融监督管理机构制定。金融机构大额交易和可疑交易报告的具体办法，由国务院反洗钱行政主管部门制定。

第二十二条　金融机构应当按照反洗钱预防、监控制度的要求，开展反洗钱培训和宣传工作。

第四章　反洗钱调查

第二十三条　国务院反洗钱行政主管部门或者其省一级派出机构发现可疑交易活动，需要调查核实的，可以向金融机构进行调查，金融机构应当予以配合，如实提供有关文件和资料。

调查可疑交易活动时，调查人员不得少于二人，并出示合法证件和国务院反洗钱行政主管部门或者其省一级派出机构出具的调查通知书。调查人员少于二人或者未出示合法证件和调查通知书的，金融机构有权拒绝调查。

第二十四条　调查可疑交易活动，可以询问金融机构有关人员，要求其说明情况。

询问应当制作询问笔录。询问笔录应当交被询问人核对。记载有遗漏或者差错的，被询问人可以要求补充或者更正。被询问人确认笔录无误后，应当签名或者盖章；调查人员也应当在笔录上签名。

第二十五条　调查中需要进一步核查的，经国务院反洗钱行政主管部门或者其省一级派出机构的负责人批准，可以查阅、复制被调查对象的账户信息、交易记录和其他有关资料；对可能被转移、隐藏、篡改或者毁损的文件、资料，可以予以封存。

调查人员封存文件、资料，应当会同在场的金融机构工作人员查点清楚，当场开列清单一式二份，由调查人员和在场的金融机构工作人员签名或者盖章，一份交金融机构，一份附卷备查。

第二十六条　经调查仍不能排除洗钱嫌疑的，应当立即向有管辖权的侦查机关报案。客户要求将调查所涉及的账户资金转往境外的，经国务院反洗钱行政主管部门负责人批准，可以采取临时冻结措施。

侦查机关接到报案后，对已依照前款规定临时冻结的资金，应当及时决定是否继续冻结。侦查机关认为需要继续冻结的，依照刑事诉讼法的规定采取冻结措施；认为不需要继续冻结的，应当立即通知国务院反洗钱行政主管部门，国务院反洗钱行政主管部门应当立即通知金融机构解除冻结。

临时冻结不得超过四十八小时。金融机构在按照国务院反洗钱行政主管部门的要求采取临时冻结措施后四十八小时内，未接到侦查机关继续冻结通知的，应当立即解除冻结。

第五章　反洗钱国际合作

第二十七条　中华人民共和国根据缔结或者参加的国际条约，或者按照平等互惠原则，开展反洗钱国际合作。

第二十八条　国务院反洗钱行政主管部门根据国务院授权，代表中国政府与外国政府和有关国际组织开展反洗钱合作，依法与境外反洗钱机构交换与反洗钱有关的信息和资料。

第二十九条　涉及追究洗钱犯罪的司法协助，由司法机关依照有关法律的规定办理。

第六章　法律责任

第三十条　反洗钱行政主管部门和其他依法负有反洗钱监督管理职责的部门、机构从事反洗钱工作的人员有下列行为之一的，依法给予行政处分：

（一）违反规定进行检查、调查或者采取临时冻结措施的；

（二）泄露因反洗钱知悉的国家秘密、商业秘密或者个人隐私的；

（三）违反规定对有关机构和人员实施行政处罚的；

（四）其他不依法履行职责的行为。

第三十一条　金融机构有下列行为之一的，由国务院反洗钱行政主管部门或者其授权的设区的市一级以上派出机构责令限期改正；情节严重的，建议有关金融监督管理机构依法责令金融机构对直接负责的董事、高级管理人员和其他直接责任人员给予纪律处分：

（一）未按照规定建立反洗钱内部控制制度的；

（二）未按照规定设立反洗钱专门机构或者指定内设机构负责反洗钱工作的；

（三）未按照规定对职工进行反洗钱培训的。

第三十二条　金融机构有下列行为之一的，由国务院反洗钱行政主管部门或者其授权的设区的市一级以上派出机构责令限期改正；情节严重的，处二十万元以上五十万元以下罚款，并对直接负责的董事、高级管理人员和其他直接责任人员，处一万元以上五万元以下罚款：

（一）未按照规定履行客户身份识别义务的；

（二）未按照规定保存客户身份资料和交易记录的；

（三）未按照规定报送大额交易报告或者可疑交易报告的；

（四）与身份不明的客户进行交易或者为客户开立匿名账户、假名账户的；

（五）违反保密规定，泄露有关信息的；

（六）拒绝、阻碍反洗钱检查、调查的；

（七）拒绝提供调查材料或者故意提供虚假材料的。

金融机构有前款行为，致使洗钱后果发生的，处五十万元以上五百万元以下罚款，并对直接负责的董事、高级管理人员和其他直接责任人员处五万元以上五十万元以下罚款；情节特别严重的，反洗钱行政主管部门可以建议有关金融监督管理机构责令停业整顿或者吊销其经营许可证。

对有前两款规定情形的金融机构直接负责的董事、高级管理人员和其他直接责任人员，反洗钱行政主管部门可以建议有关金融监督管理机构依法责令金融机构给予纪律处分，或者建议依法取消其任职资格、禁止其从事有关金融行业工作。

第三十三条　违反本法规定，构成犯罪的，依法追究刑事责任。

第七章　附　则

第三十四条　本法所称金融机构，是指依法设立的从事金融业务的政策性银行、商业银行、信用合作社、邮政储汇机构、信托投资公司、证券公司、期货经纪公司、保险公司以及国务院反洗钱行政主管部门确定并公布的从事金融业务的其他机构。

第三十五条　应当履行反洗钱义务的特定非金融机构的范围、其履行反洗钱义务和对其监督管理的具体办法，由国务院反洗钱行政主管部门会同国务院有关部门制定。

第三十六条　对涉嫌恐怖活动资金的监控适用本法；其他法律另有规定的，适用其规定。

第三十七条　本法自 2007 年 1 月 1 日起施行。

中华人民共和国外汇管理条例

（1996 年 1 月 29 日中华人民共和国国务院令第 193 号发布，根据 1997 年 1 月 14 日
《国务院关于修改〈中华人民共和国外汇管理条例〉的决定》修订，
2008 年 8 月 1 日国务院第 20 次常务会议修订通过）

第一章 总 则

第一条 为了加强外汇管理，促进国际收支平衡，促进国民经济健康发展，制定本条例。

第二条 国务院外汇管理部门及其分支机构（以下统称外汇管理机关）依法履行外汇管理职责，负责本条例的实施。

第三条 本条例所称外汇，是指下列以外币表示的可以用作国际清偿的支付手段和资产：

（一）外币现钞，包括纸币、铸币；

（二）外币支付凭证或者支付工具，包括票据、银行存款凭证、银行卡等；

（三）外币有价证券，包括债券、股票等；

（四）特别提款权；

（五）其他外汇资产。

第四条 境内机构、境内个人的外汇收支或者外汇经营活动，以及境外机构、境外个人在境内的外汇收支或者外汇经营活动，适用本条例。

第五条 国家对经常性国际支付和转移不予限制。

第六条 国家实行国际收支统计申报制度。

国务院外汇管理部门应当对国际收支进行统计、监测，定期公布国际收支状况。

第七条 经营外汇业务的金融机构应当按照国务院外汇管理部门的规定为客户开立外汇账户，并通过外汇账户办理外汇业务。

经营外汇业务的金融机构应当依法向外汇管理机关报送客户的外汇收支及账户变动情况。

第八条 中华人民共和国境内禁止外币流通，并不得以外币计价结算，但国家另有规定的除外。

第九条 境内机构、境内个人的外汇收入可以调回境内或者存放境外；调回境内或者存放境外的条件、期限等，由国务院外汇管理部门根据国际收支状况和外汇管理的需要作出规定。

第十条 国务院外汇管理部门依法持有、管理、经营国家外汇储备，遵循安全、流动、增值的原则。

第十一条 国际收支出现或者可能出现严重失衡，以及国民经济出现或者可能出现严重危机时，国家可以对国际收支采取必要的保障、控制等措施。

第二章　经常项目外汇管理

第十二条　经常项目外汇收支应当具有真实、合法的交易基础。经营结汇、售汇业务的金融机构应当按照国务院外汇管理部门的规定，对交易单证的真实性及其与外汇收支的一致性进行合理审查。

外汇管理机关有权对前款规定事项进行监督检查。

第十三条　经常项目外汇收入，可以按照国家有关规定保留或者卖给经营结汇、售汇业务的金融机构。

第十四条　经常项目外汇支出，应当按照国务院外汇管理部门关于付汇与购汇的管理规定，凭有效单证以自有外汇支付或者向经营结汇、售汇业务的金融机构购汇支付。

第十五条　携带、申报外币现钞出入境的限额，由国务院外汇管理部门规定。

第三章　资本项目外汇管理

第十六条　境外机构、境外个人在境内直接投资，经有关主管部门批准后，应当到外汇管理机关办理登记。

境外机构、境外个人在境内从事有价证券或者衍生产品发行、交易，应当遵守国家关于市场准入的规定，并按照国务院外汇管理部门的规定办理登记。

第十七条　境内机构、境内个人向境外直接投资或者从事境外有价证券、衍生产品发行、交易，应当按照国务院外汇管理部门的规定办理登记。国家规定需要事先经有关主管部门批准或者备案的，应当在外汇登记前办理批准或者备案手续。

第十八条　国家对外债实行规模管理。借用外债应当按照国家有关规定办理，并到外汇管理机关办理外债登记。

国务院外汇管理部门负责全国的外债统计与监测，并定期公布外债情况。

第十九条　提供对外担保，应当向外汇管理机关提出申请，由外汇管理机关根据申请人的资产负债等情况作出批准或者不批准的决定；国家规定其经营范围需经有关主管部门批准的，应当在向外汇管理机关提出申请前办理批准手续。申请人签订对外担保合同后，应当到外汇管理机关办理对外担保登记。

经国务院批准为使用外国政府或者国际金融组织贷款进行转贷提供对外担保的，不适用前款规定。

第二十条　银行业金融机构在经批准的经营范围内可以直接向境外提供商业贷款。其他境内机构向境外提供商业贷款，应当向外汇管理机关提出申请，外汇管理机关根据申请人的资产负债等情况作出批准或者不批准的决定；国家规定其经营范围需经有关主管部门批准的，应当在向外汇管理机关提出申请前办理批准手续。

向境外提供商业贷款，应当按照国务院外汇管理部门的规定办理登记。

第二十一条　资本项目外汇收入保留或者卖给经营结汇、售汇业务的金融机构，应当经外汇管理机关批准，但国家规定无需批准的除外。

第二十二条　资本项目外汇支出，应当按照国务院外汇管理部门关于付汇与购汇的管理规定，凭有效单证以自有外汇支付或者向经营结汇、售汇业务的金融机构购汇支付。国家规定应当经外汇管理机关批准的，应当在外汇支付前办理批准手续。

依法终止的外商投资企业，按照国家有关规定进行清算、纳税后，属于外方投资者所有的人民币，可以向经营结汇、售汇业务的金融机构购汇汇出。

第二十三条　资本项目外汇及结汇资金，应当按照有关主管部门及外汇管理机关批准的用途使用。外汇管理机关有权对资本项目外汇及结汇资金使用和账户变动情况进行监督检查。

第四章　金融机构外汇业务管理

第二十四条　金融机构经营或者终止经营结汇、售汇业务，应当经外汇管理机关批准；经营或者终止经营其他外汇业务，应当按照职责分工经外汇管理机关或者金融业监督管理机构批准。

第二十五条　外汇管理机关对金融机构外汇业务实行综合头寸管理，具体办法由国务院外汇管理部门制定。

第二十六条　金融机构的资本金、利润以及因本外币资产不匹配需要进行人民币与外币间转换的，应当经外汇管理机关批准。

第五章　人民币汇率和外汇市场管理

第二十七条　人民币汇率实行以市场供求为基础的、有管理的浮动汇率制度。

第二十八条　经营结汇、售汇业务的金融机构和符合国务院外汇管理部门规定条件的其他机构，可以按照国务院外汇管理部门的规定在银行间外汇市场进行外汇交易。

第二十九条　外汇市场交易应当遵循公开、公平、公正和诚实信用的原则。

第三十条　外汇市场交易的币种和形式由国务院外汇管理部门规定。

第三十一条　国务院外汇管理部门依法监督管理全国的外汇市场。

第三十二条　国务院外汇管理部门可以根据外汇市场的变化和货币政策的要求，依法对外汇市场进行调节。

第六章　监督管理

第三十三条　外汇管理机关依法履行职责，有权采取下列措施：

（一）对经营外汇业务的金融机构进行现场检查；

（二）进入涉嫌外汇违法行为发生场所调查取证；

（三）询问有外汇收支或者外汇经营活动的机构和个人，要求其对与被调查外汇违法事件直接有关的事项作出说明；

（四）查阅、复制与被调查外汇违法事件直接有关的交易单证等资料；

（五）查阅、复制被调查外汇违法事件的当事人和直接有关的单位、个人的财务会计资料及相关文件，对可能被转移、隐匿或者毁损的文件和资料，可以予以封存；

（六）经国务院外汇管理部门或者省级外汇管理机关负责人批准，查询被调查外汇违法事件的当事人和直接有关的单位、个人的账户，但个人储蓄存款账户除外；

（七）对有证据证明已经或者可能转移、隐匿违法资金等涉案财产或者隐匿、伪造、毁损重要证据的，可以申请人民法院冻结或者查封。

有关单位和个人应当配合外汇管理机关的监督检查，如实说明有关情况并提供有关文件、资料，不得拒绝、阻碍和隐瞒。

第三十四条　外汇管理机关依法进行监督检查或者调查，监督检查或者调查的人员不得少于2人，并应当出示证件。监督检查、调查的人员少于2人或者未出示证件的，被监督检查、调查的单位和个人有权拒绝。

第三十五条 有外汇经营活动的境内机构，应当按照国务院外汇管理部门的规定报送财务会计报告、统计报表等资料。

第三十六条 经营外汇业务的金融机构发现客户有外汇违法行为的，应当及时向外汇管理机关报告。

第三十七条 国务院外汇管理部门为履行外汇管理职责，可以从国务院有关部门、机构获取所必需的信息，国务院有关部门、机构应当提供。

国务院外汇管理部门应当向国务院有关部门、机构通报外汇管理工作情况。

第三十八条 任何单位和个人都有权举报外汇违法行为。

外汇管理机关应当为举报人保密，并按照规定对举报人或者协助查处外汇违法行为有功的单位和个人给予奖励。

第七章 法律责任

第三十九条 有违反规定将境内外汇转移境外，或者以欺骗手段将境内资本转移境外等逃汇行为的，由外汇管理机关责令限期调回外汇，处逃汇金额 30% 以下的罚款；情节严重的，处逃汇金额 30% 以上等值以下的罚款；构成犯罪的，依法追究刑事责任。

第四十条 有违反规定以外汇收付应当以人民币收付的款项，或者以虚假、无效的交易单证等向经营结汇、售汇业务的金融机构骗购外汇等非法套汇行为的，由外汇管理机关责令对非法套汇资金予以回兑，处非法套汇金额 30% 以下的罚款；情节严重的，处非法套汇金额 30% 以上等值以下的罚款；构成犯罪的，依法追究刑事责任。

第四十一条 违反规定将外汇汇入境内的，由外汇管理机关责令改正，处违法金额 30% 以下的罚款；情节严重的，处违法金额 30% 以上等值以下的罚款。

非法结汇的，由外汇管理机关责令对非法结汇资金予以回兑，处违法金额 30% 以下的罚款。

第四十二条 违反规定携带外汇出入境的，由外汇管理机关给予警告，可以处违法金额 20% 以下的罚款。法律、行政法规规定由海关予以处罚的，从其规定。

第四十三条 有擅自对外借款、在境外发行债券或者提供对外担保等违反外债管理行为的，由外汇管理机关给予警告，处违法金额 30% 以下的罚款。

第四十四条 违反规定，擅自改变外汇或者结汇资金用途的，由外汇管理机关责令改正，没收违法所得，处违法金额 30% 以下的罚款；情节严重的，处违法金额 30% 以上等值以下的罚款。

有违反规定以外币在境内计价结算或者划转外汇等非法使用外汇行为的，由外汇管理机关责令改正，给予警告，可以处违法金额 30% 以下的罚款。

第四十五条 私自买卖外汇、变相买卖外汇、倒买倒卖外汇或者非法介绍买卖外汇数额较大的，由外汇管理机关给予警告，没收违法所得，处违法金额 30% 以下的罚款；情节严重的，处违法金额 30% 以上等值以下的罚款；构成犯罪的，依法追究刑事责任。

第四十六条 未经批准擅自经营结汇、售汇业务的，由外汇管理机关责令改正，有违法所得的，没收违法所得，违法所得 50 万元以上的，并处违法所得 1 倍以上 5 倍以下的罚款；没有违法所得或者违法所得不足 50 万元的，处 50 万元以上 200 万元以下的罚款；情节严重的，由有关主管部门责令停业整顿或者吊销业务许可证；构成犯罪的，依法追究刑事责任。

未经批准经营结汇、售汇业务以外的其他外汇业务的，由外汇管理机关或者金融业监督管理机构依照前款规定予以处罚。

第四十七条 金融机构有下列情形之一的，由外汇管理机关责令限期改正，没收违法所得，并处20万元以上100万元以下的罚款；情节严重或者逾期不改正的，由外汇管理机关责令停止经营相关业务：

（一）办理经常项目资金收付，未对交易单证的真实性及其与外汇收支的一致性进行合理审查的；

（二）违反规定办理资本项目资金收付的；

（三）违反规定办理结汇、售汇业务的；

（四）违反外汇业务综合头寸管理的；

（五）违反外汇市场交易管理的。

第四十八条　有下列情形之一的，由外汇管理机关责令改正，给予警告，对机构可以处30万元以下的罚款，对个人可以处5万元以下的罚款：

（一）未按照规定进行国际收支统计申报的；

（二）未按照规定报送财务会计报告、统计报表等资料的；

（三）未按照规定提交有效单证或者提交的单证不真实的；

（四）违反外汇账户管理规定的；

（五）违反外汇登记管理规定的；

（六）拒绝、阻碍外汇管理机关依法进行监督检查或者调查的。

第四十九条　境内机构违反外汇管理规定的，除依照本条例给予处罚外，对直接负责的主管人员和其他直接责任人员，应当给予处分；对金融机构负有直接责任的董事、监事、高级管理人员和其他直接责任人员给予警告，处5万元以上50万元以下的罚款；构成犯罪的，依法追究刑事责任。

第五十条　外汇管理机关工作人员徇私舞弊、滥用职权、玩忽职守，构成犯罪的，依法追究刑事责任；尚不构成犯罪的，依法给予处分。

第五十一条　当事人对外汇管理机关作出的具体行政行为不服的，可以依法申请行政复议；对行政复议决定仍不服的，可以依法向人民法院提起行政诉讼。

第八章　附　则

第五十二条　本条例下列用语的含义：

（一）境内机构，是指中华人民共和国境内的国家机关、企业、事业单位、社会团体、部队等，外国驻华外交领事机构和国际组织驻华代表机构除外。

（二）境内个人，是指中国公民和在中华人民共和国境内连续居住满1年的外国人，外国驻华外交人员和国际组织驻华代表除外。

（三）经常项目，是指国际收支中涉及货物、服务、收益及经常转移的交易项目等。

（四）资本项目，是指国际收支中引起对外资产和负债水平发生变化的交易项目，包括资本转移、直接投资、证券投资、衍生产品及贷款等。

第五十三条　非金融机构经营结汇、售汇业务，应当由国务院外汇管理部门批准，具体管理办法由国务院外汇管理部门另行制定。

第五十四条　本条例自公布之日起施行。

流动资金贷款管理暂行办法

(银监会令〔2010〕1号，经中国银行业监督管理委员会第72次主席会议通过，2010年2月10日公布，并自发布之日起施行)

第一章 总 则

第一条 为规范银行业金融机构流动资金贷款业务经营行为，加强流动资金贷款审慎经营管理，促进流动资金贷款业务健康发展，依据《中华人民共和国银行业监督管理法》、《中华人民共和国商业银行法》等有关法律法规，制定本办法。

第二条 中华人民共和国境内经中国银行业监督管理委员会批准设立的银行业金融机构（以下简称贷款人）经营流动资金贷款业务，应遵守本办法。

第三条 本办法所称流动资金贷款，是指贷款人向企（事）业法人或国家规定可以作为借款人的其他组织发放的用于借款人日常生产经营周转的本外币贷款。

第四条 贷款人开展流动资金贷款业务，应当遵循依法合规、审慎经营、平等自愿、公平诚信的原则。

第五条 贷款人应完善内部控制机制，实行贷款全流程管理，全面了解客户信息，建立流动资金贷款风险管理制度和有效的岗位制衡机制，将贷款管理各环节的责任落实到具体部门和岗位，并建立各岗位的考核和问责机制。

第六条 贷款人应合理测算借款人营运资金需求，审慎确定借款人的流动资金授信总额及具体贷款的额度，不得超过借款人的实际需求发放流动资金贷款。

贷款人应根据借款人生产经营的规模和周期特点，合理设定流动资金贷款的业务品种和期限，以满足借款人生产经营的资金需求，实现对贷款资金回笼的有效控制。

第七条 贷款人应将流动资金贷款纳入对借款人及其所在集团客户的统一授信管理，并按区域、行业、贷款品种等维度建立风险限额管理制度。

第八条 贷款人应根据经济运行状况、行业发展规律和借款人的有效信贷需求等，合理确定内部绩效考核指标，不得制定不合理的贷款规模指标，不得恶性竞争和突击放贷。

第九条 贷款人应与借款人约定明确、合法的贷款用途。

流动资金贷款不得用于固定资产、股权等投资，不得用于国家禁止生产、经营的领域和用途。

流动资金贷款不得挪用，贷款人应按照合同约定检查、监督流动资金贷款的使用情况。

第十条 中国银行业监督管理委员会依照本办法对流动资金贷款业务实施监督管理。

第二章　受理与调查

第十一条　流动资金贷款申请应具备以下条件：

（一）借款人依法设立；

（二）借款用途明确、合法；

（三）借款人生产经营合法、合规；

（四）借款人具有持续经营能力，有合法的还款来源；

（五）借款人信用状况良好，无重大不良信用记录；

（六）贷款人要求的其他条件。

第十二条　贷款人应对流动资金贷款申请材料的方式和具体内容提出要求，并要求借款人恪守诚实守信原则，承诺所提供材料真实、完整、有效。

第十三条　贷款人应采取现场与非现场相结合的形式履行尽职调查，形成书面报告，并对其内容的真实性、完整性和有效性负责。尽职调查包括但不限于以下内容：

（一）借款人的组织架构、公司治理、内部控制及法定代表人和经营管理团队的资信等情况；

（二）借款人的经营范围、核心主业、生产经营、贷款期内经营规划和重大投资计划等情况；

（三）借款人所在行业状况；

（四）借款人的应收账款、应付账款、存货等真实财务状况；

（五）借款人营运资金总需求和现有融资性负债情况；

（六）借款人关联方及关联交易等情况；

（七）贷款具体用途及与贷款用途相关的交易对手资金占用等情况；

（八）还款来源情况，包括生产经营产生的现金流、综合收益及其他合法收入等；

（九）对有担保的流动资金贷款，还需调查抵（质）押物的权属、价值和变现难易程度，或保证人的保证资格和能力等情况。

第三章　风险评价与审批

第十四条　贷款人应建立完善的风险评价机制，落实具体的责任部门和岗位，全面审查流动资金贷款的风险因素。

第十五条　贷款人应建立和完善内部评级制度，采用科学合理的评级和授信方法，评定客户信用等级，建立客户资信记录。

第十六条　贷款人应根据借款人经营规模、业务特征及应收账款、存货、应付账款、资金循环周期等要素测算其营运资金需求（测算方法参考附件），综合考虑借款人现金流、负债、还款能力、担保等因素，合理确定贷款结构，包括金额、期限、利率、担保和还款方式等。

第十七条　贷款人应根据贷审分离、分级审批的原则，建立规范的流动资金贷款评审制度和流程，确保风险评价和信贷审批的独立性。

贷款人应建立健全内部审批授权与转授权机制。审批人员应在授权范围内按规定流程审批贷款，不得越权审批。

第四章　合同签订

第十八条　贷款人应和借款人及其他相关当事人签订书面借款合同及其他相关协议，需担保的应同时签订担保合同。

第十九条　贷款人应在借款合同中与借款人明确约定流动资金贷款的金额、期限、利率、用途、支付、还款方式等条款。

第二十条　前条所指支付条款，包括但不限于以下内容：

（一）贷款资金的支付方式和贷款人受托支付的金额标准；

（二）支付方式变更及触发变更条件；

（三）贷款资金支付的限制、禁止行为；

（四）借款人应及时提供的贷款资金使用记录和资料。

第二十一条　贷款人应在借款合同中约定由借款人承诺以下事项：

（一）向贷款人提供真实、完整、有效的材料；

（二）配合贷款人进行贷款支付管理、贷后管理及相关检查；

（三）进行对外投资、实质性增加债务融资，以及进行合并、分立、股权转让等重大事项前征得贷款人同意；

（四）贷款人有权根据借款人资金回笼情况提前收回贷款；

（五）发生影响偿债能力的重大不利事项时及时通知贷款人。

第二十二条　贷款人应与借款人在借款合同中约定，出现以下情形之一时，借款人应承担的违约责任和贷款人可采取的措施：

（一）未按约定用途使用贷款的；

（二）未按约定方式进行贷款资金支付的；

（三）未遵守承诺事项的；

（四）突破约定财务指标的；

（五）发生重大交叉违约事件的；

（六）违反借款合同约定的其他情形的。

第五章　发放和支付

第二十三条　贷款人应设立独立的责任部门或岗位，负责流动资金贷款发放和支付审核。

第二十四条　贷款人在发放贷款前应确认借款人满足合同约定的提款条件，并按照合同约定通过贷款人受托支付或借款人自主支付的方式对贷款资金的支付进行管理与控制，监督贷款资金按约定用途使用。

贷款人受托支付是指贷款人根据借款人的提款申请和支付委托，将贷款通过借款人账户支付给符合合同约定用途的借款人交易对象。

借款人自主支付是指贷款人根据借款人的提款申请将贷款资金发放至借款人账户后，由借款人自主支付给符合合同约定用途的借款人交易对象。

第二十五条　贷款人应根据借款人的行业特征、经营规模、管理水平、信用状况等因素和贷款业务品种，合理约定贷款资金支付方式及贷款人受托支付的金额标准。

第二十六条　具有以下情形之一的流动资金贷款，原则上应采用贷款人受托支付方式：

（一）与借款人新建立信贷业务关系且借款人信用状况一般；

（二）支付对象明确且单笔支付金额较大；

（三）贷款人认定的其他情形。

第二十七条　采用贷款人受托支付的，贷款人应根据约定的贷款用途，审核借款人提供的支付申请所列支付对象、支付金额等信息是否与相应的商务合同等证明材料相符。审核同意后，贷款人应将贷款资金通过借款人账户支付给借款人交易对象。

第二十八条　采用借款人自主支付的，贷款人应按借款合同约定要求借款人定期汇总报告贷款资金支付情况，并通过账户分析、凭证查验或现场调查等方式核查贷款支付是否符合约定用途。

第二十九条　贷款支付过程中，借款人信用状况下降、主营业务盈利能力不强、贷款资金使用出现异常的，贷款人应与借款人协商补充贷款发放和支付条件，或根据合同约定变更贷款支付方式、停止贷款资金的发放和支付。

第六章　贷后管理

第三十条　贷款人应加强贷款资金发放后的管理，针对借款人所属行业及经营特点，通过定期与不定期现场检查与非现场监测，分析借款人经营、财务、信用、支付、担保及融资数量和渠道变化等状况，掌握各种影响借款人偿债能力的风险因素。

第三十一条　贷款人应通过借款合同的约定，要求借款人指定专门资金回笼账户并及时提供该账户资金的进出情况。

贷款人可根据借款人信用状况、融资情况等，与借款人协商签订账户管理协议，明确约定对指定账户回笼资金进出的管理。贷款人应关注大额及异常资金流入流出情况，加强对资金回笼账户的监控。

第三十二条　贷款人应动态关注借款人经营、管理、财务及资金流向等重大预警信号，根据合同约定及时采取提前收贷、追加担保等有效措施防范化解贷款风险。

第三十三条　贷款人应评估贷款品种、额度、期限与借款人经营状况、还款能力的匹配程度，作为与借款人后续合作的依据，必要时及时调整与借款人合作的策略和内容。

第三十四条　贷款人应根据法律法规规定和借款合同的约定，参与借款人大额融资、资产出售以及兼并、分立、股份制改造、破产清算等活动，维护贷款人债权。

第三十五条　流动资金贷款需要展期的，贷款人应审查贷款所对应的资产转换周期的变化原因和实际需要，决定是否展期，并合理确定贷款展期期限，加强对展期贷款的后续管理。

第三十六条　流动资金贷款形成不良的，贷款人应对其进行专门管理，及时制定清收处置方案。对借款人确因暂时经营困难不能按期归还贷款本息的，贷款人可与其协商重组。

第三十七条　对确实无法收回的不良贷款，贷款人按照相关规定对贷款进行核销后，应继续向债务人追索或进行市场化处置。

第七章　法律责任

第三十八条　贷款人违反本办法规定经营流动资金贷款业务的，中国银行业监督管理委员会应当责令其限期改正。贷款人有下列情形之一的，中国银行业监督管理委员会可采取《中华人民共和国银行业监督管理法》第三十七条规定的监管措施：

（一）流动资金贷款业务流程有缺陷的；

（二）未将贷款管理各环节的责任落实到具体部门和岗位的；

（三）贷款调查、风险评价、贷后管理未尽职的；

（四）对借款人违反合同约定的行为应发现而未发现，或虽发现但未及时采取有效措施的。

第三十九条　贷款人有下列情形之一的，中国银行业监督管理委员会除按本办法第三十八条采取监管措施外，还可根据《中华人民共和国银行业监督管理法》第四十六条、第四十八条对其进行处罚：

（一）以降低信贷条件或超过借款人实际资金需求发放贷款的；

（二）未按本办法规定签订借款合同的；

（三）与借款人串通违规发放贷款的；

（四）放任借款人将流动资金贷款用于固定资产投资、股权投资以及国家禁止生产、经营的领域和用途的；

（五）超越或变相超越权限审批贷款的；

（六）未按本办法规定进行贷款资金支付管理与控制的；

（七）严重违反本办法规定的审慎经营规则的其他情形的。

第八章　附　则

第四十条　贷款人应依据本办法制定流动资金贷款管理实施细则及操作规程。

第四十一条　本办法由中国银行业监督管理委员会负责解释。

第四十二条　本办法自发布之日起施行。

个人贷款管理暂行办法

（银监会令［2010］2号，经中国银行业监督管理委员会第72次主席会议通过，
2010年2月12日公布，并自发布之日起施行）

第一章 总 则

第一条 为规范银行业金融机构个人贷款业务行为，加强个人贷款业务审慎经营管理，促进个人贷款业务健康发展，依据《中华人民共和国银行业监督管理法》、《中华人民共和国商业银行法》等法律法规，制定本办法。

第二条 中华人民共和国境内经中国银行业监督管理委员会批准设立的银行业金融机构（以下简称贷款人）经营个人贷款业务，应遵守本办法。

第三条 本办法所称个人贷款，是指贷款人向符合条件的自然人发放的用于个人消费、生产经营等用途的本外币贷款。

第四条 个人贷款应当遵循依法合规、审慎经营、平等自愿、公平诚信的原则。

第五条 贷款人应建立有效的个人贷款全流程管理机制，制定贷款管理制度及每一贷款品种的操作规程，明确相应贷款对象和范围，实施差别风险管理，建立贷款各操作环节的考核和问责机制。

第六条 贷款人应按区域、品种、客户群等维度建立个人贷款风险限额管理制度。

第七条 个人贷款用途应符合法律法规规定和国家有关政策，贷款人不得发放无指定用途的个人贷款。贷款人应加强贷款资金支付管理，有效防范个人贷款业务风险。

第八条 个人贷款的期限和利率应符合国家相关规定。

第九条 贷款人应建立借款人合理的收入偿债比例控制机制，结合借款人收入、负债、支出、贷款用途、担保情况等因素，合理确定贷款金额和期限，控制借款人每期还款额不超过其还款能力。

第十条 中国银行业监督管理委员会依照本办法对个人贷款业务实施监督管理。

第二章 受理与调查

第十一条 个人贷款申请应具备以下条件：

（一）借款人为具有完全民事行为能力的中华人民共和国公民或符合国家有关规定的境外自然人；

（二）贷款用途明确合法；

（三）贷款申请数额、期限和币种合理；

（四）借款人具备还款意愿和还款能力；

（五）借款人信用状况良好，无重大不良信用记录；

（六）贷款人要求的其他条件。

第十二条　贷款人应要求借款人以书面形式提出个人贷款申请，并要求借款人提供能够证明其符合贷款条件的相关资料。

第十三条　贷款人受理借款人贷款申请后，应履行尽职调查职责，对个人贷款申请内容和相关情况的真实性、准确性、完整性进行调查核实，形成调查评价意见。

第十四条　贷款调查包括但不限于以下内容：

（一）借款人基本情况；

（二）借款人收入情况；

（三）借款用途；

（四）借款人还款来源、还款能力及还款方式；

（五）保证人担保意愿、担保能力或抵（质）押物价值及变现能力。

第十五条　贷款调查应以实地调查为主、间接调查为辅，采取现场核实、电话查问以及信息咨询等途径和方法。

第十六条　贷款人在不损害借款人合法权益和风险可控的前提下，可将贷款调查中的部分特定事项审慎委托第三方代为办理，但必须明确第三方的资质条件。

贷款人不得将贷款调查的全部事项委托第三方完成。

第十七条　贷款人应建立并严格执行贷款面谈制度。

通过电子银行渠道发放低风险质押贷款的，贷款人至少应当采取有效措施确定借款人真实身份。

第三章　风险评价与审批

第十八条　贷款审查应对贷款调查内容的合法性、合理性、准确性进行全面审查，重点关注调查人的尽职情况和借款人的偿还能力、诚信状况、担保情况、抵（质）押比率、风险程度等。

第十九条　贷款风险评价应以分析借款人现金收入为基础，采取定量和定性分析方法，全面、动态地进行贷款审查和风险评估。

贷款人应建立和完善借款人信用记录和评价体系。

第二十条　贷款人应根据审慎性原则，完善授权管理制度，规范审批操作流程，明确贷款审批权限，实行审贷分离和授权审批，确保贷款审批人员按照授权独立审批贷款。

第二十一条　对未获批准的个人贷款申请，贷款人应告知借款人。

第二十二条　贷款人应根据重大经济形势变化、违约率明显上升等异常情况，对贷款审批环节进行评价分析，及时、有针对性地调整审批政策，加强相关贷款的管理。

第四章　协议与发放

第二十三条　贷款人应与借款人签订书面借款合同，需担保的应同时签订担保合同。贷款人应要求借款人当面签订借款合同及其他相关文件，但电子银行渠道办理的贷款除外。

第二十四条　借款合同应符合《中华人民共和国合同法》的规定，明确约定各方当事人的诚信承诺和贷款资金的用途、支付对象（范围）、支付金额、支付条件、支付方式等。

借款合同应设立相关条款，明确借款人不履行合同或怠于履行合同时应当承担的违约责任。

第二十五条　贷款人应建立健全合同管理制度，有效防范个人贷款法律风险。

借款合同采用格式条款的，应当维护借款人的合法权益，并予以公示。

第二十六条　贷款人应依照《中华人民共和国物权法》、《中华人民共和国担保法》等法律法规的相关规定，规范担保流程与操作。

按合同约定办理抵押物登记的，贷款人应当参与。贷款人委托第三方办理的，应对抵押物登记情况予以核实。

以保证方式担保的个人贷款，贷款人应由不少于两名信贷人员完成。

第二十七条　贷款人应加强对贷款的发放管理，遵循审贷与放贷分离的原则，设立独立的放款管理部门或岗位，负责落实放款条件、发放满足约定条件的个人贷款。

第二十八条　借款合同生效后，贷款人应按合同约定及时发放贷款。

第五章　支付管理

第二十九条　贷款人应按照借款合同约定，通过贷款人受托支付或借款人自主支付的方式对贷款资金的支付进行管理与控制。

贷款人受托支付是指贷款人根据借款人的提款申请和支付委托，将贷款资金支付给符合合同约定用途的借款人交易对象。

借款人自主支付是指贷款人根据借款人的提款申请将贷款资金直接发放至借款人账户，并由借款人自主支付给符合合同约定用途的借款人交易对象。

第三十条　个人贷款资金应当采用贷款人受托支付方式向借款人交易对象支付，但本办法第三十三条规定的情形除外。

第三十一条　采用贷款人受托支付的，贷款人应要求借款人在使用贷款时提出支付申请，并授权贷款人按合同约定方式支付贷款资金。

贷款人应在贷款资金发放前审核借款人相关交易资料和凭证是否符合合同约定条件，支付后做好有关细节的认定记录。

第三十二条　贷款人受托支付完成后，应详细记录资金流向，归集保存相关凭证。

第三十三条　有下列情形之一的个人贷款，经贷款人同意可以采取借款人自主支付方式：

（一）借款人无法事先确定具体交易对象且金额不超过三十万元人民币的；

（二）借款人交易对象不具备条件有效使用非现金结算方式的；

（三）贷款资金用于生产经营且金额不超过五十万元人民币的；

（四）法律法规规定的其他情形的。

第三十四条　采用借款人自主支付的，贷款人应与借款人在借款合同中事先约定，要求借款人定期报告或告知贷款人贷款资金支付情况。

贷款人应当通过账户分析、凭证查验或现场调查等方式，核查贷款支付是否符合约定用途。

第六章　贷后管理

第三十五条　个人贷款支付后，贷款人应采取有效方式对贷款资金使用、借款人的信用及担保情况变化等进行跟踪检查和监控分析，确保贷款资产安全。

第三十六条　贷款人应区分个人贷款的品种、对象、金额等，确定贷款检查的相应方式、内容和频度。贷款人内部审计等部门应对贷款检查职能部门的工作质量进行抽查和评价。

第三十七条　贷款人应定期跟踪分析评估借款人履行借款合同约定内容的情况，并作为与借款人后续合作的信用评价基础。

第三十八条　贷款人应当按照法律法规规定和借款合同的约定，对借款人未按合同承诺提供真实、完整信息和未按合同约定用途使用、支付贷款等行为追究违约责任。

第三十九条　经贷款人同意，个人贷款可以展期。

一年以内（含）的个人贷款，展期期限累计不得超过原贷款期限；一年以上的个人贷款，展期期限累计与原贷款期限相加，不得超过该贷款品种规定的最长贷款期限。

第四十条　贷款人应按照借款合同约定，收回贷款本息。

对于未按照借款合同约定偿还的贷款，贷款人应采取措施进行清收或者协议重组。

第七章　法律责任

第四十一条　贷款人违反本办法规定办理个人贷款业务的，中国银行业监督管理委员会应当责令其限期改正。贷款人有下列情形之一的，中国银行业监督管理委员会可采取《中华人民共和国银行业监督管理法》第三十七条规定的监管措施：

（一）贷款调查、审查未尽职的；

（二）未按规定建立、执行贷款面谈、借款合同面签制度的；

（三）借款合同采用格式条款未公示的；

（四）违反本办法第二十七条规定的；

（五）支付管理不符合本办法要求的。

第四十二条　贷款人有下列情形之一的，中国银行业监督管理委员会除按本办法第四十一条采取监管措施外，还可根据《中华人民共和国银行业监督管理法》第四十六条、第四十八条规定对其进行处罚：

（一）发放不符合条件的个人贷款的；

（二）签订的借款合同不符合本办法规定的；

（三）违反本办法第七条规定的；

（四）将贷款调查的全部事项委托第三方完成的；

（五）超越或变相超越贷款权限审批贷款的；

（六）授意借款人虚构情节获得贷款的；

（七）对借款人违背借款合同约定的行为应发现而未发现，或虽发现但未采取有效措施的；

（八）严重违反本办法规定的审慎经营规则的其他情形的。

第八章　附　则

第四十三条　以存单、国债或者中国银行业监督管理委员会认可的其他金融产品作质押发放的个人贷款，消费金融公司、汽车金融公司等非银行金融机构发放的个人贷款，可参照本办法执行。

银行业金融机构发放给农户用于生产性贷款等国家有专门政策规定的特殊类个人贷款，暂不执行本办法。

信用卡透支，不适用本办法。

第四十四条　个体工商户和农村承包经营户申请个人贷款用于生产经营且金额超过五十万元人民币的，按贷款用途适用相关贷款管理办法的规定。

第四十五条　贷款人应依照本办法制定个人贷款业务管理细则及操作规程。

第四十六条　本办法由中国银行业监督管理委员会负责解释。

第四十七条　本办法自发布之日起施行。

银行业金融机构衍生产品交易业务管理暂行办法

(银监会令〔2011〕1 号，根据中国银行业监督管理委员会第 101 次主席会议《关于修改〈金融机构衍生产品交易业务管理暂行办法〉的决定》修订，2011 年 1 月 5 日公布，自公布之日起施行)

第一章 总 则

第一条 为规范银行业金融机构衍生产品业务，有效控制银行业金融机构衍生产品业务风险，根据《中华人民共和国银行业监督管理法》、《中华人民共和国商业银行法》及其他有关法律法规，制定本办法。

第二条 本办法所称银行业金融机构是指依法设立的商业银行、城市信用合作社、农村信用合作社等吸收公众存款的金融机构以及政策性银行。依法设立的金融资产管理公司、信托公司、企业集团财务公司、金融租赁公司，以及经中国银行业监督管理委员会（以下简称中国银监会）批准设立的其他银行业金融机构从事衍生产品业务，适用本办法。

第三条 本办法所称衍生产品是一种金融合约，其价值取决于一种或多种基础资产或指数，合约的基本种类包括远期、期货、掉期（互换）和期权。衍生产品还包括具有远期、期货、掉期（互换）和期权中一种或多种特征的混合金融工具。

第四条 本办法所称银行业金融机构衍生产品交易业务按照交易目的分为两类：

（一）套期保值类衍生产品交易。即银行业金融机构主动发起，为规避自有资产、负债的信用风险、市场风险或流动性风险而进行的衍生产品交易。此类交易需符合套期会计规定，并划入银行账户管理。

（二）非套期保值类衍生产品交易。即除套期保值类以外的衍生产品交易。包括由客户发起，银行业金融机构为满足客户需求提供的代客交易和银行业金融机构为对冲前述交易相关风险而进行的交易；银行业金融机构为承担做市义务持续提供市场买、卖双边价格，并按其报价与其他市场参与者进行的做市交易；以及银行业金融机构主动发起，运用自有资金，根据对市场走势的判断，以获利为目的进行的自营交易。此类交易划入交易账户管理。

第五条 本办法所称客户是指除金融机构以外的个人客户和机构客户。银行业金融机构向客户销售的理财产品若具有衍生产品性质，其产品设计、交易、管理适用本办法，客户准入以及销售环节适用中国银监会关于理财业务的相关规定。对个人衍生产品交易的风险评估和销售环节适用个人理财业务的相关规定。

第六条 银行业金融机构开办衍生产品交易业务，应当经中国银监会批准，接受中国银监会的监督与检查。

获得衍生产品交易业务资格的银行业金融机构，应当从事与其自身风险管理能力相适应的业务活动。

第七条 银行业金融机构从事与外汇、商品、能源和股权有关的衍生产品交易以及场内衍生产品交易，应当具有中国银监会批准的衍生产品交易业务资格，并遵守国家外汇管理及其他相关规定。

第二章 市场准入管理

第八条 银行业金融机构开办衍生产品交易业务的资格分为以下两类：

（一）基础类资格：只能从事套期保值类衍生产品交易。

（二）普通类资格：除基础类资格可以从事的衍生产品交易之外，还可以从事非套期保值类衍生产品交易。根据银行业金融机构的风险管理能力，监管部门可以对其具体的业务模式、产品种类等实施差别化资格管理。

第九条 银行业金融机构申请基础类资格，应当具备以下条件：

（一）有健全的衍生产品交易风险管理制度和内部控制制度；

（二）具有接受相关衍生产品交易技能专门培训半年以上、从事衍生产品或相关交易2年以上的交易人员至少2名，相关风险管理人员至少1名，风险模型研究人员或风险分析人员至少1名，熟悉套期会计操作程序和制度规范的人员至少1名，以上人员均需专岗专人，相互不得兼任，且无不良记录；

（三）有适当的交易场所和设备；

（四）具有处理法律事务和负责内控合规检查的专业部门及相关专业人员；

（五）满足中国银监会审慎监管指标要求；

（六）中国银监会规定的其他条件。

第十条 银行业金融机构申请普通类资格，除具备上述基础类资格条件以外还需具备以下条件：

（一）完善的衍生产品交易前、中、后台自动连接的业务处理系统和实时风险管理系统；

（二）衍生产品交易业务主管人员应当具备5年以上直接参与衍生产品交易活动或风险管理的资历，且无不良记录；

（三）严格的业务分离制度，确保套期保值类业务与非套期保值类业务的市场信息、风险管理、损益核算有效隔离；

（四）完善的市场风险、操作风险、信用风险等风险管理框架；

（五）中国银监会规定的其他条件。

第十一条 外资银行开办衍生产品交易业务，应当向当地监管机构提交由授权签字人签署的申请材料，经审查同意后，报中国银监会审批。外商独资银行、中外合资银行应当由总行统一向当地监管机构提交申请材料；外国银行拟在中国境内两家以上分行开办衍生产品交易业务的，应当由其在华管理行统一向当地监管机构提交申请材料，经审查同意后，报中国银监会审批。

外国银行分行申请开办衍生产品交易业务，应当获得其总行（地区总部）的正式授权，其母国应当具备对衍生产品交易业务进行监管的法律框架，其母国监管当局应当具备相应的监管能力。

申请开办衍生产品交易业务的外国银行分行，如果不具备第九条或第十条所列条件，其总行（地区总部）应当具备上述条件。同时该分行还应当具备以下条件：

（一）其总行（地区总部）对该分行从事衍生产品交易等方面的正式授权对交易品种和限额作出明确规定；

（二）除总行另有明确规定外，该分行的全部衍生产品交易统一通过对其授权的总行（地区总部）系统进行实时平盘，并由其总行（地区总部）统一进行平盘、敞口管理和风险控制。

其他由属地监管的银行业金融机构应当先向当地监管机构提交申请材料，经审查同意后，报中国银监会审批；其他由中国银监会直接监管的银行业金融机构直接向中国银监会提交申请材料，报中国银监会审批。

第十二条　银行业金融机构申请开办衍生产品交易业务，应当向中国银监会或其派出机构报送以下文件和资料（一式三份）：

（一）开办衍生产品交易业务的申请报告、可行性报告及业务计划书或展业计划；

（二）衍生产品交易业务内部管理规章制度；

（三）衍生产品交易会计制度；

（四）主管人员和主要交易人员名单、履历；

（五）衍生产品交易风险管理制度，包括但不限于：风险敞口量化规则或风险限额授权管理制度；

（六）交易场所、设备和系统的安全性和稳定性测试报告；

（七）中国银监会要求的其他文件和资料。

外国银行分行申请开办衍生产品交易业务，若不具备第九条或第十条所列条件，该分行除报送其总行（地区总部）的上述文件和资料外，同时还应当向所在地银监局报送以下文件：

（一）其总行（地区总部）对该分行从事衍生产品交易品种和限额等方面的正式书面授权文件；

（二）除其总行另有明确规定外，其总行（地区总部）出具的确保该分行全部衍生产品交易通过总行（地区总部）交易系统进行实时平盘，并由其总行（地区总部）负责进行平盘、敞口管理和风险控制的承诺函。

第十三条　银行业金融机构提交的衍生产品交易会计制度，应当符合我国有关会计标准。我国未规定的，应当符合有关国际标准。外国银行分行可以遵从其母国/总行会计标准。

第十四条　银行业金融机构按本办法规定提交的交易场所、设备和系统的安全性测试报告，原则上应当由第三方独立做出。

第十五条　银行业金融机构开办衍生产品交易业务内部管理规章制度应当至少包括以下内容：

（一）衍生产品交易业务的指导原则、业务操作规程（业务操作规程应当体现交易前台、中台与后台分离的原则）和针对突发事件的应急计划；

（二）新业务、新产品审批制度及流程；

（三）交易品种及其风险控制制度；

（四）衍生产品交易的风险模型指标及量化管理指标；

（五）风险管理制度和内部审计制度；

（六）衍生产品交易业务研究与开发的管理制度及后评价制度；

（七）交易员守则；

（八）交易主管人员岗位责任制度，对各级主管人员与交易员的问责制度和激励约束机制；

（九）对前、中、后台主管人员及工作人员的培训计划；

（十）中国银监会规定的其他内容。

第十六条　中国银监会自收到银行业金融机构按照本办法提交的完整申请资料之日起三个月内予以批复。

第十七条　银行业金融机构法人授权其分支机构办理衍生产品交易业务，须对其风险管理能力进行严格审核，并出具有关交易品种和限额等方面的正式书面授权文件；境内分支机构办理衍生产品交易业务须统一通过其总行（部）系统进行实时平盘，并由总行（部）统一进行平盘、敞口管理和风险控制。

上述分支机构应当在收到其总行（部）授权或授权发生变动之日起 30 日内，持其总行（部）的授权文件向当地银监局报告。

外国银行分行所获授权发生变动时，应当及时主动向中国银监会报告。

第三章 风险管理

第十八条 银行业金融机构应当根据本机构的经营目标、资本实力、管理能力和衍生产品的风险特征，确定是否适合从事衍生产品交易及适合从事的衍生产品交易品种和规模。

银行业金融机构从事衍生产品交易业务，在开展新的业务品种、开拓新市场等创新前，应当书面咨询监管部门意见。

银行业金融机构应当逐步提高自主创新能力、交易管理能力和风险管理水平，谨慎涉足自身不具备定价能力的衍生产品交易。银行业金融机构不得自主持有或向客户销售可能出现无限损失的裸卖空衍生产品，以及以衍生产品为基础资产或挂钩指标的再衍生产品。

第十九条 银行业金融机构应当按照第四条所列衍生产品交易业务的分类，建立与所从事的衍生产品交易业务性质、规模和复杂程度相适应的、完善的、可靠的市场风险、信用风险、操作风险以及法律合规风险管理体系和制度、内部控制制度和业务处理系统，并配备履行上述风险管理、内部控制和业务处理职责所需要的具备相关业务知识和技能的工作人员。

第二十条 银行业金融机构董事会或其授权专业委员会应当定期对现行的衍生产品业务情况、风险管理政策和程序进行评价，确保其与机构的资本实力、管理水平相一致。新产品推出频繁或系统发生重大变化时，应当相应增加评估频度。

第二十一条 银行业金融机构高级管理人员应当了解所从事的衍生产品交易风险；审核评估和批准衍生产品交易业务经营及其风险管理的原则、程序、组织、权限的综合管理框架；并能通过独立的风险管理部门和完善的检查报告系统，随时获取有关衍生产品交易风险状况的信息，进行相应的监督与指导。在此基础上，银行业金融机构应当每年一次对其自身衍生产品业务情况进行评估，并将上一年度评估报告一式两份于每年一月底之前报送监管机构。

第二十二条 银行业金融机构要根据本机构的整体实力、自有资本、盈利能力、业务经营方针、衍生产品交易目的及对市场走向的预测，选择与本机构业务相适应的测算衍生产品交易风险敞口的指标和方法。

银行业金融机构应当建立并严格执行授权和止损制度，制定并定期审查更新各类衍生产品交易的风险敞口限额、止损限额、应急计划和压力测试的制度和指标，制定限额监控和超限额处理程序。

在进行衍生产品交易时，必须严格执行分级授权和敞口风险管理制度，任何重大交易或新的衍生产品业务都应当经由董事会或其授权的专业委员会或高级管理层审批。在因市场变化或决策失误出现账面浮亏时，应当严格执行止损制度。

对在交易活动中有越权或违规行为的交易员及其主管，要实行严格问责和惩处。

第二十三条 银行业金融机构应当加强对分支机构衍生产品交易业务的授权与管理。对于衍生产品经营能力较弱、风险防范及管理水平较低的分支机构，应当适当上收其衍生产品的交易权限。银行业金融机构应当在相应的风险管理制度中明确重大交易风险的类别特征，并规定取消交易权限的程序。对于发生重大衍生产品交易风险的分支机构，应及时取消其衍生产品的交易权限。

第二十四条 银行业金融机构从事风险计量、监测和控制的工作人员必须与从事衍生产品交易或营销的人员分开，不得相互兼任；风险计量、监测或控制人员可以直接向高级管理层报告风险状况。根据本办法第四条所列的分类标准，银行业金融机构负责从事套期保值类与非套期保值类衍生产品交易的交易人员不得相互兼任。银行业金融机构应当确保其所从事的上述不同类别衍生产品交易的相关信息相互隔离。

第二十五条 银行业金融机构应当制定明确的交易员、分析员、销售人员等从业人员资格认定标准，根据衍生产品交易及风险管理的复杂性对业务销售人员及其他有关业务人员进行培训，确保其具备必要的技能和资格。

第二十六条 银行业金融机构要制定合理的成本和资产分析测算制度和科学规范的激励约束机制，不得将衍生产品交易和风险管理人员的收入与当期绩效简单挂钩，避免其过度追求利益，增加交易风险。

第二十七条 银行业金融机构应当对衍生产品交易主管和交易员实行定期轮岗和强制带薪休假。

第二十八条 银行业金融机构内审部门要定期对衍生产品交易业务风险管理制度的执行情况进行检查。对于衍生产品交易制度和业务的内审应当具有以下要素：

（一）确保配备数量充足且具备相关经验和技能的内审人员；

（二）建立内审部门向董事会的独立报告路线。

第二十九条 银行业金融机构应当建立健全控制法律风险的机制和制度，严格审查交易对手的法律地位和交易资格。银行业金融机构与交易对手签订衍生产品交易合约时应当参照国际及国内市场惯例，充分考虑发生违约事件后采取法律手段追索保全的可操作性等因素，采取有效措施防范交易合约起草、谈判和签订等过程中的法律风险。

第三十条 银行业金融机构应当制定完善针对衍生产品交易合同等法律文本的评估及管理制度，至少每年根据交易对手的情况，对涉及的衍生产品交易合同文本的效力、效果进行评估，加深理解和掌握，有效防范法律风险。

第三十一条 银行业金融机构应当制定评估交易对手适当性的相关政策：包括评估交易对手是否充分了解合约的条款以及履行合约的责任，识别拟进行的衍生交易是否符合交易对手本身从事衍生交易的目的。在履行本条要求时，银行业金融机构可以根据诚实信用原则合理地依赖交易对手提供的正式书面文件。

第三十二条 银行业金融机构应当制定完善的交易对手信用风险管理制度，选择适当的方法和模型对交易对手信用风险进行评估，并采取适当的风险缓释措施。

银行业金融机构应当以适当的方式向交易对手明示相关的信用风险缓释措施可能对其产生的影响。

第三十三条 银行业金融机构应当运用适当的风险评估方法或模型对衍生产品交易的市场风险进行评估，按市价原则管理市场风险（衍生产品的市值评估可以合理利用第三方独立估值报价），调整交易规模、类别及风险敞口水平。

第三十四条 银行业金融机构从事套期保值类衍生产品交易，应当由资产负债管理部门根据本机构的真实需求背景决定发起交易和进行交易决策。

第三十五条 银行业金融机构从事非套期保值类衍生产品交易，应当计提此类衍生产品交易敞口的市场风险资本，市场风险资本计算方法按照《商业银行资本充足率管理办法》和《商业银行市场风险资本计量内部模型法监管指引》的相关规定执行。

第三十六条 银行业金融机构从事非套期保值类衍生产品交易，其标准法下市场风险资本不得超过银行业金融机构核心资本的3%。监管部门可根据银行业金融机构的经营情况在该资本比例上限要求内实施动态差异化管理。标准法下市场风险资本的计算方法按照《商业银行资本充足率管理办法》的相关规定执行。

第三十七条 银行业金融机构应当根据衍生产品交易的规模与类别，建立完善的流动性风险监控与预警系统，做好充分的流动性安排，确保在市场交易异常情况下，具备足够的履约能力。

第三十八条　银行业金融机构应当建立健全控制操作风险的机制和制度，明确衍生产品交易操作和监控中的各项责任，包括但不限于：交易文件的生成和录入、交易确认、轧差交割、交易复核、市值重估、异常报告、会计处理等。衍生产品交易过程中的文件和录音记录应当统一纳入档案系统管理，由职能部门定期检查。

第三十九条　银行业金融机构应当按照中国银监会的规定对从事的衍生产品交易进行清算，确保履行交割责任，规范处理违约及终止事件，及时识别并控制操作风险。

第四十条　银行业金融机构应当建立完善衍生产品交易管理信息系统，确保按产品、交易对手等进行分类的管理信息完整、有效。

第四十一条　银行业金融机构应当按照中国银监会的规定报送与衍生产品交易有关的会计、统计报表及其他报告。

银行业金融机构应当按照中国银监会关于信息披露的规定，对外披露从事衍生产品交易的风险状况、损失状况、利润变化及异常情况。

第四十二条　银行业金融机构从事衍生产品交易出现重大业务风险或重大业务损失时，应当迅速采取有效措施，制止损失继续扩大，同时将有关情况及时主动向中国银监会报告。

银行业金融机构所从事的衍生产品交易、运行系统、风险管理系统等发生重大变动时，应当及时主动向中国银监会报告具体情况。

第四十三条　中国银监会可以检查银行业金融机构有关衍生产品交易业务的资料和报表、风险管理制度、内部控制制度和业务处理系统是否与其从事的衍生产品交易业务种类相适应。

第四章　产品营销与后续服务

第四十四条　银行业金融机构应当高度重视衍生产品交易的风险管理工作，制定完善客户适合度评估制度，在综合考虑衍生产品分类和客户分类的基础上，对衍生产品交易进行充分的适合度评估：

（一）评估衍生产品的风险及复杂程度，对衍生产品进行相应分类，并至少每年复核一次其合理性，进行动态管理；

（二）根据客户的业务性质、衍生产品交易经验等评估其成熟度，对客户进行相应分类，并至少每年复核一次其合理性，进行动态管理。

第四十五条　银行业金融机构应当根据客户适合度评估结果，与有真实需求背景的客户进行与其风险承受能力相适应的衍生产品交易，并获取由客户提供的声明、确认函等能够证明其真实需求背景的书面材料，内容包括但不限于：

（一）与衍生产品交易直接相关的基础资产或基础负债的真实性；

（二）客户进行衍生产品交易的目的或目标；

（三）是否存在与本条第一项确认的基础资产或基础负债相关的尚未结清的衍生产品交易敞口。

第四十六条　银行业金融机构与客户交易的衍生产品的主要风险特征应当与作为真实需求背景的基础资产或基础负债的主要风险特征具有合理的相关度，在营销与交易时应当首先选择基础的、简单的、自身具备定价估值能力的衍生产品。

第四十七条　银行业金融机构应当制定完善衍生产品销售人员的内部培训、资格认定及授权管理制度，加强对销售人员的持续专业培训和职业操守教育，及时跟进针对新产品新业务的培训和资格认定，并建立严格的管理制度。通过资格认定并获得有效授权的销售人员方可向客户介绍、营销衍生产品。在向客户介绍衍生产品时，销售人员应当以适当的方式向客户明示其已通过内部资格认定并获得有效授权。

第四十八条　银行业金融机构应当以清晰易懂、简明扼要的文字表述向客户提供衍生产品介绍和风险揭示的书面资料，相关披露以单独章节、明白清晰的方式呈现，不得以页边、页底或脚注以及小字体等方式说明，内容包括但不限于：

（一）产品结构及基本交易条款的完整介绍和该产品的完整法律文本；

（二）与产品挂钩的指数、收益率或其他参数的说明；

（三）与交易相关的主要风险披露；

（四）产品现金流分析、压力测试、在一定假设和置信度之下最差可能情况的模拟情景分析与最大现金流亏损以及该假设和置信度的合理性分析；

（五）应当向客户充分揭示的其他信息。

第四十九条　在衍生产品销售过程中，银行业金融机构应当客观公允地陈述所售衍生产品的收益与风险，不得误导客户对市场的看法，不得夸大产品的优点或缩小产品的风险，不得以任何方式向客户承诺收益。

第五十条　银行业金融机构应当充分尊重客户的独立自主决策，不得将交易衍生产品作为与客户开展其他业务的附加条件。

第五十一条　银行业金融机构应当建立客户的信用评级制度，并结合客户的信用评级、财务状况、盈利能力、净资产水平、现金流量等因素，确定相关的信用风险缓释措施，限制与一定信用评级以下客户的衍生产品交易。

第五十二条　与客户达成衍生产品交易之前，银行业金融机构应当获取由客户提供的声明、确认函等形式的书面材料，内容包括但不限于：

（一）客户进行该笔衍生产品交易的合规性；

（二）衍生产品交易合同、交易指令等协议文本的签署人员是否获得有效的授权；

（三）客户是否已经完全理解该笔衍生产品交易的条款、相关风险，以及该笔交易是否符合第四十五条第二项确认的交易目的或目标；

（四）客户对于该笔衍生产品交易在第四十八条第四项所述最差可能情况下是否具备足够的承受能力；

（五）需要由客户声明或确认的其他事项。

第五十三条　银行业金融机构应当及时向客户提供已交易的衍生产品的市场信息，定期将与客户交易的衍生产品的市值重估结果以评估报告、风险提示函等形式，通过信件、电子邮件、传真等可记录的方式向客户书面提供，并确保相关材料及时送达客户。当市场出现较大波动时，应当适当提高市值重估频率，并及时向客户书面提供市值重估结果。银行业金融机构应当至少每年对上述市值重估的频率和质量进行评估。

第五十四条　银行业金融机构对于自身不具备定价估值能力的衍生产品交易，应当向报价方获取关键的估值参数及相关信息，并通过信件、电子邮件、传真等可记录的方式向客户书面提供此类信息，以提高衍生产品市值重估的透明度。

第五十五条　银行业金融机构应当针对与客户交易的衍生产品业务种类确定科学合理的利润目标，制定科学合理的考核评价与长效激励约束机制，引导相关部门和人员诚实守信、合规操作，不得过度追求盈利，不得将与客户交易衍生产品的相关收益与员工薪酬及其所在部门的利润目标及考核激励机制简单挂钩。

第五十六条　银行业金融机构应当制定完善衍生产品交易业务的定期后评价制度，包括对合规销售、风险控制、考核激励机制等内部管理制度的定期后评价。

银行业金融机构应当通过实地访问、电子邮件、传真、电话录音等可记录的方式建立完善对客户的定期回访制度，针对合规销售与风险揭示等内容认真听取客户的意见，并及时反馈。

第五章　罚　则

第五十七条　银行业金融机构未经批准擅自开办衍生产品交易业务的，依据《中华人民共和国银行业监督管理法》的规定进行处罚。

第五十八条　对未能有效执行衍生产品交易风险管理和内部控制制度的银行业金融机构，可以暂停或终止其衍生产品交易资格，并进行经济处罚。

第五十九条　银行业金融机构未按本办法或者中国银监会的要求报送有关报表、资料以及披露衍生产品交易情况的，根据其性质分别按照《中华人民共和国银行业监督管理法》、《中华人民共和国商业银行法》、《中华人民共和国外资银行管理条例》等法律法规及相关规定，予以处罚。

第六十条　银行业金融机构的衍生产品交易人员（包括主管、风险管理人员、分析师、交易人员等）、机构违反本办法有关规定违规操作，造成本机构或者客户重大经济损失的，该银行业金融机构应当对直接负责的高级管理人员、主管人员和直接责任人给予记过直至开除的纪律处分；构成犯罪的，移交司法机关依法追究刑事责任。

第六章　附　则

第六十一条　本办法由中国银监会负责解释。

第六十二条　此前公布的有关银行业金融机构衍生产品交易的规定，与本办法相抵触的，以本办法为准。对于本办法规定的内容，法律或行政法规另有规定的，从其规定。

中国银监会办公厅关于落实案件防控
工作有关要求的通知

各银监局，各政策性银行、国有商业银行、股份制商业银行、金融资产管理公司，邮政储蓄银行，银监会直接监管的信托公司、企业集团财务公司、金融租赁公司：

去年下半年以来，银行业金融机构涉及柜台操作的大要案频发。这些案件直接来源于柜台业务及对账等环节的风险暴露，部分银行柜员严重违规操作，基层营业机构负责人直接授意授权作案，作案方式虽然简单，但具有隐蔽性强、成功率高、作案时间长、涉案金额大等特点。案件由以往的单独作案日趋发展为团伙化、技术化和内外勾结作案。这些案件的发生，反映出银行业金融机构对柜台业务和基层营业机构的制约、控制和管理等基础性工作方面还存在较大差距，银行业金融机构的柜员一旦主动蓄谋作案，会计监督、后台审核及内部稽核等内控防线很难及时发现问题，导致作案人员多次作案、涉案金额不断扩大从而形成大要案。

为加强银行业金融机构案件防控基础工作的落实，严格柜台业务操作行为，有效发挥机构内部监督制约力量在案件防控工作中的作用，消除银行员工岗位惰性和不良业务习惯，提高案件防控工作敏感性，切实遏制案件风险发生，银监会 2012 年在案件防控工作方面重点对轮岗、对账、内审稽核及柜台禁止性行为提出工作要求，以求监管部门的案件防控努力与银行业金融机构内部防范措施的落实形成合力，及时制止案件发生或防止案情进一步蔓延扩大，实现案件风险"打早打小"，切实防范大要案的发生。

为此，银监会提出了《关于加强案件防控，落实轮岗、对账及内审有关要求的工作意见》和《严禁柜台违规行为防范案件风险的工作意见》，现印发给你们，请认真贯彻落实。

请各银监局将本通知转发辖内银监分局和有关银行业金融机构。

附件：

1.关于加强案件防控，落实轮岗、对账及内审有关要求的工作意见

2.严禁柜台违规行为防范案件风险的工作意见

二〇一二年四月十三日

附件1：
关于加强案件防控，落实轮岗、对账及内审有关要求的工作意见

为切实防范因柜台操作诱发的案件风险，有效防控案件的发生，按照银监会 2012 年度案件防控工作部署，结合银行业案件的发生特点，根据《商业银行内部控制指引》、《商业银行操作风险管理指引》以及《银行业金融机构内部审计指引》有关内容，现就银行业金融机构（以下简称机构）

2012年案件防控工作在重要岗位员工轮岗、对账及内部审计三方面提出以下要求，各机构要与现有的监管要求一并严格落实：

一、重要岗位员工轮岗方面

各机构要充分认识重要岗位员工轮岗在加强内部控制和防范操作风险、道德风险中发挥的重大作用，要认真组织实施重要岗位员工轮岗工作，并将轮岗工作落实情况列入经营考核之中。

（一）各机构必须建立重要岗位员工轮岗制度，此制度应作为银行的基本内控制度向监管部门进行报备。各机构根据操作风险和案件风险集中情况及对业务运营、内控管理和风险防范发挥重要作用原则，自行确定重要岗位；机构应在本机构有关重要岗位员工轮岗制度中对重要岗位、轮岗年限、轮岗方式进行明确和详细规定。

（二）严格执行有关重要岗位员工轮岗制度。轮岗期限原则上以年度为限，轮岗率要求100%；坚决禁止采用离岗休假、代班检查或离岗审计等方式来代替轮岗制度的落实；严禁以各种理由拖延或不落实执行轮岗制度。

（三）提高营业机构委派会计（授权经理）的轮岗要求，强化其独立性和权威性。提高委派会计（授权经理）的轮岗频率，轮岗期限最长不超过2年，轮岗率100%。全面落实委派会计（授权经理）在营业机构的业务指导、检查监督、业务授权和审核等职能；切实加强其在内部控制和防范案件风险中关键的权威、独立角色，发挥其对基层行经营权力制约作用；保证其行使正当职责的独立性，确保其日常工作不受基层行长的干预和限制。

（四）提高基层营业机构管理层的轮岗要求以强化对其的监督制约。针对机构基层行管理层在岗时间过长、易于形成岗位制约、分权监督效力减弱的环境氛围，导致行政强令、指使、暗示、授意下属越权、违规、违章办理业务和直接干预委派会计主管独立履行职责等现象发生的问题，为减少环境因素导致案件风险发生的可能性，基层营业机构负责人轮岗期限最长不超过3年，轮岗同时必须实施离任审计。机构在制订轮岗计划和方案时要注意同一营业机构的委派会计（授权经理）和网点负责人在轮岗时不能同时同向进行。

（五）加强对柜员的轮岗工作要求，切实保证切断风险源头。临柜业务经办人员是柜台类案件防范的第一道、最直接的防线，也是犯罪分子蓄谋突破的主要目标，因此要求各银行必须将柜员列入轮岗范围，明确其轮岗期限和轮岗方式。鉴于各机构柜员的配置、管理各不相同，按一般原则，轮岗期限不超过1年；要求各机构必须保证采取不限于轮岗、强制休假、收紧授权管理和权限、加强后台或会计系统监督等一系列措施，切实解决柜员操作中缺少事中监督，而形成的案件风险的问题。

二、对账工作方面

对账工作是及时发现问题，防止案件风险扩大的有效手段，各机构要充分认识对账工作的重要性，通过制度保证、科技手段、流程管控、法律约束等多种方式确保对账成功，切实保证客户和银行的资金资产安全；各机构要认真组织实施对账工作，严格执行监管部门账户管理的各项有关规定，将对账工作情况作为经营考核的重要内容，并落实以下有关要求：

（一）确保对账工作有效落实。各机构要采取多种措施确保对账工作按照制度规范和要求有效落实；切实解决企业不按时对账、不配合对账或其他原因导致对账工作不能落实的问题，充分发挥对账工作在防范案件风险中的作用。

（二）提高对账率及对账频率要求。各机构应每季度对对公账户实施对账，且应规定最低有效对账率，对于不能达标的分支机构，各机构法人要专项督促落实，确保在2012年内达标。对于前一个对账期内未能实现有效对账的账户，在下一个对账期内必须实现有效对账，即保证对公账户最少每半年有效对账一次。对于有效对账后账户内无资金往来、开户后无款项发生或长期不动存款户等，可视风险程度降低对账要求。

（三）加大对重点账户、高风险账户的监控。对风险高的账户要进行重点监控，从对账方式和频率上加强对账力度，主动防范风险。对于值得高度关注的账户，原则上逐月采取上门对账的方式并收取对账回执；对于异动、可疑、高风险账户，要求必须逐月采取上门对账的方式，核对发生额和余额并收取余额对账回执；出现特殊异常情况或有理由认为涉及案件风险的账户，要采取临时性对账措施，对有关账户的发生额和余额进行全面对账。

这些账户应是在机构各项日常经营、管理活动中发现存疑，且必须被机构密切关注或监视的，如：

1. 连续两个对账周期对账失败的账户；

2. 短期内频繁收付的大额存款、整收零付或零收整付且金额大致相当的账户；

3. 账户所有者与无业务往来者之间划转大额款项的账户；

4. 未经银行营销主动开立并立即收付大额款项的存款账户；

5. 长期未发生业务又突然发生大额资金收付的账户；

6. 多次不及时领取对账回单或返回对账回执、对账过程中出现可疑情况的账户；

7. 其他迹象表明值得密切、立即关注的账户或监管部门要求即时、上门对账的账户。

（四）加强考核指标要求。各机构必须建立客户对账考核制度，综合运用定量加定性指标的方式对对账工作进行考核；严格要求有效对账回收率（有效对账回收率=收到有效回执、对账有效的户数/应对账的户数，其中应对账的户数=总户数−本期不应纳入对账考核的户数）。回收的对账回执，客户应加盖开户时在对账协议中约定的确认印鉴，加盖印鉴不符的，在客户有效补签之前，视同无效对账，应予补对。

（五）强化对账工作的监督检查。各机构负责对账管理的部门应定期就所辖分支机构对账情况进行总结分析，不断改进对账工作，强化各分支机构对账工作执行力度，提高对账有效性。

各机构内审稽核部门应将对账工作作为内控制度执行情况的重点事项进行检查，发现未按照规定进行对账或对账中发现问题未及时核对的，要立即督促整改并追究有关人员责任。

各机构应至少每年组织一次对总、分行对账制度执行情况的现场检查，重点关注对重点账户、异动账户、可疑账户的对账情况并对休眠账户进行清理规范。经办对账工作的人员不得参与本机构的对账工作检查；被查机构人员不得参与上级机构对本机构的对账工作检查。

三、内审方面

各机构要规划、制定、实施以防范操作风险及案件风险为导向，以杜绝严重违规行为为重点，以加强内部控制为核心的审计工作。通过履行内部审计的日常监督和专项监督职能，发挥内部审计在完善内部控制环境、提高操作风险及案件风险评估能力、改善操作风险及案件风险控制措施和手段的作用，增强机构自身案件防控内生动力建设水平。

（一）内审在案件防控工作中的思路及重心由发现、揭露违法、违规行为和现象向防范操作风险及案件风险，提升内控水平转移。加大审计银行内部控制健全性、合规性和有效性的力度，切实发挥内审在监督及规范业务操作和业务管理、防范案件风险、加强内部管控、提升机构案件防控内生动力建设水平等方面的重要作用。

（二）将案件风险作为一项重要内容纳入各营业机构每年的风险评估。定期检查评估营业机构的操作风险及案件风险管理体系的运作情况，监督管理政策、监管要求的落实情况，重点对高风险网点、高风险业务、高风险环节、高风险岗位的操作规范和业务程序进行评估，并以此为基础加大以上"四高"的审计力度、频度和深度；及时向董事会和监管部门报告情况。

（三）确保机构的操作风险和案件风险状况符合案件风险的年度监管重点要求。将银监会案件防控的工作要求、防范操作风险13条等内容作为落实年度内部审计工作重点、制定内部审计计划的重要内容，确保年内完成将内部控制和案件风险作为重要审计项目的审计活动，重点监督重要岗位员工轮岗执行、综合柜员岗风险管控、对账工作要求落实、严禁违规操作等监管要求的落实情况，审计覆盖面原则上不低于全部营业机构的1/3，被审计机构的选取由各银行结合实际风险状况自定。

（四）将案件风险的审计作为一项重要风险融入信贷业务审计、会计业务审计、重要岗位人员履职审计、出纳业务审计以及其他日常监督活动中。加强信贷业务中客户准入控制、贷款企业或项目真实性、审贷行为合规性的审查，积极预防和控制宏观经济环境下骗贷行为引发的案件风险；加强银企对账、柜台人员业务操作、重要岗位管控、不相容岗位兼职、分层授权等高风险、易发风险环节的监督检查，遏制近期柜台类案件高发的局面；加强对"高风险"人员排查监督，严格员工行为失范监察力度，密切关注存在不正常行为或不正常经济活动工作人员，尤其是重要岗位工作人员，防范非法集资风险向银行转移。

（五）对发现的风险或问题督促及时整改。对在有关操作风险和案件风险的审计活动中发现的风险和问题，负责审计部门应督促和监督有关部门及时落实整改，视情况实施必要的后续评价；对于整改不力或整改不到位的，应根据有关问责制度追究相关责任人责任；对发现的重大风险和问题向董事会报告后但仍未得到整改或整改不到位的，应及时直接向监管部门报告。

（六）加强与监管部门的交流。审计部门要及时向监管部门报告年度开展案件防控有关审计工作的计划、实施报告及总结、审计过程中发现的重大问题和风险等内容。

各监管机构要对以上各项工作要求采取必要措施，切实督促各机构落实有关工作要求。对于不落实案防监管工作要求和执行不到位导致案件发生的银行业金融机构，监管部门在案件责任追究时要加重处罚。

附件2：
严禁柜台违规行为防范案件风险的工作意见

2011年，银行业金融机构（以下简称银行机构）柜台业务操作环节发生多起重大恶性案件，涉案金额数以亿计，造成巨额资金损失，形成重大声誉风险。此类案件作案手段简单却屡屡得逞，反映出银行机构柜员管理和柜台业务操作控制存在重大问题，柜台业务操作风险已成为银行业案件频发的高危区域。为遏制因柜员违规操作引发的重大恶性案件风险，对柜台业务操作特提出以下意见：

一、各银行机构要加强柜台业务的风险控制，强化柜员和授权人员的合规操作，严禁以下行为的发生。

（一）柜员卡使用方面，不得存在以下行为：1.复制、盗用、超权持有操作卡、授权卡、密码（或口令等）；2.将个人名章、操作卡、授权卡、密码（或口令等）交他人使用，或使用他人个人名章、操作卡、授权卡、密码（或口令等）办理业务。

（二）重要物品保管、使用方面，不得存在以下行为：违反领用、登记、交接、作废和销毁制度将本人保管的业务印章、有价单证、重要空白凭证等重要物品交给他人保管、使用。

（三）办理具体柜台业务方面，不得存在以下行为：1.柜员办理本人业务；2.不按规定核对预留印鉴或支付密钥办理业务；3.代客户签名、设置/重置/输入密码；4.代客户申请、购买、签收、保管重要空白凭证和支付设备（如网银U盾或令牌、密码信封、支付密码器等）；5.代客户保管客户存单、卡、折、有价单证、票据、印鉴卡、身份证件等重要物品；6.代客户申请、启用、操作网上银行、手机银行、电话银行业务；7.委派会计（授权经理）对网点负责人干预授权工作不抵制，或对柜员违规操作行为不制止、不纠正，或授意、指使、强令柜台人员违规操作；8. 柜员对明知是违规办理的业务不抵制、不报告。

（四）办理开户、变更、挂失等业务方面，不得存在以下行为：1. 受理企业账户开户、更换或挂失补办印鉴、法定代表人变更时，不核对企业证明文件原件，不核查单位法定代表人、授权经办人身份；2. 受理个人账户开户（卡）申请或开通网银时，不按规定核实申请人意愿和身份信息。

（五）银行账户管理方面，不得存在以下行为：1. 获取客户密码，泄露、擅自修改客户信息；2. 利用客户账户过渡本人资金；3. 通过本人、他人账户归集、过渡银行和客户资金、套取资金；4. 违规使用内部账户为客户办理支付结算业务；5. 空存、空取资金。

（六）业务授权方面，不得存在以下行为：1. 不确认客户真实意愿授权；2. 不审核凭证授权；3. 不核实业务授权；4. 超权限授权。

（七）对账方面，不得存在以下行为：1. 制度规定不允许参与对账的人员参与对账；2. 不按规定审核对账回执；3. 不按规定处理存在问题的对账回执。

（八）授信方面，不得采取以下手段套取银行信用：1. 利用职务之便为本人或关系人获取银行信用；2. 使用或串通客户使用虚假资料获取银行信用；3. 违规出具信用证或其他保函、票据、存单等。

二、凡发生上述违规行为，各级监管机构和银行机构要对有关机构和人员严厉处罚：

（一）各银行机构在检查中发现银行员工存在以上违规行为的，违规操作人员须立即离岗，依据银行机构内部违规处罚规定，按该行为处罚高限进行处罚，同时对违规操作的机构采取有效措施进行整改。

（二）各级监管机构或有关部门在检查中发现银行员工存在以上违规行为的，对违规操作人员按照上述要求处理的同时，要对有关管理人员问责，并追究上级机构的管理责任。监管机构可视违规情况对存在违规操作的机构采取暂停新业务准入等严厉手段，督促违规机构限期整改。

（三）因上述违规行为引发银行业案件的，应按照案件问责办法对违规操作人员、有关管理人员、高管人员及机构严肃问责，并从重或加重处罚。

中国银监会办公厅关于加强银行承兑汇票业务监管的通知

各银监局，各政策性银行、国有商业银行、股份制商业银行，邮政储蓄银行，各省级农村信用联社：

近年来，银行承兑汇票业务快速增长，票据业务风险隐患逐渐积累，票据相关案件时有发生。为加强银行承兑汇票业务监管，现就有关问题通知如下：

一、银行业金融机构要高度重视银行承兑汇票业务风险，认真落实有关监管要求。要加强客户授信调查，严格审查票据申请人资格、贸易背景真实性及背书流转过程合理性。要加强票据业务保证金、贴现资金划付和使用、查验和查询、查复重要空白凭证和业务印章等关键环节的管理。要完善业务流程，强化制度执行，切实防范票据业务风险。

二、银行业金融机构要推动银行承兑汇票业务的审慎发展。要根据自身发展战略、客户结构、风险管理水平和内控能力，合理确定业务规模和发展速度。

三、银行业金融机构要加强银行承兑汇票业务统一授信管理。要科学核定客户票据业务授信规模，防止签发超过企业授信限额的票据，防范各种"倒票"违规行为。

四、银行业金融机构要加强银行承兑汇票业务统一授权管理。原则上支行或一线经营单位仅负责票据承兑和直贴业务，转贴现、买入返售、卖出回购等业务由总行或经授权的分行专门部门负责办理。

五、银行业金融机构要完善银行承兑汇票监测和查库制度，加强票据集中保管。已贴现票据、质押票据应作为重要会计凭证入库，由总行或经授权的分行专门部门集中保管，支行或一线经营单位不得自行保管。已贴现票据必须完成贴现企业向银行的背书，防止银行合法权利悬空。

六、银行业金融机构要加强银行承兑汇票业务保证金统一管理。保证金账户原则上应开立在总行或经授权的分行；对于在票据承兑申请人开户行开立保证金账户的，应通过系统控制、定期对账等措施防范保证金挪用风险。

七、银行业金融机构要加强银行承兑汇票业务交易资金账户统一管理。票据转贴现、买入返售、卖出回购资金应由票据转入行将资金划入票据转出行在中国人民银行开立的存款准备金账户，或票据转出行在本行开立的一般存款账户，不得转入票据转出行在他行开立的账户，防止随意开户和资金体外循环。应明确专门部门负责交易资金账户的监测和管理。

八、银行业金融机构要加强银行承兑汇票查询查复管理。票据承兑行要按有关部门规定，在电子商业汇票系统进行及时登记，以便他行查询；要完善查询台账制度，如遇法院冻结止付等影响票据权利的事件发生，应在收到法院通知两个工作日内依托中国人民银行大额支付系统或其他适当方式通知票据查询行。票据查询行如已将票据转出，应通过适当方式通知交易对手，确保持票行及时主张合法权利。法律法规另有规定的除外。

九、银行业金融机构要完善考核方式，降低票据业务余额等规模指标考核权重，提高票据业务合规性、操作风险防控等指标权重。要加强员工管理，不断提高员工票据业务能力和合规意识，严禁员工参与各种票据中介和资金掮客活动。要加强票据业务审计，开展票据业务制度、流程及执行有效性的审计评价。

十、各级监管部门要严肃查处银行承兑汇票业务中的违法违规行为，视情况采取暂停市场准入、暂停票据业务等监管措施。对管理不力、屡查屡犯的，除对直接责任人进行严肃问责外，还要追究有关领导责任。涉嫌犯罪的，及时移送司法机关。

2012年10月8日

征信业管理条例

中华人民共和国国务院令第 631 号

第一章 总 则

第一条 为了规范征信活动，保护当事人合法权益，引导、促进征信业健康发展，推进社会信用体系建设，制定本条例。

第二条 在中国境内从事征信业务及相关活动，适用本条例。

本条例所称征信业务，是指对企业、事业单位等组织（以下统称企业）的信用信息和个人的信用信息进行采集、整理、保存、加工，并向信息使用者提供的活动。

国家设立的金融信用信息基础数据库进行信息的采集、整理、保存、加工和提供，适用本条例第五章规定。

国家机关以及法律、法规授权的具有管理公共事务职能的组织依照法律、行政法规和国务院的规定，为履行职责进行的企业和个人信息的采集、整理、保存、加工和公布，不适用本条例。

第三条 从事征信业务及相关活动，应当遵守法律法规，诚实守信，不得危害国家秘密，不得侵犯商业秘密和个人隐私。

第四条 中国人民银行（以下称国务院征信业监督管理部门）及其派出机构依法对征信业进行监督管理。

县级以上地方人民政府和国务院有关部门依法推进本地区、本行业的社会信用体系建设，培育征信市场，推动征信业发展。

第二章 征信机构

第五条 本条例所称征信机构，是指依法设立，主要经营征信业务的机构。

第六条 设立经营个人征信业务的征信机构，应当符合《中华人民共和国公司法》规定的公司设立条件和下列条件，并经国务院征信业监督管理部门批准：

（一）主要股东信誉良好，最近 3 年无重大违法违规记录；

（二）注册资本不少于人民币 5000 万元；

（三）有符合国务院征信业监督管理部门规定的保障信息安全的设施、设备和制度、措施；

（四）拟任董事、监事和高级管理人员符合本条例第八条规定的任职条件；

（五）国务院征信业监督管理部门规定的其他审慎性条件。

第七条 申请设立经营个人征信业务的征信机构，应当向国务院征信业监督管理部门提交申请书和证明其符合本条例第六条规定条件的材料。

国务院征信业监督管理部门应当依法进行审查，自受理申请之日起 60 日内作出批准或者不予批准的决定。决定批准的，颁发个人征信业务经营许可证；不予批准的，应当书面说明理由。

经批准设立的经营个人征信业务的征信机构，凭个人征信业务经营许可证向公司登记机关办理登记。

未经国务院征信业监督管理部门批准，任何单位和个人不得经营个人征信业务。

第八条　经营个人征信业务的征信机构的董事、监事和高级管理人员，应当熟悉与征信业务相关的法律法规，具有履行职责所需的征信业从业经验和管理能力，最近 3 年无重大违法违规记录，并取得国务院征信业监督管理部门核准的任职资格。

第九条　经营个人征信业务的征信机构设立分支机构、合并或者分立、变更注册资本、变更出资额占公司资本总额 5%以上或者持股占公司股份 5%以上的股东的，应当经国务院征信业监督管理部门批准。

经营个人征信业务的征信机构变更名称的，应当向国务院征信业监督管理部门办理备案。

第十条　设立经营企业征信业务的征信机构，应当符合《中华人民共和国公司法》规定的设立条件，并自公司登记机关准予登记之日起 30 日内向所在地的国务院征信业监督管理部门派出机构办理备案，并提供下列材料：

（一）营业执照；

（二）股权结构、组织机构说明；

（三）业务范围、业务规则、业务系统的基本情况；

（四）信息安全和风险防范措施。

备案事项发生变更的，应当自变更之日起 30 日内向原备案机构办理变更备案。

第十一条　征信机构应当按照国务院征信业监督管理部门的规定，报告上一年度开展征信业务的情况。

国务院征信业监督管理部门应当向社会公告经营个人征信业务和企业征信业务的征信机构名单，并及时更新。

第十二条　征信机构解散或者被依法宣告破产的，应当向国务院征信业监督管理部门报告，并按照下列方式处理信息数据库：

（一）与其他征信机构约定并经国务院征信业监督管理部门同意，转让给其他征信机构；

（二）不能依照前项规定转让的，移交给国务院征信业监督管理部门指定的征信机构；

（三）不能依照前两项规定转让、移交的，在国务院征信业监督管理部门的监督下销毁。

经营个人征信业务的征信机构解散或者被依法宣告破产的，还应当在国务院征信业监督管理部门指定的媒体上公告，并将个人征信业务经营许可证交国务院征信业监督管理部门注销。

第三章　征信业务规则

第十三条　采集个人信息应当经信息主体本人同意，未经本人同意不得采集。但是，依照法律、行政法规规定公开的信息除外。

企业的董事、监事、高级管理人员与其履行职务相关的信息，不作为个人信息。

第十四条　禁止征信机构采集个人的宗教信仰、基因、指纹、血型、疾病和病史信息以及法律、行政法规规定禁止采集的其他个人信息。

征信机构不得采集个人的收入、存款、有价证券、商业保险、不动产的信息和纳税数额信息。但是，征信机构明确告知信息主体提供该信息可能产生的不利后果，并取得其书面同意的除外。

第十五条　信息提供者向征信机构提供个人不良信息，应当事先告知信息主体本人。但是，依照法律、行政法规规定公开的不良信息除外。

第十六条 征信机构对个人不良信息的保存期限，自不良行为或者事件终止之日起为 5 年；超过 5 年的，应当予以删除。

在不良信息保存期限内，信息主体可以对不良信息作出说明，征信机构应当予以记载。

第十七条 信息主体可以向征信机构查询自身信息。个人信息主体有权每年两次免费获取本人的信用报告。

第十八条 向征信机构查询个人信息的，应当取得信息主体本人的书面同意并约定用途。但是，法律规定可以不经同意查询的除外。

征信机构不得违反前款规定提供个人信息。

第十九条 征信机构或者信息提供者、信息使用者采用格式合同条款取得个人信息主体同意的，应当在合同中作出足以引起信息主体注意的提示，并按照信息主体的要求作出明确说明。

第二十条 信息使用者应当按照与个人信息主体约定的用途使用个人信息，不得用作约定以外的用途，不得未经个人信息主体同意向第三方提供。

第二十一条 征信机构可以通过信息主体、企业交易对方、行业协会提供信息，政府有关部门依法已公开的信息，人民法院依法公布的判决、裁定等渠道，采集企业信息。

征信机构不得采集法律、行政法规禁止采集的企业信息。

第二十二条 征信机构应当按照国务院征信业监督管理部门的规定，建立健全和严格执行保障信息安全的规章制度，并采取有效技术措施保障信息安全。

经营个人征信业务的征信机构应当对其工作人员查询个人信息的权限和程序作出明确规定，对工作人员查询个人信息的情况进行登记，如实记载查询工作人员的姓名，查询的时间、内容及用途。工作人员不得违反规定的权限和程序查询信息，不得泄露工作中获取的信息。

第二十三条 征信机构应当采取合理措施，保障其提供信息的准确性。

征信机构提供的信息供信息使用者参考。

第二十四条 征信机构在中国境内采集的信息的整理、保存和加工，应当在中国境内进行。

征信机构向境外组织或者个人提供信息，应当遵守法律、行政法规和国务院征信业监督管理部门的有关规定。

第四章 异议和投诉

第二十五条 信息主体认为征信机构采集、保存、提供的信息存在错误、遗漏的，有权向征信机构或者信息提供者提出异议，要求更正。

征信机构或者信息提供者收到异议，应当按照国务院征信业监督管理部门的规定对相关信息作出存在异议的标注，自收到异议之日起 20 日内进行核查和处理，并将结果书面答复异议人。

经核查，确认相关信息确有错误、遗漏的，信息提供者、征信机构应当予以更正；确认不存在错误、遗漏的，应当取消异议标注；经核查仍不能确认的，对核查情况和异议内容应当予以记载。

第二十六条 信息主体认为征信机构或者信息提供者、信息使用者侵害其合法权益的，可以向所在地的国务院征信业监督管理部门派出机构投诉。

受理投诉的机构应当及时进行核查和处理，自受理之日起 30 日内书面答复投诉人。

信息主体认为征信机构或者信息提供者、信息使用者侵害其合法权益的，可以直接向人民法院起诉。

第五章　金融信用信息基础数据库

第二十七条　国家设立金融信用信息基础数据库，为防范金融风险、促进金融业发展提供相关信息服务。

金融信用信息基础数据库由专业运行机构建设、运行和维护。该运行机构不以营利为目的，由国务院征信业监督管理部门监督管理。

第二十八条　金融信用信息基础数据库接收从事信贷业务的机构按照规定提供的信贷信息。

金融信用信息基础数据库为信息主体和取得信息主体本人书面同意的信息使用者提供查询服务。国家机关可以依法查询金融信用信息基础数据库的信息。

第二十九条　从事信贷业务的机构应当按照规定向金融信用信息基础数据库提供信贷信息。

从事信贷业务的机构向金融信用信息基础数据库或者其他主体提供信贷信息，应当事先取得信息主体的书面同意，并适用本条例关于信息提供者的规定。

第三十条　不从事信贷业务的金融机构向金融信用信息基础数据库提供、查询信用信息以及金融信用信息基础数据库接收其提供的信用信息的具体办法，由国务院征信业监督管理部门会同国务院有关金融监督管理机构依法制定。

第三十一条　金融信用信息基础数据库运行机构可以按照补偿成本原则收取查询服务费用，收费标准由国务院价格主管部门规定。

第三十二条　本条例第十四条、第十六条、第十七条、第十八条、第二十二条、第二十三条、第二十四条、第二十五条、第二十六条适用于金融信用信息基础数据库运行机构。

第六章　监督管理

第三十三条　国务院征信业监督管理部门及其派出机构依照法律、行政法规和国务院的规定，履行对征信业和金融信用信息基础数据库运行机构的监督管理职责，可以采取下列监督检查措施：

（一）进入征信机构、金融信用信息基础数据库运行机构进行现场检查，对向金融信用信息基础数据库提供或者查询信息的机构遵守本条例有关规定的情况进行检查；

（二）询问当事人和与被调查事件有关的单位和个人，要求其对与被调查事件有关的事项作出说明；

（三）查阅、复制与被调查事件有关的文件、资料，对可能被转移、销毁、隐匿或者篡改的文件、资料予以封存；

（四）检查相关信息系统。

进行现场检查或者调查的人员不得少于 2 人，并应当出示合法证件和检查、调查通知书。

被检查、调查的单位和个人应当配合，如实提供有关文件、资料，不得隐瞒、拒绝和阻碍。

第三十四条　经营个人征信业务的征信机构、金融信用信息基础数据库、向金融信用信息基础数据库提供或者查询信息的机构发生重大信息泄露等事件的，国务院征信业监督管理部门可以采取临时接管相关信息系统等必要措施，避免损害扩大。

第三十五条　国务院征信业监督管理部门及其派出机构的工作人员对在工作中知悉的国家秘密和信息主体的信息，应当依法保密。

第七章　法律责任

第三十六条　未经国务院征信业监督管理部门批准，擅自设立经营个人征信业务的征信机构或者从事个人征信业务活动的，由国务院征信业监督管理部门予以取缔，没收违法所得，并处 5 万元以上 50 万元以下的罚款；构成犯罪的，依法追究刑事责任。

第三十七条　经营个人征信业务的征信机构违反本条例第九条规定的，由国务院征信业监督管理部门责令限期改正，对单位处 2 万元以上 20 万元以下的罚款；对直接负责的主管人员和其他直接责任人员给予警告，处 1 万元以下的罚款。

经营企业征信业务的征信机构未按照本条例第十条规定办理备案的，由其所在地的国务院征信业监督管理部门派出机构责令限期改正；逾期不改正的，依照前款规定处罚。

第三十八条　征信机构、金融信用信息基础数据库运行机构违反本条例规定，有下列行为之一的，由国务院征信业监督管理部门或者其派出机构责令限期改正，对单位处 5 万元以上 50 万元以下的罚款；对直接负责的主管人员和其他直接责任人员处 1 万元以上 10 万元以下的罚款；有违法所得的，没收违法所得。给信息主体造成损失的，依法承担民事责任；构成犯罪的，依法追究刑事责任：

（一）窃取或者以其他方式非法获取信息；

（二）采集禁止采集的个人信息或者未经同意采集个人信息；

（三）违法提供或者出售信息；

（四）因过失泄露信息；

（五）逾期不删除个人不良信息；

（六）未按照规定对异议信息进行核查和处理；

（七）拒绝、阻碍国务院征信业监督管理部门或者其派出机构检查、调查或者不如实提供有关文件、资料；

（八）违反征信业务规则，侵害信息主体合法权益的其他行为。

经营个人征信业务的征信机构有前款所列行为之一，情节严重或者造成严重后果的，由国务院征信业监督管理部门吊销其个人征信业务经营许可证。

第三十九条　征信机构违反本条例规定，未按照规定报告其上一年度开展征信业务情况的，由国务院征信业监督管理部门或者其派出机构责令限期改正；逾期不改正的，对单位处 2 万元以上 10 万元以下的罚款；对直接负责的主管人员和其他直接责任人员给予警告，处 1 万元以下的罚款。

第四十条　向金融信用信息基础数据库提供或者查询信息的机构违反本条例规定，有下列行为之一的，由国务院征信业监督管理部门或者其派出机构责令限期改正，对单位处 5 万元以上 50 万元以下的罚款；对直接负责的主管人员和其他直接责任人员处 1 万元以上 10 万元以下的罚款；有违法所得的，没收违法所得。给信息主体造成损失的，依法承担民事责任；构成犯罪的，依法追究刑事责任：

（一）违法提供或者出售信息；

（二）因过失泄露信息；

（三）未经同意查询个人信息或者企业的信贷信息；

（四）未按照规定处理异议或者对确有错误、遗漏的信息不予更正；

（五）拒绝、阻碍国务院征信业监督管理部门或者其派出机构检查、调查或者不如实提供有关文件、资料。

第四十一条　信息提供者违反本条例规定，向征信机构、金融信用信息基础数据库提供非依法公开的个人不良信息，未事先告知信息主体本人，情节严重或者造成严重后果的，由国务院征信业监督管理部门或者其派出机构对单位处2万元以上20万元以下的罚款；对个人处1万元以上5万元以下的罚款。

第四十二条　信息使用者违反本条例规定，未按照与个人信息主体约定的用途使用个人信息或者未经个人信息主体同意向第三方提供个人信息，情节严重或者造成严重后果的，由国务院征信业监督管理部门或者其派出机构对单位处2万元以上20万元以下的罚款；对个人处1万元以上5万元以下的罚款；有违法所得的，没收违法所得。给信息主体造成损失的，依法承担民事责任；构成犯罪的，依法追究刑事责任。

第四十三条　国务院征信业监督管理部门及其派出机构的工作人员滥用职权、玩忽职守、徇私舞弊，不依法履行监督管理职责，或者泄露国家秘密、主体信息的，依法给予处分。给信息主体造成损失的，依法承担民事责任；构成犯罪的，依法追究刑事责任。

第八章　附　则

第四十四条　本条例下列用语的含义：

（一）信息提供者，是指向征信机构提供信息的单位和个人，以及向金融信用信息基础数据库提供信息的单位。

（二）信息使用者，是指从征信机构和金融信用信息基础数据库获取信息的单位和个人。

（三）不良信息，是指对信息主体信用状况构成负面影响的下列信息：信息主体在借贷、赊购、担保、租赁、保险、使用信用卡等活动中未按照合同履行义务的信息，对信息主体的行政处罚信息，人民法院判决或者裁定信息主体履行义务以及强制执行的信息，以及国务院征信业监督管理部门规定的其他不良信息。

第四十五条　外商投资征信机构的设立条件，由国务院征信业监督管理部门会同国务院有关部门制定，报国务院批准。

境外征信机构在境内经营征信业务，应当经国务院征信业监督管理部门批准。

第四十六条　本条例施行前已经经营个人征信业务的机构，应当自本条例施行之日起6个月内，依照本条例的规定申请个人征信业务经营许可证。

本条例施行前已经经营企业征信业务的机构，应当自本条例施行之日起3个月内，依照本条例的规定办理备案。

第四十七条　本条例自2013年3月15日起施行。

境外直接投资人民币结算试点管理办法

中国人民银行公告〔2011〕第1号

第一条 为配合跨境贸易人民币结算试点，便利境内机构以人民币开展境外直接投资，规范银行业金融机构（以下简称银行）办理境外直接投资人民币结算业务，根据《中华人民共和国中国人民银行法》等法律、行政法规，制定本办法。

第二条 本办法所称境外直接投资是指境内机构经境外直接投资主管部门核准，使用人民币资金通过设立、并购、参股等方式在境外设立或取得企业或项目全部或部分所有权、控制权或经营管理权等权益的行为。

本办法所称境内机构是指在跨境贸易人民币结算试点地区内登记注册的非金融企业。本办法所称前期费用是指境内机构在境外设立项目或企业前，需要向境外支付的与境外直接投资有关的费用。

第三条 中国人民银行和国家外汇管理局根据本办法对境外直接投资人民币结算试点实施管理。

第四条 境内机构办理人民币境外直接投资应当获得境外直接投资主管部门的核准。在办理有关境外直接投资核准时，境内机构应当明确拟用人民币投资的金额。

第五条 境外直接投资前期费用汇出或未发生过前期费用汇出的境外直接投资，境内机构应当向所在地外汇局递交以下材料，办理前期费用汇出或境外直接投资登记手续。

（一）书面申请书；

（二）境外直接投资主管部门的核准文件及其复印件或向境外直接投资主管部门提交的境外直接投资申请文件复印件；

（三）境内机构的营业执照、组织机构代码证等复印件。

境内机构所在地外汇局应当在收到相关申请材料之日起3天内完成相关信息登记手续。

发生过前期费用汇出的境外直接投资，境内机构应当在获得境外直接投资主管部门核准的30天内向所在地外汇局报送有关信息。

第六条 境内机构按照本办法第五条第一款办理前期费用汇出或境外直接投资登记手续后，可以到银行办理境外直接投资人民币资金汇出或前期费用人民币资金汇出。

银行在办理境外直接投资人民币结算业务时，应当根据有关审慎监管规定，要求境内机构提交境外直接投资主管部门的核准证书或文件等相关材料，并认真审核。在审核过程中，银行可登录人民币跨境收付信息管理系统和直接投资外汇管理信息系统查询有关信息。

第七条 审核境内机构向境外直接投资主管部门提交的申请文件和境内机构的组织机构代码证等相关材料后，银行可以为境内机构办理境外直接投资人民币前期费用汇出。境内机构累计汇出的前期费用原则上不得超过其向境外直接投资主管部门申报的中方投资总额的15%。如确因境外并购等业务需要，前期费用超过15%的，应当向所在地外汇局说明并提交相关证明材料。

第八条 银行应当按照《人民币银行结算账户管理办法》（中国人民银行令〔2003〕第5号发

布）等规定，通过境内机构的人民币银行结算账户为其办理境外直接投资人民币资金的结算，并向人民币跨境收付信息管理系统报送有关人民币资金跨境收付信息。

第九条　人民币境外直接投资相关业务需要同时使用外汇资金的，境内机构和银行应当按照外汇管理相关规定，办理境外直接投资外汇资金汇出入手续。在办理外汇资金汇出入手续时，银行应当登入直接投资外汇管理信息系统进行业务审核，确保相关业务的合规性。

第十条　银行为境内机构办理的境外直接投资汇出的人民币资金和外汇资金之和，不得超过境外直接投资主管部门核准的境外直接投资总额。

境内机构已经汇出境外的人民币前期费用，应当列入其境外直接投资总额。银行在为该境内机构办理境外直接投资人民币资金汇出时，应当扣减已汇出的人民币前期费用金额。银行应当向人民币跨境收付信息管理系统报送人民币前期费用跨境支付信息。

第十一条　自汇出人民币前期费用之日起 6 个月内仍未获得境外直接投资主管部门核准的，境内机构应当将剩余资金调回原汇出资金的境内人民币账户。银行应当督促境内机构将剩余资金调回原汇出资金的境内人民币账户。对拒不调回的，银行应当向所在地人民银行备案。

第十二条　境内机构可以将其所得的境外直接投资利润以人民币汇回境内。经审核境内机构提交的境外投资企业董事会利润处置决议等材料，银行可以为该境内机构办理境外直接投资人民币利润入账手续，并应当向人民币跨境收付信息管理系统报送人民币利润汇回信息。

第十三条　境内机构因境外投资企业增资、减资、转股、清算等人民币收支，可以凭境外直接投资主管部门的核准文件到银行直接办理人民币资金汇出入手续。在办理上述业务时，银行应当向人民币跨境收付信息管理系统报送有关人民币跨境收付信息。

第十四条　已登记境外企业发生名称、经营期限、合资合作伙伴及合资合作方式等基本信息变更，或发生增资、减资、股权转让或置换、合并或分立清算等情况，境内机构应当在发生之日起30 天内将上述变更情况报送所在地外汇局。

第十五条　银行可以按照有关规定向境内机构在境外投资的企业或项目发放人民币贷款。通过本银行的境外分行或境外代理银行发放人民币贷款的，银行可以向其境外分行调拨人民币资金或向境外代理银行融出人民币资金，并在 15 天内向所在地人民银行备案。在办理上述业务时，银行应当向人民币跨境收付信息管理系统报送有关人民币跨境收付信息。

第十六条　在办理境外直接投资人民币结算业务时，银行和境内机构应当按照《国际收支统计申报办法》等有关规定办理国际收支申报。

第十七条　银行应当认真履行信息报送义务，及时、准确、完整地向人民币跨境收付信息管理系统报送与境外直接投资相关的各类人民币跨境收付信息。

第十八条　银行在办理境外直接投资人民币结算业务时，应当按照《中华人民共和国反洗钱法》和中国人民银行的有关规定，切实履行反洗钱和反恐融资义务，预防利用人民币境外直接投资进行洗钱、恐怖融资等违法犯罪活动。银行应当收集境内机构境外直接投资目的地的反洗钱和反恐融资信息，评估境外直接投资目的地的洗钱和恐怖融资风险，并采取适当的风险管理措施。

第十九条　中国人民银行与国家外汇管理局、境外直接投资主管部门建立信息共享机制，加大事后监督检查力度，有效监管人民币境外直接投资业务活动。

人民币跨境收付信息管理系统每日向直接投资外汇管理信息系统传输境外直接投资相关的人民币跨境收付信息，直接投资外汇管理信息系统每日向人民币跨境收付信息管理系统传输境外直接投资相关的外汇跨境收付信息。

第二十条　中国人民银行会同国家外汇管理局对银行、境内机构的人民币境外直接投资业务活动进行现场检查和非现场检查，督促银行切实履行交易真实性审核、信息报送、反洗钱等职责，监督境内机构依法开展业务活动。

第二十一条　银行、境内机构违反本办法有关规定的，中国人民银行会同国家外汇管理局可以依法进行通报批评或处罚；情节严重的，可以禁止银行、境内机构继续开展跨境人民币业务。

第二十二条　银行在办理境外直接投资人民币结算业务时违反有关审慎监管规定的，由有关部门依法进行处罚；违反有关反洗钱、反恐融资和人民币银行结算账户管理规定的，由中国人民银行依法进行处罚。

第二十三条　境内金融机构的境外直接投资人民币结算业务管理，参照本办法执行。相关监管部门对境内金融机构人民币境外直接投资另有规定的，从其规定。

第二十四条　本办法由中国人民银行负责解释。

第二十五条　本办法自发布之日起施行。此前颁布的有关规定与本办法不一致的，按照本办法执行。

外商直接投资人民币结算业务管理办法

中国人民银行公告 〔2011〕 第 23 号

第一章 总 则

第一条 为扩大人民币在跨境贸易和投资中的使用范围，规范银行业金融机构（以下简称银行）办理外商直接投资人民币结算业务，根据《中华人民共和国中国人民银行法》、《人民币银行结算账户管理办法》（中国人民银行令〔2003〕第 5 号发布）等有关法律、行政法规、规章，制定本办法。

第二条 银行办理外商直接投资人民币结算业务，适用本办法。

第三条 境外企业、经济组织或个人（以下统称境外投资者）以人民币来华投资应当遵守中华人民共和国外商直接投资法律规定。

第四条 中国人民银行根据本办法对外商直接投资人民币结算业务实施管理。

第二章 业务办理

第五条 境外投资者办理外商直接投资人民币结算业务，可以按照《人民币银行结算账户管理办法》、《境外机构人民币银行结算账户管理办法》（银发〔2010〕249 号文印发）等银行结算账户管理规定，申请开立境外机构人民币银行结算账户。其中，与投资项目有关的人民币前期费用资金和通过利润分配、清算、减资、股权转让、先行回收投资等获得的用于境内再投资人民币资金应当按照专户专用原则，分别开立人民币前期费用专用存款账户和人民币再投资专用存款账户存放，账户不得办理现金收付业务。

第六条 银行应当在审核境外投资者提交的支付命令函、资金用途说明、资金使用承诺书等材料后，为其办理前期费用向境内人民币银行结算账户的支付。外商投资企业设立后，剩余前期费用应当转入按本办法第八条规定开立的人民币资本金专用存款账户或原路退回。

第七条 外商投资企业（含新设和并购）在领取营业执照后 10 个工作日内，应当向注册地中国人民银行分支机构提交以下材料，申请办理企业信息登记。

（一）外商投资企业批准证书复印件；

（二）营业执照副本、组织机构代码证。

外商投资合伙企业无需提交前述第（一）项材料。

外商投资企业注册地中国人民银行分支机构应当在收到申请材料之日起 10 个工作日内完成企业信息登记手续。

已登记外商投资企业发生名称、经营期限、出资方式、合作伙伴及合资合作方式等基本信息变更，或发生增资、减资、股权转让或置换、合并或分立等重大变更的，应当在经工商行政管理部门变更登记或备案后 15 个工作日内将上述变更情况报送注册地中国人民银行分支机构。

第八条　外商投资企业应当按照《人民币银行结算账户管理办法》等银行结算账户管理规定，向银行提交营业执照等材料，申请开立人民币银行结算账户。其中，境外投资者汇入的人民币注册资本或缴付人民币出资应当按照专户专用原则，开立人民币资本金专用存款账户存放，该账户不得办理现金收付业务。

境外投资者以人民币并购境内企业设立外商投资企业的，被并购境内企业的中方股东应当按照《人民币银行结算账户管理办法》等银行结算账户管理规定，申请开立人民币并购专用存款账户，专门用于存放境外投资者汇入的人民币并购资金，该账户不得办理现金收付业务。

境外投资者以人民币向境内外商投资企业的中方股东支付股权转让对价款的，中方股东应当按照《人民币银行结算账户管理办法》等银行结算账户管理规定，申请开立人民币股权转让专用存款账户，专门用于存放境外投资者汇入的人民币股权转让对价款，该账户不得办理现金收付业务。

第九条　境外投资者在办理境外人民币投资资金汇入业务时，应当向银行提交国家有关部门的批准或备案文件等有关材料。银行应当进行认真审核，可以登入人民币跨境收付信息管理系统查询有关信息。

对于房地产业外商投资企业办理外商直接投资人民币资本金汇入业务时，银行还需登录商务部网站，验证该企业是否通过商务部备案。

第十条　外商投资企业应当根据有关规定，委托会计师事务所对境外投资者缴付的注册资本、出资和股权收购人民币资金的实收情况进行验资询证。会计师事务所在向账户开户银行进行询证后，可以出具验资报告。

开户银行应当积极配合会计师事务所的工作，在收到银行询证函之后，认真核对有关数据资料，明确签署意见，加盖对外具有法定证明效力的业务专用章，并在收到询证函之日起 5 个工作日内回函。

第十一条　银行应当依据相关外商直接投资业务管理规定，监督外商投资企业依法使用人民币资本金，审查通过人民币资本金专用存款账户办理的资金支付业务。银行不得为未完成验资手续的人民币资本金专用存款账户办理人民币资金对外支付业务。

第十二条　境外投资者将其所得的人民币利润汇出境内的，银行在审核外商投资企业有关利润处置决议及纳税证明等有关材料后可直接办理。

第十三条　境外投资者将因减资、转股、清算、先行回收投资等所得人民币资金汇出境内的，银行应当在审核国家有关部门的批准或备案文件和纳税证明后为其办理人民币资金汇出手续。

第十四条　境外投资者将因人民币利润分配、先行回收投资、清算、减资、股权转让等所得人民币资金用于境内再投资或增加注册资本的，境外投资者可以将人民币资金存入人民币再投资专用存款账户，按照本办法办理有关结算业务。银行应当在审核国家有关部门的核准或备案文件和纳税证明后办理人民币资金对外支付。

第十五条　外商投资性公司、外商投资创业投资企业、外商股权投资企业和以投资为主要业务的外商投资合伙企业在境内依法以人民币开展投资业务的，其所投资企业应当按照《人民币银行结算账户管理办法》等银行结算账户管理规定，申请开立人民币资本金专用存款账户，专门用于存放人民币注册资本或出资资金并办理相关资金结算业务，该账户不得办理现金收付业务。

第十六条　境外投资者同时使用人民币资金和外汇资金出资的，银行应当按照本办法办理人民币资金结算手续，按照外汇管理有关规定办理外汇资金结算手续。人民币与外币的折算汇率为注册验资日当日中国人民银行公布的人民币汇率中间价。

第十七条　外商投资企业向其境外股东、集团内关联企业和境外金融机构的人民币借款和外汇借款应当合并计算总规模。

第十八条　外商投资企业应当按照《人民币银行结算账户管理办法》第十二条规定，凭人民币贷款合同，申请开立人民币一般存款账户，专门用于存放从境外借入的人民币资金。

第十九条　银行应当对外商投资企业人民币注册资本金和人民币借款资金使用的真实性和合规性进行审查，监督外商投资企业依法使用人民币资金。在办理结算业务过程中，银行应当根据有关审慎监管规定，要求企业提供支付命令函、资金用途证明等材料，并进行认真审核。

第二十条　外商投资企业用人民币偿还境外人民币借款本息的，可以凭贷款合同和支付命令函、纳税证明等材料直接到银行办理。

第三章　监督管理

第二十一条　银行应当认真履行信息报送义务，及时、准确、完整地向人民币跨境收付信息管理系统报送依据本办法开立的境外机构人民币银行结算账户、人民币资本金专用存款账户、人民币并购专用存款账户、人民币股权转让专用存款账户和人民币一般存款账户的开立信息，以及通过上述账户办理的跨境和境内人民币资金收入和支付信息。

第二十二条　银行应当按照《人民币银行结算账户管理办法》、《人民币银行结算账户管理办法实施细则》（银发〔2005〕16 号文印发）和《境外机构人民币银行结算账户管理办法》等银行结算账户管理规定，为境外投资者、外商投资企业及其中方股东等存款人办理人民币银行结算账户业务。

第二十三条　在办理外商直接投资人民币结算业务时，银行和外商投资企业应当按照《国际收支统计申报办法》等有关规定办理国际收支申报。

第二十四条　银行在办理外商直接投资人民币结算业务时，应当按照《中华人民共和国反洗钱法》和中国人民银行的有关规定，切实履行反洗钱和反恐融资义务，预防利用外商直接投资人民币结算进行洗钱、恐怖融资等违法犯罪活动。银行应当收集境外投资者所在地的反洗钱和反恐融资信息，了解实际控制投资的自然人和投资真实受益人，评估投资的洗钱和恐怖融资风险，并采取适当的风险管理措施。

第二十五条　中国人民银行和有关部门建立必要的信息共享和管理机制，加大事后检查力度，有效监管外商直接投资人民币结算业务活动。

第二十六条　中国人民银行会同有关部门对银行、外商投资企业的外商直接投资人民币结算业务活动进行现场检查和非现场检查，以及资金使用的延伸检查，督促银行切实履行交易真实性审核、信息报送、反洗钱等职责。

第二十七条　银行、外商投资企业违反本办法有关规定的，中国人民银行会同有关部门可以依法对其进行通报批评或处罚；情节严重的，可以暂停或禁止银行、外商投资企业继续开展跨境人民币业务。

第二十八条　银行在办理外商直接投资人民币结算业务时违反有关审慎监管规定的，由有关部门依法进行处理；违反有关人民币银行结算账户和反洗钱、反恐融资等管理规定的，由中国人民银行依法进行处理。

第四章　附　则

第二十九条　本办法由中国人民银行负责解释。

第三十条　本办法自发布之日起施行。此前有关规定，与本办法不一致的，以本办法为准。

支付机构客户备付金存管办法

中国人民银行公告〔2013〕第 6 号

第一章 总 则

第一条 为规范支付机构客户备付金管理，保障当事人合法权益，促进支付行业健康有序发展，根据《中华人民共和国中国人民银行法》、《非金融机构支付服务管理办法》等规定，制定本办法。

第二条 本办法适用于客户备付金的存放、归集、使用、划转等存管活动。

本办法所称客户备付金，是指支付机构为办理客户委托的支付业务而实际收到的预收待付货币资金。

第三条 支付机构接收的客户备付金必须全额缴存至支付机构在备付金银行开立的备付金专用存款账户。

本办法所称备付金银行，是指与支付机构签订协议、提供客户备付金存管服务的境内银行业金融机构，包括备付金存管银行和备付金合作银行。

本办法所称备付金专用存款账户，是指支付机构在备付金银行开立的专户存放客户备付金的活期存款账户，包括备付金存管账户、备付金收付账户和备付金汇缴账户。

第四条 客户备付金只能用于办理客户委托的支付业务和本办法规定的情形。

任何单位和个人不得擅自挪用、占用、借用客户备付金，不得擅自以客户备付金为他人提供担保。

第五条 支付机构和备付金银行应当按照法律法规、本办法以及双方协议约定，开展客户备付金存管业务，保障客户备付金安全完整，维护客户合法权益。

备付金银行依照本办法对客户备付金的存放、使用、划转实行监督，支付机构应当配合。

第六条 中国人民银行及其分支机构对支付机构和备付金银行的客户备付金存管业务活动进行监督管理。

第二章 备付金银行账户管理

第七条 支付机构的备付金银行应当符合下列条件：

（一）总资产不得低于 2000 亿元，有关资本充足率、杠杆率、流动性等风险控制指标符合监管规定。支付机构在同一备付金银行仅开立备付金汇缴账户的，该银行的总资产不得低于 1000 亿元。

（二）具备监督客户备付金的能力和条件，包括有健全的客户备付金业务操作办法和规程，监测、核对客户备付金信息的技术能力，能够按规定建立客户备付金存管系统。

（三）境内分支机构数量和网点分布能够满足支付机构的支付业务需要，并具有与支付机构业务规模相匹配的系统处理能力。

（四）具备必要的灾难恢复处理能力和应急处理能力，能够确保业务的连续性。

第八条　支付机构应当并且只能选择一家备付金存管银行，可以根据业务需要选择备付金合作银行。

本办法所称备付金存管银行是指可以为支付机构办理客户备付金的跨行收付业务，并负责对支付机构存放在所有备付金银行的客户备付金信息进行归集、核对与监督的备付金银行。

本办法所称备付金合作银行是指可以为支付机构办理客户备付金的收取和本银行支取业务，并负责对支付机构存放在本银行的客户备付金进行监督的备付金银行。

第九条　支付机构应当与备付金银行或其授权的一个境内分支机构签订备付金协议，约定双方的权利、义务和责任。

备付金协议应当约定支付机构从备付金银行划转客户备付金的支付指令，以及客户备付金发生损失时双方应当承担的偿付责任和相关偿付方式。

备付金协议对客户备付金安全保障的责任约定不明的，支付机构和备付金银行应当优先保证客户备付金安全及支付业务的连续性，不得因争议影响客户正当权益。

第十条　支付机构与备付金银行或其授权分支机构应当自备付金协议签订之日起5个工作日内，分别向支付机构所在地中国人民银行分支机构报备。

备付金协议内容发生变更的，比照前款办理。

第十一条　支付机构应当在备付金存管银行开立至少一个自有资金账户。

支付机构的备付金专用存款账户应当与自有资金账户分户管理，不得办理现金支取。

第十二条　备付金存管账户是支付机构在备付金存管银行开立的，可以以现金形式接收客户备付金、以银行转账方式办理客户备付金收取和支取业务的专用存款账户。

支付机构在同一个省（自治区、直辖市、计划单列市），只能开立一个备付金存管账户。

第十三条　备付金收付账户是支付机构在备付金合作银行开立的，可以以现金形式或以银行转账方式接收客户备付金、以本银行资金内部划转方式办理客户备付金支取业务的专用存款账户。

支付机构在同一备付金合作银行或其授权的分支机构只能开立一个备付金收付账户。

第十四条　备付金汇缴账户是支付机构在备付金银行开立的可以以现金形式接收或以本银行资金内部划转方式接收客户备付金的专用存款账户。

备付金银行应当于每日营业终了前，将备付金汇缴账户内的资金全额划转至支付机构的备付金存管账户或在同一备付金合作银行开立的备付金收付账户。

支付机构可以通过备付金汇缴账户将客户备付金直接退回至原资金转出账户。

第十五条　支付机构开立备付金专用存款账户，应当出具其开立基本存款账户规定的证明文件、基本存款账户开户登记证、《支付业务许可证》（副本）和备付金协议。

备付金专用存款账户的名称应当标明支付机构名称和"客户备付金"字样。

第十六条　支付机构在满足办理日常支付业务需要后，可以以单位定期存款、单位通知存款、协定存款或中国人民银行认可的其他形式存放客户备付金。

支付机构以前款规定的非活期存款形式存放客户备付金的，应当将备付金存管账户或备付金收付账户内的客户备付金转存至支付机构在同一开户银行开立的银行账户。该银行账户视同备付金专用存款账户，遵守本办法有关规定。

支付机构通过备付金收付账户转存的非活期存款，存放期限不得超过12个月。非活期存款转为活期存款的，应退回至原转存的备付金账户。

第十七条　支付机构的分支机构应当将接收的客户备付金存放在以支付机构名义开立的备付金

银行账户，不得以该分支机构自身的名义开立备付金银行账户。

第十八条　支付机构拟撤销部分备付金专用存款账户的，应当书面告知该备付金银行或其授权分支机构，并于拟撤销账户内的资金全额转入承接账户后，办理销户手续。支付机构拟撤销部分备付金存管账户的，承接账户为支付机构在备付金存管银行或其授权分支机构开立的备付金存管账户；拟撤销备付金收付账户的，承接账户为备付金存管账户；拟撤销备付金汇缴账户的，承接账户为支付机构的备付金存管账户或在同一备付金合作银行开立的备付金收付账户。

第十九条　支付机构拟变更备付金存管银行并撤销全部备付金存管账户的，应当提前 5 个工作日向所在地中国人民银行分支机构报告变更理由、时间安排、变更后的备付金存管银行以及承接账户信息等事项。

变更前的备付金存管银行应当于资金划转结清当日，撤销支付机构在该行开立的全部备付金存管账户。

第二十条　支付机构终止支付业务的，应当在按照《非金融机构支付服务管理办法》规定提交的客户权益保障方案中，说明备付金银行账户撤销事项，并根据批复办理销户手续。

第二十一条　支付机构和备付金合作银行应当在备付金银行账户开立、变更、撤销当日分别书面告知备付金存管银行或其授权分支机构。

支付机构和备付金银行应当在备付金银行账户开立起 5 个工作日内、变更或撤销起 2 个工作日内，向支付机构所在地中国人民银行分支机构报备。

第二十二条　支付机构和备付金银行应当妥善保管备付金银行账户信息，保障客户信息安全和交易安全。

第三章　客户备付金的使用与划转

第二十三条　支付机构应当在收到客户备付金或客户划转客户备付金不可撤销的支付指令后，办理客户委托的支付业务，不得提前办理。

第二十四条　支付机构通过银行转账方式接收的客户备付金，应当直接缴存备付金专用存款账户；按规定可以现金形式接收的客户备付金，应当在收讫日起 2 个工作日内全额缴存备付金专用存款账户。

第二十五条　支付机构每月在备付金存管银行存放的客户备付金日终余额合计数，不得低于上月所有备付金银行账户日终余额合计数的 50%。

第二十六条　支付机构只能通过备付金存管银行办理客户委托的跨行付款业务，以及调整不同备付金合作银行的备付金银行账户头寸。

支付机构在备付金合作银行存放的客户备付金，不得跨行划转至备付金存管银行之外的商业银行。

第二十七条　不同支付机构的备付金银行之间不得办理客户备付金的划转。

第二十八条　支付机构按规定为客户办理备付金赎回的，应当通过备付金专用存款账户划转资金，不得使用现金；按规定可以现金形式为客户办理备付金赎回的，应当先通过自有资金账户办理，再从其备付金存管账户将相应额度的客户备付金划转至自有资金账户。

第二十九条　支付机构应当按季计提风险准备金，存放在备付金存管银行或其授权分支机构开立的风险准备金专用存款账户，用于弥补客户备付金特定损失以及中国人民银行规定的其他用途。

风险准备金按照所有备付金银行账户利息总额的一定比例计提。支付机构开立备付金收付账户的合作银行少于 4 家（含）时，计提比例为 10%。支付机构增加开立备付金收付账户的合作银行的，计提比例动态提高。

风险准备金的计提与管理办法由中国人民银行另行制定。

第三十条　支付机构的支付业务手续费收入划转至客户备付金专用存款账户的，支付机构应当通过备付金存管银行或其授权分支机构结转至自有资金账户。

第三十一条　支付机构因办理客户备付金划转产生的手续费费用，不得使用客户备付金支付。

第三十二条　支付机构因以现金形式为客户办理备付金赎回、结转支付业务手续费收入等涉及的自有资金账户，应当在备付金存管银行开立的自有资金账户中确定，且一家支付机构只能确定一个自有资金账户。

支付机构和备付金存管银行应当自自有资金账户确定之日起 5 个工作日内，分别向支付机构所在地中国人民银行分支机构报备。支付机构拟变更自有资金账户的，应当提前 5 个工作日向所在地中国人民银行分支机构报告变更原因、变更后的自有资金账户、变更时间等事项。

第三十三条　支付机构应当按照备付金协议约定向备付金银行提交支付指令，并确保相关资金划转事项的真实性、合规性。备付金银行应当对支付指令审核无误后，办理资金划转，必要时可以要求支付机构提交相应的证明文件。

备付金银行有权拒绝执行支付机构未按约定发送的支付指令。

第三十四条　支付机构和备付金银行应当建立客户备付金信息核对机制，逐日核对客户备付金的存放、使用、划转等信息，并保存核对记录。

第四章　监督管理

第三十五条　中国人民银行及其分支机构依法对支付机构和备付金银行的客户备付金存管业务活动实施非现场监管以及现场检查。

中国人民银行及其分支机构有权根据监管需要，调阅支付机构和备付金银行相关交易、会计处理和档案资料，要求支付机构对其客户备付金等相关项目进行外部专项审计。

中国人民银行建立支付机构客户备付金信息统计监测、核对校验制度，组织建设相关系统。

第三十六条　中国支付清算协会对支付机构客户备付金存管业务活动进行自律管理。

第三十七条　中国人民银行及其分支机构根据《非金融机构支付服务管理办法》和本办法监督管理支付机构实缴货币资本与客户备付金日均余额比例、备付金存管银行的客户备付金存放比例、风险准备金计提比例。

支付机构在备付金银行账户中存放客户备付金以外资金的，可以在计算前款规定的比例时，向所在地中国人民银行分支机构申请扣减。

第三十八条　支付机构和备付金银行符合下列条件之一的，支付机构可以向中国人民银行申请适当调整第三十七条所规定的比例：

（一）支付机构的支付业务能够被备付金银行实时监测；

（二）支付机构和备付金银行能够逐日逐笔核对客户备付金交易明细；

（三）支付机构能通过备付金银行为客户提供备付金信息查询；

（四）支付机构的公司治理规范、风险管理制度健全、客户备付金安全保障措施有效，以及能够主动配合备付金银行监督、备付金银行对其业务合规性评价较高。

第三十九条　备付金银行应当与支付机构定期或不定期核对账务，发现客户备付金异常的，应当立即督促支付机构纠正，并立即报告支付机构所在地中国人民银行分支机构、备付金银行法人或其授权分支机构。

第四十条　备付金银行与支付机构不在同一省（自治区、直辖市、计划单列市）的，备付金银行向支付机构所在地中国人民银行分支机构报送各类信息、材料时，还应当抄送其所在地中国人民银行分支机构。

　　第四十一条　备付金银行应当于每年第一个季度内，向中国人民银行提交上年度与其合作的所有支付机构的客户备付金存管业务专项报告，包括备付金存放、归集、使用、年终余额以及对支付机构业务合规性评价等内容。

　　第四十二条　支付机构或备付金银行违反本办法的，中国人民银行及其分支机构依据《非金融机构支付服务管理办法》的相关规定进行处罚。

第五章　附　则

　　第四十三条　本办法由中国人民银行负责解释和修订。

　　第四十四条　本办法自发布之日起施行。

支付机构预付卡业务管理办法

中国人民银行公告 ［2012］ 第 12 号

第一章 总 则

第一条 为规范支付机构预付卡业务管理，防范支付风险，维护持卡人合法权益，根据《中华人民共和国中国人民银行法》、《非金融机构支付服务管理办法》（中国人民银行令 ［2010］ 第 2 号公布），制定本办法。

第二条 支付机构在中华人民共和国境内从事预付卡业务，适用本办法。

本办法所称支付机构，是指取得《支付业务许可证》，获准办理"预付卡发行与受理"业务的发卡机构和获准办理"预付卡受理"业务的受理机构。

本办法所称预付卡，是指发卡机构以特定载体和形式发行的、可在发卡机构之外购买商品或服务的预付价值。

第三条 支付机构应当依法维护相关当事人的合法权益，保障信息安全和交易安全。

第四条 支付机构应当严格按照《支付业务许可证》核准的业务类型和业务覆盖范围从事预付卡业务，不得在未设立省级分支机构的省（自治区、直辖市、计划单列市）从事预付卡业务。

第五条 支付机构应当严格执行中国人民银行关于支付机构客户备付金管理等规定，履行反洗钱和反恐怖融资义务。

第二章 发 行

第六条 预付卡分为记名预付卡和不记名预付卡。

记名预付卡是指预付卡业务处理系统中记载持卡人身份信息的预付卡。

不记名预付卡是指预付卡业务处理系统中不记载持卡人身份信息的预付卡。

第七条 发卡机构发行的预付卡应当以人民币计价，单张记名预付卡资金限额不超过 5000 元，单张不记名预付卡资金限额不超过 1000 元。

中国人民银行可视情况调整预付卡资金限额。

第八条 记名预付卡应当可挂失，可赎回，不得设置有效期。不记名预付卡不挂失，不赎回，本办法另有规定的除外。不记名预付卡有效期不得低于 3 年。

预付卡不得具有透支功能。

发卡机构发行销售预付卡时，应向持卡人告知预付卡的有效期及计算方法。超过有效期尚有资金余额的预付卡，发卡机构应当提供延期、激活、换卡等服务，保障持卡人继续使用。

第九条 预付卡卡面应当记载预付卡名称、发卡机构名称、是否记名、卡号、有效期限或有效期截止日、持卡人注意事项、客户服务电话等要素。

第十条 个人或单位购买记名预付卡或一次性购买不记名预付卡 1 万元以上的，应当使用实名并提供有效身份证件。

发卡机构应当识别购卡人、单位经办人的身份，核对有效身份证件，登记身份基本信息，并留存有效身份证件的复印件或影印件。代理他人购买预付卡的，发卡机构应当采取合理方式确认代理关系，核对代理人和被代理人的有效身份证件，登记代理人和被代理人的身份基本信息，并留存代理人和被代理人的有效身份证件的复印件或影印件。

第十一条 使用实名购买预付卡的，发卡机构应当登记购卡人姓名或单位名称、单位经办人姓名、有效身份证件名称和号码、联系方式、购卡数量、购卡日期、购卡总金额、预付卡卡号及金额等信息。

对于记名预付卡，发卡机构还应当在预付卡核心业务处理系统中记载持卡人的有效身份证件信息、预付卡卡号、金额等信息。

第十二条 单位一次性购买预付卡 5000 元以上，个人一次性购买预付卡 5 万元以上的，应当通过银行转账等非现金结算方式购买，不得使用现金。

购卡人不得使用信用卡购买预付卡。

第十三条 采用银行转账等非现金结算方式购买预付卡的，付款人银行账户名称和购卡人名称应当一致。

发卡机构应当核对账户信息和身份信息的一致性，在预付卡核心业务处理系统中记载付款人银行账户名称和账号、收款人银行账户名称和账号、转账金额等信息。

第十四条 发卡机构应当向购卡人公示、提供预付卡章程或签订协议。

预付卡章程或协议应当包括但不限于以下内容：

（一）预付卡的名称、种类和功能；

（二）预付卡的有效期及计算方法；

（三）预付卡购买、使用、赎回、挂失的条件和方法；

（四）为持卡人提供的消费便利或优惠内容；

（五）预付卡发行、延期、激活、换发、赎回、挂失等服务的收费项目和收费标准；

（六）有关当事人的权利、义务和违约责任；

（七）交易、账务纠纷处理程序。

发卡机构变更预付卡章程或协议文本的，应当提前 30 日在其网点、网站显著位置进行公告。新章程或协议文本中涉及新增收费项目、提高收费标准、降低优惠条件等内容的，发卡机构在新章程或协议文本生效之日起 180 日内，对原有客户应当按照原章程或协议执行。

第十五条 发卡机构应当采取有效措施加强对购卡人和持卡人信息的保护，确保信息安全，防止信息泄露和滥用。未经购卡人和持卡人同意，不得用于与购卡人和持卡人的预付卡业务无关的目的。法律法规另有规定的除外。

第十六条 发卡机构应当按照实收人民币资金等值发行预付卡，严格按照《中华人民共和国发票管理办法》等有关规定开具发票。

第十七条 发卡机构应当通过实体网点发行销售预付卡。除单张资金限额 200 元以下的预付卡外，不得采取代理销售方式。发卡机构委托销售合作机构代理销售的，应当建立代销风险控制机制。销售资金应当直接存入发卡机构备付金银行账户。发卡机构应当要求销售合作机构在购卡人达到本办法实名购卡要求时，参照相关规定销售预付卡。

发卡机构作为预付卡发行主体的所有责任和义务不因代理销售而转移。

第十八条 发卡机构应当在中华人民共和国境内拥有并自主运行独立、安全的预付卡核心业务处理系统，建立突发事件应急处置机制，确保预付卡业务处理的及时性、准确性和安全性。

预付卡核心业务处理系统包含但不限于发卡系统、账务主机系统、卡片管理系统及客户信息管理系统。预付卡核心业务处理系统不得外包或变相外包。

第十九条　发卡机构不得发行或代理销售采用或变相采用银行卡清算机构分配的发卡机构标识代码的预付卡，卡面上不得使用银行卡清算机构品牌标识；不得与其他支付机构合作发行预付卡；不同的发卡机构不得采用具有统一识别性的品牌标识。

第三章　受　理

第二十条　发卡机构应当为其发行的预付卡提供受理服务，其自行拓展、签约和管理的特约商户数不低于受理该预付卡全部特约商户数的 70%。

第二十一条　受理机构只能受理发卡机构按照本办法规定发行的预付卡，受理范围不得超过发卡机构获准办理"预付卡发行与受理"的业务覆盖范围。

受理机构应当获得发卡机构的委托，并参照本办法第二十五条的规定，与发卡机构、特约商户签订三方合作协议。受理机构不得将发卡机构委托其开展的预付卡受理业务外包。

预付卡只能在本发卡机构参与签署合作协议的特约商户使用，卡面上不得使用发卡机构委托的受理机构的品牌标识。发卡机构对特约商户应承担的资金结算与风险管理责任不因受理机构参与预付卡受理而转移。

第二十二条　预付卡可与银行卡共用受理终端，但应当使用与银行卡不同的应用程序和受理网络，并采取安全隔离措施，与银行卡交易分别处理和管理。

第二十三条　发卡机构、受理机构不得发展非法设立、非法经营或无实体经营场所的特约商户。

发卡机构、受理机构拓展特约商户时应当严格审核特约商户营业执照、税务登记证、法定代表人或负责人的有效身份证件，留存相关证件的复印件或影印件，并对商户的经营场所进行现场核实、拍照留存。

第二十四条　发卡机构应当通过其客户备付金存管银行直接向特约商户划转结算资金，受理机构不得参与资金结算。

特约商户只能指定其一个单位银行结算账户进行收款。发卡机构应当核验特约商户指定的单位银行结算账户开户许可证或其开户银行出具的开户证明，留存加盖公章的复印件。

第二十五条　发卡机构应当与特约商户签订预付卡受理协议。受理协议应当包括但不限于以下内容：

（一）特约商户基本信息；

（二）收费项目和标准；

（三）持卡人用卡权益的保障要求；

（四）卡片信息、交易数据、受理终端、交易凭证的管理要求；

（五）特约商户收款账户名称、开户行、账号及资金结算周期；

（六）账务核对、差错处理和业务纠纷的处置要求；

（七）相关业务风险承担和违约责任的承担机制；

（八）协议终止条件、终止后的债权债务清偿方式。

第二十六条　发卡机构、受理机构应当在中华人民共和国境内拥有并自主运行独立、安全的预付卡受理系统，建立突发事件应急处置机制，确保预付卡业务处理的及时性、准确性和安全性。

发卡机构、受理机构应当分别建立特约商户信息管理系统及业务风险防控系统。受理机构不得以任何形式存储与受理业务无关的预付卡信息。

第二十七条　特约商户向持卡人办理退货，只能通过发卡机构将资金退回至原预付卡。无法退回的，发卡机构应当将资金退回至持卡人提供的同一发卡机构的同类预付卡。

预付卡接受退货后的卡内资金余额不得超过规定限额。

第二十八条　发卡机构、受理机构应当加强对特约商户的巡检和监控，要求特约商户在营业场所显著位置标明受理的预付卡名称和种类，按照预付卡受理协议的要求受理预付卡，履行相关义务。

特约商户不得以任何形式存储与商户结算、对账无关的预付卡信息。

特约商户出现损害当事人合法权益及其他严重违规违约操作的，发卡机构、受理机构应当立即终止其预付卡受理服务。

特约商户不得协助持卡人进行任何形式的预付卡套现。

第四章　使用、充值和赎回

第二十九条　预付卡不得用于或变相用于提取现金；不得用于购买、交换非本发卡机构发行的预付卡、单一行业卡及其他商业预付卡或向其充值；卡内资金不得向银行账户或向非本发卡机构开立的网络支付账户转移。

第三十条　预付卡不得用于网络支付渠道，下列情形除外：

（一）缴纳公共事业费；

（二）在本发卡机构合法拓展的实体特约商户的网络商店中使用；

（三）同时获准办理"互联网支付"业务的发卡机构，其发行的预付卡可向在本发卡机构开立的实名网络支付账户充值，但同一客户的所有网络支付账户的年累计充值金额合计不超过5000元。

以上情形下的预付卡交易，均应当由发卡机构自主受理，不得由受理机构受理。

第三十一条　发卡机构办理记名预付卡或一次性金额1万元以上不记名预付卡充值业务的，应当参照本办法第十条、第十一条的规定办理。

第三十二条　预付卡只能通过现金、银行转账方式进行充值。

同时获准办理"互联网支付"业务的发卡机构，还可通过持卡人在本发卡机构开立的实名网络支付账户进行充值。不得使用信用卡为预付卡充值。办理一次性金额5000元以上预付卡充值业务的，不得使用现金。

单张预付卡充值后的资金余额不得超过规定限额。

第三十三条　预付卡现金充值应当通过发卡机构网点进行，但单张预付卡同日累计现金充值在200元以下的，可通过自助充值终端、销售合作机构代理等方式充值，收取的现金应当直接存入发卡机构备付金银行账户。

第三十四条　发卡机构应当向记名预付卡持卡人提供紧急挂失服务，并提供至少一种24小时免费紧急挂失渠道。正式挂失和补卡应当在约定时间内通过网点，以书面形式办理。以书面形式挂失的，发卡机构应当要求持卡人出示有效身份证件，并按协议约定办理挂失手续。

发卡机构应当免费向持卡人提供特约商户名录、卡内资金余额及一年以内的交易明细查询服务，并提供至少一种24小时免费查询渠道。

第三十五条　记名预付卡可在购卡3个月后办理赎回，赎回时，持卡人应当出示预付卡及持卡人和购卡人的有效身份证件。

由他人代理赎回的，应当同时出示代理人和被代理人的有效身份证件。单位购买的记名预付卡，只能由单位办理赎回。发卡机构应当参照本办法第十条、第十一条的规定，识别、核对赎回人及代理人的身份信息，确保与购卡时登记的持卡人和购卡人身份信息一致，并保存赎回记录。

第三十六条　发行可在公共交通领域使用的预付卡发卡机构，其在公共交通领域实现的当年累计预付卡交易总额不得低于同期发卡总金额的70%；其发行的不记名预付卡，单张卡片余额在100元以下的，可按约定赎回。

第三十七条　发卡机构按照规定终止预付卡业务的，应当向持卡人免费赎回所发行的全部记名、不记名预付卡。

赎回不记名预付卡的，发卡机构应当核实和登记持卡人的身份信息，采用密码验证方式的预付卡还应当核验密码，并保存赎回记录。

第三十八条　发卡机构办理赎回业务的网点数应当不低于办理发行销售业务网点数的70%。预付卡赎回业务营业时间应当不短于发行销售业务的营业时间。

第三十九条　预付卡赎回应当使用银行转账方式，由发卡机构将赎回资金退至原购卡银行账户。用现金购买或原购卡银行账户已撤销的，赎回资金应当退至持卡人提供的与购卡人同名的单位或个人银行账户。

单张预付卡赎回金额在100元以下的，可使用现金。

第五章　监督管理

第四十条　中国人民银行及其分支机构依法对支付机构的预付卡业务活动、内部控制及风险状况等进行非现场监管及现场检查。

支付机构应当按照中国人民银行及其分支机构的相关规定履行报告义务。

第四十一条　支付机构应当加入中国支付清算协会。中国支付清算协会应当组织制定预付卡行业自律规范，并按照中国人民银行有关要求，对支付机构执行中国人民银行规定和行业自律规范的情况进行检查。

第四十二条　支付机构不得为任何单位或个人查询、冻结、扣划预付卡内资金，国家法律法规另有规定或得到持卡人授权的除外。

第四十三条　支付机构办理预付卡发行业务活动获得和产生的相关信息，应当保存至该预付卡实收人民币资金全部结算后5年以上；办理预付卡受理、使用、充值和赎回等业务活动获得和产生的相关信息，应当保存至该业务活动终止后5年以上。

第四十四条　支付机构不得以股权合作、业务合作及其他任何形式，出租、出借、转让或变相出租、出借、转让预付卡业务资质。

第四十五条　支付机构及其分支机构违反本办法的，中国人民银行可依据《非金融机构支付服务管理办法》等法律法规规章的规定，给予警告、限期改正、罚款、暂停部分或全部业务等处罚；情节严重的，依法注销其《支付业务许可证》。

支付机构违反本办法规定，涉嫌犯罪的，依法移送公安机关处理。

第四十六条　特约商户有下列情形之一的，中国人民银行及其分支机构责令支付机构取消其特约商户资格，其他支付机构不得再将其发展为特约商户；涉嫌犯罪的，依法移送公安机关处理。

（一）为持卡人进行洗钱、赌博等犯罪活动提供协助的；

（二）使用虚假材料申请受理终端后进行欺诈活动，或转卖、提供机具给他人使用的；

（三）违规存储、泄露、转卖预付卡信息或交易信息的；

（四）以虚构交易、虚开价格、现金退货等方式为持卡人提供预付卡套现的；

（五）在持卡人不知情的情况下，编造虚假交易或重复刷卡盗取资金的；

（六）具有其他危害持卡人权益、市场秩序或社会稳定行为的。

第四十七条　任何单位和个人不得私自设立预付卡交易场所；不得以牟利为目的倒卖预付卡，

不得伪造、变造预付卡，不得使用明知是伪造、变造的预付卡。涉嫌犯罪的，依法移送公安机关处理。

第六章　附　则

第四十八条　本办法所称中国人民银行分支机构，是指中国人民银行上海总部，各分行、营业管理部、省会（首府）城市中心支行、副省级城市中心支行。

第四十九条　本办法所称个人有效身份证件包括居民身份证件、军人身份证件、武警身份证件、港澳台居民通行证、外国公民护照等；单位有效身份证件包括营业执照、有关政府部门的批文、登记证书或其他能证实其合法真实身份的证明等。

第五十条　本办法所称"以上"、"以下"、"不超过"、"不低于"均包含本数。

第五十一条　本办法由中国人民银行负责解释。

第五十二条　本办法自 2012 年 11 月 1 日起施行。

中国人民银行关于进一步加强预付卡业务管理的通知

银发〔2012〕234 号

中国人民银行上海总部，各分行、营业管理部，各省会（首府）城市中心支行，各副省级城市中心支行；中国支付清算协会：

为落实《国务院办公厅转发人民银行监察部等部门关于规范商业预付卡管理意见的通知》（国办发〔2011〕25 号，以下简称 25 号文）和《非金融机构支付服务管理办法》（中国人民银行令〔2010〕第 2 号公布，以下简称 2 号令），维护支付服务市场秩序，现就进一步加强预付卡业务管理的有关事项通知如下：

一、强化合规经营意识，依法从事预付卡业务

取得支付业务许可证，获准办理"预付卡发行与受理"业务的发卡机构和获准办理"预付卡受理"业务的受理机构（以下简称支付机构）应强化合规经营意识，建立健全规章制度，加强业务管理，严格按照核准的业务类型和业务地域范围从事预付卡业务。

各支付机构应严格按照 25 号文要求，全面落实购卡实名登记制度、非现金购卡制度和限额发行制度，严格按照《中华人民共和国发票管理办法》（国务院令第 587 号公布）的规定开具发票，不得利用节假日，放松审查、违规突击发卡；应采取有效措施确保预付卡发行、受理、使用、充值、挂失和赎回各业务环节的合规性；严格履行反洗钱义务；对不符合 25 号文和 2 号令规定的内部业务制度、系统设置及操作流程等，应立即全面整改。

二、加强客户备付金管理，防范资金风险

各支付机构应切实加强客户备付金管理，严格区分客户备付金与自有资金，按规定与商业银行签订存管协议，开立专用存款账户存放客户备付金，并自觉接受商业银行对备付金使用情况的监督。支付机构只能根据客户发起的支付指令转移客户备付金，不得以任何形式挤占、挪用，不得将客户备付金用于缴存商户结算保证金，确保资金安全。

三、切实履行支付机构义务，保护持卡人合法权益

各支付机构应依法履行相关义务，对持卡人身份信息、购卡信息和交易信息予以严格保密，采取强化系统安全保障、加强商户管理及信息安全教育等措施，防止持卡人信息泄露和滥用。

各支付机构应当向持卡人公示或提供预付卡章程、协议，公开披露收费项目和收费标准，变更章程、协议内容或收费项目、标准的，应提前在网点、网站进行公告，不得损害客户的知情权和选择权。应健全延期、激活、赎回、换卡等配套服务措施，提供安全便利的查询、赎回渠道，维护持

卡人的合法权益。

四、加强监督管理和行业自律，规范预付卡业务发展

人民银行各分支机构应切实履行职责，加强对辖区内支付机构的监督管理，指导和督促辖区内各支付机构认真落实25号文、2号令和本通知要求；加强辖区内预付卡市场的监督检查和清理整顿，严厉查处金融机构未经批准发行预付卡、支付机构违规开展预付卡业务的行为，依法实施行政处罚，并及时将有关情况向总行报告。

中国支付清算协会应切实加强预付卡行业自律管理，维护预付卡市场秩序，引导支付机构充分发挥预付卡作为小额便民的非现金支付工具在减少现金使用、便利公众支付、刺激消费等方面的积极作用，适时对支付机构执行自律规范的情况开展监督检查，防范预付卡业务风险，维护消费者合法权益。

请人民银行各分支机构及时将本通知转发至辖区内支付机构，并提出相关监管要求。执行中如遇问题，请及时报告总行。

中国人民银行

二〇一二年九月二十六日

银行卡收单业务管理办法

中国人民银行公告〔2013〕第 9 号

第一章 总 则

第一条 为规范银行卡收单业务，保障各参与方合法权益，防范支付风险，促进银行卡业务健康有序发展，根据《中华人民共和国中国人民银行法》、《非金融机构支付服务管理办法》等规定，制定本办法。

第二条 本办法所称银行卡收单业务，是指收单机构与特约商户签订银行卡受理协议，在特约商户按约定受理银行卡并与持卡人达成交易后，为特约商户提供交易资金结算服务的行为。

第三条 收单机构在中华人民共和国境内从事银行卡收单业务，适用本办法。

本办法所称收单机构，包括从事银行卡收单业务的银行业金融机构，获得银行卡收单业务许可、为实体特约商户提供银行卡受理并完成资金结算服务的支付机构，以及获得网络支付业务许可、为网络特约商户提供银行卡受理并完成资金结算服务的支付机构。

第四条 收单机构应当依法维护当事人的合法权益，保障信息安全和交易安全。

第五条 收单机构应当遵守反洗钱法律法规要求，履行反洗钱和反恐怖融资义务。

第六条 收单机构为境外特约商户提供银行卡收单服务，适用本办法，并应同时符合业务开办国家（地区）的监管要求。业务开办国家（地区）法律禁止或者限制收单机构实施本办法的，收单机构应当及时向中国人民银行报告。

第二章 特约商户管理

第七条 收单机构拓展特约商户，应当遵循"了解你的客户"原则，确保所拓展特约商户是依法设立、从事合法经营活动的商户，并承担特约商户收单业务管理责任。

第八条 商户及其法定代表人或负责人在中国人民银行指定的风险信息管理系统中存在不良信息的，收单机构应当谨慎或拒绝为该商户提供银行卡收单服务。

第九条 收单机构应当对特约商户实行实名制管理，严格审核特约商户的营业执照等证明文件，以及法定代表人或负责人有效身份证件等申请材料。特约商户为自然人的，收单机构应当审核其有效身份证件。特约商户使用单位银行结算账户作为收单银行结算账户的，收单机构还应当审核其合法拥有该账户的证明文件。

第十条 收单机构应当制定特约商户资质审核流程和标准，明确资质审核权限。负责特约商户拓展和资质审核的岗位人员不得兼岗。

第十一条 收单机构应当与特约商户签订银行卡受理协议，就可受理的银行卡种类、开通的交易类型、收单银行结算账户的设置和变更、资金结算周期、结算手续费标准、差错和争议处理等事项，明确双方的权利、义务和违约责任。

第十二条　收单机构在银行卡受理协议中，应当要求特约商户履行以下基本义务：

（一）基于真实的商品或服务交易背景受理银行卡，并遵守相应银行卡品牌的受理要求，不得歧视和拒绝同一银行卡品牌的不同发卡银行的持卡人；

（二）按规定使用受理终端（网络支付接口）和收单银行结算账户，不得利用其从事或协助他人从事非法活动；

（三）妥善处理交易数据信息、保存交易凭证，保障交易信息安全；

（四）不得因持卡人使用银行卡而向持卡人收取或变相收取附加费用，或降低服务水平。

第十三条　收单机构应当在提供收单服务前对特约商户开展业务培训，并根据特约商户的经营特点和风险等级，定期开展后续培训，保存培训记录。

第十四条　对特约商户申请材料、资质审核材料、受理协议、培训和检查记录、信息变更、终止合作等档案资料，收单机构应当至少保存至收单服务终止后5年。

第十五条　收单机构应当建立特约商户信息管理系统，记录特约商户名称和经营地址、特约商户身份资料信息、特约商户类别、结算手续费标准、收单银行结算账户信息、开通的交易类型和开通时间、受理终端（网络支付接口）类型和安装地址等信息，并及时进行更新。其中网络支付接口的安装地址为特约商户的办公地址和从事经营活动的网络地址。

第十六条　收单机构应当对实体特约商户收单业务进行本地化经营和管理，通过在特约商户及其分支机构所在省（区、市）域内的收单机构或其分支机构提供收单服务，不得跨省（区、市）域开展收单业务。

对于连锁式经营或集团化管理的特约商户，收单机构或经其授权的特约商户所在地的分支机构可与特约商户签订总对总银行卡受理协议，并按照前款规定落实本地化服务和管理责任。

第十七条　收单机构应当按照有关规定向特约商户收取结算手续费，不得变相向持卡人转嫁结算手续费，不得采取不正当竞争手段损害他人合法权益。

第十八条　收单机构与特约商户终止银行卡受理协议的，应当及时收回受理终端或关闭网络支付接口，进行账务清理，妥善处理后续事项。

第三章　业务与风险管理

第十九条　收单机构应当综合考虑特约商户的区域和行业特征、经营规模、财务和资信状况等因素，对实体特约商户、网络特约商户分别进行风险评级。

对于风险等级较高的特约商户，收单机构应当对其开通的受理卡种和交易类型进行限制，并采取强化交易监测、设置交易限额、延迟结算、增加检查频率、建立特约商户风险准备金等风险管理措施。

第二十条　收单机构应当建立特约商户检查制度，明确检查频率、检查内容、检查记录等管理要求，落实检查责任。对于实体特约商户，收单机构应当进行现场检查；对于网络特约商户，收单机构应当采取有效的检查措施和技术手段对其经营内容和交易情况进行检查。

第二十一条　收单机构应当针对风险较高的交易类型制定专门的风险管理制度。对无卡、无密交易，以及预授权、消费撤销、退货等交易类型，收单机构应当强化风险管理措施。

第二十二条　收单机构应当建立收单交易风险监测系统，对可疑交易及时核查并采取有效措施。

第二十三条　收单机构应当建立覆盖受理终端（网络支付接口）审批、使用、撤销等各环节的风险管理制度，明确受理终端（网络支付接口）的使用范围、交易类型、交易限额、审批权限，以及相关密钥的管理要求。

第二十四条 收单机构为特约商户提供的受理终端（网络支付接口）应当符合国家、金融行业技术标准和相关信息安全管理要求。

第二十五条 收单机构应当根据特约商户受理银行卡交易的真实场景，按照相关银行卡清算机构和发卡银行的业务规则和管理要求，正确选用交易类型，准确标识交易信息并完整发送，确保交易信息的完整性、真实性和可追溯性。

交易信息至少应包括：直接提供商品或服务的商户名称、类别和代码，受理终端（网络支付接口）类型和代码，交易时间和地点（网络特约商户的网络地址），交易金额，交易类型和渠道，交易发起方式等。网络特约商户的交易信息还应当包括商品订单号和网络交易平台名称。

特约商户和受理终端（网络支付接口）的编码应当具有唯一性。

第二十六条 收单机构将交易信息直接发送发卡银行的，应当在发卡银行遵守与相关银行卡清算机构的协议约定下，与其签订合作协议，明确交易信息和资金安全、持卡人和商户权益保护等方面的权利、义务和违约责任。

第二十七条 收单机构应当对发送的收单交易信息采用加密和数据校验措施。

第二十八条 收单机构不得以任何形式存储银行卡磁道信息或芯片信息、卡片验证码、卡片有效期、个人标识码等敏感信息，并应采取有效措施防止特约商户和外包服务机构存储银行卡敏感信息。

因特殊业务需要，收单机构确需存储银行卡敏感信息的，应当经持卡人本人同意、确保存储的信息仅用于持卡人指定用途，并承担相应信息安全管理责任。

第二十九条 收单机构应当建立特约商户收单银行结算账户设置和变更审核制度，严格审核设置和变更申请材料的真实性、有效性。

特约商户的收单银行结算账户应当为其同名单位银行结算账户，或其指定的、与其存在合法资金管理关系的单位银行结算账户。特约商户为个体工商户和自然人的，可使用其同名个人银行结算账户作为收单银行结算账户。

第三十条 收单机构应按协议约定及时将交易资金结算到特约商户的收单银行结算账户，资金结算时限最迟不得超过持卡人确认可直接向特约商户付款的支付指令生效之日起30个自然日，因涉嫌违法违规等风险交易需延迟结算的除外。

第三十一条 收单机构应当建立资金结算风险管理制度，不得挪用特约商户待结算资金。

第三十二条 收单机构应当根据交易发生时的原交易信息发起银行卡交易差错处理、退货交易，将资金退至持卡人原银行卡账户。若持卡人原银行卡账户已撤销的，应当退至持卡人指定的本人其他银行账户。

第三十三条 收单机构应当及时调查核实、妥善处理并如实反馈发卡银行的调单、协查要求和银行卡清算机构发出的风险提示。

第三十四条 收单机构发现特约商户发生疑似银行卡套现、洗钱、欺诈、移机、留存或泄露持卡人账户信息等风险事件的，应当对特约商户采取延迟资金结算、暂停银行卡交易或收回受理终端（关闭网络支付接口）等措施，并承担因未采取措施导致的风险损失责任；发现涉嫌违法犯罪活动的，应当及时向公安机关报案。

第三十五条 收单机构应当自主完成特约商户资质审核、受理协议签订、收单业务交易处理、资金结算、风险监测、受理终端主密钥生成和管理、差错和争议处理等业务活动。

第三十六条 收单机构应当在收单业务外包前制定收单业务外包管理办法，明确外包的业务范围、外包服务机构的准入标准及管理要求、外包业务风险管理和应急预案等内容。收单机构作为收单业务主体的管理责任和风险承担责任不因外包关系而转移。

第三十七条　收单机构同时提供收单外包服务的，应当对收单业务和外包服务业务分别进行管理。

第三十八条　收单机构应当制定突发事件应急预案，建立灾难备份系统，确保收单业务的连续性和收单业务系统安全运行。

第四章　监督管理

第三十九条　中国人民银行依法对收单机构进行监督和管理。

第四十条　银行业金融机构开办、终止收单业务，应当向中国人民银行及其分支机构报告。

第四十一条　收单机构应当加入中国支付清算协会，接受行业协会自律管理。中国支付清算协会应当根据本办法，制定银行卡收单业务行业自律规范，向中国人民银行备案后组织实施。

第四十二条　中国人民银行及其分支机构可以采取如下措施，对收单机构进行现场检查：

（一）进入与收单活动相关的经营场所进行检查；

（二）查阅、复制与检查事项有关的文件、资料；

（三）询问有关工作人员，要求其对有关事项进行说明；

（四）检查有关系统和设施，复制有关数据资料。

第四十三条　收单机构应当配合中国人民银行及其分支机构依法开展的现场检查及非现场监管，及时报送收单业务统计信息和管理信息，并按照规定将收单业务发展和管理情况的年度专项报告于次年3月31日前报送中国人民银行及其分支机构。报告内容至少应包括收单机构组织架构、收单业务运营状况、创新业务、外包业务、风险管理等情况及下一年度业务发展规划。

收单机构开展跨境或境外收单业务的，专项报告内容还应包括跨境或境外收单业务模式、清算安排及结算币种、合作方基本情况、业务管理制度、业务开办国家（地区）监管要求等。

第四十四条　支付机构拟成立分支机构开展收单业务的，应当提前向法人所在地中国人民银行分支机构及拟成立分支机构所在地中国人民银行分支机构备案。

第四十五条　收单机构布放新型受理终端、开展收单创新业务、与境外机构合作开展跨境银行卡收单业务等，应当至少提前30日向中国人民银行及其分支机构备案。

第四十六条　收单机构应当在收单业务外包前，将收单业务外包管理办法和所选择的外包服务机构相关情况，向中国人民银行及其分支机构报告。

第四十七条　收单机构或其外包服务机构、特约商户发生涉嫌银行卡违法犯罪案件或重大风险事件的，收单机构应当于2个工作日内向中国人民银行及其分支机构报告。

第五章　罚　则

第四十八条．支付机构从事收单业务有下列情形之一的，由中国人民银行分支机构按照《非金融机构支付服务管理办法》第四十二条的规定责令其限期改正，并给予警告或处1万元以上3万元以下罚款：

（一）未按规定建立并落实特约商户实名制、资质审核、风险评级、收单银行结算账户管理、档案管理、外包业务管理、交易和信息安全管理等制度的；

（二）未按规定建立特约商户培训、检查制度和交易风险监测系统，发现特约商户疑似或涉嫌违法违规行为未采取有效措施的；

（三）未按规定对高风险交易实行分类管理、落实风险防范措施的；

（四）未按规定建立受理终端（网络支付接口）管理制度，或未能采取有效管理措施造成特约商户违规使用受理终端（网络支付接口）的；

（五）未按规定收取特约商户结算手续费的；

（六）未按规定落实收单业务本地化经营和管理责任的。

第四十九条　支付机构从事收单业务有下列情形之一的，由中国人民银行分支机构按照《非金融机构支付服务管理办法》第四十三条的规定责令其限期改正，并处 3 万元罚款；情节严重的，中国人民银行注销其《支付业务许可证》；涉嫌犯罪的，依法移送公安机关：

（一）未按规定设置、发送收单交易信息的；

（二）无故未按约定时限为特约商户办理资金结算，或截留、挪用特约商户或持卡人待结算资金的；

（三）对发卡银行的调单、协查和银行卡清算机构发出的风险提示，未尽调查等处理职责，或导致发生风险事件并造成持卡人或发卡银行资金损失的；

（四）对外包业务疏于管理，造成他人利益损失的；

（五）支付机构或其特约商户、外包服务机构发生账户信息泄露事件的。

第五十条　银行业金融机构从事收单业务，有第四十八条、第四十九条所列行为之一的，由中国人民银行给予通报批评，并可建议银行业金融机构对直接负责的董事、高级管理人员和其他直接责任人员给予纪律处分；情节严重或拒不改正的，中国人民银行可以责成银行卡清算机构停止为其服务，并向中国银行业监督管理委员会及其分支机构建议采取下列处罚措施：

（一）责令银行业金融机构限期整改、暂停收单业务或注销金融业务经营许可证；

（二）取消银行业金融机构直接负责的董事、高级管理人员和其他直接责任人员的任职资格。

第六章　附　　则

第五十一条　本办法相关用语含义如下：

特约商户，是指与收单机构签订银行卡受理协议、按约定受理银行卡并委托收单机构为其完成交易资金结算的企事业单位、个体工商户或其他组织，以及按照国家工商行政管理机关有关规定，开展网络商品交易等经营活动的自然人。实体特约商户，是指通过实体经营场所提供商品或服务的特约商户。网络特约商户，是指基于公共网络信息系统提供商品或服务的特约商户。

受理终端，是指通过银行卡信息（磁条、芯片或银行卡账户信息）读取、采集或录入装置生成银行卡交易指令，能够保证银行卡交易信息处理安全的各类实体支付终端。

网络支付接口，是指收单机构与网络特约商户基于约定的业务规则，用于网络支付数据交换的规范和技术实现。

银行卡清算机构，是指经中国人民银行批准，通过设立银行卡清算标准和规则，运营银行卡业务系统，为发卡机构和收单机构提供银行卡交易处理，协助完成资金结算服务的机构。

第五十二条　中国人民银行分支机构可根据本办法，结合辖区实际制定实施细则，向中国人民银行备案后组织实施。

第五十三条　本办法由中国人民银行负责解释。

第五十四条　本办法自发布之日起施行。中国人民银行此前发布的银行卡收单业务有关规定，与本办法不一致的，以本办法为准。

商业银行稳健薪酬监管指引

银监发〔2010〕14 号

第一章 总 则

第一条 为充分发挥薪酬在商业银行公司治理和风险管控中的导向作用，建立健全科学有效的公司治理机制，促进银行业稳健经营和可持续发展，根据《中华人民共和国银行业监督管理法》的有关规定，参照金融稳定理事会《稳健薪酬实践的原则》等国际准则，制定本指引。

第二条 本指引所称薪酬，是指商业银行为获得员工提供的服务和贡献而给予的报酬及其相关支出，包括基本薪酬、绩效薪酬、中长期激励、福利性收入等项下的货币和非现金的各种权益性支出。

第三条 本指引所称商业银行，是指在中华人民共和国境内依法设立的吸收公众存款、发放贷款、办理结算等业务的企业法人。

第四条 商业银行应制定有利于本行战略目标实施和竞争力提升与人才培养、风险控制相适应的薪酬机制，并作为公司治理的主要组成部分之一。薪酬机制一般应坚持以下原则：

（一）薪酬机制与银行公司治理要求相统一；

（二）薪酬激励与银行竞争能力及银行持续能力建设相兼顾；

（三）薪酬水平与风险成本调整后的经营业绩相适应；

（四）短期激励与长期激励相协调。

第二章 薪酬结构

第五条 商业银行应设计统一的薪酬管理体系，其薪酬由固定薪酬、可变薪酬、福利性收入等构成。固定薪酬即基本薪酬，可变薪酬包括绩效薪酬和中长期各种激励，福利性收入包括保险费、住房公积金等。

第六条 基本薪酬是商业银行为保障员工基本生活而支付的基本报酬，包括津补贴，主要根据员工在商业银行经营中的劳动投入、服务年限、所承担的经营责任及风险等因素确定。津补贴是商业银行按照国家规定，为了补偿员工特殊或额外的劳动消耗，以及受物价变动影响导致员工实际收入下降等给予员工的货币补助。商业银行应当按照国家有关津贴、补贴的政策标准确定津补贴。

商业银行应科学设计职位和岗位，合理确定不同职位和不同岗位的薪酬标准。不鼓励商业银行设立保底奖金，如果确有实际需要，保底奖金只适用于新雇用员工入职第一年的薪酬发放。

商业银行的基本薪酬一般不高于其薪酬总额的 35%。

第七条 绩效薪酬是商业银行支付给员工的业绩报酬和增收节支报酬，主要根据当年经营业绩考核结果来确定。绩效薪酬应体现充足的各类风险与各项成本抵扣和银行可持续发展的激励约束要求。

商业银行主要负责人的绩效薪酬根据年度经营考核结果，在其基本薪酬的 3 倍以内确定。

第八条　商业银行根据国家有关规定制订本行中长期激励计划。商业银行应确保可变薪酬总额不会弱化本行持续增强资本基础的能力。

第九条　福利性收入包括商业银行为员工支付的社会保险费、住房公积金等。对于福利性收入的管理，商业银行要按国家有关规定执行。

第十条　商业银行支付给员工的年度薪酬总额要综合考虑当年人员总量、结构以及企业财务状况、经营成果、风险控制等多种因素，参考上年薪酬总额占上年业务管理费的比例确定，国有商业银行还应执行国家相关规定。

第三章　薪酬支付

第十一条　薪酬支付期限应与相应业务的风险持续时期保持一致。商业银行应根据不同业务活动的业绩实现和风险变化情况合理确定薪酬的支付时间并不断加以完善性调整。

第十二条　基本薪酬按月支付。商业银行根据薪酬年度总量计划和分配方案支付基本薪酬。

第十三条　商业银行应合理确定一定比例的绩效薪酬，根据经营情况和风险成本分期考核情况随基本薪酬一起支付，剩余部分在财务年度结束后，根据年度考核结果支付。

第十四条　中长期激励在协议约定的锁定期到期后支付。中长期激励的兑现应得到董事会同意。锁定期长短取决于相应各类风险持续的时间，至少为 3 年。

第十五条　住房公积金、各种保险费应按照国家有关规定纳入专户管理。

第十六条　商业银行高级管理人员以及对风险有重要影响岗位上的员工，其绩效薪酬的 40% 以上应采取延期支付的方式，且延期支付期限一般不少于 3 年，其中主要高级管理人员绩效薪酬的延期支付比例应高于 50%，有条件的应争取达到 60%。在延期支付时段中必须遵循等分原则，不得前重后轻。

商业银行应制定绩效薪酬延期追索、扣回规定，如在规定期限内其高级管理人员和相关员工职责内的风险损失超常暴露，商业银行有权将相应期限内已发放的绩效薪酬全部追回，并止付所有未支付部分。商业银行制定的绩效薪酬延期追索、扣回规定应同样适用离职人员。

第四章　薪酬管理

第十七条　商业银行应建立健全科学合理的薪酬管理组织架构。

董事会按照国家有关法律和政策规定负责本行的薪酬管理制度和政策设计，并对薪酬管理负最终责任；董事会应设立相对独立的薪酬管理委员会（小组），组成人员中至少要有 1/3 以上的财务专业人员，且薪酬管理委员会（小组）应熟悉各产品线风险、成本及演变情况，以有效和负责地审议有关薪酬制度和政策。

管理层组织实施董事会薪酬管理方面的决议，人力资源部门负责具体事项的落实，风险控制、合规、计划财务等部门参与并监督薪酬机制的执行和完善性反馈工作。

商业银行审计部门每年应对薪酬制度的设计和执行情况进行专项审计，并报告董事会和银行业监督管理部门。

外部审计应将薪酬制度的设计和执行情况作为审计内容。

审计、财务和风险控制部门员工的薪酬应独立于所监督的业务条线，且薪酬的规模和质量应得到适当保证，以确保其能够吸引合格、有经验的人才。

第十八条 商业银行应制定科学、合理、与长期稳健可持续发展相适应的薪酬管理制度。薪酬管理制度一般应包括以下内容：

（一）银行员工职位职级分类体系及其薪酬对应标准；

（二）基本薪酬的档次分类及晋级办法；

（三）绩效薪酬的档次分类及考核管理办法；

（四）中长期激励及特殊奖励的考核管理办法等。

第十九条 商业银行应建立科学的绩效考核指标体系，并层层分解落实到具体部门和岗位，作为绩效薪酬发放的依据。商业银行绩效考核指标应包括经济效益指标、风险成本控制指标和社会责任指标。

（一）经济效益指标按国家有关规定选取。

（二）风险成本控制指标至少应包括资本充足率、不良贷款率、拨备覆盖率、案件风险率、杠杆率等。信用风险与市场风险成本度量时应考虑经济资本配置和资本成本本身变化以及拨备成本和实际损失。流动性风险成本在度量时应主要考虑压力测试下的流动性覆盖率和流动性资源本身的成本等因素。

（三）社会责任指标一般应包括风险管理政策的遵守情况、合法性、监管评价及道德标准、企业价值、客户满意度等。

董事会应于每年年初确定当年绩效考核指标，并报银行业监督管理部门备案。

第二十条 本指引第十九条所列风险成本控制指标对绩效薪酬的约束参照如下标准执行：

（一）有一项指标未达到控制要求的，当年全行人均绩效薪酬不得超过上年水平；

（二）有两项指标未达到控制要求的，当年全行人均绩效薪酬在上年基础上实行下浮，高级管理人员绩效薪酬下浮幅度应明显高于平均下浮幅度；

（三）有三项及以上指标未达到控制要求的，除当年全行人均绩效薪酬参照第（二）款调整外，下一年度全行基本薪酬总额不得调增。

第二十一条 商业银行应建立有效薪酬监督机制，不得为员工或允许员工对递延兑现部分的薪酬购买薪酬保险、责任险等避险措施降低薪酬与风险的关联性。

第二十二条 商业银行董事会应每年全面、及时、客观、翔实地披露薪酬管理信息，并列为年度报告披露的重要部分。商业银行的薪酬信息披露情况应报国家有关主管部门和银行业监督管理部门备案。年度薪酬报告的信息披露内容主要包括：

（一）薪酬管理架构及决策程序，包括薪酬管理委员会（小组）的结构和权限；

（二）年度薪酬总量、受益人及薪酬结构分布；

（三）薪酬与业绩衡量、风险调整的标准；

（四）薪酬延期支付和非现金薪酬情况，包括因故扣回的情况；

（五）董事会、高级管理层和对银行风险有重要影响岗位上的员工的具体薪酬信息；

（六）年度薪酬方案制定、备案及经济、风险和社会责任指标完成考核情况；

（七）超出原定薪酬方案的例外情况，包括影响因素，以及薪酬变动的结构、形式、数量和受益对象等。

第五章 薪酬监管

第二十三条 银行业监督管理部门应将商业银行薪酬管理纳入公司治理监管的重要内容，至少每年一次对商业银行薪酬管理机制的健全性和有效性作出评估。

第二十四条 银行业监督管理部门应动态跟踪监测商业银行薪酬管理制度的实施情况，并根据实际情况对商业银行风险控制等考核指标的执行情况进行现场检查。

第二十五条 对于商业银行薪酬管理制度和绩效考核指标不符合有关规定的，银行业监督管理部门有权根据《中华人民共和国银行业监督管理法》的相关规定责令纠正，并对下列问题予以查处：

（一）薪酬管理组织架构、薪酬管理制度不符合规定的；

（二）未按规定核定、执行和报备绩效考核办法或年度薪酬方案的；

（三）绩效考核不严格、不符合规定或弄虚作假的；

（四）未按规定计发基本薪酬、延发绩效薪酬的；

（五）未按规定追索或止付绩效薪酬的；

（六）未按规定披露薪酬信息的；

（七）其他不符合国家有关政策规定的。

第二十六条 符合下列情况之一的，商业银行薪酬结构与水平应报救助机构和银行业监督管理部门确定：

（一）已经实施救助措施的；

（二）商业银行面临重大声誉风险并有可能对其持续经营产生实质性影响的；

（三）商业银行濒临破产、倒闭的；

（四）商业银行被依法接管的；

（五）商业银行被关停的。

第六章 附 则

第二十七条 商业银行在参加基本社会保险的基础上为员工建立企业年金和补充医疗保险的，应符合国家有关规定。

扣回的薪酬应按照有关规定冲减当期费用。

第二十八条 商业银行在境外设立的子行、分行、非银行金融性公司由母行根据本指引的原则并结合不同国家和地区的法律规定、监管要求对其薪酬进行调控。

由银行业监督管理部门监管的其他类银行、非银行金融机构参照本指引执行。

第二十九条 本指引由中国银监会负责解释。

第三十条 本指引自 2010 年 3 月 1 日起施行。

银行业金融机构国别风险管理指引

银监发〔2010〕45 号

第一章 总 则

第一条 为加强银行业金融机构国别风险管理，根据《中华人民共和国银行业监督管理法》、《中华人民共和国商业银行法》以及其他有关法律和行政法规，制定本指引。

第二条 在中华人民共和国境内依法设立的商业银行、邮政储蓄银行、城市信用合作社、农村信用合作社等吸收公众存款的银行业金融机构、政策性银行以及国家开发银行适用本指引。

第三条 本指引所称国别风险，是指由于某一国家或地区经济、政治、社会变化及事件，导致该国家或地区借款人或债务人没有能力或者拒绝偿付银行业金融机构债务，或使银行业金融机构在该国家或地区的商业存在遭受损失，或使银行业金融机构遭受其他损失的风险。

国别风险可能由一国或地区经济状况恶化、政治和社会动荡、资产被国有化或被征用、政府拒付对外债务、外汇管制或货币贬值等情况引发。

转移风险是国别风险的主要类型之一，是指借款人或债务人由于本国外汇储备不足或外汇管制等原因，无法获得所需外汇偿还其境外债务的风险。

第四条 本指引所称国家或地区，是指不同的司法管辖区或经济体。如银行业金融机构在进行国别风险管理时，应当视中国香港、中国澳门和中国台湾为不同的司法管辖区或经济体。

第五条 本指引所称重大国别风险暴露，是指对单一国家或地区超过银行业金融机构净资本25%的风险暴露。

第六条 本指引所称国别风险准备金，是指银行业金融机构为吸收国别风险导致的潜在损失计提的准备金。

第七条 银行业金融机构应当有效识别、计量、监测和控制国别风险，在计提准备金时充分考虑国别风险。

第八条 中国银行业监督管理委员会（以下简称银监会）及其派出机构依法对银行业金融机构的国别风险管理实施监督检查，及时获得银行业金融机构国别风险信息，评价银行业金融机构国别风险管理的有效性。

第二章 国别风险管理

第九条 银行业金融机构应当按照本指引要求，将国别风险管理纳入全面风险管理体系，建立与本机构战略目标、国别风险暴露规模和复杂程度相适应的国别风险管理体系。国别风险管理体系包括以下基本要素：

（一）董事会和高级管理层的有效监控；

（二）完善的国别风险管理政策和程序；

（三）完善的国别风险识别、计量、监测和控制过程；

（四）完善的内部控制和审计。

第十条　银行业金融机构董事会承担监控国别风险管理有效性的最终责任。主要职责包括：

（一）定期审核和批准国别风险管理战略、政策、程序和限额；

（二）确保高级管理层采取必要措施识别、计量、监测和控制国别风险；

（三）定期审阅高级管理层提交的国别风险报告，监控和评价国别风险管理有效性以及高级管理层对国别风险管理的履职情况；

（四）确定内部审计部门对国别风险管理情况的监督职责。

第十一条　银行业金融机构高级管理层负责执行董事会批准的国别风险管理政策。主要职责包括：

（一）制定、定期审查和监督执行国别风险管理的政策、程序和操作规程；

（二）及时了解国别风险水平及管理状况；

（三）明确界定各部门的国别风险管理职责以及国别风险报告的路径、频率、内容，督促各部门切实履行国别风险管理职责，确保国别风险管理体系的正常运行；

（四）确保具备适当的组织结构、管理信息系统以及足够的资源来有效地识别、计量、监测和控制各项业务所承担的国别风险。

第十二条　银行业金融机构应当指定合适的部门承担国别风险管理职责，制定适用于本机构的国别风险管理政策。

国别风险管理政策应当与本机构跨境业务性质、规模和复杂程度相适应。主要内容包括：

（一）跨境业务战略和主要承担的国别风险类型；

（二）国别风险管理组织架构、权限和责任；

（三）国别风险识别、计量、监测和控制程序；

（四）国别风险的报告体系；

（五）国别风险的管理信息系统；

（六）国别风险的内部控制和审计；

（七）国别风险准备金政策和计提方法；

（八）应急预案和退出策略。

第十三条　银行业金融机构应当充分识别业务经营中面临的潜在国别风险，了解所承担的国别风险类型，确保在单一和并表层面上，按国别识别风险。

国别风险存在于授信、国际资本市场业务、设立境外机构、代理行往来和由境外服务提供商提供的外包服务等经营活动中。

第十四条　银行业金融机构应当确保国际授信与国内授信适用同等原则，包括：严格遵循"了解你的客户"原则，对境外借款人进行充分的尽职调查，确保借款人有足够的外币资产或收入来源履行其外币债务；认真核实借款人身份及最终所有权，避免风险过度集中；尽职核查资金实际用途，防止贷款挪用；审慎评估海外抵押品的合法性及其可被强制执行的法律效力；建立完善的贷后管理制度。

第十五条　银行业金融机构在进行交易对手尽职调查时，应当严格遵守反洗钱和反恐融资法律法规，严格执行联合国安理会的有关决议，对涉及敏感国家或地区的业务及交易保持高度警惕，及时查询包括联合国制裁决议在内的与本机构经营相关的国际事件信息，建立和完善相应的管理信息系统，及时录入、更新有关制裁名单和可疑交易客户等信息，防止个别组织或个人利用本机构从事支持恐怖主义、洗钱或其他非法活动。

第十六条　银行业金融机构应当根据本机构国别风险类型、暴露规模和复杂程度选择适当的计量方法。计量方法应当至少满足以下要求：能够覆盖所有重大风险暴露和不同类型的风险；能够在单一和并表层面按国别计量风险；能够根据有风险转移及无风险转移情况分别计量国别风险。

第十七条　银行业金融机构应当建立与国别风险暴露规模和复杂程度相适应的国别风险评估体系，对已经开展和计划开展业务的国家或地区逐一进行风险评估。在评估国别风险时，银行业金融机构应当充分考虑一个国家或地区经济、政治和社会状况的定性和定量因素。在国际金融中心开展业务或设有商业存在的机构，还应当充分考虑国际金融中心的固有风险因素。在特定国家或地区出现不稳定因素或可能发生危机的情况下，应当及时更新对该国家或地区的风险评估。银行业金融机构在制定业务发展战略、审批授信、评估借款人还款能力、进行国别风险评级和设定国别风险限额时，应当充分考虑国别风险评估结果。

银行业金融机构应当建立正式的国别风险内部评级体系，反映国别风险评估结果。国别风险应当至少划分为低、较低、中、较高、高五个等级，风险暴露较大的机构可以考虑建立更为复杂的评级体系。在存在极端风险事件情况下，银监会可以统一指定特定国家或地区的风险等级。

银行业金融机构应当建立国别风险评级和贷款分类体系的对应关系，在设立国别风险限额和确定国别风险准备金计提水平时充分考虑风险评级结果。

银行业金融机构可以合理利用内外部资源开展国别风险评估和评级，在此基础上做出独立判断。国别风险暴露较低的银行业金融机构，可以主要利用外部资源开展国别风险评估和评级，但最终应当做出独立判断。

第十八条　银行业金融机构应当对国别风险实行限额管理，在综合考虑跨境业务发展战略、国别风险评级和自身风险偏好等因素的基础上，按国别合理设定覆盖表内外项目的国别风险限额。有重大国别风险暴露的银行业金融机构应当考虑在总限额下按业务类型、交易对手类型、国别风险类型和期限等设定分类限额。

国别风险限额应当经董事会或其授权委员会批准，并传达到相关部门和人员。银行业金融机构应当至少每年对国别风险限额进行审查和批准，在特定国家或地区风险状况发生显著变化的情况下，提高审查和批准频率。

银行业金融机构应当建立国别风险限额监测、超限报告和审批程序，至少每月监测国别风险限额遵守情况，持有较多交易资产的机构应当提高监测频率。超限额情况应当及时向相应级别的管理层或董事会报告，以获得批准或采取纠正措施。银行业金融机构管理信息系统应当能够有效监测限额遵守情况。

第十九条　银行业金融机构应当建立与国别风险暴露规模相适应的监测机制，在单一和并表层面上按国别监测风险，监测信息应当妥善保存于国别风险评估档案中。在特定国家或地区状况恶化时，应当提高监测频率。必要时，银行业金融机构还应当监测特定国际金融中心、某一区域或某组具有类似特征国家的风险状况和趋势。

银行业金融机构可以充分利用内外部资源实施监测，包括要求本机构的境外机构提供国别风险状况报告，定期走访相关国家或地区，从评级机构或其他外部机构获取有关信息等。国别风险暴露较低的银行业金融机构，可以主要利用外部资源开展国别风险监测。

第二十条　银行业金融机构应当建立与国别风险暴露规模和复杂程度相适应的国别风险压力测试方法和程序，定期测试不同假设情景对国别风险状况的潜在影响，以识别早期潜在风险，并评估业务发展策略与战略目标的一致性。

银行业金融机构应当定期向董事会和高级管理层报告测试结果，根据测试结果制定国别风险管理应急预案，及时处理对陷入困境国家的风险暴露，明确在特定风险状况下应当采取的风险缓释措施，以及必要时应当采取的市场退出策略。

第二十一条 银行业金融机构应当为国别风险的识别、计量、监测和控制建立完备、可靠的管理信息系统。管理信息系统功能至少应当包括：

（一）帮助识别不适当的客户及交易；

（二）支持不同业务领域、不同类型国别风险的计量；

（三）支持国别风险评估和风险评级；

（四）监测国别风险限额执行情况；

（五）为压力测试提供有效支持；

（六）准确、及时、持续、完整地提供国别风险信息，满足内部管理、监管报告和信息披露要求。

第二十二条 银行业金融机构应当定期、及时向董事会和高级管理层报告国别风险情况，包括但不限于国别风险暴露、风险评估和评级、风险限额遵守情况、超限额业务处理情况、压力测试、准备金计提水平等。不同层次和种类的报告应当遵循规定的发送范围、程序和频率。重大风险暴露和高风险国家暴露应当至少每季度向董事会报告。在风险暴露可能威胁到银行盈利、资本和声誉的情况下，银行业金融机构应当及时向董事会和高级管理层报告。

第二十三条 银行业金融机构应当建立完善的国别风险管理内部控制体系，确保国别风险管理政策和限额得到有效执行和遵守，相关职能适当分离，如业务经营职能和国别风险评估、风险评级、风险限额设定及监测职能应当保持独立。

第二十四条 银行业金融机构内部审计部门应当定期对国别风险管理体系的有效性进行独立审查，评估国别风险管理政策和限额执行情况，确保董事会和高级管理层获取完整、准确的国别风险管理信息。

第三章　国别风险准备金

第二十五条 银行业金融机构应当充分考虑国别风险对资产质量的影响，准确识别、合理评估、审慎预计因国别风险可能导致的资产损失。

第二十六条 银行业金融机构应当制定书面的国别风险准备金计提政策，确保所计提的资产减值准备全面、真实反映国别风险。

第二十七条 银行业金融机构计提的国别风险准备金应当作为资产减值准备的组成部分。

第二十八条 银行业金融机构应当按本指引对国别风险进行分类，并在考虑风险转移和风险缓释因素后，参照以下标准对具有国别风险的资产计提国别风险准备金：

低国别风险不低于0.5%；较低国别风险不低于1%；中等国别风险不低于15%；较高国别风险不低于25%；高国别风险不低于50%。

银行业金融机构如已建立国别风险内部评级体系，应当明确该评级体系与本指引规定的国别风险分类之间的对应关系。

第二十九条 银行业金融机构应当对资产的国别风险进行持续有效的跟踪监测，并根据国别风险的变化动态调整国别风险准备金。

第三十条 银行业金融机构应当要求外部审计机构在对本机构年度财务报告进行审计时，评估所计提资产减值准备考虑国别风险因素的充分性、合理性和审慎性，并发表审计意见。

第四章　国别风险管理的监督检查

第三十一条　银监会及其派出机构将银行业金融机构国别风险管理情况纳入持续监管框架，对银行业金融机构国别风险管理的有效性进行评估。在审核银行业金融机构设立、参股、收购境外机构的申请时，将国别风险管理状况作为重要考虑因素。

第三十二条　银行业金融机构应当每年向银监会及其派出机构报送国别风险暴露和准备金计提情况，有重大国别风险暴露的银行业金融机构应当每季度报告。

银监会及其派出机构对银行业金融机构报告内容进行审查，并可以根据审查结果要求银行业金融机构增加报告范围和频率、提供额外信息、实施压力测试等。

在特定国家或地区发生重大经济、政治、社会事件，并对本行国别风险水平及其管理状况产生重大不利影响时，银行业金融机构应当及时向银监会及其派出机构报告对该国家或地区的风险暴露情况。

第三十三条　银行业金融机构的国别风险管理政策和程序应当报银监会及其派出机构备案。银监会及其派出机构对银行业金融机构国别风险管理的政策、程序和做法进行定期检查评估，主要内容包括：

（一）董事会和高级管理层在国别风险管理中的履职情况；

（二）国别风险管理政策和程序的完善性和执行情况；

（三）国别风险识别、计量、监测和控制的有效性；

（四）国别风险管理信息系统的有效性；

（五）国别风险限额管理的有效性；

（六）国别风险内部控制的有效性。

第三十四条　银监会及其派出机构定期评估银行业金融机构国别风险准备金计提的合理性和充分性，可以要求国别风险准备金计提不充分的商业银行采取措施，减少国别风险暴露或者提高准备金水平。

第三十五条　对于银监会及其派出机构在监管中发现的有关国别风险管理的问题，银行业金融机构应当在规定时限内提交整改方案并采取整改措施。对于逾期未改正或者导致重大损失的银行业金融机构，银监会及其派出机构可以依法采取监管措施。

第三十六条　银行业金融机构应当严格按照《商业银行信息披露办法》等法律法规的有关规定，定期披露国别风险和国别风险管理情况。

第五章　附　则

第三十七条　金融资产管理公司、信托公司、企业集团财务公司、金融租赁公司、汽车金融公司、外国银行分行等其他金融机构参照本指引执行。

第三十八条　本指引由银监会负责解释。

第三十九条　银行业金融机构最迟应当于 2011 年 6 月 1 日前达到本指引要求。

第四十条　本指引自发布之日起施行。

附件信息：

附件 1：国别风险主要类型

附件 2：国别风险评估因素

附件 3：国别风险分类标准

附件 1:

国别风险主要类型

一、转移风险

转移风险指借款人或债务人由于本国外汇储备不足或外汇管制等原因，无法获得所需外汇偿还其境外债务的风险。

二、主权风险

主权风险指外国政府没有能力或者拒绝偿付其直接或间接外币债务的可能性。

三、传染风险

传染风险指某一国家的不利状况导致该地区其他国家评级下降或信贷紧缩的风险，尽管这些国家并未发生这些不利状况，自身信用状况也未出现恶化。

四、货币风险

货币风险指由于汇率不利变动或货币贬值，导致债务人持有的本国货币或现金流不足以支付其外币债务的风险。

五、宏观经济风险

宏观经济风险指债务人因本国政府采取保持本国货币币值的措施而承受高利率的风险。

六、政治风险

政治风险指债务人因所在国发生政治冲突、政权更替、战争等情形，或者债务人资产被国有化或被征用等情形而承受的风险。

七、间接国别风险

间接国别风险指某一国家经济、政治或社会状况恶化，威胁到在该国有重大商业关系或利益的本国借款人的还款能力的风险。

间接国别风险无需纳入正式的国别风险管理程序中，但银行业金融机构在评估本地借款人的信用状况时，应适当考虑国别风险因素。

附件 2:

国别风险评估因素

一、政治外交环境

（一）政治稳定性
（二）政治力量平衡性
（三）政体成熟程度

（四）地缘政治与外交关系状况

二、经济金融环境

（一）宏观经济运行情况

1. 经济增长水平、模式和可持续性；

2. 通货膨胀水平；

3. 就业情况；

4. 支柱产业状况。

（二）国际收支平衡状况

1. 经常账户状况和稳定性；

2. 国外资本流入情况；

3. 外汇储备规模。

（三）金融指标表现

1. 货币供应量；

2. 利率；

3. 汇率。

（四）外债结构、规模和偿债能力

（五）政府财政状况

（六）经济受其他国家或地区问题影响的程度

（七）是否为国际金融中心，主要市场功能、金融市场基础设施完备程度和监管能力

三、制度运营环境

（一）金融体系

1. 金融系统发达程度；

2. 金融系统杠杆率和资金来源稳定性；

3. 金融发展与实体经济匹配性；

4. 银行体系增长情况，私人部门信贷增长情况。

（二）法律体系

（三）投资政策

（四）遵守国际法律、商业、会计和金融监管等标准情况，以及信息透明度

（五）政府纠正经济及预算问题的意愿和能力

四、社会安全环境

（一）社会文明程度和文化传统

（二）宗教民族矛盾

（三）恐怖主义活动

（四）其他社会问题，包括但不限于犯罪和治安状况、自然条件和自然灾害、疾病瘟疫等

附件3：

国别风险分类标准

低国别风险：国家或地区政体稳定，经济政策（无论在经济繁荣期还是萧条期）被证明有效且正确，不存在任何外汇限制，有及时偿债的超强能力。目前及未来可预计一段时间内，不存在导致对该国家或地区投资遭受损失的国别风险事件，或即便事件发生，也不会影响该国或地区的偿债能力或造成其他损失。

较低国别风险：该国家或地区现有的国别风险期望值低，偿债能力足够，但目前及未来可预计一段时间内，存在一些可能影响其偿债能力或导致对该国家或地区投资遭受损失的不利因素。

中等国别风险：指某一国家或地区的还款能力出现明显问题，对该国家或地区的贷款本息或投资可能会造成一定损失。

较高国别风险：该国家或地区存在周期性的外汇危机和政治问题，信用风险较为严重，已经实施债务重组但依然不能按时偿还债务，该国家或地区借款人无法足额偿还贷款本息，即使执行担保或采取其他措施，也肯定要造成较大损失。

高国别风险：指某一国家或地区出现经济、政治、社会动荡等国别风险事件或出现该事件的概率较高，在采取所有可能的措施或一切必要的法律程序后，对该国家或地区的贷款本息或投资仍然可能无法收回，或只能收回极少部分。

银监会工作人员廉洁从政从业承诺制度（试行）

银监发 [2010] 69号

第一条 为进一步规范银监会机关及其派出机构全体工作人员（以下简称银监会工作人员）从政从业行为，督促工作人员廉洁自律，勤勉尽职，依据《中华人民共和国公务员法》、《中华人民共和国银行业监督管理法》等有关法律法规和规章，制定本制度。

第二条 银监会机关及其派出机构工作人员适用本制度。

第三条 工作人员应当向组织作出如下承诺：

（一）自觉遵守国家工作人员廉洁从政从业的有关法律法规和规章。

（二）自觉遵守银监会关于工作人员廉洁从政从业的各项"会规会纪"：

1. 银监会工作人员守则；

2. 银监会工作人员"约法三章"；

3. 银监会工作人员"履职回避"规定；

4. 银监会工作人员"现场检查若干纪律规定"；

5. 银监会关于领导干部配偶子女个人经商办企业有关具体问题的规定；

6. 银监会工作人员出国（境）有关纪律规定；

7. 银监会财经制度和组织、人事纪律；

8. 银监会工作人员讲课及公开出版物管理的有关规定；

9. 不在银行业金融机构贷款（不含纯个人消费性质贷款），也不为他人在银行业金融机构介绍贷款、担保贷款；

10. 在任期或者法定期限内，不直接或者以化名身份、借他人名义持有、买卖、收受他人赠送的银行业金融机构及其控股公司或附属机构股份、认证股权；

11. 银监会关于廉洁从政从业的其他规定。

（三）主动签订《银监会工作人员廉洁从政从业承诺书》、填报《银监会工作人员廉洁从政从业情况报告表》（以下简称承诺书和报告表）。

（四）对个人承诺报告事项的真实性、完整性负责，积极协助组织对个人报告事项依法依规进行核实了解。

（五）如本人违反上述承诺，自愿接受组织调查处理。

第四条 各级纪检监察部门会同组织人事部门组织本单位工作人员签订承诺书。其中，新录用（含新调入）人员上岗时应当签订承诺书，并作为录用的必要条件；工作人员在银监会系统调动的，应当重新签订承诺书。承诺书一式四份，一份报纪检监察部门，一份报组织人事部门，一份本人所在部门留存，一份本人留存。

第五条 年度考核时，工作人员应当将本年度履行廉洁从政从业承诺情况纳入工作总结，并如实填写报告表，报纪检监察部门和组织人事部门；工作人员履行廉洁从政从业承诺情况作为评定年度考核结果的依据之一。

第六条　各单位、各部门要对工作人员廉洁从政从业情况实施监督，发现问题及时纠正，遇有重要情况应当及时向所在单位或上级纪检监察部门报告。纪检监察部门要适时对各单位、各部门落实承诺制情况进行监督检查；根据工作需要，依法依规对工作人员报告的履行承诺的真实性、完整性进行核实了解，对核实了解的工作人员个人信息应当保密。

第七条　本制度由银监会纪委、监察局负责解释和修订。

第八条　本制度自印发之日起试行。

中国银监会关于进一步规范银行业金融机构信贷资产转让业务的通知

银监发〔2010〕102号

为进一步规范银行业金融机构信贷资产转让，促进相关业务规范、有序、健康发展，现就有关事项通知如下：

一、银行业金融机构开展信贷资产转让业务，应当严格遵守国家法律、法规、规章和规范性文件的相关规定，健全并严格执行相应风险管理制度和内部操作规程。

二、本通知所称信贷资产是指确定的、可转让的正常类信贷资产，不良资产的转让与处置不适用本通知规定。

信贷资产的转出方应征得借款人同意方可进行信贷资产的转让，但原先签订的借款合同中另有约定的除外。

三、信贷资产转入方应当做好对拟转入信贷资产的尽职调查，包括但不限于借款方资信状况、经营情况、信贷资产用途的合规性和合法性、担保情况等。

信贷资产转入方应当将拟转入的信贷资产提交授信审批部门进行严格审查、核实，复评贷款风险度，提出审核意见，按规定履行审批手续。

四、银行业金融机构转让信贷资产应当遵守真实性原则，禁止资产的非真实转移。

转出方不得安排任何显性或隐性的回购条款；转让双方不得采取签订回购协议、即期买断加远期回购等方式规避监管。

五、银行业金融机构转让信贷资产应当遵守整体性原则，即转让的信贷资产应当包括全部未偿还本金及应收利息，不得有下列情形：

（一）将未偿还本金与应收利息分开；

（二）按一定比例分割未偿还本金或应收利息；

（三）将未偿还本金及应收利息整体按比例进行分割；

（四）将未偿还本金或应收利息进行期限分割。

银行业金融机构转让银团贷款的，转出方在进行转让时，应优先整体转让给其他银团贷款成员；如其他银团贷款成员均无意愿接受转让，且对转出方将其转给银团贷款成员之外的银行业金融机构无异议，转出方可将其整体转让给银团贷款成员之外的银行业金融机构。

六、银行业金融机构转让信贷资产应当遵守洁净转让原则，即实现资产的真实、完全转让，风险的真实、完全转移。

信贷资产转入方应当与信贷资产的借款方重新签订协议，确认变更后的债权债务关系。

拟转让的信贷资产有保证人的，转出方在信贷资产转让前，应当征求保证人意见，保证人同意后，可进行转让；如保证人不同意，转出方应和借款人协商，更换保证人或提供新的抵质押物，以实现信贷资产的安全转让。

拟转让的信贷资产有抵质押物的，应当完成抵质押物变更登记手续或将质物移交占有、交付，确保担保物权有效转移。

银行业金融机构在签订信贷资产转让协议时，应当明确双方权利和义务，转出方应当向转入方提供资产转让业务涉及的法律文件和其他相关资料；转入方应当行使信贷资产的日常贷后管理职责。

七、信贷资产转出方将信用风险、市场风险和流动性风险等完全转移给转入方后，应当在资产负债表内终止确认该项信贷资产，转入方应当在表内确认该项信贷资产，作为自有资产进行管理；转出方和转入方应当做到衔接一致，相关风险承担在任何时点上均不得落空。

信贷资产转让后，转出方和转入方的资本充足率、拨备覆盖率、大额集中度、存贷比、风险资产等监管指标的计算应当作出相应调整。

八、银行业金融机构应当严格按照《企业会计准则》关于"金融资产转移"的规定及其他相关规定进行信贷资产转移确认，并做相应的会计核算和账务处理。

九、银行业金融机构应当严格遵守信贷资产转让和银信理财合作业务的各项规定，不得使用理财资金直接购买信贷资产。

十、银行业金融机构开展信贷资产转让业务，不论是转入还是转出，应按照监管部门的要求及时完成相应信息的报送，并应当在每个季度结束后 30 个工作日内，向监管机构报送信贷资产转让业务报告。报告应当至少包括以下内容：

（一）信贷资产转让业务开展的整体情况；

（二）具体的转让笔数，每一笔交易的标的、金额、交易对手方、借款方、担保方或担保物权的情况等；

（三）信贷资产的风险变化情况；

（四）其他需要报告的情况。

十一、银行业金融机构开展信贷资产转让业务未能审慎经营，违反本通知规定的，监管机构可以根据《中华人民共和国银行业监督管理法》的有关规定，责令其暂停信贷资产转让业务，给予相应处罚，并追究相关人员责任。

请各银监局将本通知转发至辖内银监分局和银行业金融机构。

二〇一〇年十二月三日

中国银监会关于加强融资平台贷款风险管理的指导意见

银监发〔2010〕110号

各银监局，各政策性银行、国有商业银行、股份制商业银行、金融资产管理公司，邮储银行，各省级农村信用联社，银监会直接监管的信托公司、企业集团财务公司、金融租赁公司：

近年来，银行业金融机构（以下简称金融机构）为支持地方经济发展，比较集中地发放了地方政府融资平台公司（指由地方政府及其部门或机构、所属事业单位等通过财政拨款或注入土地、股权等资产设立，具有政府公益性项目投融资功能，并拥有独立企业法人资格的经济实体）贷款，对加强地方基础设施建设以及应对国际金融危机冲击发挥了积极的作用，但在贷款风险管理上也暴露了一些薄弱环节。为有效防范融资平台公司贷款（含各类授信，以下简称融资平台贷款）风险，根据《国务院关于加强地方政府融资平台公司管理有关问题的通知》（国发〔2010〕19号）的相关要求，现就加强融资平台贷款风险管理提出如下指导意见：

一、严格落实贷款"三查"制度，审慎发放和管理融资平台贷款

（一）金融机构应严格执行《财政部发展改革委人民银行银监会关于贯彻落实国务院关于加强地方政府融资平台公司管理有关问题的通知相关事项的通知》（财预〔2010〕412号），建立符合国家宏观调控政策和产业政策的融资平台贷款发放和管理制度，统筹考虑融资平台公司整体偿债能力及贷款项目本身偿还贷款本息的能力后发放贷款。

（二）金融机构应按照《固定资产贷款管理暂行办法》、《流动资金贷款管理暂行办法》、《项目融资业务指引》等信贷审慎管理规定，结合融资平台贷款的特点，分别对融资平台公司及贷款项目按照贷前调查、贷时审查和贷后检查等环节制定和完善审核标准、操作程序、风险管控措施和内部控制流程。

（三）金融机构应按照《中国银监会关于规范中长期贷款还款方式的通知》（银监发〔2010〕103号）的要求，合理确定融资平台公司贷款期限，做好与地方政府和平台客户的贷款合同修订工作，按照修订后的贷款合同调整还款计划，进一步规范平台公司还款方式和还款期限。

（四）金融机构应审慎评估各类担保或抵质押品的合法性、有效性和充分性，以及抵质押品价值和变现比率，跟踪监测抵质押品价值变动，合理估计抵质押品折现价值，及时要求借款主体补充足值的抵质押品。金融机构不得接受地方政府及其所属部门、机构和主要依靠财政拨款的事业单位违规以财政性收入、行政事业等单位国有资产或其他任何直接、间接形式为融资平台贷款提供的担保。担保主体的责任不随融资平台贷款形态的变化而改变。

（五）金融机构应在清查规范的基础上，尽快建立完善的融资平台贷款台账，健全融资平台贷款统计分析制度，明确借款主体、贷款金额、还款方式及还款来源，详细记录贷款状况，及时反映

贷款变化情况，确保贷款信息真实、准确、完整。

（六）金融机构应按照公司治理和内部控制要求建立融资平台贷款履职评价和问责制度，明确公司治理各主体、内部系统控制各层面的相关职责，对融资平台贷款发生严重风险或重大损失的，追究相关人员责任。

二、准确进行融资平台贷款风险分类，真实反映和评价贷款风险状况

（七）金融机构应按照《贷款风险分类指引》（银监发〔2007〕54号）的规定，科学分析融资平台贷款项目现金流以及借款主体其他还款来源的可靠性，合理评估融资平台公司的整体偿债能力，对融资平台贷款进行准确分类和动态调整。

（八）贷款项目在同行业中具有较强的竞争优势，项目本身可收回现金流现值大于贷款账面价值，即使经济环境和所在行业整体盈利能力发生不利变化时，借款主体仍能按期偿还全部本息的融资平台贷款，应归为正常类；符合正常类贷款的其他特征，但在经济环境和所在行业整体盈利能力发生不利变化时，借款主体可能无法全额偿还的融资平台贷款，应归为关注类。

（九）贷款项目自身经营性现金流不足、需主要依靠担保和抵质押品作为还款来源的贷款，如贷款项目自身现金流、担保及抵质押品折现价值合计不足贷款本息120%的融资平台贷款，应至少归为次级类；不足80%的，应至少归为可疑类。

（十）主要依靠财政性资金偿还的融资平台贷款一旦发生本息逾期，应将该借款人所有同类贷款至少归为次级类；对逾期六个月以上仍不能支付贷款本息的，应将该借款人所有同类贷款至少归为可疑类。

（十一）借款人因财务状况恶化或无力还款而进行债务重组的融资平台贷款，应至少归为次级类；债务重组后六个月内不得调高贷款分类档次，六个月后可按照本指导意见重新分类。重组后如借款人财务状况继续恶化，再次发生贷款本息逾期的，应至少归为可疑类。

（十二）对违反贷款集中度监管要求的融资平台贷款，应至少归为次级类。

三、加强对融资平台贷款的监管，有效缓释和化解融资平台贷款风险

（十三）金融机构应统筹考虑地方政府债务负担和融资平台贷款本身潜在风险和预期损失，合理计提贷款损失准备，确保贷款损失准备能够覆盖融资平台贷款的潜在损失。金融机构融资平台贷款的拨备覆盖率及贷款拨备率不得低于一般贷款拨备水平。融资平台贷款风险较大，短期内难以提足贷款损失准备的，可按照贷款损失准备缺口分2~3年补足。

（十四）金融机构应根据《中国银监会办公厅关于地方政府融资平台贷款清查工作的通知》（银监办发〔2010〕244号）所要求的按现金流覆盖比例划分的全覆盖、基本覆盖、半覆盖和无覆盖平台贷款计算资本充足率贷款风险权重。其中，全覆盖类风险权重为100%；基本覆盖类风险权重为140%；半覆盖类风险权重为250%；无覆盖类风险权重为300%。

（十五）银行监管机构应建立健全融资平台贷款专项统计制度，定期评估金融机构融资平台贷款发放和管理情况，对融资平台贷款内部控制、风险管理、履职问责、贷款合同规范化及合规性、贷款集中度、分类准确性以及拨备充足性等开展重点检查，对违反有关规定发放和管理融资平台贷款的行为及时进行纠正和处罚，督促金融机构有效防范融资平台贷款风险。

（十六）银行监管机构应及时提高融资平台贷款发生重大损失或存在严重风险金融机构的拨备及资本监管标准，并依法对相关机构及责任人进行处罚。

（十七）银行监管机构应将金融机构融资平台贷款风险管控情况作为对金融机构监管评级的重要因素。

（十八）金融机构根据《国务院关于加强地方政府融资平台公司管理有关问题的通知》将清理

规范后的融资平台贷款纳入一般公司类贷款管理的贷款，以及金融机构向整合保留后融资平台公司按照商业化原则发放的贷款，不适用本指导意见。

二○一○年十二月十六日

中国银监会关于印发银行业金融机构案件处置三项制度的通知

银监发〔2010〕111号

各银监局，各政策性银行、国有商业银行、股份制商业银行、金融资产管理公司，邮政储蓄银行，银监会直接监管的信托公司、企业集团财务公司、金融租赁公司：

《银行业金融机构案件处置工作规程》、《银行业金融机构案件（风险）信息报送及登记办法》和《银行业金融机构案件防控工作联席会议制度》已经中国银监会第102次主席会议通过。现将三项制度印发给你们，自2011年1月1日起施行。其他有关规定与三项制度不一致的，以三项制度为准。

附件：一、案件风险信息快报

二、案件信息确认报告

三、案件风险信息撤销报告

二〇一〇年十二月二十日

银行业金融机构案件处置工作规程

第一章 总 则

第一条 为有效组织实施银行业金融机构案件处置工作，形成协调有序、边界清晰、责任明确的工作机制，实现银行业金融机构案件处置过程的规范和统一，根据《中华人民共和国银行业监督管理法》等有关法律法规，制定本规程。

第二条 中国银行业监督管理委员会（以下简称银监会）机关各部门及银监会省级派出机构（以下简称银监局）和各银行业金融机构的案件处置工作应当遵守本规程。

第三条 本规程所称案件是指银行业金融机构从业人员独立或共同实施，或与外部人员合伙实施的，以银行业金融机构或客户的资金、财产为侵犯对象的，涉嫌触犯刑法，依法应当移送司法机关追究刑事责任或已由公安、司法机关依法立案侦查的事件或银行业金融机构遭受外部诈骗、盗窃、抢劫等侵害，依法应当由公安机关立案侦查的事件。

第四条 本规程所称银行业金融机构案件处置工作包括案件信息报送及登记、案件调查、案件审结和后续处置。

第五条 银行业金融机构对案件处置工作负直接责任。银行业金融机构应当制定本机构案件处置政策和制度，并有效落实和执行。

第六条 银监局负责有关案件信息的采集和处理，指导、督促或直接参与辖内银行业金融机构案件的处置工作，督促发案银行业金融机构对责任人实施问责，督促、跟踪及评价后续整改情况，对本辖区的案件处置工作负监管责任。

第七条 银监会机关相关部门对案件处置工作负督导和稽查责任。银监会机构监管部门和案件稽查部门按照分工协作、各有侧重的原则，指导和督促银监局开展案件处置工作，必要时可以直接参与银行业金融机构案件的处置工作。

银监会机关相关部门通过召开银行业金融机构案件防控工作联席会议（以下简称联席会议）的方式，形成部门间的协调机制。

第八条 银监会机关相关部门、银监局和银行业金融机构应当针对每个案件指定相应承办部门和主办人员。

银行业金融机构案件的调查实行专案负责制。银行业金融机构在发生案件后，应当根据案件的性质和金额组成由相应层级的管理人员负责的专案组，承担案件的调查工作。

银监局根据案件的性质和金额，组成相应专案督导检查组（以下简称"督查组"），负责指导、督促或直接参与辖内银行业金融机构案件调查工作。

银监会机关相关部门根据案件的性质和金额决定是否组成督查组。银监会机关相关部门可以通过联席会议确定督查组的组成，实行专案督查，负责指导、督促或参与案件调查工作，协调相关办案部门。

银监会督查组的组成原则是：

（一）只涉及单类银行业金融机构的案件，由银监会机关相关机构监管部门牵头组成督查组，必要时案件稽查等部门参加。

（二）涉及多类银行业金融机构的案件，由银监会案件稽查部门牵头组成由机构监管部门参加的督查组。案件稽查部门负责组织协调，机构监管部门各司其职。

第二章 案件信息报送及登记

第九条 案件信息报送及登记按照《银行业金融机构案件（风险）信息报送及登记办法》执行。

第三章 案件调查

第十条 银行业金融机构在报送《案件信息确认报告》，初步确认案件的同时，应当立即按照本规程第八条的规定成立专案组，负责案件调查工作。

专案组在案件调查过程中应当履行以下职责：

（一）启动应急预案，清查账目，及时采取风险化解措施，保全资产。

（二）调查涉及人员，及时向公安、司法机关报案，协助政府有关部门做好舆情控制，维护发案机构正常经营秩序，积极配合公安、司法机关对案件进行调查，初步确定案件性质。

（三）查清基本案情，确定案件性质，及时向银监局书面报告。

（四）查找内部制度和执行情况存在的问题，厘清案件有关责任。

（五）总结发案原因和教训，提出整改措施和有关责任人处理意见。

第十一条 银监会机关相关部门及银监局接到《案件信息确认报告》后，应当按照本规程第八条的规定，决定成立督查组，确定主办人员。

督查组在案件调查阶段应当履行以下职责：

（一）指导、督促并跟踪银行业金融机构做好案件应急处置与调查工作，及时掌握案件调查和侦办情况，协调做好跨行资金核查，必要时可以直接介入调查或延伸调查。

（二）督促银行业金融机构及时向公安、司法机关报案，或者按照《中国银监会移送涉嫌犯罪案件工作规定》及时移送案件，开展相应工作。

（三）上报案件调查和督查报告。

（四）对银行业金融机构报告的案件性质提出明确意见，根据案件反映的问题，提出有关责任追究、整改措施及对银行业金融机构的行政处罚和强制性监管措施等方面的意见和建议。

第十二条　案件调查、督查报告的路径是：

（一）银监会机构监管部门或案件稽查部门单独派出的督查组向本部门报告案件调查情况，并视案情向分管会领导报告。

（二）银监会机构监管部门、案件稽查部门和其他相关部门联合组成的督查组向联席会议报告案件调查情况，由牵头部门向分管会领导报告。

（三）银监局案件调查的进展情况，应当及时报送案件督查牵头部门，同时抄送其他有关部门。

第十三条　案件调查工作结束后，银行业金融机构专案组应当在明确案件性质、确定涉案金额、初步判定风险的基础上形成案件调查报告，报送银监局。

第十四条　案件调查和督查应当依照法定权限和程序收集证据。收集的证据材料应当合法、客观，并与所证明的事项相关联。禁止以非法手段获取证据。

银行业金融机构案件调查、监管部门案件督查应当严格遵守保密原则，不得擅自向其他单位和个人披露有关情况。

第十五条　银行业金融机构和监管部门应当完整保存案件调查、督查过程中形成的各种资料和工作记录，存档备查。

第四章　案件审结

第十六条　银行业金融机构应当在总结案件教训、分析存在问题、确定问责方案和整改措施后，向银监局提交案件审结报告。

第十七条　银监局应当将银行业金融机构的案件审结报告、整改方案、责任人追究意见报送银监会案件督查牵头部门，同时抄送其他有关部门。

第十八条　银行业金融机构案件审结后，应当及时向银监局报送案例材料，银监局负责向银监会案件稽查部门报送案例材料，其中应当包括对案件发生和案件处置的经验、教训总结。银监会案件稽查部门负责对案例材料进行整理。

第十九条　银行业金融机构案件处置坚持专案专档制度。发案银行业金融机构和银监局应当分别建立档案，做到每案立卷，专人管理。

第五章　案件后续处置

第二十条　银行业金融机构在确定相关人员责任和整改方案后，应当尽快进行责任追究和整改，并将进展情况及时向银监会机构监管部门或银监局报告。

第二十一条　银监会机构监管部门及银监局应当对银行业金融机构整改方案、下阶段案件防控工作安排及对银行业金融机构和有关责任人的责任追究情况，进行跟踪督促和评价。

第二十二条　银监会机构监管部门及银监局应当将案件发生情况、案件处置、风险化解情况、整改效果、责任追究等内容作为对发案银行业金融机构进行监管评级、市场准入审批、监管计划制订的重要参考。

第二十三条　银监会案件稽查部门应当对整个案件处置工作过程进行评价，有关情况通过联席会议反馈给银监会机构监管部门。

第二十四条　司法机关对案件结案后，银行业金融机构应当按照司法机关对案件性质和涉案金额的认定填报非现场监管信息系统中案件报表相应内容，作为有关案件的最终统计结论。

第六章　附　则

第二十五条　本规程由银监会负责解释与修订。

第二十六条　本规程自 2011 年 1 月 1 日起执行。

银行业金融机构案件（风险）信息报送及登记办法

第一章　总　则

第一条　为加强银行业金融机构案件（风险）信息报送及登记管理，规范案件（风险）信息报送及登记程序，提高案件（风险）信息报送及登记质量和时效，制定本办法。

第二条　本办法所指银行业金融机构案件（风险）信息分为银行业金融机构案件风险信息（以下简称案件风险信息）和银行业金融机构案件信息（以下简称案件信息）。

案件信息是指《银行业金融机构案件信息统计制度》所规定的两类案件的信息。

案件风险信息是指已被发现，可能演化为案件，但尚未确认案件事实的风险事件的有关信息，主要包括：银行业金融机构员工非正常原因无故离岗或失踪、被拘禁或被双规；客户反映非自身原因账户资金发生异常；收到重大案件举报线索；媒体披露或在社会某一范围内传播的案件线索；大额授信企业负责人失踪、被拘禁或被双规；银行业金融机构员工可能涉及案件但尚未确认的情况；其他由于人为侵害可能导致银行或客户资金（资产）风险或损失的情况。

第三条　银行业金融机构案件（风险）信息报送应当坚持及时、真实的原则。

第四条　中国银行业监督管理委员会省级派出机构（以下称银监局）负责辖内银行业金融机构案件信息和案件风险信息的报告工作。

银监会直接监管的银行业金融机构总部负责本系统案件信息和案件风险信息的报告工作。

第五条　银监局应当对辖内银行业金融机构发生的案件和风险事件，指定专人全程负责案件（风险）信息的收集、整理和报告工作。

第二章　案件风险信息报送流程

第六条　案件风险事件发生后，银监局、银监会直接监管的银行业金融机构总部应当立即按照本办法的规定及时报送案件风险信息。案件风险信息的报送时点是案件风险事件发生后 24 小时以内。对符合银监会《重大突发事件报告制度》重大突发事件报送标准的案件风险信息，应当在按照该制度要求的方式报送的同时，抄送银监会案件稽查部门。

对不符合银监会《重大突发事件报告制度》重大突发事件报送标准的案件风险信息，应当以《案件风险信息快报》形式（附件一），报送银监会案件稽查部门。

第七条　银行业金融机构案件风险信息快报的内容应当包括：事发银行业金融机构名称、事发时间及案件风险事件概况；涉及人员及情况；风险情况及预判；已经或可能造成的影响；事发银行业金融机构或公安、司法机关已采取的措施；其他需要说明的情况。

案件风险信息报送的涉案金额和风险金额以上报时了解的金额为准。

第八条 银监局、银监会直接监管的银行业金融机构总部在报送案件风险信息后，应当立即对报送的风险事件进行核查和确认。

第九条 如经调查确认案件风险信息不构成案件，银监局、银监会直接监管的银行业金融机构总部应当立即向银监会案件稽查部门报送《案件风险信息撤销报告》（附件三）。

第十条 案件风险信息在确认为案件之前不纳入案件统计系统。

第三章 案件信息报送流程

第十一条 案件风险信息经调查确认为案件的，或者银监局、银监会直接监管的银行业金融机构总部未经报送案件风险信息直接确认为案件的应当按照本办法的规定向银监会案件稽查部门报送《案件信息确认报告》（附件二）。案件信息报送的时点为案件确认后24小时之内。

案件的确认标准为：公安、司法机关立案侦查的；银行业金融机构向公安、司法机关报案并立案的；银监局或其他行政执法部门移送公安、司法机关并立案的；银行业金融机构工作人员因涉案被公安、司法机关采取强制措施的。

第十二条 银行业金融机构案件信息确认报告的内容应当包括：发案银行业金融机构名称、案发时间及案情概况；涉及人员及情况；涉案金额及风险情况；已经或可能造成的影响；本机构或公安、司法机关已采取的措施；其他需要说明的情况。

第十三条 案件涉及金额以立案时公安、司法机关确认的金额为准。

第四章 案件（风险）信息台账

第十四条 银监局在首次接到案件（风险）信息报告后，应当及时向银监会案件稽查部门报告，并建立台账登记有关内容；银监会案件稽查部门在接到银监局报告后也应当建立台账。

第十五条 案件（风险）信息台账分为案件风险信息台账和案件信息台账。

案件风险信息台账应当包括：事发银行业金融机构名称、事发时间、涉及金额、基本情况、事件登记的时间、承办部门和主办人员等。

案件信息台账应当包括：

（一）案件信息：发案银行业金融机构名称、案发时间、涉及金额、基本情况、案件登记的时间、承办部门和主办人员等。

（二）案件调查情况：案件性质、涉案金额、风险金额、案件调查报告及公安、司法机关的侦查情况等。

（三）案件审结情况：银行业金融机构整改方案、责任人追究意见及审核意见，采取的监管措施，案件审结报告等。

（四）后续整改情况：后续整改报告、责任追究及后续评价情况等。

第十六条 案件风险信息经《案件信息确认报告》确认为案件后，银监会相关部门和银监局应当将原案件风险信息台账转登记为案件信息台账。

第十七条 案件风险信息经《案件风险信息撤销报告》撤销后，银监会相关部门及银监局应当立即在台账中登记撤销。

第十八条 台账登记原则上应当在各环节工作结束后及时完成，登记内容应当要素完整，且与向上级机关和公安、司法机关的报告内容相一致。

第十九条　台账是案件处置工作档案的起始部分，应当与此后案件处置各环节形成的记录、纪要、报告和分析资料等，作为案件处置工作档案材料，统一存档。

第五章　案件统计

第二十条　案件经司法机关结案后，银行业金融机构应当在银监会非现场监管信息系统中填报案件统计信息。案件性质与金额以司法机关结论为准。

第二十一条　司法机关结论与原案件信息报送时填报情况不相吻合的，按司法机关结论填报案件统计信息。

第六章　附　则

第二十二条　各有关单位不得瞒报、漏报、迟报、错报相关信息，或者漏登、迟登、错登相应台账。违反本办法的，按照《中华人民共和国银行业监督管理法》的有关规定给予处罚。

第二十三条　本办法由银监会负责解释与修订。

第二十四条　本办法自 2011 年 1 月 1 日起执行。

银行业金融机构案件防控工作联席会议制度

第一条　为加强银行业金融机构案件防控工作的组织协调，明确责任，规范程序，提高效率，促进相关部门的沟通、协作和交流，制定本制度。

第二条　银行业金融机构案件防控工作联席会议（以下简称联席会议）由中国银行业监督管理委员会（以下简称银监会）办公厅、法律部门、各机构监管部门、案件稽查部门及银监会各省级派出机构（以下称银监局）组成，必要时可以要求有关银行业金融机构和其他参与办案机构列席会议。

第三条　银监会银行业案件稽查局是联席会议召集人。联席会议办事机构设在案件稽查局，负责安排联席会议的召开，保障联席会议工作有效运转，并督促落实联席会议部署的各项工作任务。

第四条　联席会议由各组成单位根据工作需要提议，采取不定期的方式召开。

第五条　召开联席会议的提议原则上应当至少在会议召开前三个工作日向联席会议办事机构提出并书面提交会议议题。

接到国务院或银监会领导批办的案件，或者案件办理过程中涉及与其他执法部门相配合事项时，可以临时召开联席会议。

其他特殊情况下，经有关与会单位同意，可以临时召开联席会议。

第六条　根据会议议题，联席会议由召集人召集相关组成单位共同举行。联席会议的组成可以采取以下形式：案件稽查部门与某一机构监管部门；案件稽查部门与若干机构监管部门；案件稽查部门与机构监管部门及相关银监局，以及联席会议组成单位提议参加的银行业金融机构等共同举行。

第七条　联席会议的主要职责是：

（一）通报案件形势，分析案件特点，做出案件预判，提示案件风险；

（二）剖析典型案例，研究案防措施，提出工作要求，统筹工作安排；

（三）组织办案队伍，部署案件调查，确定案件性质，组织案件处置；

（四）确定问责尺度，督导后续整改，安排专项检查，组织后续评估；

（五）评估案防工作，总结工作经验，交流工作思路，制定工作规划。

第八条　联席会议组成单位有义务主动通报、交流相关工作信息，实现案件防控工作信息共享。这些信息包括：

（一）涉及银行业金融机构案件防控工作的会议情况及相关文件资料；

（二）银行业金融机构案件防控工作的规划和安排；

（三）银行业案件统计与分析资料；

（四）银行业案件或重大突发事件快报；

（五）重大案件案情调查报告及案例分析；

（六）与银行业金融机构案件防控相关的专项现场检查报告；

（七）其他应当通报的信息。

第九条　联席会议组成单位应当派出与会议议题相适宜的代表参加会议，参会代表应当获得授权代表本部门发表意见。

第十条　联席会议的决议或决定以会议纪要的形式发送各参会单位，联席会议各参会单位有履行会议决议或决定的义务。变更、撤销联席会议做出的决议或决定应当由联席会议通过。

附件 一：

案件风险信息快报

××年××期

签发人：

单位名称（盖章)

（快报应含以下内容：

一、事发银行业金融机构名称、事发时间及案件（风险）
事件概况。

二、涉及人员及情况。

三、风险情况、金额损失预判。

四、已经或可能造成的影响。

五、本机构或公安司法机关已采取的措施。

六、其他需要说明的情况。)

承办部门：

主办人：

联系电话：

　　　　　　　　　　　　　　　　　　　　___年___月___日

附件二：

案件信息确认报告

确认报告号：××年××期

签发人：

单位名称（盖章)

（案件信息应含以下内容：

一、案发银行业金融机构名称、案发时间及案情概况。

二、涉及人员及情况。

三、涉案金额及风险情况。

四、已经或可能造成的影响。

五、本机构或公安司法机关已采取的措施。

六、其他需要说明的情况。）

据此情况，我单位认为此事件已构成案件，特此报告进行案件信息确认。

承办部门：

主办人：

联系电话：

　　　　　　　　　　　　　　　　　　　　　　　　____年___月___日

附件三：

案件风险信息撤销报告

撤销报告号：××年××期

签发人：

单位名称（盖章）

（据以判断不构成案件的理由及依据）

据此情况，我单位认为此事件不构成案件，特此报告进行案件风险信息撤销。

承办部门：

主办人：

联系电话：

　　　　　　　　　　　　　　　　　　　　　　　　____年___月___日

中国银监会办公厅关于进一步加强创新监管工作的通知

银监办发 [2010] 166 号

各银监局：

为深入贯彻银监会 2010 年工作会议精神，切实加强重点创新领域的监管和创新监管工作机制建设，根据会领导有关指示要求和 2010 年创新监管工作安排，现就加强创新监管工作有关事项通知如下，请结合辖内银行业金融机构实际情况认真贯彻落实。

一、明确监管要求，科学审慎推动金融创新。2010 年创新监管工作的指导思想是：以服务实体经济和防范风险为导向，推进银行业金融机构科学、稳健、合规创新，完善创新监管法规建设，强化政策执行力，确保创新监管要求落实到位。在市场准入、业务后评估等环节，坚持"简单、实用、透明"原则，严格审核金融创新是否符合实体经济真实需求，是否为健全公司治理架构下的创新行为，确定适宜的监管容忍度，根据辖内实际推动开展具有可持续性的创新活动，在防范风险的前提下满足辖内经济发展需要。建立完善创新监管工作机制，根据年度工作重点明确工作目标，分解创新监管重点领域的工作任务，落实风险监管责任，定期检查评价，统一纳入监管框架和工作考核，将辖内机构创新监管重点领域风险状况和管控能力与市场准入等作必要挂钩。

二、全方位加强银行卡业务风险监管。加强与公安、工商、人民银行、地方政府等主管部门的沟通协调，强化联动协调，整肃用卡环境。加强银行卡属地监管和违规行为查处力度，严格贯彻落实银行卡业务各项监管文件要求，重点对辖内虚假或不当宣传营销造成的滥发贷记卡、不当催收行为，贷记卡不良率过高，收单行未尽收单商户管理责任，银行卡套现、欺诈、伪冒等案件防控不力，出现客户大规模投诉事件、新闻媒体集中负面报道等问题进行清理整治，保持必要的高压态势，通过现场检查、非现场监管、实地暗访、舆情和信访监测等手段及时准确掌握辖内银行卡业务风险状况，及时采取监管措施，严查违规行为，严肃处理相关责任人，限期进行整改，对屡次违规不能符合监管要求的，责令退出当地市场。切实督促辖内银行业金融机构将银行卡业务信用风险、操作风险、声誉风险等控制在可承受范围以内，保障银行卡业务市场的规范、有序、健康发展。

三、进一步规范理财业务发展，严防风险反弹。密切关注机构理财业务、私人银行以及相关信贷资产转让和会计套利等监管问题，持续加强对辖内理财业务合规性监管，重点是理财产品销售文本的规范性、客户适合度评估机制、客户亲笔抄录风险确认语句落实情况、理财产品风险揭示和信息披露、理财产品设计的合规性、理财资金投资管理的合规性、理财产品项下信贷资产转让的真实性、投诉处理的及时性和有效性、新闻媒体集中负面报道等方面，督促辖内银行业金融机构持续且不折不扣地落实《商业银行个人理财业务管理暂行办法》（银监会令 [2005] 第 2 号）、《商业银行个人理财业务风险管理指引》（银监发 [2005] 63 号）、《关于进一步规范商业银行个人理财业务投资管理有关问题的通知》（银监发 [2009] 65 号）、《关于规范信贷资产转让及信贷资产类理财业务有关事项的通知》（银监发〔2009〕113 号）等监管要求。其中，各银监局应确保辖内机构严格按照《商业银行个人理财业务风险管理指引》第三十条"商业银行提供个人理财顾问服务业务时，要向客户进行风险提示。风险提示应设计客户确认栏和签字栏。客户确认栏应载明以下语句，并要求客户抄录后签名：'本人已经阅读上述风险提示，充分了解并清楚知晓本产品的风险，愿意承担相关风险'"的要求签订文本协议，保证 2010 年 6 月底前 100%整改落实到位，不得有任何变通形式。要继续加强辖内商业银行理财业务的现场检查、非现场监管、服务监督和暗访工作，确保理财业务风险不反弹，对违反监管要求的银行业金融机构，及时依法进行通报和查处。

四、严格落实银行代理保险业务监管要求，防范跨业声誉风险。按照《关于进一步规范银行代理保险业务管理的通知》（银监办发〔2009〕47 号）各项要求，严格查处误导销售和不当宣传行为，要求银行业金融机构在销售过程中对代理保险和普通银行服务必须做到有效隔离，严格落实客户适宜度评估制度，敦促建立有效的投诉处理机制，防范大量投诉事件和负面舆情报道。与当地保险监督管理部门建立必要的联系机制，加强银保业务的联合监督。

五、加强商业银行与机构客户交易衍生产品管理。督促辖内银行业金融机构逐条对照《关于进一步加强银行业金融机构与机构客户交易衍生产品风险管理的通知》（银监发〔2009〕74 号）的规定，制定或完善相关制度，并严格做好贯彻落实。要求银行与机构客户交易衍生产品不得违反实需原则和简单产品原则。银行与机构客户交易的衍生产品中，不得将人民币债务作为叙做挂钩非人民币市场指标衍生产品的交易需求背景；不得向机构客户销售与其风险承受能力不符的复杂衍生产品。确保银行衍生产品交易中的合规销售及后续服务质量，避免因银行不当销售或服务不足引发客户投诉，造成声誉风险。银行与机构客户交易衍生产品，必须清晰介绍产品、充分揭示风险，不得捆绑销售、与非境内注册机构销售人员共同销售，或允许未获资格认定及授权管理的分支机构或工作人员销售衍生产品。同时应加强后续服务，及时向机构客户沟通、提示并提供市值重估结果。

六、稳步推进公众教育工作。各银监局要将公众教育纳入常规工作之中，会同当地银行业协会和行业公会，督促银行业金融机构高度重视金融消费者教育工作，在开展金融业务的同时提供相关的金融知识教育服务，切实履行社会责任，建立公众教育常态化机制，开展形式多样的公众教育活动。按照全国性"银行业公众教育日"活动的统一部署，认真落实好工作方案并组织好辖内活动。

七、从战略高度加强创新监管人才队伍和机制建设。各银监局要选拔专业水平高、有市场经验和自我学习能力强的人才充实到功能监管部门，加强功能监管队伍与市场一线的接触和交流。创新工作机制，探索功能监管部门与商业银行双向挂职的交流通道。在机构设置、人才配置、职位待遇方面对创新监管人员给予适当的倾斜，在创新监管人员的培养、使用、提拔方面设计专门化的机制，给予功能监管和机构监管人员同等待遇。加强功能监管与机构监管的联动，在功能监管上要强化市场监测，及时进行风险提示和监管标准解读，在机构监管上要强化信息共享，对于功能监管针对具体机构开展的必要调研和调查，可由机构监管部门参与和协调组织，形成共同的工作团队协作进行。

八、加强上下联动沟通，有效开展立法研究和调研。做好期货保证金存管和特别结算会员业务的协调立法工作，积极开展信贷资产转让、银行股票质押贷款、信用衍生产品、商业银行服务价格收费、商业银行投资风险管理、资产证券化的跟踪、研究、分析和立法工作。加强会机关与派出机构功能监管队伍的联动和资源整合，开展多领域的调研工作，适时起草重点创新业务领域的行业分析报告。各银监局要结合辖内实际，跟踪分析并客观评价商业银行金融创新活动，评估创新监管法规的实施影响，采集辖内市场的一手信息并及时反馈，通过多种形式开展信息共享和交流，促进行业最佳实践及时有效地转化为监管标准或指引。

二〇一〇年六月二日

中国人民银行　中国银行业监督管理委员会
关于进一步做好支持节能减排和淘汰
落后产能金融服务工作的意见

银发〔2010〕170号

中国人民银行上海总部，各分行、营业管理部、省会（首府）城市中心支行、副省级城市中心支行；各省、自治区、直辖市银监局；国家开发银行、各政策性银行、国有商业银行、股份制商业银行；中国邮政储蓄银行：

为了全面落实2010年5月5日国务院节能减排工作电视电话会议精神和《国务院关于进一步加大工作力度确保实现"十一五"节能减排目标的通知》（国发〔2010〕12号），全力支持节能减排工作，促进淘汰落后产能，确保实现"十一五"节能减排目标，现就做好金融服务有关工作提出如下意见：

一、要把金融支持节能减排和淘汰落后产能工作摆在更加突出的位置，切实抓好政策贯彻落实

大力推进节能减排和淘汰落后产能，是加强经济结构调整、加快经济发展方式转变的重要抓手，是全面落实科学发展观、坚持走新型工业化道路的内在要求，是建设资源节约型和环境友好型社会、切实提高经济增长的质量和效益、促进经济社会又好又快发展的关键所在。银行系统要深入学习领会《国务院关于进一步加大工作力度确保实现"十一五"节能减排目标的通知》和国务院节能减排电视电话会议精神，把全面做好支持节能减排和淘汰落后产能金融服务工作作为当前金融工作的一项重要任务和长期制度性安排，高度重视，服务大局，明确责任，求真务实，扎扎实实地抓好政策贯彻落实工作。要切实增强工作的责任感和紧迫感，结合各自部门职责，抓紧研究制定更加符合实际的有效措施，有针对性地进一步优化信贷管理，加强信贷结构调整，有保有压，把支持节能减排和淘汰落后产能作为加强银行审贷管理的重要参照依据，合理配置信贷资源，充分发挥金融的功能作用，确保实现"十一五"节能减排和淘汰落后产能的目标。

二、加强信贷政策指导和督导检查力度，坚决打好金融支持节能减排和淘汰落后产能攻坚战

人民银行各省级分支机构要会同所在地银监局精心制定工作方案，认真组织辖区内各银行业金融机构，按照《国务院关于进一步加大工作力度确保实现"十一五"节能减排目标的通知》等国家节能减排政策要求，抓紧对辖区内节能减排和淘汰落后产能项目信贷和融资情况进行一次全面、深入的摸底排查，以人民银行分支机构与银监局联合发文的形式于2010年6月30日前将摸底排查情况报告人民银行和银监会。人民银行和银监会将择机选取部分有代表性的省（区、市），就各银行业金融机构节能减排和淘汰落后产能的贷款摸底排查情况进行重点核查和督导检查。人民银行各省级分支机构要牵头抓紧，全面梳理辖区内银行系统支持节能减排和淘汰落后产能的法规和政策规定，及时研究制定更有针对性的信贷政策措施，区别对待，有保有压，加强宏观信贷政策指导，积极督促和引导各银行业金融机构进一步优化信贷结构，更好地支持节能减排和淘汰落后产能。要注重加强辖区内信贷政策与国家产业政策、环境保护政策等宏观经济政策的协调配合，加强政府相关部门之间的信息沟通交流和政策协调合作，注重配合政府加强对借款人、纳税人、债务人的监督约束，对失信者实施黑名单制度，惩戒失信行为，增强政策合力，切实提高信贷政策的针对性和导向力。

三、进一步加强和改进信贷管理，从严把好支持节能减排和淘汰落后产能信贷关

各银行业金融机构要根据国家金融宏观调控要求和支持节能减排、淘汰落后产能的相关政策精神，以法人为单位抓紧对系统内信贷管理制度进行一次系统梳理和必要的调整完善，要结合自身业务范围和所在区域经济特点，制定详细的和可操作的授信指引、风险清单和相关信贷管理要求。各银行业金融机构董事会要切实承担起风险管理责任，制定具有明确"触发点"的风险防范化解预案，确保及时有效处置相关风险，严防风险积累。在审批新的信贷项目和发债融资时，要严格落实国家产业政策和环保政策的市场准入要求，严格审核高耗能、高排放企业的融资申请，对产能过剩、落后产能以及节能减排控制行业，要合理上收授信权限，特别是涉及扩大产能的融资，授信权限应一律上收到总行；要把信贷项目对节能和环境的影响作为前期审贷和加强贷后管理的一项重要内容，进一步明确和落实信贷管理责任制，层层抓落实，严把节能减排和淘汰落后产能信贷关。对不符合国家节能减排政策规定和国家明确要求淘汰的落后产能的违规在建项目，不得提供任何形式的新增授信支持；对违规已经建成的项目不得新增任何流动资金贷款，已经发放的贷款，要采取妥善措施保全银行债权安全。对国家已明确的限批区域、限贷企业或限贷项目，实施行业名单制管理制度，将存在重大违法违规行为、存在节能减排和安全等重大潜在风险、国家和各地重点监控的企业（项目）列入名单，实行严格的信贷管理。地方性银行业法人金融机构要从严审查和控制对"五小"企业及低水平重复建设项目的贷款。2010 年 6 月 30 日前，各银行业金融机构要对各自法人系统内贯彻落实国家节能减排和淘汰落后产能政策情况、特别是落实《国务院关于进一步加大工作力度确保实现"十一五"节能减排目标的通知》和《国务院关于进一步加强淘汰落后产能工作的通知》（国发〔2010〕7 号）的情况进行一次认真自查，并将自查报告报人民银行和银监会。对于违规发放的贷款，要按照"谁审批、谁负责"的原则，依法追究相关机构和人员的责任，并视情节给予相应处罚。

四、多方面改进和完善金融服务，积极建立健全银行业支持节能减排和淘汰落后产能的长效机制

各银行业金融机构支持节能减排和淘汰落后产能，要严防"一刀切"。在对违规贷款坚决从严控制的同时，要积极加大对合规项目的合理信贷支持，不断建立和完善银行业支持节能减排和淘汰落后产能的长效机制，大力支持培育新的经济增长点。对列入国家重点节能技术推广目录的项目、国家节能减排十大重点工程、重点污染源治理项目和市场效益好、自主创新能力强的节能减排企业，要积极提供银行贷款、发行短期融资券、中期票据等融资支持。积极鼓励银行业金融机构加快金融产品和服务方式创新，通过应收账款抵押、清洁发展机制（CDM）预期收益抵押、股权质押、保理等方式扩大节能减排和淘汰落后产能的融资来源。支持加快推进合同能源管理，大力发展服务节能产业。全面做好中小企业、特别是小企业的节能减排金融服务。发挥好征信系统在促进节能减排和淘汰落后产能方面的激励和约束作用。鼓励在风险可控的前提下开展境内外并购贷款，支持国内企业引进先进技术和通过兼并重组淘汰落后产能。积极拓宽清洁发展机制项目融资渠道，支持发

展循环经济和森林碳汇经济。在有条件的地区，探索试行排放权交易，发展多元化的碳排放配额交易市场。鼓励银行业金融机构设置专门岗位和安排专职人员，加强对节能减排和淘汰落后产能行业发展趋势和信贷项目管理的深层研究。

五、密切跟踪监测并有效防范加大节能减排和淘汰落后产能力度可能引发的信贷风险

各银行业金融机构要全面掌握国家产业规划和宏观调控政策，密切关注节能减排政策动向，严密跟踪监测和分析可能提前暴露的风险，提高对有关风险的预判力和应对前瞻性。对产业结构调整、发展方式转变和节能减排等工作开展过程中可能提前暴露出来的信贷风险，各银行业金融机构要严格进行风险分类，该降为不良贷款的要及时坚决调整到位并相应提足拨备，大力加强核销和处置工作。人民银行各分支机构、银监会各派出机构要充分利用现有信息系统和风险预警系统，加大持续风险提示的工作力度；充分发挥银行业协会的作用，引导银行业金融机构建立相关的统计信息共享机制和平台，增强风险预警防控的合力。

六、加强多部门政策协调配合，扎实做好政策实施效果动态监测和评估工作

人民银行各分支机构和银监会各派出机构要加强与所在地的发展改革部门、工业和信息化部门、环境保护部门等政府职能部门的信息沟通和政策协调，进一步完善节能减排和淘汰落后产能信息的交流和共享机制，增强银行业金融机构对政策风险、信贷风险的识别和应对能力。要积极配合做好国家产业政策、环保政策的宣传解释工作。各银行业金融机构要积极探索建立和完善金融支持节能减排及淘汰落后产能的专项统计制度，加强基础数据信息统计和风险动态监测分析。银监会各省级监管局要将辖区银行业金融机构发放的支持节能减排和淘汰落后产能的贷款作为今后实施现场检查的重点内容，对风险突出的地区和违规问题集中的银行基层金融机构加大专项执法检查力度。人民银行各省级分支机构要结合辖区实际情况，积极开展金融支持节能减排和淘汰落后产能的信贷政策导向效果评估，并将评估结果及时报告和披露。

请人民银行各省级分支机构会同所在地银监局将本意见尽快转发至辖区内各银行业金融机构，并协调抓好政策贯彻实施工作。政策实施过程中遇到的新情况、新问题，要及时向人民银行和银监会报告。

中国人民银行

中国银行业监督管理委员会

二〇一〇年五月二十八日

中国人民银行　中国银行业监督管理委员会
关于完善差别化住房信贷政策有关问题的通知

银发〔2010〕275号

中国人民银行上海总部，各分行、营业管理部，各省会（首府）城市中心支行、副省级城市中心支行，各省（自治区、直辖市）银监局，国家开发银行、各政策性银行、国有商业银行、股份制商业银行，中国邮政储蓄银行：

为进一步贯彻落实《国务院关于坚决遏制部分城市房价过快上涨的通知》（国发〔2010〕10号）的有关精神，巩固房地产市场调控成果，促进房地产市场健康发展，现就相关信贷政策通知如下：

一、各商业银行暂停发放居民家庭购买第三套及以上住房贷款；对不能提供一年以上当地纳税证明或社会保险缴纳证明的非本地居民暂停发放购房贷款。

二、对贷款购买商品住房，首付款比例调整到30%及以上；对贷款购买第二套住房的家庭，严格执行首付款比例不低于50%、贷款利率不低于基准利率1.1倍的规定。

三、各商业银行要加强对消费性贷款的管理，禁止用于购买住房。

四、对有土地闲置、改变土地用途和性质、拖延开竣工时间、捂盘惜售等违法违规记录的房地产开发企业，各商业银行停止对其发放新开发项目贷款和贷款展期。

五、对不认真执行差别化信贷政策的商业银行，一经查实要严肃处理。

六、继续支持房地产开发企业承担中低价位、中小套型商品住房项目和参与保障性安居工程的贷款需求。

七、鼓励金融机构支持保障性安居工程建设，抓紧制定支持公共租赁住房建设的中长期贷款政策。

请人民银行上海总部，各分行、营业管理部、省会（首府）城市中心支行，各省（自治区、直辖市）银监局将本通知联合转发至辖区内城市商业银行、农村商业银行、农村合作银行、城乡信用社及外资银行，并及时上报执行情况。

中国人民银行　中国银行业监督管理委员会
二〇一〇年九月二十九日

中国银监会基本建设项目立项审批管理暂行办法

银监办发〔2010〕368号

第一章 总 则

第一条 为加强中国银行业监督管理委员会（以下简称银监会）基本建设管理，规范项目立项审批程序，根据《中国银行业监督管理委员会基本建设管理办法》及国家有关规定，制定本办法。

第二条 本办法适用于银监会各级派出机构。

第三条 本办法所称基本建设项目，是指办公业务用房、培训中心及其他附属建筑物的土建、水电、装修、智能化、消防、通风空调、电梯安装等与房屋建筑物建设有关并能形成自有固定资产的专业工程。具体项目类型包括购置、新建、改扩建和装修改造等。

购置是指以货币形式购买建筑物，并获得该建筑物相关产权的建设项目。

新建是指从无到有、平地起家的建设项目。对原有规模小，经扩建后，其新增固定资产价值超过原有固定资产价值3倍（不含）以上的建设项目，视为新建。

改扩建是指通过改变原有建筑物结构而实施整体改造或在原有建筑物基础上扩充规模而增建的建设项目。

装修改造是指在不改变原有建筑物整体结构的前提下，进行局部拆改、翻修和装饰，以保障使用安全和提高使用功能的建设项目。

第四条 本办法所称项目立项审批，是指基本建设项目从项目申报到获得建设批复的全过程，包括项目建议书、可行性研究报告、初步设计和投资概算的编报及审批等内容。

第五条 项目总投资在300万元（交流干部周转住房除外）以下的基本建设项目不适用本办法。

项目总投资是指基本建设项目从申报到竣工交付使用所需的全部建设资金，包括建筑工程费、安装工程费、设备工器具购置费、预备费、工程建设其他费等。其中：

建筑工程费包括土建、装修、道路、绿化等费用。

安装工程费包括水电、空调、采暖、智能化、消防、电梯及各种通用及专用设备的安装等费用。

设备工器具购置费包括设备购置费用和工具、器具购置费用。

预备费包括基本预备费和涨价预备费。

工程建设其他费包括土地使用费（土地征用及迁移补偿费或土地使用权出让金）、建设单位管理费、勘察设计费、建设单位临时设施费、工程监理费、市政配套费、招标代理、工程咨询费、各种税费以及其他与工程建设有关的费用。

项目总投资在项目建议书中体现为投资初步估算，在可行性研究报告中体现为投资估算，在初步设计和投资概算中体现为设计概算。

第六条 对自有产权办公业务用房、培训中心及其他附属建筑物项目总投资低于其原值10%但超过300万元（含）的装修改造应参照本办法执行。

第七条　办公业务用房、培训中心及其他附属建筑物的委托代建、合建执行新建项目的立项审批管理；办公业务用房、培训中心及其他附属建筑物的置换、定向开发以及交流干部周转住房的购置执行购置项目的立项审批管理；单独的网络工程和机房建设（不含单独的设备维护和更新）执行装修改造项目的立项审批管理。

第二章　管理原则和职责

第八条　基本建设项目立项审批实行"统一规划，逐级申报，归口审批，分级负责"的管理原则。各级机构的财务会计部门是基本建设项目立项组织和审批管理部门。

第九条　银监会的具体职责包括：

（一）根据国家有关规定并结合实际，制定基本建设项目立项审批管理制度和具体操作流程。

（二）根据国家有关规定并结合实际，制定或修订办公业务用房、培训中心等建设项目的相关建设标准。

（三）根据国家有关规定和各级机构建设需求，统一制定银监会系统基本建设规划。

（四）负责对拟建项目的项目建议书、可行性研究报告、初步设计和投资概算进行审核、审批或报批。

（五）负责对已批准基本建设项目的年度投资计划和建设资金预算进行审核、申报、批复。

（六）负责对拟建项目立项过程中重大变更事项的审核、审批或报批。

重大变更事项包括（但不限于）项目类型、项目初步意向、项目初步方案、初步设计图、招投标基本方案、投资估算、设计概算、建设工期等方面。

第十条　银监局的具体职责包括：

（一）组织落实银监会基本建设项目立项审批管理制度，结合实际制定实施细则，并负责组织实施。

（二）负责本级及辖属派出机构拟建项目的考察、排序，以及项目建议书、可行性研究报告的审查和上报。

（三）根据银监会或国家有关部门批复的可行性研究报告，负责本级及辖属派出机构拟建项目初步设计和投资概算的审查及上报。

（四）负责对已批准本级及辖属派出机构的基本建设项目的年度投资计划和建设资金预算进行编制、审查和上报。

第十一条　项目申报单位（包括银监局本级及其辖属派出机构）的具体职责包括：

（一）根据项目建设需要，按照基本建设项目立项审批管理制度，具体编制和申报基本建设项目建议书。

（二）根据批复的项目建议书，委托具备资质的中介机构，编制和申报可行性研究报告。

（三）根据批复的可行性研究报告，委托具备资质的设计单位，编制和申报初步设计和投资概算。

（四）对已批准的基本建设项目，按要求编报年度投资计划和建设资金预算。

（五）及时上报基本建设项目立项过程中的重大变更事项。

（六）办理与基本建设项目立项有关的其他各种手续。

第三章 项目申报

第十二条 基本建设项目立项须符合立项条件，并按照规定程序申报。

第十三条 办公业务用房建设项目立项条件：

（一）购置、新建须符合下列条件之一：

1. 没有自有产权办公业务用房；

2. 现有办公业务用房因年久失修、自然灾害等原因被具备资质的专业机构鉴定为危房，且加固维修不具备经济性；

3. 现有办公业务用房面积小于规定标准面积一半以上；

4. 现有办公业务用房需按城市规划强制拆迁或拆除；

5. 现有办公业务用房不能满足实际需要，并且已获得新的土地使用权；

6. 银监会认定的其他条件。

（二）改扩建须符合下列条件之一：

1. 现有办公业务用房面积未达到规定标准面积，无法满足正常工作需要；

2. 现有办公业务用房功能区不完善，或不符合国家相关的结构、消防等验收规范，无法满足正常工作需要；

3. 银监会认定的其他条件。

（三）装修改造须符合下列条件之一：

1. 新购置的办公业务用房为毛坯房或简装房，必须进行再次装修改造才能满足正常工作需要；

2. 现有办公业务用房部分功能区不符合使用要求，需要进行功能区域的改造调整；

3. 现有办公业务用房因年久失修或因自然灾害造成损坏，需要进行必要的维修；

4. 银监会认定的其他条件。

第十四条 交流干部周转住房购置须符合下列条件之一：

（一）没有自有产权周转住房。

（二）自有产权周转住房无法满足现有交流干部使用需要。

（三）银监会认定的其他条件。

第十五条 培训中心及其他附属建筑物的建设立项条件由银监会根据实际情况具体认定。

第十六条 基本建设项目立项申报程序和申报材料：

（一）编报项目建议书。项目建议书由项目申报单位编制，银监局审查后上报银监会。其基本内容应包括：

1. 项目类型；

2. 项目提出的背景、必要性和依据；

3. 单位概况及现有人员和办公业务用房等设施的具体状况；

4. 项目建设初步意向，包括新建、购置项目的选址初步意向，功能区构成以及总建筑面积、人均面积，改扩建、装修改造项目的具体范围，建设工期及进度设想，投资初步估算，资金来源等；

5. 相关证明文件，包括批复的人员编制数、危房鉴定报告、规划拆迁通知等；

6. 银监会要求提供的其他资料。

（二）编报可行性研究报告。项目建议书获得银监会批准后，项目申报单位应委托具备相应资质的中介机构通过深度分析和科学论证，确定该建设项目的技术可行性和经济合理性，编制可行性研究报告。可行性研究报告由银监局审查后上报银监会。其基本内容应包括：

1. 建设项目提出的详细背景、必要性、可行性和依据；

2. 建设项目需求分析，从机构规模、人员情况、工作量等角度分析规模需求和选址要求；

3. 建设项目初步方案，包括建设方案比较、拟建项目概况（地址、规划部门意见、占地面积、建筑平面图、建筑层数、功能分配、装修标准、项目实施计划等）；

4. 建设项目环境保护、消防和节能、防疫等情况；

5. 建设项目投资估算和资金来源包括建筑单方造价、投资估算以及土地、主体工程、公用设施及配套工程、装修等的分项投资额；

6. 建设工期（即建设项目从开工建设到竣工的时间周期）和建设进度（即各项工程实施计划安排）；

7. 招标、投标基本方案；

8. 拟购置建筑物建设时的国有土地使用权证、建设用地规划许可证、建设工程规划许可证、建设工程施工许可证以及房屋质量等级认证；

9. 装修改造的具体范围、装修和增加配套设施的具体项目；

10. 银监会要求提供的其他资料。

可行性研究报告一经批准，应严格执行，不得擅自变动。因特殊情况确需变动的，须报银监会批准。

（三）编报初步设计和投资概算。可行性研究报告批复后，项目申报单位应根据可行性研究报告批复要求，委托具备相应资质和设计能力的设计单位编制初步设计和投资概算。初步设计和投资概算由银监局审查后上报银监会。其基本内容应包括：

1. 初步设计说明书及图纸，包括建设的指导思想、总体部署、设备选型、主要建筑物和公用设施、建筑规模、总占地面积、主要经济技术指标和建设工期等；

2. 初步设计概算，包括投资概算编制说明、概算总表和分项概算明细表；

3. 该建设项目可行性研究报告的批复文件；

4. 银监会要求提供的其他资料。

初步设计一经确认，不得随意变更。因特殊情况确需变动的，须报银监会批准。初步设计概算超过可行性研究报告中建设项目投资估算 10%以上的，该建设项目应重新履行可行性研究报告申报程序。

第十七条　项目申报单位原则上应按第十六条规定的程序分别编报项目建议书、可行性研究报告、初步设计和投资概算。根据建设项目具体情况以及国家有关部门要求，建设项目申报程序可作适当合并、简化。

（一）购置、新建、改扩建项目在项目建议书经银监会批准后，可将可行性研究报告与初步设计和投资概算的编报合并，但申报材料内容应达到初步设计和投资概算的深度。

（二）置换、交流干部周转住房购置以及装修改造项目可将项目建议书、可行性研究报告、初步设计和投资概算的编报合并，其中：置换项目申报材料内容应按《中央级事业单位国有资产处置管理暂行办法》（财教〔2008〕495号）有关规定申报；交流干部周转住房购置项目申报材料内容应达到项目建议书的深度；500万元以下的装修改造项目的申报材料内容应达到项目建议书的深度；500万元（含）以上的装修改造项目的申报材料内容应达到可行性研究报告的深度。

第十八条　项目申报单位应及时跟踪建设项目立项审批进展，按立项审批机构的要求及时补充相关立项资料。

第十九条　各级派出机构原则上应于当年一季度提出下一年度建设项目立项申请或以后年度建设规划。符合下列条件之一的，可随时提出立项申请：

（一）因不可抗力或其他自然灾害等导致建筑物毁损，并由具备资质的专业机构鉴定为危房，存在安全隐患不能继续使用的；

（二）出现其他特殊紧急情况，经银监会认可的。

第二十条　对当年申报的项目建议书未获批准的，项目申报单位可于下一年度继续申报。

第四章　建设标准

第二十一条　建设标准是确定建设项目建筑规模、投资规模以及进行规划设计的重要依据，包括征地标准、面积标准、造价标准和装修改造标准。银监会可根据国家有关规定和市场物价水平等因素适时调整建设标准。银监会各级派出机构应严格按照规定的建设标准实施项目建设。

第二十二条　培训中心、其他附属建筑物及交流干部周转住房建设标准根据具体情况由银监会按照国家有关规定确定。

第一节　办公业务用房征地标准

第二十三条　办公业务用房征地标准根据规定的办公业务用房建筑面积、确需配套的道路及绿化等附属设施用地面积和项目所在地规划部门规定的建筑容积率、建筑密度、土地价格等因素具体核定。

第二节　办公业务用房面积标准

第二十四条　办公业务用房包括办公用房和特殊业务用房。

办公用房包括办公室用房、公共服务用房、设备用房和附属用房。其中办公室用房包括一般工作人员办公室和领导人员办公室；公共服务用房包括会议室、接待室、档案室、文印室、资料室、图书室、医务室、收发室、计算机房、储藏室、卫生间、开水间、公勤人员用房、警卫用房、行政值班室等；设备用房包括变配电室、水泵房、水箱间、锅炉房、电梯机房、制冷机房、通信机房等；附属用房包括食堂、车库、人防设施、消防设施等。

特殊业务用房包括监管档案库房、监管视频会议室、公众教育服务用房、监管会谈用房、信访接待室以及银监会认定的其他监管专业用房。

第二十五条　办公用房的面积标准为：

银监局人均建筑面积26~30平方米，银监分局人均建筑面积20~24平方米。

计算人均建筑面积指标，不包括变配电室、锅炉房、食堂、车库、人防设施和警卫用房的面积。

第二十六条　需要建设独立的变配电室、锅炉房、食堂、车库（场）等设施的，应根据办公业务用房需要进行建设。警卫用房、人防设施的建设应按国家有关规定执行。

第二十七条　监管档案库房、监管视频会议室、公众教育服务用房、监管会谈用房、信访接待室等特殊业务用房的面积标准根据各级派出机构实际工作需要（考虑人员数量、监管区域特点和监管工作量等因素），参照发展改革委已批准的同类机构特殊业务用房面积标准具体核定。

第二十八条　办公业务用房的建筑规模，应对照本办法第二十五条规定的人均建筑面积标准乘以编制定员人数（可适当考虑人员增长因素，增长比率控制在10%~25%），并加上第二十六条中按规定需要建设的其他用房以及第二十七条中规定需要建设的特殊业务用房建筑面积后所计算的总建筑面积核定。

第三节　办公业务用房造价标准

第二十九条　新建、改扩建办公业务用房综合造价，是指建设项目总投资（含装修改造费用）扣除该项目土地有关费用及市政配套费后的金额。根据国家有关规定，办公业务用房单位综合造价（即综合造价/总建筑面积）银监局不超过4000元/平方米，银监分局不超过3000元/平方米。

第三十条　购置办公业务用房档次应与当地经济发展水平相适应，不得购置高档商务楼和城市标志性建筑；购置每平方米单价原则上不高于当地商务楼市场均价。

第四节　办公业务用房装修改造标准

第三十一条　各级派出机构的建筑物装修改造应遵循简朴庄重、经济适用、美观大方原则，严禁相互攀比、追求豪华。装修材料选择应因地制宜、就地取材，并符合国家节能、环保指标要求。

第三十二条　装修改造包括室内一般装修改造、外墙装修改造以及电气系统（含强弱电、照明灯具、通风管道等）、消防系统（含消防、喷淋等）、给排水系统、采暖系统装修改造等。装修改造标准根据建设规划等部门的有关规定和装修改造项目的实际需要，结合项目所在地建筑市场价格行情具体核定。

第五章　项目立项审批

第三十三条　基本建设项目立项审批权限如下：

（一）银监局的购置、新建、改扩建项目由银监会审核后报发展改革委审批；

（二）银监分局的购置、新建、改扩建项目由银监局审查后报银监会审批或由银监会报发展改革委审批；

（三）各级派出机构的置换项目，拟换出资产原值超过 800 万元（含）的由银监会审核后报财政部审批，原值低于 800 万元的由银监会审批；

（四）各级派出机构的装修改造项目由银监会审批。

第三十四条　银监会可组成评审专家组，对申报项目的必要性、真实性、合规性等进行实地评审。

第三十五条　银监会根据本系统总体建设项目规划和国家相关政策要求，结合项目评审结果，按照项目轻重缓急做出排序，分批次、分年度审批或上报发展改革委、财政部审批。

第六章　年度投资计划及预算的编报和审批

第三十六条　基本建设项目立项批复后，项目申报单位应及时确定工程建设期和各年度投资计划，并上报银监会。年度投资计划是固定资产投资计划的组成部分，是国家编制年度国民经济和社会发展计划（草案）的重要基础。上报的材料应包括：

（一）项目名称、建设内容和规模、项目总投资、建设周期；

（二）各年度投资额、资金来源和资金用途等。

第三十七条　基本建设项目立项批复后，项目申报单位即可按照部门预算编报要求将已确定的每年度投资计划编入相应年度的部门预算，由银监会审核后报财政部申请建设预算资金。

第七章　监督检查和违规处理

第三十八条　银监会各级机构应严格基本建设项目立项审批管理，建立监督检查机制。

第三十九条　有下列情形之一或违反本办法的，应视情节轻重，对建设单位负责人、直接责任人，给予行政、纪律处分或经济处罚，构成犯罪的，移交司法机关处理：

（一）提供虚假情况骗取立项的；

（二）未经立项批准擅自开工建设的；

（三）化整为零，规避立项审批程序的；

（四）擅自改变基本建设项目类型的；

（五）建筑规模和项目总投资严重超过批准数额的；

（六）其他严重违反本办法规定的行为。

第八章　附　则

第四十条　各银监局可根据本办法规定，结合本单位实际情况，制定辖属机构 300 万元以下基本建设项目立项审批管理规定，并报银监会备案。

第四十一条　对自有办公业务用房 300 万元以下的装修改造项目，其装修改造标准应比照 300 万元（含）以上装修改造项目执行。对租赁办公业务用房的装修改造标准原则上应低于自有办公业务用房的装修改造标准。

第四十二条　本办法自印发之日起施行。

第四十三条　本办法由银监会负责解释。

中国银监会　中国人民银行　国家发展改革委
关于银行业金融机构免除部分服务收费的通知

银监发 [2011] 22 号

各银监局，中国人民银行上海总部，各分行、营业管理部，省会（首府）城市中心支行，各省、自治区、直辖市、计划单列市发展改革委、物价局，各国有商业银行、股份制商业银行，邮政储蓄银行：

为提高银行业金融机构服务效率，提升服务水平，在坚持市场化原则的同时，进一步履行社会责任，决定免除部分服务收费。现就有关事项通知如下：

一、从 2011 年 7 月 1 日起，银行业金融机构免除人民币个人账户的以下服务收费：

（一）本行个人储蓄账户的开户手续费和销户手续费；

（二）本行个人银行结算账户的开户手续费和销户手续费；

（三）同城本行存款、取款和转账手续费（贷记卡账户除外）；

"同城"范围不应小于地级市行政区划，同一直辖市、省会城市、计划单列市列入同城范畴。

（四）密码修改手续费和密码重置手续费；

（五）通过本行柜台、ATM 机具、电子银行等提供的境内本行查询服务收费；

（六）存折开户工本费、存折销户工本费、存折更换工本费；

（七）已签约开立的代发工资账户、退休金账户、低保账户、医保账户、失业保险账户、住房公积金账户的年费和账户管理费（含小额账户管理费）；

（八）向救灾专用账户捐款的跨行转账手续费、电子汇划费、邮费和电报费；

（九）以电子方式提供 12 个月内（含）本行对账单的收费；

（十）以纸质方式提供本行当月对账单的收费（至少每月一次），部分金融消费者单独定制的特定对账单除外；

（十一）以纸质方式提供 12 个月内（含）本行对账单的收费（至少每年一次），部分金融消费者单独定制的特定对账单除外。

二、银行业金融机构未经客户以书面、客户服务中心电话录音或电子签名方式单独授权，不得对客户强制收取短信服务费。

三、银行业金融机构代理国家有关部门或者其他机构的收费，应在办理业务前，明确告知客户，尊重客户对相关服务的自主选择权。

四、各银行业金融机构应根据自身业务发展实际情况，主动承担社会责任，不断加强内部管理，提高服务质量和水平。

五、各银行业金融机构要做出统一部署，抓紧开展相关制度、流程、业务系统、账务系统和账户标记的调整和调试工作，做好应急预案和柜台人员解释口径的准备工作，保障各项业务安全、稳定和持续运行。

请各银监局将本通知转发至辖内银监分局和银行业金融机构，督促辖内银行业金融机构执行各项规定。各地银监局、人民银行分支机构、政府价格主管部门应加强信息共享，遇特殊情况及时向银监会、人民银行和发展改革委报告。

中国银行业监督管理委员会

中国人民银行

国家发展和改革委员会

二〇一一年三月九日

中国银监会关于加强银行业金融机构外部审计沟通工作的通知

银监发〔2011〕29号

各银监局，各政策性银行、国有商业银行、股份制商业银行、金融资产管理公司，邮政储蓄银行，各省级农村信用联社，银监会直接监管的信托公司、企业集团财务公司、金融租赁公司：

为充分发挥外部审计在维护市场纪律、补充监管、促进银行业金融机构改善经营管理等方面的积极作用，落实银监会《银行业金融机构外部审计监管指引》（银监发〔2010〕73号）相关要求，现就进一步加强银行业监管机构及银行业金融机构与外部审计沟通工作的有关事项通知如下：

一、银行业金融机构应健全委托外部审计的管理制度和流程，畅通与外部审计沟通交流的渠道和机制，重视外部审计的意见和建议，尤其应对外部审计的风险提示和对内部控制的意见进行认真分析和评估，并对相关问题及时进行整改。

二、银行业金融机构应积极配合外部审计工作，为外部审计机构提供必要的审计便利，不得阻碍外部审计工作正常开展，不得对外部审计出具审计意见施加影响，确保外部审计的独立性。

三、银行业金融机构的审计委员会应定期审阅外部审计报告，并与外部审计机构举行双方会谈，就审计情况进行充分沟通。

四、银行业金融机构单方面决定终止外部审计委托前，应向银行业监管机构报告终止委托的原因和外部审计机构的陈述意见。银行业金融机构不得因外部审计机构出具保留意见、否定意见或无法出具审计意见等非标准审计意见而终止审计委托。

五、银行业监管机构应加强与银行业金融机构以及外部审计机构的信息交流，定期举行三方会谈，也可直接与外部审计机构进行沟通，及时发现和解决银行业金融机构存在的相关问题。

六、银行业监管机构应向外部审计机构通报最新监管政策，及时回复外部审计机构的政策咨询，适当吸收外部审计机构参加监管政策培训，促进外部审计机构提高对监管政策的认知和理解。

七、银行业监管机构应特别关注外部审计对银行业金融机构的风险提示，跟踪、监督、检查金融机构的整改情况，对外部审计反映的重大、紧急问题及时采取相应处置措施，并对主动反映银行业金融机构审计问题的外部审计机构作必要的保护性安排。

八、银行业监管机构应对银行业金融机构或外部审计机构单方面终止审计委托的情况进行相关调查，保证银行业金融机构外部审计质量不因终止委托而受到影响，切实保护外部审计机构正常履行审计职责。

九、银行业监管机构应加强与外部审计行业主管部门的沟通交流，定期通报外部审计执业质量、银行业重点风险以及外部审计按照审计准则要求直接向银行业监管机构报告有关事项等情况，充分交流外部审计及银行监管需重点关注的问题。

十、各银监局应了解和监督辖内法人银行业金融机构外部审计委托、终止委托及其原因，主要审计问题及风险提示、审计意见及结论、审计建议等，并及时将有关情况报告银监会。

请各银监局将本通知转发至辖内法人银行业金融机构和银监局。

二〇一一年三月二十三日

商业银行表外业务风险管理指引

银监发〔2011〕31号

第一章 总 则

第一条 为加强商业银行表外业务风险管理，根据《中华人民共和国银行业监督管理法》、《中华人民共和国商业银行法》等有关法律法规，制定本指引。

第二条 本指引所称表外业务是指商业银行从事的，按照现行的会计准则不计入资产负债表内，不形成现实资产负债，但有可能引起损益变动的业务，包括担保类、部分承诺类两种类型业务。

第三条 担保类业务是指商业银行接受客户的委托对第三方承担责任的业务，包括担保（保函）、备用信用证、跟单信用证、承兑等。

第四条 承诺类业务是指商业银行在未来某一日期按照事先约定的条件向客户提供约定的信用业务，包括贷款承诺等。

第二章 风险控制

第五条 商业银行董事会或高级管理层应当评估、审查表外业务的重大风险管理政策和程序，掌握表外业务经营状况，对表外业务的风险承担最终责任。

第六条 商业银行应当完善以企业信用评估为基础的授信方法，将表外业务纳入授信额度，实行统一授信管理。

第七条 商业银行应当有专门的组织机构负责对表外业务风险的综合分析与管理，并建立审慎的授权管理制度；商业银行分支机构经营表外业务应当获得上级银行的授权。

第八条 商业银行应当对每项表外业务制定书面的内控制度和操作程序，并定期对风险管理程序进行评估，保证程序的合理性和完善性。

第九条 商业银行应当建立计量、监控、报告各类表外业务风险的信息管理系统，全面准确反映单个和总体业务风险及其变动情况。

第十条 商业银行经营担保类和承诺类业务可以采用收取保证金等方式降低风险。

第十一条 商业银行经营担保类和承诺类业务，应当对交易背景的真实性进行审核。真实交易是指真实的贸易、借贷和履约及投标等行为。

第十二条 商业银行应当根据表外业务的规模、客户信誉和用款频率等情况，结合表内业务进行头寸管理，规避流动性风险。

第十三条 商业银行经营表外业务形成的垫款应当纳入表内相关业务科目核算和管理。

第十四条 商业银行经营表外业务应当有完整、准确的会计记录，并按照有关规定进行会计核算和信息披露。

第十五条 商业银行应当建立表外业务内部审计制度，定期或不定期审计风险管理程序和内部控制，对风险的计量、限额和报告等情况进行再评估；在商业银行聘请外部审计师进行的年度审计中应当包括对表外业务风险情况的审查和评估。

第三章 风险监管

第十六条 商业银行应当根据信用转换系数和对应的表内项目权重计算表外业务风险权重资产，实行资本比率控制。信用转换系数和风险权重按中国银行业监督管理委员会制定的统一标准执行，经中国银行业监督管理委员会批准执行其他标准的除外。

第十七条 商业银行应当接受中国银行业监督管理委员会对其表外业务的监督检查。

第四章 附 则

第十八条 本指引适用于中华人民共和国境内依法设立的中资商业银行、中外合资银行、外商独资银行和外国银行分行。

第十九条 本指引由中国银行业监督管理委员会负责解释。

第二十条 本指引自发布之日起实施。

中国银监会关于中国银行业实施新监管标准的指导意见

银监发〔2011〕44号

各银监局，各政策性银行、国有商业银行、股份制商业银行，中国邮政储蓄银行，银监会直接监管的信托公司、企业集团财务公司、金融租赁公司：

"十二五"规划纲要明确提出参与国际金融准则新一轮修订，完善我国金融业稳健标准。2010年12月16日，巴塞尔委员会发布了《第三版巴塞尔协议》(Basel III)，并要求各成员经济体两年内完成相应监管法规的制定和修订工作，2013年1月1日开始实施新监管标准，2019年1月1日前全面达标。《第三版巴塞尔协议》确立了微观审慎和宏观审慎相结合的金融监管新模式，大幅度提高了商业银行资本监管要求，建立全球一致的流动性监管量化标准，将对商业银行经营模式、银行体系稳健性乃至宏观经济运行产生深远影响。为推动中国银行业实施国际新监管标准，增强银行体系稳健性和国内银行的国际竞争力，特制定本指导意见。

一、总体目标和指导原则

（一）总体目标

借鉴国际金融监管改革成果，根据国内银行业改革发展和监管实际，构建面向未来、符合国情、与国际标准接轨的银行业监管框架，推动银行业贯彻落实"十二五"规划纲要，进一步深化改革，转变发展方式，提高发展质量，增强银行业稳健性和竞争力，支持国民经济稳健平衡可持续增长。

（二）指导原则

1. 立足国内银行业实际，借鉴国际金融监管改革成果，完善银行业审慎监管标准。基于我国银行业改革发展实际，坚持行之有效的监管实践，借鉴《第三版巴塞尔协议》，提升我国银行业稳健标准，构建一整套维护银行体系长期稳健运行的审慎监管制度安排。

2. 宏观审慎监管与微观审慎监管有机结合。统筹考虑我国经济周期及金融市场发展变化趋势，科学设计资本充足率、杠杆率、流动性、贷款损失准备等监管标准并合理确定监管要求，体现逆周期宏观审慎监管要求，充分反映银行业金融机构面临的单体风险和系统性风险。

3. 监管标准统一性和监管实践灵活性相结合。为保证银行业竞争的公平性，统一设定适用于各类银行业金融机构的监管标准，同时适当提高系统重要性银行监管标准，并根据不同机构情况设置差异化的过渡期安排，确保各类银行业金融机构向新监管标准平稳过渡。

4. 支持经济持续增长和维护银行体系稳健统筹兼顾。银行体系是我国融资体系的主渠道，过渡期内监管部门将密切监控新监管标准对银行业金融机构的微观影响和对实体经济运行的宏观效应，全面评估成本与收益，并加强与相关部门的政策协调，避免新监管标准实施对信贷供给及经济发展可能造成的负面冲击。

二、提高银行业审慎监管标准

根据《第三版巴塞尔协议》确定的银行资本和流动性监管新标准，在全面评估现行审慎监管制度有效性的基础上，提高资本充足率、杠杆率、流动性、贷款损失准备等监管标准，建立更具前瞻性的、有机统一的审慎监管制度安排，增强银行业金融机构抵御风险的能力。

（一）强化资本充足率监管

1. 改进资本充足率计算方法。一是严格资本定义，提高监管资本的损失吸收能力。将监管资本从现行的两级分类（一级资本和二级资本）修改为三级分类，即核心一级资本、其他一级资本和二级资本；严格执行对核心一级资本的扣除规定，提升资本工具吸收损失能力。二是优化风险加权资产计算方法，扩大资本覆盖的风险范围。采用差异化的信用风险权重方法，推动银行业金融机构提升信用风险管理能力；明确操作风险的资本要求；提高交易性业务、资产证券化业务、场外衍生品交易等复杂金融工具的风险权重。

2. 提高资本充足率监管要求。将现行的两个最低资本充足率要求（一级资本和总资本占风险资产的比例分别不低于4%和8%）调整为三个层次的资本充足率要求：一是明确三个最低资本充足率要求，即核心一级资本充足率、一级资本充足率和资本充足率分别不低于5%、6%和8%。二是引入逆周期资本监管框架，包括：2.5%的留存超额资本和0~2.5%的逆周期超额资本。三是增加系统重要性银行的附加资本要求，暂定为1%。新标准实施后，正常条件下系统重要性银行和非系统重要性银行的资本充足率分别不低于11.5%和10.5%；若出现系统性的信贷过快增长，商业银行需计提逆周期超额资本。

3. 建立杠杆率监管标准。引入杠杆率监管标准，即一级资本占调整后表内外资产余额的比例不低于4%，弥补资本充足率的不足，控制银行业金融机构以及银行体系的杠杆率积累。

4. 合理安排过渡期。新资本监管标准从2012年1月1日开始执行，系统重要性银行和非系统重要性银行应分别于2013年底和2016年底前达到新的资本监管标准。过渡期结束后，各类银行应按照新监管标准披露资本充足率和杠杆率。

（二）改进流动性风险监管

1. 建立多维度的流动性风险监管标准和监测指标体系。建立流动性覆盖率、净稳定融资比例、流动性比例、存贷比以及核心负债依存度、流动性缺口率、客户存款集中度以及同业负债集中度等多个流动性风险监管和监测指标，其中流动性覆盖率、净稳定融资比例均不得低于100%。同时，推动银行业金融机构建立多情景、多方法、多币种和多时间跨度的流动性风险内部监控指标体系。

2. 引导银行业金融机构加强流动性风险管理。进一步明确银行业金融机构流动性风险管理的审慎监管要求，提高流动性风险管理的精细化程度和专业化水平，严格监督检查措施，纠正不审慎行为，促使商业银行合理匹配资产负债期限结构，增强银行体系应对流动性压力冲击的能力。

3. 合理安排过渡期。新的流动性风险监管标准和监测指标体系自2012年1月1日开始实施，流动性覆盖率和净稳定融资比例分别给予2年和5年的观察期，银行业金融机构应于2013年底和2016年底前分别达到流动性覆盖率和净稳定融资比例的监管要求。

（三）强化贷款损失准备监管

1. 建立贷款拨备率和拨备覆盖率监管标准。贷款拨备率（贷款损失准备占贷款的比例）不低于2.5%，拨备覆盖率（贷款损失准备占不良贷款的比例）不低于150%，原则上按两者孰高的方法确定银行业金融机构贷款损失准备监管要求。

2. 建立动态调整贷款损失准备制度。监管部门将根据经济发展不同阶段、银行业金融机构贷款质量差异和盈利状况的不同，对贷款损失准备监管要求进行动态化和差异化调整：经济上行期适度提高贷款损失准备要求，经济下行期则根据贷款核销情况适度调低；根据单家银行业金融机构的贷款质量和盈利能力，适度调整贷款损失准备要求。

3. 过渡期安排。新标准自 2012 年 1 月 1 日开始实施，系统重要性银行应于 2013 年底前达标；对非系统重要性银行，监管部门将设定差异化的过渡期安排，并鼓励提前达标：盈利能力较强、贷款损失准备补提较少的银行业金融机构应在 2016 年底前达标；个别盈利能力较低、贷款损失准备补提较多的银行业金融机构应在 2018 年底前达标。

三、增强系统重要性银行监管有效性

根据国内大型银行经营模式以及监管实践，监管部门将从市场准入、审慎监管标准、持续监管和监管合作几个方面，加强系统重要性银行监管。

1. 明确系统重要性银行的定义。国内系统重要性银行的评估主要考虑规模、关联性、复杂性和可替代性等四个方面因素，监管部门将建立系统重要性银行的评估方法论和持续评估框架。

2. 维持防火墙安排，改进事前准入监管。为防止系统重要性银行经营模式过于复杂，降低不同金融市场风险的传染，继续采用结构化限制性监管措施：一是维持现行银行体系与资本市场、银行与控股股东、银行与附属机构之间的防火墙，防止风险跨境、跨业传染。二是从严限制银行业金融机构从事结构复杂、高杠杆交易业务，避免过度承担风险。三是审慎推进综合经营试点。对于进行综合经营试点的银行，建立正式的后评估制度，对于在合理时限内跨业经营仍不能达到所在行业平均盈利水平的银行，监管部门将要求其退出该行业。

3. 提高审慎监管要求。除附加资本要求之外，监管部门将视情况对系统重要性银行提出更高的审慎监管要求，以提升其应对外部冲击的能力：一是要求系统重要性银行发行自救债券，以提高吸收损失的能力。二是提高流动性监管要求。三是进一步严格大额风险暴露限制，适度降低系统重要性银行对单一借款人和集团客户贷款占资本净额的比例。四是提高集团层面并表风险治理监管标准，包括集团层面风险偏好设定、统一的风险管理政策、信息管理系统建设、集团内部交易等。

4. 强化持续监管。一是监管资源向系统重要性银行倾斜，赋予一线监管人员更广泛的权力，加强对系统重要性银行决策过程、执行过程的监管，以尽早识别风险并采取干预措施。二是丰富和扩展非现场监管体系，完善系统重要性银行的风险监管评估框架，及时预警、有效识别并快速处置风险。三是进一步提升系统重要性银行现场检查精确打击的能力，督促系统重要性银行加强公司治理和风险管理，防止和纠正不安全、不稳健的经营行为。四是实现功能监管与机构监管相结合，采用产品分析、模型验证、压力测试、同业评估等监管手段，保证监管技术能够适应系统重要性银行业务和组织机构日益复杂化的趋势。五是指导并监督系统重要性银行制定恢复和处置计划、危机管理计划，增强系统重要性银行自我保护能力。

5. 加强监管合作。在跨境合作方面，建立对境外监管当局监管能力的评估机制，健全跨境经营系统重要性银行的监管联席会议机制，提高信息交流质量，加强在市场准入、非现场监管、现场检查以及危机管理方面的合作。在跨业合作方面，在国务院统一领导下，监管部门将加强与人民银行、证券监管部门、保险监管部门的协调配合，构建"无缝式"金融监管体系，改进对银行集团非银行业务的风险评估。

四、深入推动新资本协议实施工作

对资本和风险加权资产进行科学计量与评估是新监管标准实施的基础。银行业金融机构应按照"《新资本协议》与《第三版巴塞尔协议》同步推进，第一支柱与第二支柱统筹考虑"的总体要求，从公司治理、政策流程、风险计量、数据基础、信息科技系统等方面不断强化风险管理。2011 年，监管部门将修订《资本充足率管理办法》。银行业金融机构应根据新的《资本充足率管理办法》中确

立的相关方法准确计量监管资本要求，全面覆盖各类风险；同时，构建全面风险管理框架，健全内部资本评估程序，强化银行业稳健运行的微观基础。

对于表内外资产规模、国际活跃性以及业务复杂性达到一定程度的银行业金融机构，应根据新的监管要求，实施《新资本协议》中的资本计量高级方法。目前已完成了一轮预评估的第一批实施银行应当在已经取得的良好成就基础上，根据评估意见积极整改第一支柱实施的主要问题，并积极推进第二支柱和第三支柱建设，争取尽快申请正式实施。其他根据监管要求应当实施高级方法或自愿实施的银行业金融机构，应加强与监管部门的沟通，尽早制订实施规划方案。

对于其他不实施资本计量高级方法的银行业金融机构，应从2011年底开始在现有信用风险资本计量的基础上，采用新的《资本充足率管理办法》要求的标准方法，计量市场风险和操作风险的监管资本要求；并按照第二支柱相关要求，抓紧建立内部资本充足评估程序，识别、评估、监测和报告各类主要风险，确保资本水平与风险状况和管理能力相适应，确保资本规划与银行经营状况、风险变化趋势和长期发展战略相匹配。2016年底前，所有银行业金融机构都应建立与本行规模、业务复杂程度相适应的全面风险管理框架和内部资本充足率评估程序。

五、工作要求

新监管标准实施是事关全局的长期系统工程，银行业金融机构要准确理解新监管标准的实质，充分认识实施新监管标准的意义，加强配合，积极稳妥地做好新监管标准实施的各项准备工作。

（一）制定配套监管规章

为保证新监管标准如期实施，2011年监管部门将修订完善《商业银行资本充足率管理办法》，以及流动性风险监管、系统重要性银行监管相关政策，为新监管标准的实施奠定基础。同时，大力开展新监管标准的培训和宣传工作，分期、分批地开展各级监管人员和银行业金融机构中高层管理人员的培训工作，为新监管标准实施打造有利的舆论环境和广泛的人才基础。

（二）加强组织领导

银行业金融机构董事会和高级管理层应高度重视新监管标准实施工作，尽快成立以主要负责人为组长的新监管标准实施领导小组及相应工作机构，统筹规划协调新监管标准实施工作，确保各项工作有序稳步推进。董事会应负责新监管标准实施规划及有关重大政策审批，定期听取高级管理层汇报，对实施准备情况进行监督；高级管理层负责制定新监管标准实施方案并组织实施。

（三）制定切实可行的实施规划

银行业金融机构应根据本指导意见，全面进行差距分析，制定切实可行的新监管标准实施规划。实施规划至少应包括：资产增长计划、资产结构调整方案、盈利能力规划、各类风险的风险加权资产计算方法、资本补充方案、流动性来源、贷款损失准备金补提方案、各类监管指标的达标时间表和阶段性目标。银行业金融机构应在2011年底前完成实施规划编制，并报监管部门备案。

（四）调整发展战略积极推动业务转型

谋求经营转型不仅是银行业金融机构持续满足新监管标准的内在要求，而且是在日益复杂的经营环境下提高发展质量的必由之路。银行业金融机构要切实转变规模扩张的外延式发展模式，走质量提高的内涵式增长之路。银行业金融机构要在坚守传统业务模式的前提下，在信贷业务的广度和深度上下功夫，提升金融服务效率和信贷质量。一是调整业务结构，制定中长期信贷发展战略，积极调整信贷的客户结构、行业结构和区域结构，实现信贷业务可持续发展。二是强化管理，通过不断优化风险计量工具，完善风险管理政策和流程，健全风险制衡机制，真正提升增长质量。三是创新服务。积极发展网络银行、电话银行、信用卡等渠道拓展业务，扩大金融服务覆盖面，为资产业务提供稳定的资金保障，同时降低经营成本，扩大收入来源。

（五）持续改进风险管理

各银行业金融机构要结合自身经营特点，强化风险管理基础设施，提升风险管理能力。一是完善风险治理组织架构，进一步明确董事会、高管层、首席风险官、风险管理部门和相关业务条线的角色和职能。二是强化数据基础，通过新监管标准实施切实解决国内银行业金融机构长期存在的数据缺失、质量不高问题。三是积极开发并推广运用新型风险计量工具，提高风险识别能力和风险计量准确性。四是强化 IT 系统建设，为风险政策制定和实施、风险计量工具运用及优化奠定基础。五是强化内部控制和内部审计职能，强化与外部审计的合作，共同促进内部制衡机制建设。六是改进激励考核机制，建立"风险—收益"平衡的绩效考核和薪酬制度。银行业金融机构要高度重视所面临的突出风险，包括地方融资平台、房地产贷款、经济结构调整潜在的重大信用风险，积极探索系统性风险和个体风险相结合的风险管理模式，在此基础上建立健全的资本评估程序，确保资本充分覆盖各类风险。

（六）加强对新监管标准实施的监督检查和跟踪评估

从今年开始，监管部门要将商业银行新监管标准实施准备情况以及实施进展纳入日常监管工作，对各行新监管标准实施规划执行情况进行监督检查，对新监管标准实施规划执行不力的银行业金融机构采取相应监管措施。过渡期内，监管部门将持续监测银行业金融机构各类监管指标的水平及变化趋势，深入评估新监管标准实施对银行业金融机构经营行为、信贷供给以及宏观经济运行的影响。各银行业金融机构应指定专门部门负责分析执行新监管标准的效应及存在的问题，并及时报送监管部门，配合做好新监管标准的完善和实施工作。

请各银监局将本意见转发至辖内银监分局和银行业金融机构。

二〇一一年四月二十七日

银团贷款业务指引

银监发 [2011] 85 号

第一章 总 则

第一条 为促进和规范银团贷款业务，分散授信风险，推动银行同业合作，根据《中华人民共和国银行业监督管理法》、《中华人民共和国商业银行法》等法律法规，制定本指引。

第二条 本指引适用于在中国境内依法设立并经营贷款业务的银行业金融机构（以下简称银行）。

第三条 银团贷款是指由两家或两家以上银行基于相同贷款条件，依据同一贷款合同，按约定时间和比例，通过代理行向借款人提供的本外币贷款或授信业务。

第四条 银行开办银团贷款业务，应当遵守国家有关法律法规，符合国家信贷政策，坚持平等互利、公平协商、诚实履约、风险自担的原则。

第五条 银行业协会负责维护银团贷款市场秩序，推进市场标准化建设，推动银团贷款与交易系统平台搭建，协调银团贷款与交易中发生的问题，收集和披露有关银团贷款信息，制定行业公约等行业自律工作。

第二章 银团成员

第六条 参与银团贷款的银行均为银团成员。银团成员应按照"信息共享、独立审批、自主决策、风险自担"的原则自主确定各自授信行为，并按实际承担份额享有银团贷款项下相应的权利，履行相应的义务。

第七条 按照在银团贷款中的职能和分工，银团成员通常分为牵头行、代理行和参加行等角色，也可根据实际规模与需要在银团内部增设副牵头行、联合牵头行等，并按照银团贷款合同履行相应职责。

第八条 银团贷款牵头行是指经借款人同意，负责发起组织银团、分销银团贷款份额的银行。牵头行主要履行以下职责：

（一）发起和筹组银团贷款，分销银团贷款份额；

（二）对借款人进行贷前尽职调查，草拟银团贷款信息备忘录，并向潜在的参加行推荐；

（三）代表银团与借款人谈判确定银团贷款条件；

（四）代表银团聘请相关中介机构起草银团贷款法律文本；

（五）组织银团成员与借款人签订书面银团贷款合同；

（六）银团贷款合同确定的其他职责。

第九条 单家银行担任牵头行时，其承贷份额原则上不得少于银团融资总金额的 20%；分销给其他银团成员的份额原则上不得低于50%。

第十条 按照牵头行对贷款最终安排额所承担的责任，银团牵头行分销银团贷款可以分为全额包销、部分包销和尽最大努力推销三种类型。

第十一条 银团代理行是指银团贷款合同签订后，按相关贷款条件确定的金额和进度归集资金向借款人提供贷款，并接受银团委托按银团贷款合同约定进行银团贷款事务管理和协调活动的银行。对担保结构比较复杂的银团贷款，可以指定担保代理行，由其负责落实银团贷款的各项担保及抵（质）押物登记、管理等工作。代理行经银团成员协商确定，可以由牵头行或者其他银行担任。银团代理行应当代表银团利益，借款人的附属机构或关联机构不得担任代理行。

第十二条 代理行应当依据银团贷款合同的约定履行代理行职责。其主要职责包括：

（一）审查、督促借款人落实贷款条件，提供贷款或办理其他授信业务；

（二）办理银团贷款的担保抵押手续，负责抵（质）押物的日常管理工作；

（三）制定账户管理方案，开立专门账户管理银团贷款资金，对专户资金的变动情况进行逐笔登记；

（四）根据约定用款日期或借款人的用款申请，按照银团贷款合同约定的承贷份额比例，通知银团成员将款项划到指定账户；

（五）划收银团贷款本息和代收相关费用，并按承贷比例和银团贷款合同约定及时划转到银团成员指定账户；

（六）根据银团贷款合同，负责银团贷款资金支付管理、贷后管理和贷款使用情况的监督检查，并定期向银团成员通报；

（七）密切关注借款人财务状况，对贷款期间发生的企业并购、股权分红、对外投资、资产转让、债务重组等影响借款人还款能力的重大事项，在借款人通知后按银团贷款合同约定尽早通知各银团成员；

（八）根据银团贷款合同，在借款人出现违约事项时，及时组织银团成员对违约贷款进行清收、保全、追偿或其他处置；

（九）根据银团贷款合同，负责组织召开银团会议，协调银团成员之间的关系；

（十）接受各银团成员不定期的咨询与核查，办理银团会议委托的其他事项等。

第十三条 代理行应当勤勉尽责。因代理行行为导致银团利益受损的，银团成员有权根据银团贷款合同约定的方式更换代理行，并要求代理行赔偿相关损失。

第十四条 参加行是指接受牵头行邀请，参加银团并按照协商确定的承贷份额向借款人提供贷款的银行。参加行应当按照约定及时足额划拨资金至代理行指定的账户，参加银团会议，做好贷后管理，了解掌握借款人日常经营与信用状况的变化情况，及时向代理行通报借款人的异常情况。

第三章 银团贷款的发起和筹组

第十五条 有下列情形之一的大额贷款，鼓励采取银团贷款方式：

（一）大型集团客户、大型项目融资和大额流动资金融资；

（二）单一企业或单一项目融资总额超过贷款行资本净额10%的；

（三）单一集团客户授信总额超过贷款行资本净额15%的；

（四）借款人以竞争性谈判选择银行业金融机构进行项目融资的。

各地银行业协会可以根据以上原则，结合本地区实际情况，组织辖内会员银行共同确定银团贷款额度的具体下限。

第十六条 银团贷款由借款人或银行发起。牵头行应当与借款人谈妥银团贷款的初步条件，并获得借款人签署的银团贷款委任书。

第十七条　牵头行应当按照授信工作尽职的相关要求，对借款人或贷款项目进行贷前尽职调查，并在此基础上与借款人进行前期谈判，商谈贷款的用途、额度、利率、期限、担保形式、提款条件、还款方式和相关费用等，并据此编制银团贷款信息备忘录。

第十八条　银团贷款信息备忘录由牵头行分发给潜在参加行，作为潜在参加行审贷和提出修改建议的重要依据。银团贷款信息备忘录内容主要包括：银团贷款的基本条件、借款人的法律地位及概况、借款人的财务状况、项目概况及市场分析、项目财务现金流量分析、担保人和担保物介绍、风险因素及避险措施、项目的准入审批手续及有资质环保机构出具的环境影响监测评估文件等。

第十九条　牵头行在编制银团贷款信息备忘录过程中，应如实向潜在参加行披露其知悉的借款人全部真实信息。牵头行在向其他银行发送银团贷款信息备忘录前，应要求借款人审阅该银团贷款信息备忘录，并由借款人签署"对信息备忘录所载内容的真实性、完整性负责"的声明。必要时，牵头行也可以要求担保人审阅银团贷款信息备忘录并签署上述声明。

第二十条　为提高银团贷款信息备忘录等银团贷款资料的独立性、公正性和真实性，牵头行可以聘请外部中介机构如会计师事务所、资产评估事务所、律师事务所及相关技术专家负责评审编写有关信息及资料、出具意见书。

第二十一条　牵头行与借款人协商后，向潜在参加行发出银团贷款邀请函，并随附贷款条件清单、信息备忘录、保密承诺函、贷款承诺函等文件。

第二十二条　收到银团贷款邀请函的银行应按照"信息共享、独立审贷、自主决策、风险自担"的原则，在全面掌握借款人相关信息的基础上做出是否参加银团贷款的决定。银团贷款信息备忘录信息不能满足潜在参加行审批要求的，潜在参加行可要求牵头行补充提供相关信息、提出工作建议或者直接进行调查。

第二十三条　牵头行应根据潜在参加行实际反馈情况，合理确定各银团成员的贷款份额。在超额认购或认购不足的情况下，牵头行可按事先约定的条件或与借款人协商后重新确定各银团成员的承贷份额。

第二十四条　在牵头行有效委任期间，其他未获委任的银行不得与借款人就同一项目进行委任或开展融资谈判。

第四章　银团贷款合同

第二十五条　银团贷款合同是银团成员与借款人、担保人根据有关法律法规，经过协商后共同签订，主要约定银团成员与借款人、担保人之间权利义务关系的法律文本。银团贷款合同应当包括以下主要条款：

（一）当事人基本情况；

（二）定义及解释；

（三）与贷款有关的约定，包括贷款金额与币种、贷款期限、贷款利率、贷款用途、支付方式、还款方式及还款资金来源、贷款担保组合、贷款展期条件、提前还款约定等；

（四）银团各成员承诺的贷款额度及贷款划拨的时间；

（五）提款先决条件；

（六）费用条款；

（七）税务条款；

（八）财务约束条款；

（九）非财务承诺，包括资产处置限制、业务变更和信息披露等条款；

（十）违约事件及处理；

（十一）适用法律；

（十二）其他约定及附属文件。

第二十六条 银团成员之间权利义务关系可以在银团贷款合同中约定，也可以另行签订《银团内部协议》（或称为《银团贷款银行间协议》等）加以约定。银团成员间权利义务关系主要包括：银团成员内部分工、权利与义务、银团贷款额度的分配、银团贷款额度的转让；银团会议的议事规则；银团成员的退出和银团解散；违约行为及责任；解决争议的方式；银团成员认为有必要约定的其他事项。

第二十七条 银团成员应严格按照银团贷款合同的约定，及时足额划付贷款款项，履行合同规定的职责和义务。

第二十八条 借款人应严格按照银团贷款合同的约定，保证贷款用途，及时向代理行划转贷款本息，如实向银团成员提供有关情况。

第二十九条 银行开展银团贷款业务可以依据中国银行业协会制定的银团贷款合同示范文本，制定银团贷款合同。

第五章 银团贷款管理

第三十条 银团贷款的日常管理工作主要由代理行负责。代理行应在银团贷款存续期内跟踪了解项目的进展情况，及时发现银团贷款可能出现的问题，并以书面形式尽快通报银团成员。

第三十一条 银团贷款存续期间，银团会议由代理行负责定期召集，或者根据银团贷款合同的约定由一定比例的银团成员提议召开。银团会议的主要职能是讨论、协商银团贷款管理中的重大事项。

第三十二条 银团会议商议的重大事项主要包括：修改银团贷款合同、调整贷款额度、变更担保、变动利率、终止银团贷款、通报企业并购和重大关联交易、认定借款人违约事项、贷款重组和调整代理行等。

第三十三条 银团贷款出现违约风险时，代理行应当根据银团贷款合同的约定，负责及时召集银团会议，并可成立银团债权委员会，对贷款进行清收、保全、重组和处置。必要时可以申请仲裁或向人民法院提起诉讼。

第三十四条 银团贷款存续期间，银团成员原则上不得在银团之外向同一项目提供有损银团其他成员利益的贷款或其他授信。

第三十五条 银团成员在办理银团贷款业务过程中发现借款人有下列行为，经指正不改的，代理行应当根据银团贷款合同的约定，负责召集银团会议，追究其违约责任，并以书面形式通知借款人及其保证人：

（一）所提供的有关文件被证实无效；

（二）未能履行和遵守贷款合同约定的义务；

（三）未能按贷款合同规定支付利息和本金；

（四）以假破产等方式逃废银行债务；

（五）贷款合同约定的其他违约事项。

第三十六条 银团成员在开展银团贷款业务过程中有以下行为，经银团会议审核认定违约的，可以要求其承担违约责任：

（一）银团成员收到代理行按合同规定时间发出的通知后，未按合同约定时限足额划付款项的；

（二）银团成员擅自提前收回贷款或违约退出银团的；

（三）不执行银团会议决议的；

（四）借款人归还银团贷款本息而代理行未如约及时划付银团成员的；

（五）其他违反银团贷款合同、本业务指引以及法律法规的行为。银团成员之间的上述纠纷，不影响银团与借款人所定贷款合同的执行。

第三十七条　开办银团贷款业务的银行应当定期向当地银行业协会报送银团贷款有关信息。内容包括：银团贷款一级市场的包销量及持有量、二级市场的转让量，银团贷款的利率水平、费率水平、贷款期限、担保条件、借款人信用评级等。

第三十八条　开办银团贷款业务的银行应当依据本指引，结合自身经营管理水平制定银团贷款业务管理办法，建立与银团贷款业务风险相适应的管理机制，并指定相关部门和专人负责银团贷款的日常管理工作。

第三十九条　银行向大型集团客户发放银团贷款，应当注意防范集团客户内部关联交易及关联方之间相互担保的风险。对集团客户内部关联交易频繁、互相担保严重的，应当加强对其资信的审核，并严格控制贷款发放。

第六章　银团贷款收费

第四十条　银团贷款收费是指银团成员接受借款人委托，为借款人提供银团筹组、包销安排、贷款承诺、银团事务管理等服务而收取的相关中间业务费用，纳入商业银行中间业务收费管理。银团贷款收费应当按照"自愿协商、公平合理、质价相符"的原则由银团成员和借款人协商确定，并在银团贷款合同或费用函中载明。

第四十一条　银团贷款收费的具体项目可以包括安排费、承诺费、代理费等。银团费用仅限为借款人提供相应服务的银团成员享有。安排费一般按银团贷款总额的一定比例一次性支付；承诺费一般按未用余额的一定比例每年根据银团贷款合同约定的方式收取；代理费可以根据代理行的工作量按年支付。

第四十二条　银团贷款的收费应当遵循"谁借款、谁付费"的原则，由借款人支付。

第四十三条　牵头行不得向银团成员提出任何不合理条件，不得以免予收费的手段开展银团贷款业务竞争，不得借筹组银团贷款向银团成员和借款人搭售其他金融产品或收取其他费用。

第七章　银团贷款转让交易

第四十四条　银团贷款转让交易是指银团贷款项下的贷款人作为出让方，将其持有的银团贷款份额转让给作为受让方的其他贷款人或第三方，并由受让方向出让方支付转让价款的交易。银团贷款转让交易不得违反贷款转让的相关监管规定。

第四十五条　转让交易的定价由交易双方根据转让标的、市场等情况自行协商、自主定价。

第四十六条　转让交易的出让方应当确保与转让标的相关的贷款合同及其他文件已由各方有效签署，其对转让的份额拥有合法的处分权，且转让标的之上不存在包括债务人抵销权在内的任何可能造成转让标的的价值减损的其他权利。出让方应当为转让交易之目的向受让方充分披露信息，不得提供明知为虚假或具有误导性的信息，不得隐瞒转让标的的相关负面信息。

第四十七条　转让交易的受让方应当按照转让合同的约定，受让转让标的并支付转让价款，不得将出让方提供的相关信息用于任何非法目的，或违反保密义务使用该信息。

第四十八条　代理行应当按照银团贷款合同的约定及时履行转让交易相关义务；其他银团成员、担保人等相关各方应当按照银团贷款合同的约定履行相关义务，协助转让交易的顺利进行。

第八章　附　则

第四十九条　依法设立的非银行金融机构开办银团贷款业务适用本指引。

第五十条　本指引由银监会负责解释。

第五十一条　本指引自公布之日起实施。2007 年 8 月 11 日印发的《银团贷款业务指引》（银监发〔2007〕68 号）同时废止。

中国银监会办公厅关于国有及国有控股银行业金融机构"小金库"问题处理处罚的意见

银监办发〔2011〕144号

各银监局治理"小金库"工作领导小组：

为切实将"小金库"问题处理处罚工作落到实处，根据中央治理办《国有及国有控股中央企业和金融企业"小金库"问题处理处罚指导意见》和相关法律法规，结合国有及国有控股银行业金融机构（以下简称银行业金融机构）实际，银监会治理"小金库"工作领导小组办公室研究制定了本意见，供处理处罚或办理移送时执行。

一、"小金库"的概念和认定

根据中共中央办公厅、国务院办公厅《关于深入开展"小金库"治理工作的意见》（中办发〔2009〕18号）的规定，本次治理所说的"小金库"是指违反法律法规及其他有关规定，应列入而未列入符合规定的单位账簿的各项资金（含有价证券）及其形成的资产。主要有三个特点：一是强调符合规定的单位账簿；二是不仅仅局限在资金，强调各项资金（含有价证券）及其资产；三是就认定而言不强调设立"小金库"的手段和方法。认定是否属于"小金库"的唯一标准是看资金或资产是否列入符合规定的单位账簿。所谓单位账簿是指《会计法》规定的本单位会计账簿。

需要注意的是，在往来科目中列收列支，超范围、超标准发放奖金、津贴，公款旅游、请客、送礼等，只要是在符合规定的账簿内登记、核算，就不能认定为"小金库"，应按违反财政、财务、会计法律法规、规章制度及有关党纪政纪规定和国家法律法规进行处理处罚。

需要特别强调的是，"小金库"称谓不是法律用语。因此在处理处罚时，应根据《银行业监督管理法》、《商业银行法》、《金融违法行为处罚办法》等相关法律法规，引述"账外资金"、"账外资产"、"账外账"等法定用语，确保处理处罚的一致性、规范性。

二、处理处罚的基本原则

对银行业金融机构"小金库"问题的处理处罚，必须坚持依法依纪、宽严相济的原则、原则性与客观性相结合的原则、处理事与处理人相结合的原则，以查实的事实为依据，以法律法规为准绳，既体现政策的严肃性，又体现政策的统一性。

三、从轻从宽和从重从严处理处罚的相关规定

（一）从轻从宽处理处罚的相关规定

从轻从宽的总体原则是，对自查发现的问题从轻从宽处理。凡自查认真、纠正及时的，对责任单位可从轻、减轻或免予行政处罚，对有关责任人员可从轻、减轻或免予处分。各单位对其所属单

位进行的内部检查视同自查。具体处理处罚依据《设立"小金库"和使用"小金库"款项违纪行为适用〈中国共产党纪律处分条例〉若干问题的解释》第十一条及《设立"小金库"和使用"小金库"款项违法违纪行为政纪处分暂行规定》第十二条的规定，从轻处分。符合《行政处罚法》第二十七条规定情形的，应当依法从轻或者减轻行政处罚；违法行为轻微并及时纠正，没有造成危害后果的，不予行政处罚。符合《行政处罚法》第二十九条规定，违法行为在两年内未被发现的，不再给予行政处罚。法律另有规定的除外。

(二) 从重从严处理处罚的相关规定

从重从严的总体原则是，对被查发现的"小金库"问题，不仅要严格依法依规对单位进行处理处罚，还要对有关责任人员依纪依法追究责任。《国有及国有控股金融企业"小金库"专项治理试点工作方案》印发后设立"小金库"的，对责任单位主要领导、分管领导和直接责任人要严肃处理，按照组织程序先予以免职，再依据党纪政纪和有关法律法规追究责任。具体处理处罚依据《设立"小金库"和使用"小金库"款项违纪行为适用〈中国共产党纪律处分条例〉若干问题的解释》第十条及《设立"小金库"和使用"小金库"款项违法违纪行为政纪处分暂行规定》第十一条的规定，从重处理。

四、定性及处理处罚依据

(一)"小金库"问题定性依据

1.《会计法》第三条、第九条、第十五条、第十六条、第十七条、第二十五条、第二十六条；

2.《公司法》第一百六十五条、第一百七十二条；

3.《商业银行法》第五十一条、第五十二条、第五十五条；

4.《企业财务通则》、《金融企业财务规则》、《企业会计准则》、《会计基础工作规范》、《禁止金融机构设置"小金库"的财务管理规定》及财务、资产、税收等规章制度的相关规定。

(二)"小金库"问题处理处罚依据

1.《会计法》第四十二条、第四十三条、第四十四条、第四十五条等的规定；

2.《公司法》第二百零二条、第二百零三条；

3.《银行业监督管理法》第四十五条、第四十六条、第四十七条、第四十八条；

4.《商业银行法》第七十五条、第七十八条、第七十九条、第八十四条、第八十五条、第八十九条；

5.《金融违法行为处罚办法》第十一条；

6.《财政违法行为处罚处分条例》（国务院令第 427 号）第九条、第十六条、第十七条、第十八条、第十九条等的规定；

7.《禁止金融机构设置"小金库"的财务管理规定》第二十六条、第二十七条；

8.财务、税收、资产、现金等相关法律法规、规章制度的相关规定。

五、处理处罚具体意见

处理处罚的总体要求是，将"小金库"的资金或资产纳入国家规定的账簿内，统一登记和核算；对财政性资金，该缴入国库的缴入国库，该上交财政专户的上交财政专户；涉及税务问题的，按税法的有关规定处理；对"小金库"资金发给个人的部分，该追缴的追缴，该退还的退还；对设立使用"小金库"的单位给予警告或通报批评，该罚款的罚款；对设立"小金库"直接负责的主管人员和其他责任人员，要按照干部管理权限，依照党纪政纪和有关法律法规，严肃追究责任；"小金库"数额巨大、情节严重的，按照有关规定从重处理，公告其行为及处理处罚决定；涉嫌犯罪的，移送司法机关依法处理。对专项治理工作中发现的其他违反法律法规的问题，按照国家有关法律法规进行处理。需要移送的，及时移送相关部门处理。

处理处罚应根据"小金库"的资金来源和"小金库"的支出情节、性质、金额综合考虑，可参考以下意见。

（一）"小金库"的资金来源

1. 用经营性收入等各类收入设立"小金库"

银行业金融机构用利息收入、手续费收入、资产清理和抵债资产变现收入等各类收入设立"小金库"的，由实施检查的机构责令改正，限期追回有关款项和违法所得，纳入单位会计账簿统一核算、统一管理，按照税收有关规定补缴税款，并依据《银行业监督管理法》、《金融违法行为处罚办法》的有关规定，视情节处以下列行政处罚：警告；没收违法所得，并处违法所得1倍以上5倍以下的罚款；没有违法所得的，处10万元以上50万元以下的罚款；责令银行业金融机构对直接负责的董事、高级管理人员和其他直接责任人员给予纪律处分；对直接负责的董事、高级管理人员和其他直接责任人员给予警告，处5万元以上50万元以下罚款；取消直接负责的董事、高级管理人员一定期限直至终身的任职资格，禁止直接负责的董事、高级管理人员和其他直接责任人员一定期限直至终身从事银行业工作。

2. 用财政性资金设立"小金库"

（1）银行业金融机构采取隐匿、截留等方式，不缴或少缴行政事业性收费、政府性基金等财政收入设立"小金库"的，由实施检查的机构责令改正，调整有关会计账目，督促上缴应当上缴的财政收入。需要进行处罚的，移送财政或审计部门处理。属于税收方面的违法行为，依照有关税收法律、行政法规的规定处理处罚。

（2）银行业金融机构采取虚报、冒领、挪用等违法手段骗取财政资金及政府承贷或者担保的外国政府贷款、国际金融组织贷款设立"小金库"的，由实施检查的机构责令改正，调整有关会计账目，追回违反规定使用、骗取的有关资金。需要进行处罚的，移送财政或审计部门处理。

（3）银行业金融机构私存私放财政资金或其他公款设立"小金库"的，由实施检查的机构责令改正，追回私存私放的资金，调整有关会计账目，并依据《财政违法行为处罚处分条例》的有关规定，视情节处以下列行政处罚：没收违法所得；对单位处3000元以上5万元以下的罚款；对直接负责的主管人员和其他直接责任人员处2000元以上2万元以下的罚款。

3. 虚列支出、成本、费用设立"小金库"

（1）银行业金融机构以假发票、假合同等方式编造虚假经济业务，虚列各项支出、成本、费用设立"小金库"的，由实施检查的机构责令改正，调整有关会计账目，限期追回有关款项，纳入单位会计账簿统一核算、统一管理，按照税收有关规定补缴税款。需要进行处罚的，移送财政或审计部门处理。

（2）银行业金融机构超出实际经济业务事项金额列支会议费、劳务费、培训费等各项支出、成本、费用，以挂账消费或套取资金方式设立"小金库"的，由实施检查的机构责令改正，调整有关会计账目，限期追回有关款项，纳入单位会计账簿统一核算、统一管理，按照税收有关规定补缴税款。需要进行处罚的，移送财政或审计部门处理。

4. 转移资金设立"小金库"

（1）除《工会法》规定的资金来源外，银行业金融机构将公款转入工会账户的，可以认定为"小金库"。由实施检查的机构责令改正，限期追回转移的资金，调整有关会计账目，并按照税收有关规定补缴税款。

（2）银行业金融机构以关联交易等方式拨款到下级单位，并在下级单位列支应由本单位承担各项费用的，由实施检查的机构责令改正，限期追回转移的资金，调整有关会计账目，并按照税收有关规定补缴税款。

5. 账外资产

（1）银行业金融机构有账外固定资产、无形资产的，由实施检查的机构责令限期改正，调整有关会计账目，纳入单位会计账簿统一核算、统一管理，并按照税收有关规定补缴税款。

（2）银行业金融机构有账外股权和债权（包括对个人借款和贷款）的，由实施检查的机构责令限期改正，追回有关款项，调整有关会计账目，纳入单位会计账簿统一核算、统一管理，并按照税收有关规定补缴税款。

（3）银行业金融机构有账外有价证券的，由实施检查的机构责令改正，限期处置，追回有关款项，纳入单位会计账簿统一核算、统一管理，并按照税收有关规定补缴税款。

（二）"小金库"的资金用途

关于"小金库"的资金支出需要强调三点：一是"小金库"资金用途与"小金库"资金来源紧密相连，处理处罚时原则上以"小金库"资金来源适用的法律法规为主；二是"小金库"资金用途的去向、性质、情节是研究确定处理处罚"从严"或"加重"政策的重要依据；三是"小金库"资金来源与"小金库"资金用途处理处罚适用法律法规依据不一致时，以法律法规规定的上限为标准进行处罚，但不得重复处罚。

1. 购建资产

银行业金融机构使用"小金库"资金购建房产、汽车等资产保障公用需要的，由实施检查的机构责令改正，调整有关会计账目，纳入单位会计账簿统一核算、统一管理，并按照税收有关规定补缴税款。购建房产、汽车等资产违规供个人使用的，责令限期收回或处置账外资产，纳入单位法定账簿，并按照税收有关规定补缴税款。

2. 发放奖金、津贴补贴、福利等

银行业金融机构使用"小金库"资金发放奖金、津贴补贴、实物及购物卡等、报销应由个人承担的费用的，由实施检查的机构责令追回，纳入法定账簿核算，按照税收有关规定补缴税款，并依据《会计法》第四十二条规定，对单位处 3000 元以上 5 万元以下的罚款；对直接负责的主管人员和其他直接责任人员处 2000 元以上 2 万元以下的罚款。

3. 接待宴请、公款旅游支出

银行业金融机构使用"小金库"资金接待宴请的，由实施检查的机构责令改正，调整有关会计账目，按照税收有关规定补缴税款。用于集体或个人旅游的，追回有关款项，纳入单位法定账簿核算，并按照税收有关规定补缴税款。

4. 用于礼品、礼金支出

银行业金融机构使用"小金库"资金进行礼品、礼金支出的，由实施检查的机构责令改正，追回资金，纳入单位法定账簿核算，并视情节轻重追究有关人员责任；对已购买尚未发放的礼品，责令限期处置，并将处置所得纳入单位法定账簿核算。

5. 弥补成本、费用

银行业金融机构使用"小金库"资金用于弥补成本、费用的，由实施检查的机构责令改正，调整有关会计账目，纳入单位账簿统一核算、统一管理，并按照税收有关规定补缴税款。

6. 私分

银行业金融机构相关人员私分"小金库"款项的，由实施检查的机构责令改正，追回资金纳入单位法定账簿核算，按照税收有关规定补缴税款，并严肃追究相关责任人责任。

六、处理处罚程序

银监会对查出的银行业金融机构"小金库"问题进行处理处罚时，应由各检查组根据本意见的要求，充分考虑被查单位反馈的实际情况，提出具体的处理处罚措施。检查组负责制作《现场检查意见书》报银监会治理办，治理办办公会议讨论通过后报领导小组负责人审批，领导小组负责人审定后报中央治理办审核，中央治理办审核后，由银监会按照法定程序统一向被查单位下达处理处罚决定。拟实施行政处罚的，按照《银监会行政处罚办法》规定的立案、调查、取证和审查程序进行。检查组负责制作《行政处罚意见告知书》和《行政处罚决定书》，并将调查报告、相关证据、当事人陈述和申辩的意见、法律部门的审查意见及其他相关材料一并报银监会治理办，治理办办公会议讨论通过后报领导小组负责人审批。重大行政处罚报主席会议集体讨论决定。领导小组负责人审定后或主席会议集体讨论决定后报中央治理办审核，中央治理办审核后，由银监会按照法定程序统一向被查单位下达行政处罚决定。具体处理处罚程序参照《银监会现场检查规程》和《银监会行政处罚办法》规定的程序执行。

七、关于移送

凡设立和使用"小金库"的，原则上要根据《设立"小金库"和使用"小金库"款项违纪行为适用〈中国共产党纪律处分条例〉若干问题的解释》和《设立"小金库"和使用"小金库"款项违纪行为政纪处分暂行规定》，按照干部管理权限移送相应纪检监察部门处理处罚。对于设立和使用"小金库"涉嫌犯罪的，可先移送纪检监察机关调查处理，再移送司法机关，也可直接移送司法机关处理。涉及财政、税收、土地等其他问题，线索清晰但未能调查清楚或需要有关部门处理的，移送相关职能部门调查处理。移送时应将需移送案件的工作底稿、检查报告和移送意见等材料一并移送，并按照规定的程序和要求办理移送手续。

八、关于信访举报

对于信访举报的"小金库"问题，属于银监会直接监管的金融机构的，由银监会负责查证；属于金融机构地方分支机构或法人机构的，由银监会驻当地派出机构负责查证。查证属实的，由银监会或当地派出机构按本意见的规定处理处罚；需移送的，按照有关规定移送相关部门。

本意见仅供此次"小金库"治理工作处理处罚时使用。

二○一一年五月六日

中国银监会机关固定资产管理规程

银监办发〔2011〕154号

第一章 总 则

第一条 为规范和加强中国银监会机关（以下简称会机关）固定资产管理，合理配置和有效利用固定资产，确保国有资产的安全与完整，根据《中央级事业单位国有资产管理暂行办法》、《中央行政事业单位国有资产管理暂行办法》和《中国银行业监督管理委员会固定资产管理办法》等有关规定，制定本规程。

第二条 会机关固定资产管理适用本规程。

第三条 本规程所称固定资产，是指一般设备单位价值在 500 元以上，专用设备单位价值在 800 元以上，使用期限在 1 年以上，在使用过程中基本保持原有物质形态的资产。

单位价值虽未达到规定标准，但耐用时间在 1 年以上的大批同类物资，参照固定资产进行管理。

第四条 会机关固定资产管理实行"统一领导、归口管理、分工负责、责任到人"的原则。财务会计部负责资金账的统一核算及管理，机关服务中心负责实物账的统一归口及管理。机关服务中心、信息中心和办公厅（以下简称"三部门"）按照固定资产的不同专业性能分类设置和登记实物明细账，负责固定资产实物的日常管理。

第五条 会机关固定资产管理的内容包括：部门职责及分工、固定资产分类与计价、固定资产配置、固定资产使用、固定资产处置、固定资产清查、固定资产信息管理与统计报告和监督检查等。

第六条 会机关固定资产实行从配置、使用到处置的全过程规范化管理，实现资产管理与财务预算管理、政府采购管理相结合。

第二章 部门职责及分工

第七条 财务会计部的具体职责：

（一）建立健全银监会固定资产管理制度并监督执行；

（二）建立会机关固定资产资金账并定期与实物总账核对；

（三）审批会机关固定资产年度购置计划及购置预算；

（四）审核、审批或报批会机关固定资产处置方案；

（五）负责开发、运行与维护"银监会固定资产管理系统"；

（六）负责组织实施财政部、国务院机关事务管理局等部门部署的有关固定资产清查登记、统计报告、考核评价及其他工作。

第八条　机关服务中心的具体职责：

（一）制定会机关固定资产实物管理具体规定并组织实施；

（二）建立会机关固定资产实物总账并定期与财务资金账以及实物明细账核对；

（三）落实财务会计部部署的会机关固定资产清查登记、统计报告等工作；

（四）审核、编制、汇总会机关除电子设备和安全保卫设备以外固定资产的年度购置计划和经费预算；

（五）负责会机关除电子设备和安全保卫设备以外固定资产实物明细账的设置、登记和日常管理；

（六）提出会机关除电子设备和安全保卫设备以外固定资产的处置申请及方案；

（七）组织实施会机关固定资产具体的实物处置。

第九条　信息中心的具体职责：

（一）审核、编制、汇总会机关电子设备类固定资产的年度购置计划和经费预算；

（二）负责会机关电子设备类固定资产实物明细账的设置和登记；

（三）负责会机关电子设备类固定资产实物的分发、登记、维护、调配、回收、清查等日常管理；

（四）提出会机关电子设备类固定资产处置申请及方案并配合机关服务中心实施具体的实物处置；

（五）配合机关服务中心完成固定资产实物账核对、清查登记和统计报告等工作。

第十条　办公厅的具体职责：

（一）审核、编制、汇总会机关安全保卫设备类固定资产的年度购置计划和经费预算；

（二）负责会机关安全保卫设备类固定资产实物明细账的设置和登记；

（三）负责会机关安全保卫设备类固定资产实物的分发、登记、维护、调配、回收、清查等日常管理；

（四）提出会机关安全保卫设备类固定资产处置申请及方案并配合机关服务中心实施具体的实物处置；

（五）配合机关服务中心完成固定资产实物账核对、清查登记和统计报告等工作。

第十一条　机关各部门应当配合"三部门"做好本部门固定资产年度购置需求和经费预算编报以及领用固定资产的使用、保管、维护、交回、清查盘点等工作，对本部门领用固定资产的安全和完整负责。

第十二条　按照固定资产管理职责，"三部门"要设置专门岗位和人员，机关各部门要指定专门人员（综合处或办公室的正式在编人员），对管辖范围内及领用的固定资产实施有效管理。机关各部门应将固定资产专门管理人员名单及变动情况及时报备"三部门"。

第三章　固定资产分类与计价

第十三条　会机关固定资产分为以下八类：

（一）房屋及建筑物，包括办公用房（含附属用房）、宿舍、培训中心、其他建筑物。

（二）办公器具，包括办公家具、办公设备。

（三）电子设备，包括计算机及配套设备、网络设备。

（四）电器设备，包括空调机、电视机、洗衣机、摄像机、录像机等电器设备。

（五）安全保卫设备，包括消防设备、监控设备。

（六）交通工具，包括公务用车、其他交通工具。

（七）机械动力设备，包括机械设备、动力设备。

（八）其他固定资产，未能包括在上述各项内的固定资产。

"三部门"对以上八类固定资产的明细分工管理职责见会机关固定资产分类管理权限明细表。

第十四条　会机关固定资产按以下规定、标准计价：

（一）购置、调入的固定资产，按照实际支付的买价或调拨价及发生的其他相关费用记账。

（二）自制固定资产，按建造过程中实际发生的全部支出记账。

（三）改建、扩建的固定资产，按改建、扩建发生的支出减去改建、扩建过程中的变价收入后的净增加值，增记固定资产账。

（四）融资租入的固定资产，按租赁协议确定的价款以及发生的其他相关费用记账。

（五）接受捐赠的固定资产，根据捐赠时提供的有关凭据确定固定资产的价值，没有提供有关凭据的，按评估价入账；接受捐赠固定资产时发生的各项费用，计入固定资产原值。

（六）盘盈的固定资产，按重置完全价值估价记账。

（七）已投入使用但尚未办理移交手续的固定资产，可先按估计价值入账，待确定实际价值后，再进行调整。

（八）对原有房屋进行装修且装修费用达到原值10%以上的，应增记固定资产原值。

（九）置换固定资产，换入固定资产按其置换协议价格及发生的其他相关费用记账。

第十五条　已经入账的固定资产价值，不得任意变动；但发生下列情况时，需对固定资产账面原值进行调整：

（一）根据国家规定对固定资产重新估价的；

（二）增加补充设备或改良装置的；

（三）将固定资产具有相对独立功能并单独计价的部分拆除的；

（四）根据实际价值调整原来暂估价值的；

（五）发现原固定资产价值有误的。

第四章　固定资产配置

第十六条　会机关固定资产配置是指会机关根据履行职能的需要，按照国家有关法律、行政法规和部门规章规定的程序配备固定资产的行为。

固定资产配置方式主要包括无偿调拨（调入）、购建、置换（换入）和接受捐赠等。

无偿调拨（调入）是指在不改变国有资产性质的前提下，以无偿受让的方式接受固定资产并拥有其占有、使用权的行为。

购建是指以给付货币性资产方式，通过市场交易购买或建造固定资产的行为。

置换（换入）是指以向其他单位转移本单位拥有的固定资产的占有、使用权为前提，获得该单位固定资产的占有、使用权的行为。这种交换应基于市场交易和价值对等原则进行，不涉及或只涉及少量的货币性补价，补价率（即换出换入固定资产置换协议价格之差/换出换入固定资产置换协议价格较高者）原则上不超过10%。

接受捐赠是指本单位依法接受其他单位、组织或个人无偿赠予的合法资产的行为。

第十七条　会机关固定资产配置应当遵循履职需要与经费安排相适应、科学合理与勤俭节约相结合的原则，依法实施政府采购。

第十八条　对有配置标准的固定资产，要按照规定的配置标准配置，没有配置标准的，根据实际情况从严控制。其中：办公业务用房配置标准按照发展改革委等部门制定的党政机关办公用房建设标准等规定执行；公务用车配置标准按照国务院机关事务管理局《中央国家机关通用资产配置管理暂行办法》（国管办［2007］293号）有关规定执行；办公器具配置标准参照国务院机关事务管理局《中央国家机关办公设备和办公家具配置标准（试行）》（国管资［2009］221号）有关规定执行。

第十九条 会机关配置固定资产执行《中国银监会机关政府采购实施细则》（银监办发［2009］195号）相关规定，主要程序如下：

（一）由机关各部门综合处（办公室）编制固定资产年度购置需求及经费预算，并按固定资产类别分别报送"三部门"。

（二）"三部门"根据所管固定资产的存量情况核定购置需求并纳入下一年度预算报财务会计部机关财务处。

（三）财务会计部机关财务处根据财政部下达的预算"一下"控制数，向"三部门"下达《预算通知书》。"三部门"根据《预算通知书》编制初步的年度购置计划，待预算"二下"批复后，"三部门"可根据预算调整情况修改年度购置计划并报会领导批准。批准后的购置计划提交政府采购办公室实施具体采购。

（四）政府采购办公室签订采购合同后，"三部门"按照分类管理权限会同政府采购办公室对采购项目进行验收。

（五）采购项目验收合格后，"三部门"依据签章后的验收单、履约确认函及采购合同、发票等相关凭证办理入库手续，并及时通过"银监会固定资产管理系统"填制和打印"固定资产入库单"（一式三份）。

（六）"三部门"将"固定资产入库单"一份交机关服务中心，另两份连同领导批件、采购合同、发票等交财务会计部机关财务处进行审查。财务会计部机关财务处审查无误后按合同约定的条款办理资金结算和固定资产资金账登记，并退回一份签字确认的"固定资产入库单"给"三部门"。

（七）"三部门"根据"固定资产入库单"通过"银监会固定资产管理系统"录入"固定资产卡片"。

第二十条 对于未列入年度购置计划的临时性购置项目，实行预算内专项申报审批制度。由需求部门按照购置固定资产类别以部函形式向"三部门"提出书面申请，"三部门"审查同意后拟写签报，会签财务会计部落实资金，报"三部门"分管会领导审批。审批同意后再提交政府采购办公室实施具体采购。

第二十一条 对于不需实施政府采购的项目，可根据固定资产类别分别由"三部门"自行实施采购。采购项目验收合格后执行第十九条(五)、(六)、(七)项规定。

第二十二条 对于按照规定权限需经发展改革委、财政部或国务院机关事务管理局批准配置的固定资产，应先履行规定审批程序后再实施配置。

第二十三条 机关各部门对接受捐赠或其他渠道取得的固定资产，应根据其类别及时主动向"三部门"申报，由"三部门"会同财务会计部按照新增固定资产及时办理入账登记手续。

第五章 固定资产使用

第二十四条 会机关固定资产使用包括自用、出租、出借等方式。固定资产使用应遵循节约高效、安全完整、风险控制的原则。

第二十五条 "三部门"负责建立自用资产的领用、使用、保管、维护和交回等内部管理流程。

第二十六条 机关各部门领用固定资产，须由本部门固定资产专门管理人员向"三部门"办理领用（包括交旧领新）手续。

第二十七条 固定资产领用程序如下：

（一）机关各部门根据领用固定资产类别分别向"三部门"提交领用申请，向"三部门"索取通过"银监会固定资产管理系统"打印的"固定资产领用申请表"，经本部门签章后报"三部门"。其中对新调入和晋升职务的人员，要附人事部的调入或任职通知复印件。

（二）"三部门"根据"固定资产领用申请表"，确定需领用的固定资产，通过"银监会固定资产管理系统"办理固定资产出库手续，并填制和打印"固定资产出库单"（一式两份），一份由领用部门签字后"三部门"留存，一份随实物交领用部门。

第二十八条 机关各部门领用固定资产后，应使用统一编制的"固定资产保管领用登记簿"，及时、序时登记从"三部门"领取到的各类固定资产分发、使用、交回以及具体时间、使用人等情况，实施责任到人的日常管理。

第二十九条 机关各部门应监督使用人认真保管、合理使用固定资产。出现使用问题需维修的，应根据固定资产类别及时向"三部门"提出维修申请。私自联系维修的，经费不予结算。对维修后能继续使用的固定资产，"三部门"应及时交原领用部门继续使用；对不能继续使用的，领用部门应办理交回手续，并按领用程序重新办理新固定资产领用手续。对常规性的维护保养，由"三部门"采取签订合同的方式进行。

第三十条 机关工作人员由于工作需要调离时，所在部门应及时向"三部门"办理固定资产交回手续。未办理交回手续的，"三部门"不得在有关调动手续上盖章。

第三十一条 电子设备类固定资产一经领用，机关各部门不得任意变更领用人和具体使用人。若确需变更，需主动、及时函告信息中心办理变更登记。其他固定资产一经领用，原则上不得任意变更领用部门。确需跨部门调配的，"三部门"可根据机关各部门固定资产余缺情况，将使用中的固定资产在各部门间进行调配。

第三十二条 "三部门"应及时通过"银监会固定资产管理系统"记录固定资产出库、维修、交回以及领用部门（使用人）变更等信息。

第三十三条 "三部门"应加强库存未领用固定资产的查看和维护工作，确保其在规定使用期内性能良好。

第三十四条 会机关固定资产的出租、出借，应当符合国家有关法律、行政法规和部门规章的规定，遵循风险控制、跟踪管理等原则，并进行可行性论证。拟出租、出借固定资产的权属应当清晰。权属关系不明确或者存在权属纠纷的资产不得出租、出借。

第三十五条 会机关对外出租、出借固定资产，应当按照财政部《中央级事业单位国有资产使用管理暂行办法》（财教〔2009〕69号）的有关规定，履行相应的审批手续。

第三十六条 会机关固定资产出租、出借取得的收入应当纳入单位预算，统一核算，统一管理。

第六章 固定资产处置

第三十七条 会机关固定资产处置，是指会机关对其占有、使用的固定资产进行产权转让或注销的行为。

处置方式主要包括无偿调拨（调出）、出售、出让、转让、置换（换出）、报废、报损和对外捐赠等。

无偿调拨（调出）是指在不改变国有资产性质的前提下，以无偿转让的方式转移固定资产并变更其占有、使用权的行为。

出售、出让、转让是指变更会机关固定资产所有权或占有、使用权并取得相应收益的行为。

置换（换出）是指以获得其他单位固定资产的占有、使用权为前提，向该单位转移本单位拥有的固定资产的占有、使用权的行为。这种交换应基于市场交易和价值对等原则进行，不涉及或只涉及少量的货币性补价，补价率（即换出换入资产置换协议价格之差/换出换入资产置换协议价格较高者）原则上不超过10%。资产置换协议价格以换出换入资产评估价为参考，换出资产协议价格不得低于其评估价。

报废是指按有关规定或经有关部门、专家鉴定，对已不能继续使用的固定资产，进行产权注销的行为。

报损是指由于发生非正常损失等原因，按有关规定对损失的固定资产进行产权注销的行为。

对外捐赠是指本单位依照《中华人民共和国公益事业捐赠法》，自愿无偿将其有权处分的合法财产赠与合法的受赠人的行为。

第三十八条 会机关固定资产处置应当遵循公开、公正、公平和竞争、择优的原则。

第三十九条 "三部门"根据《中国银监会固定资产处置操作暂行规程》（银监办发〔2005〕226号）规定的处置条件和固定资产实际状况，提出固定资产处置申请，通过"银监会固定资产管理系统"填制和打印"固定资产处置审批单"（一式三份）报财务会计部审定。

第四十条 财务会计部在"固定资产处置审批单"上填写审定意见后，按照财政部《中央级事业单位国有资产处置管理暂行办法》（财教〔2008〕495号）和《中国银监会固定资产处置操作暂行规程》规定的审批权限进行报批。对由国务院机关事务管理局配置的办公业务用房、公务用车等固定资产的处置，需按照其《中央行政事业单位国有资产处置管理办法》（国管资〔2009〕168号）规定的审批权限进行报批。固定资产处置经批准后方可实施具体的实物处置。

第四十一条 会机关固定资产实物处置应按照国务院机关事务管理局要求，通过中央行政事业单位国有资产处置平台进场交易和电子废弃物回收。

第四十二条 对于计算机硬盘、复印机信息存储部件等信息存储载体的实物处置，应当符合安全保密的有关要求，防止失泄密事件发生。

第四十三条 会机关固定资产实物处置由机关服务中心统一组织实施。"三部门"配合机关服务中心对固定资产实物实施具体的处置后，应依据一份签章的"固定资产处置审批单"等处置审批文件在5个工作日内通过"银监会固定资产管理系统"及时核销实物账。同时将一份签章的"固定资产处置审批单"等处置审批文件交财务会计部办理资金账核销，确保账实相符。另一份签章的"固定资产处置审批单"交由机关服务中心留存并据此核销实物总账。

第四十四条 会机关固定资产处置收入应当按照政府非税收入管理和财政国库收缴管理的规定上缴中央财政。

第四十五条 "三部门"应于固定资产实物处置后的5个工作日内将处置批复文件及实物处置情况报送财务会计部。财务会计部按照财政部、国务院机关事务管理局等部门的要求，及时向其报备固定资产处置情况。

第七章　固定资产清查

第四十六条 会机关固定资产清查是指按照规定的政策、工作程序和方法，对会机关固定资产进行清理盘点，依法认定各项资产损益，真实反映固定资产占有、使用状况的工作。

第四十七条 会机关固定资产清查主要包括：

（一）根据财务预算及资产管理要求，会机关组织开展的固定资产清查；

（二）根据国家统一政策要求，由财政部、国务院机关事务管理局等部门组织开展的固定资产清查。

第四十八条 固定资产清查的主要内容包括全面盘点固定资产实物数量，清理固定资产领用部门和使用人情况，核对资金账与实物账、实物账与明细账、明细账与卡片、卡片与具体实物的相符情况等。

第四十九条 每年年末，财务会计部应统一部署固定资产清查工作。机关服务中心组织"三部门"会同机关各部门综合处（办公室）具体实施清查。如有必要，每年年内机关服务中心可不定期组织"三部门"会同机关各部门综合处（办公室）实施固定资产清查。

第五十条 对清查发现的问题，财务会计部、"三部门"和机关各部门综合处（办公室）应认真查找原因。属于责任原因的，由责任人写出书面检查；造成损失的，视不同情况由责任人进行赔偿。

盘盈或盘亏的固定资产由"三部门"提出处理方案，并分别按照新增或报损固定资产及时办理实物及资金账处理手续。

第五十一条 由财政部、国务院机关事务管理局等部门组织开展的固定资产清查，财务会计部应按照有关政策要求研究提出具体清查方案，并部署机关服务中心协同相关部门具体落实。清查发现的问题按财政部、国务院机关事务管理局等部门的统一要求处理。

第八章 固定资产信息管理与统计报告

第五十二条 "三部门"应按照银监会固定资产管理信息化要求，统一使用"银监会固定资产管理系统"对各类固定资产实施有效的日常登记和管理。

第五十三条 "三部门"应按照操作岗位权限和职责分工，指定专人按要求操作"银监会固定资产管理系统"。

第五十四条 机关服务中心作为实物总账管理部门，应定期从"银监会固定资产管理系统"中查阅明细账的记录情况，掌握会机关固定资产的存量变化。

第五十五条 财务会计部应根据会机关固定资产管理需要，对"银监会固定资产管理系统"进行维护和优化升级，并逐步实现与财政部、国务院机关事务管理局等部门管理信息系统的对接。同时根据"三部门"要求，组织开展系统操作协调和培训。

第五十六条 对财政部、国务院机关事务管理局等部门开展的年度资产统计报告或单项统计工作，财务会计部负责部署，机关服务中心负责组织信息中心、办公厅具体落实。

第五十七条 统计报告的编制以"银监会固定资产管理系统"有关数据为依据。上报前，机关服务中心应做好实物总账与明细账的核对工作，财务会计部应做好资金账与实物总账的核对工作。核对无误后，机关服务中心汇总编制会机关固定资产报表及相关说明，交由财务会计部补充其他非固定资产报表数据信息并审核后对外报送。

第九章 监督检查

第五十八条 财务会计部作为固定资产监督管理部门，应加强会机关固定资产管理组织和监督检查及考评工作，督促相关部门落实各项固定资产管理制度。

第五十九条 会机关固定资产监督应当坚持单位内部监督与财政监督、审计监督相结合，事前监督与事中监督、事后监督相结合，日常监督与专项检查相结合。

第六十条 固定资产监督检查的主要内容包括：

（一）部门职责及分工是否落实；

（二）固定资产分类与计价是否准确；

（三）固定资产配置是否符合有关配置标准规定和审批程序，是否按照规定的程序及时登记入账；

（四）固定资产领用、使用、保管、维护和交回等内部管理流程是否统一规范；

（五）固定资产处置是否按照规定程序办理，有无越权审批或擅自处置的现象；

（六）固定资产出租、出借和处置收入是否按照规定处理；

（七）固定资产清查是否及时有效，发现的问题是否及时解决；

（八）"银监会固定资产管理系统"操作使用是否规范，统计报告是否准确及时等。

第六十一条 年度终了，财务会计部根据银监会固定资产管理规范化要求，对会机关固定资产管理情况进行考核评价。

第十章 附 则

第六十二条 本规程由财务会计部负责解释和修订。

第六十三条 本规程自印发之日起施行，《银监会机关固定资产购置及管理暂行办法》（银监办发〔2004〕194 号）同时废止。

中国人民银行　中国银行业监督管理委员会
关于认真做好公共租赁住房等保障性安居
工程金融服务工作的通知

银发〔2011〕193号

中国人民银行上海总部，各分行、营业管理部、省会（首府）城市中心支行、副省级城市中心支行，各银监局，国家开发银行，各政策性银行、国有商业银行、股份制商业银行，中国邮政储蓄银行：

为贯彻落实《国务院办公厅关于进一步做好房地产市场调控工作有关问题的通知》（国办发〔2011〕1号）精神，发挥好金融对公共租赁住房等保障性安居工程建设的支持作用，现就有关问题通知如下：

一、对于政府投资建设的公共租赁住房项目，凡是实行公司化管理、商业化运作、项目资本金足额到位、项目自身现金流能够满足贷款本息偿还要求的，各银行业金融机构应按照信贷风险管理的有关要求，直接发放贷款给予支持。

二、对于不符合本通知第一条要求的，各银行业金融机构可按下列要求予以支持：

（一）直辖市、计划单列市、省会（首府）城市政府投资建设的公共租赁住房项目，各银行业金融机构可在符合《国务院关于加强地方政府融资平台公司管理有关问题的通知》（国发〔2010〕19号）规定的前提下，向资本金充足、治理结构完善、运作规范、自身经营性收入能够覆盖贷款本息的政府融资平台公司发放贷款。融资平台公司公共租赁住房贷款偿付能力不足的，由本级政府统筹安排还款。在同一个城市只能有一家融资平台公司承贷公共租赁住房贷款。

（二）地级市政府投资建设的公共租赁住房项目，各银行业金融机构可向符合上述条件且经银行业金融机构总行评估后认可、自身能够确保偿还公共租赁住房项目贷款的地级市政府融资平台发放贷款。其他市县政府投资建设的公共租赁住房项目，可在省级政府对还款来源作出统筹安排后，由省级政府指定一家省级融资平台公司按规定统一借款。

三、政府投资建设的公共租赁住房项目须符合国家关于最低资本金比例的政策规定，贷款利率按中国人民银行利率政策执行，利率下浮时其下限为基准利率的0.9倍，贷款期限原则上不超过15年，具体由借贷双方协商确定。项目建成后，贷款一年两次还本，利随本清。鼓励银行业金融机构以银团贷款形式发放贷款。

四、政府以外的其他机构投资建设并持有且纳入政府总体规划的公共租赁住房项目，各银行业金融机构可按照商业原则发放贷款。

五、公共租赁住房项目若改变租赁关系，所获得的资金应首先用于归还公共租赁住房贷款。

六、经济适用住房、廉租住房、棚户区改造等其他保障性安居工程贷款，按照人民银行、银监会联合发布的《经济适用住房开发贷款管理办法》（银发〔2008〕13号文印发）、《廉租住房建设贷款管理办法》（银发［2008］355 号文印发）和《中国人民银行　中国银行业监督管理委员会关于做好城市和国有工矿棚户区改造金融服务工作的通知》（银发［2010］37 号）等现行政策执行，各银行业金融机构应在加强风险管理的基础上加大支持力度。

七、各银行业金融机构要制定和完善公共租赁住房等保障性安居工程贷款管理办法，加强贷款管理，对负责公共租赁住房建设的地方政府融资平台公司实行名单制管理，自主决策、自担风险，并采取切实措施确保贷款资金用于保障性安居工程项目。

八、各银行业金融机构要完善公共租赁住房等保障性安居工程贷款统计制度，全面掌握贷款项目的立项、审批、开工、资本金到位、项目施工、信贷资金流向等情况，加强动态监测。对因贷款条件不落实而不能支持的项目，要逐个分析具体原因，提出可行的解决办法，相关信息应按月向当地人民银行分支机构和银监局报送。

九、人民银行分支机构、银监局要密切关注当地公共租赁住房等保障性安居工程实施进展，将当年在建、新开工项目清单以适当方式向辖区内银行业金融机构发布；要动态监测公共租赁住房等保障性安居工程贷款发放情况，及时将银行业金融机构遇到的具体问题向相关部门反映。

请人民银行上海总部，各分行、营业管理部、省会（首府）城市中心支行、副省级城市中心支行及各银监局将本通知联合转发至辖区内城市商业银行、农村商业银行、农村合作银行、城乡信用社及外资银行。

二〇一一年八月四日

中国银监会办公厅关于银行员工涉及社会融资
行为风险提示的通知

银监办发〔2011〕369号

各银监局，各政策性银行、国有商业银行、股份制商业银行，邮政储蓄银行：

近期，全国各地相继发生多起因民间借贷和集资事件引发的银行业案件，涉及金额均数以亿计。这些案件的基本特征均为银行内部员工参与社会融资活动，违规操作直接盗划客户资金，导致民间借贷、集资所蕴涵的风险被引入银行内部，形成巨大风险，社会影响恶劣。为防范有关风险，特作如下提示：

一、各银行业金融机构要充分认识民间借贷和集资等社会融资活动向银行转嫁风险的严重后果，把监测、防范此类风险作为案件防控工作的重要内容来抓，保持持续、严密的防控态势，提前做好风险处置预案，并通过加强对账、走访客户、加大常规及专项审计力度等多种方式，内查外核，防范案件风险。

二、各银监局要立即组织辖内银行业金融机构对银行员工涉及民间借贷、集资等社会融资行为进行风险排查。排查重点：直接组织、参与民间借贷或集资活动的；充当社会融资"掮客"，介绍他人参与社会融资从中收取贿赂、提成、佣金的；与资金掮客、典当行、小额贷款公司、担保公司存在资金往来的；利用银行员工身份，在银行经营场所，借用或盗用银行信用进行民间借贷或集资活动的。各银行业金融机构要高度重视此次排查工作，认真研究制定排查方案，采取有效措施确保排查到位，年内完成排查工作，切实防范风险。

三、各银行业金融机构在排查中发现员工涉及社会融资活动的，要对其经手业务进行全面排查，对与其有关的银行账户开立、对账、重要凭证管理、大额存取款等业务操作环节的合规情况进行细致检查，对有关账户的发生额及余额进行全面对账，并确保对账结果真实有效。

四、各银行业金融机构对排查出的人员要采取有力措施，严肃处理。涉嫌违法犯罪的，要及时移送公安司法机关；涉嫌违规的，要严肃问责；对违法违规行为负有管理责任的，要严肃处理。对排查中发现的内控、管理和制度执行中存在的问题要及时整改。有关处理结果和整改情况在排查后报送银监会。

五、各银监局、银行业金融机构在排查期间发现的异常情况及案件（风险）应及时报送银监会案件稽查局，同时要加强舆情监控，有关排查情况不得外泄。

请各银监局速将本通知转发至辖内银监分局和农村中小金融机构、城市商业银行、城市信用社、外资银行业金融机构，并组织开展排查工作。

二〇一一年十一月二十九日

绿色信贷指引

银监发〔2012〕4 号

第一章 总 则

第一条 为促进银行业金融机构发展绿色信贷，根据《中华人民共和国银行业监督管理法》、《中华人民共和国商业银行法》等法律法规，制定本指引。

第二条 本指引所称银行业金融机构，包括在中华人民共和国境内依法设立的政策性银行、商业银行、农村合作银行、农村信用社。

第三条 银行业金融机构应当从战略高度推进绿色信贷，加大对绿色经济、低碳经济、循环经济的支持，防范环境和社会风险，提升自身的环境和社会表现，并以此优化信贷结构，提高服务水平，促进发展方式转变。

第四条 银行业金融机构应当有效识别、计量、监测、控制信贷业务活动中的环境和社会风险，建立环境和社会风险管理体系，完善相关信贷政策制度和流程管理。

本指引所称环境和社会风险是指银行业金融机构的客户及其重要关联方在建设、生产、经营活动中可能给环境和社会带来的危害及相关风险，包括与耗能、污染、土地、健康、安全、移民安置、生态保护、气候变化等有关的环境与社会问题。

第五条 中国银监会依法负责对银行业金融机构的绿色信贷业务及其环境和社会风险管理实施监督管理。

第二章 组织管理

第六条 银行业金融机构董事会或理事会应当树立并推行节约、环保、可持续发展等绿色信贷理念，重视发挥银行业金融机构在促进经济社会全面、协调、可持续发展中的作用，建立与社会共赢的可持续发展模式。

第七条 银行业金融机构董事会或理事会负责确定绿色信贷发展战略，审批高级管理层制定的绿色信贷目标和提交的绿色信贷报告，监督、评估本机构绿色信贷发展战略执行情况。

第八条 银行业金融机构高级管理层应当根据董事会或理事会的决定，制定绿色信贷目标，建立机制和流程，明确职责和权限，开展内控检查和考核评价，每年度向董事会或理事会报告绿色信贷发展情况，并及时向监管机构报送相关情况。

第九条 银行业金融机构高级管理层应当明确一名高管人员及牵头管理部门，配备相应资源，组织开展并归口管理绿色信贷各项工作。必要时可以设立跨部门的绿色信贷委员会，协调相关工作。

第三章 政策制度及能力建设

第十条 银行业金融机构应当根据国家环保法律法规、产业政策、行业准入政策等规定，建立并不断完善环境和社会风险管理的政策、制度和流程，明确绿色信贷的支持方向和重点领域，对国家重点调控的限制类以及有重大环境和社会风险的行业制定专门的授信指引，实行有差别、动态的授信政策，实施风险敞口管理制度。

第十一条 银行业金融机构应当制定针对客户的环境和社会风险评估标准，对客户的环境和社会风险进行动态评估与分类，相关结果应当作为其评级、信贷准入、管理和退出的重要依据，并在贷款"三查"、贷款定价和经济资本分配等方面采取差别化的风险管理措施。

银行业金融机构应当对存在重大环境和社会风险的客户实行名单制管理，要求其采取风险缓释措施，包括制定并落实重大风险应对预案，建立充分、有效的利益相关方沟通机制，寻求第三方分担环境和社会风险等。

第十二条 银行业金融机构应当建立有利于绿色信贷创新的工作机制，在有效控制风险和商业可持续的前提下，推动绿色信贷流程、产品和服务创新。

第十三条 银行业金融机构应当重视自身的环境和社会表现，建立相关制度，加强绿色信贷理念宣传教育，规范经营行为，推行绿色办公，提高集约化管理水平。

第十四条 银行业金融机构应当加强绿色信贷能力建设，建立健全绿色信贷标识和统计制度，完善相关信贷管理系统，加强绿色信贷培训，培养和引进相关专业人才。必要时可以借助合格、独立的第三方对环境和社会风险进行评审或通过其他有效的服务外包方式，获得相关专业服务。

第四章 流程管理

第十五条 银行业金融机构应当加强授信尽职调查，根据客户及其项目所处行业、区域特点，明确环境和社会风险尽职调查的内容，确保调查全面、深入、细致。必要时可以寻求合格、独立的第三方和相关主管部门的支持。

第十六条 银行业金融机构应当对拟授信客户进行严格的合规审查，针对不同行业的客户特点，制定环境和社会方面的合规文件清单和合规风险审查清单，确保客户提交的文件和相关手续的合规性、有效性和完整性，确信客户对相关风险点有足够的重视和有效的动态控制，符合实质合规要求。

第十七条 银行业金融机构应当加强授信审批管理，根据客户面临的环境和社会风险的性质和严重程度，确定合理的授信权限和审批流程。对环境和社会表现不合规的客户，应当不予授信。

第十八条 银行业金融机构应当通过完善合同条款督促客户加强环境和社会风险管理。对涉及重大环境和社会风险的客户，在合同中应当要求客户提交环境和社会风险报告，订立客户加强环境和社会风险管理的声明和保证条款，设定客户接受贷款人监督等承诺条款，以及客户在管理环境和社会风险方面违约时银行业金融机构的救济条款。

第十九条 银行业金融机构应当加强信贷资金拨付管理，将客户对环境和社会风险的管理状况作为决定信贷资金拨付的重要依据。在已授信项目的设计、准备、施工、竣工、运营、关停等各环节，均应当设置环境和社会风险评估关卡，对出现重大风险隐患的，可以中止直至终止信贷资金拨付。

第二十条 银行业金融机构应当加强贷后管理，对有潜在重大环境和社会风险的客户，制定并实行有针对性的贷后管理措施。密切关注国家政策对客户经营状况的影响，加强动态分析，并在资产风险分类、准备计提、损失核销等方面及时做出调整。建立健全客户重大环境和社会风险的内部报告制度和责任追究制度。在客户发生重大环境和社会风险事件时，应当及时采取相关的风险处置措施，并就该事件可能对银行业金融机构造成的影响向监管机构报告。

第二十一条　银行业金融机构应当加强对拟授信的境外项目的环境和社会风险管理，确保项目发起人遵守项目所在国家或地区有关环保、土地、健康、安全等相关法律法规。对拟授信的境外项目公开承诺采用相关国际惯例或国际准则，确保对拟授信项目的操作与国际良好做法在实质上保持一致。

第五章　内控管理与信息披露

第二十二条　银行业金融机构应当将绿色信贷执行情况纳入内控合规检查范围，定期组织实施绿色信贷内部审计。检查发现重大问题的，应当依据规定进行问责。

第二十三条　银行业金融机构应当建立有效的绿色信贷考核评价体系和奖惩机制，落实激励约束措施，确保绿色信贷持续有效开展。

第二十四条　银行业金融机构应当公开绿色信贷战略和政策，充分披露绿色信贷发展情况。对涉及重大环境与社会风险影响的授信情况，应当依据法律法规披露相关信息，接受市场和利益相关方的监督。必要时可以聘请合格、独立的第三方，对银行业金融机构履行环境和社会责任的活动进行评估或审计。

第六章　监督检查

第二十五条　各级银行业监管机构应当加强与相关主管部门的协调配合，建立健全信息共享机制，完善信息服务，向银行业金融机构提示相关环境和社会风险。

第二十六条　各级银行业监管机构应当加强非现场监管，完善非现场监管指标体系，强化对银行业金融机构面临的环境和社会风险的监测分析，及时引导其加强风险管理，调整信贷投向。

银行业金融机构应当根据本指引要求，至少每两年开展一次绿色信贷的全面评估工作，并向银行业监管机构报送自我评估报告。

第二十七条　银行业监管机构组织开展现场检查，应当充分考虑银行业金融机构面临的环境和社会风险，明确相关检查内容和要求。对环境和社会风险突出的地区或银行业金融机构，应当开展专项检查，并根据检查结果督促其整改。

第二十八条　银行业监管机构应当加强对银行业金融机构绿色信贷自我评估的指导，并结合非现场监管和现场检查情况，全面评估银行业金融机构的绿色信贷成效，按照相关法律法规将评估结果作为银行业金融机构监管评级、机构准入、业务准入、高管人员履职评价的重要依据。

第七章　附　则

第二十九条　本指引自公布之日起施行。村镇银行、贷款公司、农村资金互助社、非银行金融机构参照本指引执行。

第三十条　本指引由中国银监会负责解释。

中国银监会关于鼓励和引导民间资本进入银行业的实施意见

银监发〔2012〕27 号

各银监局，各政策性银行、国有商业银行、股份制商业银行、金融资产管理公司，邮政储蓄银行，各省级农村信用联社，银监会直管的信托公司、企业集团财务公司、金融租赁公司：

为贯彻落实《国务院关于鼓励和引导民间投资健康发展的若干意见》（国发〔2010〕13 号），鼓励和引导民间资本进入银行业，加强对民间投资的融资支持，依据《银行业监督管理法》、《商业银行法》等法律法规和国家政策，制定本实施意见。

一、支持民间资本与其他资本按同等条件进入银行业

（一）支持符合银行业行政许可规章相关规定，公司治理结构完善，社会声誉、诚信记录和纳税记录良好，经营管理能力和资金实力较强，财务状况、资产状况良好，入股资金来源真实合法的民营企业投资银行业金融机构。

民营企业可通过发起设立、认购新股、受让股权、并购重组等多种方式投资银行业金融机构。

（二）支持民营企业参与商业银行增资扩股，鼓励和引导民间资本参与城市商业银行重组。民营企业参与城市商业银行风险处置的，持股比例可以适当放宽至 20% 以上。

（三）支持民营企业，特别是符合条件的农业产业化龙头企业和农民专业合作社等涉农企业参与农村信用社股份制改革或参与农村商业银行增资扩股。

进一步加大引导和扶持力度，鼓励民间资本参与农村金融机构重组改造。通过并购重组方式参与农村信用社和农村商业银行风险处置的，允许单个企业及其关联方阶段性持股比例超过 20%。

（四）支持民营企业参与村镇银行发起设立或增资扩股。村镇银行主发起行的最低持股比例由 20% 降低为 15%。

村镇银行的主发起行应当向村镇银行提供成熟的风险管理理念、管理机制和技术手段，建立风险为本的企业文化，促进村镇银行审慎稳健经营。

村镇银行进入可持续发展阶段后，主发起行可以与其他股东按照有利于拓展特色金融服务、有利于防范金融风险、有利于完善公司治理的原则调整各自的持股比例。

（五）支持农民、农村小企业作为农村资金互助社社员，发起设立或者参与农村资金互助社增资扩股。

（六）支持民营企业投资信托公司、消费金融公司。

支持符合国家产业政策并拥有核心主业的民营企业集团，申请设立企业集团财务公司。

支持主营业务适合融资租赁交易产品的大型民营企业以及民营租赁公司，作为金融租赁公司主要出资人，投资金融租赁公司。

支持生产或销售汽车整车的民营企业作为汽车金融公司的主要出资人，投资汽车金融公司。

（七）允许小额贷款公司按规定改制设立为村镇银行。

二、为民间资本进入银行业创造良好环境

（八）各级银行业监督管理机构要充分认识、鼓励和引导民间资本进入银行业对加快多层次银行业市场体系建设、建立公平竞争的银行业市场环境以及我国银行业金融机构自身可持续发展的重要意义，在促进银行业金融机构股权结构多元化、平等保护各类出资人的合法权益、有利于改进银行业金融机构公司治理和内部控制的基础上，采取切实措施，积极支持民间资本进入银行业。

（九）各级银行业监督管理机构要鼓励各类投资者平等竞争，根据银行业行政许可规章确定的条件和程序，实施市场准入行政许可。在市场准入实际工作中，不得单独针对民间资本进入银行业设置限制条件。

（十）各级银行业监督管理机构要及时公布有关投资银行业金融机构的法规、政策和程序，以及银行业市场准入行政许可事项、结果，畅通审批渠道，公开审批流程，不断提高银行业市场准入的透明度。

（十一）各级银行业监督管理机构要进一步加强对民间资本进入银行业的服务、指导，依法答复相关法规和政策咨询。

（十二）各级银行业监督管理机构要严格依法履行监管职责，接受社会公众通过申请政府信息公开、行政复议、行政诉讼等方式对银行业市场准入工作进行的监督。

（十三）各银行业金融机构应当认真对待各类投资者的投资需求，在增资扩股、股权改造、并购重组等过程中为民间资本投资入股创造公平竞争条件。

三、促进民间资本投资的银行业金融机构稳健经营

（十四）民间资本进入银行业应当与其他各类资本同等遵守法律、行政法规和规章有关投资银行业金融机构的持股比例、投资机构数量等审慎规定。

（十五）各级银行业监督管理机构审核银行业金融机构投资入股许可申请，要审慎考虑投资者对拟投资银行业金融机构稳健经营可能产生的影响，避免公司治理结构存在明显缺陷，关联关系复杂、关联交易频繁且异常，核心主业不突出，现金流量受经济景气影响较大，资产负债率、财务杠杆率畸高的企业投资银行业金融机构。

（十六）各银行业金融机构应当遵守《商业银行与内部人和股东关联交易管理办法》等相关规定，规范关联交易行为，控制关联交易风险。对导致银行业金融机构违反审慎经营规则的股东（社员），银行业监督管理机构可以依照《银行业监督管理法》的规定，采取相应的监管措施。

对于已经或者可能发生信用危机，严重影响存款人或其他客户合法权益，或者有违法经营、经营管理不善而可能严重危害金融秩序、损害公众利益等情形的银行业金融机构，银行业监督管理机构应当依法及时采取相应的风险处置措施。

四、加大对民间投资的融资支持力度

（十七）各银行业金融机构要充分认识非公有制经济发展对我国经济战略转型、促进就业和经济长期平稳较快发展的重要意义，深入落实提升小型微型企业金融服务相关法规和政策，合理配置信贷资源，创新和灵活运用多种金融工具，加大对民间投资的融资支持。

（十八）鼓励银行业金融机构根据民间投资特点，积极开展融资模式、服务手段和产品创新，提供多层次金融服务，支持民营企业发展，重点满足符合国家产业和环保政策、有利于扩大就业、有偿还意愿和偿还能力、具有商业可持续性的小型微型企业的融资需求。

（十九）引导银行业金融机构建立小型微型企业金融服务长效机制，贯彻落实小型微型企业金融服务"六项机制"，进一步改进小型微型企业贷款工作流程，使相关机制真正有效发挥作用，实现小型微型企业金融业务可持续发展。

（二十）支持商业银行进一步加强小型微型企业专营管理建设，按照"四单原则"（单列信贷计划、单独配置人力和财务资源、单独客户评定与信贷评审、单独会计核算）加大专营机构管理和资源配置力度，继续支持商业银行新设或改造部分分支行作为小型微型企业金融服务专业分支行或者特色分支行，充分发挥专业化经营优势。

（二十一）鼓励银行业金融机构积极开展小型微型企业信贷产品创新，根据小型微型企业的发展特点和实际需求，提供循环贷款、应收账款保理、同业互保、联保贷款等多元化的特色金融产品。

鼓励银行业金融机构根据小型微型企业信用状况和资产状况，灵活采用保证、抵押、质押等担保方式或组合担保方式，积极探索动产抵押、股权质押、专利权质押、林权抵押、税款返还担保、保单质押、仓单质押、应收账款质押等多种融资担保方式。

（二十二）各银行业金融机构要进一步完善小型微型企业贷款的激励约束机制，加快建立单独的小型微型企业贷款风险分类、损失拨备和快速核销制度，认真落实小型微型信贷工作尽责制、不良贷款问责制和免责制，突出对信贷业务人员的正向激励，充分调动其开展小型微型企业金融服务的工作积极性。

（二十三）引导银行业金融机构对小型微型企业减费让利，具体落实优惠服务原则。禁止银行业金融机构在发放贷款时附加不合理的贷款条件，包括违法违规收取、变相收取承诺费、资金管理费，搭售保险、基金等产品。严格限制对小型微型企业收取财务顾问费、咨询费等费用。

（二十四）引导银行业金融机构加强与融资性担保机构的互利合作，推动小型微型企业信用体系建设，改善民营企业特别是民营小型微型企业融资环境。

（二十五）鼓励和引导银行业金融机构在金融服务不足的农村地区增设营业网点，支持银行业金融机构优化现有农村地区网点布局，将在当地所吸收的可贷资金主要用于当地发放贷款，不断加大"三农"服务力度。

（二十六）各级银行业监督管理机构要认真落实相关监管优惠政策，积极引导银行业金融机构提升小型微型企业金融服务水平。要制定具体措施提高行政审批效率，优先办理小型微型企业金融服务市场准入事项，优先支持小型微型企业金融服务良好的银行业金融机构增设分支机构、发行小型微型企业贷款专项金融债。要认真按照有关规定，对符合条件的银行业金融机构的资本充足率和存贷比两项监管指标作差异化考核。要适当放宽对小型微型企业贷款不良率的容忍度，对小型微型企业贷款不良率执行差异化的考核标准。

二〇一二年五月二十六日

中国银监会关于修订银行业金融机构案件定义及案件分类的通知

银监发〔2012〕61号

各银监局，各政策性银行、国有商业银行、股份制商业银行、金融资产管理公司，邮政储蓄银行，银监会直接监管的信托公司、企业集团财务公司、金融租赁公司：

为解决近年来案件信息报送中遇到的问题，经广泛征求意见，银监会决定对《中国银监会关于印发银行业金融机构案件处置三项制度的通知》（银监发〔2010〕111号）中案件定义进行修订，并对案件进行分类。现将有关事项通知如下：

一、案件定义及分类

（一）案件定义。《银行业金融机构案件处置工作规程》中第三条案件定义修订为："本规程所称案件是指银行业金融机构从业人员独立实施或参与实施的，或外部人员实施的，侵犯银行业金融机构或客户资金或财产权益的，涉嫌触犯刑法，已由公安、司法机关立案侦查或按规定应移送公安、司法机关立案查处的刑事犯罪案件。"

（二）案件分类。在上述案件定义的基础上，根据银行业金融机构从业人员是否涉嫌犯罪，是否存在其他违法违规行为等因素将案件分为三类：

1. 银行业金融机构从业人员在案件中涉嫌触犯刑法的，为第一类案件。

2. 银行业金融机构从业人员在案件中不涉嫌触犯刑法，但存在其他违法违规行为且该违法违规行为与案件发生存在联系的，为第二类案件。

3. 银行业金融机构从业人员在案件中不涉嫌触犯刑法，且银行业金融机构或其从业人员也无其他违法违规行为的，为第三类案件。

二、适用案件定义及分类若干问题的解释

（一）案件定义及分类中"银行业金融机构从业人员"是指作案时，符合《银行业金融机构从业人员职业操守指引》（银监发〔2011〕6号）第二条规定的人员。

（二）案件定义中"……或按规定应移送公安、司法机关立案查处的刑事犯罪案件"中的"规定"指《行政执法机关移送涉嫌犯罪案件的规定》（国务院令第310号）和《中国银监会关于印发〈中国银监会移送涉嫌犯罪案件工作规定〉的通知》（银监通〔2007〕27号）。

（三）案件分类中第二类及第三类案件中"其他违法违规行为"中的"法"、"规"指除刑法以外的法律法规、监管规章及规范性文件、自律性组织制定的有关准则，以及银行业金融机构制定的适用于自身业务活动的行为准则。

三、部分特殊案件及例外情况统计归类的说明

（一）商业贿赂类案件。单纯商业贿赂类案件不纳入银行业金融机构案件统计范畴，但若案件中除商业贿赂行为外，存在金融诈骗、违法放贷等符合上述银行业金融机构案件定义的行为，纳入银行业金融机构案件统计范畴。

（二）银行业金融机构从业人员或客户遭受人身伤害类案件。在银行业金融机构营业场所和办公场所内，针对银行业金融机构从业人员或客户的人身安全实施暴力行为，应当由公安机关立案侦查的刑事犯罪案件纳入第三类案件进行统计。

（三）涉嫌非法集资活动类案件。银行业金融机构从业人员违规使用银行业金融机构重要空白凭证、公章等，套取银行业金融机构信用参与非法集资等活动，涉嫌触犯刑法，已由公安、司法机关立案侦查或按规定应移送公安、司法机关立案查处的案件纳入第一类案件进行统计。

（四）网上银行诈骗、电话银行诈骗、电信诈骗、盗刷银行卡及 POS 机套现等案件。外部人员实施的网上银行诈骗、电话银行诈骗、电信诈骗、盗刷银行卡及 POS 机套现等案件，经公安机关立案后，除有证据证明银行业金融机构及其从业人员存在违法违规行为的以外，纳入第三类案件进行统计，按月报送案件数据。

四、其他有关要求

（一）各银行业金融机构原则上只对第一类及第二类案件按照《银行业金融机构案件处置工作规程》开展案件调查、审结及后续处置工作。

（二）银监会直接监管的银行业金融机构总部和各银监局按照《银行业金融机构案件（风险）信息报送及登记办法》报送《案件信息确认报告》时，应初步明确案件所属类别，在案件分类情况发生变化时，要及时报送后续报告进行调整。

（三）成功堵截的案件或事件，继续以《案件风险信息（成功堵截）》格式上报，不纳入案件统计。

（四）本通知自 2013 年 1 月 1 日起施行。

2012 年 12 月 31 日

中国银监会办公厅关于银行业金融机构加强残疾人客户金融服务工作的通知

银监办发〔2012〕144号

各银监局，各政策性银行、国有商业银行、股份制商业银行、金融资产管理公司，邮政储蓄银行，银监会直接监管的信托公司、企业集团财务公司、金融租赁公司：

近年来，我国银行业金融机构在无障碍设施建设和提升为残疾人客户服务的能力等方面取得了显著进步，为残疾人权益保障事业做出了积极努力。随着我国残疾人事业的发展进步，残疾人对金融服务的需求日益增加。为加强和改进残疾人客户金融服务工作，保障残疾人作为金融消费者的合法权益，提升银行业服务水平，现就有关事项通知如下：

一、银行业金融机构应当充分认识到，做好残疾人客户金融服务工作，是提高银行业服务水平和质量、履行社会责任、实现自身可持续发展的重要组成部分。

二、银行业金融机构应当牢固树立公平对待金融消费者的观念，总行（总公司）应当统一建立健全为残疾人客户提供金融服务的管理制度和业务流程。在制定内部管理制度和业务流程、风险控制、提供金融产品和服务、新设营业网点等方面，应当针对残疾人客户的特殊情况和实际需求做出统筹考虑，充分尊重和保障残疾人客户公平获得银行业金融服务的合法权利。

三、银行业金融机构应当考虑残疾人客户的具体困难，为其提供更加细致和人性化的服务。有条件的营业网点应当开设残疾人客户服务通道，为其提供服务便利。

四、银行业金融机构应当在有效控制风险和确保残疾人客户人身财产安全和隐私安全的前提下，不断完善营业场所、自助机具设备、网站和服务热线等方面的无障碍设施建设和改造，更好地适应残疾人客户日常金融服务需求。

五、银行业金融机构应当为残疾人客户投诉提供必要的便利，认真研究残疾人客户对金融服务工作提出的意见和建议，高度重视和妥善处理残疾人客户的投诉，切实保障残疾人客户的合法权益。

六、银行业金融机构应当积极为残疾人客户普及金融知识，提升其防范金融风险的能力，安全用好相关金融产品和服务。

七、银行业金融机构应当加强对员工的日常培训，提升员工为残疾人客户服务的意识，普及无障碍服务知识。营业网点应当配备掌握无障碍服务方法和技能的员工，满足残疾人客户办理业务的基本需要。

八、行业协会应当在银行业金融机构提高残疾人客户服务水平方面发挥积极作用，推动银行业金融机构不断优化服务流程和服务标准，保障残疾人客户合法权益，促进社会和谐和银行业可持续发展。

请各银监局将本通知转发至辖内银行业金融机构。各银监局和银行业金融机构在执行中遇有问题，请及时向银监会报告。

二〇一二年五月八日

银行业金融机构信息科技外包风险监管指引

银监发〔2013〕5号

第一章 总 则

第一条 为规范银行业金融机构的信息科技外包活动，降低信息科技外包风险，根据《中华人民共和国银行业监督管理法》、《中华人民共和国商业银行法》等法律法规，制定本指引。

第二条 在中华人民共和国境内设立的政策性银行、商业银行、农村合作银行、省（自治区）农村信用社联合社适用本指引。银监会监管的其他金融机构参照本指引执行。

第三条 本指引所称信息科技外包是指银行业金融机构将原本由自身负责处理的信息科技活动委托给服务提供商进行处理的行为，包含项目外包、人力资源外包等形式。原则上包括以下类型：

（一）研发咨询类外包：科技管理及科技治理等咨询设计外包，规划、需求、系统开发、测试外包；

（二）系统运行维护类外包：包括数据中心（灾备中心）、机房配套设施、网络、系统的运维外包，自助设备、POS机等远程终端及办公设备的运维外包；

（三）业务外包中的信息科技活动：市场拓展、业务操作、企业管理、资产处置等外包中的系统开发、运行维护和数据处理活动。

第四条 本指引所称关联外包是指服务提供商为银行业金融机构的母公司或其所属集团子公司、关联公司或附属机构提供信息科技外包。

第五条 信息科技外包可能产生如下风险，并导致银行业金融机构的战略、声誉、合规风险：

（一）科技能力丧失：银行业金融机构过度依赖外部资源导致失去科技控制及创新能力，影响业务创新与发展；

（二）业务中断：支持业务运营的外包服务无法持续提供导致业务中断；

（三）信息泄露：包含客户信息在内的银行业金融机构非公开数据被服务提供商非法获得或泄露；

（四）服务水平下降：由于外包服务质量问题或内外部协作效率低下，使得银行业金融机构信息科技服务水平下降。

第六条 本指引所称机构集中度风险是指银行业金融机构将信息科技外包服务集中交由少量服务提供商承接而产生的风险，该风险可能造成集中性的服务中断、质量下降、安全事件等。

第七条 本指引所称同业托管机构是指作为外包服务提供商为其他同行业金融机构提供信息科技外包服务的银行业金融机构。

第八条 银行业金融机构应当将信息科技外包管理纳入全面风险管理体系，建立与本机构信息科技战略目标相适应的外包管理体系，控制或降低由于外包而引发的风险。

第九条 银行业金融机构应当建立信息科技外包管理组织架构，制定外包管理战略，定期进行外包风险评估，通过服务提供商准入、评价、退出等手段建立及维护符合自身战略目标的供应商关系管理策略。

第十条 银行业金融机构在实施信息科技外包时应当坚持以下原则：

（一）以不妨碍核心能力建设、积极掌握关键技术为导向；

（二）保持外包风险、成本和效益的平衡；

（三）强调外包风险的事前控制，保持管控力度；

（四）根据外包管理及技术发展趋势，持续改进外包策略和措施。

第十一条 银行业金融机构在实施信息科技外包时，不得将信息科技管理责任外包。

第十二条 对于不涉及银行客户及内部信息转移的信息科技产品采购、维保，及通信线路租用、支付或清算系统接入等信息科技公共基础设施服务，银行业金融机构应当充分评估其信息科技风险，按照本指引第五章要求进行管理。

第二章 外包管理组织架构

第十三条 银行业金融机构董事会及高级管理层应当严格落实信息科技外包风险管理的相关职责，明确信息科技外包风险管理的主管部门，制定并审批信息科技外包战略，审议信息科技外包管理流程及制度，督促并监控信息科技外包风险管理效果。

第十四条 信息科技外包风险主管部门的主要职责包括：

（一）对外包风险进行识别、评估与风险提示；

（二）监督、评价外包管理工作，并督促外包风险管理的持续改善；

（三）向高级管理层定期汇报信息科技外包活动相关风险管理情况；

（四）董事会或高级管理层确定的其他信息科技外包风险管理职责。

第十五条 银行业金融机构应当在信息科技管理部门或信息科技外包活动执行部门内建立信息科技外包管理执行团队，并配备足够人员履行以下职责：

（一）实施信息科技外包战略；

（二）制定并执行信息科技外包管理制度与流程；

（三）执行供应商准入、评价、退出管理，建立并维护供应商关系管理策略；

（四）制定保障外包服务持续性的应急管理方案，并组织实施定期演练；

（五）对外包过程中的各项管理活动进行监控及分析，定期向信息科技及外包风险管理主管部门报告外包活动情况。

第三章 信息科技外包战略及风险管理

第一节 信息科技外包战略

第十六条 银行业金融机构应当以提升信息科技队伍能力，提高科技管理及创新水平，掌握信息科技核心技能为目标，基于信息科技战略、外包市场环境、自身风险控制能力和风险偏好制定信息科技外包战略，包括：不能外包的职能、资源能力建设方案、供应商关系管理策略和外包分级管理策略。

第十七条 银行业金融机构应当根据自身信息科技战略明确不能外包的职能。涉及战略管理、风险管理、内部审计及其他有关信息科技核心竞争力的职能不得外包。

第十八条　银行业金融机构应当根据外包战略制定资源、能力建设方案，通过补充人员、提升技能、知识转移等方式，有针对性地获取或提升管理及技术能力，降低对服务提供商的依赖。

第十九条　银行业金融机构应当建立与自身规模、市场地位相适应的供应商关系管理策略。通过准入和退出机制合理管控各类高风险服务提供商的数量，实现以下目标：防范行业垄断和机构集中度风险，通过引入适当的竞争在降低采购成本的同时提高服务质量，合理管控服务提供商的数量从而降低风险及管理成本等。

第二十条　银行业金融机构可以按照外包服务性质和重要性程度对服务提供商进行分级管理，对不同级别的服务提供商采取差异化的管控措施，在有效管理重要风险的前提下降低管理成本。

第二十一条　银行业金融机构要同母公司或集团公司协同做好外包服务及服务提供商的管理工作，但应当保持关联外包有关决策的独立性，避免因关联关系而降低外包活动的风险控制水平。

第二节　信息科技外包风险管理

第二十二条　银行业金融机构信息科技外包风险管理部门应当至少每年开展一次全面的外包风险管理评估，保持评估的独立性，并向高级管理层提交评估报告。评估内容包括：信息科技外包战略执行情况、外包信息安全、机构集中度、服务连续性、服务质量、政策及市场变化对外包服务的影响分析等。

第二十三条　银行业金融机构应当对重要的外包服务提供商进行定期的风险评估，保持评估的独立性。至少在三年内覆盖所有重要的服务提供商。评估内容包括：服务提供商合规情况、服务的执行效果等，评估结果应当作为服务提供商准入及退出的重要依据。

第二十四条　银行业金融机构内部审计部门应当定期开展信息科技外包风险管理审计工作，至少每三年对重要的外包服务活动进行一次全面审计。发生外包风险事件后应当及时开展专项审计。

第四章　信息科技外包管理

第一节　外包风险评估及准入

第二十五条　外包项目立项前，银行业金融机构应当审慎检查项目与信息科技外包战略的一致性，根据项目内容、范围、性质对其进行风险识别和评估，制定相应的风险处置措施，不因外包活动的引入而增加整体剩余风险。重大外包项目应向董事会、高管层报告。

第二十六条　银行业金融机构应当根据供应商关系管理策略，结合风险评估结果及服务提供商的准入标准，对备选服务提供商进行初步筛选，防范引入高机构集中度风险特点的服务提供商或引入增加整体风险的服务提供商。

第二十七条　对于外包服务提供商为同业托管机构的情况，银行业金融机构可参照本节内容对其进行管理。

第二节　服务提供商尽职调查

第二十八条　对重要的服务提供商，银行业金融机构在与其签订合同前应当深入开展尽职调查，必要时可聘请第三方机构协助调查。

第二十九条　银行业金融机构在尽职调查时应当关注服务提供商的技术和行业经验，包括但不限于：服务能力和支持技术、服务经验、服务人员技能、市场评价、监管评价等。

第三十条　银行业金融机构在尽职调查时应当关注服务提供商的内部控制和管理能力，包括但不限于：内部控制机制和管理流程的完善程度、内部控制技术和工具等。

第三十一条 银行业金融机构在尽职调查时应当关注服务提供商的持续经营状况，包括但不限于：从业时间、市场地位及发展趋势、资金的安全性、近期盈利情况等。

第三十二条 对于关联外包，银行业金融机构不得因关联关系而降低对服务提供商的要求，应当在尽职调查阶段详细分析服务提供商技术、内控和管理水平，确认其有足够能力实施外包服务、处理突发事件等。

第三十三条 对于外包服务提供商为同业托管机构的情况，银行业金融机构可参照本节内容对其进行管理。

第三节 外包服务合同及要求

第三十四条 银行业金融机构在实施外包服务项目前，应当与服务提供商签订服务合同。合同应当根据外包服务需求、风险评估及尽职调查结果确定详细程度和重点。

第三十五条 银行业金融机构在合同或协议中应当明确以下内容，包括但不限于：

（一）服务范围、服务内容、工作时限及安排、责任分配、交付物要求以及后续合作中的相关限定条件；

（二）合规与内控要求，对法律法规及银行业金融机构内部管理制度的遵从要求、监管政策的通报贯彻机制、服务提供商的内控措施；

（三）服务连续性要求，服务提供商的服务连续性管理目标应当满足银行业金融机构业务连续性目标要求；

（四）银行业金融机构监控和检查的权利、频率，服务提供商配合其内、外部审计机构检查，及配合银行业监管机构检查的责任；

（五）政策或环境变化因素等在内的合同变更或终止的触发条件，外包服务提供商在过渡期间应该履行的主要职责及合同变更或终止的过渡安排，包括信息、资料和设施的交接处置等过渡期间相关服务的安排；

（六）外包服务过程中产生、加工、交互的信息和知识产权的归属权以及允许服务提供商使用的内容及范围，对服务提供商使用合法软、硬件产品的要求；

（七）服务要求或服务水平条款，至少应当包括如下内容：外包服务的关键要素、服务时效和可用性、数据的机密性和完整性要求、变更的控制、安全标准的遵守情况、技术支持水平等；

（八）争端解决机制、违约及赔偿条款，至少包括如下内容：服务质量违约、安全违约、知识产权违约等，及在各种违约情况下的赔偿以及外包争端的解决机制；

（九）报告条款，至少包括常规报告内容和报告频度、突发事件时的报告路线、报告方式及时限要求。

第三十六条 银行业金融机构应当在合同或协议中明确服务提供商在安全和保密方面的责任，以及针对安全及保密要求需采取的具体措施。包括但不限于：

（一）禁止服务提供商在合同允许范围外使用或者披露银行业金融机构的信息，以防止信息被非授权使用；

（二）在合同或协议中约定服务提供商对银行客户信息安全和银行客户权利的保护条款、事故处理方式及违约赔偿条款；

（三）在合同或协议中约定服务提供商不得以所服务的银行业金融机构名义开展活动；

（四）服务提供商接触银行业金融机构信息时，需满足安全和保密相关条款的要求；

（五）在发生银监会规定的信息科技突发事件，或发生可能引发系统性、区域性银行业信息科技风险类突发事件时，服务提供商应及时向银行业金融机构报告，包括事件的影响以及处置和纠正措施。

第三十七条　银行业金融机构应当在合同或协议中明确要求服务提供商不得将外包服务转包和变相转包。在涉及外包服务分包时应当要求：

（一）不得将外包服务的主要业务分包；

（二）主服务提供商对服务水平负总责，确保分包服务提供商能够严格遵守外包合同或协议；

（三）主服务提供商对分包商进行监控，并对分包商的变更履行通知或报告审批义务。

第四节　外包服务安全管理

第三十八条　银行业金融机构应当制定和落实信息安全管控措施，防范因外包活动引起的信息泄露、信息篡改、信息不可用、非法入侵、物理环境或设施遭受破坏等风险。具体措施包括：

（一）对外包人员进行信息安全培训，提高风险管理意识，确保信息安全管控措施在外包服务过程中有效落实；

（二）明确外包活动需要访问或使用的信息资产，包括场地、办公设施、计算机、服务器、软件、数据、信息、物理访问控制设备、账号、网络宽带、网络端口等，按"必须知道"和"最小授权"原则进行访问授权；

（三）对重要或核心的信息系统开发交付物进行源代码检查和安全扫描；

（四）定期对服务提供商进行安全检查，获取服务提供商自评估或第三方评估报告。

第三十九条　银行业金融机构对关联外包服务提供商定期进行的安全检查，不得以服务提供商的自评估替代，不得因关联关系而影响检查的独立性、客观性及公正性。

第四十条　银行业金融机构应当关注外包服务引入的新技术或新应用对现有治理模式及安全架构的冲击，及时完善信息安全管控体系，避免因新技术或应用的引入而增加额外的信息安全风险。

第五节　外包服务监控与评价

第四十一条　银行业金融机构应当对外包服务过程进行持续监控，要求服务提供商建立阶段性服务目标及任务，并跟踪任务的执行情况，及时发现和纠正服务过程中存在的各类异常情况。

第四十二条　银行业金融机构应当根据信息科技外包需求、合同、服务水平协议等建立明确的服务质量监控指标，并进行相应监控。常见指标包括：

（一）信息系统和设备及基础设施的可用率、设备的开机率；

（二）故障次数、故障解决率、故障的响应时间；

（三）服务的次数、客户满意度；

（四）各阶段业务需求的及时完成率、程序的缺陷数、需求变更率；

（五）外包人员工作饱和率、外包人员的考核合格率。

第四十三条　银行业金融机构应当建立明确的服务目录、服务水平协议以及服务水平监控评价机制，并确保外包服务监控基础数据和评价结果的真实性和完整性，且数据至少需保存到服务结束后一年。

第四十四条　银行业金融机构应当对服务提供商的财务、内控及安全管理进行持续监控，关注其因破产、兼并、关键人员流失、投入不足和管理不善等因素引发的财务状况恶化及内部管理混乱等情况，防范外包服务意外终止或服务质量的急剧下降。

第四十五条　银行业金融机构监控到异常情况时，应当及时督促服务提供商采取纠正措施，情节严重的或未及时纠正的，应当约谈服务提供商高管人员并限期整改。

第四十六条　外包服务结束时，银行业金融机构应当对服务提供商进行评价，评价结果应当作为服务提供商准入的重要参考依据。

第四十七条　对于关联外包，银行业金融机构董事会及高级管理层应当推动母公司或所属集团将外包服务质量纳入对服务提供商的业绩评价范围，建立外包服务重大事件问责机制。同时，应当要求服务提供商在其内部建立与外包服务水平相关的绩效考核机制。

第六节　外包服务中断与终止

第四十八条　银行业金融机构应当考虑信息科技外包的引入对业务连续性管理的影响，有针对性地完善业务连续性管理计划，包括但不限于：

（一）识别出重要业务所涉及的服务提供商和资源；

（二）通过合同、协议等形式明确要求服务提供商提前准备并维护好相关资源；

（三）对服务提供商业务连续性管理进行监控，并评价其管理水平；

（四）在进行业务连续性计划演练时将相关的服务提供商纳入演练范围。

第四十九条　为降低外包突发事件的可能性及影响，银行业金融机构应当事先对业务连续性管理造成重大影响的外包服务建立风险控制、缓释或转移措施，包括但不限于以下内容：

（一）在外包服务实施过程中持续收集服务提供商相关信息，尽早发现可能导致服务中断的情况；

（二）与服务提供商事先约定在其服务质量不能满足合同要求的情况下获取其外包服务资源的优先权；

（三）要求服务提供商制定服务中断相关的应急处理预案，如提供备份人员；

（四）对于涉及重要业务的外包服务，银行业金融机构需考虑预先在其内部配置相应的人力资源，掌握必要的技能，以在外包服务中断期间自行维持最低限度的服务能力。

第五十条　银行业金融机构应当针对重要外包服务中断的场景，拟定相应的应急计划，并定期进行演练，考虑因素包括但不限于以下内容：

（一）事件场景，如重要人员流失导致服务无法持续，服务提供商主动退出，因资质变更、被收购、兼并或破产等原因导致的服务提供商被动退出等；

（二）事件持续时间和恢复可能性；

（三）事件影响范围和可能的应急措施；

（四）服务提供商自行恢复服务的可能性和时间；

（五）备选的服务提供商以及外包服务迁移方案；

（六）外包服务过渡给银行业金融机构自行运作的可能性、时效及资源需求。

第五十一条　对于无法满足外包服务要求或发生重大事件的情况，银行业金融机构应当在充分评估其影响及制定退出计划的前提下，考虑主动要求服务提供商终止服务，情节特别严重的，可考虑取消准入资质，并报监管机构申请对其备案。对于关联外包，银行业金融机构不得因为关联关系而影响服务提供商退出机制的落实。

第五章　机构集中度风险管理

第五十二条　银行业金融机构应当依据服务提供商所承接外包服务的数量、金额在本行重要信息科技服务中的占比，服务提供商所承接外包服务在银行业服务市场占比情况，识别具有机构集中度特点的外包服务提供商。同时，还应识别服务提供商之间为集团子公司、关联公司或附属机构所产生的机构集中度风险。

第五十三条　银行业金融机构应当积极采用分散信息科技外包活动、提高自主研发运行能力等形式，降低机构集中度，减少对外包服务提供商的依赖。

第五十四条　银行业金融机构应当要求具有机构集中度特点的外包服务提供商提供充分的证

据，证明其内部控制和管理能力、持续运营能力等。

第五十五条　银行业金融机构应当要求具有机构集中度特点的外包服务提供商为银行业金融机构配备相对独立的资源，包括服务团队、场地、系统、设备等；并对资源进行定期检查，确保资源及时到位。

第五十六条　银行业金融机构应当要求具有机构集中度特点的外包服务提供商在外包服务中断应急预案中，明确外包服务的优先级，并进行服务中断应急演练，服务提供商应当至少参与服务交接、敏感信息处置等演练过程。

第五十七条　银行业金融机构应当特别加强对具有机构集中度特点的外包服务提供商的财务、内控、安全管理情况的持续监控，建立信息收集机制，及时掌握风险事件情况，防范外包服务意外终止或服务质量急剧下降对本机构产生大面积影响。

第五十八条　银行业金融机构应当对具有机构集中度特点的外包服务提供商增强监督频率与力度，必要时可指派专人进行现场监督。

第五十九条　对于具有机构集中度特点的外包服务提供商为同业托管机构的情况，银行业金融机构可参照本章内容对其进行外包管理。

第六章　跨境及非驻场外包管理

第一节　跨境外包风险管理

第六十条　跨境外包是指在境外其他国家或地区实施的信息科技外包服务活动。

第六十一条　跨境外包除具有本指引前述风险外，还包括由于某一国家或地区经济、政治、社会变化及事件而产生的国别风险，及由于外包实施场地远离银行业金融机构而产生的非驻场风险。

第六十二条　银行业金融机构应当充分了解并持续监控服务提供商所在国家或地区状况，通过建立业务连续性计划防范跨境外包所带来的国别风险。

第六十三条　银行业金融机构应当关注国外法律法规、监管要求对其获取服务提供商外包管理信息可能造成的影响。实施跨境外包应当以不妨碍银行业金融机构有效履行外包服务监控管理职能及监管机构延伸检查为前提。

第六十四条　银行业金融机构在选择跨境外包时，应当明确其所在国家或地区监管当局已与银监会签订谅解备忘录或双方认可的其他约定。

第六十五条　银行业金融机构在选择跨境外包时，还应当充分审查评估服务提供商保护客户信息的能力，并将其作为选择服务提供商的重要指标。涉及客户信息的跨境外包，应当在符合监管法规政策并获得客户授权的前提下开展。

第六十六条　银行业金融机构在实施跨境外包时，其合同应当包括法律选择和司法管辖权的约定，明确争议解决时所适用的法律及司法管辖权，原则上应当要求服务提供商依照中国的法律解决纠纷。

第二节　非驻场外包风险管理

第六十七条　非驻场外包是指服务提供商不在银行业金融机构现场提供服务的外包形式。由于银行业金融机构不能对其内部控制及风险管理措施进行直接管控，应当在信息安全、知识产权保护、质量监控、法律合规等方面加强对服务提供商的风险管理。

第六十八条　银行业金融机构应当建立针对非驻场外包服务的内部控制及风险管理要求的最低标准，该标准应当作为选择服务提供商的最低要求。

第六十九条 银行业金融机构应当对重要的非驻场外包服务进行实地检查。实地检查原则上一年不少于一次，检查结果作为外包服务提供商项目考核及准入的重要指标。

第七十条 银行业金融机构应当加强对外包服务提供商非驻场外包服务内部控制、质量管理、信息安全的有效性评估，评估结果作为供应商准入的重要依据。对于高风险的服务提供商，银行业金融机构应当责令其进行限期整改，对于逾期未改的服务提供商应当暂停或取消其服务资格。

第七十一条 对于非驻场外包服务提供商为同业托管机构的情况，银行业金融机构可以参照本节内容对其进行外包管理，但同业托管机构须将为其他同行业金融机构提供的信息科技外包服务视同自身信息科技服务的重要组成部分，不得区别对待，降低对自身提供外包服务的风险管控水平。

第七章 银行业重点外包服务机构风险管理要求

第七十二条 银行业重点外包服务机构是指集中为银行业金融机构提供外包服务，同时满足下述条件，如其外包服务失败可能导致银行业大面积数据损毁、丢失、泄露或信息系统服务中断，造成经济损失的机构，具体条件如下：

（一）承担集中存储客户数据的业务交易系统外包服务；或承担银行业金融机构客户资料、交易数据等敏感信息的批量分析或处理服务；或承担银行业金融机构数据中心、灾备中心机房及基础设施外包服务；且上述服务均为非驻场外包服务。

（二）服务的法人银行业金融机构数量、服务合同金额占有本服务领域市场份额的三分之一以上；或服务的跨区域经营法人银行业金融机构数量达到3家或以上；或服务的其他类型法人银行业金融机构数量达到10家或以上。

第七十三条 银行业金融机构应当根据监管机构发布的银行业重点外包服务机构风险提示，按照如下要求进行管理：

（一）银行业重点外包服务机构应当是中华人民共和国境内注册的独立法人实体，注册资本和实收资本不少于1000万元，注册成立时间不少于3年。

（二）银行业重点外包服务机构应当拥有健全的组织架构，并针对所提供的外包服务建立有效的风险治理架构，至少应当建立由公司高级管理层直接领导、针对银行业金融机构外包服务的、专职信息科技风险管理团队，为持续的外包服务提供保证。

（三）银行业重点外包服务机构应当建立与所承担的服务范围和规模相适应的服务管理体系，建立完善的信息安全、服务质量、服务持续性等管理制度体系，拥有有效的检查、监控和考核机制，确保管理规范有效执行。

（四）银行业重点外包服务机构应当具有足够的技术能力、人力资源和设施、环境，满足外包服务的质量和安全管理要求。银行业重点外包服务机构承担的银行业金融机构外包服务场地应当设置在中国境内。

第七十四条 银行业金融机构应当要求银行业重点外包服务机构具有如下相关领域资质认证：

（一）具有完善的信息安全管理体系、业务连续性管理体系，并通过业界公认较为权威的信息安全管理和业务连续性管理资质认证。

（二）具有完善的质量管理体系，并通过业界公认较为权威的质量管理资质认证。

（三）承担银行业金融机构数据中心、灾备中心机房及基础设施外包服务的银行业重点外包服务机构，其机房及基础设施应当达到国家电子计算机机房最高标准。

（四）承担集中存储客户数据的业务交易系统外包服务，或承担银行业金融机构客户资料、交易数据等敏感信息的批量分析或处理服务的银行业重点外包服务机构，应当具有完善的运行服务管理体系，并通过业界公认较为权威的运行服务管理资质认证。

第七十五条 银行业金融机构应当在风险管理、审计方面对银行业重点外包服务机构提出如下要求：

（一）银行业重点外包服务机构应当具有信息科技风险的管理体系，有效识别、监测、评估和控制风险。银行业重点外包服务机构应当至少每季度向所服务的银行业金融机构报送外包风险监控报告，针对监控发现的潜在风险或风险事件，及时采取控制或缓释措施。

（二）银行业重点外包服务机构应当每年聘请独立的审计机构，对自身外包服务进行风险评估，年度风险评估报告需报送所服务的银行业金融机构，并抄送银监会或其派出机构。

（三）银行业重点外包服务机构应当对其外包服务团队成员进行背景调查，确保其过往无不良记录，且应当与项目成员签订保密协议，并保留至少 10 年的法律追诉期。

第八章 监督管理

第七十六条 银行业金融机构开展以下信息科技外包服务时，应当在外包合同签订前 20 个工作日向银监会或其派出机构报告，针对银行业金融机构信息科技外包风险，银监会及其派出机构可以采取风险提示、约见谈话、监管质询等措施。

（一）信息科技工作整体外包；

（二）数据中心或灾备中心整体外包；

（三）涉及将银行业金融机构客户资料、交易数据等敏感信息交由服务提供商进行分析或处理的信息科技外包；

（四）以非驻场形式实施的、集中存储客户数据的业务交易系统外包；

（五）关联外包；

（六）涉及跨境的信息科技外包；

（七）其他银监会认为重要的信息科技外包。

第七十七条 银行业金融机构信息科技外包活动中发生如下重大事件时，应当在两个工作日内向银监会或其派出机构报告。

（一）银行业金融机构客户信息等敏感数据泄露；

（二）数据损毁或者重要业务运营中断；

（三）由于不可抗力或服务提供商重大经营、财务问题，导致或可能导致多家银行业金融机构外包服务中断；

（四）其他重大的服务提供商违法违规事件；

（五）银监会规定需要报告的其他重大事件。

第七十八条 银行业金融机构在开展年度外包风险管理评估工作后，应当将年度风险评估报告报送银监会或其派出机构。

第七十九条 银监会及其派出机构对银行业金融机构信息科技外包工作进行监督和检查，监督检查结果纳入对银行业金融机构的监管评级。

第八十条 对于风险较高的信息科技外包服务，银监会或其派出机构可以要求银行业金融机构暂缓、中止该类外包服务，直至银行业金融机构、外包服务提供商有效改正。

第八十一条 银行业金融机构违反本指引规定的，银监会或其派出机构可要求其纠正或采取替代方案，并视情况予以问责。因管理过失导致外包活动严重危及银行业金融机构稳健运行、损害存款人和其他客户合法权益的，依法追究银行业金融机构管理责任。

第八十二条 银监会实行银行业信息科技外包服务活动风险监测机制，定期对银行业金融机构发布银行业重点外包服务机构名单和风险提示，防范因高机构集中度外包服务导致的系统性、区域性信息科技风险。

第八十三条 银监会应当对具有机构集中度特点的银行业金融机构信息科技外包服务进行重点风险监测、评估，根据需要，可以要求银行业金融机构与重点外包服务机构会谈，就其外包服务活动和风险的重大事项作出说明。

第八十四条 银监会应当组织银行业金融机构实地核查银行业重点外包服务机构承担的银行业金融机构信息科技服务活动，原则上每两年进行一次，也可以委托其他第三方机构审计的形式实施。

第八十五条 银监会可以根据银行业金融机构信息科技服务活动风险评估和实地核查结果，对银行业金融机构发出监管提示，要求其督促银行业重点外包服务机构对风险问题实施整改。

第八十六条 银行业重点外包服务机构应当配合银行业金融机构及银监会的风险监测和实地核查。

第八十七条 银监会组织相关银行业金融机构对银行业信息科技外包服务提供商建立服务管理记录，并对其进行风险评估和评级。

第八十八条 服务提供商在外包服务中存在以下情形的，银监会定期向银行业发布服务提供商风险预警，公布机构名单、服务信息等，要求银行业金融机构禁止相关服务提供商承担银行业信息科技外包服务，禁止期至少为两年。外包服务提供商两年内仍未整改的，延长其禁止期。

（一）违反国家法律、法规和监管政策，情节严重的；

（二）窃取、泄露银行业金融机构敏感信息，情节严重的；

（三）因管理过失，多次发生重要信息系统服务中断或数据损毁、丢失、泄露事件的；

（四）服务质量低下并给多家银行业金融机构造成损失，多次提示仍未整改的；

（五）对风险监测和实地检查发现的问题，逾期仍未整改的；

（六）存在其他违法违规行为，或发生其他重大信息科技风险事件的。

第八十九条 银监会负责监督银行业金融机构对信息科技外包服务提供商实施准入管理。对于存在重大风险的外包活动，银行业金融机构应当立即评估外包的适当性，对信息科技外包服务提供商进行风险预警提示，要求其进行整改并设定期限；逾期未整改的，禁止其承担信息科技外包服务。

第九章 附 则

第九十条 本指引由银监会负责解释、修订。

第九十一条 本指引自公布之日起施行。

中国银监会关于深化小微企业金融服务的意见

银监发〔2013〕7号

各银监局：

为贯彻党的十八大精神，落实中央经济工作会议要求，加快推动经济转型，打造中国经济的升级版，促进小微企业金融服务转型升级，现提出如下意见：

一、以始终坚持服务小微企业，支持实体经济健康发展为指导思想，加强正向激励，督促商业银行在商业可持续和风险可控的前提下，进一步强化小微企业金融服务"六项机制"建设，重点支持符合国家产业和环保政策、有市场、有需求、可持续运营的小微企业。

二、以提高小微企业贷款可获得性，拓宽小微企业金融服务覆盖面为工作目标，督促商业银行单列年度小微企业信贷计划，进一步加大对小微企业的支持力度。

三、进一步完善多层次的小微企业金融服务体系，引导商业银行在差异化竞争中不断提高小微企业金融服务水平。

（一）引导大型银行发挥网点、人力和技术优势，提高小微企业金融服务效率，切实践行社会责任。

（二）引导中小银行将改进小微企业金融服务和战略转型相结合，科学调整信贷结构，重点支持小微企业和区域经济发展。

（三）引导新型农村金融机构进一步加大对涉农小微企业的金融支持力度。

四、鼓励和引导商业银行尤其是中小银行进一步提高小微企业金融服务专业化水平，加大小微企业金融服务专营机构的建设、管理和资源配置力度。小微企业金融服务专营机构只能为小微企业提供相关服务，严格遵循"四单原则"。

五、鼓励和引导商业银行尤其是中小银行和新型农村金融机构将小微企业服务网点向老少边穷地区、县域、乡镇等金融服务薄弱区域，以及批发市场、商贸集市等小微企业集中地区延伸。

六、对于小微企业授信客户数占该行所有企业授信客户数以及最近六个月月末平均授信余额占该行企业授信余额达到一定比例以上的商业银行（原则上东部沿海省份和计划单列市授信客户数占比不应低于70%，其他省份应不低于60%），各银监局在综合评估的基础上，可允许其一次同时筹建多家同城支行，且不受"每次批量申请的间隔期限不得少于半年"的限制。

七、鼓励商业银行先行先试，创新小微企业金融产品和服务方式，提升小微企业金融服务的广度和深度。

（一）引导商业银行根据小微企业不同发展阶段的金融需求特点，由单纯提供融资服务转向提供集融资、结算、理财、咨询等为一体的综合性金融服务。

（二）引导商业银行在提升风险管理水平的基础上，创新小微企业贷款抵质押方式，研究发展网络融资平台，拓宽小微企业融资服务渠道。

八、引导商业银行根据自身实际，在科学有效地运用资金、合理调整资产负债结构的基础上，有序开展专项金融债的申报工作。获准发行小微企业专项金融债的商业银行应实行专户管理，确保募集资金全部用于小微企业贷款。

九、在推进资产证券化业务试点工作中，优先选择小微企业金融服务成效显著、风险管控水平较高的商业银行，进一步拓宽小微企业贷款的资金来源。

十、根据《商业银行资本管理办法（试行）》（银监会令〔2012〕1号），在权重法下对符合"商业银行对单家企业（或企业集团）的风险暴露不超过500万元，且占本行信用风险暴露总额的比例不高于0.5%"条件的小微企业贷款适用75%的风险权重，在内部评级法下比照零售贷款适用优惠的资本监管要求。

十一、督促商业银行在收益覆盖成本和风险的前提下，根据风险水平、筹资成本、管理成本、授信目标收益、资本回报要求以及当地市场利率水平等因素，在国家利率政策允许的浮动范围内，自主确定贷款利率，建立科学合理的小微企业信贷风险定价机制。同时，进一步规范小微企业金融服务收费，严禁在发放贷款时附加不合理的贷款条件，提高小微企业金融服务收费的透明度。

十二、督促商业银行完善小微企业信贷风险管理体系，加大资源配置和人员培训力度，提升小微企业信贷风险识别、预警和处置能力。

十三、引导商业银行主动、持续宣传和推广小微企业金融服务的政策、经验和成效，普及小微企业金融服务知识，营造良好的社会舆论氛围。

十四、积极加强与有关部门的联动，在规范现有融资性担保机构的基础上，推动完善多层次、多领域、差别化的融资性担保体系，促进银行业金融机构与融资性担保机构加强规范合作，进一步增强担保机构的担保能力，引导其更好地为小微企业融资提供增信服务。

十五、积极配合有关部门进一步改善小微企业金融服务的外部生态环境。

（一）积极推动商业银行加强与地方相关部门的沟通协作，争取在财政补贴、税收优惠、建立风险分担和补偿机制、不良贷款核销等方面获得更大支持。

（二）积极引导商业银行在合理有效利用现有征信系统的基础上，加强其他相关信息资源的搜集，提高小微企业金融服务的质效。

本指导意见所指小微企业按照《关于印发中小企业划型标准规定的通知》（工信部联企业〔2011〕300号）的划分标准执行。小微企业贷款包括商业银行向小型、微型企业发放的贷款，个体工商户贷款以及小微企业主贷款。

2013年3月21日

中国银监会　国家林业局关于林权抵押贷款的实施意见

银监发〔2013〕32号

各银监局，各省、自治区、直辖市、计划单列市林业厅（局），各政策性银行、国有商业银行、股份制商业银行，邮储银行，各省级农村信用联社：

为改善农村金融服务，支持林业发展，规范林权抵押贷款业务，完善林权登记管理和服务，有效防范信贷风险，特制定如下实施意见。

一、银行业金融机构要积极开展林权抵押贷款业务，可以接受借款人以其本人或第三人合法拥有的林权作抵押担保发放贷款。可抵押林权具体包括用材林、经济林、薪炭林的林木所有权和使用权及相应林地使用权；用材林、经济林、薪炭林的采伐迹地、火烧迹地的林地使用权；国家规定可以抵押的其他森林、林木所有权、使用权和林地使用权。

二、银行业金融机构应遵循依法合规、公平诚信、风险可控、惠农利民的原则，积极探索创新业务品种，加大对林业发展的有效信贷投入。林权抵押贷款要重点满足农民等主体的林业生产经营、森林资源培育和开发、林下经济发展、林产品加工的资金需求，以及借款人其他生产、生活相关的资金需求。

三、银行业金融机构要根据自身实际，结合林权抵押贷款特点，优化审贷程序，对符合条件的客户提供优质服务。

四、银行业金融机构应完善内部控制机制，实行贷款全流程管理，全面了解客户和项目信息，建立有效的风险管理制度和岗位制衡、考核、问责机制。

五、银行业金融机构应根据林权抵押贷款的特点，规定贷款审批各个环节的操作规则和标准要求，做到贷前实地查看、准确测定，贷时审贷分离、独立审批，贷后现场检查、跟踪记录，切实有效防范林权抵押贷款风险。

六、各级林业主管部门应完善配套服务体系，规范和健全林权抵押登记、评估、流转和林权收储等机制，协调配合银行业金融机构做好林权抵押贷款业务和其他林业金融服务。

七、银行业金融机构受理借款人贷款申请后，要认真履行尽职调查职责，对贷款申请内容和相关情况的真实性、准确性、完整性进行调查核实，形成调查评价意见。尤其要注重调查借款人及其生产经营状况、用于抵押的林权是否合法、权属是否清晰、抵押人是否有权处分等方面。

八、申请办理林权抵押贷款时，银行业金融机构应要求借款人提交林权证原件。银行业金融机构不应接受未依法办理林权登记、权属不清或存在争议的森林、林木和林地作为抵押财产，也不应接受国家规定不得抵押的其他财产作为抵押财产。

九、银行业金融机构不应接受无法处置变现的林权作为抵押财产，包括水源涵养林、水土保持林、防风固沙林、农田和牧场防护林、护岸林、护路林等防护林所有权、使用权及相应的林地使用权，以及国防林、实验林、母树林、环境保护林、风景林，名胜古迹和革命纪念地的林木，自然保护区的森林等特种用途林所有权、使用权及相应的林地使用权。

十、以农村集体经济组织统一经营管理的林权进行抵押的，银行业金融机构应要求抵押人提供依法经本集体经济组织三分之二以上成员同意或者三分之二以上村民代表同意的决议，以及该林权所在地乡（镇）人民政府同意抵押的书面证明；林业专业合作社办理林权抵押的，银行业金融机构应要求抵押人提供理事会通过的决议书；有限责任公司、股份有限公司办理林权抵押的，银行业金融机构应要求抵押人提供经股东会、股东大会或董事会通过的决议或决议书。

十一、以共有林权抵押的，银行业金融机构应要求抵押人提供其他共有人的书面同意意见书；以承包经营方式取得的林权进行抵押的，银行业金融机构应要求抵押人提供承包合同；以其他方式承包经营或流转取得的林权进行抵押的，银行业金融机构应要求抵押人提供承包合同或流转合同和发包方同意抵押意见书。

十二、银行业金融机构要根据抵押目的与借款人、抵押人商定抵押财产的具体范围，并在书面抵押合同中予以明确。以森林或林木资产抵押的，可以要求其林地使用权同时抵押，但不得改变林地的性质和用途。

十三、银行业金融机构要根据借款人的生产经营周期、信用状况和贷款用途等因素合理协商确定林权抵押贷款的期限，贷款期限不应超过林地使用权的剩余期限。贷款资金用于林业生产的，贷款期限要与林业生产周期相适应。

十四、银行业金融机构开展林权抵押贷款业务，要建立抵押财产价值评估制度，对抵押林权进行价值评估。对于贷款金额在 30 万元以上（含 30 万元）的林权抵押贷款项目，抵押林权价值评估应坚持保本微利原则、按照有关规定执行；具备专业评估能力的银行业金融机构，也可以自行评估。对于贷款金额在 30 万元以下的林权抵押贷款项目，银行业金融机构要参照当地市场价格自行评估，不得向借款人收取评估费。

十五、对于已取得林木采伐许可证且尚未实施采伐的林权抵押的，银行业金融机构要明确要求抵押人将已发放的林木采伐许可证原件提交银行业金融机构保管，双方向核发林木采伐许可证的林业主管部门进行备案登记。林权抵押期间，未经抵押权人书面同意，抵押人不得进行林木采伐。

十六、银行业金融机构要在抵押借款合同中明确要求借款人在林权抵押贷款合同签订后，及时向属地县级以上林权登记机关申请办理抵押登记。

十七、银行业金融机构要在抵押借款合同中明确，抵押财产价值减少时，抵押权人有权要求恢复抵押财产的价值，或者要求借款人提供与减少的价值相应的担保。借款人不恢复财产也不提供其他担保的，抵押权人有权要求借款人提前清偿债务。

十八、县级以上地方人民政府林业主管部门负责办理林权抵押登记。具体程序按照国务院林业主管部门有关规定执行。

十九、林权登记机关在受理林权抵押登记申请时，应要求申请人提供林权抵押登记申请书、借款人（抵押人）和抵押权人的身份证明、抵押借款合同、林权证及林权权利人同意抵押意见书、抵押林权价值评估报告（拟抵押林权需要评估的）以及其他材料。林权登记机关应对林权证的真实性、合法性进行确认。

二十、林权登记机关受理抵押登记申请后，对经审核符合登记条件的，登记机关应在 10 个工作日内办理完毕。对不符合抵押登记条件的，书面通知申请人不予登记并退回申请材料。办理抵押登记不得收取任何费用。

二十一、林权登记机关在办理抵押登记时，应在抵押林权的林权证的"注记"栏内载明抵押登记的主要内容，发给抵押权人《林权抵押登记证明书》等证明文件，并在抵押合同上签注编号、日期，经办人签字、加盖公章。

二十二、变更抵押林权种类、数额或者抵押担保范围的，银行业金融机构要及时要求借款人和抵押人共同持变更合同、《林权抵押登记证明书》和其他证明文件，向原林权登记机关申请办理变更抵押登记。林权登记机关审查核实后应及时给予办理。

二十三、抵押合同期满、借款人还清全部贷款本息或者抵押人与抵押权人同意提前解除抵押合同的，双方向原登记机关办理注销抵押登记。

二十四、各级林业登记机关要做好已抵押林权的登记管理工作，将林权抵押登记事项如实记载于林权登记簿，以备查阅。对于已全部抵押的林权，不得重复办理抵押登记。除取得抵押权人书面同意外，不予办理林权变更登记。

二十五、银行业金融机构要依照信贷管理规定完善林权抵押贷款风险评价机制，采用定量和定性分析方法，全面、动态地进行贷款风险评估，有效地对贷款资金使用、借款人信用及担保变化情况等进行跟踪检查和监控分析，确保贷款安全。

二十六、银行业金融机构要严格履行对抵押财产的贷后管理责任，对抵押财产定期进行监测，做好林权抵押贷款及抵押财产信息的跟踪记录，同时督促抵押人在林权抵押期间继续管理和培育好森林、林木，维护抵押财产安全。

二十七、银行业金融机构要建立风险预警和补救机制，发现借款人可能发生违约风险时，要根据合同约定停止或收回贷款。抵押财产发生自然灾害、市场价值明显下降等情况时，要及时采取补救和控制风险措施。

二十八、各级林业主管部门要会同有关部门积极推进森林保险工作。鼓励抵押人对抵押财产办理森林保险。抵押期间，抵押财产发生毁损、灭失或者被征收等情形时，银行业金融机构可以根据合同约定就获得的保险金、赔偿金或者补偿金等优先受偿或提存。

二十九、贷款需要展期的，贷款人应在对贷款用途、额度、期限与借款人经营状况、还款能力的匹配程度，以及抵押财产状况进行评估的基础上，决定是否展期。

三十、贷款到期后，借款人未清偿债务或出现抵押合同规定的行使抵押权的其他情形时，可通过竞价交易、协议转让、林木采伐或诉讼等途径处置已抵押的林权。通过竞价交易方式处置的，银行业金融机构要与抵押人协商将已抵押林权转让给最高应价者，所得价款由银行业金融机构优先受偿；通过协议转让方式处置的，银行业金融机构要与抵押人协商将所得价款由银行业金融机构优先受偿；通过林木采伐方式处置的，银行业金融机构要与抵押人协商依法向县级以上地方人民政府林业主管部门提出林木采伐申请。

三十一、银行业金融机构因处置抵押财产需要采伐林木的，采伐审批机关要按国家相关规定优先予以办理林木采伐许可证，满足借款人还贷需要。林权抵押期间，未经抵押权人书面同意，采伐审批机关不得批准或发放林木采伐许可证。

三十二、有条件的县级以上地方人民政府林业主管部门要建立林权管理服务机构。林权管理服务机构要为开展林权抵押贷款、处置抵押林权提供快捷便利服务，并适当减免抵押权人相关交易费用。

三十三、各级林业主管部门要为银行业金融机构对抵押林权的核实查证工作提供便利。林权登记机关依法向银行业金融机构提供林权登记信息时，不得收取任何费用。

三十四、各级林业主管部门要积极协调各级地方人民政府出台必要的引导政策，对用于林业生产发展的林权抵押贷款业务，要协调财政部门按照国家有关规定给予贴息，适当进行风险补偿。

中国银监会国家林业局

2013 年 7 月 5 日

中国银监会关于进一步做好小微企业金融服务工作的指导意见

银监发〔2013〕37号

各银监局，各政策性银行、国有商业银行、股份制商业银行，邮政储蓄银行，各省级农村信用联社：

为贯彻落实《国务院办公厅关于金融支持小微企业发展的实施意见》（国办发〔2013〕87号），进一步推进银行业小微企业金融服务工作，现提出如下意见：

一、银行业金融机构应坚持商业可持续原则，深入落实利率风险定价、独立核算、贷款审批、激励约束、人员培训、违约信息通报等"六项机制"，重点支持符合国家产业和环保政策、有利于扩大就业、有偿还意愿和偿还能力小微企业的融资需求。

二、银行业金融机构应在商业可持续和有效控制风险的前提下，主动调整信贷结构，单列年度小微企业信贷计划，并将任务合理分解到各分支机构，优化绩效考核机制，由主要负责人层层推动落实。同时，银行业金融机构应充分发挥信贷资产流转、证券化对小微企业融资的支持作用，将盘活的资金主要用于小微企业贷款。

各银监局应于每年一季度末汇总辖内法人银行业金融机构当年的小微企业信贷计划，报送银监会。各政策性银行、国有商业银行及中信银行、光大银行、邮政储蓄银行应于每年一季度末将当年全行的小微企业信贷计划报送银监会，同时抄送相关机构监管部门。

三、银行业金融机构应根据自身的市场定位和发展战略，在风险可控的前提下，切实加大对小微企业的信贷资源投入和考核力度，力争实现"两个不低于"目标，即：小微企业贷款增速不低于各项贷款平均增速，增量不低于上年同期。

各银监局应对辖内小微企业贷款增长情况（含法人银行业金融机构、分支机构和总行营业部）实行按月监测、按季考核，并针对辖内银行业金融机构细化考核要求，确保全辖实现"两个不低于"目标。

四、进一步完善小微企业金融服务监测指标体系。将小微企业贷款覆盖率、小微企业综合金融服务覆盖率和小微企业申贷获得率3项指标纳入监测指标体系，按月进行监测、考核和通报。具体填报要求见附件。

小微企业贷款覆盖率和小微企业综合金融服务覆盖率主要考察小微企业从银行获得贷款及其他金融服务的比例。小微企业申贷获得率主要考察银行业金融机构对小微企业有效贷款需求的满足情况。银行业金融机构要进一步改进内部机制体制，增强服务意识，切实提高小微企业贷款可获得性，拓宽小微企业金融服务覆盖面。

五、继续强化对小微企业金融服务的正向激励。各银行业金融机构必须在全年实现"两个不低于"目标且当年全行小微企业申贷获得率不低于上年水平的前提下，下一年度才能享受《关于支持商业银行进一步改进小企业金融服务的通知》（银监发〔2011〕59号）、《关于支持商业银行进一步改进小型微型企业金融服务的补充通知》（银监发〔2011〕94 号）、《关于深化小微企业金融服务的意见》（银监发〔2011〕7 号）等文件规定的优惠政策。

各银监局要在银行业金融机构的市场准入、风险资产权重、存贷比考核等方面进一步落实差异化监管政策和正向激励措施。

六、各银监局应指导银行业金融机构有序开展小微企业专项金融债的申报工作，拓宽小微企业信贷资金来源。

获准发行此类专项金融债的银行业金融机构，该债项所对应的小微企业贷款在计算"小型微型企业调整后存贷比"时，可在分子项中予以扣除。

七、银行业金融机构要牢固树立以客户为中心的经营理念，持续丰富和创新小微企业金融服务方式。要针对不同类型、不同发展阶段小微企业的特点，为其量身定做特色产品，并全面提供开户、结算、贷款、理财、咨询等基础性、综合性金融服务。大力发展产业链融资、商业圈融资和企业群融资。要在提升风险管理水平的基础上，积极创新还款方式和抵质押方式，建立针对小微企业的信用评审机制，探索发放小微企业信用贷款。有序开办商业保理、金融租赁和定向信托等融资服务。同时，充分利用互联网等新技术、新工具，研究发展网络融资平台，不断创新网络金融服务模式。

各银监局要进一步引导辖内银行业金融机构增强支小助微的服务理念，鼓励开展金融创新，在做好风险防范和管理的基础上，按照"先试先行"的指导思想，稳步探索小微企业金融服务的新模式、新产品、新渠道。

八、银行业金融机构要进一步推进小微企业金融服务网点和渠道建设，增加对小微企业的有效金融供给。大中型银行要继续以"四单原则"为指导，把小微企业专营机构做精、做深、做出特色，并进一步向下延伸服务和网点，提高小微企业金融服务的批量化、规模化、标准化水平。地方法人银行业金融机构要坚持立足当地、服务小微的市场定位，向县域和乡镇等小微企业集中的地区延伸网点和业务。

各银监局要引导辖内银行业金融机构合理布局，支持在小微企业集中的地区设立村镇银行、贷款公司等小型金融机构，促进竞争，进一步做深、做实小微企业金融服务。

九、进一步规范小微企业金融服务收费。银行业金融机构要在建立科学合理的小微企业信贷风险定价机制的基础上，严格执行《关于支持商业银行进一步改进小型微型企业金融服务的补充通知》（银监发〔2011〕94 号）有关规定，除银团贷款外，不得对小微企业贷款收取承诺费、资金管理费，严格限制对小微企业及其增信机构收取财务顾问费、咨询费等费用。严禁在发放贷款时附加不合理的贷款条件。

各银监局应加强对辖内银行业金融机构的督导，提高小微企业金融服务收费的透明度，并于2013 年 11 月 30 日前对辖内银行业金融机构落实小微企业金融服务收费政策的情况开展专项检查，将检查结果纳入小微企业金融服务的年度总结。

十、银行业金融机构应根据自身风险状况和内控水平，适度提高对小微企业不良贷款的容忍度，并制定相应的小微企业金融服务从业人员尽职免责办法。

各银监局应在监管工作中落实提高小微企业不良贷款容忍度的具体措施。银行业金融机构小微企业贷款不良率高出全辖各项贷款不良率 2 个百分点以内的，该项指标不作为当年监管评级的扣分因素。

十一、银行业金融机构应加强风险管理和内控机制建设，完善小微企业信贷风险管理体系，提升小微企业信贷风险识别、预警和处置能力。

各银监局应加强对小微企业风险状况的监测和提示，指导辖内银行业金融机构主动防范和化解风险。

十二、各银监局、各银行业金融机构应主动加强与地方政府和相关部门的沟通，进一步密切合作，争取在财政补贴、税收优惠、信息共享平台、信用征集体系、风险分担和补偿机制等方面获得更大支持，优化小微企业金融服务的外部环境；充分发挥融资性担保机构为小微企业融资增信的作用，规范融资性担保贷款管理和收费定价行为，引导和督促融资性担保机构利用财政补贴和风险补偿等方式合理降低担保费率。各银行业金融机构应用足、用好财政、税收各项优惠政策，加大对小微企业不良贷款的核销力度。

银行业消费者权益保护工作指引

银监发〔2013〕38号

第一章 总 则

第一条 为保护银行业消费者合法权益，维护公平、公正的市场环境，增强公众对银行业的市场信心，促进银行业健康发展，保持金融体系稳定，根据《中华人民共和国银行业监督管理法》、《中华人民共和国商业银行法》等法律法规，制定本指引。

第二条 在中国境内依法设立的银行业金融机构适用本指引。

第三条 本指引所称银行业消费者是指购买或使用银行业产品和接受银行业服务的自然人。

第四条 本指引所称银行业消费者权益保护，是指银行业通过适当的程序和措施，推动实现银行业消费者在与银行业金融机构发生业务往来的各个阶段始终得到公平、公正和诚信的对待。

第五条 银行业消费者权益保护工作应当坚持以人为本，坚持服务至上，坚持社会责任，践行向银行业消费者公开信息的义务，履行公正对待银行业消费者的责任，遵从公平交易的原则，依法维护银行业消费者的合法权益。

第六条 中国银监会及其派出机构依法对银行业金融机构消费者权益保护工作实施监督管理。

第七条 银行业金融机构是实施银行业消费者权益保护的工作主体。

银行业金融机构应当遵循依法合规和内部自律原则，构建落实银行业消费者权益保护工作的体制机制，履行保护银行业消费者合法权益的义务。

第八条 银行业消费者有权依法主张自身合法权益不受侵害，并对银行业金融机构消费者权益保护工作进行监督，提出批评和建议，对侵害自身合法权益的行为和相关人员进行检举和控告。

第二章 行为准则

第九条 银行业金融机构应当尊重银行业消费者的知情权和自主选择权，履行告知义务，不得在营销产品和服务过程中以任何方式隐瞒风险、夸大收益，或者进行强制性交易。

第十条 银行业金融机构应当尊重银行业消费者的公平交易权，公平、公正制定格式合同和协议文本，不得出现误导、欺诈等侵害银行业消费者合法权益的条款。

第十一条 银行业金融机构应当了解银行业消费者的风险偏好和风险承受能力，提供相应的产品和服务，不得主动提供与银行业消费者风险承受能力不相符合的产品和服务。

第十二条 银行业金融机构应当尊重银行业消费者的个人金融信息安全权，采取有效措施加强对个人金融信息的保护，不得篡改、违法使用银行业消费者个人金融信息，不得在未经银行业消费者授权或同意的情况下向第三方提供个人金融信息。

第十三条 银行业金融机构应当在产品销售过程中，严格区分自有产品和代销产品，不得混淆、模糊两者性质向银行业消费者误导销售金融产品。

第十四条 银行业金融机构应当严格遵守国家关于金融服务收费的各项规定，披露收费项目和标准，不得随意增加收费项目或提高收费标准。

第十五条 银行业金融机构应当坚持服务便利性原则，合理安排柜面窗口，缩减等候时间，不得无故拒绝银行业消费者合理的服务需求。

第十六条 银行业金融机构应当尊重银行业消费者，照顾残疾人等特殊消费者的实际需要，尽量提供便利化服务，不得有歧视性行为。

第三章 制度保障

第十七条 银行业金融机构应当加强银行业消费者权益保护工作的体制机制建设。

（一）银行业金融机构应当积极主动开展银行业消费者权益保护工作，明确将其纳入公司治理和企业文化建设，并体现在发展战略之中。

（二）银行业金融机构董（理）事会承担银行业消费者权益保护工作的最终责任。

银行业金融机构董（理）事会负责制定银行业消费者权益保护工作的战略、政策和目标，督促高管层有效执行和落实相关工作，定期听取高管层关于银行业消费者权益保护工作开展情况的专题报告，并将相关工作作为信息披露的重要内容。

银行业金融机构董（理）事会负责监督、评价银行业消费者权益保护工作的全面性、及时性、有效性以及高管层相关履职情况。

银行业金融机构董（理）事会可以授权下设的专门委员会履行以上部分职能。获得授权的委员会应当定期向董（理）事会提交有关报告。

（三）银行业金融机构高管层负责制定、定期审查和监督落实银行业消费者权益保护工作的措施、程序以及具体的操作规程，及时了解相关工作状况，并确保提供必要的资源支持，推动银行业消费者权益保护工作积极、有序开展。

银行业金融机构可以结合自身实际，设立由相关高级管理人员和有关部门主要负责人组成的银行业消费者权益保护工作委员会，统一规划、统筹部署整个机构的银行业消费者权益保护工作。

（四）银行业金融机构应当设立或指定专门部门负责银行业消费者权益保护工作。银行业消费者权益保护职能部门应当具备开展相关工作的独立性、权威性和专业能力，并享有向董（理）事会、行长（主任）会议直接报告的途径。

（五）银行业金融机构消费者权益保护职能部门负责牵头组织、协调、督促、指导本级机构其他部门及下级机构开展银行业消费者权益保护工作。

第十八条 银行业金融机构应当建立健全银行业消费者权益保护工作制度体系，包括但不局限于如下内容：

（一）银行业消费者权益保护工作组织架构和运行机制；

（二）银行业消费者权益保护工作内部控制体系；

（三）银行业产品和服务的信息披露规定；

（四）银行业消费者投诉受理流程及处理程序；

（五）银行业消费者金融知识宣传教育框架安排；

（六）银行业消费者权益保护工作报告体系；

（七）银行业消费者权益保护工作监督考评制度；

（八）银行业消费者权益保护工作重大突发事件应急预案。

第十九条　银行业金融机构应当建立健全涉及银行业消费者权益保护工作的事前协调和管控机制，在产品和服务的设计开发、定价管理、协议制定、审批准入、营销推介及售后管理等各个业务环节，落实有关银行业消费者权益保护的内部规章和监管要求，使银行业消费者权益保护的措施在产品和服务进入市场前得以实施。

第二十条　银行业金融机构应当加强产品和服务信息的披露，并在产品和服务推介过程中主动向银行业消费者真实说明产品和服务的性质、收费情况、合同主要条款等内容，禁止欺诈性、误导性宣传，提高信息真实性和透明度，合理揭示产品风险，以便银行业消费者根据相关信息做出合理判断。

第二十一条　银行业金融机构应当积极开展员工教育和培训，帮助员工强化银行业消费者权益保护意识，理解本机构的银行业消费者权益保护工作政策和程序，提高服务技能，丰富专业知识，提升银行业消费者权益保护能力。

第二十二条　银行业金融机构应当积极主动开展银行业金融知识宣传教育活动，通过提升公众的金融意识和金融素质，主动预防和化解潜在矛盾。

第二十三条　银行业金融机构应当为银行业消费者投诉提供必要的便利，实现各类投诉管理的统一化、规范化和系统化，确保投诉渠道畅通。

（一）银行业金融机构应当在营业网点和门户网站醒目位置公布投诉方式和投诉流程。

（二）银行业金融机构应当做好投诉登记工作，并通过有效方式告知投诉者受理情况、处理时限和联系方式。

第二十四条　银行业金融机构应当完善银行业消费者投诉处置工作机制，在规定时限内调查核实并及时处理银行业消费者投诉。对于确实存在问题的银行业产品和服务，应当采取措施进行补救或纠正；造成损失的，可以通过和解、调解、仲裁、诉讼等方式，根据有关法律法规或合同约定向银行业消费者进行赔偿或补偿。

银行业金融机构应当确保公平处理对同一产品和服务的投诉。

第二十五条　银行业金融机构应当加强对投诉处理结果的跟踪管理，定期汇总分析客户建议、集中投诉问题等信息，认真查找产品和服务的薄弱环节和风险隐患，督促有关部门从管理制度、运营机制、操作流程、协议文本等层面予以改进，切实维护银行业消费者合法权益。

第二十六条　银行业金融机构应当制定银行业消费者权益保护工作考核评价体系，并将考评结果纳入机构内部综合考核评价指标体系当中。

银行业金融机构可以委托社会中介机构对其银行业消费者权益保护工作情况进行定期评估，提高银行业消费者权益保护工作的有效性。

第二十七条　银行业金融机构内部审计职能部门应当定期对银行业消费者权益保护工作制度建设及执行情况进行独立的审查和评价。

第二十八条　银行业金融机构应当完善银行业消费者权益保护工作的内部监督约束机制，强化对银行业消费者权益保护工作的内部规章和外部监管要求落实不力的责任追究，根据对银行业消费者合法权益造成侵害的严重程度或危害程度，采取必要的处罚措施，确保银行业消费者权益保护工作各项规定得以落实。

第二十九条　银行业金融机构应当建立银行业消费者权益保护工作的应急响应机制，主动监测并处理涉及银行业消费者权益保护问题的重大负面舆情和突发事件，并及时报告银监会或其派出机构。

第三十条　银行业金融机构应当定期总结本机构银行业消费者权益保护工作的开展情况，将工作计划及工作开展情况按照监管职责划分报送银监会及其派出机构。同时，应当通过适当方式，将银行业消费者权益保护工作开展情况定期向社会披露。

第四章 监督管理

第三十一条 银监会及其派出机构应当按照预防为先、教育为主、依法维权、协调处置的原则，在深入研究国内外金融领域消费者权益保护的良好实践，合理评估我国银行业消费者权益保护实施情况的基础上，制定银行业消费者权益保护工作的总体战略和制度规范，持续完善和健全相关监管体系。

第三十二条 银行业消费者权益保护工作是银行业监管工作的重要组成部分。银监会及其派出机构应当在市场准入、非现场监管、现场检查等各个监管环节充分体现、落实银行业消费者权益保护工作的理念和要求。

第三十三条 银监会及其派出机构承担对银行业消费者权益保护工作的监管职责，通过采取风险监管与行为监管并重的措施和手段，督促银行业金融机构落实银行业消费者权益保护工作的各项要求。

第三十四条 银监会及其派出机构应当组织搭建银行业消费者保护工作的沟通交流平台，调动社会各界力量，利用现有机制和资源，推动构建银行业消费者权益保护的社会化网络，提高银行业消费者权益保护工作的有效性和时效性。

第三十五条 银监会及其派出机构应当充分了解、核实银行业金融机构消费者权益保护体制机制建设情况、工作开展情况及实际效果；建立健全银行业金融机构消费者权益保护工作评估体系，并将考评结果纳入监管综合考评体系，与市场准入、非现场监管、现场检查等监管措施形成联动，督促银行业金融机构履行银行业消费者权益保护工作的主体责任。

第三十六条 银监会及其派出机构应当对银行业金融机构消费者权益保护工作中存在的问题进行风险提示或提出监管意见。

第三十七条 银监会及其派出机构应当督促银行业金融机构对侵害银行业消费者合法权益的行为予以整改和问责。

第三十八条 银监会及其派出机构应当对经查实的侵害银行业消费者合法权益的银行业金融机构采取必要的监管措施，督促其纠正。

第三十九条 银监会及其派出机构应当根据需要对银行业金融机构侵害银行业消费者合法权益的违规行为以及纠正、处理情况予以通报。

第四十条 银监会及其派出机构应当督促银行业金融机构妥善解决与银行业消费者之间的纠纷，并依法受理银行业消费者认为未得到银行业金融机构妥善处理的投诉，进行协调处理。

第四十一条 银监会及其派出机构应当制定银行业消费者教育工作目标和方案，督促银行业金融机构将银行业知识宣传与消费者教育工作制度化。

第五章 附 则

第四十二条 本指引由银监会负责解释。

第四十三条 本指引自公布之日起施行。

中国银监会办公厅关于做好 2013 年农村金融服务工作的通知

银监办发〔2013〕51 号

各银监局，各政策性银行、国有商业银行、股份制商业银行，邮政储蓄银行，各省级农村信用联社：

为贯彻落实中央农村工作会议精神，按照中央一号文件要求，结合 2013 年全国银行业监督管理工作会议部署，现就银行业金融机构改善农村金融服务、加大强农惠农富农金融支持力度有关事项通知如下：

一、加大涉农信贷投放，保持增速不低于各项贷款平均增速

各银行业金融机构要全面贯彻落实党的十八大精神，深刻认识新形势下加快发展现代农业和"四化同步"战略部署的重要性，切实承担起金融支农责任，促进城乡金融服务一体化发展。在有效执行稳健货币政策前提下，继续稳定、完善和强化行之有效的农村金融服务政策，在资金供给、财务费用、激励考核、人才引进等方面向农业、农村和农民倾斜，继续坚持"有保有压"、"有扶有控"、"区别对待"原则，将有限的信贷资源重点投放到"三农"领域，对稳定发展农业生产、强化现代农业物质技术装备、提高农产品流通效率以及支持新型农业生产经营组织等方面的信贷需求要优先安排信贷资金，确保涉农贷款增速不低于各项贷款平均增速，实现涉农信贷总量持续增加，充分发挥信贷资金对农业、农村经济发展的推动效应。

二、积极推进涉农银行业金融机构体制机制改革，着力加强服务能力建设

在保持县域法人地位不变的前提下，稳步推进农村信用社转制为农村商业银行，成熟一家改制一家。鼓励农村信用社和农村商业银行下沉服务网点。推动省联社逐步淡出行政管理职能，不得违规抽调资金集中使用，不得牵头组织非涉农社团贷款。按照商业可持续和"贴近基层、贴近社区、贴近居民"原则，允许城商行在辖内和周边经济紧密区申设分支机构，但不跨省区，抑制盲目扩张冲动。在社区范围特别是农村社区探索建立村级金融服务点等多种形式的便民服务网络，强化社区金融服务，扩展服务覆盖面。农业银行要继续深化"三农金融事业部"改革试点，利用"惠农通"增强农村金融服务能力。邮政储蓄银行要充分发挥网络优势，面向广大农村居民大力发展小额贷款等涉农零售贷款业务。农业发展银行在强化政策性职能基础上，要进一步开展农业综合开发和农村基础设施建设贷款业务，加大对农田水利设施、农业科技创新、生态环境改造的信贷投放力度，为提高农业综合生产能力提供信贷支持。

三、大力支持新型农业生产经营组织发展，促进农业生产经营集约化规模化转变

农业生产组织创新是推进现代农业建设的核心和基础，要努力提高农户集约化经营水平，支持

发展多种形式的新型农民合作组织和培育壮大龙头企业。各银行业金融机构要顺应农户生产经营集约方式、多种形式新型农民合作组织、农业龙头企业等市场主体不断涌现的趋势，加强和改进新型农民合作组织的金融服务，激发农村各生产要素潜能，提高农业生产组织化程度，推动传统农业生产发展方式转变。要把农民专业合作社纳入客户信用评定范围，做实金融服务信息基础，与其他涉农客户主体同等对待。对符合信贷支持条件的农民专业合作社，提供信贷优惠和服务便利。把对农民专业合作社的法人授信与社员单体授信结合起来，"宜户则户、宜社则社"。对于农民专业合作社以独立法人名义申请贷款的，可由其成员提供联保；对农民专业合作社成员个人申请贷款的，可采取合作社内封闭联保或由合作社提供信用担保方式。对经营规范、获得"示范社"称号的，要鼓励采取信用和联保方式给予支持。

探索扩大农户、农民专业合作社和龙头企业等借款人可用于担保的财产范围，创新各类符合法律规定和实际需要的农（副）产品订单、保单、仓单等权利以及农用生产设备、机械、林权、水域滩涂使用权等财产抵（质）押贷款品种。支持在法律关系明确地区探索开展农村土地承包经营权、宅基地、农房等抵（质）押贷款业务。

四、积极稳妥做好城镇化建设配套金融服务，完善城镇化社区金融服务功能

在有效防范风险的前提下，银行业金融机构要积极创新完善小城镇建设金融服务功能，创新小城镇系列信贷产品，设计符合小城镇建设的金融服务产品。积极开办住房贷款、大宗耐用消费品、子女上学等小城镇消费贷款业务品种，保证信贷资金有序、稳步介入城镇化建设。要充分发挥政策性金融的先导作用，推动农业现代化和城乡发展一体化。大型商业银行要不断完善制度建设，创新产品和服务，发挥资金和网络优势，支持小城镇公共基础设施、安居工程及产业园区建设。农村中小金融机构要不断拓宽支持小城镇建设的业务范围，支持有特色产业的乡镇建设和农村新居工程建设，积极发展各类个人贷款业务，为农民居民化创造条件。对完成城镇化建设的地区，各银行业金融机构要迅速完善各项金融服务功能，实现整个区域金融服务城镇化。

五、加快提高薄弱地区金融服务水平，促进金融资源配置城乡均衡化

提高经济薄弱地区金融服务水平是推动城乡发展一体化的重要内容。银行业金融机构要从坚持走共同富裕道路、构建和谐社会的大局出发，不断优化薄弱地区的各类金融资源配置。各银行业金融机构要继续巩固和扩大乡镇一级基础金融服务成果，进一步深化和延伸农村基础金融服务，增强服务能力，丰富服务内容。对目前尚不具备设立标准化网点条件的少数乡镇，要不断优化多种形式的简易便民服务，将流动服务工作做得更规范、更有效、更安全；对已经实现机构网点和服务覆盖的乡镇，继续在服务深度、广度、密度上做文章、下功夫，不断提高金融服务的充分性与多样性；对乡镇以下农村地区，要充分利用科技手段做好延伸服务。重点引导在中西部农村地区组建新型农村金融机构，严控区域布局，推动在乡镇增设机构网点，要更加突出本地化，更多地吸收当地企业和个人参股。对革命老区、民族地区、边疆地区、贫困地区的金融服务，银行业金融机构要按照《关于做好老少边穷地区农村金融服务工作有关事项的通知》（银监办发〔2012〕330号）认真执行，使金融支持老少边穷地区的各项政策措施落到实处。

六、持续深入推进"三大工程"建设，不断扩大农村金融服务覆盖面

农村中小金融机构实施"金融服务进村入社区"、"阳光信贷"和"富民惠农金融创新"三大工程是贯彻落实中央"四化同步"战略的重大举措，是支持"三农"发展和农村经济结构调整的客观需要，是提升机构核心竞争力和积极应对市场挑战的内在要求。农村中小金融机构要提高思想认识，强化服务能力，加强组织领导，落实工作责任，不断赋予其新内涵、新内容，将"三大工程"

打造成为农村中小金融机构服务"三农"的一大品牌。要主动了解新趋势，掌握新变化，加强计划性，保持连续性，在战略、组织、机制、产品、服务和渠道等方面进行优化调整。要针对城区、城郊和农村地区机构特点，因地制宜，强化督导。对服务较充分地区，要突出服务满意度考核；对服务薄弱、竞争不充分地区，要着力提高服务可得性，持续提升服务覆盖面。要做好典型培育工作，组织开展经验交流，实施多维量化考核，充分调动和发挥干部职工的积极性和创新潜能，持续加大服务创新和涉农信贷投放力度，努力提高涉农信贷占各项贷款的比重，更好地发挥农村金融服务主力军作用。

七、切实加强涉农信贷风险管控，保障涉农银行业金融机构可持续发展

各级监管部门要紧密结合农村经济发展、农业现代化建设和城乡发展一体化趋势，不断完善农村金融监管制度，改进监管手段和方法，促进农村金融市场稳健发展。要督促银行业金融机构不断加强涉农贷款的风险管理，认真落实贷款"三查"制度，进一步提高贷款分类的准确性，加强风险管理的前瞻性和主动性。银行业金融机构要严格执行贷款发放条件，严禁违规新增融资平台贷款，重点加强贷款投向监管，从源头上控制涉农信贷资金被挪用风险，抑制用于农产品炒作、哄抬物价等不合理信贷资金需求，保证有效支持实体经济发展。严格管控新增涉农贷款的不良贷款余额和比例，对于涉农不良贷款余额和不良率较高的地区和机构，要加强不良贷款的回收和新增贷款的精细化管理，努力改善涉农贷款风险状况，对于涉农不良贷款出现反弹的，要采取坚决措施遏制上升势头。

二〇一三年二月十六日

第二编　政策银行及商业银行政策法规

中华人民共和国商业银行法

(1995 年 5 月 10 日第八届全国人民代表大会常务委员会第十三次会议通过　根据 2003 年 12 月 27 日第十届全国人民代表大会常务委员会第六次会议 《关于修改〈中华人民共和国商业银行法〉的决定》修正)

第一章　总　则

第一条　为了保护商业银行、存款人和其他客户的合法权益，规范商业银行的行为，提高信贷资产质量，加强监督管理，保障商业银行的稳健运行，维护金融秩序，促进社会主义市场经济的发展，制定本法。

第二条　本法所称的商业银行是指依照本法和《中华人民共和国公司法》设立的吸收公众存款、发放贷款、办理结算等业务的企业法人。

第三条　商业银行可以经营下列部分或者全部业务：

(一) 吸收公众存款；

(二) 发放短期、中期和长期贷款；

(三) 办理国内外结算；

(四) 办理票据承兑与贴现；

(五) 发行金融债券；

(六) 代理发行、代理兑付、承销政府债券；

(七) 买卖政府债券、金融债券；

(八) 从事同业拆借；

(九) 买卖、代理买卖外汇；

(十) 从事银行卡业务；

(十一) 提供信用证服务及担保；

(十二) 代理收付款项及代理保险业务；

(十三) 提供保管箱服务；

(十四) 经国务院银行业监督管理机构批准的其他业务。

经营范围由商业银行章程规定，报国务院银行业监督管理机构批准。

商业银行经中国人民银行批准，可以经营结汇、售汇业务。

第四条　商业银行以安全性、流动性、效益性为经营原则，实行自主经营，自担风险，自负盈亏，自我约束。

商业银行依法开展业务，不受任何单位和个人的干涉。

商业银行以其全部法人财产独立承担民事责任。

第五条　商业银行与客户的业务往来，应当遵循平等、自愿、公平和诚实信用的原则。

第六条　商业银行应当保障存款人的合法权益不受任何单位和个人的侵犯。

第七条　商业银行开展信贷业务，应当严格审查借款人的资信，实行担保，保障按期收回贷款。

商业银行依法向借款人收回到期贷款的本金和利息，受法律保护。

第八条　商业银行开展业务，应当遵守法律、行政法规的有关规定，不得损害国家利益、社会公共利益。

第九条　商业银行开展业务，应当遵守公平竞争的原则，不得从事不正当竞争。

第十条　商业银行依法接受国务院银行业监督管理机构的监督管理，但法律规定其有关业务接受其他监督管理部门或者机构监督管理的，依照其规定。

第二章　商业银行的设立和组织机构

第十一条　设立商业银行，应当经国务院银行业监督管理机构审查批准。

未经国务院银行业监督管理机构批准，任何单位和个人不得从事吸收公众存款等商业银行业务，任何单位不得在名称中使用"银行"字样。

第十二条　设立商业银行，应当具备下列条件：

（一）有符合本法和《中华人民共和国公司法》规定的章程；

（二）有符合本法规定的注册资本最低限额；

（三）有具备任职专业知识和业务工作经验的董事、高级管理人员；

（四）有健全的组织机构和管理制度；

（五）有符合要求的营业场所、安全防范措施和与业务有关的其他设施。

设立商业银行，还应当符合其他审慎性条件。

第十三条　设立全国性商业银行的注册资本最低限额为十亿元人民币。设立城市商业银行的注册资本最低限额为一亿元人民币，设立农村商业银行的注册资本最低限额为五千万元人民币。注册资本应当是实缴资本。

国务院银行业监督管理机构根据审慎监管的要求可以调整注册资本最低限额，但不得少于前款规定的限额。

第十四条　设立商业银行，申请人应当向国务院银行业监督管理机构提交下列文件、资料：

（一）申请书，申请书应当载明拟设立的商业银行的名称、所在地、注册资本、业务范围等；

（二）可行性研究报告；

（三）国务院银行业监督管理机构规定提交的其他文件、资料。

第十五条　设立商业银行的申请经审查符合本法第十四条规定的，申请人应当填写正式申请表，并提交下列文件、资料：

（一）章程草案；

（二）拟任职的董事、高级管理人员的资格证明；

（三）法定验资机构出具的验资证明；

（四）股东名册及其出资额、股份；

（五）持有注册资本百分之五以上的股东的资信证明和有关资料；

（六）经营方针和计划；

（七）营业场所、安全防范措施和与业务有关的其他设施的资料；

（八）国务院银行业监督管理机构规定的其他文件、资料。

第十六条　经批准设立的商业银行，由国务院银行业监督管理机构颁发经营许可证，并凭该许可证向工商行政管理部门办理登记，领取营业执照。

第十七条　商业银行的组织形式、组织机构适用《中华人民共和国公司法》的规定。

本法施行前设立的商业银行，其组织形式、组织机构不完全符合《中华人民共和国公司法》规定的，可以继续沿用原有的规定，适用前款规定的日期由国务院规定。

第十八条　国有独资商业银行设立监事会。监事会的产生办法由国务院规定。

监事会对国有独资商业银行的信贷资产质量、资产负债比例、国有资产保值增值等情况以及高级管理人员违反法律、行政法规或者章程的行为和损害银行利益的行为进行监督。

第十九条　商业银行根据业务需要可以在中华人民共和国境内外设立分支机构。设立分支机构必须经国务院银行业监督管理机构审查批准。在中华人民共和国境内的分支机构，不按行政区划设立。

商业银行在中华人民共和国境内设立分支机构，应当按照规定拨付与其经营规模相适应的营运资金额。拨付各分支机构营运资金额的总和，不得超过总行资本金总额的百分之六十。

第二十条　设立商业银行分支机构，申请人应当向国务院银行业监督管理机构提交下列文件、资料：

（一）申请书，申请书应当载明拟设立的分支机构的名称、营运资金额、业务范围、总行及分支机构所在地等；

（二）申请人最近二年的财务会计报告；

（三）拟任职的高级管理人员的资格证明；

（四）经营方针和计划；

（五）营业场所、安全防范措施和与业务有关的其他设施的资料；

（六）国务院银行业监督管理机构规定的其他文件、资料。

第二十一条　经批准设立的商业银行分支机构，由国务院银行业监督管理机构颁发经营许可证，并凭该许可证向工商行政管理部门办理登记，领取营业执照。

第二十二条　商业银行对其分支机构实行全行统一核算、统一调度资金、分级管理的财务制度。

商业银行分支机构不具有法人资格，在总行授权范围内依法开展业务，其民事责任由总行承担。

第二十三条　经批准设立的商业银行及其分支机构，由国务院银行业监督管理机构予以公告。

商业银行及其分支机构自取得营业执照之日起无正当理由超过六个月未开业的，或者开业后自行停业连续六个月以上的，由国务院银行业监督管理机构吊销其经营许可证，并予以公告。

第二十四条　商业银行有下列变更事项之一的，应当经国务院银行业监督管理机构批准：

（一）变更名称；

（二）变更注册资本；

（三）变更总行或者分支行所在地；

（四）调整业务范围；

（五）变更持有资本总额或者股份总额百分之五以上的股东；

（六）修改章程；

（七）国务院银行业监督管理机构规定的其他变更事项。

更换董事、高级管理人员时，应当报经国务院银行业监督管理机构审查其任职资格。

第二十五条　商业银行的分立、合并，适用《中华人民共和国公司法》的规定。

商业银行的分立、合并，应当经国务院银行业监督管理机构审查批准。

第二十六条　商业银行应当依照法律、行政法规的规定使用经营许可证。禁止伪造、变造、转让、出租、出借经营许可证。

第二十七条 有下列情形之一的，不得担任商业银行的董事、高级管理人员：

（一）因犯有贪污、贿赂、侵占财产、挪用财产罪或者破坏社会经济秩序罪被判处刑罚，或者因犯罪被剥夺政治权利的；

（二）担任因经营不善破产清算的公司、企业的董事或者厂长、经理，并对该公司、企业的破产负有个人责任的；

（三）担任因违法被吊销营业执照的公司、企业的法定代表人，并负有个人责任的；

（四）个人所负数额较大的债务到期未清偿的。

第二十八条 任何单位和个人购买商业银行股份总额百分之五以上的，应当事先经国务院银行业监督管理机构批准。

第三章　对存款人的保护

第二十九条 商业银行办理个人储蓄存款业务，应当遵循存款自愿、取款自由、存款有息、为存款人保密的原则。

对个人储蓄存款，商业银行有权拒绝任何单位或者个人查询、冻结、扣划，但法律另有规定的除外。

第三十条 对单位存款，商业银行有权拒绝任何单位或者个人查询，但法律、行政法规另有规定的除外；有权拒绝任何单位或者个人冻结、扣划，但法律另有规定的除外。

第三十一条 商业银行应当按照中国人民银行规定的存款利率的上下限确定存款利率，并予以公告。

第三十二条 商业银行应当按照中国人民银行的规定，向中国人民银行交存存款准备金，留足备付金。

第三十三条 商业银行应当保证存款本金和利息的支付，不得拖延、拒绝支付存款本金和利息。

第四章　贷款和其他业务的基本规则

第三十四条 商业银行根据国民经济和社会发展的需要，在国家产业政策指导下开展贷款业务。

第三十五条 商业银行贷款，应当对借款人的借款用途、偿还能力、还款方式等情况进行严格审查。

商业银行贷款，应当实行审贷分离、分级审批的制度。

第三十六条 商业银行贷款，借款人应当提供担保。商业银行应当对保证人的偿还能力，抵押物、质物的权属和价值以及实现抵押权、质权的可行性进行严格审查。

经商业银行审查、评估，确认借款人资信良好，确能偿还贷款的，可以不提供担保。

第三十七条 商业银行贷款，应当与借款人订立书面合同。合同应当约定贷款种类、借款用途、金额、利率、还款期限、还款方式、违约责任和双方认为需要约定的其他事项。

第三十八条 商业银行应当按照中国人民银行规定的贷款利率的上下限，确定贷款利率。

第三十九条 商业银行贷款，应当遵守下列资产负债比例管理的规定：

（一）资本充足率不得低于百分之八；

（二）贷款余额与存款余额的比例不得超过百分之七十五；

（三）流动性资产余额与流动性负债余额的比例不得低于百分之二十五；

（四）对同一借款人的贷款余额与商业银行资本余额的比例不得超过百分之十；

（五）国务院银行业监督管理机构对资产负债比例管理的其他规定。

本法施行前设立的商业银行，在本法施行后，其资产负债比例不符合前款规定的，应当在一定的期限内符合前款规定。具体办法由国务院规定。

第四十条　商业银行不得向关系人发放信用贷款；向关系人发放担保贷款的条件不得优于其他借款人同类贷款的条件。

前款所称关系人是指：

（一）商业银行的董事、监事、管理人员、信贷业务人员及其近亲属；

（二）前项所列人员投资或者担任高级管理职务的公司、企业和其他经济组织。

第四十一条　任何单位和个人不得强令商业银行发放贷款或者提供担保。商业银行有权拒绝任何单位和个人强令要求其发放贷款或者提供担保。

第四十二条　借款人应当按期归还贷款的本金和利息。

借款人到期不归还担保贷款的，商业银行依法享有要求保证人归还贷款本金和利息或者就该担保物优先受偿的权利。商业银行因行使抵押权、质权而取得的不动产或者股权，应当自取得之日起二年内予以处分。

借款人到期不归还信用贷款的，应当按照合同约定承担责任。

第四十三条　商业银行在中华人民共和国境内不得从事信托投资和证券经营业务，不得向非自用不动产投资或者向非银行金融机构和企业投资，但国家另有规定的除外。

第四十四条　商业银行办理票据承兑、汇兑、委托收款等结算业务，应当按照规定的期限兑现，收付入账，不得压单、压票或者违反规定退票。有关兑现、收付入账期限的规定应当公布。

第四十五条　商业银行发行金融债券或者到境外借款，应当依照法律、行政法规的规定报经批准。

第四十六条　同业拆借，应当遵守中国人民银行的规定。禁止利用拆入资金发放固定资产贷款或者用于投资。

拆出资金限于缴足存款准备金、留足备付金和归还中国人民银行到期贷款之后的闲置资金。拆入资金用于弥补票据结算、联行汇差头寸的不足和解决临时性周转资金的需要。

第四十七条　商业银行不得违反规定提高或者降低利率以及采用其他不正当手段，吸收存款，发放贷款。

第四十八条　企业事业单位可以自主选择一家商业银行的营业场所开立一个办理日常转账结算和现金收付的基本账户，不得开立两个以上基本账户。

任何单位和个人不得将单位的资金以个人名义开立账户存储。

第四十九条　商业银行的营业时间应当方便客户，并予以公告。商业银行应当在公告的营业时间内营业，不得擅自停止营业或者缩短营业时间。

第五十条　商业银行办理业务，提供服务，按照规定收取手续费。收费项目和标准由国务院银行业监督管理机构、中国人民银行根据职责分工，分别会同国务院价格主管部门制定。

第五十一条　商业银行应当按照国家有关规定保存财务会计报表、业务合同以及其他资料。

第五十二条　商业银行的工作人员应当遵守法律、行政法规和其他各项业务管理的规定，不得有下列行为：

（一）利用职务上的便利，索取、收受贿赂或者违反国家规定收受各种名义的回扣、手续费；

（二）利用职务上的便利，贪污、挪用、侵占本行或者客户的资金；

（三）违反规定徇私向亲属、朋友发放贷款或者提供担保；

（四）在其他经济组织兼职；

（五）违反法律、行政法规和业务管理规定的其他行为。

第五十三条　商业银行的工作人员不得泄露其在任职期间知悉的国家秘密、商业秘密。

第五章 财务会计

第五十四条 商业银行应当依照法律和国家统一的会计制度以及国务院银行业监督管理机构的有关规定，建立、健全本行的财务、会计制度。

第五十五条 商业银行应当按照国家有关规定，真实记录并全面反映其业务活动和财务状况，编制年度财务会计报告，及时向国务院银行业监督管理机构、中国人民银行和国务院财政部门报送。商业银行不得在法定的会计账册外另立会计账册。

第五十六条 商业银行应当于每一会计年度终了三个月内，按照国务院银行业监督管理机构的规定，公布其上一年度的经营业绩和审计报告。

第五十七条 商业银行应当按照国家有关规定，提取呆账准备金，冲销呆账。

第五十八条 商业银行的会计年度自公历1月1日起至12月31日止。

第六章 监督管理

第五十九条 商业银行应当按照有关规定，制定本行的业务规则，建立、健全本行的风险管理和内部控制制度。

第六十条 商业银行应当建立、健全本行对存款、贷款、结算、呆账等各项情况的稽核、检查制度。

商业银行对分支机构应当进行经常性的稽核和检查监督。

第六十一条 商业银行应当按照规定向国务院银行业监督管理机构、中国人民银行报送资产负债表、利润表以及其他财务会计、统计报表和资料。

第六十二条 国务院银行业监督管理机构有权依照本法第三章、第四章、第五章的规定，随时对商业银行的存款、贷款、结算、呆账等情况进行检查监督。检查监督时，检查监督人员应当出示合法的证件。商业银行应当按照国务院银行业监督管理机构的要求，提供财务会计资料、业务合同和有关经营管理方面的其他信息。

中国人民银行有权依照《中华人民共和国中国人民银行法》第三十二条、第三十四条的规定对商业银行进行检查监督。

第六十三条 商业银行应当依法接受审计机关的审计监督。

第七章 接管和终止

第六十四条 商业银行已经或者可能发生信用危机，严重影响存款人的利益时，国务院银行业监督管理机构可以对该银行实行接管。

接管的目的是对被接管的商业银行采取必要措施，以保护存款人的利益，恢复商业银行的正常经营能力。被接管的商业银行的债权债务关系不因接管而变化。

第六十五条 接管由国务院银行业监督管理机构决定，并组织实施。国务院银行业监督管理机构的接管决定应当载明下列内容：

（一）被接管的商业银行名称；

（二）接管理由；

（三）接管组织；

（四）接管期限。

接管决定由国务院银行业监督管理机构予以公告。

第六十六条　接管自接管决定实施之日起开始。

自接管开始之日起，由接管组织行使商业银行的经营管理权力。

第六十七条　接管期限届满，国务院银行业监督管理机构可以决定延期，但接管期限最长不得超过二年。

第六十八条　有下列情形之一的，接管终止：

（一）接管决定规定的期限届满或者国务院银行业监督管理机构决定的接管延期届满；

（二）接管期限届满前，该商业银行已恢复正常经营能力；

（三）接管期限届满前，该商业银行被合并或者被依法宣告破产。

第六十九条　商业银行因分立、合并或者出现公司章程规定的解散事由需要解散的，应当向国务院银行业监督管理机构提出申请，并附解散的理由和支付存款的本金和利息等债务清偿计划。经国务院银行业监督管理机构批准后解散。

商业银行解散的，应当依法成立清算组进行清算，按照清偿计划及时偿还存款本金和利息等债务。国务院银行业监督管理机构监督清算过程。

第七十条　商业银行因吊销经营许可证被撤销的，国务院银行业监督管理机构应当依法及时组织成立清算组进行清算，按照清偿计划及时偿还存款本金和利息等债务。

第七十一条　商业银行不能支付到期债务，经国务院银行业监督管理机构同意，由人民法院依法宣告其破产。商业银行被宣告破产的，由人民法院组织国务院银行业监督管理机构等有关部门和有关人员成立清算组进行清算。

商业银行破产清算时，在支付清算费用、所欠职工工资和劳动保险费用后，应当优先支付个人储蓄存款的本金和利息。

第七十二条　商业银行因解散、被撤销和被宣告破产而终止。

第八章　法律责任

第七十三条　商业银行有下列情形之一，对存款人或者其他客户造成财产损害的，应当承担支付迟延履行的利息以及其他民事责任：

（一）无故拖延、拒绝支付存款本金和利息的；

（二）违反票据承兑等结算业务规定，不予兑现，不予收付入账，压单、压票或者违反规定退票的；

（三）非法查询、冻结、扣划个人储蓄存款或者单位存款的；

（四）违反本法规定对存款人或者其他客户造成损害的其他行为。

有前款规定情形的，由国务院银行业监督管理机构责令改正，有违法所得的，没收违法所得。违法所得五万元以上的，并处违法所得一倍以上五倍以下罚款；没有违法所得或者违法所得不足五万元的，处五万元以上五十万元以下罚款。

第七十四条　商业银行有下列情形之一，由国务院银行业监督管理机构责令改正，有违法所得的，没收违法所得，违法所得五十万元以上的，并处违法所得一倍以上五倍以下罚款；没有违法所得或者违法所得不足五十万元的，处五十万元以上二百万元以下罚款；情节特别严重或者逾期不改正的，可以责令停业整顿或者吊销其经营许可证；构成犯罪的，依法追究刑事责任：

（一）未经批准设立分支机构的；

（二）未经批准分立、合并或者违反规定对变更事项不报批的；

（三）违反规定提高或者降低利率以及采用其他不正当手段吸收存款、发放贷款的；

（四）出租、出借经营许可证的；

（五）未经批准买卖、代理买卖外汇的；

（六）未经批准买卖政府债券或者发行、买卖金融债券的；

（七）违反国家规定从事信托投资和证券经营业务、向非自用不动产投资或者向非银行金融机构和企业投资的；

（八）向关系人发放信用贷款或者发放担保贷款的条件优于其他借款人同类贷款的条件的。

第七十五条　商业银行有下列情形之一，由国务院银行业监督管理机构责令改正，并处二十万元以上五十万元以下罚款；情节特别严重或者逾期不改正的，可以责令停业整顿或者吊销其经营许可证；构成犯罪的，依法追究刑事责任：

（一）拒绝或者阻碍国务院银行业监督管理机构检查监督的；

（二）提供虚假的或者隐瞒重要事实的财务会计报告、报表和统计报表的；

（三）未遵守资本充足率、存贷比例、资产流动性比例、同一借款人贷款比例和国务院银行业监督管理机构有关资产负债比例管理的其他规定的。

第七十六条　商业银行有下列情形之一，由中国人民银行责令改正，有违法所得的，没收违法所得，违法所得五十万元以上的，并处违法所得一倍以上五倍以下罚款；没有违法所得或者违法所得不足五十万元的，处五十万元以上二百万元以下罚款；情节特别严重或者逾期不改正的，中国人民银行可以建议国务院银行业监督管理机构责令停业整顿或者吊销其经营许可证；构成犯罪的，依法追究刑事责任：

（一）未经批准办理结汇、售汇的；

（二）未经批准在银行间债券市场发行、买卖金融债券或者到境外借款的；

（三）违反规定同业拆借的。

第七十七条　商业银行有下列情形之一，由中国人民银行责令改正，并处二十万元以上五十万元以下罚款；情节特别严重或者逾期不改正的，中国人民银行可以建议国务院银行业监督管理机构责令停业整顿或者吊销其经营许可证；构成犯罪的，依法追究刑事责任：

（一）拒绝或者阻碍中国人民银行检查监督的；

（二）提供虚假的或者隐瞒重要事实的财务会计报告、报表和统计报表的；

（三）未按照中国人民银行规定的比例缴存存款准备金的。

第七十八条　商业银行有本法第七十三条至第七十七条规定情形的，对直接负责的董事、高级管理人员和其他直接责任人员，应当给予纪律处分；构成犯罪的，依法追究刑事责任。

第七十九条　有下列情形之一，由国务院银行业监督管理机构责令改正，有违法所得的，没收违法所得，违法所得五万元以上的，并处违法所得一倍以上五倍以下罚款；没有违法所得或者违法所得不足五万元的，处五万元以上五十万元以下罚款：

（一）未经批准在名称中使用"银行"字样的；

（二）未经批准购买商业银行股份总额百分之五以上的；

（三）将单位的资金以个人名义开立账户存储的。

第八十条　商业银行不按照规定向国务院银行业监督管理机构报送有关文件、资料的，由国务院银行业监督管理机构责令改正，逾期不改正的，处十万元以上三十万元以下罚款。

商业银行不按照规定向中国人民银行报送有关文件、资料的，由中国人民银行责令改正，逾期不改正的，处十万元以上三十万元以下罚款。

第八十一条　未经国务院银行业监督管理机构批准，擅自设立商业银行或者非法吸收公众存款、变相吸收公众存款，构成犯罪的，依法追究刑事责任；并由国务院银行业监督管理机构予以取缔。

伪造、变造、转让商业银行经营许可证，构成犯罪的，依法追究刑事责任。

第八十二条 借款人采取欺诈手段骗取贷款，构成犯罪的，依法追究刑事责任。

第八十三条 有本法第八十一条、第八十二条规定的行为，尚不构成犯罪的，由国务院银行业监督管理机构没收违法所得，违法所得五十万元以上的，并处违法所得一倍以上五倍以下罚款；没有违法所得或者违法所得不足五十万元的，处五十万元以上二百万元以下罚款。

第八十四条 商业银行工作人员利用职务上的便利，索取、收受贿赂或者违反国家规定收受各种名义的回扣、手续费，构成犯罪的，依法追究刑事责任；尚不构成犯罪的，应当给予纪律处分。

有前款行为，发放贷款或者提供担保造成损失的，应当承担全部或者部分赔偿责任。

第八十五条 商业银行工作人员利用职务上的便利，贪污、挪用、侵占本行或者客户资金，构成犯罪的，依法追究刑事责任；尚不构成犯罪的，应当给予纪律处分。

第八十六条 商业银行工作人员违反本法规定玩忽职守造成损失的，应当给予纪律处分；构成犯罪的，依法追究刑事责任。

违反规定徇私向亲属、朋友发放贷款或者提供担保造成损失的，应当承担全部或者部分赔偿责任。

第八十七条 商业银行工作人员泄露在任职期间知悉的国家秘密、商业秘密的，应当给予纪律处分；构成犯罪的，依法追究刑事责任。

第八十八条 单位或者个人强令商业银行发放贷款或者提供担保的，应当对直接负责的主管人员和其他直接责任人员或者个人给予纪律处分；造成损失的，应当承担全部或者部分赔偿责任。

商业银行的工作人员对单位或者个人强令其发放贷款或者提供担保未予拒绝的，应当给予纪律处分；造成损失的，应当承担相应的赔偿责任。

第八十九条 商业银行违反本法规定的，国务院银行业监督管理机构可以区别不同情形，取消其直接负责的董事、高级管理人员一定期限直至终身的任职资格，禁止直接负责的董事、高级管理人员和其他直接责任人员一定期限直至终身从事银行业工作。

商业银行的行为尚不构成犯罪的，对直接负责的董事、高级管理人员和其他直接责任人员给予警告，处五万元以上五十万元以下罚款。

第九十条 商业银行及其工作人员对国务院银行业监督管理机构、中国人民银行的处罚决定不服的，可以依照《中华人民共和国行政诉讼法》的规定向人民法院提起诉讼。

第九章 附 则

第九十一条 本法施行前，按照国务院的规定经批准设立的商业银行不再办理审批手续。

第九十二条 外资商业银行、中外合资商业银行、外国商业银行分行适用本法规定，法律、行政法规另有规定的，依照其规定。

第九十三条 城市信用合作社、农村信用合作社办理存款、贷款和结算等业务，适用本法有关规定。

第九十四条 邮政企业办理商业银行的有关业务，适用本法有关规定。

第九十五条 本法自 1995 年 7 月 1 日起施行。

商业银行集团客户授信业务风险管理指引

（银监会令［2010］4号，中国银行业监督管理委员会2003年第5号令颁布实施根据2010年6月1日中国银行业监督管理委员会第98次主席会议《关于修改〈商业银行集团客户授信业务风险管理指引〉的决定》修改）

第一章 总 则

第一条 为切实防范风险，促进商业银行加强对集团客户授信业务的风险管理，根据《中华人民共和国银行业监督管理法》、《中华人民共和国商业银行法》，制定本指引。

第二条 本指引所称商业银行是指在中华人民共和国境内依法设立的中资、中外合资、外商独资商业银行等。

第三条 本指引所称集团客户是指具有以下特征的商业银行的企事业法人授信对象：

（一）在股权上或者经营决策上直接或间接控制其他企事业法人或被其他企事业法人控制的；

（二）共同被第三方企事业法人所控制的；

（三）主要投资者个人、关键管理人员或与其近亲属（包括三代以内直系亲属关系和二代以内旁系亲属关系）共同直接控制或间接控制的；

（四）存在其他关联关系，可能不按公允价格原则转移资产和利润，商业银行认为应当视同集团客户进行授信管理的。

前款所指企事业法人包括除商业银行外的其他金融机构。

商业银行应当根据上述四个特征结合本行授信业务风险管理的实际需要确定单一集团客户的范围。

第四条 授信是指商业银行向客户直接提供资金支持，或者对客户在有关经济活动中可能产生的赔偿、支付责任做出保证。包括但不限于：贷款、贸易融资、票据承兑和贴现、透支、保理、担保、贷款承诺、开立信用证等表内外业务。

商业银行持有的集团客户成员企业发行的公司债券、企业债券、短期融资券、中期票据等债券资产以及通过衍生产品等交易行为所产生的信用风险暴露，应纳入集团客户授信业务进行风险管理。

第五条 本指引所称集团客户授信业务风险是指由于商业银行对集团客户多头授信、过度授信和不适当分配授信额度，或集团客户经营不善以及集团客户通过关联交易、资产重组等手段在内部关联方之间不按公允价格原则转移资产或利润等情况，导致商业银行不能按时收回由于授信产生的贷款本金及利息，或给商业银行带来其他损失的可能性。

第六条 商业银行对集团客户授信应当遵循以下原则：

（一）统一原则。商业银行对集团客户授信实行统一管理，集中对集团客户授信进行风险控制。

（二）适度原则。商业银行应当根据授信客体风险大小和自身风险承担能力，合理确定对集团客户的总体授信额度，防止过度集中风险。

（三）预警原则。商业银行应当建立风险预警机制，及时防范和化解集团客户授信风险。

第二章　授信业务风险管理

第七条　商业银行应当根据本指引的规定，结合自身的经营管理水平和信贷管理信息系统的状况，制定集团客户授信业务风险管理制度，其内容应包括集团客户授信业务风险管理的组织建设、风险管理与防范的具体措施、确定单一集团客户的范围所依据的准则、对单一集团客户的授信限额标准、内部报告程序以及内部责任分配等。

商业银行制定的集团客户授信业务风险管理制度应当报银行业监督管理机构备案。

第八条　商业银行应当建立与集团客户授信业务风险管理特点相适应的管理机制，各级行应当指定部门负责全行集团客户授信活动的组织管理，负责组织对集团客户授信的信息收集、信息服务和信息管理。

第九条　商业银行对集团客户授信，应当由集团客户总部（或核心企业）所在地的分支机构或总行指定机构为主管机构。主管机构应当负责集团客户统一授信的限额设定和调整或提出相应方案，按规定程序批准后执行，同时应当负责集团客户经营管理信息的跟踪收集和风险预警通报等工作。

第十条　商业银行对集团客户授信应当实行客户经理制。商业银行对集团客户授信的主管机构，要指定专人负责集团客户授信的日常管理工作。

第十一条　商业银行对集团客户内各个授信对象核定最高授信额度时，在充分考虑各个授信对象自身的信用状况、经营状况和财务状况的同时，还应当充分考虑集团客户的整体信用状况、经营状况和财务状况。最高授信额度应当根据集团客户的经营和财务状况变化及时做出调整。

第十二条　一家商业银行对单一集团客户授信余额（包括第四条第二款所列各类信用风险暴露）不得超过该商业银行资本净额的15%。否则将视为超过其风险承受能力。

当一个集团客户授信需求超过一家银行风险的承受能力时，商业银行应当采取组织银团贷款、联合贷款和贷款转让等措施分散风险。

计算授信余额时，可扣除客户提供的保证金存款及质押的银行存单和国债金额。

根据审慎监管的要求，银行业监管机构可以调低单个商业银行单一集团客户授信余额与资本净额的比例。

第十三条　商业银行在对集团客户授信时，应当要求集团客户提供真实、完整的信息资料，包括但不限于集团客户各成员的名称、相互之间的关联关系、组织机构代码、法定代表人及证件、实际控制人及证件、注册地、注册资本、主营业务、股权结构、高级管理人员情况、财务状况、重大资产项目、担保情况和重大诉讼情况以及在其他金融机构的授信情况等。

必要时，商业银行可要求集团客户聘请独立的具有公证效力的第三方出具资料真实性证明。

第十四条　商业银行在给集团客户授信时，应当进行充分的资信尽职调查，要对照授信对象提供的资料，对重点内容或存在疑问的内容进行实地核查，并在授信调查报告中反映出来。调查人员应当对调查报告的真实性负责。

第十五条　商业银行对跨国集团客户在境内机构授信时，除了要对其境内机构进行调查外，还要关注其境外公司的背景、信用评级、经营和财务、担保和重大诉讼等情况，并在调查报告中记录相关情况。

第十六条　商业银行在给集团客户授信时，应当注意防范集团客户内部关联方之间互相担保的风险。对于集团客户内部直接控股或间接控股关联方之间互相担保，商业银行应当严格审核其资信情况，并严格控制。

第十七条 商业银行在对集团客户授信时，应当在授信协议中约定，要求集团客户及时报告被授信人净资产10%以上关联交易的情况，包括但不限于：

（一）交易各方的关联关系；

（二）交易项目和交易性质；

（三）交易的金额或相应的比例；

（四）定价政策（包括没有金额或只有象征性金额的交易）。

第十八条 商业银行给集团客户贷款时，应当在贷款合同中约定，贷款对象有下列情形之一的，贷款人有权单方决定停止支付借款人尚未使用的贷款，并提前收回部分或全部贷款本息，并依法采取其他措施：

（一）提供虚假材料或隐瞒重要经营财务事实的；

（二）未经贷款人同意擅自改变贷款原定用途，挪用贷款或用银行贷款从事非法、违规交易的；

（三）利用与关联方之间的虚假合同，以无真实贸易背景的应收票据、应收账款等债权到银行贴现或质押，套取银行资金或授信的；

（四）拒绝接受贷款人对其信贷资金使用情况和有关经营财务活动进行监督和检查的；

（五）出现重大兼并、收购重组等情况，贷款人认为可能影响到贷款安全的；

（六）通过关联交易，有意逃废银行债权的；

（七）商业银行认定的其他重大违约行为。

第十九条 商业银行应当加强对集团客户授信后的风险管理，定期或不定期开展针对整个集团客户的联合调查，掌握其整体经营和财务变化情况，并把重大变化的情况登录到全行的信贷管理信息系统中。

第二十条 集团客户授信风险暴露后，商业银行在对授信对象采取清收措施的同时，应当特别关注集团客户内部关联方之间的关联交易。有多家商业银行贷款的，商业银行之间可采取行动联合清收，必要时可组织联合清收小组，统一清收贷款。

第二十一条 商业银行总行每年应对全行集团客户授信风险作一次综合评估，同时应当检查分支机构对相关制度的执行情况，对违反规定的行为应当严肃查处。商业银行每年应至少向银行业监督管理机构提交一次相关风险评估报告。

第二十二条 银行业监督管理机构按本指引的要求加强对商业银行集团客户授信业务的监管，定期或不定期进行检查，重点检查商业银行对集团客户授信管理制度的建设、执行情况和信贷信息系统的建设情况。

第三章　信息管理和风险预警

第二十三条 商业银行应当建立健全信贷管理信息系统，为对集团客户授信业务的管理提供有效的信息支持。商业银行通过信贷管理信息系统应当能够有效识别集团客户的各关联方，能够使商业银行各个机构共享集团客户的信息，能够支持商业银行全系统的集团客户贷款风险预警。

第二十四条 商业银行在给集团客户授信前，应当通过查询贷款卡信息及其他合法途径，充分掌握集团客户的负债信息、关联方信息、对外对内担保信息和诉讼情况等重大事项，防止对集团客户过度授信。

第二十五条 商业银行给集团客户授信后，应当及时将授信总额、期限和被授信人的法定代表人、关联方等信息登录到银行业监督管理机构或其他相关部门的信贷登记系统，同时应做好集团客户授信后的信息收集与整理工作，集团客户贷款的变化、经营财务状况的异常变化、关键管理人员的变动以及集团客户的违规经营、被起诉、欠息、逃废债、提供虚假资料等重大事项必须及时登录到本行信贷信息管理系统。

第二十六条　商业银行应当根据集团客户所处的行业和经营能力，对集团客户的授信总额、资产负债指标、盈利指标、流动性指标、贷款本息偿还情况和关键管理人员的信用状况等，设置授信风险预警线。

第二十七条　银监会建立大额集团客户授信业务统计和风险分析制度，并视个别集团客户风险状况进行通报。

第二十八条　各商业银行之间应当加强合作，相互征询集团客户的资信时，应当按商业原则依法提供必要的信息和查询协助。

第二十九条　商业银行应当与信誉好的会计师事务所、律师事务所等中介机构建立稳定的业务合作关系，必要时应当要求授信对象出具经商业银行认可的中介机构的相关意见。

第四章　附　则

第三十条　政策性银行、农村合作银行、城市信用社、农村信用社、信托公司、金融租赁公司、汽车金融公司、外国银行分行等对集团客户授信业务风险管理参照本指引执行。

第三十一条　本指引由中国银行业监督管理委员会负责解释。

商业银行信用卡业务监督管理办法

（银监会令［2011］2号，经2010年7月22日中国银行业监督管理委员会第100次主席会议通过，2011年1月13日公布，自公布之日起施行）

第一章 总 则

第一条 为规范商业银行信用卡业务，保障客户及银行的合法权益，促进信用卡业务健康有序发展，根据《中华人民共和国银行业监督管理法》、《中华人民共和国商业银行法》、《中华人民共和国外资银行管理条例》等法律法规，制定本办法。

第二条 商业银行经营信用卡业务，应当严格遵守国家法律、法规、规章和有关政策规定，遵循平等、自愿和诚实信用的原则。

第三条 商业银行经营信用卡业务，应当依法保护客户合法权益和相关信息安全。未经客户授权，不得将相关信息用于本行信用卡业务以外的其他用途。

第四条 商业银行经营信用卡业务，应当建立健全信用卡业务风险管理和内部控制体系，严格实行授权管理，有效识别、评估、监测和控制业务风险。

第五条 商业银行经营信用卡业务，应当充分向持卡人披露相关信息，揭示业务风险，建立健全相应的投诉处理机制。

第六条 中国银监会及其派出机构依法对商业银行信用卡业务实施监督管理。

第二章 定义和分类

第七条 本办法所称信用卡，是指记录持卡人账户相关信息，具备银行授信额度和透支功能，并为持卡人提供相关银行服务的各类介质。

第八条 本办法所称信用卡业务，是指商业银行利用具有授信额度和透支功能的银行卡提供的银行服务，主要包括发卡业务和收单业务。

第九条 本办法所称发卡业务，是指发卡银行基于对客户的评估结果，与符合条件的客户签约发放信用卡并提供的相关银行服务。

发卡业务包括营销推广、审批授信、卡片制作发放、交易授权、交易处理、交易监测、资金结算、账务处理、争议处理、增值服务和欠款催收等业务环节。

第十条 本办法所称发卡银行，是指经中国银监会批准开办信用卡发卡业务，并承担发卡业务风险管理相关责任的商业银行。

第十一条 本办法所称发卡业务服务机构，是指与发卡银行签约协助其提供信用卡业务服务的法人机构或其他组织。

第十二条 本办法所称收单业务，是指商业银行为商户等提供的受理信用卡，并完成相关资金结算的服务。

收单业务包括商户资质审核、商户培训、受理终端安装维护管理、获取交易授权、处理交易信息、交易监测、资金垫付、资金结算、争议处理和增值服务等业务环节。

第十三条 本办法所称收单银行，是指依据合同为特约商户提供信用卡收单业务服务或为信用卡收单业务提供结算服务，并承担收单业务风险管理相关责任的商业银行。

第十四条 本办法所称收单业务服务机构，是指与收单银行或收单业务的结算银行签约协助其提供信用卡收单业务服务的法人机构或其他组织。

第十五条 商业银行发行的信用卡按照发行对象不同，分为个人卡和单位卡。其中，单位卡按照用途分为商务差旅卡和商务采购卡。

商务差旅卡，是指商业银行与政府部门、法人机构或其他组织签订合同建立差旅费用报销还款关系，为其工作人员提供日常商务支出和财务报销服务的信用卡。

商务采购卡，是指商业银行与政府部门、法人机构或其他组织签订合同建立采购支出报销还款关系，为其提供办公用品、办公事项等采购支出相关服务的信用卡。

第十六条 本办法所称学生，是指在教育机构脱产就读的学生。

第三章 业务准入

第十七条 商业银行申请开办信用卡业务，应当满足以下基本条件：

（一）公司治理良好，主要审慎监管指标符合中国银监会有关规定，具备与业务发展相适应的组织机构和规章制度，内部控制、风险管理和问责机制健全有效；

（二）信誉良好，具有完善、有效的内控机制和案件防控体系，最近3年内无重大违法违规行为和重大恶性案件；

（三）具备符合任职资格条件的董事、高级管理人员和合格从业人员；高级管理人员中应当具备有信用卡业务专业知识和管理经验的人员至少1名，具备开展信用卡业务必需的技术人员和管理人员，并全面实施分级授权管理；

（四）具备与业务经营相适应的营业场所、相关设施和必备的信息技术资源；

（五）已在境内建立符合法律法规和业务管理要求的业务系统，具有保障相关业务系统信息安全和运行质量的技术能力；

（六）开办外币信用卡业务的，应当具有经国务院外汇管理部门批准的结汇、售汇业务资格和中国银监会批准的外汇业务资格（或外汇业务范围）；

（七）符合中国银监会规定的其他审慎性条件。

第十八条 商业银行开办信用卡发卡业务除符合第十七条规定的条件外，还应当符合以下条件：

（一）注册资本为实缴资本，且不低于人民币5亿元或等值可兑换货币；

（二）具备办理零售业务的良好基础，最近3年个人存贷款业务规模和业务结构稳定，个人存贷款业务客户规模和客户结构良好，银行卡业务运行情况良好，身份证件验证系统和征信系统的连接和使用情况良好；

（三）具备办理信用卡业务的专业系统，在境内建有发卡业务主机、信用卡业务申请管理系统、信用评估管理系统、信用卡账户管理系统、信用卡交易授权系统、信用卡交易监测和伪冒交易预警系统、信用卡客户服务中心系统、催收业务管理系统等专业化运营基础设施，相关设施通过了必要的安全检测和业务测试，能够保障客户资料和业务数据的完整性和安全性；

（四）符合商业银行业务经营总体战略和发展规划，有利于提高总体业务竞争能力，能够根据业务发展实际情况持续开展业务成本计量、业务规模监测和基本盈亏平衡测算等工作。

第十九条 商业银行开办信用卡收单业务除符合第十七条规定的条件外，还应当符合以下条件：

（一）注册资本为实缴资本，且不低于人民币1亿元或等值可兑换货币。

（二）具备开办收单业务的良好业务基础。最近3年企业贷款业务规模和业务结构稳定，企业贷款业务客户规模和客户结构较为稳定，身份证件验证系统和征信系统连接和使用情况良好。

（三）具备办理收单业务的专业系统支持，在境内建有收单业务主机、特约商户申请管理系统、特约商户信用评估管理系统、商户结算账户管理系统、账务管理系统、收单交易监测和伪冒交易预警系统、交易授权系统等专业化运营基础设施，相关设施通过了必要的安全检测和业务测试，能够保障客户资料和业务数据的完整性和安全性。

（四）符合商业银行业务经营总体战略和发展规划，有利于提高业务竞争能力，能够根据业务发展实际情况持续开展业务成本计量、业务规模监测和基本盈亏平衡测算等工作。

第二十条 商业银行开办发卡和收单业务应当按规定程序报中国银监会及其派出机构审批。

全国性商业银行申请开办信用卡业务，由其总行（公司）向中国银监会申请审批。

按照有关规定只能在特定城市或地区从事业务经营活动的商业银行，申请开办信用卡业务，由其总行（公司）向注册地监管机构提出申请，经初审同意后，由注册地监管机构上报中国银监会审批。

外资法人银行申请开办信用卡业务，应当向注册地监管机构提出申请，经初审同意后，由注册地监管机构上报中国银监会审批。

第二十一条 商业银行申请开办信用卡发卡或收单业务之前，应当根据需要就拟申请的业务与中国银监会及其相关派出机构沟通，说明拟申请的信用卡业务运营模式、各环节业务流程和风险控制流程设计、业务系统和基础设施建设方案，并根据沟通情况，对有关业务环节进行调整和完善。

第二十二条 商业银行申请开办信用卡业务，可以在一个申请报告中同时申请不同种类的信用卡业务，但在申请中应当注明所申请的信用卡业务种类。

第二十三条 商业银行向中国银监会及其派出机构申请开办信用卡业务，应当提交以下文件资料（一式三份）：

（一）开办信用卡业务的申请书；

（二）信用卡业务可行性报告；

（三）信用卡业务发展规划和业务管理制度；

（四）信用卡章程，内容应当至少包括信用卡的名称、种类、功能、用途、发行对象、申领条件、申领手续、使用范围（包括使用方面的限制）及使用方法、信用卡账户适用的利率、面向持卡人的收费项目和收费水平、商业银行、持卡人及其他有关当事人的权利、义务等；

（五）信用卡卡样设计草案或可受理信用卡种类；

（六）信用卡业务运营设施、业务系统和灾备系统介绍；

（七）相关身份证件验证系统和征信系统连接和使用情况介绍；

（八）信用卡业务系统和灾备系统测试报告和安全评估报告；

（九）信用卡业务运行应急方案和业务连续性计划；

（十）信用卡业务风险管理体系建设和相应的规章制度；

（十一）信用卡业务的管理部门、职责分工、主要负责人介绍；

（十二）申请机构联系人、联系电话、联系地址、传真、电子邮箱等联系方式；

（十三）中国银监会及其派出机构按照审慎性原则要求提供的其他文件和资料。

第二十四条 商业银行应当由内部专门机构或委托其他专业机构进行独立的安全评估。安全评估报告应当至少包括董事会或总行（总公司）高级管理层对信用卡业务风险管理体系建设和相关规章制度的审定情况、各业务环节信息资料的保护措施设置情况、持续监测记录和追踪预警异常业务行为（含入侵事故或系统漏洞）的流程设计、外挂系统或外部接入系统的安全措施设置、评估期等方面的内容。

第二十五条 全国性商业银行筹建信用卡中心等分行级专营机构的，应当由其总行（公司）向中国银监会提出申请。

按照有关规定只能在特定城市或地区从事业务经营活动的商业银行，筹建信用卡中心等分行级专营机构，应当由其总行（公司）向注册地中国银监会派出机构提出申请，经初审同意后，由注册地中国银监会派出机构报中国银监会审批。

外资法人银行筹建信用卡中心等分行级专营机构，应当向其注册地中国银监会派出机构提出申请，经初审同意后，由注册地中国银监会派出机构报中国银监会审批。

信用卡中心等分行级专营机构的开业申请由其注册地中国银监会派出机构受理和批准。

第二十六条 商业银行信用卡中心等分行级专营机构的分支机构，筹建和开业应当按照规定程序报其拟设地中国银监会派出机构审批。拟设地中国银监会派出机构作出批准或不批准的书面决定，并抄送分行级专营机构注册地中国银监会派出机构。

第二十七条 注册地中国银监会派出机构自收到完整申请材料之日起20日内审查完毕并将审查意见及完整申请材料报中国银监会。

中国银监会自收到完整的信用卡业务申请材料之日起3个月内，做出批准或不批准的书面决定；决定不批准的，应当说明理由。

对于中国银监会或其派出机构未批准的信用卡业务类型，商业银行在达到相关要求后可以按照有关规定重新申请。

第二十八条 商业银行新增信用卡业务产品种类、增加信用卡业务功能、增设信用卡受理渠道等，或接受委托，作为发卡业务服务机构和收单业务服务机构开办相关业务，应当参照第二十三条的有关规定，在开办业务之前一个月，将相关材料（一式两份）向中国银监会及其相关派出机构报告。

第二十九条 已实现业务数据集中处理的商业银行，获准开办信用卡业务后，可以授权其分支机构开办部分或全部信用卡业务。获得授权的分支机构开办相关信用卡业务，应当提前30个工作日持中国银监会批准文件、总行授权文件及其他相关材料向注册地中国银监会派出机构报告。

第三十条 商业银行为其他机构（非特约商户）开展收单业务提供结算服务，应当提前30个工作日持中国银监会批准文件、总行授权文件、合作机构营业执照和法人详细信息、合作机构相关业务情况和财务状况、业务流程设计材料、书面合同、负责对合作机构进行合规管理的承诺书、风险事件和违法活动的应急处理制度、其他相关材料向当地中国银监会派出机构报告。

第三十一条 已开办信用卡业务的商业银行按照规划决定终止全部或部分类型的信用卡业务，应当参照申请开办该业务的程序报中国银监会及其派出机构审批。

商业银行决定终止全部或部分类型的信用卡业务之前，应当根据需要就拟申请停办的业务与中国银监会或其相关派出机构沟通，说明拟申请终止业务的原因、风险状况、公告内容和渠道、应急预案等，并根据沟通情况进行调整和完善。

第三十二条 商业银行向中国银监会及其派出机构申请终止信用卡业务，应当提交以下文件资料（一式三份）：

（一）拟终止信用卡业务的申请书；

（二）终止信用卡业务的风险评估报告；

（三）终止信用卡业务的公告方案；

（四）终止业务过程中重大问题的应急预案；

（五）负责终止业务的部门、职责分工和主要负责人；

（六）申请机构联系人、联系电话、联系地址、传真、电子邮箱等联系方式；

（七）中国银监会及其派出机构按照审慎性原则要求提供的其他文件和资料。

经中国银监会及其相关派出机构同意后，商业银行应当通过网点公告、银行网站、客户服务热线、电子银行、其他媒体等多种渠道予以公告，公告持续期限自公告之日起不得少于90天。

第三十三条 商业银行终止信用卡业务或停止提供部分类型信用卡业务后，需要重新开办信用卡业务或部分类型信用卡业务的，按相关规定重新办理申请、审批、报告等手续。

第四章 发卡业务管理

第三十四条 发卡银行应当建立信用卡卡片管理制度，明确卡片、密码、函件、信封、制卡文件以及相关工作人员操作密码的生成、交接、保管、保密、使用监控、检查等环节的管理职责和操作规程，防范重大风险事故的发生。

第三十五条 商业银行应当建立信用卡业务申请材料管理系统，由总行（总公司、外资法人银行）对信用卡申请材料统一编号，并对申请材料信息录入、使用、销毁等实施登记制度。

第三十六条 信用卡卡面应当对持卡人充分披露以下基本信息：发卡银行法人名称、品牌标识及防伪标志、卡片种类（信用卡、贷记卡、准贷记卡等）、卡号、持卡人姓名拼音（外文姓名）、有效期、持卡人签名条、安全校验码、注意事项、客户服务电话、银行网站地址。

第三十七条 发卡银行印制的信用卡申请材料文本应当至少包含以下要素：

（一）申请人信息：编号、申请人姓名、有效身份证件名称、证件号码、单位名称、单位地址、住宅地址、账单寄送地址、联系电话、联系人姓名、联系人电话、联系人验证信息、其他验证信息等；

（二）合同信息：领用合同（协议）、信用卡章程、重要提示、合同信息变更的通知方式等；

（三）费用信息：主要收费项目和收费水平、收费信息查询渠道、收费信息变更的通知方式等；

（四）其他信息：申请人已持有的信用卡及其授信额度、申请人声明、申请人确认栏和签名栏、发卡银行服务电话和银行网站、投诉渠道等。

"重要提示"应当在信用卡申请材料中以醒目方式列示，至少包括申请信用卡的基本条件、所需基本申请资料、计结息规则、年费/滞纳金/超限费收取方式、阅读领用合同（协议）并签字的提示、申请人信息的安全保密提示、非法使用信用卡行为相关的法律责任和处理措施的提示、其他对申请人信用和权利义务有重大影响的内容等信息。

申请人确认栏应当载明以下语句，并要求客户抄录后签名："本人已阅读全部申请材料，充分了解并清楚知晓该信用卡产品的相关信息，愿意遵守领用合同（协议）的各项规则。"

第三十八条 发卡银行应当公开、明确告知申请人需提交的申请材料和基本要求，申请材料必须由申请人本人亲自签名，不得在客户不知情或违背客户意愿的情况下发卡。

发卡银行受理的信用卡附属卡申请材料必须由主卡持卡人以亲自签名、客户服务电话录音、电子签名或持卡人和发卡银行双方均认可的方式确认。

第三十九条 发卡银行应当建立信用卡营销管理制度，对营销人员进行系统培训、登记考核和规范管理，不得对营销人员采用单一以发卡数量计件提成的考核方式。信用卡营销行为应当符合以下条件：

（一）营销宣传材料真实准确，不得有虚假、误导性陈述或重大遗漏，不得有夸大或片面的宣传。应当由持卡人承担的费用必须公开透明，风险提示应当以明显的、易于理解的文字印制在宣传材料和产品（服务）申请材料中，提示内容的表述应当真实、清晰、充分，示范的案例应当具有代表性。

（二）营销人员必须佩戴所属银行的标识，明示所属发卡银行及客户投诉电话，使用统一印制的信用卡产品（服务）宣传材料，对信用卡收费项目、计结息政策和业务风险等进行充分的信息披露和风险提示，确认申请人提交的重要证明材料无涂改痕迹，确认申请人已经知晓和理解上述信息，确认申请人已经在申请材料上签名，并留存相关证据，不得进行误导性和欺骗性的宣传解释。遇到客户对宣传材料的真实性和可靠性有任何疑问时，应当提供相关信息查询渠道。

（三）营销人员应当公开明确告知申请信用卡需提交的申请资料和基本要求，督促信用卡申请人完整、正确、真实地填写申请材料，并审核身份证件（原件）和必要的证明材料（原件）。营销人员不得向客户承诺发卡，不得以快速发卡、以卡办卡、以名片办卡等名义营销信用卡。

（四）营销人员应当严格遵守对客户资料保密的原则，不得泄露客户信息，不得将信用卡营销工作转包或分包。发卡银行应当严格禁止营销人员从事本行以外的信用卡营销活动，并对营销人员收到申请人资料和送交审核的时间间隔和保密措施作出明确的制度规定，不得在未征得信用卡申请人同意的情况下，将申请人资料用于其他产品和服务的交叉销售。

（五）营销人员开展电话营销时，除遵守（一）至（四）条的相关规定外，必须留存清晰的录音资料，录音资料应当至少保存 2 年备查。

第四十条 发卡银行应当建立健全信用卡申请人资信审核制度，明确管理架构和内部控制机制。

第四十一条 发卡银行应当对信用卡申请人开展资信调查，充分核实并完整记录申请人有效身份、财务状况、消费和信贷记录等信息，并确认申请人拥有固定工作、稳定的收入来源或可靠的还款保障。

第四十二条 发卡银行应当根据总体风险管理要求确定信用卡申请材料的必填（选）要素，对信用卡申请材料出现漏填（选）必填信息或必选选项、他人代办（单位代办商务差旅卡和商务采购卡、主卡持卡人代办附属卡除外）、他人代签名、申请材料未签名等情况的，不得核发信用卡。

对信用卡申请材料出现疑点信息、漏填审核意见、各级审核人员未签名（签章、输入工作代码）或系统审核记录缺失等情况的，不得核发信用卡。

第四十三条 对首次申请本行信用卡的客户，不得采取全程系统自动发卡方式核发信用卡。

信用卡申请人有以下情况时，应当从严审核，加强风险防控：

（一）在身份信息系统中留有相关可疑信息或违法犯罪记录；

（二）在征信系统中无信贷记录；

（三）在征信系统中有不良记录；

（四）在征信系统中有多家银行贷款或信用卡授信记录；

（五）单位代办商务差旅卡和商务采购卡；

（六）其他渠道获得的风险信息。

第四十四条 发卡银行不得向未满十八周岁的客户核发信用卡（附属卡除外）。

第四十五条 向符合条件的同一申请人核发学生信用卡的发卡银行不得超过两家（附属卡除外）。

在发放学生信用卡之前，发卡银行必须落实第二还款来源，取得第二还款来源方（父母、监护人或其他管理人等）愿意代为还款的书面担保材料，并确认第二还款来源方身份的真实性。在提高学生信用卡额度之前，发卡银行必须取得第二还款来源方（父母、监护人或其他管理人等）表示同意并愿意代为还款的书面担保材料。

商业银行应当按照审慎原则制定学生信用卡业务的管理制度，根据业务发展实际情况评估、测算和合理确定本行学生信用卡的首次授信额度和根据用卡情况调整后的最高授信额度。学生信用卡不得超限额使用。

第四十六条 发卡银行应当在银行网站上公开披露与教育机构以向学生营销信用卡为目的签订

的协议。

发卡银行在任何教育机构的校园内向学生开展信用卡营销活动，必须就开展营销活动的具体地点、日期、时间和活动内容提前告知相关教育机构并取得该教育机构的同意。

第四十七条　发卡银行应当提供信用卡申请处理进度和结果的查询渠道。

第四十八条　发卡银行发放信用卡应当符合安全管理要求，卡片和密码应当分别送达并提示持卡人接收。信用卡卡片发放时，应当向持卡人书面告知信用卡账单日期、信用卡章程、安全用卡须知、客户服务电话、服务和收费信息查询渠道等信息，以便持卡人安全使用信用卡。

第四十九条　发卡银行应当建立信用卡激活操作规程，激活前应当对信用卡持卡人身份信息进行核对。不得激活领用合同（协议）未经申请人签名确认、未经激活程序确认持卡人身份的信用卡。对新发信用卡、挂失换卡、毁损换卡、到期换卡等必须激活后才能为持卡人开通使用。

信用卡未经持卡人激活，不得扣收任何费用。在特殊情况下，持卡人以书面、客户服务电话录音、电子签名、持卡人和发卡银行双方均认可的方式单独授权扣收的费用，以及换卡时已形成的债权债务关系除外。

信用卡未经持卡人激活并使用，不得发放任何礼品或礼券。

第五十条　发卡银行应当建立信用卡授信管理制度，根据持卡人资信状况、用卡情况和风险信息对信用卡授信额度进行动态管理，并及时按照约定方式通知持卡人，必要时可以要求持卡人落实第二还款来源或要求其提供担保。

发卡银行应当对持卡人名下的多个信用卡账户授信额度、分期付款总体授信额度、附属卡授信额度、现金提取授信额度等合并管理，设定总授信额度上限。商务采购卡的现金提取授信额度应当设置为零。

第五十一条　在已通过信用卡领用合同（协议）、书面协议、电子银行记录或客户服务电话录音等进行约定的前提下，发卡银行可以对超过 6 个月未发生交易的信用卡调减授信额度，但必须提前 3 个工作日按照约定方式明确告知持卡人。

第五十二条　发卡银行应当建立信用卡业务风险管理制度。发卡银行从公安机关、司法机关、持卡人本人、亲属、交易监测或其他渠道获悉持卡人出现身份证件被盗用、家庭财务状况恶化、还款能力下降、预留联系方式失效、资信状况恶化、有非正常用卡行为等风险信息时，应当立即停止上调额度、超授信额度用卡服务授权、分期业务授权等可能扩大信用风险的操作，并视情况采取提高交易监测力度、调减授信额度、止付、冻结或落实第二还款来源等风险管理措施。

第五十三条　信用卡未经持卡人申请并开通超授信额度用卡服务，不得以任何形式扣收超限费。持卡人可以采用口头（客户服务电话录音）、电子、书面的方式开通或取消超授信额度用卡服务。

发卡银行必须在为持卡人开通超授信额度用卡服务之前，提供关于超限费收费形式和计算方式的信息，并明确告知持卡人具有取消超授信额度用卡服务的权利。发卡银行收取超限费后，应当在对账单中明确列出相应账单周期中的超限费金额。

第五十四条　经持卡人申请开通超授信额度用卡服务后，发卡银行在一个账单周期内只能提供一次超授信额度用卡服务，在一个账单周期内只能收取一次超限费。如果在两个连续的账单周期内，持卡人连续要求支付超限费以完成超过授信额度的透支交易，发卡银行必须在第二个账单周期结束后立即停止超授信额度用卡服务，直至信用卡未结清款项减少到信用卡原授信额度以下才能根据持卡人的再次申请重新开通超授信额度用卡服务。

第五十五条　发卡银行不得为信用卡转账（转出）和支取现金提供超授信额度用卡服务。信用卡透支转账（转出）和支取现金的金额两者合计不得超过信用卡的现金提取授信额度。

第五十六条　发卡银行应当制定信用卡交易授权和风险监测管理制度，配备必要的设备、系统和人员，确保 24 小时交易授权和实时监控，对出现可疑交易的信用卡账户应当及时采取与持卡人联系确认、调整授信额度、锁定账户、紧急止付等风险管理措施。

发卡银行应当对可疑交易采取电话核实、调单或实地走访等方式进行风险排查并及时处理，必要时应当及时向公安机关报案。

第五十七条 发卡银行应当在信用卡领用合同（协议）中明确规定以持卡人相关资产偿还信用卡贷款的具体操作流程，在未获得持卡人授权的情况下，不得以持卡人资产直接抵偿信用卡应收账款。国家法律法规另有规定的除外。

发卡银行收到持卡人还款时，按照以下顺序对其信用卡账户的各项欠款进行冲还：逾期 1~90 天（含）的，按照先应收利息或各项费用、后本金的顺序进行冲还；逾期 91 天以上的，按照先本金、后应收利息或各项费用的顺序进行冲还。

第五十八条 发卡银行通过自助渠道提供信用卡查询和支付服务必须校验密码或信用卡校验码。对确实无法校验密码或信用卡校验码的，发卡银行应当根据交易类型、风险性质和风险特征，确定自助渠道信用卡服务的相关信息校验规则，以保障安全用卡。

第五十九条 发卡银行应当提供 24 小时挂失服务，通过营业网点、客户服务电话或电子银行等渠道及时受理持卡人挂失申请并采取相应的风险管控措施。

第六十条 发卡银行应当提供信息查询服务，通过银行网站、用卡手册、电子银行等多种渠道向持卡人公示信用卡产品和服务、使用说明、章程、领用合同（协议）、收费项目和标准、风险提示等信息。

第六十一条 发卡银行应当提供对账服务。对账单应当至少包括交易日期、交易金额、交易币种、交易商户名称或代码、本期还款金额、本期最低还款金额、到期还款日、注意事项、发卡银行服务电话等要素。对账服务的具体形式由发卡银行和持卡人自行约定。

发卡银行向持卡人提供对账单及其他服务凭证时，应当对信用卡卡号进行部分屏蔽，不得显示完整的卡号信息。银行柜台办理业务打印的业务凭证除外。

第六十二条 发卡银行应当提供投诉处理服务，根据信用卡产品（服务）特点和复杂程度建立统一、高效的投诉处理工作程序，明确投诉处理的管理部门，公开披露投诉处理渠道。

第六十三条 发卡银行应当提供信用卡到期换卡服务，为符合到期换卡条件的持卡人换卡。持卡人提出到期不续卡、不换卡、销户的除外。

对持卡人在信用卡有效期内未激活的信用卡账户，发卡银行不得提供到期换卡服务。

第六十四条 发卡银行应当提供信用卡销户服务，在确认信用卡账户没有未结清款项后及时为持卡人销户。信用卡销户时，商务采购卡账户余额应当转回其对应的单位结算账户。

在通过信用卡领用合同（协议）或书面协议对通知方式进行约定的前提下，发卡银行应当提前 45 天以上采用明确、简洁、易懂的语言将信用卡章程、产品服务等即将发生变更的事项通知持卡人。

第六十五条 信用卡业务计结息操作，遵照国家有关部门的规定执行。

第六十六条 发卡银行应当建立信用卡欠款催收管理制度，规范信用卡催收策略、权限、流程和方式，有效控制业务风险。发卡银行不得对催收人员采用单一以欠款回收金额提成的考核方式。

第六十七条 发卡银行应当及时就即将到期的透支金额、还款日期等信息提醒持卡人。持卡人提供不实信息、变更联系方式未通知发卡银行等情况除外。

第六十八条 发卡银行应当对债务人本人及其担保人进行催收，不得对与债务无关的第三人进行催收，不得采用暴力、胁迫、恐吓或辱骂等不当催收行为。对催收过程应当进行录音，录音资料至少保存 2 年备查。

第六十九条 信用卡催收函件应当对持卡人充分披露以下基本信息：持卡人姓名和欠款余额，催收事由和相关法规，持卡人相关权利和义务，查询账户状态、还款、提出异议和提供相关证据的途径，发卡银行联系方式，相关业务公章，监管机构规定的其他内容。

发卡银行收到持卡人对信用卡催收提出的异议，应当及时对相关信用卡账户进行备注，并开展核实处理工作。

第七十条　在特殊情况下，确认信用卡欠款金额超出持卡人还款能力且持卡人仍有还款意愿的，发卡银行可以与持卡人平等协商，达成个性化分期还款协议。个性化分期还款协议的最长期限不得超过5年。

个性化分期还款协议的内容应当至少包括：

（一）欠款余额、结构、币种；

（二）还款周期、方式、币种、日期和每期还款金额；

（三）还款期间是否计收年费、利息和其他费用；

（四）持卡人在个性化分期还款协议相关款项未全部结清前，不得向任何银行申领信用卡的承诺；

（五）双方的权利、义务和违约责任；

（六）与还款有关的其他事项。

双方达成一致意见并签署分期还款协议的，发卡银行及其发卡业务服务机构应当停止对该持卡人的催收，持卡人不履行分期还款协议的情况除外。达成口头还款协议的，发卡银行必须留存录音资料。录音资料留存时间至少截至欠款结清日。

第七十一条　发卡银行不得将信用卡发卡营销、领用合同（协议）签约、授信审批、交易授权、交易监测、资金结算等核心业务外包给发卡业务服务机构。

第五章　收单业务管理

第七十二条　收单银行应当明确收单业务的牵头管理部门，承担协调处理特约商户资质审核、登记管理、机具管理、垫付资金管理、风险管理、应急处置等的职责。

第七十三条　收单银行应当加强对特约商户资质的审核，实行商户实名制，不得设定虚假商户。特约商户资料应当至少包括营业执照、税务登记证件或相关纳税证明、法定代表人或负责人身份证件、财务状况或业务规模、经营期限等。收单银行应当对特约商户进行定期或不定期现场调查，认真核实并及时更新特约商户资料。

收单银行不得因与特约商户有其他业务往来而降低资质审核标准和检查要求，对批发类、咨询类、投资类、中介类、公益类、抵扣率商户或可能出现高风险的商户应当从严审核。

第七十四条　收单银行不得将个人银行结算账户设置为特约商户的单位结算账户，已纳入单位银行结算账户管理的除外。

收单银行应当为特约商户、特约商户服务机构等提供安全的结算服务，并承担相应的监督管理职责，确保所服务机构受理信用卡的业务合法合规。

第七十五条　收单银行签约的特约商户应当至少满足以下基本条件：

（一）合法设立的法人机构或其他组织；

（二）从事的业务和行业符合国家法律、法规和政策规定；

（三）未成为本行或他行发卡业务服务机构；

（四）商户、商户负责人（或法定代表人）未在征信系统、银行卡组织的风险信息共享系统、同业风险信息共享系统中留有可疑信息或风险信息。

第七十六条　收单银行对从事网上交易的商户，应当进行严格的审核和评估，以技术手段确保数据安全和资金安全。商业银行不得与网站上未明确标注如下信息的网络商户或第三方支付平台签订收单业务相关合同：

（一）客户服务电话号码及邮箱地址；

（二）安全管理的声明；

（三）退货（退款）政策和具体流程；

（四）保护客户隐私的声明；

（五）客户信息使用行为的管理要求；

（六）其他商业银行相关管理制度要求具备的信息。

收单银行应当按照外包管理要求对签约的第三方支付平台进行监督管理，并有责任对与第三方支付平台签约的商户进行不定期的资质审核情况或交易行为抽查，以确保为从事合法业务的商户提供服务。

第七十七条 收单银行应当严格按照国家法律法规、相关行业规范和业务规则设置商户名称、商户编码、商户类别码、商户服务类别码等，留存真实完整的商户地址、受理终端安装地点和使用范围、受理终端绑定通信方式和号码、法人（或负责人）、联系人、联系电话等信息，加强特约商户培训和交易检查工作，并真实、准确、完整地传递信用卡交易信息，为发卡银行开展信用卡交易授权和风险监测提供准确的信息。

收单银行要求第三方支付平台提供的交易明细信息，必须包括交易对象在第三方支付平台上的识别编号，以便协助持卡人保护自身合法权益。

第七十八条 收单银行应当确保特约商户按照联网通用原则受理信用卡，不得出现商户拒绝受理符合联网通用管理要求的信用卡，或因持卡人使用信用卡而向持卡人收取附加费用等行为。

第七十九条 收单银行应当建立特约商户管理制度，根据商户类型和业务特点对商户实行分类管理，严格控制交易处理程序和退款程序，不得因与特约商户有其他业务往来而降低对特约商户交易的检查要求。

第八十条 收单银行应当对特约商户的风险进行综合评估和分类管理，及时掌握其经营范围、场所、法定代表人或负责人、银行卡受理终端装机地址和使用范围等重要信息的变更情况，不断完善交易监控机制。收单银行应当对特约商户建立不定期现场核查制度，重点核对其银行卡受理终端使用范围、装机地址、装机编号是否与已签订的协议一致。

对通过邮寄、电话、电视和网络等方式销售商品或服务的特约商户，收单银行应当采取特殊的风险控制措施，加强交易情况监测，增加现场核查频度。

第八十一条 收单银行应当根据特约商户的业务性质、业务特征、营业情况，对特约商户设定动态营业额上限。对特约商户交易量突增、频繁出现大额交易、整数金额交易、交易额与经营状况明显不符、争议款项过高、退款交易过多、退款额过高、拖欠退款额过高、出现退款欺诈、非法交易、商户经营内容与商户类别码不符或收到发卡银行风险提示等情况，收单银行应当及时调查处理，并及时采取有效措施，降低出现收单业务损失的风险。

第八十二条 对确认已出现虚假申请、信用卡套现、测录客户数据资料、泄露账户和交易信息、恶意倒闭等欺诈行为的特约商户，收单银行应当及时采取撤除受理终端、妥善留存交易记录等相关证据并提交公安机关处理、列入黑名单、录入银行卡风险信息系统、与相关银行卡组织共享风险信息等有效的风险控制措施。

第八十三条 收单银行应当建立相互独立的市场营销和风险管理机制，负责市场拓展、商户资质审核、服务和授权、异常交易监测、受理终端密钥管理、受理终端密钥下载、受理终端程序灌装等职能的人员和岗位，不得相互兼岗。

第八十四条 收单银行应当建立健全收单业务受理终端管理机制，设立管理台账，及时登记和更新受理终端安装地点、使用情况和不定期检查情况。

对特约商户提出的新增、更换、维护受理终端的要求，收单银行应当履行必要的核实程序，发现特约商户有移机使用、出租、出借或超出其经营范围使用受理终端的情况，应当立即采取撤除受理终端、妥善留存交易记录相关证据等有效的风险管理措施，并将特约商户、商户法定代表人（负责人）姓名、商户法定代表人（负责人）身份证件等有关信息录入银行卡风险信息共享系统。

第八十五条 收单银行应当加强对收单业务移动受理终端的管理，确保不同的终端设备使用不同的终端主密钥并定期更换。收单银行应当严格审核特约商户安装移动受理终端的申请，除航空、餐饮、交通罚款、上门收费、移动售货、物流配送确有使用移动受理终端需求的商户外，其他类型商户未经收单银行总行审核批准不得安装移动受理终端。

第八十六条 收单银行应当采用严格的技术手段对收单业务移动受理终端的使用进行监控，并不定期进行回访，确保收单业务移动受理终端未超出签约范围跨地区使用。

第八十七条 收单银行应当确保对收单业务受理终端所有打印凭条上的信用卡号码进行部分屏蔽，转账交易的转入卡号、预授权交易预留卡号和IC卡脱机交易除外。

收单银行和收单服务机构应当确保业务系统只能存储用于交易清分、资金结算、差错处理所必需的最基本的账户信息，不得以任何形式存储信用卡磁道信息、卡片验证码、个人标识码等信息。

第八十八条 收单银行应当与特约商户签订收单业务合同。收单业务合同至少应当明确以下事项：双方的权利义务关系；业务流程、收单业务管理主体、法律责任和经济责任；移动受理终端和无卡交易行为的管理主体、法律责任和经济责任；协助调查处理的责任和内容；保证金条款；保密条款；数据安全条款；其他条款。

第八十九条 收单银行、收单业务服务机构合作应当与特约商户签订收单业务合同，至少应当明确以下事项：收单业务营销主体；收单业务管理主体各方的权利义务关系；各方的法律责任和经济责任；移动受理终端相关法律责任和经济责任、无卡交易相关法律责任和经济责任；协助调查处理的责任和内容；保密条款；数据安全条款等。

第九十条 收单银行不得将特约商户审核和签约、资金结算、后续检查和抽查、受理终端密钥管理和密钥下载工作外包给收单业务服务机构。

第六章 业务风险管理

第九十一条 商业银行应当制定明确的信用卡业务发展战略和风险管理规划，建立健全信用卡业务内部控制、授权管理和风险管理体系、组织、制度、流程和岗位，明确分工和相关职责。

商业银行可以基于自愿和保密原则，对信用卡业务中出现不良行为的营销人员、持卡人、特约商户、服务机构等有关风险信息进行共享，加强在风险管理方面的合作。

第九十二条 商业银行应当对信用卡风险资产实行分类管理，分类标准如下：

（一）正常类：持卡人能够按照事先约定的还款规则在到期还款日前（含）足额偿还应付款项。

（二）关注类：持卡人未按事先约定的还款规则在到期还款日足额偿还应付款项，逾期天数在1~90天（含）。

（三）次级类：持卡人未按事先约定的还款规则在到期还款日足额偿还应付款项，逾期天数为91~120天（含）。

（四）可疑类：持卡人未按事先约定的还款规则在到期还款日足额偿还应付款项，逾期天数在121~180天（含）。

（五）损失类：持卡人未按事先约定的还款规则在到期还款日足额偿还应付款项，逾期天数超过180天。

在业务系统能够支持、分类操作合法合规、分类方法和数据测算方式已经中国银监会及其相关派出机构审批同意等前提下，鼓励商业银行采用更为审慎的信用卡资产分类标准，持续关注和定期比对与之相关的准备金计提、风险资产计量等环节的重要风险管理指标，并采取相应的风险控制措施。

第九十三条　商业银行应当建立健全信用卡业务操作风险的防控制度和应急预案，有效防范操作风险。以下风险资产应当直接列入相应类别：

（一）持卡人因使用诈骗方式申领、使用信用卡造成的风险资产，一经确认，应当直接列入可疑类或损失类。

（二）因内部作案或内外勾结作案造成的风险资产应当直接列入可疑类或损失类。

（三）因系统故障、操作失误造成的风险资产应当直接列入可疑类或损失类。

（四）签订个性化分期还款协议后尚未偿还的风险资产应当直接列入次级类或可疑类。

第九十四条　发卡银行应当对信用卡风险资产质量变动情况进行持续监测，相关准备金计提遵照国家有关部门的规定执行。

第九十五条　发卡银行应当加强信用卡风险资产认定和核销管理工作，及时确认并核销。信用卡业务的呆账认定依据、认定范围、核销条件等遵照国家有关部门的规定执行。

第九十六条　发卡银行应当建立科学合理的风险监测指标，适时采取相应的风险控制措施。

第九十七条　发卡银行应当根据信用卡业务发展情况，使用计量模型辅助开展信用卡业务风险管理工作，制定模型开发、测试、验证、重检、调整、监测、维护、审计等相关管理制度，明确计量模型的使用范围。

第九十八条　发卡银行应当严格执行资本充足率监管要求，将未使用的信用卡授信额度纳入承诺项目中的"其他承诺"子项计算表外加权风险资产，适用50%的信用转换系数和根据信用卡交易主体确定的相应风险权重。

第九十九条　商业银行应当对单位卡实施单一客户授信集中风险管理，定期集中计算单位卡授信和垫款额度总和，持续监测单位卡合同签约方在本行所有贷款授信额度及其使用情况，并定期开展单位卡相关交易真实性和用途适用性的检查工作，防止出现以虚假交易套取流动资金贷款的行为。

第七章　监督管理

第一百条　中国银监会及其派出机构依法对信用卡业务实施非现场监管和现场检查，对信用卡业务风险进行监测和评估，并对信用卡业务相关行业自律组织进行指导和监督。

在实施现场检查和风险评估的过程中，相关检查和评估人员应当遵守商业银行信用卡业务安全管理的有关规定。

第一百零一条　商业银行开办信用卡业务应当按照有关规定向中国银监会报送信用卡业务统计数据和管理信息。

第一百零二条　商业银行应当定期对信用卡业务发展与管理情况进行自我评估，按年编制《信用卡业务年度评估报告》。

第一百零三条　商业银行《信用卡业务年度评估报告》应当至少包括以下内容：

（一）本年度信用卡业务组织架构和高管人员配置总体情况；

（二）全年信用卡业务基本经营情况分析；

（三）信用卡业务总体资产结构和资产质量；

（四）不同类型的信用卡业务资产结构和资产质量；

（五）信用卡业务主要风险分析和风险管理情况；

（六）信用卡业务合规管理和内控管理情况；

（七）已外包的各项信用卡业务经营管理情况；

（八）投诉处理情况；

（九）下一年度信用卡业务发展规划；

（十）监管机构要求报告的其他事项。

第一百零四条　全国性商业银行《信用卡业务年度评估报告》应当于下一年度的 3 月底之前报送中国银监会（一式两份），抄送总行（公司）或外资法人银行注册地中国银监会派出机构。

按照有关规定只能在特定城市或地区从事业务经营活动的商业银行、商业银行授权开办部分或全部信用卡业务的分支机构（含营运中心等），应当于下一年度的 3 月底之前参照第一百零三条的规定将相关材料报送当地中国银监会派出机构。

第一百零五条　商业银行应当建立信用卡业务重大安全事故和风险事件报告制度，与中国银监会及其派出机构保持经常性沟通。出现重大安全事故和风险事件后 24 小时内应当向中国银监会及其相关派出机构报告，并随时关注事态发展，及时报送后续情况。

第一百零六条　中国银监会对信用卡业务实施现场检查时，应当按照现场检查有关规定组成检查工作组并进行相关业务培训，应当邀请相关商业银行的信用卡业务管理和技术人员介绍其信用卡业务总体框架、运营管理模式、重要业务运营系统和重要电子设备管理要求等。

第一百零七条　商业银行不符合本办法规定的条件擅自开办信用卡业务的，中国银监会及其相关派出机构应当责令商业银行立即停止开办的信用卡业务，并依据《中华人民共和国银行业监督管理法》第四十五条规定采取相关监管措施。

第一百零八条　商业银行违反本办法规定经营信用卡业务的，中国银监会及其相关派出机构应当责令商业银行限期改正。商业银行逾期未改正的，中国银监会及其派出机构依据《中华人民共和国银行业监督管理法》第三十七条、第四十六条、第四十七条规定采取相关监管措施。

第一百零九条　商业银行在开展信用卡业务过程中，违反审慎经营原则导致信用卡业务存在较大风险隐患、合作的机构从事或被犯罪分子利用从事违法违规活动 1 年内达到 2 次的，由中国银监会及其派出机构立即暂停该商业银行相关新发卡业务或发展新特约商户的资格，责令限期改正；逾期未改正或安全隐患在短时间内难以解决的，中国银监会及其派出机构除采取《中华人民共和国银行业监督管理法》第四十六条规定的监管措施外，还可以视情况分别采取以下措施：

（一）责令商业银行、相关分支机构或相关专营机构限制（或暂停）信用卡发卡业务或收单业务；

（二）责令商业银行、相关分支机构或相关专营机构限制（或暂停）发展新的信用卡业务持卡人；

（三）责令商业银行、相关分支机构或相关专营机构限制（或暂停）发展新的信用卡业务特约商户；

（四）责令停止批准增设营运中心等；

（五）责令停止开办新业务；

（六）其他审慎性监管措施。

第一百一十条　商业银行、相关分支机构或相关营运中心整改后，应当向银监会或其相关派出机构提交整改情况报告。银监会或其相关派出机构验收确认符合审慎经营规则和本办法相关规定的，自验收完毕之日起三日内解除对其采取的有关监管措施。

第一百一十一条　商业银行在开展信用卡业务过程中，违反其他有关法律、行政法规和规章的，由中国银监会及其派出机构依据相关法律、行政法规和规章督促整改，并采取相应的监管措施。

第八章　附　则

第一百一十二条　本办法由中国银监会负责解释。

第一百一十三条　本办法颁布之前制定的相关信用卡管理规定与本办法不一致的，以本办法为准。

第一百一十四条　在中华人民共和国境内经中国银监会批准设立的其他银行业金融机构开展信用卡业务，适用本办法的有关规定。

第一百一十五条　本办法自公布之日起施行。此前已开办相关业务且不符本办法规定的，半年内要调整完毕。

商业银行董事履职评价办法（试行）

（银监会令［2010］7 号，经中国银行业监督管理委员会第 101 次主席会议通过，2010 年 12 月 10 日公布，并自发布之日起施行）

第一章　总　则

第一条　为了进一步完善商业银行公司治理机制，规范董事履职行为，保护商业银行、存款人和其他客户的合法权益，根据《中华人民共和国公司法》、《中华人民共和国银行业监督管理法》、《中华人民共和国商业银行法》等法律法规，制定本办法。

第二条　本办法所称董事履职评价是指商业银行依照法律法规和有关规定，对董事的履职情况进行评价的行为。

本办法所称董事是指经银行业监督管理机构核准任职资格的商业银行董事。

第三条　董事履职评价应当遵循依法合规、客观公正、科学有效的原则。

第四条　商业银行应当建立健全董事履职评价制度，按照规定开展评价工作。

第五条　商业银行监事会对董事履职评价工作负最终责任，银行业监督管理机构对商业银行董事履职评价工作进行监督。

第二章　评价内容

第六条　董事对商业银行负有忠实义务和勤勉义务。董事应当按照相关法律、法规、规章及商业银行章程的要求，专业、高效地履行职责，维护商业银行利益，推动商业银行履行社会责任。

第七条　董事应当具备履职所必需的专业知识、工作经验和基本素质，具有良好的职业道德。

第八条　董事应当保守商业银行秘密，不得在履职过程中接受不正当利益，不得利用董事地位牟取私利，不得为股东利益损害商业银行利益。

第九条　董事应当如实告知商业银行本职、兼职情况，并保证所任职务与其在商业银行的任职不存在利益冲突。

董事不得在可能发生利益冲突的金融机构兼任董事。

第十条　董事应当按照相关监管规定，如实向董事会、监事会报告关联关系情况，并按照相关要求及时报告上述事项的变动情况。

董事个人直接或者间接与商业银行业务有关联关系时，应当及时告知关联关系的性质和程度，并按照相关规定履行回避义务。

第十一条　董事任职前应当书面签署尽职承诺，任职期间应当恪守承诺，勤勉履职。

第十二条　商业银行应当对董事在商业银行的工作时间规定最低要求。

独立董事和董事会专门委员会主任委员每年在商业银行工作的时间不得少于 15 个工作日。

第十三条　董事每年应当亲自出席三分之二以上的董事会会议。董事因故不能出席，应当书面委托其他董事代为出席，委托书中应当载明授权范围。

第十四条　董事应当持续了解和分析商业银行的运行情况，定期阅读商业银行各项经营报告、财务报告以及风险管理的相关报告，全面把握监管机构、外部审计和社会公众对商业银行的评价，对商业银行事务做出独立、专业、客观的判断，并通过合法渠道提出自己的意见和建议。商业银行应当建立健全相关制度，为董事履职提供必要的信息和资源。

第十五条　董事在履职过程中，应当重点关注以下事项：

（一）商业银行战略规划的制定和实施；

（二）商业银行高级管理层的选聘和监督；

（三）商业银行资本管理和资本补充；

（四）商业银行风险偏好、风险战略和风险管理制度；

（五）商业银行重大对外投资和资产处置项目；

（六）商业银行薪酬和绩效考核制度及其执行情况；

（七）商业银行高级管理层的执行力。

第十六条　董事参加董事会专门委员会期间，应当持续深入跟踪专门委员会职责范围内商业银行相关事项的变化情况及影响，并按照议事规则及时提出专业意见，提请专门委员会予以关注。

第十七条　董事担任董事会专门委员会的主任委员期间，应当按照职责权限认真开展专门委员会工作，按照规定及时召开专门委员会会议形成专业意见，或者根据董事会授权对专门事项提出审议意见。

第十八条　执行董事应当完整、真实、及时地向董事会报告商业银行经营情况及相关信息，保证董事会及其成员充分了解商业银行运行状况。

第十九条　执行董事应当严格执行董事会决议，并将执行情况及时报告董事会。执行董事应当认真研究决议执行中出现的问题，提出科学可行的意见和建议供董事会讨论决策。

第二十条　非执行董事应当从商业银行长远利益出发，做好商业银行与股东的沟通工作，不得将股东自身利益置于商业银行和其他股东利益之上。

第二十一条　非执行董事应当重点关注高级管理层对董事会决议的落实情况。如商业银行审慎监管指标不能达到监管要求或近期可能出现偏差时，非执行董事应当支持商业银行及时整改。

第二十二条　非执行董事应当关注股东与商业银行的关联交易情况，支持商业银行完善关联交易管理系统，确保关联交易合法合规。

第二十三条　独立董事应当对董事会讨论事项发表客观、公正的独立意见，注重维护存款人和中小股东权益。

第二十四条　独立董事在履职过程中，应当特别关注以下事项：

（一）商业银行关联交易的合法性和公允性；

（二）商业银行年度利润分配方案；

（三）商业银行信息披露的完整性和真实性；

（四）可能造成商业银行重大损失的事项；

（五）可能损害存款人和中小股东利益的事项。

第三章　评价方法

第二十五条　商业银行应当按照本办法要求，建立健全董事履职的监督评价体系和董事履职跟踪记录制度，完善履职档案，制定明确的评价制度和实施细则。

第二十六条　商业银行应当按年度对所有在职董事进行履职评价。对于评价年度内任职机构或任职岗位发生变化的董事，应当在综合履职信息的基础上进行评价。

第二十七条　商业银行应当建立健全评价操作体系，科学合理地确定各项评价要素的内容，充分列示对每一要素的评价依据。

第二十八条　商业银行应当按照本办法对董事履职情况做出评价，评价要素不得少于本办法第二章的要求。

第二十九条　商业银行董事履职评价应当充分发挥监事的作用，评价工作可以包括董事自评、董事互评、董事会评价、监事会评价等环节，由监事会形成最终评价结果。

第三十条　商业银行应当依据评价结果将董事划分为称职、基本称职和不称职三个级别。

第三十一条　董事履职过程中出现下列情形之一的，董事当年履职评价不得评为称职：

（一）董事该年度内未能亲自出席三分之二（含）以上的董事会会议的；

（二）董事表达反对意见时，不能正确行使表决权的；

（三）董事会违反章程、议事规则和决策程序议决重大事项，董事未提出反对意见的；

（四）商业银行资本充足率、资产质量等主要审慎监管指标未达到监管要求，董事未能及时提请董事会有效整改的；

（五）商业银行经营战略出现重大偏差，董事未能及时提出意见或修正要求的；

（六）商业银行风险管理政策出现重大失误，董事未能及时提出意见或修正要求的；

（七）银行业监督管理机构认定的其他情形。

第三十二条　董事履职过程中出现下列情形之一的，董事当年履职评价应当为不称职：

（一）泄露商业秘密，损害商业银行合法利益的；

（二）在履职过程中获取不正当利益，或者利用董事地位牟取私利的；

（三）董事会决议违反法律、法规或者商业银行章程，致使商业银行遭受严重损失，董事没有提出异议的；

（四）银行业监管管理机构认定的其他严重失职行为。

第四章　评价应用

第三十三条　监事会应当将评价结果通报股东大会和董事会，并通知董事本人，根据评价结果提出工作建议或处理意见。

被评为基本称职的董事，董事会和监事会应当组织会谈，向董事本人提出限期改进要求；董事会应当组织培训，帮助董事提高履职能力。如长期未能有效改进，商业银行应当更换董事。

被评为不称职的董事，商业银行应当及时更换。

第三十四条　商业银行应当在每个年度终了四个月内，将各环节的董事履职评价结果和全部评价依据报告银行业监督管理机构。

第三十五条　银行业监督管理机构应当对商业银行董事履职评价进行监督。

商业银行评价制度、程序不符合规定或评价结果严重失真的，银行业监督管理机构应当要求商业银行限期改正，并视情况追究商业银行评价责任。

第三十六条　银行业监督管理机构可根据董事履职评价结果组织开展专项现场检查，督促商业银行完善公司治理。

第三十七条　银行业监督管理机构应当将商业银行董事的年度履职评价结果及时录入银行业金融机构董事和高级管理人员监督管理系统。

第五章　附　则

第三十八条　本办法适用于中华人民共和国境内设立的商业银行，城市信用合作社、农村信用合作社、金融资产管理公司、信托投资公司、财务公司、金融租赁公司，经中国银行业监督管理委员会批准设立的其他金融机构可参照执行。

第三十九条　本办法由中国银行业监督管理委员会负责解释。

第四十条　本办法自发布之日起实施。

商业银行杠杆率管理办法

(银监会令［2011］3号，经中国银行业监督管理委员会第91次主席会议通过，2011年6月1日公布，自2012年1月1日起施行)

第一章 总 则

第一条 为有效控制商业银行的杠杆化程度，维护商业银行的安全、稳健运行，根据《中华人民共和国银行业监督管理法》和《中华人民共和国商业银行法》，制定本办法。

第二条 本办法适用于在中华人民共和国境内设立的商业银行，包括中资银行、外商独资银行和中外合资银行。

第三条 本办法所称杠杆率，是指商业银行持有的、符合有关规定的一级资本与商业银行调整后的表内外资产余额的比率。

第四条 商业银行并表和未并表的杠杆率均不得低于4%。

第五条 中国银行业监督管理委员会（以下简称银监会）按照本办法规定对商业银行的杠杆率及其管理状况实施监督检查。

第六条 银监会对银行业的整体杠杆率情况进行持续监测，加强对银行业系统性风险的分析与防范。

第二章 杠杆率的计算

第七条 商业银行杠杆率的计算公式为：$\text{杠杆率} = \dfrac{\text{一级资本} - \text{一级资本和扣减项}}{\text{调整后的表内外资产余额}} \times 100\%$。

第八条 一级资本和一级资本扣减项为商业银行按照银监会有关规定计算资本充足率所采用的一级资本和一级资本扣减项。

第九条 调整后的表内外资产余额的计算公式为：

调整后的表内外资产余额 = 调整后的表内资产余额 + 调整后的表外项目余额 − 一级资本扣减项

第十条 调整后的表内资产余额按照如下方式计算：

（一）汇率、利率及其他衍生产品按照本办法附件所列示的现期风险暴露法计算。

（二）其他表内资产在扣减针对该项资产计提的准备后，计入调整后的表内资产余额。

商业银行在计算表内资产余额时，不考虑抵质押品、保证和信用衍生工具等信用风险缓释因素。

商业银行在计算调整后的表内资产余额时，可以根据银监会发布的《商业银行信用风险缓释监管资本计量指引》，对回购交易和衍生产品交易采用净额结算方法进行调整。

第十一条 调整后的表外项目余额按照如下方式计算：

（一）表外项目中无条件可撤销承诺按照10%的信用转换系数计算。

（二）其他表外项目按照100%的信用转换系数计算。

无条件可撤销承诺指商业银行在协议书面列明无需事先通知、有权随时无条件撤销，而且撤销不会引起纠纷、诉讼或给银行带来成本的承诺。

第十二条　商业银行计算并表杠杆率时，并表范围和计算方式依据银监会关于计算并表资本充足率的相关规定确定。

第三章　杠杆率的监督管理

第十三条　商业银行董事会承担杠杆率管理的最终责任，商业银行高级管理层负责杠杆率管理的实施工作。

第十四条　商业银行应当设定不低于最低监管要求的目标杠杆率，有效控制杠杆化程度。

第十五条　商业银行应当按照银监会的要求定期报送并表和未并表的杠杆率报表。并表杠杆率报表每半年报送一次，未并表杠杆率报表每季度报送一次。

第十六条　商业银行杠杆率信息披露应当至少包括杠杆率水平、一级资本、一级资本扣减项、调整后的表内资产余额、调整后的表外项目余额和调整后的表内外资产余额等内容。

商业银行应当在每个会计年度终了后四个月内披露杠杆率信息。因特殊原因不能按时披露的，应当至少提前十五个工作日向银监会申请延迟。

商业银行应当在主要营业场所公布本办法要求披露的信息内容，并确保股东及相关利益人能够及时获得相关信息。

第十七条　对于杠杆率低于最低监管要求的商业银行，银监会可以采取以下纠正措施：

（一）要求商业银行限期补充一级资本；

（二）要求商业银行控制表内外资产增长速度；

（三）要求商业银行降低表内外资产规模。

对于逾期未改正或者其行为严重危及商业银行稳健运行、损害存款人和其他客户的合法权益的，银监会可以根据《中华人民共和国银行业监督管理法》的规定，区别情形，采取下列措施：

（一）责令暂停部分业务、停止批准开办新业务；

（二）限制分配红利和其他收入；

（三）停止批准增设分支机构；

（四）责令控股股东转让股权或者限制有关股东的权利；

（五）责令调整董事、高级管理人员或者限制其权利；

（六）法律规定的其他措施。

除上述措施外，银监会还可以依法对商业银行给予行政处罚。

第四章　附　则

第十八条　政策性银行、金融资产管理公司、农村合作银行、农村信用社、企业集团财务公司、金融租赁公司、汽车金融公司和消费金融公司参照本办法执行。

第十九条　银监会确定的系统重要性银行应当于2013年底前达到最低杠杆率要求，非系统重要性银行应当于2016年底前达到最低杠杆率要求。在过渡期内，未达到最低杠杆率要求的银行应当制定达标规划，并向银监会报告。

第二十条　本办法由银监会负责解释。

第二十一条　本办法自2012年1月1日起施行。

商业银行理财产品销售管理办法

（银监会令〔2011〕5 号，经中国银行业监督管理委员会第 109 次主席会议通过，2011 年 8 月 28 日公布，自 2012 年 1 月 1 日起施行）

第一章 总 则

第一条 为规范商业银行理财产品销售活动，促进商业银行理财业务健康发展，根据《中华人民共和国银行业监督管理法》、《中华人民共和国商业银行法》及其他相关法律、行政法规，制定本办法。

第二条 本办法所称商业银行理财产品（以下简称理财产品）销售是指商业银行将本行开发设计的理财产品向个人客户和机构客户（以下统称客户）宣传推介、销售、办理申购、赎回等行为。

第三条 商业银行开展理财产品销售活动，应当遵守法律、行政法规等相关规定，不得损害国家利益、社会公共利益和客户合法权益。

第四条 中国银监会及其派出机构依照相关法律、行政法规和本办法等相关规定，对理财产品销售活动实施监督管理。

第二章 基本原则

第五条 商业银行销售理财产品，应当遵循诚实守信、勤勉尽责、如实告知原则。

第六条 商业银行销售理财产品，应当遵循公平、公开、公正原则，充分揭示风险，保护客户合法权益，不得对客户进行误导销售。

第七条 商业银行销售理财产品，应当进行合规性审查，准确界定销售活动包含的法律关系，防范合规风险。

第八条 商业银行销售理财产品，应当做到成本可算、风险可控、信息充分披露。

第九条 商业银行销售理财产品，应当遵循风险匹配原则，禁止误导客户购买与其风险承受能力不相符的理财产品。风险匹配原则是指商业银行只能向客户销售风险评级等于或低于其风险承受能力评级的理财产品。

第十条 商业银行销售理财产品，应当加强客户风险提示和投资者教育。

第三章 宣传销售文本管理

第十一条 本办法所称宣传销售文本分为两类。

一是宣传材料，指商业银行为宣传推介理财产品向客户分发或者公布，使客户可以获得的书面、电子或其他介质的信息，包括：

（一）宣传单、手册、信函等面向客户的宣传资料；

（二）电话、传真、短信、邮件；

（三）报纸、海报、电子显示屏、电影、互联网等以及其他音像、通信资料；

（四）其他相关资料。

二是销售文件，包括：理财产品销售协议书、理财产品说明书、风险揭示书、客户权益须知等；经客户签字确认的销售文件，商业银行和客户双方均应留存。

第十二条　商业银行应当加强对理财产品宣传销售文本制作和发放的管理，宣传销售文本应当由商业银行总行统一管理和授权，分支机构未经总行授权不得擅自制作和分发宣传销售文本。

第十三条　理财产品宣传销售文本应当全面、客观反映理财产品的重要特性和与产品有关的重要事实，语言表述应当真实、准确和清晰，不得有下列情形：

（一）虚假记载、误导性陈述或者重大遗漏；

（二）违规承诺收益或者承担损失；

（三）夸大或者片面宣传理财产品，违规使用安全、保证、承诺、保险、避险、有保障、高收益、无风险等与产品风险收益特性不匹配的表述；

（四）登载单位或者个人的推荐性文字；

（五）在未提供客观证据的情况下，使用"业绩优良"、"名列前茅"、"位居前列"、"最有价值"、"首只"、"最大"、"最好"、"最强"、"唯一"等夸大过往业绩的表述；

（六）其他易使客户忽视风险的情形。

第十四条　理财产品宣传销售文本只能登载商业银行开发设计的该款理财产品或风险等级和结构相同的同类理财产品过往平均业绩及最好、最差业绩，同时应当遵守下列规定：

（一）引用的统计数据、图表和资料应当真实、准确、全面，并注明来源，不得引用未经核实的数据；

（二）真实、准确、合理地表述理财产品业绩和商业银行管理水平；

（三）在宣传销售文本中应当明确提示，产品过往业绩不代表其未来表现，不构成新发理财产品业绩表现的保证。如理财产品宣传销售文本中使用模拟数据的，必须注明模拟数据。

第十五条　理财产品宣传销售文本提及第三方专业机构评价结果的，应当列明第三方专业评价机构名称及刊登或发布评价的渠道与日期。

第十六条　理财产品宣传销售文本中出现表达收益率或收益区间字样的，应当在销售文件中提供科学、合理的测算依据和测算方式，以醒目文字提醒客户，"测算收益不等于实际收益，投资须谨慎"。如不能提供科学、合理的测算依据和测算方式，则理财产品宣传销售文本中不得出现产品收益率或收益区间等类似表述。向客户表述的收益率测算依据和测算方式应当简明、清晰，不得使用小概率事件夸大产品收益率或收益区间误导客户。

第十七条　理财产品宣传材料应当在醒目位置提示客户，"理财非存款、产品有风险、投资须谨慎"。

第十八条　理财产品销售文件应当包含专页风险揭示书，风险揭示书应当使用通俗易懂的语言，并至少包含以下内容：

（一）在醒目位置提示客户，"理财非存款、产品有风险、投资须谨慎"；

（二）提示客户，"如影响您风险承受能力的因素发生变化，请及时完成风险承受能力评估"；

（三）提示客户注意投资风险，仔细阅读理财产品销售文件，了解理财产品具体情况；

（四）本理财产品类型、期限、风险评级结果、适合购买的客户，并配以示例说明最不利投资情形下的投资结果；

（五）保证收益理财产品风险揭示应当至少包含以下表述："本理财产品有投资风险，只能保证获得合同明确承诺的收益，您应充分认识投资风险，谨慎投资"；

（六）保本浮动收益理财产品的风险揭示应当至少包含以下表述："本理财产品有投资风险，只保障理财资金本金，不保证理财收益，您应当充分认识投资风险，谨慎投资"；

（七）非保本浮动收益理财产品的风险揭示应当至少包含以下内容：本理财产品不保证本金和收益，并根据理财产品风险评级提示客户可能会因市场变动而蒙受损失的程度，以及需要充分认识投资风险，谨慎投资等内容；

（八）客户风险承受能力评级，由客户填写；

（九）风险揭示书还应当设计客户风险确认语句抄录，包括确认语句栏和签字栏；确认语句栏应当完整载明的风险确认语句为："本人已经阅读风险揭示，愿意承担投资风险"，并在此语句下预留足够空间供客户完整抄录和签名确认。

第十九条 理财产品销售文件应当包含专页客户权益须知，客户权益须知应当至少包括以下内容：

（一）客户办理理财产品的流程；

（二）客户风险承受能力评估流程、评级具体含义以及适合购买的理财产品等相关内容；

（三）商业银行向客户进行信息披露的方式、渠道和频率等；

（四）客户向商业银行投诉的方式和程序；

（五）商业银行联络方式及其他需要向客户说明的内容。

第二十条 理财产品销售文件应当载明投资范围、投资资产种类和各投资资产种类的投资比例，并确保在理财产品存续期间按照销售文件约定比例合理浮动。市场发生重大变化导致投资比例暂时超出浮动区间且可能对客户预期收益产生重大影响的，应当及时向客户进行信息披露。商业银行根据市场情况调整投资范围、投资品种或投资比例，应当按照有关规定进行信息披露后方可调整；客户不接受的，应当允许客户按照销售文件的约定提前赎回理财产品。

第二十一条 理财产品销售文件应当载明收取销售费、托管费、投资管理费等相关收费项目、收费条件、收费标准和收费方式。销售文件未载明的收费项目，不得向客户收取。商业银行根据相关法律和国家政策规定，需要对已约定的收费项目、条件、标准和方式进行调整时，应当按照有关规定进行信息披露后方可调整；客户不接受的，应当允许客户按照销售文件的约定提前赎回理财产品。

第二十二条 商业银行应当按照销售文件约定及时、准确地进行信息披露；产品结束或终止时的信息披露内容应当包括但不限于实际投资资产种类、投资品种、投资比例、销售费、托管费、投资管理费和客户收益等。理财产品未达到预期收益的，应当详细披露相关信息。

第二十三条 理财产品名称应当恰当反映产品属性，不得使用带有诱惑性、误导性和承诺性的称谓以及易引发争议的模糊性语言。理财产品名称中含有拟投资资产名称的，拟投资该资产的比例须达到该理财产品规模的 50%（含）以上；对挂钩性结构化理财产品，名称中含有挂钩资产名称的，需要在名称中明确所挂钩标的资产占理财资金的比例或明确是用本金投资的预期收益挂钩标的资产。

第四章　理财产品风险评级

第二十四条 商业银行应当采用科学、合理的方法对拟销售的理财产品自主进行风险评级，制定风险管控措施，进行分级审核批准。理财产品风险评级结果应当以风险等级体现，由低到高至少包括五个等级，并可根据实际情况进一步细分。

第二十五条　商业银行应当根据风险匹配原则在理财产品风险评级与客户风险承受能力评估之间建立对应关系；应当在理财产品销售文件中明确提示产品适合销售的客户范围，并在销售系统中设置销售限制措施。

第二十六条　商业银行对理财产品进行风险评级的依据应当包括但不限于以下因素：

（一）理财产品投资范围、投资资产和投资比例；

（二）理财产品期限、成本、收益测算；

（三）本行开发设计的同类理财产品的过往业绩；

（四）理财产品运营过程中存在的各类风险。

第五章　客户风险承受能力评估

第二十七条　商业银行应当对客户风险承受能力进行评估，确定客户风险承受能力评级，由低到高至少包括五级，并可根据实际情况进一步细分。

第二十八条　商业银行应当在客户首次购买理财产品前在本行网点进行风险承受能力评估。风险承受能力评估依据至少应当包括客户年龄、财务状况、投资经验、投资目的、收益预期、风险偏好、流动性要求、风险认识以及风险损失承受程度等。商业银行对超过 65 岁（含）的客户进行风险承受能力评估时，应当充分考虑客户年龄、相关投资经验等因素。商业银行完成客户风险承受能力评估后，应当将风险承受能力评估结果告知客户，由客户签名确认后留存。

第二十九条　商业银行应当定期或不定期地采用当面或网上银行方式对客户进行风险承受能力持续评估。超过一年未进行风险承受能力评估或发生可能影响自身风险承受能力情况的客户，再次购买理财产品时，应当在商业银行网点或其网上银行完成风险承受能力评估，评估结果应当由客户签名确认；未进行评估，商业银行不得再次向其销售理财产品。

第三十条　商业银行应当制定本行统一的客户风险承受能力评估书。商业银行应当在客户风险承受能力评估书中明确提示，如客户发生可能影响其自身风险承受能力的情形，再次购买理财产品时应当主动要求商业银行对其进行风险承受能力评估。

第三十一条　商业银行为私人银行客户和高资产净值客户提供理财产品销售服务应当按照本办法规定进行客户风险承受能力评估。私人银行客户是指金融净资产达到 600 万元人民币及以上的商业银行客户；商业银行在提供服务时，由客户提供相关证明并签字确认。高资产净值客户是满足下列条件之一的商业银行客户：

（一）单笔认购理财产品不少于 100 万元人民币的自然人；

（二）认购理财产品时，个人或家庭金融净资产总计超过 100 万元人民币，且能提供相关证明的自然人；

（三）个人收入在最近三年每年超过 20 万元人民币或者家庭合计收入在最近三年内每年超过 30 万元人民币，且能提供相关证明的自然人。

第三十二条　商业银行分支机构理财产品销售部门负责人或经授权的业务主管人员应当定期对已完成的客户风险承受能力评估书进行审核。

第三十三条　商业银行应当建立客户风险承受能力评估信息管理系统，用于测评、记录和留存客户风险承受能力评估内容和结果。

第六章　理财产品销售管理

第三十四条　商业银行不得销售无市场分析预测、无风险管控预案、无风险评级、不能独立测算的理财产品，不得销售风险收益严重不对称的含有复杂金融衍生工具的理财产品。

第三十五条　商业银行不得无条件向客户承诺高于同期存款利率的保证收益率；高于同期存款利率的保证收益，应当是对客户有附加条件的保证收益。商业银行向客户承诺保证收益的附加条件可以是对理财产品期限调整、币种转换等权利，也可以是对最终支付货币和工具的选择权利等，承诺保证收益的附加条件所产生的投资风险应当由客户承担，并应当在销售文件明确告知客户。商业银行不得承诺或变相承诺除保证收益以外的任何可获得收益。

第三十六条　商业银行不得将存款单独作为理财产品销售，不得将理财产品与存款进行强制性搭配销售。商业银行不得将理财产品作为存款进行宣传销售，不得违反国家利率管理政策变相高息揽储。

第三十七条　商业银行从事理财产品销售活动，不得有下列情形：

（一）通过销售或购买理财产品方式调节监管指标，进行监管套利；

（二）将理财产品与其他产品进行捆绑销售；

（三）采取抽奖、回扣或者赠送实物等方式销售理财产品；

（四）通过理财产品进行利益输送；

（五）挪用客户认购、申购、赎回资金；

（六）销售人员代替客户签署文件；

（七）中国银监会规定禁止的其他情形。

第三十八条　商业银行应当根据理财产品风险评级、潜在客户群的风险承受能力评级，为理财产品设置适当的单一客户销售起点金额。风险评级为一级和二级的理财产品，单一客户销售起点金额不得低于5万元人民币；风险评级为三级和四级的理财产品，单一客户销售起点金额不得低于10万元人民币；风险评级为五级的理财产品，单一客户销售起点金额不得低于20万元人民币。

第三十九条　商业银行不得通过电视、电台渠道对具体理财产品进行宣传；通过电话、传真、短信、邮件等方式开展理财产品宣传时，如客户明确表示不同意，商业银行不得再通过此种方式向客户开展理财产品宣传。

第四十条　商业银行通过本行网上银行销售理财产品时，应当遵守本办法第二十八条规定；销售过程应有醒目的风险提示，风险确认不得低于网点标准，销售过程应当保留完整记录。

第四十一条　商业银行通过本行电话银行销售理财产品时，应当遵守本办法第二十八条规定；销售人员应当是具有理财从业资格的银行人员，销售过程应当使用统一的规范用语，妥善保管客户信息，履行相应的保密义务。商业银行通过本行电话银行向客户销售理财产品应当征得客户同意，明确告知客户销售的是理财产品，不得误导客户；销售过程的风险确认不得低于网点标准，销售过程应当录音并妥善保存。

第四十二条　商业银行销售风险评级为四级（含）以上理财产品时，除非与客户书面约定，否则应当在商业银行网点进行。

第四十三条　商业银行向私人银行客户销售专门为其设计开发的理财产品或投资组合时，双方应当签订专门的理财服务协议，销售活动可按服务协议约定方式进行，但应当确保销售过程符合相关法律法规规定。

第四十四条　商业银行向机构客户销售理财产品不适用本办法有关客户风险承受能力评估、风险确认语句抄录的相关规定，但应当确保销售过程符合相关法律法规及本办法其他条款规定。商业银行向机构客户销售专门为其设计开发的理财产品，双方应当签订专门的理财服务协议，销售活动可以按服务协议约定方式执行，但应当确保销售过程符合相关法律法规规定。

第四十五条　对于单笔投资金额较大的客户，商业银行应当在完成销售前将包括销售文件在内的认购资料至少报经商业银行分支机构销售部门负责人审核或其授权的业务主管人员审核；单笔金额标准和审核权限由商业银行根据理财产品特性和本行风险管理要求制定。已经完成销售的理财产品销售文件，应至少报经商业银行分支机构理财产品销售部门负责人或其授权的业务主管人员定期审核。

第四十六条　客户购买风险较高或单笔金额较大的理财产品，除非双方书面约定，否则商业银行应当在划款时以电话等方式与客户进行最后确认；如果客户不同意购买该理财产品，商业银行应当遵从客户意愿，解除已签订的销售文件。风险较高和单笔金额较大的标准，由商业银行根据理财产品特性和本行风险管理要求制定。

第四十七条　商业银行不得将其他商业银行或其他金融机构开发设计的理财产品标记本行标识后作为自有理财产品销售。商业银行代理销售其他商业银行理财产品应当遵守本办法规定，进行充分的风险审查并承担相应责任。

第四十八条　商业银行应当建立异常销售的监控、记录、报告和处理制度，重点关注理财产品销售业务中的不当销售和误导销售行为，至少应当包括以下异常情况：

（一）客户频繁开立、撤销理财账户；

（二）客户风险承受能力与理财产品风险不匹配；

（三）商业银行超过约定时间进行资金划付；

（四）其他应当关注的异常情况。

第七章　销售人员管理

第四十九条　本办法所称销售人员是指商业银行面向客户从事理财产品宣传推介、销售、办理申购和赎回等相关活动的人员。

第五十条　销售人员除应当具备理财产品销售资格以及相关法律法规、金融、财务等专业知识和技能外，还应当满足以下要求：

（一）对理财业务相关法律、法规和监管规定等有充分的了解和认识；

（二）遵守监管部门和商业银行制定的理财业务人员职业道德标准或守则；

（三）掌握所宣传销售的理财产品或向客户提供咨询顾问意见所涉及理财产品的特性，对有关理财产品市场有所认识和理解；

（四）具备相应的学历水平和工作经验；

（五）具备监管部门要求的从业资格。

第五十一条　销售人员从事理财产品销售活动，应当遵循以下原则：

（一）勤勉尽职原则。销售人员应当以对客户高度负责的态度执业，认真履行各项职责。

（二）诚实守信原则。销售人员应当忠实于客户，以诚实、公正的态度、合法的方式执业，如实告知客户可能影响其利益的重要情况和理财产品风险评级情况。

（三）公平对待客户原则。在理财产品销售活动中发生分歧或矛盾时，销售人员应当公平对待客户，不得损害客户合法权益。

（四）专业胜任原则。销售人员应当具备理财产品销售的专业资格和技能，胜任理财产品销售工作。

第五十二条　销售人员在向客户宣传销售理财产品时，应当先做自我介绍，尊重客户意愿，不得在客户不愿或不便的情况下进行宣传销售。

第五十三条　销售人员在为客户办理理财产品认购手续前，应当遵守本办法规定，特别注意以下事项：

（一）有效识别客户身份；

（二）向客户介绍理财产品销售业务流程、收费标准及方式等；

（三）了解客户风险承受能力评估情况、投资期限和流动性要求；

（四）提醒客户阅读销售文件，特别是风险揭示书和权益须知；

（五）确认客户抄录了风险确认语句。

第五十四条　销售人员从事理财产品销售活动，不得有下列情形：

（一）在销售活动中为自己或他人牟取不正当利益，承诺进行利益输送，通过给予他人财物或利益或接受他人给予的财物或利益等形式进行商业贿赂；

（二）诋毁其他机构的理财产品或销售人员；

（三）散布虚假信息，扰乱市场秩序；

（四）违规接受客户全权委托，私自代理客户进行理财产品认购、申购、赎回等交易；

（五）违规对客户做出盈亏承诺或与客户以口头或书面形式约定利益分成或亏损分担；

（六）挪用客户交易资金或理财产品；

（七）擅自更改客户交易指令；

（八）其他可能有损客户合法权益和所在机构声誉的行为。

第五十五条　商业银行应当向销售人员提供每年不少于20小时的培训，确保销售人员掌握理财业务监管政策、规章制度，熟悉理财产品宣传销售文本、产品风险特性等专业知识。培训记录应当详细记载培训要求、方式、时间及考核结果等，未达到培训要求的销售人员应当暂停从事理财产品销售活动。

第五十六条　商业银行应当建立健全销售人员资格考核、继续培训、跟踪评价等管理制度，不得对销售人员采用以销售业绩作为单一考核和奖励指标的考核方法，并应当将客户投诉情况、误导销售以及其他违规行为纳入考核指标体系。商业银行应当对销售人员在销售活动中出现的违规行为进行问责处理，将其纳入本行人力资源评价考核系统，持续跟踪考核。对于频繁被客户投诉、查证属实的销售人员，应当将其调离销售岗位；情节严重的应当按照本办法规定承担相应的法律责任。

第八章　销售内控制度

第五十七条　商业银行董事会和高级管理层应当充分了解理财产品销售可能存在的合规风险、操作风险、法律风险、声誉风险等，密切关注理财产品销售过程中各项风险管控措施的执行情况，确保理财产品销售的各项管理制度和风险控制措施体现充分了解客户和符合客户利益的原则。

第五十八条　商业银行应当明确规定理财产品销售的管理部门，根据国家有关法律法规及销售业务的性质和自身特点建立科学、透明的理财产品销售管理体系和决策程序，高效、严谨的业务运营系统，健全、有效的内部监督系统，以及应急处理机制。

第五十九条　商业银行应当建立包括理财产品风险评级、客户风险承受能力评估、销售活动风险评估等在内的科学严密的风险管理体系和内部控制制度，对内外部风险进行识别、评估和管理，规范销售行为，确保将合适的产品销售给合适的客户。

第六十条　商业银行应当建立健全符合本行情况的理财产品销售授权控制体系，加强对分支机构的管理，有效控制分支机构的销售风险。授权管理应当至少包括：

（一）明确规定分支机构的业务权限；

（二）制定统一的标准化销售服务规程，提高分支机构的销售服务质量；

（三）统一信息技术系统和平台，确保客户信息的有效管理和客户资金安全；

（四）建立清晰的报告路线，保持信息渠道畅通；

（五）加强对分支机构的监督管理，采取定期核对、现场核查、风险评估等方式有效控制分支机构的风险。

第六十一条 商业银行应当建立理财产品销售业务账户管理制度，确保各类账户的开立和使用符合法律法规和相关监管规定，保障理财产品销售资金的安全和账户的有序管理。

第六十二条 商业银行应当制定理财产品销售业务基本规程，对开户、销户、资料变更等账户类业务，认购、申购、赎回、转换等交易类业务做出规定。

第六十三条 商业银行应当建立全面、透明、快捷和有效的客户投诉处理体系，具体应当包括：

（一）有专门的部门受理和处理客户投诉；

（二）建立客户投诉处理机制，至少应当包括投诉处理流程、调查程序、解决方案、客户反馈程序、内部反馈程序等；

（三）为客户提供合理的投诉途径，确保客户了解投诉的途径、方法及程序，采用本行统一标准，公平、公正地处理投诉；

（四）向社会公布受理客户投诉的方式，包括电话、邮件、信函以及现场投诉等，并公布投诉处理规则；

（五）准确记录投诉内容，所有投诉应当保留记录并存档，投诉电话应当录音；

（六）评估客户投诉风险，采取适当措施，及时妥善处理客户投诉；

（七）定期根据客户投诉总结相关问题，形成分析报告，及时发现业务风险，完善内控制度。

第六十四条 商业银行应当依法建立客户信息管理制度和保密制度，防范客户信息被不当使用。

第六十五条 商业银行应当建立文档保存制度，妥善保存理财产品销售环节涉及的所有文件、记录、录音等相关资料。

第六十六条 商业银行应当具备与管控理财产品销售风险相适应的技术支持系统和后台保障能力，尽快建立完整的销售信息管理系统，设置必要的信息管理岗位，确保销售管理系统安全运行。

第六十七条 商业银行应当建立和完善理财产品销售质量控制制度，制定实施内部监督和独立审核措施，配备必要的人员，对本行理财产品销售人员的操守资质、服务合规性和服务质量等进行内部调查和监督。内部调查应当采用多样化的方式进行。对理财产品销售质量进行调查时，内部调查监督人员还应当亲自或委托适当的人员，以客户身份进行调查。

内部调查监督人员应当在审查销售服务记录、合同和其他材料等基础上，重点检查是否存在不当销售的情况。

第九章 监督管理

第六十八条 中国银监会及其派出机构根据审慎监管要求，对商业银行理财产品销售活动进行非现场监管和现场检查。

第六十九条 商业银行销售理财产品实行报告制，报告期间，不得对报告的理财产品开展宣传销售活动。商业银行总行或授权分支机构开发设计的理财产品，应当由商业银行总行负责报告，报告材料应当经商业银行主管理财业务的高级管理人员审核批准。商业银行总行应当在销售前 10 日，将以下材料向中国银监会负责法人机构监管的部门或属地银监局报告（外国银行分行参照执行）：

（一）理财产品的可行性评估报告，主要内容包括：产品基本特性、目标客户群、拟销售时间和规模、拟销售地区、理财资金投向、投资组合安排、资金成本与收益测算、含有预期收益率的理财产品的收益测算方式和测算依据、产品风险评估及管控措施等；

（二）内部审核文件；

（三）对理财产品投资管理人、托管人、投资顾问等相关方的尽职调查文件；

（四）与理财产品投资管理人、托管人、投资顾问等相关方签署的法律文件；

（五）理财产品销售文件，包括理财产品销售协议书、理财产品说明书、风险揭示书、客户权益须知等；

（六）理财产品宣传材料，包括银行营业网点、银行官方网站和银行委托第三方网站向客户提供的理财产品宣传材料，以及通过各种媒体投放的产品广告等；

（七）报告材料联络人的具体联系方式；

（八）中国银监会及其派出机构要求的其他材料。商业银行向机构客户和私人银行客户销售专门为其开发设计的理财产品不适用本条规定。

第七十条 商业银行分支机构应当在开始发售理财产品之日起5日内，将以下材料向所在地中国银监会派出机构报告：

（一）总行理财产品发售授权书；

（二）理财产品销售文件，包括理财产品协议书、理财产品说明书、风险揭示书、客户权益须知等；

（三）理财产品宣传材料，包括银行营业网点、银行官方网站和银行委托第三方网站向客户提供的产品宣传材料，以及通过各种媒体投放的产品广告等；

（四）报告材料联络人的具体联系方式；

（五）中国银监会及其派出机构要求的其他材料。商业银行向机构客户和私人银行客户销售专门为其开发设计的理财产品不适用本条规定。

第七十一条 商业银行应当确保报告材料的真实性和完整性。报告材料不齐全或者不符合形式要求的，应当按照中国银监会或其派出机构的要求进行补充报送或调整后重新报送。

第七十二条 商业银行理财业务有下列情形之一的，应当及时向中国银监会或其派出机构报告：

（一）发生群体性事件、重大投诉等重大事件；

（二）挪用客户资金或资产；

（三）投资交易对手或其他信用关联方发生重大信用违约事件，可能造成理财产品重大亏损；

（四）理财产品出现重大亏损；

（五）销售中出现的其他重大违法违规行为。

第七十三条 商业银行应当根据中国银监会的规定对理财产品销售进行月度、季度和年度统计分析，报送中国银监会及其派出机构。商业银行应当在每个会计年度结束时编制本年度理财业务发展报告，应当至少包括销售情况、投资情况、收益分配、客户投诉情况等，于下一年度2月底前报送中国银监会及其派出机构。

第十章 法律责任

第七十四条 商业银行违反本办法规定开展理财产品销售的，中国银监会或其派出机构责令限期改正，情节严重或者逾期不改正的，中国银监会或其派出机构可以区别不同情形，根据《中华人民共和国银行业监督管理法》第三十七条规定采取相应监管措施。

第七十五条 商业银行开展理财产品销售业务有下列情形之一的，由中国银监会或其派出机构责令限期改正，除按照本办法第七十四条规定采取相关监管措施外，还可以并处二十万元以上五十万元以下罚款；涉嫌犯罪的，依法移送司法机关：

（一）违规开展理财产品销售造成客户或银行重大经济损失的；

（二）泄露或不当使用客户个人资料和交易记录造成严重后果的；

（三）挪用客户资产的；

（四）利用理财业务从事洗钱、逃税等违法犯罪活动的；

（五）其他严重违反审慎经营规则的。

第七十六条　商业银行违反法律、行政法规以及国家有关银行业监督管理规定的，中国银监会或其派出机构除依照本办法第七十四条和第七十五条规定处理外，还可以区别不同情形，按照《中华人民共和国银行业监督管理法》第四十八条规定采取相应监管措施。

第十一章　附　则

第七十七条　本办法中的"日"指工作日。

第七十八条　农村合作银行、城市信用社、农村信用社等其他银行业金融机构开展理财产品销售业务，参照本办法执行。

第七十九条　本办法由中国银监会负责解释。

第八十条　本办法自 2012 年 1 月 1 日起施行。

商业银行贷款损失准备管理办法

（银监会令〔2011〕4号，经中国银行业监督管理委员会第110次主席办公会议审议通过。2011年7月27日公布，自2012年1月1日起施行）

第一章　总　则

第一条　为加强审慎监管，提升商业银行贷款损失准备的动态性和前瞻性，增强商业银行风险防范能力，促进商业银行稳健运行，根据《中华人民共和国银行业监督管理法》和《中华人民共和国商业银行法》，制定本办法。

第二条　本办法适用于中华人民共和国境内依法设立的商业银行，包括中资银行、外商独资银行和中外合资银行。

第三条　本办法所称贷款损失准备是指商业银行在成本中列支、用以抵御贷款风险的准备金，不包括在利润分配中计提的一般风险准备。

第四条　中国银行业监督管理委员会及其派出机构（以下简称银行业监管机构）根据本办法对商业银行贷款损失准备实施监督管理。

第五条　商业银行贷款损失准备不得低于银行业监管机构设定的监管标准。

第二章　监管标准

第六条　银行业监管机构设置贷款拨备率和拨备覆盖率指标考核商业银行贷款损失准备的充足性。贷款拨备率为贷款损失准备与各项贷款余额之比；拨备覆盖率为贷款损失准备与不良贷款余额之比。

第七条　贷款拨备率基本标准为2.5%，拨备覆盖率基本标准为150%。该两项标准中的较高者为商业银行贷款损失准备的监管标准。

第八条　银行业监管机构依据经济周期、宏观经济政策、产业政策、商业银行整体贷款分类偏离度、贷款损失变化趋势等因素对商业银行贷款损失准备监管标准进行动态调整。

第九条　银行业监管机构依据业务特点、贷款质量、信用风险管理水平、贷款分类偏离度、呆账核销等因素对单家商业银行应达到的贷款损失准备监管标准进行差异化调整。

第十条　商业银行应当按照银行业监管机构资本充足率管理有关规定确定贷款损失准备的资本属性。

第三章　管理要求

第十一条　商业银行董事会对管理层制定的贷款损失准备管理制度及其重大变更进行审批，并对贷款损失准备管理负最终责任。

第十二条　商业银行管理层负责建立完备的识别、计量、监测和报告贷款风险的管理制度，审慎评估贷款风险，确保贷款损失准备能够充分覆盖贷款风险。

第十三条　商业银行贷款损失准备管理制度应当包括：

（一）贷款损失准备计提政策、程序、方法和模型；

（二）职责分工、业务流程和监督机制；

（三）贷款损失、呆账核销及准备计提等信息统计制度；

（四）信息披露要求；

（五）其他管理制度。

第十四条　商业银行应当建立完善的贷款风险管理系统，在风险识别、计量和数据信息等方面为贷款损失准备管理提供有效支持。

第十五条　商业银行应当定期对贷款损失准备管理制度进行检查和评估，及时完善相关管理制度。

第十六条　商业银行应当在半年度、年度财务报告中披露贷款损失准备相关信息，包括但不限于：

（一）本期及上年同期贷款拨备率和拨备覆盖率；

（二）本期及上年同期贷款损失准备余额；

（三）本期计提、转回、核销数额。

第四章　监管措施

第十七条　银行业监管机构定期评估商业银行贷款损失准备制度与相关管理系统的科学性、完备性、有效性和可操作性，并将评估情况反馈董事会和管理层。

第十八条　商业银行应当按月向银行业监管机构提供贷款损失准备的相关信息，包括但不限于：

（一）贷款损失准备期初、期末余额；

（二）本期计提、转回、核销数额；

（三）贷款拨备率、拨备覆盖率期初、期末数值。

第十九条　银行业监管机构定期与外部审计机构沟通信息，掌握外部审计机构对商业银行贷款损失准备的调整情况和相关意见。

第二十条　银行业监管机构应当建立商业银行贷款损失数据统计分析制度，对贷款损失数据进行跟踪、统计和分析，为科学设定和动态调整贷款损失准备监管标准提供数据支持。

第二十一条　银行业监管机构按月对商业银行贷款拨备率和拨备覆盖率进行监测和分析，对贷款损失准备异常变化进行调查或现场检查。

第二十二条　银行业监管机构应当将商业银行贷款损失准备制度建设和执行情况作为风险监管的重要内容。

第二十三条　商业银行贷款损失准备连续三个月低于监管标准的，银行业监管机构向商业银行发出风险提示，并提出整改要求；连续六个月低于监管标准的，银行业监管机构根据《中华人民共和国银行业监督管理法》的规定，采取相应监管措施。

第二十四条　银行业监管机构经检查认定商业银行以弄虚作假手段达到监管标准的，责令其限期整改，并按照《中华人民共和国银行业监督管理法》相关规定实施行政处罚。

第五章　附　则

第二十五条　商业银行之外的银行业金融机构参照执行本办法。

第二十六条　银行业监管机构确定的系统重要性银行应当于 2013 年底前达标。非系统重要性银行应当于 2016 年底前达标，2016 年底前未达标的，应当制定达标规划，并向银行业监管机构报告，最晚于 2018 年底达标。

第二十七条　本办法由中国银行业监督管理委员会负责解释。

第二十八条　本办法自 2012 年 1 月 1 日起施行。

商业银行资本管理办法（试行）

（银监会令〔2012〕1号，经中国银监会第115次主席会议通过，2012年6月7日公布，自2013年1月1日起施行）

第一章　总　则

第一条　为加强商业银行资本监管，维护银行体系稳健运行，保护存款人利益，根据《中华人民共和国银行业监督管理法》、《中华人民共和国商业银行法》、《中华人民共和国外资银行管理条例》等法律法规，制定本办法。

第二条　本办法适用于在中华人民共和国境内设立的商业银行。

第三条　商业银行资本应抵御其所面临的风险，包括个体风险和系统性风险。

第四条　商业银行应当符合本办法规定的资本充足率监管要求。

第五条　本办法所称资本充足率，是指商业银行持有的符合本办法规定的资本与风险加权资产之间的比率。

一级资本充足率，是指商业银行持有的符合本办法规定的一级资本与风险加权资产之间的比率。

核心一级资本充足率，是指商业银行持有的符合本办法规定的核心一级资本与风险加权资产之间的比率。

第六条　商业银行应当按照本办法的规定计算并表和未并表的资本充足率。

第七条　商业银行资本充足率计算应当建立在充分计提贷款损失准备等各项减值准备的基础之上。

第八条　商业银行应当按照本办法建立全面风险管理架构和内部资本充足评估程序。

第九条　中国银行业监督管理委员会（以下简称银监会）依照本办法对商业银行资本充足率、资本管理状况进行监督检查，并采取相应的监管措施。

第十条　商业银行应当按照本办法披露资本充足率信息。

第二章　资本充足率计算和监管要求

第一节　资本充足率计算范围

第十一条　商业银行未并表资本充足率的计算范围应包括商业银行境内外所有分支机构。并表资本充足率的计算范围应包括商业银行以及符合本办法规定的其直接或间接投资的金融机构。商业银行及被投资金融机构共同构成银行集团。

第十二条　商业银行计算并表资本充足率，应当将以下境内外被投资金融机构纳入并表范围：

（一）商业银行直接或间接拥有50%以上表决权的被投资金融机构。

（二）商业银行拥有50%以下（含）表决权的被投资金融机构，但与被投资金融机构之间有下列情况之一的，应将其纳入并表范围：

1. 通过与其他投资者之间的协议，拥有该金融机构50%以上的表决权。

2. 根据章程或协议，有权决定该金融机构的财务和经营政策。

3. 有权任免该金融机构董事会或类似权力机构的多数成员。

4. 在被投资金融机构董事会或类似权力机构占多数表决权。

确定对被投资金融机构表决权时，应考虑直接和间接拥有的被投资金融机构的当期可转换债券、当期可执行的认股权证等潜在表决权因素，对于当期可以实现的潜在表决权，应计入对被投资金融机构的表决权。

（三）其他证据表明商业银行实际控制被投资金融机构的情况。

控制，是指一个公司能够决定另一个公司的财务和经营政策，并据以从另一个公司的经营活动中获取利益。

第十三条 商业银行未拥有被投资金融机构多数表决权或控制权，具有下列情况之一的，应当纳入并表资本充足率计算范围：

（一）具有业务同质性的多个金融机构，虽然单个金融机构资产规模占银行集团整体资产规模的比例较小，但该类金融机构总体风险足以对银行集团的财务状况及风险水平造成重大影响。

（二）被投资金融机构所产生的合规风险、声誉风险造成的危害和损失足以对银行集团的声誉造成重大影响。

第十四条 符合本办法第十二条、第十三条规定的保险公司不纳入并表范围。

商业银行应从各级资本中对应扣除对保险公司的资本投资，若保险公司存在资本缺口的，还应当扣除相应的资本缺口。

第十五条 商业银行拥有被投资金融机构50%以上表决权或对被投资金融机构的控制权，但被投资金融机构处于以下状态之一的，可不列入并表范围：

（一）已关闭或已宣布破产。

（二）因终止而进入清算程序。

（三）受所在国外汇管制及其他突发事件的影响，资金调度受到限制的境外被投资金融机构。

商业银行对有前款规定情形的被投资金融机构资本投资的处理方法按照本办法第十四条第二款的规定执行。

第十六条 商业银行计算未并表资本充足率，应当从各级资本中对应扣除其对符合本办法第十二条和第十三条规定的金融机构的所有资本投资。若这些金融机构存在资本缺口的，还应当扣除相应的资本缺口。

第十七条 商业银行应当根据本办法制定并表和未并表资本充足率计算内部制度。商业银行调整并表和未并表资本充足率计算范围的，应说明理由，并及时报银监会备案。

第十八条 银监会有权根据商业银行及其附属机构股权结构变动、业务类别及风险状况确定和调整其并表资本充足率的计算范围。

第二节　资本充足率计算公式

第十九条 商业银行应当按照以下公式计算资本充足率：

$$资本充足率 = \frac{总资本 - 对应资本扣减项}{风险加权资产} \times 100\%$$

$$一级资本充足率 = \frac{一级资本 - 对应资本扣减项}{风险加权资产} \times 100\%$$

$$核心一级资本充足率 = \frac{核心一级资本 - 对应资本扣减项}{风险加权资产} \times 100\%$$

第二十条　商业银行总资本包括核心一级资本、其他一级资本和二级资本。商业银行应当按照本办法第三章的规定计算各级资本和扣除项。

第二十一条　商业银行风险加权资产包括信用风险加权资产、市场风险加权资产和操作风险加权资产。商业银行应当按照本办法第四章、第五章和第六章的规定分别计量信用风险加权资产、市场风险加权资产和操作风险加权资产。

第三节　资本充足率监管要求

第二十二条　商业银行资本充足率监管要求包括最低资本要求、储备资本和逆周期资本要求、系统重要性银行附加资本要求以及第二支柱资本要求。

第二十三条　商业银行各级资本充足率不得低于如下最低要求：

（一）核心一级资本充足率不得低于 5%。

（二）一级资本充足率不得低于 6%。

（三）资本充足率不得低于 8%。

第二十四条　商业银行应当在最低资本要求的基础上计提储备资本。储备资本要求为风险加权资产的 2.5%，由核心一级资本来满足。

特定情况下，商业银行应当在最低资本要求和储备资本要求之上计提逆周期资本。逆周期资本要求为风险加权资产的 0~2.5%，由核心一级资本来满足。

逆周期资本的计提与运用规则另行规定。

第二十五条　除本办法第二十三条和第二十四条规定的最低资本要求、储备资本和逆周期资本要求外，系统重要性银行还应当计提附加资本。

国内系统重要性银行附加资本要求为风险加权资产的 1%，由核心一级资本满足。国内系统重要性银行的认定标准另行规定。

若国内银行被认定为全球系统重要性银行，所适用的附加资本要求不得低于巴塞尔委员会的统一规定。

第二十六条　除本办法第二十三条、第二十四条和第二十五条规定的资本要求以外，银监会有权在第二支柱框架下提出更审慎的资本要求，确保资本充分覆盖风险，包括：

（一）根据风险判断，针对部分资产组合提出的特定资本要求；

（二）根据监督检查结果，针对单家银行提出的特定资本要求。

第二十七条　除上述资本充足率监管要求外，商业银行还应当满足杠杆率监管要求。

杠杆率的计算规则和监管要求另行规定。

第三章　资本定义

第一节　资本组成

第二十八条　商业银行发行的资本工具应符合本办法附件 1 规定的合格标准。

第二十九条　核心一级资本包括：

（一）实收资本或普通股。

（二）资本公积。

（三）盈余公积。

（四）一般风险准备。

（五）未分配利润。

（六）少数股东资本可计入部分。

第三十条　其他一级资本包括：

（一）其他一级资本工具及其溢价。

（二）少数股东资本可计入部分。

第三十一条　二级资本包括：

（一）二级资本工具及其溢价。

（二）超额贷款损失准备。

1. 商业银行采用权重法计量信用风险加权资产的，超额贷款损失准备可计入二级资本，但不得超过信用风险加权资产的1.25%。

前款所称超额贷款损失准备是指商业银行实际计提的贷款损失准备超过最低要求的部分。贷款损失准备最低要求指100%拨备覆盖率对应的贷款损失准备和应计提的贷款损失专项准备两者中的较大者。

2. 商业银行采用内部评级法计量信用风险加权资产的，超额贷款损失准备可计入二级资本，但不得超过信用风险加权资产的0.6%。

前款所称超额贷款损失准备是指商业银行实际计提的贷款损失准备超过预期损失的部分。

（三）少数股东资本可计入部分。

第二节　资本扣除项

第三十二条　计算资本充足率时，商业银行应当从核心一级资本中全额扣除以下项目：

（一）商誉。

（二）其他无形资产（土地使用权除外）。

（三）由经营亏损引起的净递延税资产。

（四）贷款损失准备缺口。

1. 商业银行采用权重法计量信用风险加权资产的，贷款损失准备缺口是指商业银行实际计提的贷款损失准备低于贷款损失准备最低要求的部分。

2. 商业银行采用内部评级法计量信用风险加权资产的，贷款损失准备缺口是指商业银行实际计提的贷款损失准备低于预期损失的部分。

（五）资产证券化销售利得。

（六）确定受益类的养老金资产净额。

（七）直接或间接持有本银行的股票。

（八）对资产负债表中未按公允价值计量的项目进行套期形成的现金流储备，若为正值，应予以扣除；若为负值，应予以加回。

（九）商业银行自身信用风险变化导致其负债公允价值变化带来的未实现损益。

第三十三条　商业银行之间通过协议相互持有的各级资本工具，或银监会认定为虚增资本的各级资本投资，应从相应监管资本中对应扣除。

商业银行直接或间接持有本银行发行的其他一级资本工具和二级资本工具，应从相应的监管资本中对应扣除。

对应扣除是指从商业银行自身相应层级资本中扣除。商业银行某一级资本净额小于应扣除数额的，缺口部分应从更高一级的资本净额中扣除。

第三十四条　商业银行对未并表金融机构的小额少数资本投资，合计超出本银行核心一级资本净额 10%的部分，应从各级监管资本中对应扣除。

小额少数资本投资是指商业银行对金融机构各级资本投资（包括直接和间接投资）占该被投资金融机构实收资本（普通股加普通股溢价）10%（不含）以下，且不符合本办法第十二条、第十三条规定的资本投资。

第三十五条　商业银行对未并表金融机构的大额少数资本投资中，核心一级资本投资合计超出本行核心一级资本净额 10%的部分应从本银行核心一级资本中扣除；其他一级资本投资和二级资本投资应从相应层级资本中全额扣除。

大额少数资本投资是指商业银行对金融机构各级资本投资（包括直接和间接投资）占该被投资金融机构实收资本（普通股加普通股溢价）10%（含）以上，且不符合本办法第十二条、第十三条规定的资本投资。

第三十六条　除本办法第三十二条第三款规定的递延税资产外，其他依赖于本银行未来盈利的净递延税资产，超出本行核心一级资本净额 10%的部分应从核心一级资本中扣除。

第三十七条　根据本办法第三十五条、第三十六条的规定，未在商业银行核心一级资本中扣除的对金融机构的大额少数资本投资和相应的净递延税资产，合计金额不得超过本行核心一级资本净额的 15%。

第三节　少数股东资本的处理

第三十八条　商业银行附属公司适用于资本充足率监管的，附属公司直接发行且由第三方持有的少数股东资本可以部分计入监管资本。

第三十九条　附属公司核心一级资本中少数股东资本用于满足核心一级资本最低要求和储备资本要求的部分，可计入并表核心一级资本。

最低要求和储备资本要求为下面两项中较小者：

（一）附属公司核心一级资本最低要求加储备资本要求。

（二）母公司并表核心一级资本最低要求与储备资本要求归属于附属公司的部分。

第四十条　附属公司一级资本中少数股东资本用于满足一级资本最低要求和储备资本要求的部分，扣除已计入并表核心一级资本的部分后，剩余部分可以计入并表其他一级资本。

最低要求和储备资本要求为下面两项中较小者：

（一）附属公司一级资本最低要求加储备资本要求。

（二）母公司并表一级资本最低要求与储备资本要求归属于附属公司的部分。

第四十一条　附属公司总资本中少数股东资本用于满足总资本最低要求和储备资本要求的部分，扣除已计入并表一级资本的部分后，剩余部分可以计入并表二级资本。

最低要求和储备资本要求为下面两项中较小者：

（一）附属公司总资本最低要求加储备资本要求。

（二）母公司并表总资本最低要求与储备资本要求归属于附属公司的部分。

第四节　特殊规定

第四十二条　商业银行发行的二级资本工具有确定到期日的，该二级资本工具在距到期日前最后五年，可计入二级资本的金额，应当按 100%、80%、60%、40%、20%的比例逐年减计。

第四十三条　商业银行 2010 年 9 月 12 日前发行的不合格二级资本工具，2013 年 1 月 1 日之前可计入监管资本，2013 年 1 月 1 日起按年递减 10%，2022 年 1 月 1 日起不得计入监管资本。

前款所称不合格二级资本工具按年递减数量的计算以 2013 年 1 月 1 日的数量为基数。

带有利率跳升机制或其他赎回激励的二级资本工具，若行权日期在 2013 年 1 月 1 日之后，且在行权日未被赎回，并满足本办法附件1规定的其他所有合格标准，可继续计入监管资本。

第四十四条   商业银行2010年9月12日至2013年1月1日之间发行的二级资本工具，若不含有减记或转股条款，但满足本办法附件1规定的其他合格标准，2013年1月1日之前可计入监管资本，2013年1月1日起按年递减10%，2022年1月1日起不得计入监管资本。

前款所称不合格二级资本工具按年递减数量的计算以2013年1月1日的数量为基数。

第四十五条   2013年1月1日之后发行的不合格资本工具不再计入监管资本。

第四章   信用风险加权资产计量

第一节   一般规定

第四十六条   商业银行可以采用权重法或内部评级法计量信用风险加权资产。商业银行采用内部评级法计量信用风险加权资产的，应当符合本办法的规定，并经银监会核准。内部评级法未覆盖的风险暴露应采用权重法计量信用风险加权资产。

未经银监会核准，商业银行不得变更信用风险加权资产计量方法。

第四十七条   商业银行申请采用内部评级法计量信用风险加权资产的，提交申请时内部评级法资产覆盖率应不低于50%，并在三年内达到80%。

前款所称内部评级法资产覆盖率按以下公式确定：

内部评级法资产覆盖率＝按内部评级法计量的风险加权资产/（按内部评级法计量的风险加权资产＋按权重法计量的内部评级法未覆盖信用风险暴露的风险加权资产）×100%

第四十八条   商业银行采用内部评级法，应当按照本办法附件3的规定计量信用风险加权资产，按照本办法附件4的规定对银行账户信用风险暴露进行分类，按照本办法附件5的规定建立内部评级体系。

商业银行采用内部评级法，可以按照本办法附件6的规定审慎考虑信用风险缓释工具的风险抵补作用。

商业银行采用内部评级法，可以按照本办法附件7的规定采用监管映射法计量专业贷款信用风险加权资产。

第四十九条   商业银行应当按照本办法附件8的规定计量银行账户和交易账户的交易对手信用风险加权资产。

第五十条   商业银行应当按照本办法附件9的规定计量资产证券化风险暴露的信用风险加权资产。

第二节   权重法

第五十一条   权重法下信用风险加权资产为银行账户表内资产信用风险加权资产与表外项目信用风险加权资产之和。

第五十二条   商业银行计量各类表内资产的风险加权资产，应首先从资产账面价值中扣除相应的减值准备，然后乘以风险权重。

第五十三条   商业银行计量各类表外项目的风险加权资产，应将表外项目名义金额乘以信用转换系数得到等值的表内资产，再按表内资产的处理方式计量风险加权资产。

第五十四条   现金及现金等价物的风险权重为0%。

第五十五条   商业银行对境外主权和金融机构债权的风险权重，以所在国家或地区的外部信用评级结果为基准。

（一）对其他国家或地区政府及其中央银行债权，该国家或地区的评级为 AA－（含）以上的，风险权重为 0%；AA-以下，A-（含）以上的，风险权重为 20%；A-以下，BBB-（含）以上的，风险权重为 50%；BBB-以下，B-（含）以上的，风险权重为 100%；B-以下的，风险权重为 150%；未评级的，风险权重为 100%。

（二）对公共部门实体债权的风险权重与对所在国家或地区注册的商业银行债权的风险权重相同。

（三）对境外商业银行债权，注册地所在国家或地区的评级为 AA-（含）以上的，风险权重为 25%；AA-以下，A-（含）以上的，风险权重为 50%；A-以下，B-（含）以上的，风险权重为 100%；B-以下的，风险权重为 150%；未评级的，风险权重为 100%。

（四）对境外其他金融机构债权的风险权重为 100%。

第五十六条　商业银行对多边开发银行、国际清算银行和国际货币基金组织债权的风险权重为 0%。

多边开发银行包括世界银行集团、亚洲开发银行、非洲开发银行、欧洲复兴开发银行、泛美开发银行、欧洲投资银行、欧洲投资基金、北欧投资银行、加勒比海开发银行、伊斯兰开发银行和欧洲开发银行理事会。

第五十七条　商业银行对我国中央政府和中国人民银行债权的风险权重为 0%。

第五十八条　商业银行对我国公共部门实体债权的风险权重为 20%。我国公共部门实体包括：

（一）除财政部和中国人民银行以外，其他收入主要源于中央财政的公共部门。

（二）省级（直辖区、自治区）以及计划单列市人民政府。

商业银行对前款所列公共部门实体投资的工商企业的债权不适用 20% 的风险权重。

第五十九条　商业银行对我国政策性银行债权的风险权重为 0%。

商业银行对我国政策性银行的次级债权（未扣除部分）的风险权重为 100%。

第六十条　商业银行持有我国中央政府投资的金融资产管理公司为收购国有银行不良贷款而定向发行的债券的风险权重为 0%。

商业银行对我国中央政府投资的金融资产管理公司其他债权的风险权重为 100%。

第六十一条　商业银行对我国其他商业银行债权的风险权重为 25%，其中原始期限三个月以内（含）债权的风险权重为 20%。

以风险权重为 0% 的金融资产作为质押的债权，其覆盖部分的风险权重为 0%。

商业银行对我国其他商业银行的次级债权（未扣除部分）的风险权重为 100%。

第六十二条　商业银行对我国其他金融机构债权的风险权重为 100%。

第六十三条　商业银行对一般企业债权的风险权重为 100%。

第六十四条　商业银行对同时符合以下条件的微型和小型企业债权的风险权重为 75%：

（一）企业符合国家相关部门规定的微型和小型企业认定标准。

（二）商业银行对单家企业（或企业集团）的风险暴露不超过 500 万元。

（三）商业银行对单家企业（或企业集团）的风险暴露占本行信用风险暴露总额的比例不高于 0.5%。

第六十五条　商业银行对个人债权的风险权重。

（一）个人住房抵押贷款的风险权重为 50%。

（二）对已抵押房产，在购房人没有全部归还贷款前，商业银行以再评估后的净值为抵押追加贷款的，追加部分的风险权重为 150%。

（三）对个人其他债权的风险权重为 75%。

第六十六条　租赁业务的租赁资产余值的风险权重为 100%。

第六十七条　下列资产适用 250% 风险权重：

（一）对金融机构的股权投资（未扣除部分）。

（二）依赖于银行未来盈利的净递延税资产（未扣除部分）。

第六十八条 商业银行对工商企业股权投资的风险权重。

（一）商业银行被动持有的对工商企业股权投资在法律规定处分期限内的风险权重为400%。

（二）商业银行因政策性原因并经国务院特别批准的对工商企业股权投资的风险权重为400%。

（三）商业银行对工商企业其他股权投资的风险权重为1250%。

第六十九条 商业银行非自用不动产的风险权重为1250%。

商业银行因行使抵押权而持有的非自用不动产在法律规定处分期限内的风险权重为100%。

第七十条 商业银行其他资产的风险权重为100%。

第七十一条 商业银行各类表外项目的信用转换系数。

（一）等同于贷款的授信业务的信用转换系数为100%。

（二）原始期限不超过1年和1年以上的贷款承诺的信用转换系数分别为20%和50%；可随时无条件撤销的贷款承诺的信用转换系数为0%。

（三）未使用的信用卡授信额度的信用转换系数为50%，但同时符合以下条件的未使用的信用卡授信额度的信用转换系数为20%：

1. 授信对象为自然人，授信方式为无担保循环授信。

2. 对同一持卡人的授信额度不超过100万元人民币。

3. 商业银行应至少每年一次评估持卡人的信用程度，按季监控授信额度的使用情况；若持卡人信用状况恶化，商业银行有权降低甚至取消授信额度。

（四）票据发行便利和循环认购便利的信用转换系数为50%。

（五）银行借出的证券或用作抵押物的证券，包括回购交易中的证券借贷，信用转换系数为100%。

（六）与贸易直接相关的短期或有项目，信用转换系数为20%。

（七）与交易直接相关的或有项目，信用转换系数为50%。

（八）信用风险仍在银行的资产销售与购买协议，信用转换系数为100%。

（九）远期资产购买、远期定期存款、部分交款的股票及证券，信用转换系数为100%。

（十）其他表外项目的信用转换系数均为100%。

第七十二条 商业银行应当按照本办法附件2的规定对因证券、商品、外汇清算形成的风险暴露计量信用风险加权资产。

第七十三条 商业银行采用权重法计量信用风险加权资产时，可按照本办法附件2的规定考虑合格质物质押或合格保证主体提供保证的风险缓释作用。

合格质物质押的债权（含证券融资类交易形成的债权），取得与质物相同的风险权重，或取得对质物发行人或承兑人直接债权的风险权重。部分质押的债权（含证券融资类交易形成的债权），受质物保护的部分获得相应的较低风险权重。

合格保证主体提供全额保证的贷款，取得对保证人直接债权的风险权重。部分保证的贷款，被保证部分获得相应的较低风险权重。

第七十四条 商业银行采用权重法的，质物或保证的担保期限短于被担保债权期限的，不具备风险缓释作用。

第三节 内部评级法

第七十五条 商业银行应对银行账户信用风险暴露进行分类，并至少分为以下六类：

（一）主权风险暴露。

（二）金融机构风险暴露，包括银行类金融机构风险暴露和非银行类金融机构风险暴露。

（三）公司风险暴露，包括中小企业风险暴露、专业贷款和一般公司风险暴露。

（四）零售风险暴露，包括个人住房抵押贷款、合格循环零售风险暴露和其他零售风险暴露。

（五）股权风险暴露。

（六）其他风险暴露，包括购入应收款及资产证券化风险暴露。

主权风险暴露、金融机构风险暴露和公司风险暴露统称为非零售风险暴露。

第七十六条 商业银行应分别计量未违约和已违约风险暴露的风险加权资产：

（一）未违约非零售风险暴露的风险加权资产计量基于单笔信用风险暴露的违约概率、违约损失率、违约风险暴露、相关性和有效期限。

未违约零售类风险暴露的风险加权资产计量基于单个资产池风险暴露的违约概率、违约损失率、违约风险暴露和相关性。

（二）已违约风险暴露的风险加权资产计量基于违约损失率、预期损失率和违约风险暴露。

第七十七条 商业银行应当按照以下方法确定违约概率：

（一）主权风险暴露的违约概率为商业银行内部估计的 1 年期违约概率。

（二）公司、金融机构和零售风险暴露的违约概率为商业银行内部估计的 1 年期违约概率与 0.03% 中的较大值。

（三）对于提供合格保证或信用衍生工具的风险暴露，商业银行可以使用保证人的违约概率替代债务人的违约概率。

第七十八条 商业银行应当按照以下方法确定违约损失率：

（一）商业银行采用初级内部评级法，非零售风险暴露中没有合格抵质押品的高级债权和次级债权的违约损失率分别为 45% 和 75%。对于提供合格抵质押品的高级债权和从属于净额结算主协议的回购交易，商业银行可以根据风险缓释效应调整违约损失率。

（二）商业银行采用高级内部评级法，应使用内部估计的单笔非零售风险暴露的违约损失率。

（三）商业银行应使用内部估计的零售资产池的违约损失率。

第七十九条 商业银行应当按照以下方法确定违约风险暴露：

违约风险暴露应不考虑专项准备和部分核销的影响。表内资产的违约风险暴露应不小于以下两项之和：（1）违约风险暴露被完全核销后，银行监管资本下降的数量；（2）各项专项准备金和部分核销的数量。如果商业银行估计的违约风险暴露超过以上两项之和，超过部分可视为折扣。风险加权资产的计量不受该折扣的影响，但比较预期损失和合格准备金时，可将该折扣计入准备金。

（一）商业银行采用初级内部评级法，应当按风险暴露名义金额计量表内资产的违约风险暴露，但可以考虑合格净额结算的风险缓释效应。

（二）商业银行采用初级内部评级法，贷款承诺、票据发行便利、循环认购便利等表外项目的信用转换系数为 75%；可随时无条件撤销的贷款承诺信用转换系数为 0%；其他各类表外项目的信用转换系数按照本办法第七十一条的规定。

（三）商业银行采用高级内部评级法，应当使用内部估计的非零售违约风险暴露。对于按照本办法第七十一条规定信用转换系数为 100% 的表外项目，应使用 100% 的信用转换系数估计违约风险暴露。

（四）商业银行应当使用内部估计的零售违约风险暴露。对于表外零售风险暴露，商业银行应按照内部估计的信用转换系数计量违约风险暴露。

第八十条 商业银行应当按照以下方法确定有效期限：

（一）商业银行采用初级内部评级法，非零售风险暴露的有效期限为 2.5 年。回购类交易的有效期限为 0.5 年。

（二）商业银行采用高级内部评级法，有效期限为 1 年和内部估计的有效期限两者之间的较大值，但最大不超过 5 年。中小企业风险暴露的有效期限可以采用 2.5 年。

（三）对于下列短期风险暴露，有效期限为内部估计的有效期限与 1 天中的较大值：

1. 原始期限 1 年以内全额抵押的场外衍生品交易、保证金贷款、回购交易和证券借贷交易。交易文件中必须包括按日重新估值并调整保证金，且在交易对手违约或未能补足保证金时可以及时平仓或处置抵押品的条款。

2. 原始期限 1 年以内自我清偿性的贸易融资，包括开立的和保兑的信用证。

3. 原始期限 3 个月以内的其他短期风险暴露，包括：场外衍生品交易、保证金贷款、回购交易、证券借贷，短期贷款和存款，证券和外汇清算而产生的风险暴露，以电汇方式进行现金清算产生的风险暴露等。

第五章　市场风险加权资产计量

第一节　一般规定

第八十一条　本办法所称市场风险是指因市场价格（利率、汇率、股票价格和商品价格）的不利变动而使商业银行表内和表外业务发生损失的风险。

第八十二条　市场风险资本计量应覆盖商业银行交易账户中的利率风险和股票风险，以及全部汇率风险和商品风险。

商业银行可以不对结构性外汇风险暴露计提市场风险资本。

第八十三条　本办法所称交易账户包括为交易目的或对冲交易账户其他项目的风险而持有的金融工具和商品头寸。

前款所称为交易目的而持有的头寸是指短期内有目的地持有以便出售，或从实际或预期的短期价格波动中获利，或锁定套利的头寸，包括自营业务、做市业务和为执行客户买卖委托的代客业务而持有的头寸。交易账户中的金融工具和商品头寸原则上还应满足以下条件：

（一）在交易方面不受任何限制，可以随时平盘。

（二）能够完全对冲以规避风险。

（三）能够准确估值。

（四）能够进行积极的管理。

第八十四条　商业银行应当制定清晰的银行账户和交易账户划分标准，明确纳入交易账户的金融工具和商品头寸以及在银行账户和交易账户间划转的条件，确保执行的一致性。

第八十五条　商业银行可以采用标准法或内部模型法计量市场风险资本要求。未经银监会核准，商业银行不得变更市场风险资本计量方法。

第八十六条　商业银行采用内部模型法，若未覆盖所有市场风险，经银监会核准，可组合采用内部模型法和标准法计量市场风险资本要求，但银行集团内部同一机构不得对同一种市场风险采用不同方法计量市场风险资本要求。

第八十七条　商业银行采用内部模型法，内部模型法覆盖率应不低于 50%。

前款所称内部模型法覆盖率按以下公式确定：

内部模型法覆盖率 = 按内部模型法计量的资本要求/（按内部模型法计量的资本要求 + 按标准法计量的资本要求）× 100%

第八十八条　商业银行市场风险加权资产为市场风险资本要求的 12.5 倍，即市场风险加权资产 = 市场风险资本要求 × 12.5。

第二节 标准法

第八十九条 商业银行采用标准法，应当按照本办法附件 10 的规定分别计量利率风险、汇率风险、商品风险和股票风险的资本要求，并单独计量以各类风险为基础的期权风险的资本要求。

第九十条 市场风险资本要求为利率风险、汇率风险、商品风险、股票风险和期权风险的资本要求之和。

利率风险资本要求和股票风险资本要求为一般市场风险资本要求和特定风险资本要求之和。

第三节 内部模型法

第九十一条 商业银行采用内部模型法的，应当符合本办法附件 11 的规定，并经银监会核准。

第九十二条 商业银行采用内部模型法，其一般市场风险资本要求为一般风险价值与压力风险价值之和，即：

$$K = Max\ (VaRt-1,\ mc \times VaRavg) + Max\ (sVaRt-1,\ ms \times sVaRavg)$$

其中：

（一）VaR 为一般风险价值，为以下两项中的较大值：

1. 根据内部模型计量的上一交易日的风险价值（VaRt-1）。

2. 最近 60 个交易日风险价值的均值（VaRavg）乘以 mc。mc 最小为 3，根据返回检验的突破次数可以增加附加因子。

（二）sVaR 为压力风险价值，为以下两项中的较大值：

1. 根据内部模型计量的上一交易日的压力风险价值（sVaRt-1）。

2. 最近 60 个交易日压力风险价值的均值（sVaRavg）乘以 ms。ms 最小为 3。

第九十三条 商业银行采用内部模型法计量特定风险资本要求的，应当按照本办法附件 11 的规定使用内部模型计量新增风险资本要求。

商业银行内部模型未达到计量特定市场风险要求的合格标准，或内部模型未覆盖新增风险，应当按标准法计量特定市场风险资本要求。

第六章 操作风险加权资产计量

第一节 一般规定

第九十四条 本办法所称的操作风险是指由不完善或有问题的内部程序、员工和信息科技系统，以及外部事件所造成损失的风险，包括法律风险，但不包括策略风险和声誉风险。

第九十五条 商业银行可采用基本指标法、标准法或高级计量法计量操作风险资本要求。

商业银行采用标准法或高级计量法计量操作风险资本要求，应符合本办法附件 12 的规定，并经银监会核准。

未经银监会核准，商业银行不得变更操作风险资本计量方法。

第九十六条 商业银行操作风险加权资产为操作风险资本要求的 12.5 倍，即操作风险加权资产=操作风险资本要求×12.5。

第二节 基本指标法

第九十七条 商业银行采用基本指标法，应当以总收入为基础计量操作风险资本要求。商业银行应当按照本办法附件 12 的规定确认总收入。

总收入为净利息收入与净非利息收入之和。

第九十八条 商业银行采用基本指标法，应当按照以下公式计量操作风险资本要求：

$$K_{BIA} = \frac{\sum_{i-1}^{m}(GI_i \times \alpha)}{n}$$

其中：

K_{BIA} 为按基本指标法计量的操作风险资本要求。

GI 为过去三年中每年正的总收入。

n 为过去三年中总收入为正的年数。

α 为 15%。

第三节 标准法

第九十九条 商业银行采用标准法，应当以各业务条线的总收入为基础计量操作风险资本要求。

第一百条 商业银行采用标准法，应当按照本办法附件 12 的规定将全部业务划分为公司金融、交易和销售、零售银行、商业银行、支付和清算、代理服务、资产管理、零售经纪和其他业务等 9 个业务条线。

第一百零一条 商业银行采用标准法，应当按照以下公式计量操作风险资本要求：

$$K_{TSA} = \left\{ \sum_{i-1}^{3} Max\left[\sum_{i-1}^{9}(GI_i \times \beta_i),\ 0 \right] \right\} / 3$$

其中：

K_{TSA} 为按标准法计量的操作风险资本要求。

$Max\left[\sum_{i-1}^{9}(GI_i \times \beta_i),\ 0 \right]$ 是指各年为正的操作风险资本要求。

GI_i 为各业务条线总收入。

β_i 为各业务条线的操作风险资本系数。

第一百零二条 各业务条线的操作风险资本系数（β）如下：

（一）零售银行、资产管理和零售经纪业务条线的操作风险资本系数为 12%。

（二）商业银行和代理服务业务条线的操作风险资本系数为 15%。

（三）公司金融、支付和清算、交易和销售以及其他业务条线的操作风险资本系数为 18%。

第四节 高级计量法

第一百零三条 商业银行采用高级计量法，可根据业务性质、规模和产品复杂程度以及风险管理水平选择操作风险计量模型。

第一百零四条 商业银行采用高级计量法，应当基于内部损失数据、外部损失数据、情景分析、业务经营环境和内部控制因素建立操作风险计量模型。建立模型使用的内部损失数据应充分反映本行操作风险的实际情况。

第七章 商业银行内部资本充足评估程序

第一节 一般规定

第一百零五条 商业银行应当建立完善的风险管理框架和稳健的内部资本充足评估程序，明确风险治理结构，审慎评估各类风险、资本充足水平和资本质量，制定资本规划和资本充足率管理计划，确保银行资本能够充分抵御其所面临的风险，满足业务发展的需要。

第一百零六条 商业银行内部资本充足评估程序应实现以下目标：

（一）确保主要风险得到识别、计量或评估、监测和报告。

（二）确保资本水平与风险偏好及风险管理水平相适应。

（三）确保资本规划与银行经营状况、风险变化趋势及长期发展战略相匹配。

第一百零七条 商业银行应当将压力测试作为内部资本充足评估程序的重要组成部分，结合压力测试结果确定内部资本充足率目标。压力测试应覆盖各业务条线的主要风险，并充分考虑经济周期对资本充足率的影响。

第一百零八条 商业银行应当将内部资本充足评估程序作为内部管理和决策的组成部分，并将内部资本充足评估结果运用于资本预算与分配、授信决策和战略规划。

第一百零九条 商业银行应当制定合理的薪酬政策，确保薪酬水平、结构和发放时间安排与风险大小和风险存续期限一致，反映风险调整后的长期收益水平，防止过度承担风险，维护财务稳健性。

第一百一十条 商业银行应当至少每年一次实施内部资本充足评估程序，在银行经营情况、风险状况和外部环境发生重大变化时，应及时进行调整和更新。

第二节 治理结构

第一百一十一条 商业银行董事会承担本行资本管理的首要责任，履行以下职责：

（一）设定与银行发展战略和外部环境相适应的风险偏好和资本充足目标，审批银行内部资本充足评估程序，确保资本充分覆盖主要风险。

（二）审批资本管理制度，确保资本管理政策和控制措施有效。

（三）监督内部资本充足评估程序的全面性、前瞻性和有效性。

（四）审批并监督资本规划的实施，满足银行持续经营和应急性资本补充需要。

（五）至少每年一次审批资本充足率管理计划，审议资本充足率管理报告及内部资本充足评估报告，听取对资本充足率管理和内部资本充足评估程序执行情况的审计报告。

（六）审批资本充足率信息披露政策、程序和内容，并保证披露信息的真实、准确和完整。

（七）确保商业银行有足够的资源，能够独立、有效地开展资本管理工作。

第一百一十二条 商业银行采用资本计量高级方法的，董事会还应负责审批资本计量高级方法的管理体系实施规划和重大管理政策，监督高级管理层制定并实施资本计量高级方法的管理政策和流程，确保商业银行有足够资源支持资本计量高级方法管理体系的运行。

第一百一十三条 商业银行高级管理层负责根据业务战略和风险偏好组织实施资本管理工作，确保资本与业务发展、风险水平相适应，落实各项监控措施。具体履行以下职责：

（一）制定并组织执行资本管理的规章制度。

（二）制定并组织实施内部资本充足评估程序，明确相关部门的职责分工，建立健全评估框架、流程和管理制度，确保与商业银行全面风险管理、资本计量及分配等保持一致。

（三）制定和组织实施资本规划和资本充足率管理计划。

（四）定期和不定期评估资本充足率，向董事会报告资本充足率水平、资本充足率管理情况和内部资本充足评估结果。

（五）组织开展压力测试，参与压力测试目标、方案及重要假设的确定，推动压力测试结果在风险评估和资本规划中的运用，确保资本应急补充机制的有效性。

（六）组织内部资本充足评估信息管理系统的开发和维护工作，确保信息管理系统及时、准确地提供评估所需信息。

第一百一十四条 商业银行采用资本计量高级方法的，高级管理层还应定期评估方法和工具的合理性和有效性，定期听取资本计量高级方法验证工作的汇报，履行资本计量高级方法体系的建设、验证和持续优化等职责。

第一百一十五条　商业银行监事会应当对董事会及高级管理层在资本管理和资本计量高级方法管理中的履职情况进行监督评价，并至少每年一次向股东大会报告董事会及高级管理层的履职情况。

第一百一十六条　商业银行应当指定相关部门履行以下资本管理职责：

（一）制定资本总量、结构和质量管理计划，编制并实施资本规划和资本充足率管理计划，向高级管理层报告资本规划和资本充足率管理计划执行情况。

（二）持续监控并定期测算资本充足率水平，开展资本充足率压力测试。

（三）组织建立内部资本计量、配置和风险调整资本收益的评价管理体系。

（四）组织实施内部资本充足评估程序。

（五）建立资本应急补充机制，参与或组织筹集资本。

（六）编制或参与编制资本充足率信息披露文件。

第一百一十七条　商业银行采用资本计量高级方法的，相关部门还应履行以下职责：

（一）设计、实施、监控和维护资本计量高级方法。

（二）健全资本计量高级方法管理机制。

（三）向高级管理层报告资本计量高级方法的计量结果。

（四）组织开展各类风险压力测试。

第一百一十八条　商业银行采用资本计量高级方法的，应当建立验证部门（团队），负责资本计量高级方法的验证工作。验证部门（团队）应独立于资本计量高级方法的开发和运行部门（团队）。

第一百一十九条　商业银行应当明确内部审计部门在资本管理中的职责。内部审计部门应当履行以下职责：

（一）评估资本管理的治理结构和相关部门履职情况，以及相关人员的专业技能和资源充分性。

（二）至少每年一次检查内部资本充足评估程序相关政策和执行情况。

（三）至少每年一次评估资本规划的执行情况。

（四）至少每年一次评估资本充足率管理计划的执行情况。

（五）检查资本管理的信息系统和数据管理的合规性和有效性。

（六）向董事会提交资本充足率管理审计报告、内部资本充足评估程序执行情况审计报告、资本计量高级方法管理审计报告。

第一百二十条　商业银行采用资本计量高级方法的，内部审计部门还应评估资本计量高级方法的适用性和有效性，检查计量结果的可靠性和准确性，检查资本计量高级方法的验证政策和程序，评估验证工作的独立性和有效性。

第三节　风险评估

第一百二十一条　商业银行应当按照银监会相关要求和本办法附件13的规定，设立主要风险的识别和评估标准，确保主要风险得到及时识别、审慎评估和有效监控。

主要风险包括可能导致重大损失的单一风险，以及单一风险程度不高、但与其他风险相互作用可能导致重大损失的风险。风险评估应至少覆盖以下各类风险：

（一）本办法第四章、第五章和第六章中涉及且已覆盖的风险，包括信用风险、市场风险和操作风险。

（二）本办法第四章、第五章和第六章中涉及但没有完全覆盖的风险，包括集中度风险、剩余操作风险等。

（三）本办法第四章、第五章和第六章中未涉及的风险，包括银行账户利率风险、流动性风险、声誉风险、战略风险和对商业银行有实质性影响的其他风险。

（四）外部经营环境变化引发的风险。

第一百二十二条 商业银行应当有效评估和管理各类主要风险。

（一）对能够量化的风险，商业银行应当开发和完善风险计量技术，确保风险计量的一致性、客观性和准确性，在此基础上加强对相关风险的缓释、控制和管理。

（二）对难以量化的风险，商业银行应当建立风险识别、评估、控制和报告机制，确保相关风险得到有效管理。

第一百二十三条 商业银行应当建立风险加总的政策和程序，确保在不同层次上及时识别风险。商业银行可以采用多种风险加总方法，但应至少采取简单加总法，并判断风险加总结果的合理性和审慎性。

第一百二十四条 商业银行进行风险加总，应当充分考虑集中度风险及风险之间的相互传染。若考虑风险分散化效应，应基于长期实证数据，且数据观察期至少覆盖一个完整的经济周期。否则，商业银行应对风险加总方法和假设进行审慎调整。

第四节 资本规划

第一百二十五条 商业银行制定资本规划，应当综合考虑风险评估结果、未来资本需求、资本监管要求和资本可获得性，确保资本水平持续满足监管要求。资本规划应至少设定内部资本充足率三年目标。

第一百二十六条 商业银行制定资本规划，应当确保目标资本水平与业务发展战略、风险偏好、风险管理水平和外部经营环境相适应，兼顾短期和长期资本需求，并考虑各种资本补充来源的长期可持续性。

第一百二十七条 商业银行制定资本规划，应当审慎估计资产质量、利润增长及资本市场的波动性，充分考虑对银行资本水平可能产生重大负面影响的因素，包括或有风险暴露，严重且长期的市场衰退，以及突破风险承受能力的其他事件。

第一百二十八条 商业银行应当优先考虑补充核心一级资本，增强内部资本积累能力，完善资本结构，提高资本质量。

第一百二十九条 商业银行应当通过严格和前瞻性的压力测试，测算不同压力条件下的资本需求和资本可获得性，并制定资本应急预案以满足计划外的资本需求，确保银行具备充足资本应对不利的市场条件变化。

对于重度压力测试结果，商业银行应当在应急预案中明确相应的资本补充政策安排和应对措施，并充分考虑融资市场流动性变化，合理设计资本补充渠道。商业银行的资本应急预案应包括紧急筹资成本分析和可行性分析、限制资本占用程度高的业务发展、采用风险缓释措施等。

商业银行高级管理层应当充分理解压力条件下商业银行所面临的风险及风险间的相互作用、资本工具吸收损失和支持业务持续运营的能力，并判断资本管理目标、资本补充政策安排和应对措施的合理性。

第五节 监测和报告

第一百三十条 商业银行应当建立内部资本充足评估程序的报告体系，定期监测和报告银行资本水平和主要影响因素的变化趋势。报告应至少包括以下内容：

（一）评估主要风险状况及发展趋势、战略目标和外部环境对资本水平的影响。

（二）评估实际持有的资本是否足以抵御主要风险。

（三）提出确保资本能够充分覆盖主要风险的建议。

根据重要性和报告用途不同，商业银行应当明确各类报告的发送范围、报告内容及详略程度，确保报告信息与报送频率满足银行资本管理的需要。

第一百三十一条　商业银行应当建立用于风险和资本的计量和管理的信息管理系统。商业银行的信息管理系统应具备以下功能：

（一）清晰、及时地向董事会和高级管理层提供总体风险信息。

（二）准确、及时地加总各业务条线的风险暴露和风险计量结果。

（三）动态支持集中度风险和潜在风险的识别。

（四）识别、计量并管理各类风险缓释工具以及因风险缓释带来的风险。

（五）为多角度评估风险计量的不确定性提供支持，分析潜在风险假设条件变化带来的影响。

（六）支持前瞻性的情景分析，评估市场变化和压力情形对银行资本的影响。

（七）监测、报告风险限额的执行情况。

第一百三十二条　商业银行应当系统性地收集、整理、跟踪和分析各类风险相关数据，建立数据仓库、风险数据集市和数据管理系统，以获取、清洗、转换和存储数据，并建立数据质量控制政策和程序，确保数据的完整性、全面性、准确性和一致性，满足资本计量和内部资本充足评估等工作的需要。

第一百三十三条　商业银行的数据管理系统应当达到资本充足率非现场监管报表和资本充足率信息披露的有关要求。

第一百三十四条　商业银行应当建立完整的文档管理平台，为内部审计部门及银监会对资本管理的评估提供支持。文档应至少包括：

（一）董事会、高级管理层和相关部门的职责、独立性以及履职情况。

（二）关于资本管理、风险管理等政策流程的制度文件。

（三）资本规划、资本充足率管理计划、内部资本充足评估报告、风险计量模型验证报告、压力测试报告、审计报告以及上述报告的相关重要文档。

（四）关于资本管理的会议纪要和重要决策意见。

第八章　监督检查

第一节　监督检查内容

第一百三十五条　资本充足率监督检查是银监会审慎风险监管体系的重要组成部分。

第一百三十六条　银监会根据宏观经济运行、产业政策和信贷风险变化，识别银行业重大系统性风险，对相关资产组合提出特定资本要求。

第一百三十七条　银监会对商业银行实施资本充足率监督检查，确保资本能够充分覆盖所面临的各类风险。资本充足率监督检查包括但不限于以下内容：

（一）评估商业银行全面风险管理框架。

（二）审查商业银行对合格资本工具的认定，以及各类风险加权资产的计量方法和结果，评估资本充足率计量结果的合理性和准确性。

（三）检查商业银行内部资本充足评估程序，评估公司治理、资本规划、内部控制和审计等。

（四）对商业银行的信用风险、市场风险、操作风险、银行账户利率风险、流动性风险、声誉风险以及战略风险等各类风险进行评估，并对压力测试工作开展情况进行检查。

第一百三十八条　商业银行采用资本计量高级方法，应按本办法附件14的规定向银监会提出申请。

第一百三十九条　银监会依照本办法附件 14 的规定对商业银行进行评估，根据评估结果决定是否核准商业银行采用资本计量高级方法；并对商业银行资本计量高级方法的使用情况和验证工作进行持续监督检查。

第一百四十条　商业银行不能持续达到本办法规定的资本计量高级方法的运用要求，银监会有权要求其限期整改。商业银行在规定期限内未达标，银监会有权取消其采用资本计量高级方法的资格。

第二节　监督检查程序

第一百四十一条　银监会建立资本监管工作机制，履行以下职责：

（一）评估银行业面临的重大系统性风险，提出针对特定资产组合的第二支柱资本要求的建议。

（二）制定商业银行资本充足率监督检查总体规划，协调和督促对商业银行资本充足率监督检查的实施。

（三）审议并决定对商业银行的监管资本要求。

（四）受理商业银行就资本充足率监督检查结果提出的申辩，确保监督检查过程以及评价结果的公正和准确。

第一百四十二条　银监会通过非现场监管和现场检查的方式对商业银行资本充足率进行监督检查。

除对资本充足率的常规监督检查外，银监会可根据商业银行内部情况或外部市场环境的变化实施资本充足率的临时监督检查。

第一百四十三条　商业银行应当在年度结束后的四个月内向银监会提交内部资本充足评估报告。

第一百四十四条　银监会实施资本充足率监督检查应遵循以下程序：

（一）审查商业银行内部资本充足评估报告，制定资本充足率检查计划。

（二）依据本办法附件 13 规定的风险评估标准，实施资本充足率现场检查。

（三）根据检查结果初步确定商业银行的监管资本要求。

（四）与商业银行高级管理层就资本充足率检查情况进行沟通，并将评价结果书面发送商业银行董事会。

（五）监督商业银行持续满足监管资本要求的情况。

第一百四十五条　商业银行可以在接到资本充足率监督检查评价结果后 60 日内，以书面形式向银监会提出申辩。在接到评价结果后 60 日内未进行书面申辩的，将被视为接受评价结果。

商业银行提出书面申辩的，应当提交董事会关于进行申辩的决议，并对申辩理由进行详细说明，同时提交能够证明申辩理由充分性的相关资料。

第一百四十六条　银监会受理并审查商业银行提交的书面申辩，视情况对有关问题进行重点核查。

银监会在受理书面申辩后的 60 日内做出是否同意商业银行申辩的书面答复，并说明理由。

第一百四十七条　银监会审查商业银行的书面申辩期间，商业银行应当执行资本充足率监督检查所确定的监管资本要求，并落实银监会采取的相关监管措施。

第一百四十八条　商业银行应当向银监会报告未并表和并表后的资本充足率。并表后的资本充足率每半年报送一次，未并表的资本充足率每季度报送一次。

如遇影响资本充足率的特别重大事项，商业银行应当及时向银监会报告。

第三节　第二支柱资本要求

第一百四十九条　商业银行已建立内部资本充足评估程序且评估程序达到本办法要求的，银监会根据其内部资本评估结果确定监管资本要求；商业银行未建立内部资本充足评估程序，或评估程序未达到本办法要求的，银监会根据对商业银行风险状况的评估结果，确定商业银行的监管资本要求。

第一百五十条 银监会有权根据单家商业银行操作风险管理水平及操作风险事件发生情况，提高操作风险的监管资本要求。

第一百五十一条 银监会有权通过调整风险权重、相关性系数、有效期限等方法，提高特定资产组合的资本要求，包括但不限于以下内容：

（一）根据现金流覆盖比例、区域风险差异，确定地方政府融资平台贷款的集中度风险资本要求。

（二）通过期限调整因子，确定中长期贷款的资本要求。

（三）针对贷款行业集中度风险状况，确定部分行业的贷款集中度风险资本要求。

（四）根据个人住房抵押贷款用于购买非自住用房的风险状况，提高个人住房抵押贷款资本要求。

第四节　监管措施

第一百五十二条 银监会有权对资本充足率未达到监管要求的商业银行采取监管措施，督促其提高资本充足水平。

第一百五十三条 根据资本充足状况，银监会将商业银行分为四类：

（一）第一类商业银行：资本充足率、一级资本充足率和核心一级资本充足率均达到本办法规定的各级资本要求。

（二）第二类商业银行：资本充足率、一级资本充足率和核心一级资本充足率未达到第二支柱资本要求，但均不低于其他各级资本要求。

（三）第三类商业银行：资本充足率、一级资本充足率和核心一级资本充足率均不低于最低资本要求，但未达到其他各级资本要求。

（四）第四类商业银行：资本充足率、一级资本充足率和核心一级资本充足率任意一项未达到最低资本要求。

第一百五十四条 对第一类商业银行，银监会支持其稳健发展业务。为防止其资本充足率水平快速下降，银监会可以采取下列预警监管措施：

（一）要求商业银行加强对资本充足率水平下降原因的分析及预测。

（二）要求商业银行制定切实可行的资本充足率管理计划。

（三）要求商业银行提高风险控制能力。

第一百五十五条 对第二类商业银行，除本办法第一百五十四条规定的监管措施外，银监会还可以采取下列监管措施：

（一）与商业银行董事会、高级管理层进行审慎性会谈。

（二）下发监管意见书，监管意见书内容包括：商业银行资本管理存在的问题、拟采取的纠正措施和限期达标意见等。

（三）要求商业银行制定切实可行的资本补充计划和限期达标计划。

（四）增加对商业银行资本充足的监督检查频率。

（五）要求商业银行对特定风险领域采取风险缓释措施。

第一百五十六条 对第三类商业银行，除本办法第一百五十四条、第一百五十五条规定的监管措施外，银监会还可以采取下列监管措施：

（一）限制商业银行分配红利和其他收入。

（二）限制商业银行向董事、高级管理人员实施任何形式的激励。

（三）限制商业银行进行股权投资或回购资本工具。

（四）限制商业银行重要资本性支出。

（五）要求商业银行控制风险资产增长。

第一百五十七条　对第四类商业银行，除本办法第一百五十四条、第一百五十五条和第一百五十六条规定的监管措施外，银监会还可以采取以下监管措施：

（一）要求商业银行大幅降低风险资产的规模。

（二）责令商业银行停办一切高风险资产业务。

（三）限制或禁止商业银行增设新机构、开办新业务。

（四）强制要求商业银行对二级资本工具进行减记或转为普通股。

（五）责令商业银行调整董事、高级管理人员或限制其权利。

（六）依法对商业银行实行接管或者促成机构重组，直至予以撤销。

在处置此类商业银行时，银监会还将综合考虑外部因素，采取其他必要措施。

第一百五十八条　商业银行未按本办法规定提供资本充足率报表或报告、未按规定进行信息披露或提供虚假的或者隐瞒重要事实的报表和统计报告的，银监会依据《中华人民共和国银行业监督管理法》的相关规定实施行政处罚。

第一百五十九条　除上述监管措施外，银监会可依据《中华人民共和国银行业监督管理法》以及相关法律、行政法规和部门规章的规定，采取其他监管措施。

第九章　信息披露

第一百六十条　商业银行应当通过公开渠道，向投资者和社会公众披露相关信息，确保信息披露的集中性、可访问性和公开性。

第一百六十一条　资本充足率的信息披露应至少包括以下内容：

（一）风险管理体系：信用风险、市场风险、操作风险、流动性风险及其他重要风险的管理目标、政策、流程以及组织架构和相关部门的职能。

（二）资本充足率计算范围。

（三）资本数量、构成及各级资本充足率。

（四）信用风险、市场风险、操作风险的计量方法，风险计量体系的重大变更，以及相应的资本要求变化。

（五）信用风险、市场风险、操作风险及其他重要风险暴露和评估的定性和定量信息。

（六）内部资本充足评估方法以及影响资本充足率的其他相关因素。

（七）薪酬的定性信息和相关定量信息。

商业银行应当按照本办法附件15的要求充分披露资本充足率相关信息。

第一百六十二条　商业银行应当保证披露信息的真实性、准确性和完整性。

第一百六十三条　本办法规定的披露内容是资本充足率信息披露的最低要求，商业银行应当遵循充分披露的原则，并根据监管政策变化及时调整披露事项。

第一百六十四条　商业银行采用资本计量高级方法的，并行期内应至少披露本办法规定的定性信息和资本底线的定量信息。

第一百六十五条　商业银行可以不披露专有信息或保密信息的具体内容，但应进行一般性披露，并解释原因。

第一百六十六条　商业银行信息披露频率分为临时、季度、半年及年度披露。其中，临时信息应及时披露，季度、半年度信息披露时间为期末后 30 个工作日内，年度信息披露时间为会计年度终了后四个月内。因特殊原因不能按时披露的，应至少提前 15 个工作日向银监会申请延迟披露。

第一百六十七条　商业银行应当分别按照以下频率披露相关信息：

（一）实收资本或普通股及其他资本工具的变化情况应及时披露。

（二）核心一级资本净额、一级资本净额、资本净额、最低资本要求、储备资本和逆周期资本要求、附加资本要求、核心一级资本充足率、一级资本充足率以及资本充足率等重要信息应按季披露。

（三）资本充足率计算范围、信用风险暴露总额、逾期及不良贷款总额、贷款损失准备、信用风险资产组合缓释后风险暴露余额、资产证券化风险暴露余额、市场风险资本要求、市场风险期末风险价值及平均风险价值、操作风险情况、股权投资及其损益、银行账户利率风险情况等相关重要信息应每半年披露一次。

第一百六十八条　经银监会同意，在满足信息披露总体要求的基础上，同时符合以下条件的商业银行可以适当简化信息披露的内容：

（一）存款规模小于 2000 亿元人民币。

（二）未在境内外上市。

（三）未跨区域经营。

第十章　附　则

第一百六十九条　农村合作银行、村镇银行、农村信用合作社、农村资金互助社、贷款公司、企业集团财务公司、消费金融公司、金融租赁公司、汽车金融公司参照本办法执行。外国银行在华分行参照本办法规定的风险权重计量人民币风险加权资产。

第一百七十条　本办法所称的资本计量高级方法包括信用风险内部评级法、市场风险内部模型法和操作风险高级计量法。商业银行采用资本计量高级方法，应当按照本办法附件 16 的规定建立资本计量高级方法验证体系。

第一百七十一条　银监会对获准采用资本计量高级方法的商业银行设立并行期，并行期自获准采用资本计量高级方法当年底开始，至少持续三年。并行期内，商业银行应按照本办法规定的资本计量高级方法和其他方法并行计量资本充足率，并遵守本办法附件 14 规定的资本底线要求。

并行期第一年、第二年和第三年的资本底线调整系数分别为 95%、90% 和 80%。

并行期内，商业银行实际计提的贷款损失准备超过预期损失的，低于 150% 拨备覆盖率的超额贷款损失准备计入二级资本的数量不得超过信用风险加权资产的 0.6%；高于 150% 拨备覆盖率的超额贷款损失准备可全部计入二级资本。

第一百七十二条　商业银行应在 2018 年底前达到本办法规定的资本充足率监管要求，鼓励有条件的商业银行提前达标。

第一百七十三条　达标过渡期内，商业银行应当制定并实施切实可行的资本充足率分步达标规划，并报银监会批准。银监会根据商业银行资本充足率达标规划实施情况，采取相应的监管措施。

第一百七十四条　达标过渡期内，商业银行应当同时按照《商业银行资本充足率管理办法》和本办法计量并披露并表和非并表资本充足率。

第一百七十五条　达标过渡期内，商业银行可以简化信息披露内容，但应当至少披露资本充足率计算范围、各级资本及扣减项、资本充足率水平、信用风险加权资产、市场风险加权资产、操作风险加权资产和薪酬的重要信息，以及享受过渡期优惠政策的资本工具和监管调整项目。

第一百七十六条　商业银行计算并表资本充足率，因新旧计量规则差异导致少数股东资本可计入资本的数量下降，减少部分从本办法施行之日起分五年逐步实施，即第一年加回 80%，第二年加回 60%，第三年加回 40%，第四年加回 20%，第五年不再加回。

第一百七十七条 本办法中采用标准普尔的评级符号，但对商业银行选用外部信用评级公司不做规定；商业银行使用外部评级公司的评级结果应符合本办法附件 17 的规定，并保持连续性。

第一百七十八条 附件 1、附件 2、附件 3、附件 4、附件 5、附件 6、附件 7、附件 8、附件 9、附件 10、附件 11、附件 12、附件 13、附件 14、附件 15、附件 16、附件 17 是本办法的组成部分。

（一）附件 1：资本工具合格标准。

（二）附件 2：信用风险权重法表内资产风险权重、表外项目信用转换系数及合格信用风险缓释工具。

（三）附件 3：信用风险内部评级法风险加权资产计量规则。

（四）附件 4：信用风险内部评级法风险暴露分类标准。

（五）附件 5：信用风险内部评级体系监管要求。

（六）附件 6：信用风险内部评级法风险缓释监管要求。

（七）附件 7：专业贷款风险加权资产计量规则。

（八）附件 8：交易对手信用风险加权资产计量规则。

（九）附件 9：资产证券化风险加权资产计量规则。

（十）附件 10：市场风险标准法计量规则。

（十一）附件 11：市场风险内部模型法监管要求。

（十二）附件 12：操作风险资本计量监管要求。

（十三）附件 13：商业银行风险评估标准。

（十四）附件 14：资本计量高级方法监督检查。

（十五）附件 15：信息披露要求。

（十六）附件 16：资本计量高级方法验证要求。

（十七）附件 17：外部评级使用规范。

第一百七十九条 本办法由银监会负责解释。

第一百八十条 本办法自 2013 年 1 月 1 日起施行。《商业银行资本充足率管理办法》（中国银行业监督管理委员会 2004 年第 2 号令颁布实施，根据 2006 年 12 月 28 日中国银行业监督管理委员会第五十五次主席会议《关于修改〈商业银行资本充足率管理办法〉的决定》修正），《商业银行银行账户信用风险暴露分类指引》、《商业银行信用风险内部评级体系监管指引》、《商业银行专业贷款监管资本计量指引》、《商业银行信用风险缓释监管资本计量指引》、《商业银行操作风险监管资本计量指引》（银监发〔2008〕69 号），《商业银行资本充足率信息披露指引》（银监发〔2009〕97 号），《商业银行资本计量高级方法验证指引》（银监发〔2009〕104 号），《商业银行资本充足率监督检查指引》（银监发〔2009〕109 号），《商业银行资产证券化风险暴露监管资本计量指引》（银监发〔2009〕116 号），《商业银行市场风险资本计量内部模型法监管指引》（银监发〔2010〕13 号），《商业银行资本计量高级方法实施申请和审批指引》（银监发〔2010〕114 号）同时废止。本办法施行前出台的有关规章及规范性文件如与本办法不一致的，按照本办法执行。

中国银监会关于实施《商业银行资本管理办法（试行）》过渡期安排相关事项的通知

银监发〔2012〕57号

各银监局，各政策性银行、国有商业银行、股份制商业银行，中国邮政储蓄银行，银监会直接监管的企业集团财务公司、金融租赁公司：

2012年6月7日，银监会发布了《商业银行资本管理办法（试行）》（以下简称《资本办法》）。《资本办法》将于2013年1月1日起施行，要求商业银行在2018年底前达到规定的资本充足率监管要求。为稳妥推进《资本办法》实施，现将过渡期内资本充足率监管有关问题通知如下：

一、商业银行资本充足率监管要求包括：最低资本要求、储备资本要求以及逆周期资本要求、系统重要性银行附加资本要求、第二支柱资本要求。2013年1月1日，商业银行应达到最低资本要求；国内系统重要性银行还应满足附加资本要求。过渡期内，逐步引入储备资本要求（2.5%），商业银行应达到分年度资本充足率要求；其间，如需计提逆周期资本或监管部门对单家银行提出第二支柱资本要求，将同时明确达标时限，商业银行应在规定时限内达标。

二、商业银行应分别计算未并表和并表资本充足率，并同时达到过渡期内分年度资本充足率要求。

三、商业银行获得监管部门批准实施资本计量高级方法的，可采用高级方法计算资本充足率，并遵守《资本办法》中有关并行期内资本底线的要求。

四、商业银行按照《资本办法》计算2012年底的未并表和并表的资本充足率。对于2012年底已达到《资本办法》规定的资本充足率要求的商业银行，过渡期内鼓励其资本充足率保持在《资本办法》规定的资本充足率要求之上。对于2012年底未达到《资本办法》规定的资本充足率要求的商业银行，过渡期内应在满足分年度资本充足率要求的基础上，稳步提高资本充足率的水平。

五、商业银行应根据本通知要求，结合本行实际情况，制定过渡期内的分年度资本充足率达标规划，经董事会批准后，于2013年3月底前报监管部门并认真执行。各商业银行应指定专门部门持续跟踪本行《资本办法》实施的基本情况，每半年将实施情况报送银监会。

六、银监会将按照《资本办法》的要求，根据宏观经济金融形势和商业银行的具体情况，采取相应的监管措施。各监管部门、银监局在实施风险评估和监管评级及日常监管中应综合考虑过渡期内商业银行资本充足率分年度达标的情况。对于提前达标的商业银行，银监会将在监管政策方面给予一定激励。

二〇一二年十一月三十日

附件信息：

过渡期内分年度资本充足率要求

银行类别	项目	2013 年底	2014 年底	2015 年底	2016 年底	2017 年底	2018 年底
系统重要性银行	核心一级资本充足率	6.5%	6.9%	7.3%	7.7%	8.1%	8.5%
	一级资本充足率	7.5%	7.9%	8.3%	8.7%	9.1%	9.5%
	资本充足率	9.5%	9.9%	10.3%	10.7%	11.1%	11.5%
其他银行	核心一级资本充足率	5.5%	5.9%	6.3%	6.7%	7.1%	7.5%
	一级资本充足率	6.5%	6.9%	7.3%	7.7%	8.1%	8.5%
	资本充足率	8.5%	8.9%	9.3%	9.7%	10.1%	10.5%

中资商业银行专营机构监管指引

银监发 [2012] 59 号

第一章 总 则

第一条 为加强中资商业银行专营机构及其分支机构监管，促进专营业务稳健发展，根据《中华人民共和国银行业监督管理法》、《中华人民共和国商业银行法》等法律法规，制定本指引。

第二条 本指引所称中资商业银行包括国有商业银行、股份制商业银行。

国有商业银行是指中国工商银行、中国农业银行、中国银行、中国建设银行和交通银行。

第三条 中国银监会及其派出机构依法对中资商业银行专营机构及其分支机构实施监管。

第二章 定义与分类

第四条 本指引所称专营机构是指中资商业银行针对本行某一特定领域业务所设立的、有别于传统分支行的机构，并同时具备以下特征：

（一）针对某一业务单元或服务对象设立；

（二）独立面向社会公众或交易对手开展经营活动；

（三）经总行授权，在人力资源管理、业务考核、经营资源调配、风险管理与内部控制等方面独立于本行经营部门或当地分支行。

专营机构及其分支机构开展经营活动，应当申领金融许可证，并在工商、税务等部门依法办理登记手续。

第五条 中资商业银行专营机构类型包括但不限于小企业金融服务中心、信用卡中心、票据中心、资金运营中心等。

第六条 专营机构只能从事特许的专营业务，不得经营其他业务。

第七条 小企业金融服务中心、信用卡中心可以按照专营业务特点及商业原则设立相应的分支机构，实行分级管理。其中，专营机构参照中资商业银行一级分行管理，其一级分中心参照二级分行管理，以下层级机构参照支行管理。

票据中心、资金运营中心以及其他类型的专营机构原则上不得向下设立分支机构。

专营机构及其分支机构原则上不得在该行未设立分支行的地区设立，但经银监会批准的除外。

第八条 中资商业银行应当遵循商业可持续原则，结合风险管理水平、内部控制能力、发展战略、专营业务发展状况等因素审慎决定专营机构的设立与市场退出，但实施市场退出时不得将其转变为分支行。

第三章 风险管理与内部控制

第九条 中资商业银行应就专营机构制定审慎可行的年度发展规划，并明确专营机构及其分支机构的设立模式、报告路径、风险管理模式、内部控制流程、数据信息管理方式、考核机制，界定其与本行其他部门、分支行的职责边界，建立内部沟通协调与信息共享机制。

第十条 中资商业银行应当建立科学的内部资金转移定价机制与有效的统计数据和信息科技管理架构，为分析、计量专营业务风险、成本、收益以及科学考核经营单位、业务单元等提供有效的技术支持。

第十一条 中资商业银行应当督促专营机构建立科学的考核、激励机制，建立并完善独立、有效的风险管理与内控体系，实现决策、执行、监督各环节的相互分离。中资商业银行对专营机构风险管理与内控体系的健全性和有效性承担最终责任。

第十二条 专营机构的风险管理与内部控制应纳入全行统一的管控体系。总行各有关职能部门应当及时主动地获得专营机构的经营信息与管理信息，并实施全面的监督与评价。

第十三条 专营机构应建立健全合规及风险管理体系，在内部设立内控合规和风险管理部门或专岗。

专营机构合规及风险管理人员有权向总行合规部门、风险管理部门直接报告。

第十四条 专营机构应当根据各分支机构的经营管理水平、风险管理能力、所在地区经济和业务发展需要进行合理、适当的授权，以适应专营业务发展的需要。

第十五条 专营机构及其分支机构应当遵循法人统一经营理念，与本行当地分支行建立良好的协作关系，增强信息交流与沟通，共同提高风险防范能力，共同为客户提供方便、快捷的金融服务。专营机构与本行其他分支行均应遵循"首诉负责制"，妥善处理客户的各类投诉，处置各类风险。

第十六条 专营机构及其分支机构开展专营业务，应当严格执行银监会《流动资金贷款管理暂行办法》、《个人贷款管理暂行办法》、《固定资产贷款管理暂行办法》、《项目融资业务指引》、《商业银行信用卡业务监督管理办法》以及相关法规规章，有效防范市场风险、信用风险、操作风险、声誉风险等各类风险。

第十七条 专营机构的分支机构与本行的分支行之间可以根据实际需要建立主报告行制度，通过主报告行或直接向监管部门报告本机构的经营管理与内部控制情况，了解监管政策与信息。

第四章 监督管理

第十八条 监管部门应当督促中资商业银行建立健全专营机构风险管理、内部控制制度，建立科学的激励约束机制、内部资金转移定价机制与有效的信息管理架构，确保专营业务的稳健发展。

第十九条 专营机构监管纳入法人监管总体框架。银监会或者法人机构属地银监局负责专营机构的整体监管。

专营机构注册地银监局负责专营机构注册于本地后的日常持续监管，及时向银监会、法人机构属地银监局报告专营机构的经营管理与风险状况，针对重大问题提出监管建议。

异地银监局负责专营机构分支机构的日常持续监管，并按照联动监管的有关要求，配合专营机构注册地银监局履行监管职能。

第二十条 监管部门应对商业银行设立专营机构及其分支机构的年度发展规划进行可行性评

估，并依据有关行政许可规定，对专营机构及其分支机构的筹建、开业、变更、撤销以及高级管理人员任职资格等事项，根据专营机构及其分支机构的层级，履行必要的行政许可程序。

监管部门在实施机构准入许可过程中，若专营机构不涉及办理现金等柜面业务，不要求必须通过公安部门的安全防护验收。

第二十一条　监管部门应当加强非现场监管，完善非现场监管指标体系，及时收集、审查和分析专营机构及其分支机构的各类报告、统计报表及其他非现场监管信息，定期对专营机构及其分支机构进行风险监测与预警，加强案件防控监督，强化对专营机构及其分支机构专业性与业务经营的监测分析，及时引导专营机构及其分支机构依法合规经营和提高运营效率。

第二十二条　监管部门应针对专营机构及其分支机构日常监管所发现的问题，及时开展现场检查，明确相关检查内容和要求；充分考虑专营机构及其分支机构的机构定位和业务特点，定期开展专项检查。

针对现场检查中发现的问题，及时采取监管措施，提出整改意见并监督落实；按照有关规定，针对检查发现的违法违规行为，对专营机构及其分支机构、相关负责人采取行政处罚等措施。

第二十三条　监管部门应当结合非现场监管和现场检查情况，加强对专营机构及其分支机构的运营评估，并将评估结果作为专营机构及其分支机构监管评级、机构准入、业务准入、高管人员履职评价的重要依据。

第二十四条　专营机构及其分支机构出现下列情形之一的，应由银监会或派出机构依据相关法律、行政法规和规章采取相应的监管措施：

（一）未经批准设立、变更、撤销专营机构及其分支机构的；

（二）未经任职资格审查任命高级管理人员的；

（三）违反规定从事非专营业务的；

（四）因内部控制和风险管理薄弱而造成重大风险的；

（五）拒绝或阻碍监管部门依法开展监管工作的；

（六）违反其他审慎性监管要求的。

第五章　附　则

第二十五条　本指引施行前，各中资商业银行已经设立但未申领金融许可证的专营机构或分支机构应当按本指引进行规范。符合本指引规定的按要求申领金融许可证，纳入专营机构监管序列；不符合规定的应在本指引公布一年内予以撤销或纳入该行当地分支行统一管理。

第二十六条　除另有规定外，中资商业银行在本行住所以外设立的区域审批中心、审计中心、客服中心、灾备中心、软件开发中心、账务处理中心等非经营性机构不属本指引规定的范畴，但中资商业银行应当向当地监管部门报告其设立情况并接受持续监管。

第二十七条　城市商业银行设立专营机构参照本指引执行。

第二十八条　此前关于专营机构的规定与本指引不一致的，以本指引为准。

第二十九条　本指引由银监会负责解释。

第三十条　本指引自公布之日起施行。

中国银监会关于进一步加强商业银行代理保险业务合规销售与风险管理的通知

银监发〔2010〕90号

各银监局，各国有商业银行、股份制商业银行，邮储银行：

为进一步规范商业银行代理保险业务，保护客户的合法权益，促进代理保险业务规范健康有序发展，现就有关要求通知如下：

一、商业银行开展代理保险业务，应当严格遵守《中华人民共和国商业银行法》、《中华人民共和国银行业监督管理法》、《中华人民共和国保险法》等相关法律、行政法规及规章的规定，健全并严格执行相应的风险管理制度和内部操作流程。

二、商业银行开展代理保险业务，应当遵循公开、公平、公正的原则，充分保护客户利益。

产品销售活动应当向客户充分揭示保险产品特点、属性和风险，不得对客户进行误导。

三、商业银行在开展代理保险业务时，应当遵守以下规定：

（一）不得将保险产品与储蓄存款、基金、银行理财产品等产品混淆销售，不得将保险产品收益与上述产品简单类比，不得夸大保险产品收益。

（二）向客户说明保险产品的经营主体是保险公司，如实提示保险产品的特点和风险。

（三）如实向客户告知保险产品的犹豫期、保险责任、电话回访、费用扣除、退保费用等重要事项。

（四）不得以中奖、抽奖、回扣或者送实物、保险等方式进行误导销售。

（五）法律法规和监管机构规定的其他事项。

四、商业银行应当充分了解客户的风险偏好、风险认知能力和承受能力，对购买投资连结保险等复杂保险产品的客户，应当建立客户风险测评和适合度评估制度，防止错误销售。

商业银行应当在营业网点理财服务区、理财室或理财专柜等专属区域对客户进行评估，根据产品风险等级提高销售门槛，将合适的产品销售给合适的客户，并妥善保管客户评估的相关资料。

五、对于通过风险测评表明适合购买投资连结保险等复杂保险产品的客户，商业银行应当向其提供完整的保险条款、产品说明书和投保提示书并提示客户认真阅读，阅读后应当由客户亲自抄录下列语句并签字确认："本人已阅读保险条款、产品说明书和投保提示书，了解本产品的特点和保单利益的不确定性。"

对于未经过风险测评或风险测评结果表明不适合购买投资连结保险等复杂保险产品的客户，商业银行应当建议客户不购买，不得主动对其进行后续的产品推介和营销。

六、商业银行销售人员在向客户推介和营销投资连结保险等复杂保险产品时，应当向其出具投保提示书，要求客户仔细阅读并理解。投保提示书应当至少包括以下内容：

（一）客户购买的是保险产品。

（二）提示客户详细阅读保险条款和产品说明书，尤其是保险责任、犹豫期和退保事项、利益演示、费用扣除等内容。

（三）提示客户应当由投保人亲自抄录、签名。

（四）客户向商业银行及保险公司咨询及投诉渠道。

（五）监管机构的其他相关规定。

七、商业银行开展代理保险业务时，应当遵守监管机构关于投保提示、禁止代客户抄录、禁止代客户签字确认等方面的规定，指导客户如实、正确地填写投保单，不得代替客户抄录语句、签名。

商业银行应当要求保险公司提供客户满期给付和期缴续费等客户信息，做好对客户的后续服务。

八、商业银行应当审慎选择代销保险产品，代销保险产品应当符合监管机构的相关要求。

对于客户投诉多、设计上存在缺陷的问题保险产品，商业银行应当主动停止销售，与保险公司妥善处理相关事宜。

九、商业银行应当明确告知客户代理保险业务中商业银行与保险公司法律责任的界定，尤其是告知客户保险业务出现问题时应当与保险公司进行沟通，做好风险提示与投资者教育。

十、商业银行网点摆放的宣传资料应当由保险公司总公司或其授权的分公司统一印制，严禁各营业网点擅自印制单证材料或变更宣传材料的内容。

各类保险单证和宣传资料上不得使用带有银行名称的中英文字样或银行的形象标识，不得出现"存款"、"储蓄"、"与银行共同推出"等字样，不得违反监管机构的相关规定。

十一、商业银行应当对拟建立或已建立代理合作关系的保险公司进行审慎尽职调查，审慎选择合作伙伴。调查内容包括但不限于：保险公司公司治理状况、财务状况、偿付能力充足状况、内控制度健全性和有效性、近两年受监管机构处罚情况以及客户投诉处理情况。对调查结果不合格或存在违规行为的保险公司，不得与其合作开展代理保险业务。

商业银行应当持续关注和评估保险公司合作状况，对保险公司合规经营、售后服务、产品宣传、培训以及投诉处理等方面进行定期评价，对存在违规行为和重大风险的保险公司应当停止代理保险业务合作。

商业银行总行应当制定统一的准入、退出和持续性合作的相关规定，对合作主体、方式和内容进行统一管理和授权。

十二、通过商业银行网点直接向客户销售保险产品的人员，应当是持有保险代理从业人员资格证书的银行销售人员；商业银行不得允许保险公司人员派驻银行网点。

十三、商业银行每个网点原则上只能与不超过3家保险公司开展合作，销售合作公司的保险产品。如超过3家，应坚持审慎经营，并向当地银监会派出机构报告。

十四、商业银行应当根据监管机构的要求，考虑代理保险产品复杂程度，确定不同层级营业网点代销产品的种类；投资连结保险等复杂保险产品应当严格限制在理财服务区、理财室或者理财专柜等专属区域内销售。

十五、商业银行应当尽量实现系统出单和系统管控，减少操作风险；不能通过信息系统实现销售管理的，商业银行应当加快信息系统开发，尽快满足相关监管要求。

十六、商业银行通过电话销售保险产品的，销售人员应为具有保险代理从业人员资格的银行人员，销售行为应当按照统一的规范用语进行，妥善保管客户信息，履行相应的保密义务。

商业银行通过电话向客户销售保险产品的，应当先征得客户同意，明确告知客户销售的是保险产品，不得误导销售，销售过程应当全程录音并妥善保存。

十七、商业银行应当严格按照与保险公司协议规定收取手续费，全额入账，不得收取协议规定之外的其他费用。

十八、商业银行应当督促保险公司按照监管规定在保险合同犹豫期内，对代理销售的保险期限在1年以上的人身保险新单业务进行客户电话回访，并要求保险公司妥善保存电话回访录音；视实际情况需要，可以要求保险公司对客户进行面访，并详细做好回访记录。

十九、商业银行应当建立有效的投诉处理机制，与保险公司分工协作，制定统一规范的投诉处理程序，向客户明示投诉电话，在与保险公司签订代理协议时，应当主动协商保险公司建立风险处置应急预案，确保能妥善处理投诉纠纷事件。

二十、当出现突发事件、重大投诉或其他重大风险事件时，商业银行、保险公司应当密切配合，立即妥善处理，有效化解相关风险并及时向中国银监会、中国保监会报告。

二十一、商业银行应当建立和完善代理保险业务内控和风险管理体系，持续要求保险公司提供每年公司治理状况、财务状况、偿付能力充足状况、内控制度健全性和有效性、近两年受监管机构处罚情况以及客户投诉处理等相关情况。

二十二、商业银行应当在每个季度结束后的30个工作日之内，向中国银监会及其派出机构，报送代理保险业务的报告。报告应当至少包括以下内容：

（一）代理保险业务开展情况。

（二）发生投诉及处理的相关情况。

（三）与保险公司合作情况。

（四）内控及风险管理的变化情况。

（五）其他需要报送的情况。

二十三、中国银监会依法对商业银行代理保险业务制定相关的规章和审慎经营规则，进行现场检查和非现场监管。

中国银监会、中国保监会对商业银行代理保险业务可以进行联合现场检查，依法对违规行为采取监管措施，追究相应责任，并给予相应处罚。

监管机构依据《中华人民共和国行政处罚法》等相关规定，对商业银行代理保险业务中的同一个违法行为，不得给予重复处罚。

二十四、本通知印发之前的银行代理保险业务，应按本通知要求予以整改和规范，并将相关情况报送当地银监会派出机构。

二十五、其他银行业金融机构代理保险业务的，参照以上规定执行。

请各银监局将本通知转发至辖内银监分局和有关银行业金融机构。

二〇一〇年十一月一日

中国银监会办公厅关于加强中小商业银行主要股东资格审核的通知

银监办发〔2010〕115号

各银监局：

对中小商业银行主要股东的规范管理，是保证中小商业银行安全稳健运行和构建良好公司治理结构的重要前提。为进一步加强对中小商业银行主要股东的资格审核，现将有关事项通知如下：

一、中小商业银行主要股东，是指持有或控制中小商业银行5%以上（含5%）股份或表决权且是银行前三大股东，或非前三大股东但经监管部门认定对中小商业银行具有重大影响的股东。

二、除《中国银行业监督管理委员会中资商业银行行政许可事项实施办法》规定的股东条件外，在实际审核过程中，应坚持以下审慎性条件：

（一）同一股东入股同质银行业金融机构不超过2家，如取得控股权只能投（或保留）一家。并应出具与其关联企业情况、与其他股东的关联关系及其参股其他金融机构情况的说明。

（二）主要股东包括战略投资者持股比例一般不超过20%。对于部分高风险城市商业银行，可以适当放宽比例。

（三）要求主要股东出具资金来源说明。

（四）要求主要股东董事会出具正式的书面承诺：

一是承诺不谋求优于其他股东的关联交易，并应出具银行贷款情况及贷款质量情况说明（经银行确认）。

二是承诺不干预银行的日常经营事务。

三是承诺自股份交割之日起5年内不转让所持该银行股份，并在银行章程或协议中载明；到期转让股份及受让方的股东资格应取得监管部门的同意。

四是作为持股银行的主要资本来源，应承诺持续补充资本。

五是承诺不向银行施加不当的指标压力。

三、根据目前的国家政策和监管实际需要，合理设限，尽量避免限制性行业或企业的投资者入股。

四、各银监局要严格按照规定的审核权限和审核程序，审慎审核股东资格，防止关联交易，确保操作程序公开、透明、合法。对在股东资格审核过程中，因违规操作、把关不严造成严重影响和不良后果的，将按照有关规定严肃追究责任。

五、各银监局应建立中小商业银行主要股东资格审核档案，对中小商业银行主要股东情况进行持续跟踪评估，并加强动态管理，发现问题后应在职责范围内及时报告并予以纠正。

二〇一〇年四月十六日

中国银监会关于规范商业银行使用外部信用评级的通知

银监发〔2011〕10号

各银监局，各政策性银行、国有商业银行、股份制商业银行，邮政储蓄银行：

为进一步规范商业银行使用外部信用评级机构和使用外部信用评级结果，防范商业银行因外部评级调整产生的系统性风险，现将有关事项通知如下：

一、商业银行应当审慎使用外部信用评级，外部信用评级结果不应直接作为商业银行的授信依据。

二、商业银行应当指定专门部门负责在授信业务过程中管理全行的外部信用评级使用情况，确保外部评级机构具有独立性、专业能力和评级公信力。

（一）商业银行在决定使用外部信用评级机构时，应当对其进行下列内容的尽职调查：

1. 具有法人资格，在形式和实质上均保持独立性；

2. 具有一定规模的实缴注册资本与净资产；

3. 拥有足够数量具有资信评级业务经验的评级从业人员；

4. 具有健全的组织机构、内部控制机制和管理制度；

5. 具有完善的信用信息数据库系统，以及相匹配的营业场所、技术设施；

6. 具有健全的业务制度，包括信用等级划分及定义、评级标准、评级程序、评级委员会制度、评级信息披露制度、跟踪评级制度、信息保密制度、评级业务档案管理制度等；

7. 具有良好的职业声誉，无重大不良记录；

8. 其他需要调查的内容。

（二）商业银行在使用外部评级结果时，应当知悉评级原理并阅读相关披露文件，外部评级结果只能作为内部判断的补充参考。

（三）商业银行应当建立外部评级机构的持续评估机制，至少每两年对评级机构的独立性、专业性与内部控制能力进行一次评估。商业银行应当将认可的外部评级机构的变更情况和评估报告书面报送中国银监会（或其派出机构）及中国银行业协会。

三、商业银行的重大投资行为原则上应以内部评级为依据。

（一）如果重大投资产品没有内部评级，则该投资产品的信用风险评估必须引用至少两家外部评级机构的评级结果进行比较，选择使用评级较低、违约概率较大的外部评级结果。

（二）重大投资金额下限由商业银行总行依据其内部授权机制确定。

四、商业银行的内部评级体系如果在评级确定方面引用或参考外部评级结果，应当至少选择两家外部评级机构的评级结果和违约概率数据进行比较，并选择使用评级较低、违约概率较大的外部评级结果。

五、商业银行应当建立应对本银行外部评级变化的制度和措施，评估因外部评级机构业务中断或其他问题导致的可能后果，制订替换外部评级机构的应急计划。

六、如果商业银行认为外部评级机构对本银行的评级结果有失公正，则商业银行可向银行业协会申诉，银行业协会应组织对该项评级的流程、方法、依据、结果等进行调查，并公开调查结果。

七、外部评级机构存在下列情况之一的，商业银行不得使用其评级结果：

（一）客户数量、规模与专业评级能力明显不相称的；

（二）受到过刑事处罚或两年以内受到过行政处罚的；

（三）与被评级机构存在关联关系、缺乏评级独立性的。

八、外国银行分行及其他银行业金融机构使用外部信用评级参照本通知要求执行。

二〇一一年一月二十六日

中国银监会办公厅关于做好住房金融服务加强风险管理的通知

银监办发〔2011〕55号

各银监局，各国有商业银行、股份制商业银行，中国邮政储蓄银行：

为依法妥善处理个人住房贷款中出现的问题，保护消费者合法权益，加强风险管理、规范业务发展，特提出如下要求：

一、银行业金融机构已与借款人签订不可撤销的书面合同，且该合同已发生法律效力的，必须按照合同约定及时发放个人住房贷款。

二、银行业金融机构已受理并同意借款人的贷款申请，且在个人住房贷款合同面签过程中，借款人已单方在贷款合同上签字的，银行业金融机构在确认贷款合同没有法律瑕疵、收益能够覆盖风险、符合贷款条件的前提下，原则上应继续签订合同并按合同约定执行。

三、委托中介机构与借款人签订贷款合同或代收贷款合同是严重违规行为，银行业金融机构要认真开展自查，并严肃追究相关人员责任，妥善处理由此产生的法律后果。

四、在《国务院办公厅关于进一步做好房地产市场调控工作有关问题的通知》（国办发〔2011〕1号）印发前受理的个人住房贷款业务，银行业金融机构要严格按照国发〔2010〕10号文、《中国人民银行 中国银行业监督管理委员会关于完善差别化住房信贷政策有关问题的通知》（银发〔2010〕275号）等规定的差别化住房信贷政策以及当地行政限购规定办理业务，并根据风险状况合理确定首付比例、贷款利率等。

五、国办发〔2011〕1号文件印发后受理的个人住房贷款业务，银行业金融机构要严格执行"对贷款购买第二套住房的家庭，首付款比例不低于60%，贷款利率不低于基准利率的1.1倍"的规定，积极配合有关部门严格执行当地政府的限购政策并做好沟通解释工作。

六、银行业金融机构办理个人住房贷款业务要坚持面谈、面签和必要的居访，保证贷款条件公正透明，严格履行告知义务并尊重客户自愿选择，严禁虚假承诺、捆绑销售、委托中介机构代签代收贷款合同、乱收费等违规行为。

各银行业金融机构要坚决贯彻落实国家房地产宏观调控政策，继续做好住房金融服务。要从维护自身声誉、履行法律责任和社会责任的高度出发，妥善处理个人住房贷款中出现的问题和纠纷。各银监局要加大对辖内银行业金融机构个人住房贷款合规情况的检查力度，严肃查处各类违法违规行为。

请各银监局将本通知转发至辖内银监分局、各城市商业银行、外资银行（含外国银行分行）、农村商业银行、农村合作银行以及城市信用社、农村信用社等法人机构。

二〇一一年三月八日

中国银监会关于支持商业银行进一步改进
小企业金融服务的通知

银监发〔2011〕59号

各银监局，各国有商业银行、股份制商业银行，邮政储蓄银行，各省级农村信用联社：

近年来，为深入贯彻落实党中央、国务院的战略部署，着力解决小企业融资方面的突出问题，监管部门积极引导商业银行开展小企业金融业务，不断优化小企业融资环境，取得了明显成效。为巩固小企业金融工作成果，促进小企业金融业务可持续发展，支持商业银行进一步改进小企业金融服务，现将有关要求通知如下：

一、指导商业银行重点支持符合国家产业和环保政策、有利于扩大就业、有偿还意愿和偿还能力、具有商业可持续性的小企业的融资需求。

二、引导商业银行继续深化六项机制（利率的风险定价机制、独立核算机制、高效的贷款审批机制、激励约束机制、专业化的人员培训机制、违约信息通报机制），按照四单原则（小企业专营机构单列信贷计划、单独配置人力和财务资源、单独客户认定与信贷评审、单独会计核算），进一步加大对小企业业务条线的管理建设及资源配置力度，满足符合条件的小企业的贷款需求，努力实现小企业信贷投放增速不低于全部贷款平均增速。

三、鼓励商业银行先行先试，积极探索，进行小企业贷款模式、产品和服务创新，根据小企业融资需求特点，加强对新型融资模式、服务手段、信贷产品及抵（质）押方式的研发和推广。

四、优先受理和审核小企业金融服务市场准入事项的有关申请，提高行政审批效率。对连续两年实现小企业贷款投放增速不低于全部贷款平均增速且风险管控良好的商业银行，在满足审慎监管要求的条件下，积极支持其增设分支机构。

五、督促商业银行进一步加强小企业专营管理建设。对于设立"在行式"小企业专营机构的，其总行应相应设立单独的管理部门。同时鼓励小企业专营机构延伸服务网点，对于小企业贷款余额占企业贷款余额达到一定比例的商业银行，支持其在机构规划内筹建多家专营机构网点。

六、鼓励商业银行新设或改造部分分支行为专门从事小企业金融服务的专业分支行或特色分支行。

七、对于小企业贷款余额占企业贷款余额达到一定比例的商业银行，在满足审慎监管要求的条件下，优先支持其发行专项用于小企业贷款的金融债，同时严格监控所募集资金的流向。

八、对于风险成本计量到位、资本与拨备充足、小企业金融服务良好的商业银行，经监管部门认定，相关监管指标可做差异化考核，具体包括：

（一）对于运用内部评级法计算资本充足率的商业银行，允许其将单户500万元（含）以下的小企业贷款视同零售贷款处理，对于未使用内部评级法计算资本充足率的商业银行，对于单户500万元（含）以下的小企业贷款在满足一定标准的前提下，可视为零售贷款，具体的风险权重按照

《商业银行资本充足率管理办法》执行。

（二）在计算存贷比时，对于商业银行发行金融债所对应的单户500万元（含）以下的小企业贷款，可不纳入存贷比考核范围。

九、根据商业银行小企业贷款的风险、成本和核销等具体情况，对小企业不良贷款比率实行差异化考核，适当提高小企业不良贷款比率容忍度。

十、积极推动多元化小企业融资服务体系建设，拓宽小企业融资渠道。同时协调各地方政府、各部门进一步落实和完善相关财税支持政策，完善社会信用体系，推动商业银行同融资性担保机构、产业基金的科学有序合作，创造良好的社会基础。

本通知所指小企业，暂以《关于印发中小企业标准暂行规定的通知》（国经贸中小企〔2003〕143号）的小企业定义为准，国家有关部门对小企业划型标准修改后即按新标准执行。

农村合作银行、农村信用社和村镇银行等农村中小金融机构参照本通知执行。

请各银监局将本通知转发至辖内银监分局和有关商业银行，组织做好贯彻实施工作，并及时总结小企业金融服务工作的问题和经验，不断发展完善，将实施过程中的问题和建议及时反馈银监会。

二〇一一年五月二十三日

中国银监会关于支持商业银行进一步改进小型微型企业金融服务的补充通知

银监发〔2011〕94号

各银监局，各国有商业银行、股份制商业银行，邮政储蓄银行，各省级农村信用联社：

为贯彻国务院关于加强小型微型企业金融服务的政策精神，巩固和扩大小企业金融服务工作成果，促进小型微型企业金融业务可持续发展，银监会此前印发了《关于支持商业银行进一步改进小企业金融服务的通知》（银监发〔2011〕59号），现根据新的政策精神，就有关要求补充通知如下：

一、进一步明确改进小型微型企业金融服务的工作目标

（一）商业银行应加大对小型微型企业的贷款投放，努力实现小型微型企业贷款增速不低于全部贷款平均增速，增量高于上年同期水平，并重点加大对单户授信总额500万元（含）以下小型微型企业的信贷支持。

（二）商业银行应继续深化六项机制建设，加强内部管理，形成对小型微型企业金融服务前中后台的横贯型管理和支持机制。

二、关于小型微型企业金融服务机构准入

（一）鼓励和支持商业银行进一步扩大小型微型企业金融服务网点覆盖面，将小企业金融服务专营机构向社区、县域和大的集镇等基层延伸。鼓励和支持商业银行在已开设分支行的地区加快建设小企业金融服务专营机构分中心。

（二）对于小型微型企业授信客户数占该行辖内所有企业授信客户数以及最近六个月月末平均小型微型企业授信余额占该行辖内企业授信余额达到一定比例以上的商业银行，各银监局在综合评估其风险管控水平、IT系统建设水平、管理人才储备和资本充足状况的基础上，可允许其一次同时筹建多家同城支行，但每次批量申请的间隔期限不得少于半年。

前述两项比例标准由各银监局自行确定后报送银监会完善小企业金融服务领导小组办公室备案。原则上授信客户数占比东部沿海省份和计划单列市不应低于70%，其他省份应不低于60%。

（三）鼓励和支持商业银行积极通过制度、产品和服务创新支持科技型小型微型企业成长，进一步探索建设符合我国国情的科技支行。

三、关于支持商业银行发行专项用于小型微型企业贷款的金融债

（一）申请发行小型微型企业贷款专项金融债的商业银行除应符合《全国银行间债券市场金融债券发行管理办法》等现有各项监管法规外，其小型微型企业贷款增速应不低于全部贷款平均增速，增量应高于上年同期水平。

（二）申请发行小型微型企业贷款专项金融债的商业银行应出具书面承诺，承诺将发行金融债所筹集的资金全部用于发放小型微型企业贷款。

（三）对于商业银行申请发行小型微型企业贷款专项金融债的，银监会结合其小型微型企业业

务发展、贷款质量、专营机构建设、产品及服务创新、战略定位等情况作出审批决定。对于属地监管的商业银行，属地银监局应对其上述情况出具书面意见，作为银监会审批的参考材料。

（四）获准发行小型微型企业贷款专项金融债的商业银行，该债项所对应的单户授信总额 500 万元（含）以下的小型微型企业贷款在计算"小型微型企业调整后存贷比"时，可在分子项中予以扣除，并以书面形式报送监管部门。

（五）各级监管机构应在日常监管中对获准发行小型微型企业贷款专项金融债的商业银行法人进行动态监测和抽样调查，严格监管发债募集资金的流向，确保资金全部用于发放小型微型企业贷款。

四、关于小型微型企业贷款优惠计算风险权重

商业银行在计算资本充足率时，对符合相关条件的小型微型企业贷款，应根据《商业银行资本管理办法》相关规定，在权重法下适用 75% 的优惠风险权重，在内部评级法下比照零售贷款适用优惠的资本监管要求。

五、关于小型微型企业贷款不良率容忍度的监管标准

（一）各级监管机构应对商业银行小型微型企业贷款不良率执行差异化的考核标准，根据各行实际平均不良率适当放宽对小型微型企业贷款不良率的容忍度。

（二）各级监管机构应结合当前经济金融形势和小型微型企业贷款的风险点，及时做好小型微型企业贷款的风险提示与防范工作。

六、自收到本通知之日起，除银团贷款外，商业银行不得对小型微型企业贷款收取承诺费、资金管理费，严格限制对小型微型企业收取财务顾问费、咨询费等费用。

七、各商业银行应根据《关于印发中小企业划型标准规定的通知》（工信部联企业［2011］300 号）规定的企业划型标准，并按照银监会 2012 年非现场监管报表制度要求，及时、准确填报相关数据。

八、本通知所称"小型微型企业贷款"，含商业银行向小企业、微型企业发放的贷款及个人经营性贷款。有关企业划分标准按《关于印发中小企业划型标准规定的通知》（工信部联企业［2011］300 号）规定执行。

农村合作银行、农村信用社和村镇银行等农村中小金融机构参照本通知执行。

请各银监局将本通知转发辖内银监分局和有关商业银行，组织做好贯彻实施和信息反馈工作。

2011 年 10 月 24 日

关于印发中国银监会关于整治银行业金融机构
不规范经营的通知

银监发〔2012〕3号

各银监局，各政策性银行、国有商业银行、股份制商业银行，邮政储蓄银行：

为有效服务实体经济，纠正部分银行业金融机构发放贷款时附加不合理条件和收费管理不规范等问题，银监会决定在银行业系统全面开展"不规范经营"专项治理工作。现就有关事项通知如下：

一、银行业金融机构要认真遵守信贷管理各项规定和业务流程，按照国家利率管理相关规定进行贷款定价，并严格遵守下列规定。

（一）不得以贷转存。银行信贷业务要坚持实贷实付和受托支付原则，将贷款资金足额直接支付给借款人的交易对手，不得强制设定条款或协商约定将部分贷款转为存款。

（二）不得存贷挂钩。银行业金融机构贷款业务和存款业务应严格分离，不得以存款作为审批和发放贷款的前提条件。

（三）不得以贷收费。银行业金融机构不得借发放贷款或以其他方式提供融资之机，要求客户接受不合理中间业务或其他金融服务而收取费用。

（四）不得浮利分费。银行业金融机构要遵循利费分离原则，严格区分收息和收费业务，不得将利息分解为费用收取，严禁变相提高利率。

（五）不得借贷搭售。银行业金融机构不得在发放贷款或以其他方式提供融资时强制捆绑、搭售理财、保险、基金等金融产品。

（六）不得一浮到顶。银行业金融机构的贷款定价应充分反映资金成本、风险成本和管理成本，不得笼统将贷款利率上浮至最高限额。

（七）不得转嫁成本。银行业金融机构应依法承担贷款业务及其他服务中产生的尽职调查、押品评估等相关成本，不得将经营成本以费用形式转嫁给客户。

二、银行业金融机构要严格遵守国家价格主管部门和监管机构关于金融服务收费的各项政策规定，对现行收费服务价目进行全面梳理检查，及时自查自纠，并严格遵守以下原则。

（一）合规收费。服务收费应科学合理，服从统一定价和名录管理原则。银行业金融机构应制定收费价目名录，同一收费项目必须使用统一收费项目名称、内容描述、客户界定等要素，并由法人机构统一制定价格，任何分支机构不得自行制定和调整收费项目名称等要素。对实行政府指导价的收费项目，严格对照相关规定据实收费，并公布收费价目名录和相关依据；对实行市场调节价的收费项目，应在每次制定或调整价格前向社会公示，充分征询消费者意见后纳入收费价目名录并上网公布，严格按照公布的收费价目名录收费。

（二）以质定价。服务收费应合乎质价相符原则，不得对未给客户提供实质性服务、未给客带来实质性收益、未给客户提升实质性效率的产品和服务收取费用。

（三）公开透明。服务价格应遵循公开透明原则，各项服务必须"明码标价"，充分履行告知义务，使客户明确了解服务内容、方式、功能、效果，以及对应的收费标准，确保客户了解充分信息，自主选择。

（四）减费让利。银行业金融机构应切实履行社会责任，对特定对象坚持服务优惠和减费让利原则，明确界定小微企业、"三农"、弱势群体、社会公益等领域相关金融服务的优惠对象范围，公布优惠政策、优惠方式和具体优惠额度，切实体现扶小助弱的商业道德。

三、银行业金融机构要组织本系统在一季度集中开展以"规范贷款行为、科学合理收费"为主题的不规范经营问题专项治理活动。

（一）加强源头治理。各银行业金融机构要从年度经营计划和绩效考核办法的制定入手，整治不切实际的快增长、高指标问题，校正经营导向，从源头上杜绝各级机构、网点及员工的不规范经营冲动。

（二）加强程序治理。各银行业金融机构要全面梳理业务流程和相关内部管理制度，严格区分贷款融资和各项收费业务的不同营销、定价程序。对贷款融资，要从风险管理角度出发，对受理、审批、签约、放款、贷后管理等环节进行严格把关，防止层层附加条件；对其他服务收费业务，要从产品开发、功能设计、收益测算等环节进行充分论证和询价公示，防止自定价目和层层加价。

（三）加强行为治理。银行业金融机构要对从事具体经营活动的分支机构高管和一线员工进行商业道德和社会责任教育，切实做到不同业务柜面分离、人员独立，不得误导、挤压和要挟客户，端正经营思想，规范经营行为；银行业金融机构还应建立公开、完善的违规收费举报和投诉处理机制，及时掌握分支机构违规收费行为，及时查处纠正。

四、银行业监督管理部门要在督促银行业金融机构自查整改的基础上，集中精力、集中时间、集中人员以多种方式进行核查监督。

（一）指导机构自查。银监会各监管部门和各级派出机构要督促指导银行业金融机构按本通知要求，迅速组织自查自纠，及时清理纠正不当贷款业务和收费项目，并于 2012 年 3 月底前审查各银行业金融机构自查报告，核评其自查整改情况。

（二）实施监管检查。银监会各级派出机构要将整治不规范贷款和不规范收费问题纳入当前工作安排，组织现场抽查。对检查发现的违规行为依法严格处罚，并将检查和处罚结果在全辖范围内通报。

（三）联合媒体访查。银监会各级派出机构要有组织、有计划地联合当地主要媒体，对银行网点和相关客户进行明察暗访，并对严重违规案例公开曝光，通过引入舆论监督推动银行业不断规范经营行为，改善金融服务质量。

二〇一二年一月二十日

中国银监会关于商业银行资本工具创新的指导意见

银监发〔2012〕56号

各银监局，各政策性银行、国有商业银行、股份制商业银行，中国邮政储蓄银行：

为推动和规范商业银行开展资本工具创新，拓宽资本补充渠道，增强银行体系稳健性，支持实体经济持续健康发展，现提出以下指导意见：

一、推进商业银行资本工具创新的基本原则

（一）坚持以商业银行为主体的原则

商业银行应根据《商业银行资本管理办法（试行）》（以下简称《资本办法》）及本指导意见的相关规定，结合境内外市场特点，加强法规、政策及市场研究，做好与投资主体和相关部门的沟通协调，营造有利于资本工具创新的外部环境，积极探索通过不同市场发行各类新型资本工具。

（二）坚持先易后难、稳步推进的原则

商业银行资本工具创新工作应率先在法律法规允许、市场条件基本具备的领域进行创新探索。银监会将加强与相关部门沟通协调，共同解决资本工具创新面临的法律障碍和政策限制。在条件成熟的情况下，适时推出新型债务类和权益类资本工具。

（三）坚持先探索、后推广的原则

商业银行应广泛借鉴国际金融市场上资本工具的发行经验，并结合自身发展的现实特点，积极探索资本工具创新。在不断总结发行经验、培育市场投资主体的基础上，逐步扩大各类资本工具的发行范围和规模。

二、合格资本工具的认定标准

从2013年1月1日起，商业银行发行的非普通股新型资本工具，应符合《资本办法》的相关规定，并通过合同约定的方式，满足本指导意见提出的认定标准。

（一）包含减记条款的资本工具

1.当其他一级资本工具触发事件发生时，其他一级资本工具的本金应立即按照合同约定进行减记。减记可采取全额减记或部分减记两种方式，并使商业银行的核心一级资本充足率恢复到触发点以上。

2.当二级资本工具触发事件发生时，其他一级资本工具和二级资本工具的本金应立即按合同约定进行全额减记。

3.若对因减记导致的资本工具投资者损失进行补偿，应采取普通股的形式立即支付。

（二）包含转股条款的资本工具

1. 当其他一级资本工具触发事件发生时，其他一级资本工具的本金应立即按合同约定转为普通股。转股可采取全额转股或部分转股两种方式，并使商业银行的核心一级资本充足率恢复到触发点以上。

2. 当二级资本工具触发事件发生时，其他一级资本工具和二级资本工具的本金应立即按合同约定全额转为普通股。

3. 商业银行发行含转股条款的资本工具，应事前获得必要的授权，确保触发事件发生时，商业银行能立即按合同约定发行相应数量的普通股。

（三）减记或转股的触发事件

"其他一级资本工具触发事件"指商业银行核心一级资本充足率降至5.125%（或以下）。

"二级资本工具触发事件"是指以下两种情形中的较早发生者：①银监会认定若不进行减记或转股，该商业银行将无法生存。②相关部门认定若不进行公共部门注资或提供同等效力的支持，该商业银行将无法生存。

在满足上述合格标准的基础上，鼓励商业银行根据市场情况和投资者意愿，在合同中自主设定减记或转股条款。

三、完善商业银行资本工具创新的工作机制

商业银行应结合本行实际，科学制定发展战略和资本规划，强化资本约束，转变发展方式，控制风险资产的过快增长。商业银行应坚持以内源性资本积累为主的资本补充机制，同时加强对资本工具创新的深入研究，通过发行新型资本工具拓宽资本补充渠道。

（一）认真做好调研工作，审慎制定资本工具发行方案

商业银行应根据本指导意见的要求，借鉴境内外金融市场上资本工具发行的最新实践，加强与相关市场主管部门的沟通协调。在此基础上，结合本行资本充足水平和资本补充需求，制定新型资本工具的发行方案，包括资本工具的类型、发行规模、发行市场、投资者群体、定价机制以及相关政策问题的解决方案等。

（二）明确工作流程，不断完善资本工具的发行机制

商业银行应在认真做好可行性研究的基础上，向银监会提交资本工具发行方案。银监会对拟发行资本工具的资本属性进行确认。商业银行依据现有的法规及管理规定，向相关市场主管部门提出发行申请，获得批准后择机发行新型资本工具。在发行过程中，商业银行应及时向银监会报告相关进展情况。

（三）加强沟通协调，推动资本工具持续创新

银监会将积极与相关主管部门协调配合，持续推进配套法规制度及市场机制建设，为商业银行资本工具创新提供制度保障。在条件成熟后，逐步丰富商业银行资本工具的发行品种，扩大发行范围。

二〇一二年十一月二十九日

中国银监会关于规范商业银行理财业务投资运作有关问题的通知

银监发〔2013〕8 号

各银监局，各政策性银行、国有商业银行、股份制商业银行，邮政储蓄银行：

近期，商业银行理财资金直接或通过非银行金融机构、资产交易平台等间接投资于"非标准化债权资产"业务增长迅速。一些银行在业务开展中存在规避贷款管理、未及时隔离投资风险等问题。为有效防范和控制风险，促进相关业务规范健康发展，现就有关事项通知如下：

一、非标准化债权资产是指未在银行间市场及证券交易所市场交易的债权性资产，包括但不限于信贷资产、信托贷款、委托债权、承兑汇票、信用证、应收账款、各类受（收）益权、带回购条款的股权性融资等。

二、商业银行应实现每个理财产品与所投资资产（标的物）的对应，做到每个产品单独管理、建账和核算。单独管理指对每个理财产品进行独立的投资管理；单独建账指为每个理财产品建立投资明细账，确保投资资产逐项清晰明确；单独核算指对每个理财产品单独进行会计账务处理，确保每个理财产品都有资产负债表、利润表、现金流量表等财务报表。

对于本通知印发之前已投资的达不到上述要求的非标准化债权资产，商业银行应比照自营贷款，按照《商业银行资本管理办法（试行）》要求，于 2013 年底前完成风险加权资产计量和资本计提。

三、商业银行应向理财产品投资人充分披露投资非标准化债权资产情况，包括融资客户和项目名称、剩余融资期限、到期收益分配、交易结构等。理财产品存续期内所投资的非标准化债权资产发生变更或风险状况发生实质性变化的，应在 5 日内向投资人披露。

四、商业银行应比照自营贷款管理流程，对非标准化债权资产投资进行投前尽职调查、风险审查和投后风险管理。

五、商业银行应当合理控制理财资金投资非标准化债权资产的总额，理财资金投资非标准化债权资产的余额在任何时点均以理财产品余额的 35% 与商业银行上一年度审计报告披露总资产的 4% 之间孰低者为上限。

六、商业银行应加强理财投资合作机构名单制管理，明确合作机构准入标准和程序、存续期管理、信息披露义务及退出机制。商业银行应将合作机构名单于业务开办 10 日前报告监管部门。本通知印发前已开展合作的机构名单应于 2013 年 4 月底前报告监管部门。

七、商业银行代销代理其他机构发行的产品投资于非标准化债权资产或股权性资产的，必须由商业银行总行审核批准。

八、商业银行不得为非标准化债权资产或股权性资产融资提供任何直接或间接、显性或隐性的担保或回购承诺。

九、商业银行要持续探索理财业务投资运作的模式和领域，促进业务规范健康发展。

十、商业银行应严格按照上述各项要求开展相关业务，达不到上述要求的，应立即停止相关业务，直至达到规定要求。

十一、各级监管机构要加强监督检查，发现商业银行违反本通知相关规定的，应要求其立即停止销售相关产品，并依据《中华人民共和国银行业监督管理法》相关规定实施处罚。

十二、本通知自印发之日起实施。

农村合作银行、信用社等其他银行业金融机构开展相关业务的，参照本通知执行。

2013 年 3 月 25 日

商业银行资本监管配套政策文件

银监发〔2013〕33号

文件一：中央交易对手风险暴露资本计量规则

一、总体要求

（一）中央交易对手是指清算过程中以原始市场参与者的法定对手方身份介入交易清算，充当原买方的卖方和原卖方的买方，并保证交易得以执行的实体，其核心功能是合约更替和担保交收。在资本监管框架下中央交易对手视同为金融机构。

（二）商业银行应计算银行账户和交易账户中中央交易对手风险暴露的风险加权资产，涉及的业务包括场外衍生品交易、在交易所交易的衍生品交易以及证券融资交易。中央交易对手信用风险加权资产为交易风险暴露与违约基金风险暴露的风险加权资产之和。

（三）中央交易对手分为合格中央交易对手与不合格中央交易对手。商业银行对合格中央交易对手和不合格中央交易对手的交易对手风险暴露计量规则分别见第二部分和第三部分。如果某合格中央交易对手不再满足合格标准，除银监会另行规定，3个月内，商业银行可按照合格中央交易对手的规则计量风险加权资产；3个月后，商业银行应按照不合格中央交易对手的规则计量风险加权资产。

（四）商业银行应确保持有足够的资本覆盖与中央交易对手相关的风险。商业银行应监测并定期向高管层和董事会报告与中央交易对手相关的各类风险。如果商业银行是中央交易对手的清算会员，应通过情景分析和压力测试评估资本对中央交易对手风险的覆盖程度。

（五）商业银行对中央交易对手风险暴露不纳入内部评级法覆盖范围。

二、对合格中央交易对手风险暴露的风险加权资产计量

（一）交易风险暴露

1. 作为中央交易对手的清算会员：对中央交易对手风险暴露商业银行作为中央交易对手的清算会员，如果为自身提供清算，与中央交易对手交易风险暴露的风险权重为2%；如果商业银行为客户提供清算服务，且中央交易对手违约导致客户损失时需弥补客户损失，商业银行对该中央交易对手交易风险暴露的风险权重也为2%。商业银行应按照《资本办法》附件8的计量规则计算衍生工具的违约风险暴露和证券融资交易风险缓释后的交易风险暴露。

2. 作为中央交易对手的清算会员：对客户风险暴露商业银行作为中央交易对手的清算会员，不论商业银行为该交易提供保证，还是仅作为客户与中央交易对手之间的中介，均应参照《资本办法》附件8的计量规则，按照双边交易对客户风险暴露（包括潜在的信用估值调整风险暴露）计提

资本。鉴于商业银行提供清算服务的交易能够在较短时间内平仓，商业银行采用现期风险暴露法时，可对客户风险暴露乘以不低于 0.71 的系数（若保证金风险期间为 5 天，则系数为 0.71；若保证金风险期间为 6、7、8、9 或 10 天，则系数分别为 0.77、0.84、0.89、0.95 或 1）。

3. 作为客户：对清算会员和中央交易对手风险暴露

（1）商业银行作为中央交易对手清算会员的客户，在该交易中清算会员充当商业银行与中央交易对手之间的中介，并与中央交易对手开展抵消交易，商业银行对该清算会员风险暴露的风险权重为 2%；如果商业银行与中央交易对手直接交易，该清算会员提供保证，商业银行对中央交易对手风险暴露的风险权重也为 2%。上述两种情形下采用 2% 的风险权重应满足以下两个条件：

a. 中央交易对手将抵消交易识别为客户交易，并持有相应的抵押品，且清算会员具备相应制度安排，确保在清算会员违约或破产、清算会员的其他客户违约或破产、清算会员及其他客户同时违约或破产等三种情形下，清算会员都能防止该客户的任何损失。商业银行应按照监管当局要求提供独立的法律意见书，证明在上述三种情形下，都将受到相关法律保护而不会遭受损失。

b. 相关的法律、制度、规则、合同或监管安排能够保证，若清算会员违约或破产，与该清算会员的抵消交易将非常有可能通过中央交易对手或被中央交易对手间接执行。

（2）如果在清算会员和清算会员的其他客户同时违约或破产时，不能保证作为客户的商业银行免受损失，但上述两个条件中其他条件都满足的情形下，客户对该清算会员风险暴露的风险权重为 4%。

（3）若上述两个条件中任一条件不能满足，商业银行作为清算会员的客户，应按照双边交易计算对该清算会员风险暴露（包括潜在的信用估值调整风险暴露）的风险加权资产，具体规则参见《资本办法》附件 8。

4. 抵押品的处理

不论商业银行提交的资产是否作为抵押品，均应对其计提资本。如果商业银行作为清算会员或客户，其资产或抵押品提交给中央交易对手或另一家清算会员，且无法实现破产隔离，必须按照资产或抵押品持有主体确定风险权重（如果持有主体为中央交易对手，风险权重为 2%），进而计算交易对手信用风险资本要求；如果抵押品由托管人保管且以破产隔离方式持有，无需对该抵押品计提交易对手信用风险资本要求。若中央交易对手代表客户持有抵押品且无法实现破产隔离，但满足上述 3(1) 条件的该抵押品风险权重为 2%；满足 3(2) 条件的该抵押品风险权重为 4%。

（二）违约基金风险暴露

商业银行作为中央交易对手的清算会员可以采用 1250% 的风险权重计算对中央交易对手违约基金风险暴露的风险加权资产。商业银行对中央交易对手所有风险暴露（包括违约基金风险暴露和交易风险暴露）的风险加权资产总额不超过其对中央交易对手交易风险暴露的 20%，计算公式如下：

$$\text{Min}\{(2\% \times \text{TE}_i + 1250\% \times \text{DF}_i);(20\% \times \text{TE}_i)\}$$

其中，

TE_i 为商业银行"i"对中央交易对手交易风险暴露；

DF_i 是商业银行"i"缴纳中央交易对手的违约基金。

三、商业银行对不合格中央交易对手风险暴露的资本要求

（一）商业银行应按照双边交易计算对不合格中央交易对手交易风险暴露的风险加权资产。

（二）商业银行对不合格中央交易对手违约基金风险暴露的风险权重为 1250%。违约基金风险暴露包括已缴纳的违约基金、未缴纳但应中央交易对手要求必须缴纳的违约基金。如果商业银行有未缴纳的违约基金承诺，银监会有权在第二支柱框架下要求商业银行按照 1250% 的风险权重计提资本。

附件1：

合格中央交易对手的认定标准

合格中央交易对手为获得行政许可开展相关业务并经监管当局公开认定为合格的中央交易对手。若未经监管当局认定，商业银行应按照以下标准判断合格中央交易对手：

一、中央交易对手所在国家或地区对该中央交易对手进行持续严格审慎的监管，并实施了支付清算委员会和国际证监会组织联合发布的《金融市场基础设施原则》。

二、若中央交易对手所在国家或地区尚未实施《金融市场基础设施原则》，商业银行应向银监会提供与其交易的中央交易对手清单并评估中央交易对手的监管是否符合支付清算委员会和国际证监会组织联合发布的《金融市场基础设施原则》。商业银行认定的合格中央交易对手需得到银监会认可。

三、合格中央交易对手应有能力计算违约基金风险暴露的资本要求，至少每季度更新这些数据及计算结果，并与清算会员和监管部门分享计算结果。相关计算主要包括：该中央交易对手拥有的财务资源的数量和质量、其交易对手信用风险暴露、在一个或多个清算会员违约时这些财务资源吸收损失的能力等。具体计算步骤如下：

1. 计算中央交易对手对所有清算会员的交易对手信用风险暴露应计提的虚拟资本要求 K_{CCP}。公式如下：

$$K_{CCP} = \sum_{\substack{clearing \\ members\ i}} \max(EBRM_i - IM_i - DF_i;\ 0) \cdot RW \cdot Capital\ ratio$$

其中，

RW（风险权重）为20%；

Capital ratio（资本比例）为8%；

$\max(EBRM_i - IM_i - DF_i;\ 0)$ 是中央交易对手对清算会员"i"的风险暴露；$EBRM_i$ 代表了对清算会员"i"风险缓释前的风险暴露（衍生工具、证券融资交易分别按照《资本办法》附件8第二、三部分计算）；该公式中，追加的变动保证金反映在对各交易的市价估值中；IM_i 是清算会员"i"缴纳的初始保证金；DF_i 是清算会员"i"缴纳的违约基金。

关于该步骤的补充说明如下：

（1）这里所称的风险暴露是指中央交易对手对清算会员的交易对手信用风险暴露，对于场外衍生工具和交易所交易的衍生工具，按照《资本办法》附件8第二部分计算，对于证券融资交易按照《资本办法》附件8第三部分计算。

（2）按照现期风险暴露法计算 K_{CCP} 并采用净额结算时，《资本办法》附件6第三部分（六）的公式应替换为 $A_{Net} = 0.15 \times A_{Gross} + 0.85 \times NGR \times A_{Gross}$。其中，NGR 的分子为净额结算协议重置成本净额（$EBRM_i$，若按照现期风险暴露法计算场外衍生工具的风险暴露，不包括附加因子），NGR 的分母为净额结算协议重置成本总额。NGR 必须基于单个交易对手。若无法按照上述要求计算 NGR，应按照本文件第三部分（二）的方法计算。

（3）清算会员应按照中央交易对手与单家清算会员达成的净额结算协议考虑净额结算的作用。银监会可以要求采用更为细化的净额结算组合。

2. 计算所有清算会员的总体资本要求。假设两家清算会员违约且所缴纳的违约基金无法分担中央交易对手损失时，则计算公式如下：

$$K_{CM}^* = \begin{cases} c_2 \cdot \mu \cdot (K_{CCP} - DF') + c_2 \cdot DF_{CM}^* & \text{if} \quad DF' < K_{CCP} & \text{(i)} \\ c_2 \cdot (K_{CCP} - DF_{CCP}) + c_1 \cdot (DF' - K_{CCP}) & \text{if} \quad DF_{CCP} < K_{CCP} \leqslant DF' & \text{(ii)} \\ c_1 \cdot DF_{CM}' & \text{if} \quad K_{CCP} \leqslant DF_{CCP} & \text{(iii)} \end{cases}$$

其中,

K_{CM}^* 为所有清算会员缴纳的违约基金的总资本要求;

DF_{CCP} 为中央交易对手自身财务资源(如实收资本、留存收益等),这些资源应在清算会员缴纳的违约基金之前用于吸收其损失;

DF_{CM}' 为未违约清算会员缴纳的违约基金,$DF_{CM}' = DF_{CM} - 2 \cdot \overline{DF_i}$,其中 $\overline{DF_i}$ 是每家清算会员已缴纳的违约基金的均值;

DF' 为可用于吸收损失的实收违约基金,假定 $DF' = DF_{CCP} + DF_{CM}'$;

c_1 是一个递减的资本因子,在 0.16% 和 1.6% 之间,

$$c_1 = \text{Max}\left\{ \frac{1.6\%}{(DF'/K_{CCP})^{0.3}} ; \ 0.16\% \right\};$$

c_2 为 100%;$\mu = 1.2$。

公式(i):当中央交易对手实收违约基金(DF')小于其虚拟资本要求(K_{CCP})时,采用公式(i)计算。该情形下,清算会员未缴纳的违约基金可能会被用于吸收损失,由于其他会员无法及时补交违约基金,清算会员的风险暴露可能扩大,因此,对 K_{CCP} 中未缴纳部分应采用 1.2 的乘数因子。如果所有清算会员的违约基金(DF_{CM})用于吸收损失后,还需动用中央交易对手自身财务资源,这部分资源可计入用于吸收损失的违约基金(DF')。

公式(ii):当中央交易对手自身财务资源(DF_{CCP})和清算会员违约基金(DF_{CM})都用于覆盖中央交易对手虚拟资本要求(K_{CCP}),且两者总和大于 K_{CCP} 时,采用公式(ii)计算。若中央交易对手在动用清算会员违约基金(DF_{CM})之前动用自身的财务资源吸收损失,那么 DF_{CCP} 可计入用于吸收损失的违约基金(DF')。否则,若中央交易对手自身财务资源按比例或按功能分配使用,并与清算会员的违约基金(DF_{CM})同时用于吸收中央交易对手的损失,那么需视情况调整该公式,相应的中央交易对手财务资源可按照清算会员的违约基金处理。

公式(iii):当 DF_{CCP} 首先用于吸收损失,且大于 K_{CCP} 时,采用公式(iii)计算。该情形下,在清算会员的违约基金(DF_{CM})吸收损失之前中央交易对手自身的财务资源吸收了中央交易对手所有损失。

3. 按照各清算会员缴纳的违约基金比例来分配 K_{CM}^*,计算单家清算会员的违约基金资本要求(K_{CM_i})。

$$K_{CM_i} = \left(1 + \beta \cdot \frac{N}{N-2} \right) \cdot \frac{DF_i}{DF_{CM}} \cdot K_{CM}^*$$

其中,

N 为清算会员的数量;

DF_i 为清算会员 "i" 缴纳的违约基金;

DF_{CM} 是所有清算会员缴纳的违约基金;

$\beta = \dfrac{A_{Net,1} + A_{Net,2}}{\sum_i A_{Net,i}}$,下标中 1、2 代表 A_{Net} 值最大的两家清算会员,对于场外衍生工具,$A_{Net} = 0.15 \times A_{Gross} + 0.85 \times NGR \times A_{Gross}$,对于证券融资交易,$A_{Net} = E \times H_e + C \times (H_c + H_{fx})$。

如果中央交易对手未要求清算会员缴纳违约基金,上述分配公式不适用时,应根据清算会员承诺的违约基金比例分配;否则,可以根据清算会员的初始保证金比例分配。

附件 2：

相关名词解释

1. 交易对手信用风险：是指针对某一交易的交易对手在交易相关的现金流结算完成前，因为违约所导致的风险。当违约发生时，若与该交易对手相关的交易或涉及该交易的资产组合经济价值为正数，则将会产生损失。与发放贷款所产生的信用风险不同，发放贷款所产生的信用风险暴露是单向的，只有贷款人面临损失的风险，而交易对手信用风险则产生双向的损失风险，即相关交易的市价对于交易双方来说，既可能是正数，也可能是负数，并且具有不确定性，随市场因素的变动而变化。

2. 清算会员：是指某一中央交易对手的会员或直接参与者。清算会员应当具备与中央交易对手进行交易的资格。这些交易既包含该清算会员以自身对冲或投资为目的所开展的交易，也包含该清算会员以中介身份涉及的中央交易对手与其他市场参与者之间的交易。

3. 客户：是指与中央交易对手进行交易的相关方，这类交易可以由清算会员充当中介，也可以由清算会员对中央交易对手的一个客户提供保证。

4. 初始保证金：是指一个清算会员或客户对中央交易对手提供的押品，该押品用于缓释由于交易未来价值变动带来的中央交易对手对清算会员的潜在风险暴露。初始保证金不包括在中央交易对手损失分担机制下所缴纳的份额（例如，当一个中央交易对手把初始保证金用于清算会员之间的损失分担时，这将被视为是违约基金风险暴露）。

5. 变动保证金：是指根据交易价格波动，由清算会员或客户逐日或当日缴纳的保证金。

6. 交易风险暴露：是指在场外衍生品交易、交易所衍生品交易或证券融资交易中，清算会员或客户对中央交易对手的当期和潜在的风险暴露，包括由于缴纳初始保证金而带来的风险暴露。

7. 违约基金：是指清算会员已缴纳的或应缴纳的份额，用于分担中央交易对手的损失。违约基金的数额确定应同时考虑损失分担的书面协议和实质性安排。

8. 抵消交易：是指当清算会员代表客户交易时，清算会员与中央交易对手间进行的交易。

9. 保证金风险期间：是指自违约交易对手最后一次提供足额保证金的时点至商业银行与该交易对手交易结束，且因交易对手违约而产生的市场风险均已规避为止的期间。

文件二：关于商业银行资本构成信息披露的监管要求

为提高商业银行资本质量的透明度，强化市场约束机制，银监会制定了商业银行资本构成、监管资本项目与资产负债表项目对应关系以及资本工具主要特征等信息披露模板。现进一步明确以下监管要求：

一、适用范围。本通知适用于境内外已上市的商业银行，以及未上市但总资产超过 10000 亿元人民币的商业银行。

二、监管资本项目与资产负债表对应关系的披露要求。为充分揭示监管资本项目与经审计的资产负债表项目之间的对应关系，商业银行应通过以下三个步骤说明财务报表中资产负债表数据与资本构成披露模板数据之间的关系：

1. 详细披露银行集团层面的资本构成和资产负债表（见附表 1 和附表 2）。如果银行集团层面的资产负债表和监管并表下的资产负债表没有差异，则无须填写附表 2，说明两者无差异即可。

2. 扩展资产负债表，进一步说明用以计算监管资本的科目（见附表 3）。例如，资本构成表中"商誉"和"其他无形资产"项目需扣减相应的递延所得税负债，因此商业银行应扩展资产负债表中的"递延所得税负债";资产负债表中的"实收资本"应扩展为"核心一级资本"和"其他一级资本",如果实收资本全部计入核心一级资本,则不需扩展。商业银行扩展的细致程度取决于资产负债结构和资本构成的复杂性。

3. 将扩展涉及的科目与资本构成披露模板中的项目进行对应(见附表4)。

三、资本工具主要特征的披露要求。商业银行应披露所有合格资本工具的主要特征(见附表5)。

四、披露频率。商业银行每半年披露一次。若资本工具的主要特征发生变化(赎回、减记、转股等),应及时披露。

五、商业银行应在本行网站建立监管资本专栏,详细披露有关信息。

六、商业银行应在半年度和年度财务报告中披露附表1、附表2、附表3、附表4和附表5,或至少在半年度和年度财务报告中提供查阅上述详细信息的网址链接。

七、上述要求自公布之日起实施。

附表1:

资本构成披露模板

单位:百万元(人民币)、%

核心一级资本:		数额
1	实收资本	
2	留存收益	
2a	盈余公积	
2b	一般风险准备	
2c	未分配利润	
3	累计其他综合收益和公开储备	
3a	资本公积	
3b	其他	
4	过渡期内可计入核心一级资本数额(仅适用于非股份公司,股份制公司的银行填0即可)	
5	少数股东资本可计入部分	
6	监管调整前的核心一级资本	
核心一级资本:监管调整		
7	审慎估值调整	
8	商誉(扣除递延税负债)	
9	其他无形资产(土地使用权除外)(扣除递延税负债)	
10	依赖未来盈利的由经营亏损引起的净递延税资产	
11	对未按公允价值计量的项目进行现金流套期形成的储备	
12	贷款损失准备缺口	
13	资产证券化销售利得	
14	自身信用风险变化导致其负债公允价值变化带来的未实现损益	
15	确定受益类的养老金资产净额(扣除递延税项负债)	
16	直接或间接持有本银行的普通股	
17	银行间或银行与其他金融机构间通过协议的相互持有的核心一级资本	
18	对未并表金融机构小额少数资本投资中的核心一级资本中应扣除金额	
19	对未并表金融机构大额少数资本投资中的核心一级资本中应扣除金额	
20	抵押贷款服务权	不适用
21	其他依赖于银行未来盈利的净递延税资产中应扣除金融	

续表

核心一级资本：监管调整		数额
22	对未并表金融机构大额少数资本投资中的核心一级资本和其他依赖于银行未来盈利的净递延税资产的未扣除部分超过核心一级资本15%的应扣除金融	
23	其中：应在对金融机构大额少数资本投资中扣除的金融	
24	其中：抵押贷款服务权应扣除的金融	不适用
25	其中：应在其他依赖于银行未来盈利的净递延税资产中扣除的金融	
26a	对有控制权但不并表的金融机构的核心一级资本投资	
26b	对有控制权但不并表的金融机构的核心一级资本缺口	
26c	其他应在核心一级资本中扣除的项目合计	
27	应从其他一级资本和二级资本中扣除的未扣缺口	
28	核心一级资本监管调整总和	
29	核心一级资本	
其他一级资本：		
30	其他一级资本工具及其溢价	
31	其中：权益部分	
32	其中：负债部分	
33	过渡期后不可计入其他一级资本的工具	
34	少数股东资本可计入部分	
35	其中：过渡期后不可计入其他一级资本的部分	
36	监管调整前的其他一级资本	
其他一级资本：监管调整		
37	直接或间接持有的本银行其他一级资本	
38	银行间或银行与其他金融机构间通过协议相互持有的其他一级资本	
39	对未并表金融机构小额少数资本投资中的其他一级资本应扣除部分	
40	对未并表金融机构大额少数资本投资中的其他一级资本	
41a	对有控制权但不并表的金融机构的其他一级资本投资	
41b	对有控制权但不并表的金融机构的其他一级资本缺口	
41c	其他应在其他一级资本中扣除的项目	
42	应从二级资本中扣除的未扣缺口	
43	其他一级资本监管调整总和	
44	其他一级资本	
45	一级资本（核心一级资本+其他一级资本）	
二级资本：		
46	二级资本工具及其溢价	
47	过渡期后不可计入二级资本的部分	
48	少数股东资本可计入部分	
49	其中：过渡期结束后不可计入的部分	
50	超额贷款损失准备可计入部分	
51	监管调整前的二级资本	
二级资本：监管调整		
52	直接或间接持有的本银行的二级资本	
53	银行间或银行与其他金融机构间通过协议相互持有的二级资本	
54	对未并表金融机构小额少数资本投资中的二级资本应扣除部分	
55	对未并表金融机构大额少数资本投资中的二级资本	
56a	对有控制权但不并表的金融机构的二级资本投资	
56b	有控制权但并不并表的金融机构的二级资本缺口	
56c	其他应在二级资本中扣除的项目	

续表

二级资本：监管调整	数额
57	二级资本监管调整总和	
58	二级资本	
59	总资本（一级资本+二级资本）	
60	总风险加权资产	
资本充足率和储备资本要求	
61	核心一级资本充足率	
62	一级资本充足率	
63	资本充足率	
64	机构特定的资本要求	
65	其中：储备资本要求	
66	其中：逆周期资本要求	
67	其中：全球系统重要性银行附加资本要求	
68	满足缓冲区的核心一级资本占风险加权资产的比例	
国内最低监管资本要求	
69	核心一级资本充足率	
70	一级资本充足率	
71	资本充足率	
门槛扣除项中未扣除部分	
72	对未并表金融机构的小额少数资本投资未扣除部分	
73	对未并表金融机构的大额少数资本投资未扣除部分	
74	抵押贷款服务权（扣除递延税负债）	不适用
75	其他依赖于银行未来盈利的净递延税资产（扣除递延税负债）	
可计入二级资本的超额贷款损失准备的限额	
76	权重法下，实际计提的贷款损失准备金额	
77	权重法下，可计入二级资本超额贷款损失准备的数额	
78	内部评级法下，实际计提的超额贷款损失准备金额	
79	内部评级法下，可计入二级资本超额贷款损失准备的数额	
符合退出安排的资本工具	
80	因过渡期安排造成的当期可计入核心一级资本的数额	
81	因过渡期安排造成的不可计入核心一级资本的数额	
82	因过渡期安排造成的当期可计入其他一级资本的数额	
83	因过渡期安排造成的不可计入其他一级资本的数额	
84	因过渡期安排造成的当期可计入二级资本的数额	
85	因过渡期安排造成的当期不可计入二级资本的数额	

附表2:

集团口径的资产负债表（财务并表和监管并表）

单位：百万元（人民币）

	银行公布的合并资产负债表	监管并表口径下的资产负债表
资产		
现金及存放中央银行款项		
存放同业款项		
拆出资金		
以公允价值计量且变动计入当期损益的金融资产		
衍生金融资产		
买入返售金融资产		

续表

	银行公布的合并资产负债表	监管并表口径下的资产负债表
资产		
应收利息		
发放贷款和垫款		
可供出售金融资产		
持有至到期投资		
应收款项类投资		
长期股权投资		
固定资产		
土地使用权		
递延税项资产		
商誉		
无形资产		
其他资产		
资产总计		
负债		
向中央银行借款		
同业及其他金融机构存放款项		
拆入资金		
以公允价值计量且变动计入当期损益的金融负债		
卖出回购金融资产款		
客户存款		
衍生金融负债		
已发行债务证券		
应付职工薪酬		
应交税费		
应付利息		
递延所得税负债		
预计负债		
其他负债		
负债总计		
所有者权益		
实收资本		
资本公积		
盈余公积		
一般风险准备		
未分配利润		
外币报表折算差额		
少数股东权益		
所有者权益合计		

注：商业银行披露集团并表口径的资产负债表（财务并表和监管并表），具体科目可调整。

附表3：

有关科目展开说明表

单位：百万元（人民币）

	监管并表口径下的资产负债表	代码
……		
商誉		a
无形资产		b
递延税所得税负债		
其中：与商誉相关的递延税项负债		c
其中：与其他无形资产（不含土地使用权）相关的递延税负债		d
……		
实收资本		
其中：可计入核心一级资本的数额		e
其中：可计入其他一级资本的数额		f
……		

附表4：

第二步披露的所有项目与资本构成披露模板中的项目对应关系表

单位：百万元（人民币）

核心一级资本		数额	代码
1	实收资本		e
2	未分配利润		
3	累计其他综合收益和公开储备		
3a	资本公积		
3b	一般风险准备		
3c	盈余公积		
4	过渡期内可计入核心一级资本数额（仅适用于非股份公司，股份制公司的银行填0即可）		
5	少数股东资本可计入部分		
6	监管调整前的核心一级资本		
7	审慎估值调整		
8	商誉（扣除相关税项负债）		a-c
……			

附表5：

资本工具主要特征模板

信息披露模板：监管资本工具的主要特征	
1	发行机构	
2	标识码	

信息披露模板：监管资本工具的主要特征		
3	适用法律	
	监管处理	
4	其中：适用《商业银行资本管理办法（试行）》过渡期规则	核心一级资本/一级资本/二级资本
5	其中：适用《商业银行资本管理办法（试行）》过渡期结束后规则	核心一级资本/一级资本/二级资本
6	其中：适用法人/集团层面	
7	工具类型	
8	可计入监管资本的数额（单位为百万元，最近一期报告日）	
9	工具面值	
10	会计处理	
11	初始发行日	
12	是否存在期限（存在期限或永续）	永续/存在期限
13	其中：原到期日	若为永续债，则填写"无到期日"
14	发行人赎回（须经监管审批）	是/否
15	其中：赎回日期（或有时间赎回日期）及额度	
16	其中：后续赎回日期（如果有）	
	分红或派息	
17	其中：固定或浮动派息/分红	固定/浮动/固定到浮动/浮动到固定
18	其中：票面利率及相关指标	
19	其中：是否存在股息制动机制	是/否
20	其中：是否可自主取消分红或派息	完全自由裁量权/部分自由裁量权/无自由裁量权
21	其中：是否有赎回激励机制	是/否
22	其中：累计或非累计	累计/非累计
23	是否可转股	是/否
24	其中：若可转股，则说明转换触发条件	
25	其中：若可转股，则说明全部转股还是部分转股	全部转股/可全部转股也可部分转股/部分转股
26	其中：若可转股，则说明转换价格确定方式	
27	其中：若可转股，则说明是否为强制性转换	强制的/可选择的/不适用
28	其中：若可转股，则说明转换后工具类型	核心一级资本/其他一级资本/其他
29	其中：若可转股，则说明转换后工具的发行人	
30	是否减记	是/否
31	其中：若减记，则说明减记触发点	
32	其中：若减记，则说明部分减记还是全部减记	
33	其中：若减记，则说明永久减记还是暂时减记	永久/暂时/不适用
34	其中：若暂时减记，则说明账面价值恢复机制	
35	清算时清偿顺序（说明清偿顺序更高级的工具类型）	
36	是否含有暂时的不合格特征	是/否
	其中：若有，则说明该特征	

文件三：关于商业银行实施内部评级法的补充监管要求

《资本办法》允许商业银行采用内部评级法计量信用风险资本要求，提高了资本监管的风险敏感度和灵活性，为商业银行改进风险管理提供了激励。为确保信用风险加权资产计量的审慎性，现进一步明确以下监管要求：

一、《资本办法》第四十七条对申请采用内部评级法的商业银行提出内部评级法资产覆盖率要求，商业银行申请实施内部评级法时内部评级法的资产覆盖率应不低于50%，并在三年内达到

80%。为此，商业银行应制定符合本行资产组合实际的内部评级法实施规划，持续提高内部评级法的资产覆盖率，确保自获准实施内部评级法后三年中内部评级法能够覆盖主要风险暴露。内部评级法实施规划至少应包括银行集团内不同法人实体的内部评级法覆盖范围和实施时间表、不同风险暴露的内部评级法覆盖范围和实施时间表。对于在规模和风险两个层面均不重要的法人实体和资产类别中的一些风险暴露，经银监会批准，可以不采用内部评级法。若银行集团对某法人实体中一类资产（或资产子类）采用内部评级法，必须覆盖该法人实体的所有该类资产（或资产子类）。银行集团不得通过选择性使用不同方法并在集团内部不同法人实体之间转移风险来降低资本要求。

获准采用内部评级法后，若商业银行不能持续满足监管要求，银监会将要求商业银行制定整改计划并报银监会批准；在满足监管要求之前，银监会可以在第二支柱下提高监管资本要求或采取其他适当的监管措施。对获准采用内部评级法的风险暴露，未经银监会批准商业银行不得退回到权重法；对获准采用高级内部评级法的，未经银监会批准不得退回到初级内部评级法。商业银行能够估计专业贷款的违约概率并获准采用内部评级法计算风险加权资产的，未经银监会批准不得采用监管映射法。获准对特定风险暴露采用内部评级法后，若商业银行不再从事该类业务或该类风险暴露的重要性显著降低，商业银行可向银监会申请退回到权重法。

二、商业银行采用内部评级法应按照银监会的相关规定充足计提贷款损失准备，内部评级法下的超额贷款损失准备是指商业银行实际计提的贷款损失准备（不包括对股权风险暴露和证券化资产计提的减值准备）超过预期损失（不包括股权风险暴露和证券化资产的预期损失）的部分。未违约风险暴露的预期损失为"违约概率×违约损失率×违约风险暴露"；对违约风险暴露，采用高级法的商业银行应依据《资本办法》附件5的相关规定采用预期损失的最佳估计值。商业银行部分实施内部评级法的，应根据内部评级法和权重法计算的信用风险加权资产的比例分割超额贷款损失准备。经银监会批准，商业银行可以按照《资本办法》第三十一条的相关规定分别计算内部评级法和权重法下的超额贷款损失准备；在此基础上，对无法实现逐笔分拆贷款损失准备的贷款，其超额贷款损失准备再按照内部评级法和权重法所对应的信用风险加权资产比例进行分割。内部评级法并行期后可计入二级资本的超额贷款损失准备不得超过对应信用风险加权资产的0.6%。

三、商业银行实施内部评级法应按照《资本办法》附件5的要求审慎估计违约概率、违约损失率、违约风险暴露和期限等风险参数。计算资本充足率时，内部评级法覆盖部分的信用风险加权资产不低于商业银行内部估计值的1.06倍。银监会可以对单家银行内部评级法计算的信用风险加权资产进行监管校准，若监管校准后的内部评级法信用风险加权资产高于商业银行内部估计值的1.06倍，计算资本充足率时，应使用监管校准后的信用风险加权资产。

四、商业银行应根据清收不良贷款的经验数据、内部政策流程、经济周期对抵押品价值的影响等因素审慎估计违约损失率，鉴于房地产价值波动的周期性特征，个人住房抵押贷款的违约损失率不得低于10%。商业银行应建立有效的监控程序，每日监测授信额度，充分反映违约事件发生时或发生后债务人继续提款的可能性，确保违约风险暴露估计的稳健性。

五、根据《资本办法》附件7的规定，如果商业银行或银监会认为，专业贷款中的产生收入房地产的未来出租收入、销售收入或土地出让收入波动性较大，采用监管映射法时可提高其风险权重；与此对应，商业银行采用内部评级法计算其风险加权资产时，所适用的资产相关性系数区间为[0.12，0.30]。银监会认定此类风险暴露后应公开披露。若商业银行不能估计此类风险暴露的违约损失率和违约风险暴露，应采用《资本办法》规定的公司风险暴露的违约损失率和违约风险暴露。

六、商业银行应以实施内部评级法为契机，不断强化数据基础，建立完整、严格、一致的数据标准和相应的数据处理平台，确保数据的及时性、准确性、有效性和全面性。商业银行应推进风险管理组织体系和流程整合，持续完善模型开发、优化、校准和验证，保证内部评级结果的客观性、独立性、公正性和一致性。

文件四：资本监管政策问答

一、资本定义

1. 根据《资本办法》第三十二条(九)的规定，商业银行应从核心一级资本中全额扣除"商业银行自身信用风险变化导致其负债公允价值变化带来的未实现损益"。该规定是否也同样适用于衍生品负债？具体处理方法是什么？

答：该规定同样适用于衍生品负债。商业银行应剔除由其自身信用风险变化导致的衍生品负债会计估值调整，并且不得与其交易对手信用风险变化导致的会计估值调整进行抵消。由商业银行自身信用风险变化引起的衍生品负债会计估值增加的部分，应在核心一级资本中加回；会计估值减少的部分，应在核心一级资本中扣除。

2.《资本办法》和《商业银行资本工具创新指导意见》（银监发〔2012〕56号）（以下简称《指导意见》）明确了商业银行二级资本工具的合格标准。这些标准是否适用于我国商业银行境外附属公司？

答：我国商业银行境外附属公司发行的二级资本工具应满足东道国监管当局规定的合格标准。此外，我国商业银行境外附属公司发行的二级资本工具若计入集团并表资本，还应满足《资本办法》和《指导意见》规定的合格标准，并在发行合同中约定减记或转股的触发事件为以下两种情形中的较早发生者：（1）银监会认定若不进行减记或转股，其母行将无法生存；（2）我国相关部门认定若不进行公共部门注资或提供同等效力的支持，其母行将无法生存。若需对该资本工具投资者损失进行补偿，应通过支付母行普通股的形式进行补偿。

3.《资本办法》第三十三条规定，商业银行之间通过协议相互持有的各级资本工具应从相应监管资本中对应扣除。对商业银行与其他金融机构之间的互持是否适用同样的处理方法？

答：商业银行与其他金融机构之间为虚增资本而通过协议相互持有的，或由银监会认定为虚增资本的相互持有的，适用对应扣除法。

4.《资本办法》第一百五十六条规定，对第三类商业银行，除本办法第一百五十四条、第一百五十五条规定的监管措施外，银监会还可以采取下列监管措施：（一）限制商业银行分配红利和其他收入……这里所说的"红利和其他收入"具体指什么？

答：这里所说的"红利及其他收入"主要包括可用于利润分配的项目、股票回购、其他一级资本工具的自主性收益及对员工的自主性支付等项目。对不会导致核心一级资本流失的项目，则不包含在内。

5.《指导意见》里明确了非普通股资本工具吸收损失的触发条件。如果采用转股机制在操作上有什么具体要求？

答：因触发转股导致的新股发行必须在公共部门注资之前，以防止公共部门的注资被稀释。

6.《资本办法》和《指导意见》要求其他一级资本工具必须含有本金参与吸收损失机制。对该吸收损失机制有哪些特别的要求？

答：本金参与吸收损失机制应保证具有以下效果：（1）减少破产清算状况下投资者对该资本工具的索偿权；（2）减少行使赎回权时商业银行应偿付的金额；（3）部分减少或全部取消该资本工具的分红和派息。

二、外部评级机构的认定

7.《资本办法》允许商业银行根据外部评级结果确定部分资产的风险权重。商业银行如何认定合格外部评级机构?

答：商业银行应根据《资本办法》附件 17 的规定，选择合格外部评级机构，并遵循外部评级的使用规范。商业银行应明确所选择的外部评级机构使用的评级符号与《资本办法》规定的风险权重之间的映射关系，需考虑外部评级机构的评级对象覆盖范围、外部评级机构采用的违约定义及评估方法论等因素。商业银行应将认定的合格外部评级机构名单、外部评级机构资质评估报告、评级与风险权重之间的映射方法论及相关支持文档报银监会认可。商业银行应披露确定相关资产风险权重时认可的外部评级机构、该机构评级所对应的风险权重，以及按照外部评级机构不同评级所对应的风险权重计算的风险加权资产。

三、风险缓释

8.《资本办法》规定，在信用风险权重法框架下，商业银行以合格质物质押的债权取得与质物相同的风险权重，由合格保证主体提供保证的债权取得对保证人直接债权的风险权重。商业银行在信用风险缓释管理方面需满足哪些要求?

答：《资本办法》附件 2 明确了合格质物和合格保证主体的范围。商业银行应制定书面管理制度以及审查和操作流程，并建立相应的信息系统，确保信用风险缓释作用的有效发挥。在采用风险缓释技术降低信用风险的同时，商业银行还应建立相应的制度和流程来管理由于风险缓释本身带来的剩余风险，包括法律风险、操作风险、流动性风险和市场风险等，商业银行的信用风险缓释管理需达到一系列要求：

信用风险缓释管理的一般要求包括：(1) 商业银行应确保质物和保证的管理遵循《中华人民共和国担保法》(1995)、《中华人民共和国物权法》(2007) 等法律文件的要求，并应进行有效的法律审查，确保认可和使用信用风险缓释工具时依据明确可执行的法律文件，且相关法律文件对交易各方均有约束力，并在所涉及的经济体中得到可靠实施。(2) 商业银行应在相关协议中明确约定信用风险缓释覆盖的范围。(3) 商业银行不得重复计算信用风险缓释作用。

合格质物的具体管理要求：商业银行必须建立明确和严格的程序，确保在债务人违约、无力偿还、破产或发生其他借款合同约定的信用事件时，有权并及时地对债务人的质物进行清算或处置。为确保质物能提供有效保护，债务人的信用与质物的价值不应具有实质的正相关性。如果质物被托管方持有，商业银行应确保托管方将质物与其自有资产分离。商业银行应建立质物的估值管理制度，质物价值评估应采用盯市价值的方法，且至少每 6 个月进行一次重新评估。

合格保证的具体管理要求：保证合同必须直接针对商业银行某一风险暴露或特定风险暴露组合，保证人承担的偿付义务必须是定义清楚、不可撤销、不可改变且是无条件的。在确认债务人违约或不支付条件下，商业银行有权并及时向保证人追偿合同规定的款项。商业银行应制定书面保证合同，确保保证人应有义务支付各类相关款项；若保证合同只涉及对本金的支付，利息和其他未覆盖的款项应按照未缓释部分处理。

9. 商业银行采用信用风险权重法是否需考虑债权与信用风险缓释之间的币种错配?若存在币种错配，如何进行处理?

答：是的，商业银行采用信用风险权重法应考虑债权与信用风险缓释之间币种错配潜在的风险。若信用保护与风险暴露之间存在币种错配，商业银行应采用折扣系数 H_{fx} 降低已受信用保护部分的风险暴露。同时，必须将风险暴露划分为覆盖和未覆盖部分。初级内部评级法的处理方法与此相同。

$G_a = G \times (1 - H_{fx})$

其中，

G_a 为经币种错配调整后信用保护覆盖的风险暴露；

G 为保护部分的名义金额；

H_{fx} 为信用保护和对应债权币种错配的标准折扣系数，为8%。

10. 根据《资本办法》附件6第二部分（五）的规定，经银监会批准，商业银行可以使用自行估计的抵押品折扣系数。商业银行自行估计抵押品折扣系数应达到哪些要求？

答：商业银行使用自行估计的抵押品折扣系数时，应向银监会证明其达到了以下定性要求和定量要求：

（1）定性要求

a. 所估计的波动性数据（以及持有期），必须运用于商业银行日常风险管理。

b. 商业银行应建立严格的书面程序并遵守有关内部政策、控制以及与风险计量系统有关的操作流程。

c. 风险管理系统应与内部风险暴露限额的管理结合使用。

d. 商业银行内审部门应定期对风险计量系统进行独立评估。评估应至少每年一次，并且至少要覆盖：风险计量与日常风险管理结合的程度，风险计量程序的实质变化，头寸数据的精确性和完整性，确认数据资源的一致性、时效性、内部模型的可靠性以及这些数据来源的独立性、精确度和波动假设的适当性。

（2）定量要求

a. 计算折扣系数时，使用单尾99%的置信度。

b. 最低持有期取决于交易类型、保证金调整和盯市频率。不同交易类型的最低持有期参见《资本办法》附件6。商业银行可使用按较短持有期计算出的折扣系数，并采用时间平方根公式对期限进行调整，计算恰当的持有期：

$$H_M = H_N\sqrt{\frac{T_M}{T_N}}$$

其中，

T_N = 导出 H_N 的期限；

H_N = 基于 T_N 期限导出的折扣系数。

如果保证金调整或评估的频率达不到最低要求，则根据保证金调整或评估的实际交易天数使用如下的时间平方根公式，调整最低折扣系数：

$$H = H_M\sqrt{\frac{N_R + (T_{M-1})}{T_M}}$$

其中，

H = 折扣系数；

H_M = 最低持有期的折扣系数；

T_M = 某类交易的最低持有期；

N_R = 资本市场交易的保证金调整和有抵押借款评估的实际交易天数。

c. 考虑低质量资产的流动性。如果持有期与抵押品的流动性出现错配，应上调持有期；还应考虑历史数据低估潜在流动性的情况。在这些情况下，必须对数据进行压力测试。

d. 计算折扣系数的历史观察期至少为1年。如果使用加权或其他方式，有效观察期至少为1年。

e. 至少每3个月更新一次数据库，在市场价格发生较大变化时，应及时进行再评估。折扣系数必须至少每3个月计算一次。当市场价格大幅波动时，银监会可要求商业银行采用较短的观察期计算折扣系数。

f. 所使用的模型应能够全面识别商业银行承担的风险。

11. 《资本办法》附件6第三部分（一）规定了合格净额结算的认定要求。对从属于净额结算主协议的回购交易是否应满足这些要求？

答：对于从属于净额结算主协议的回购交易，不仅应满足《资本办法》附件6第三部分（一）规定的条件，还应满足下列要求：交易对手违约，若净额结算协议在相关国家或地区具备法律效力，则回购交易的净额结算效应按照交易对手逐一确认。净额结算协议必须：（1）确保在违约事件发生时，未违约方有权及时终止从属于协议的所有相关交易；（2）规定该协议下被终止的相关交易（包括抵质押品价值）的收益和损失的抵补，以便明确交易双方之间的债权债务净额；（3）允许在出现违约事件时迅速清算或处置抵质押品；（4）确保在交易对手无力清偿或破产导致违约时，以上条款在相关国家或地区均具备法律执行力。

12.《资本办法》附件6第七部分（一）列示了各类金融质押品的标准折扣系数，对于不合格金融工具的折扣系数应该如何确定？

答：对于商业银行借出的不合格工具（例如投资级别以下的公司债券）的交易，风险暴露的折扣系数应与在认可交易所交易、但未纳入主要指数的股票的折扣系数相同，即25%。

13. 如果商业银行购买了带有偿付临界值的信用保护，应如何处理？

答：商业银行购买带有偿付临界值的信用保护，由于在该临界值之下出现损失时无法得到赔付，相当于商业银行自己承担了第一损失，因此必须从资本中全额扣除临界值额度。

14. 储蓄存款、定期存单或类似工具用于抵质押时，风险权重应如何规定？

答：根据合格抵质押的认定要求，合格现金抵质押（或由贷款行发行的定期存单或其他类似工具）应限于贷款行的现金存款或签署了保管协议的现金存款；然而，若贷款行的储蓄存款、定期存单或其他类似工具，在未签署保管协议的情况下由第三方银行以公开或者无条件不可撤销的方式抵押给贷款行，则贷款行对该抵押所覆盖的风险暴露（在对币种错配进行必要的折扣系数处理后）将采用第三方银行的风险权重。此外，由第三方银行发行的定期存单也将采用第三方银行的风险权重。

四、内部评级法

15.《资本办法》附件4第五部分（四）规定："合格循环零售风险暴露指各类无担保的个人循环贷款。合格循环零售风险暴露中对单一客户最大信贷余额不超过100万元人民币。"合格循环零售风险暴露的确认是否还有其他规定？

答：合格循环零售风险暴露是指各类可循环使用、无担保、合约规定和实际操作均未承诺的零售授信，其资产相关性显著低于其他零售风险暴露，因此商业银行必须能够证明合格循环零售风险暴露的风险权重函数仅限于损失率波动低于均值的子组合，尤其是供违约概率较低的风险暴露使用。商业银行必须保留这些子组合的损失率数据，便于分析损失率的波动性。

16. 根据《资本办法》相关规定，内部评级法框架下合格购入应收账款应归入公司风险暴露或零售风险暴露，是否需对合格购入应收账款单独分类，并采用内部评级法计量其风险加权资产？

答：为保证内部评级法体系的稳健性，审慎估计风险参数和计算风险加权资产，这些合格购入应收账款（包括合格购入零售应收账款）应按照公司风险暴露分类。同时，商业银行应密切监控合格购入应收账款的风险特征及其走势。合格购入应收账款（包括零售和公司）纳入内部评级法时应满足如下要求：（1）视同单笔公司风险暴露；（2）评级按贷款一样处理；（3）商业银行应证明稀释风险不重要。否则商业银行必须对此部分风险暴露采用权重法。此外，对于包含着不同类型风险暴露的应收账款池，如果商业银行无法区分类别，则应采用其中风险权重最高部分的风险权重函数计量该应收账款池的风险加权资产。

17.《资本办法》附件4明确了股权风险暴露定义，在实践中如何划分股权风险暴露并解释其"不可赎回"的含义？此外，如何界定复杂结构化产品的负债和股权风险暴露划分的问题？

答：股权风险暴露的划分应基于金融工具的经济实质，包括对工商企业或金融机构的资产和收入直接或间接拥有的所有者权益（无论是否有投票权），按照《资本办法》的规定，这些直接和间接所有者权益未进行并表处理或进行资本扣除。其中，间接拥有所有者权益包括持有与股权关联的衍生工具，以及在其他发行权益性工具及主要从事股权投资的股份有限公司、合伙企业、有限责任公司或企业中所持有的股份。不可赎回是指只有在出售投资、出售投资的权利或发行人被清算时才能够收回投资。对于债券、其他证券、合伙公司的股权、衍生品或其他经济意义实质相当于股权的非股权工具，均属于股权风险暴露的范畴；而经济实质属于债权的工具或资产证券化产品，即使以股权投资持有，也不属于股权风险暴露。

18.《资本办法》附件六的表 2《初级内部评级法下合格信用风险缓释工具》中列举了"依法可以质押的具有现金价值的人寿保险单或类似理财产品"，表 3 中规定了此类押品的折扣系数为 10%。"类似理财产品"的范畴是什么？

答：这里的"类似理财产品"仅指符合附件六合格抵质押品认定要求且商业银行能够控制其风险的保本型理财产品，而且必须含有发行商业银行保证本金不受损失的条款。

19.《资本办法》第七十九条（二）中规定："可随时无条件撤销的贷款承诺信用转换系数为 0%。"如何保证商业银行能够随时无条件撤销相关的贷款承诺？

答：为保证 0%的信用转换系数仅用于可随时无条件撤销的贷款承诺，商业银行必须证明其能够积极监控债务人的财务状况，并且其内控系统足以保证在债务人信用状况恶化时能够取消贷款承诺。

20. 商业银行实施内部评级法，如果零售资产包含外汇和利率承诺时，如何计算风险加权资产？

答：如果零售资产在一定程度上包含外汇和利率承诺，商业银行估计此类零售资产的违约风险暴露时不能采取自行内部估计的方式，而应采用权重法规定的信用转换系数。

21. 如果《资本办法》附件 5 第六部分（三）中所列的违约定义不适用于以前已经违约的风险暴露，应该如何估计此类风险暴露的违约概率和违约损失率？对高杠杆债务人估计违约概率有无特殊要求？

答：如果违约定义不适用于之前已违约的风险暴露，商业银行必须对债务人进行评级，并把其风险暴露作为未违约债项估计违约损失率。如果之后该风险暴露触发了违约定义所列的事项，则认定为发生第二次违约。

若债务人的杠杆倍数较高或者其资产主要由交易性资产组成，其违约概率的估计必须反映其资产价格在压力波动时期的表现。

22. 根据《资本办法》附件 6 的规定，商用房地产和居住用房地产可以作为合格抵押品。作为合格抵押品的商用房地产和居住用房地产应满足哪些具体管理要求？

答：作为合格抵押品的商用房地产和居住用房地产，应满足债务人与抵押品之间的独立性原则。债务人的风险不应依赖于抵押品的表现，而应取决于债务人从其他来源偿还债务的能力，债务人还款来源不主要依赖于抵押品产生的现金流；此外，抵押品的价值也不主要取决于债务人的表现。根据上述要求，在内部评级法框架下专业贷款中的产生收入房地产不能作为公司风险暴露的合格抵押品。此外，将商用房地产和居住用房地产作为合格抵押品的，商业银行应拥有优先受偿权。

商用房地产和居住用房地产作为合格抵押品还应满足以下具体管理要求：（1）商业银行接受的商用房地产和居住用房地产及取得这种抵押品的贷款政策（贷款价值比率），必须明确记录。（2）商业银行必须采取措施确保作为抵押品的财产有足额保险，以防其损害和恶化。（3）商业银行必须持续监控抵押品项下的偿付义务（如纳税）对处置该抵押品的影响。（4）商业银行必须有效监控抵押品由于环保因素导致的抵押品风险，如房地产使用了有毒材料。

23.《资本办法》附件 6 表 2 提及"其他抵押品"，应如何认定？

答：其他抵押品必须具有能以合理价格及时有效处置抵押品的高流动性市场，并且具备能够有效且公开可获取的抵押品市场价格。商业银行应向银监会证明所接受的抵押品价值在变现时不会明显偏离市场价格。

除符合上述要求外，其他实物抵押品的认定还应满足下列要求：

（1）优先债权：只允许优先受偿权或收费权，以保证商业银行对抵押品已实现的收益拥有超过其他所有贷款方的优先权。

（2）贷款协议必须包括对抵押品的详细描述以及对重新估值方式和频率的详细规定。

（3）商业银行可接受的实物抵押品的种类以及各类实物抵押品贷款的抵押率必须符合相应的政策规定，且在内部信贷政策和程序中明确记录，并且可供检查和审计。

（4）商业银行必须根据以下情况提出适当的抵押品管理要求：贷款金额、及时变现抵押品的能力、客观地确定价格或市场价值的能力、及时估值的频率（包括专业人员的评估或估值）和抵押品价值的波动情况等。定期重估过程必须特别关注"受流行趋势影响较大"的抵押品，以保证估值能按照流行趋势的变化、新款推出的时间、过时情况及抵押品实物的报废或恶化状况而适当地向下调整。

（5）对存货（如原材料、在建工程、成品、交易商的汽车存货）及设备，定期评估还应包括对抵押品实物的检查。

24. 对于应收账款作为合格抵质押品，除符合《资本办法》附件 6 提出的要求外，还应满足哪些具体要求？

答：（1）法律确定性

a. 抵押品的法律机制必须是健全的，同时确保贷款方对抵押品产生的收益有着清晰的权利。

b. 商业银行应采取所有必要的步骤，满足关于抵押品收益可实施性的要求，例如抵押品登记的规定，并确保潜在债权人对抵押品享有第一优先权。

c. 抵押交易使用的全部文件对相关各方都要有约束力，并且能得到可靠的实施。商业银行应从法律角度对该问题进行认真的核实，结论有充分的法律支持，必要时可通过进一步审查以保证抵押交易的持续可实施。

d. 商业银行应建立抵押品安排文档，具备清晰、健全且及时的抵押品清收程序。商业银行的程序应确保判定客户违约并及时清收抵押品的法律条件都是可观察的。如果债务人陷入财务困境或违约，商业银行应拥有相应的法定权利，即无须征求借款人的意见，便可出售应收账款或将应收账款转让给其他受让方。

（2）风险管理

a. 商业银行应建立与应收账款信用风险相符合的稳健程序，包括分析借款人的经营状况、行业状况（如经济周期的影响）以及借款人的客户类别。若商业银行依赖借款人确定其客户的信用风险，应检查借款人的信用政策，以确定其稳健性和可信度。

b. 应收账款抵押贷款的抵押率应反映所有适当的因素，包括清收成本、应收账款池的集中度以及商业银行总风险暴露的潜在集中性风险等。

c. 对于应收账款带来的当前以及潜在风险，特别是对于数目不多但金额较大的应收账款，商业银行必须建立连续的、适当的监控过程。包括账龄报告、贸易单据的控制、借款证、对抵押品定期审计、账户的确认、对付款账户收入的控制、对稀释的分析（借款人对发行人提供的信用），以及定期对借款人和应收账款发行人的财务分析。商业银行应监控集中度限额的遵守情况，还应定期检查是否遵守贷款合约、环境方面的限制及其他法律要求。

d. 借款人提供的应收账款抵押品应保持分散，不得与借款人高度相关。若相关性较高时，例如，应收账款的发行人的生存依赖于借款人或借款人与发行人属于同一行业，设定抵押品池的总体抵押率时，应考虑潜在的风险。借款人附属公司（子公司及其员工）发行的应收账款不得作为合格的风险缓释工具。

e. 商业银行应建立经济困难时期应收账款清收的书面程序。

通常情况下即使商业银行通过借款人进行清收，也应具备相应的措施。

25. 认定租赁资产为合格风险缓释工具的具体标准是什么？如何计算租赁业务的信用风险加权资产？

答：若商业银行不承担租赁残值风险，应达到《资本办法》附件6以及上述22、23提出的合格抵押品的认定要求，此外还应满足下列要求：一是商业银行作为出租人必须具有稳健的风险管理能力，全面掌握租赁资产的位置、用途、使用年限以及报废计划等信息；二是具备稳健的法律框架以保证商业银行作为出租人对租赁资产的合法所有权，并确保能够及时行使其权利；三是实物资产折旧率和租赁款摊还率之间的差异不会导致过于高估租赁资产的风险缓释作用。

若商业银行承担租赁残值风险，应按以下规则计量租赁业务的信用风险加权资产：（1）对于折现后的租赁应收款，使用承租人的违约概率计算其信用风险加权资产；（2）租赁资产余值的风险权重为100%。

26.《资本办法》附件6第四部分（六）中规定了对保证或信用衍生工具覆盖的部分可以采用的方法，那么对于未覆盖的部分将如何处理？

答：初级内部评级法下，对于未覆盖部分将采用债务人的风险权重，同时必须将风险暴露划分为覆盖和未覆盖部分，与权重法下的处理相同，并取决于覆盖是按比例还是按档次确立的。按档次抵补应遵照《资本办法》附件9执行。商业银行购买带有偿付临界值的信用保护，由于在该临界值之下出现损失时无法得到赔付，相当于商业银行自己承担了第一损失，因此必须从资本中全额扣除临界值额度。

27.《资本办法》附件5第六部分（六）规定："对净额结算主协议下的衍生产品进行期限调整时，商业银行应使用按照每笔交易的名义金额加权的平均期限。"此规定执行时有哪些具体要求？

答：对于适用于《资本办法》附件5第六部分（六）范围的净额结算主协议下的衍生产品，进行期限调整时应使用交易的加权平均期限，但不得低于附件6表4中规定的各类交易的最低持有期。若净额主协议涉及多种交易，应以各类交易的最长持有期作为平均期限的底线。商业银行应使用各类交易的名义金额进行加权计算。

28. 除满足《资本办法》附件5第六部分（三）的规定外，商业银行在处理特定错向风险时还应满足哪些规定？

答：商业银行应对每个独立法人债务人或保证人分别进行评级，制定符合附件5第六部分规定的关联集团内部单个实体的处理方法，包括对一些或全部关联方的评级可能给予相同或者不同评级的情形。

此外，这些政策还必须包括认定每个独立法人债务人或保证人错向风险的具体程序。与交易对手进行交易时，若认定存在特定错向风险，计算违约风险暴露时需采用不同的处理方法。

29.《资本办法》附件6第三部分规定，商业银行可以基于合格保证和信用衍生品调整违约概率或违约损失率等参数，进行调整时应满足哪些标准？

答：（1）基于合格保证的调整应遵循以下标准

a. 商业银行应明确调整借款人级别或估计违约损失率（零售风险暴露和合格购入应收账款风险分池）的标准，以反映保证的作用。调整标准必须与《资本办法》附件5规定的评级标准同样细致，并符合《资本办法》附件5有关债务人或债项评级的最低要求。

b. 调整标准必须合理、直观，确保保证人具备履行合约的能力和意愿，并考虑债务偿还的可能时间及保证人履行保证的能力与借款人还款能力的相关程度；此外，还应考虑币种错配等剩余风险的大小。

c. 调整借款人级别或估计违约损失率（零售风险暴露和合格购入应收账款风险分池）时，商业银行应考虑所有相关信息。

（2）基于信用衍生品的调整应遵循以下标准

a. 对于保证的最低要求同样适用于单名信用衍生品。同时，商业银行还应考虑资产错配。对于信用衍生品保证的风险暴露，若使用调整后的借款人级别或违约损失率，信用衍生品基于的资产（参考资产）应与基础资产相同；达到初级内部评级法相关规定的除外。

b. 标准必须考虑到信用衍生产品的付款结构，并保守地评估付款结构对清偿水平和清偿时间的影响；同时须考虑各种可能的剩余风险的大小。

30.《资本办法》附件 5 第七部分（二）明确了内部评级法银行数据收集和存储的总体要求。除此以外，还需满足哪些具体要求？

答：商业银行应收集和存储借款人和贷款特征的关键数据，以有效支持信用风险的计量和管理，确保满足《资本办法》的其他要求，并作为向银监会报告的基础。数据应足够详细，便于日后重新划分债务人和债项的评级。此外，根据第三支柱要求，商业银行应收集和保留有关内部评级的数据。

（1）公司、主权和金融机构风险暴露

a. 商业银行应保留借款人和合格保证人自首次获得评级后的所有评级历史记录，包括评级确定日期、评级使用方法以及用于得到评级结果的关键数据和相关模型、参与人员。此外，商业银行还应保留完整的债务人和债项的违约信息以及违约发生时间和具体情况，保留与评级和评级迁徙相关的违约概率及实际违约率数据，这些数据将有助于跟踪监测债务人评级系统的预测能力。

b. 商业银行采用高级内部评级法，应收集并储存单个债项的违约损失率和违约风险暴露的历史数据，应保留用于得到评级结果的关键数据及相关模型和参与人员等信息。对所有发生违约的债项，应收集相关的预测和实际违约损失率及违约风险暴露数据。如果计算违约损失率时考虑了担保或信用衍生品的缓释作用，还应分别保留考虑缓释作用前后该债项的违约损失率相关数据。此外，商业银行应保留所有已违约暴露的损失和回收情况，例如回收数量、回收来源（抵押、清算收入或保证等）、回收所需时间以及回收成本等。

c. 商业银行采用初级内部评级法，银监会鼓励其存储相关数据（即初级内部评级法下公司风险暴露的损失数据和清偿经历；针对专业贷款采用监管映射法的商业银行，还包括实际损失数据）。

（2）零售风险暴露

商业银行应保留将贷款分池过程中使用的数据，包括直接或通过模型使用借款人和交易风险特征的数据以及逾期数据。商业银行应保留所估计的贷款池违约概率、违约损失率和违约风险暴露数据。对于违约贷款，商业银行应保留违约前一年的贷款划分到贷款池的数据及违约损失率、违约风险暴露的实际结果等信息。

31. 根据《资本办法》附件 7 的规定，如果商业银行或银监会认为，专业贷款中的产生收入房地产的未来出租收入、销售收入或土地出让收入的波动性较大，可提高其风险权重。认定产生收入房地产波动性时，商业银行或银监会主要考虑哪些因素？

答：在内部评级法框架下，"波动性较大"是指产生收入房地产的出租收入、销售收入或土地出让收入的波动性较大，商业银行或银监会将据此认定：与其他专业贷款相比，这类贷款具有较高的损失波动率（即较高的资产相关性），涉及的贷款类型通常包括：资产组合层面违约率波动较高的商用房地产贷款，土地收购和土地收购性质项目的开发建设贷款，以及其他性质的开发建设贷款（其还款来源或是未来房地产不确定的销售，或是不确定的现金流，例如商用房地产的出租率未达到商用房地产在当地市场普遍的出租率水平，但借款人能提供相当数量的风险保障的贷款除外。如果基于上述判断未将该类贷款计入"波动性较大"的产生收入房地产贷款，商业银行也不能按照《资本办法》附件7第四部分（三）规定的优惠风险权重计算该类贷款的风险资产）。银监会认定此类风险暴露后应公开披露。

32. 根据《资本办法》附件4第五部分"（六）符合本办法第六十四条规定的对微型和小型企业的风险暴露，可纳入其他零售风险暴露"。个人经营性贷款是否受《资本办法》第六十四条中的小微企业风险暴露金额的上限制约？

答：是的，个人经营性贷款计算资本时适用此上限规定。

33. 根据《资本办法》附件5第六部分（二）"7.不同阶段的历史数据应具有相同重要性，如果商业银行的实证经验表明，某阶段历史数据能够更好地反映经济周期的影响，有助于准确估计参数，经银监会批准，商业银行可以对特定阶段数据的使用做特殊处理"。银监会将按照什么标准来批准？

答：商业银行可以对特定阶段数据的使用做特殊处理，银监会批准中将重点关注风险参数的保守性，确保结果更为审慎保守。

34. 如何处理《资本办法》附件5六（三）违约定义中提及的"透支"？

答：授权透支必须在银行信贷限额以内，同时应告知客户。突破限额应受监控；限额内的透支逾期90天，应认定为违约。按照内部评级法的计量要求，对未授权透支的信贷限额为零。所以未授权透支自发生时起即算逾期，若逾期90天内没有偿还，应认定为违约。商业银行必须有严格的内部政策评估透支客户的信用。

35. 根据《资本办法》第一百七十一条和附件14第三部分的规定，"并行期至少3年"，"银监会可以适当延长并行期"，如何理解此项规定中"适当"的含义？

答：《资本办法》附件14第三部分（五）的资本底线计算公式中的调整系数在并行期的第三年将调整为80%。为确保资本计量的审慎性，3年并行期后银监会将继续使用该资本底线。

五、市场风险

36. 根据《资本办法》和《商业银行市场风险管理指引》的要求，商业银行应制定明确的交易账户头寸管理政策和程序，具体包含哪些内容？

答：商业银行交易账户头寸管理政策和程序应包括以下内容：

（1）交易台对头寸的有效管理；

（2）对头寸限额的设置与监控；

（3）交易员有权在设定限额内，按照批准的交易战略管理头寸；

（4）交易头寸至少应逐日盯市估值；若按照模型估值，则参数须逐日评估；

（5）按照商业银行的风险管理程序，定期向高级管理层报告交易头寸；

（6）根据市场信息来源，密切监控交易头寸（包括评估头寸的流动性以及对头寸或组合风险的套期保值能力）。同时，还要评估市场参数的质量和可获得性、市场交易的规模、交易头寸的规模等。

此外，商业银行的交易账户管理政策、程序还应包括：（1）商业银行为交易目的而持有的头寸类型，以及符合监管资本定义的交易账户头寸类型；（2）采用每日盯市估值时，商业银行应持续跟踪活跃、具有双边流动性的市场；（3）采用盯模估值时，商业银行应确认头寸的实质性风险及其对冲效果，确认对冲工具是否可以在活跃的双边市场交易，并对模型的主要假设和参数进行可靠估计；（4）商业银行应对头寸进行准确估值，并对估值持续验证。

37. 对冲基金的公开股权、私人股权投资、纳入证券化范围的资产、持有的房产等应放在哪个账户？

答：根据《资本办法》第八十三条规定，这类头寸应放在银行账户。

38. 在使用市场风险标准法计量利率风险时，对特定风险的头寸如何进行轧差处理？对一般风险到期日法下的头寸如何进行轧差处理？

答：计算利率特定风险时，只有对利率、期限、币种、息票率、流动性、可赎回条件等要素完全匹配的同一个债券的头寸（包含衍生品头寸）方可以相互抵消；对于同一个发行人发行的债券，若其息票率、流动性、可赎回条件等要素不一致，不可以相互抵消。使用到期日法计量一般风险时，对金额相同、方向相反的同一个债券或同一个发行人的相同债券头寸可以相互抵消，对于满足《新资本充足率填报说明》中的 G4C-1（b）规定的相关近似匹配条件的掉期、远期、期货以及远期利率协议头寸也可以相互抵消。

39. 使用标准法计算汇率风险资本要求时，每个币种的净头寸主要包括哪些科目？对利息及其他收入、费用如何处理？对远期货币及黄金头寸如何处理？

答：每个币种的净头寸包括即期净头寸、远期净头寸和期权合约得尔塔（Delta）净额、无法撤销的保证、以外币计值的损益之和。另外，商业银行还可根据情况将已对冲的非应计未来收入和支出计入外汇净头寸。应计利息和应计费用应包含在汇率风险的头寸中。对于未来预期利息和预期费用可以不计入外汇头寸的，但如果预期项目的金额是确定的，而且商业银行已经对这部分头寸进行了对冲，则这部分预期利息或费用就应该计入外汇头寸。如果商业银行将预期收入和预期费用纳入外汇头寸，就必须持续使用这种测算方法，不能利用这些预期项目来减少头寸。远期货币和黄金头寸应以即期市场外汇汇率计价。如果商业银行使用净现值法计值，则在计量远期货币和黄金头寸时，应在当前利率折现基础上，再以目前的即期汇率计算每一笔头寸的净现值。

40. 根据《资本办法》附件 10 的相关规定，计算汇率风险暴露时可扣除结构性外汇头寸。如何判断结构性外汇头寸？

答：结构性外汇头寸是指商业银行为保护资本充足率不受汇率变化影响而持有的外汇头寸。结构性外汇头寸应满足三个条件：一是非交易性头寸；二是持有该头寸的目的仅是为了保护资本充足率；三是结构性头寸应持续从外汇敞口中扣除，并在资产存续期内保持相关对冲方式不变。另外，某些资本扣除项对应的头寸也可视为结构性外汇敞口，如对非并表境外子公司的投资及其他以历史成本法计价的外币长期投资。

41. 根据《资本办法》附件 10 中的规定，若商业银行使用简易方法计算期权风险的资本要求，持有的现货多头和看跌期权多头，或持有的现货空头和看涨期权多头，资本要求等于期权合约对应的基础工具的市场价值乘以特定市场风险和一般市场风险资本要求比率之和，再减去期权溢价。对于期权溢价有什么具体要求？

答：对于剩余期限超过 6 个月的期权，计算期权溢价时应该用执行价格与远期价格计算，而不是用执行价格与即期价格计算。若商业银行未执行该要求，则期权溢价视为零。

42. 《资本办法》允许商业银行采用内部模型法计量商品风险的资本要求。商品风险的计量模型应考虑哪些基本风险因素？

答：根据《资本办法》附件 11 第一部分（四）的规定，商品风险的计量模型应考虑方向风险、远期缺口及利率风险、基差风险等因素，以充分捕捉商品价格波动的风险。方向风险是指净头寸基于即期价格变化产生的风险；远期缺口及利率风险是指在期限错配的情况下远期价格变化产生的风险；基差风险是指两个相似但不同的商品产品之间价格相关性的变化带来的风险。

43. 根据《资本办法》附件 11 的规定，商业银行在计算市场风险一般风险价值时采用 10 天持有期、单尾、99% 的置信区间的稳健性标准。计算压力风险价值使用的稳健性标准与一般风险价值是否相同？计算一般风险价值时的观察期长度在满足"至少 1 年"要求的基础上，商业银行是否可以自行确定观察期长度？

答：计算一般风险价值和压力风险价值须采用相同的稳健性标准，即10天持有期、单尾和99%的置信区间。根据《资本办法》附件11的规定，商业银行计算市场风险一般风险价值的观察期长度至少为1年（或250个交易日）。商业银行在满足此条件的基础上可以自行确定观察期长度，但在市场价格发生剧烈波动时，银监会将从审慎性原则的角度，要求商业银行在满足"观察期长度至少为1年"的条件下采用相对较短的观察期。

44. 在市场风险内部模型法下，对模型覆盖利率风险、汇率风险、股票风险、商品风险、期权风险之间的相关性方面有什么要求？

答：在市场风险内部模型法下，商业银行可以自行根据本行的市场风险资本计量要求，对不同风险之间的相关性进行判断以及技术处理，但要向银监会证明其相关性判断的合理性、审慎性和可靠性。银监会可以要求相关性判断不审慎的商业银行采取纠正措施。

45. 根据《资本办法》附件11的规定，市场风险内部模型法下，市场风险资本要求中的乘数因子最小为3。银监会确定附加乘数因子主要考虑哪些因素？

答：银监会确定附加乘数因子时主要考虑三方面因素：一是量化因素，主要依据返回检验的突破次数；二是定性因素，主要依据商业银行达到实施内部模型法监管要求的程度（包括《资本办法》附件11和附件16的相关规定）；三是银监会对商业银行市场风险管理体系有效性的评估结果。

46. 对特定风险计量模型的返回检验有哪些要求？

答：参见《资本办法》附件11关于返回检验的要求。使用内部模型法计量特定市场风险资本要求时，商业银行应采用每日数据对相关的利率和股票类子组合进行返回检验，以检验模型是否捕捉到相应的特定风险。在对子组合进行特定风险返回检验时，商业银行可以进一步细分交易组合。确定交易子组合结构后，应保持其持续性，如果子组合结构发生改变，商业银行应及时向银监会解释其合理性。

商业银行应分析特定风险模型的返回检验突破情况，识别模型中存在的问题，并对模型不断进行修正，以确保具有充足的资本覆盖返回检验暴露出的未捕捉到的风险。

47. 市场风险内部模型法框架下，对期权风险的计量模型有哪些具体要求？

答：商业银行采用内部模型法计量期权风险的资本要求，应满足下列标准：一是计量模型应该捕捉到期权头寸的非线性特征；二是为了充分捕捉期权风险，商业银行最好对期权头寸采用10天价格冲击期，如果达不到此项要求，银监会可以要求银行通过定期模拟以及压力测试等方法调整期权风险的资本要求；三是计量模型应能够捕捉价格和收益率波动性的风险因子，期权业务规模较大且复杂的商业银行应对相关波动性有详细的分类，并按照不同到期日计量期权头寸的波动性。

48. 商业银行对缺乏流动性头寸进行估值调整时应考虑哪些因素？

答：银监会2010年12月发布的《商业银行金融工具公允价值估值监管指引》对金融工具估值进行了规范，适用于没有市价、估值缺乏可观测的数据以及缺乏流动性的金融工具。商业银行应对盯市估值、盯模估值建立相关估值调整的政策和程序，并参考第三方估值结果进行交叉验证。商业银行进行估值调整应至少考虑未赚取的信贷利差、平仓成本、操作风险、提前解约、投融资成本、未来管理费用以及模型风险等因素。

49. 为了审慎计量监管资本，商业银行对缺乏流动性头寸进行估值调整时，具体包括哪些要求？

答：无论是采用盯市、盯模还是第三方估值的方法，商业银行均应建立相应的制度和流程对缺乏流动性的头寸进行估值调整，以确保监管资本计提的审慎性。由于这类头寸缺乏流动性，与财务报告进行的估值调整相比，基于监管资本计量目的的估值调整可能会更大，以反映其缺乏流动性的情况。

商业银行在计算市场风险资本时设定了相关流动性假设，但可能这些假设与自身实际卖出或对冲此类头寸的能力不一致，同时流动性也可能因为市场变化而下降，因此商业银行应视情况及时调整此类头寸的估值，并持续重检估值过程的准确性。为审慎计量监管资本，商业银行对缺乏流动性的头寸进行估值调整时，应至少考虑以下因素：集中持仓头寸及长期不动头寸的收盘价、对冲头寸或风险所需的时间、买卖价差的平均波动性、独立市场报价的可用性（包括做市商的数量和资质）、平均交易量及其波动性（包括市场压力期间的交易量）、市场集中度、头寸持有时间、估值对模型的依赖程度和其他模型风险。

此外，对于证券化等复杂金融产品，商业银行应及时进行估值调整以审慎考虑两类模型风险：一是采用不正确的估值方法可能带来的模型风险；二是在估值模型中采用了不可观测或者不正确的校准参数所带来的风险。为审慎计量监管资本，对缺乏流动性头寸的估值调整必须反映在核心一级资本中。

50. 根据《资本办法》第 87 条的规定，商业银行采用内部模型法时，内部模型法覆盖率应不低于 50%。对于内部模型法覆盖率有什么具体要求？

答：覆盖率不低于 50% 是商业银行实施内部模型法的最低标准。商业银行应该逐步扩大内部模型法的适用范围，力求实现全面覆盖。即使商业银行内部模型法能够计量所有的市场风险，但考虑到非主要币种或业务量小等原因，内部模型无法有效捕捉少数头寸的风险，这些头寸应继续采用标准法计量。

51. 银监会对商业银行持续计量并跟踪管理交易账户资本要求有哪些？

答：银监会鼓励商业银行每日计量并持续跟踪管理交易账户的资本要求。商业银行不得通过减少报告日市场风险头寸等方法规避资本监管；否则银监会将提高其资本要求或采取其他监管措施。商业银行应确保每日风险暴露控制在限额以内。如果商业银行未达到相关要求，银监会将要求其立即整改。

52. 根据《资本办法》附件 10 中关于合格证券的规定，商业银行发行的债券应符合什么条件才能被认定为合格证券？

答：根据《资本办法》附件 10 表 1 中对于合格证券的要求，商业银行发行的债券至少被两家合格外部评级机构评为投资级别方可认定为属于合格证券。

53. 在资本监管框架下，商业银行如何处理与交易相关的回购类业务？

答：根据监管资本定义下对交易账户的要求，买卖双方均应将交易相关回购类业务放在交易账户，并按照交易账户相关制度和要求进行管理。无论属于交易账户还是银行账户的回购业务，都应计算交易对手信用风险。如果交易账户下回购类业务涉及的交易工具不符合银行账户下对合格抵质押品的定义，但在交易账户中可被认定为合格的抵质押品，则其折扣系数为 25%。在交易账户下，商业银行也可以根据附件 6 中第二部分（五）的相关要求自行估计折扣系数。对于交易账户的回购类交易工具，必须对每一支债券分别计算折扣系数。商业银行也可参照附件 6 中第三部分（五）的相关要求，使用风险价值（VaR）模型计量交易账户下的回购业务风险。

六、操作风险

54.《资本办法》附件 12 第三部分（三）规定，商业银行采用操作风险高级计量法，如果认定保险的风险缓释效应，保险的缓释效应最高不超过操作风险资本要求的 20%。除此之外，商业银行认定保险的操作风险缓释效应还应满足哪些要求？

答：商业银行还应满足以下要求：

（1）对保险人和保险合约的要求

a. 保险人的理赔支付能力评级最低为 A 或相当水平。

b. 保单的原始期限不低于 1 年。

c. 保单撤销或主要内容变更须至少提前 90 天通知。

d. 保单不受监管措施或商业银行进入破产清算程序等因素的影响，即，当商业银行的接管方或清算方需要使用保险赔偿覆盖商业银行的财产损失或支出时，保单不能对接管方或清算方设置除外或限制条款。但是，如果造成损失的相关事件发生在接管或清算程序启动之后，并且保险合约规定可以不覆盖因监管措施造成的罚款或处罚，则该保单不受本条款制约。

e. 商业银行采用的方法必须反映保险覆盖范围，并且与操作风险计量模型保持一致。分行或附属机构购买的保险及其覆盖面应与总行计量模型的相关要求保持一致，否则不认可其缓释作用。

f. 保险须由第三方实体提供，或者有适当的安排机制（如再保险方式）将风险实质性地转移出银行集团内部。

g. 商业银行应披露为缓释操作风险而购买保险的信息。

h. 商业银行在认可保险缓释效应时，应视以下情形对保险金额予以折扣：一是保单的剩余期限，对于剩余期限少于 1 年的保单，应做出适当折扣，剩余期限越短，折扣系数越高，剩余期限 90 天及以下的不考虑风险缓释效应。二是保单的撤销期限，包括在合同到期前保单能够被撤销的可能性。三是支付的不确定性，包括保险人及时支付赔偿的意愿，以及保险赔偿可能会引起的法律风险。四是风险暴露与保单覆盖范围之间的错配。

（2）保险缓释模型的要求

商业银行可以自行确定保险模型的各类参数，如损失覆盖率、扣除额或免赔额、赔偿限额等，但应保证其保险缓释模型的审慎性，包括数据选择、模型开发等。银监会可根据对保险缓释模型预测能力的评估情况，调整模型结果。

55. 商业银行采用操作风险高级计量法，是否应覆盖所有业务条线和附属机构，如果可以在部分层面实施，有哪些具体要求？

答：商业银行可以在部分层面实施操作风险高级计量法，并应满足以下要求：

（1）覆盖面的要求

a. 商业银行所有并表的跨境业务应纳入高级计量法实施范围。

b. 商业银行主要操作风险暴露应纳入高级计量法实施范围。

c. 商业银行首次申请实施操作风险高级计量法时，应制定扩大高级计量法覆盖面的实施规划，除少数不重要的业务外，其余部分都应纳入高级计量法实施范围。商业银行应向银监会提供实施规划和进度表。

d. 银行实施高级计量法的范围应获得银监会的批准。

e. 商业银行因东道国监管当局的规定而无法满足上述 b 和 c 的规定时，经银监会批准，商业银行可以永久性地在部分层面实施高级计量法。经银监会认可，商业银行在计算集团层面操作风险监管资本时，可使用东道国监管当局批准的高级计量法计算结果。

（2）关于集团范围内实施高级计量法的要求

商业银行在集团层面实施高级计量法，应确保集团内实施标准的一致性。对于纳入集团实施范围的境外附属机构，当附属机构在集团内不具有重要性，且东道国监管当局要求其计提操作风险监管资本的情况下，经东道国监管当局批准和银监会的同意，方可采用资本分配方法确定其操作风险资本。如果境外附属机构所在地的东道国监管当局要求该机构单独计算操作风险监管资本的，则不得使用资本分配方法计量该附属机构的操作风险监管资本。

对于外资银行在华子行，当其在集团内不具有重要性，且经银监会批准和母国监管当局同意的情况下，方可采用资本分配方法。商业银行附属机构采用独立的高级计量法模型计算操作风险监管资本时，在模型中不得考虑与母行或母行其他附属机构之间的相关性因素。商业银行在部分层面实施高级计量法时，应披露高级计量法的实施范围，以及高级计量法未覆盖部分采用的操作风险资本计量方法。

56.《资本办法》规定，商业银行实施高级计量法必须考虑关键的业务经营环境和内部控制因素。商业银行在确定和使用这类调整因子时应满足哪些监管要求？

答：业务经营环境和内部控制因子是一种具有前瞻性的因子，以充分地反映商业银行操作风险状况和控制措施的动态变化。商业银行建立业务经营环境和内部控制因素框架时应满足以下要求：

（1）商业银行应在历史经验的基础上，通过以专家判断为主的方式确定业务环境和内部控制因素。业务经营环境和内部控制因素应能够真实反映业务领域的风险情况，并应被转换成可计量的指标。

（2）商业银行应合理评估业务经营环境和内部控制因素变化（包括各类业务环境和内部控制因素权重的变化）对操作风险计量结果的影响，商业银行不仅应考虑风险控制措施改善带来的影响，还应考虑各种可能造成风险增加的因素（例如业务复杂程度增加等）。

（3）商业银行应对业务经营环境和内部控制因素的整体框架建立完备的制度，包括使用方法论、原理以及调整方法等。

（4）商业银行应对照内部损失的实际结果、相关外部数据和所做的适度调整情况，对业务经营环境和内部控制因素的流程和结果进行验证。

57.《资本办法》附件12规定了商业银行实施高级计量法的合格标准。在内部损失数据、外部损失数据以及验证方面，商业银行还应达到哪些具体要求？

答：商业银行在数据收集、管理和验证方面应达到以下具体要求：

（1）内部损失数据。商业银行应建立完备的制度，对于历史损失数据相关性开展持续评估。使用高级计量法的商业银行的内部损失数据应与附件12表2中除"其他业务"以外的八个业务条线建立对应关系，明确自行将损失分配到各业务条线及损失事件类型的原则。商业银行应根据银监会的要求报送相关数据。

（2）外部损失数据。使用高级计量法的银行可以自行决定使用外部损失数据的方法，但应建立完备的制度，规定使用外部损失数据的情形，同时开展针对外部损失数据使用条件及方法的核验，并将其纳入定期的独立外部验证。

（3）验证。验证程序应确保高级计量法计量体系内的数据流及各种流程的透明度，便于审计人员及监管人员必要时能够核验计量系统的各种规定及参数。

七、交易对手信用风险

58. 在现期风险暴露法下，商业银行需要计算盯市价值下的重置成本，并加上反映剩余期限内潜在风险暴露的附加因子。潜在风险暴露的附加因子等于衍生工具的名义本金乘以相应的附加系数。在此情况下，商业银行应该如何选用附加系数？

答：信用衍生工具的附加系数见《资本办法》附件8表1。其他衍生工具的附加系数见附件8表2。此外，对于存在多次本金交换的产品，商业银行应将对应的附加系数乘以剩余的本金交换的次数。对于某些需要在特定日期清算、而又在该清算日重置的产品，可以将距离下一个结算日的期限作为该产品的剩余期限。对于上述情况下剩余期限大于1年的利率衍生工具，附加系数不得低于0.5%。对于期货、互换期权等其他衍生工具按照附件8表2中"其他商品"处理。对于同一货币双边浮动的利率互换交易，可以不计算未来潜在风险暴露。

59. 商业银行应如何计算交易对手信用风险的违约风险暴露或剩余违约风险暴露？

答：商业银行应按照《资本办法》附件8的规定计算交易对手信用风险的违约风险暴露。若与一个交易对手有多个净额结算集，则对该交易对手的违约风险暴露等于这些净额结算集下违约风险暴露之和。在进行净额结算时，商业银行应遵照《资本办法》附件6第三部分合格净额结算的规定，并满足如下要求：

（1）若商业银行与其交易对手按照合同规定将在特定日期以特定币种进行支付，并且在法定程序下该交易自动与其他的同类币种、相同日期下的交易合并考虑，那么商业银行可以进行净额结算。

（2）商业银行也可以在其他法定形式下进行双边结算。

（3）在上述两种情况下，商业银行需要具备：

a. 覆盖与交易对手所有相关交易的净额结算协议或合同，明确在交易对手违约、破产清算或其他类似情况下，商业银行将获得或者支付按照盯市价值计算的净额。

b. 法律意见书能够证明在受到法律质疑时，相关法院和行政部门可以依据如下法规确认商业银行的净额风险暴露：一是交易对手所在国家或地区的法律法规，若涉及某一交易对手的国外分支机构，还需考虑该分支机构所在国家或地区的法律法规；二是针对单笔交易的法律法规；三是针对净额结算协议或合同的法律法规，净额结算必须在相关国家或地区的法律法规下都具有执行力。

c. 相关流程能够确保在相关法律法规发生变化时，能够持续评估净额结算协议的法定特征。

此外，如果净额结算合约中包括"走避条款"，不得采用合格净额结算的处理方法。所谓"走避条款"是指即使违约方为债权人，也允许非违约交易对手只部分支付或不支付。

针对场外衍生品交易，交易对手的剩余违约风险暴露可定义为与对该交易对手所有净额结算集下的违约风险暴露之和减去信用估值调整损失，但不得为负值。信用估值调整损失是指对已识别的信用估值调整计提的减值准备。计算信用估值调整损失时，若已经从资本中扣除了债务估值调整，则无须从已识别的信用估值调整损失中扣除债务估值调整。场外衍生品交易对手信用风险加权资产等于剩余违约风险暴露乘以权重法或内部评级法下相应的风险权重。计算信用估值调整的资本要求时，不得从违约风险暴露中扣除债务估值调整。

八、第二支柱

60.《资本办法》规定，商业银行按照现期风险暴露法计量交易对手信用风险资本要求，同时在第二支柱框架下将交易对手信用风险纳入全面风险管理框架。交易对手信用风险管理有哪些具体要求？

答：《资本办法》附件8要求，商业银行应制定与其交易活动的特征、复杂程度和风险暴露水平相适应的交易对手信用风险管理政策和程序，具体要求包括但并不限于：（1）明确董事会和高级管理层的职责，指定具体管理部门并配备相应的专业化团队（人员）落实风险管理职责；（2）建立相应的风险识别、计量、监测、控制和报告机制，充分考虑交易对手信用风险与市场风险、流动性风险等各类风险的关联性；（3）建立并逐步完善文档管理平台和信息管理系统；（4）定期开展压力测试，识别各种潜在因素对交易对手信用风险管理的综合影响，并在风险管理政策及限额管理中充分考虑压力测试结果；（5）内部审计部门应对交易对手信用风险管理的有效性进行评估，内部审计的频率至少每年一次。

61. 根据《资本办法》的规定，对商业银行信用风险缓释管理政策及流程等方面存在的缺陷，银监会可以采取哪些有针对性的监管措施？

答：根据《资本办法》第七章和第八章的相关规定，为促使商业银行强化信用风险缓释管理，银监会可以采取的监管措施包括但不限于：（1）督促商业银行及时改进管理政策与流程；（2）提出有针对性的整改意见，如要求商业银行对持有期、监管折扣或波动性的假设做出调整；（3）对部分信用风险缓释工具的风险缓释作用进行监管确认；（4）根据信用风险缓释管理的评价结果，相应地提高监管资本要求。

九、第三支柱

62.《资本办法》附件15第十部分（一）规定，商业银行应披露交易对手信用风险暴露的定性信息。商业银行如何披露交易对手信用风险暴露的定量信息？

答：商业银行应披露的交易对手信用风险暴露定量信息包括：

（1）合约的正的总公允价值、净额结算情况、考虑净额结算后现期信用风险暴露、抵质押品、衍生工具净信用风险暴露以及计算违约风险暴露所使用的方法；用于对冲交易对手信用风险的信用衍生工具的名义金额；现期信用风险暴露按产品类型的分布情况（利率合约、汇率合约、股票合约、商品合约、信用衍生工具）。

（2）产生交易对手信用风险暴露的信用衍生工具的名义金额及持有目的（分为用于商业银行自身的信用组合和商业银行作为中介持有）；信用衍生工具类型（例如信用违约互换、总收益互换、信用期权等），以及每种类型的买入或卖出信息。

63. 商业银行采用内部评级法计量信用风险暴露时，除《资本办法》现有信息披露要求外，还应披露哪些信息？

答：商业银行应分别披露各类非零售信用风险暴露和零售信用风险暴露的资本要求。非零售信用风险暴露包括主权风险暴露、金融机构风险暴露和公司风险暴露；零售风险暴露包括个人住房抵押贷款、合格循环零售风险暴露和其他零售风险暴露。

此外，商业银行还应披露报告期各类风险暴露损失的估计值与实际损失的差别，以及产生差别的原因。

64. 商业银行采用内部模型法计量市场风险时，除《资本办法》现有信息披露要求外，还应披露哪些信息？

答：商业银行使用内部模型法计量市场风险时，还应披露的定量信息包括：报告期的最高、最低和平均压力风险价值，以及期末压力风险价值；报告期的最高、最低和平均新增市场风险资本，以及期末新增市场风险资本要求。

商业银行使用内部模型法计量新增市场风险资本时，应披露的定性信息包括：确定流动性期限的方法、模型验证的方法和评估新增市场风险资本计量稳健性的方法。

商业银行公司治理指引

银监发〔2013〕34 号

第一章 总 则

第一条 为完善商业银行公司治理，促进商业银行稳健经营和健康发展，保护存款人和其他利益相关者的合法权益，根据《中华人民共和国公司法》（以下简称《公司法》）、《中华人民共和国银行业监督管理法》、《中华人民共和国商业银行法》和其他相关法律法规，制定本指引。

第二条 中华人民共和国境内经银行业监督管理机构批准设立的商业银行适用本指引。

第三条 本指引所称的商业银行公司治理是指股东大会、董事会、监事会、高级管理层、股东及其他利益相关者之间的相互关系，包括组织架构、职责边界、履职要求等治理制衡机制，以及决策、执行、监督、激励约束等治理运行机制。

第四条 商业银行公司治理应当遵循各治理主体独立运作、有效制衡、相互合作、协调运转的原则，建立合理的激励、约束机制，科学、高效地决策、执行和监督。

第五条 商业银行董事会、监事会、高级管理层应当由具备良好专业背景、业务技能、职业操守和从业经验的人员组成，并在以下方面得到充分体现：

（一）确保商业银行依法合规经营；

（二）确保商业银行培育审慎的风险文化；

（三）确保商业银行履行良好的社会责任；

（四）确保商业银行保护金融消费者的合法权益。

第六条 各治理主体及其成员依法享有权利和承担义务，共同维护商业银行整体利益，不得损害商业银行利益或将自身利益置于商业银行利益之上。

第七条 商业银行良好公司治理应当包括但不限于以下内容：

（一）健全的组织架构；

（二）清晰的职责边界；

（三）科学的发展战略、价值准则与良好的社会责任；

（四）有效的风险管理与内部控制；

（五）合理的激励约束机制；

（六）完善的信息披露制度。

第八条 商业银行章程是商业银行公司治理的基本文件，对股东大会、董事会、监事会、高级管理层的组成、职责和议事规则等作出制度安排，并载明有关法律法规要求在章程中明确规定的其他事项。

商业银行应当制定章程并根据自身发展及相关法律法规要求及时修改完善。

第二章　公司治理组织架构

第一节　股东和股东大会

第九条　股东应当依法对商业银行履行诚信义务，确保提交的股东资格资料真实、完整、有效。主要股东应当真实、准确、完整地向董事会披露关联方情况，并承诺当关联关系发生变化时及时向董事会报告。

本指引所称主要股东是指能够直接、间接、共同持有或控制商业银行百分之五以上股份或表决权以及对商业银行决策有重大影响的股东。

第十条　股东特别是主要股东应当严格按照法律法规及商业银行章程行使出资人权利，不得谋取不当利益，不得干预董事会、高级管理层根据章程享有的决策权和管理权，不得越过董事会和高级管理层直接干预商业银行经营管理，不得损害商业银行利益和其他利益相关者的合法权益。

第十一条　股东特别是主要股东应当支持商业银行董事会制定合理的资本规划，使商业银行资本持续满足监管要求。当商业银行资本不能满足监管要求时，应当制定资本补充计划使资本充足率在限期内达到监管要求，并通过增加核心资本等方式补充资本，主要股东不得阻碍其他股东对商业银行补充资本或合格的新股东进入。

第十二条　商业银行应当在章程中规定，主要股东应当以书面形式向商业银行作出资本补充的长期承诺，并作为商业银行资本规划的一部分。

第十三条　股东获得本行授信的条件不得优于其他客户同类授信的条件。

第十四条　商业银行应当制定关联交易管理制度，并在章程中规定以下事项：

（一）商业银行不得接受本行股票为质押权标的；

（二）股东以本行股票为自己或他人担保的，应当严格遵守法律法规和监管部门的要求，并事前告知本行董事会；非上市银行股东特别是主要股东转让本行股份的，应当事前告知本行董事会；

（三）股东在本行借款余额超过其持有经审计的上一年度股权净值，不得将本行股票进行质押；

（四）股东特别是主要股东在本行授信逾期时，应当对其在股东大会和派出董事在董事会上的表决权进行限制。

第十五条　股东应当严格按照法律法规及商业银行章程规定的程序提名董事、监事候选人。

商业银行应当在章程中规定，同一股东及其关联人不得同时提名董事和监事人选；同一股东及其关联人提名的董事（监事）人选已担任董事（监事）职务，在其任职期届满或更换前，该股东不得再提名监事（董事）候选人；同一股东及其关联人提名的董事原则上不得超过董事会成员总数的三分之一。国家另有规定的除外。

第十六条　股东大会依据《公司法》等法律法规和商业银行章程行使职权。

第十七条　股东大会会议包括年度会议和临时会议。

股东大会年会应当由董事会在每一会计年度结束后六个月内召集和召开。因特殊情况需延期召开的，应当向银行业监督管理机构报告，并说明延期召开的事由。

股东大会会议应当实行律师见证制度，并由律师出具法律意见书。法律意见书应当对股东大会召开程序、出席股东大会的股东资格、股东大会决议内容等事项的合法性发表意见。

股东大会的会议议程和议案应当由董事会依法、公正、合理地进行安排，确保股东大会能够对每个议案进行充分的讨论。

第十八条　股东大会议事规则由商业银行董事会负责拟定，并经股东大会审议通过后执行。股东大会议事规则包括会议通知、召开方式、文件准备、表决形式、提案机制、会议记录及其签署、关联股东的回避等。

第二节 董事会

第十九条 董事会对股东大会负责，对商业银行经营和管理承担最终责任。除依据《公司法》等法律法规和商业银行章程履行职责外，还应当重点关注以下事项：

（一）制定商业银行经营发展战略并监督战略实施；

（二）制定商业银行风险容忍度、风险管理和内部控制政策；

（三）制定资本规划，承担资本管理最终责任；

（四）定期评估并完善商业银行公司治理；

（五）负责商业银行信息披露，并对商业银行会计和财务报告的真实性、准确性、完整性和及时性承担最终责任；

（六）监督并确保高级管理层有效履行管理职责；

（七）维护存款人和其他利益相关者合法权益；

（八）建立商业银行与股东特别是主要股东之间利益冲突的识别、审查和管理机制等。

第二十条 商业银行应当根据自身规模和业务状况，确定合理的董事会人数及构成。

第二十一条 董事会由执行董事和非执行董事（含独立董事）组成。

执行董事是指在商业银行担任除董事职务外的其他高级经营管理职务的董事。

非执行董事是指在商业银行不担任经营管理职务的董事。

独立董事是指不在商业银行担任除董事以外的其他职务，并与所聘商业银行及其主要股东不存在任何可能影响其进行独立、客观判断关系的董事。

第二十二条 董事会应当根据商业银行情况单独或合并设立其专门委员会，如战略委员会、审计委员会、风险管理委员会、关联交易控制委员会、提名委员会、薪酬委员会等。

战略委员会主要负责制定商业银行经营管理目标和长期发展战略，监督、检查年度经营计划、投资方案的执行情况。

审计委员会主要负责检查商业银行风险及合规状况、会计政策、财务报告程序和财务状况；负责商业银行年度审计工作，提出外部审计机构的聘请与更换建议，并就审计后的财务报告信息真实性、准确性、完整性和及时性作出判断性报告，提交董事会审议。

风险管理委员会主要负责监督高级管理层关于信用风险、流动性风险、市场风险、操作风险、合规风险和声誉风险等风险的控制情况，对商业银行风险政策、管理状况及风险承受能力进行定期评估，提出完善商业银行风险管理和内部控制的意见。

关联交易控制委员会主要负责关联交易的管理、审查和批准，控制关联交易风险。

提名委员会主要负责拟定董事和高级管理层成员的选任程序和标准，对董事和高级管理层成员的任职资格进行初步审核，并向董事会提出建议。

薪酬委员会主要负责审议全行薪酬管理制度和政策，拟定董事和高级管理层成员的薪酬方案，向董事会提出薪酬方案建议，并监督方案实施。

第二十三条 董事会专门委员会向董事会提供专业意见或根据董事会授权就专业事项进行决策。各相关专门委员会应当定期与高级管理层及部门交流商业银行经营和风险状况，并提出意见和建议。

第二十四条 各专门委员会成员应当是具有与专门委员会职责相适应的专业知识和工作经验的董事。各专门委员会负责人原则上不宜兼任。审计委员会、关联交易控制委员会、提名委员会、薪酬委员会原则上应当由独立董事担任负责人，其中审计委员会、关联交易控制委员会中独立董事应当占适当比例。

审计委员会成员应当具有财务、审计和会计等某一方面的专业知识和工作经验。风险管理委员会负责人应当具有对各类风险进行判断与管理的经验。

第二十五条 董事会设董事长一人，可以设副董事长。董事长和副董事长由董事会以全体董事的过半数选举产生。商业银行董事长和行长应当分设。

第二十六条 董事会例会每季度至少应当召开一次。董事会临时会议的召开程序由商业银行章程规定。

第二十七条 董事会应当制定内容完备的董事会议事规则并在章程中予以明确，包括会议通知、召开方式、文件准备、表决形式、提案机制、会议记录及其签署、董事会授权规则等，并报股东大会审议通过。董事会议事规则中应当包括各项议案的提案机制和程序，明确各治理主体在提案中的权利和义务。在会议记录中明确记载各项议案的提案方。

第二十八条 董事会各专门委员会议事规则和工作程序由董事会制定。各专门委员会应当制定年度工作计划并定期召开会议。

第二十九条 董事会会议应当有商业银行全体董事过半数出席方可举行。董事会作出决议，必须经商业银行全体董事过半数通过。董事会会议可以采用会议表决（包括视频会议）和通信表决两种表决方式，实行一人一票。采用通信表决形式的，至少在表决前三日内应当将通信表决事项及相关背景资料送达全体董事。

商业银行章程或董事会议事规则应当对董事会采取通信表决的条件和程序进行规定。董事会会议采取通信表决方式时应当说明理由。商业银行章程应当规定，利润分配方案、重大投资、重大资产处置方案、聘任或解聘高级管理人员、资本补充方案、重大股权变动以及财务重组等重大事项不得采取通信表决方式，应当由董事会三分之二以上董事通过方可有效。

第三十条 董事会召开董事会会议，应当事先通知监事会派员列席。

董事会在履行职责时，应当充分考虑外部审计机构的意见。

第三十一条 银行业监督管理机构对商业银行的监管意见及商业银行整改情况应当在董事会上予以通报。

第三节 监事会

第三十二条 监事会是商业银行的内部监督机构，对股东大会负责，除依据《公司法》等法律法规和商业银行章程履行职责外，还应当重点关注以下事项：

（一）监督董事会确立稳健的经营理念、价值准则和制定符合本行实际的发展战略；

（二）定期对董事会制定的发展战略的科学性、合理性和有效性进行评估，形成评估报告；

（三）对本行经营决策、风险管理和内部控制等进行监督检查并督促整改；

（四）对董事的选聘程序进行监督；

（五）对董事、监事和高级管理人员履职情况进行综合评价；

（六）对全行薪酬管理制度和政策及高级管理人员薪酬方案的科学性、合理性进行监督；

（七）定期与银行业监督管理机构沟通商业银行情况等。

第三十三条 监事会由职工代表出任的监事、股东大会选举的外部监事和股东监事组成。

外部监事与商业银行及其主要股东之间不得存在影响其独立判断的关系。

第三十四条 监事会可根据情况设立提名委员会和监督委员会。

提名委员会负责拟订监事的选任程序和标准，对监事候选人的任职资格进行初步审核，并向监事会提出建议；对董事的选聘程序进行监督；对董事、监事和高级管理人员履职情况进行综合评价并向监事会报告；对全行薪酬管理制度和政策及高级管理人员薪酬方案的科学性、合理性进行监督。

提名委员会原则上应当由外部监事担任负责人。监督委员会负责拟订对本行财务活动的监督方案并实施相关检查，监督董事会确立稳健的经营理念、价值准则和制定符合本行实际的发展战略，对本行经营决策、风险管理和内部控制等进行监督检查。

第三十五条　监事长（监事会主席）应当由专职人员担任，且至少应当具有财务、审计、金融、法律等某一方面专业知识和工作经验。

第三十六条　监事会应当制定内容完备的监事会议事规则并在章程中予以明确，包括会议通知、召开方式、文件准备、表决形式、提案机制、会议记录及其签署等。监事会例会每季度至少应当召开一次。监事会临时会议召开程序由商业银行章程规定。

第三十七条　监事会在履职过程中有权要求董事会和高级管理层提供信息披露、审计等方面的必要信息。监事会认为必要时，可以指派监事列席高级管理层会议。

第三十八条　监事会可以独立聘请外部机构就相关工作提供专业协助。

第四节　高级管理层

第三十九条　高级管理层由商业银行总行行长、副行长、财务负责人及监管部门认定的其他高级管理人员组成。

第四十条　高级管理层根据商业银行章程及董事会授权开展经营管理活动，确保银行经营与董事会所制定批准的发展战略、风险偏好及其他各项政策相一致。

高级管理层对董事会负责，同时接受监事会监督。高级管理层依法在其职权范围内的经营管理活动不受干预。

第四十一条　高级管理层应当建立向董事会及其专门委员会、监事会及其专门委员会的信息报告制度，明确报告信息的种类、内容、时间和方式等，确保董事、监事能够及时、准确地获取各类信息。

第四十二条　高级管理层应当建立和完善各项会议制度，并制定相应议事规则。

第四十三条　行长依照法律、法规、商业银行章程及董事会授权，行使有关职权。

第三章　董事、监事、高级管理人员

第一节　董事

第四十四条　商业银行应当制定规范、公开的董事选任程序，经股东大会批准后实施。

第四十五条　商业银行应当在章程中规定，董事提名及选举的一般程序为：

（一）在商业银行章程规定的董事会人数范围内，按照拟选任人数，可以由董事会提名委员会提出董事候选人名单；单独或者合计持有商业银行发行的有表决权股份总数百分之三以上股东亦可以向董事会提出董事候选人；

（二）董事会提名委员会对董事候选人的任职资格和条件进行初步审核，合格人选提交董事会审议；经董事会审议通过后，以书面提案方式向股东大会提出董事候选人；

（三）董事候选人应当在股东大会召开之前作出书面承诺，同意接受提名，承诺公开披露的资料真实、完整并保证当选后切实履行董事义务；

（四）董事会应当在股东大会召开前依照法律法规和商业银行章程规定向股东披露董事候选人详细资料，保证股东在投票时对候选人有足够的了解；

（五）股东大会对每位董事候选人逐一进行表决；

（六）遇有临时增补董事，由董事会提名委员会或符合提名条件的股东提出并提交董事会审议，股东大会予以选举或更换。

第四十六条　独立董事提名及选举程序应当遵循以下原则：

（一）商业银行应当在章程中规定，董事会提名委员会、单独或者合计持有商业银行发行的有表决权股份总数百分之一以上股东可以向董事会提出独立董事候选人，已经提名董事的股东不得再提名独立董事；

（二）被提名的独立董事候选人应当由董事会提名委员会进行资质审查，审查重点包括独立性、专业知识、经验和能力等；

（三）独立董事的选聘应当主要遵循市场原则。

第四十七条　董事应当符合银行业监督管理机构规定的任职条件，并应当通过银行业监督管理机构的任职资格审查。

董事任期由商业银行章程规定，但每届任期不得超过三年。董事任期届满，连选可以连任。独立董事在同一家商业银行任职时间累计不得超过六年。董事任期届满未及时改选，或者董事在任期内辞职影响银行正常经营或导致董事会成员低于法定人数的，在改选出的董事就任前，原董事仍应当依照法律法规的规定，履行董事职责。

第四十八条　董事依法有权了解商业银行的各项业务经营情况和财务状况，并对其他董事和高级管理层成员履行职责情况实施监督。

第四十九条　董事对商业银行负有忠实和勤勉义务。

董事应当按照相关法律法规及商业银行章程的要求，认真履行职责。

第五十条　商业银行应当在章程中规定，独立董事不得在超过两家商业银行同时任职。

第五十一条　董事应当投入足够的时间履行职责，每年至少亲自出席三分之二以上的董事会会议；因故不能出席的，可以书面委托同类别其他董事代为出席。

董事在董事会会议上应当独立、专业、客观地发表意见。

第五十二条　董事个人直接或者间接与商业银行已有或者计划中的合同、交易、安排有关联关系时，应当将关联关系的性质和程度及时告知董事会关联交易控制委员会，并在审议相关事项时做必要的回避。

第五十三条　非执行董事应当依法合规地积极履行股东与商业银行之间的沟通职责，重点关注股东与商业银行关联交易情况并支持商业银行制定资本补充规划。

第五十四条　独立董事履行职责时应当独立对董事会审议事项发表客观、公正的意见，并重点关注以下事项：

（一）重大关联交易的合法性和公允性；

（二）利润分配方案；

（三）高级管理人员的聘任和解聘；

（四）可能造成商业银行重大损失的事项；

（五）可能损害存款人、中小股东和其他利益相关者合法权益的事项；

（六）外部审计师的聘任等。

第五十五条　商业银行应当在章程中规定，独立董事每年在商业银行工作的时间不得少于十五个工作日。

担任审计委员会、关联交易控制委员会及风险管理委员会负责人的董事每年在商业银行工作的时间不得少于二十五个工作日。

第五十六条　董事应当按要求参加培训，了解董事的权利和义务，熟悉有关法律法规，掌握应具备的相关知识。

第五十七条　商业银行应当规定董事在商业银行的最低工作时间，并建立董事履职档案，完整记录董事参加董事会会议次数、独立发表意见和建议及被采纳情况等，作为对董事评价的依据。

第二节 监 事

第五十八条 监事应当依照法律法规及商业银行章程规定，忠实履行监督职责。

第五十九条 股东监事和外部监事的提名及选举程序参照董事和独立董事的提名及选举程序。股东监事和外部监事由股东大会选举、罢免和更换；职工代表出任的监事由银行职工民主选举、罢免和更换。

第六十条 监事任期每届三年，任期届满，连选可以连任。外部监事在同一家商业银行的任职时间累计不得超过六年。

第六十一条 监事应当积极参加监事会组织的监督检查活动，有权依法进行独立调查、取证，实事求是提出问题和监督意见。

第六十二条 监事连续两次未能亲自出席、也不委托其他监事代为出席监事会会议，或每年未能亲自出席至少三分之二的监事会会议的，视为不能履职，监事会应当建议股东大会或股东会、职工代表大会等予以罢免。

股东监事和外部监事每年在商业银行工作的时间不得少于十五个工作日。

职工监事享有参与制定涉及员工切身利益的规章制度的权利，并应当积极参与制度执行情况的监督检查。

第六十三条 监事可以列席董事会会议，对董事会决议事项提出质询或者建议，但不享有表决权。列席董事会会议的监事应当将会议情况报告监事会。

第六十四条 监事的薪酬应当由股东大会审议确定，董事会不得干预监事薪酬标准。

第三节 高级管理人员

第六十五条 高级管理人员应当通过银行业监督管理机构的任职资格审查。

第六十六条 高级管理人员应当遵循诚信原则，审慎、勤勉地履行职责，不得为自己或他人谋取属于本行的商业机会，不得接受与本行交易有关的利益。

第六十七条 高级管理人员应当按照董事会要求，及时、准确、完整地向董事会报告有关本行经营业绩、重要合同、财务状况、风险状况和经营前景等情况。

第六十八条 高级管理人员应当接受监事会监督，定期向监事会提供有关本行经营业绩、重要合同、财务状况、风险状况和经营前景等情况，不得阻挠、妨碍监事会依照职权进行的检查、监督等活动。

第六十九条 高级管理人员对董事会违反规定干预经营管理活动的行为，有权请求监事会提出异议，并向银行业监督管理机构报告。

第四章 发展战略、价值准则和社会责任

第七十条 商业银行应当兼顾股东、存款人和其他利益相关者合法权益，制定清晰的发展战略和良好的价值准则，并确保在全行得到有效贯彻。

第七十一条 商业银行发展战略应当重点涵盖中长期发展规划、战略目标、经营理念、市场定位、资本管理和风险管理等方面的内容。商业银行在关注总体发展战略基础上，应重点关注人才战略和信息科技战略等配套战略。

第七十二条 商业银行发展战略由董事会负责制定并向股东大会报告。董事会在制定发展战略时应当充分考虑商业银行所处的宏观经济形势、市场环境、风险承受能力和自身比较优势等因素，明确市场定位，突出差异化和特色化，不断提高商业银行核心竞争力。

第七十三条 董事会在制定资本管理战略时应当充分考虑商业银行风险及其发展趋势、风险管理水平及承受能力、资本结构、资本质量、资本补充渠道以及长期补充资本的能力等因素，并督促高级管理层具体执行。

第七十四条 商业银行应当制定中长期信息科技战略，建立健全组织架构和技术成熟、运行安全稳定、应用丰富灵活、管理科学高效的信息科技体系，确保信息科技建设对商业银行经营和风险管控的有效支持。

第七十五条 商业银行应当建立健全人才招聘、培养、评估、激励、使用和规划的科学机制，逐步实现人力资源配置市场化，推动商业银行实现可持续发展。

第七十六条 商业银行董事会应当定期对发展战略进行评估与审议，确保商业银行发展战略与经营情况和市场环境变化相适应。

监事会应当对商业银行发展战略的制定与实施进行监督。

高级管理层应当在商业银行发展战略框架下制定科学合理的年度经营管理目标与计划。

第七十七条 商业银行应当树立具有社会责任感的价值准则、企业文化和经营理念，以此激励全体员工更好地履职。

第七十八条 商业银行董事会负责制定董事会自身和高级管理层应当遵循的职业规范与价值准则。高级管理层负责制定全行各部门管理人员和业务人员的职业规范，明确具体的问责条款，建立相应处理机制。

第七十九条 商业银行应当鼓励员工通过合法渠道对有关违法、违规和违反职业道德的行为予以报告，并充分保护员工合法权益。

第八十条 商业银行应当在经济、环境和社会公益事业等方面履行社会责任，并在制定发展战略时予以体现，同时定期向公众披露社会责任报告。商业银行应当保护和节约资源，促进社会可持续发展。

第八十一条 商业银行应当遵守公平、安全、有序的行业竞争秩序，提升专业化经营水平，不断改进金融服务，保护金融消费者合法权益，持续为股东、员工、客户和社会公众创造价值。

第五章 风险管理与内部控制

第一节 风险管理

第八十二条 商业银行董事会对银行风险管理承担最终责任。

商业银行董事会应当根据银行风险状况、发展规模和速度，建立全面的风险管理战略、政策和程序，判断银行面临的主要风险，确定适当的风险容忍度和风险偏好，督促高级管理层有效地识别、计量、监测、控制并及时处置商业银行面临的各种风险。

第八十三条 商业银行董事会及其风险管理委员会应当定期听取高级管理层关于商业银行风险状况的专题报告，对商业银行风险水平、风险管理状况、风险承受能力进行评估，并提出全面风险管理意见。

第八十四条 商业银行应当建立独立的风险管理部门，并确保该部门具备足够的职权、资源以及与董事会进行直接沟通的渠道。

商业银行应当在人员数量和资质、薪酬和其他激励政策、信息科技系统访问权限、专门的信息系统建设以及商业银行内部信息渠道等方面给予风险管理部门足够的支持。

第八十五条 商业银行风险管理部门应当承担但不限于以下职责：

（一）对各项业务及各类风险进行持续、统一的监测、分析与报告；

（二）持续监控风险并测算与风险相关的资本需求，及时向高级管理层和董事会报告；

（三）了解银行股东特别是主要股东的风险状况、集团架构对商业银行风险状况的影响和传导，定期进行压力测试，并制定应急预案；

（四）评估业务和产品创新、进入新市场以及市场环境发生显著变化时，给商业银行带来的风险。

第八十六条 商业银行可以设立独立于操作和经营条线的首席风险官。

首席风险官负责商业银行的全面风险管理，并可以直接向董事会及其风险管理委员会报告。首席风险官应当具有完整、可靠、独立的信息来源，具备判断商业银行整体风险状况的能力，及时提出改进方案。首席风险官的聘任和解聘由董事会负责并及时向公众披露。

第八十七条 商业银行应当在集团层面和单体层面分别对风险进行持续识别和监控，风险管理的复杂程度应当与自身风险状况变化和外部风险环境改变相一致。

商业银行应当强化并表管理，董事会和高级管理层应当做好商业银行整体及其子公司的全面风险管理的设计和实施工作，指导子公司做好风险管理工作，并在集团内部建立必要的防火墙制度。

第八十八条 商业银行被集团控股或作为子公司时，董事会和高级管理层应当及时提示与要求集团或母公司，在制定全公司全面发展战略和风险政策时充分考虑商业银行的特殊性。

第二节 内部控制

第八十九条 商业银行董事会应当持续关注商业银行内部控制状况，建立良好的内部控制文化，监督高级管理层制定相关政策、程序和措施，对风险进行全过程管理。

第九十条 商业银行应当建立健全内部控制责任制，确保董事会、监事会和高级管理层充分认识自身对内部控制所承担的责任。

董事会、高级管理层对内部控制的有效性分级负责，并对内部控制失效造成的重大损失承担责任。监事会负责监督董事会、高级管理层完善内部控制体系和制度，履行内部控制监督职责。

第九十一条 商业银行应当有效建立各部门之间的横向信息传递机制，以及董事会、监事会、高级管理层和各职能部门之间的纵向信息传递机制，确保董事会、监事会、高级管理层及时了解银行经营和风险状况，同时确保内部控制政策及信息向相关部门和员工的有效传递与实施。

第九十二条 商业银行应当设立相对独立的内部控制监督与评价部门，该部门应当对内部控制制度建设和执行情况进行有效监督与评价，并可以直接向董事会、监事会和高级管理层报告。

第九十三条 商业银行应当建立独立垂直的内部审计管理体系和与之相适应的内部审计报告制度和报告路线。

商业银行可以设立首席审计官。首席审计官和内部审计部门应当定期向董事会及其审计委员会和监事会报告审计工作情况，及时报送项目审计报告，并通报高级管理层。

首席审计官和审计部门负责人的聘任和解聘应当由董事会负责。

第九十四条 商业银行应当建立外聘审计机构制度。

商业银行应当外聘审计机构进行财务审计，对商业银行的公司治理、内部控制及经营管理状况进行定期评估。商业银行应将相关审计报告和管理建议书及时报送银行业监督管理机构。

第九十五条 董事会、监事会和高级管理层应当有效利用内部审计部门、外部审计机构和内部控制部门的工作成果，及时采取相应纠正措施。

第六章 激励约束机制

第一节 董事和监事履职评价

第九十六条 商业银行应当建立健全对董事和监事的履职评价体系，明确董事和监事的履职标准，建立并完善董事和监事履职与诚信档案。

第九十七条 商业银行对董事和监事的履职评价应当包括董事和监事自评、董事会评价和监事会评价及外部评价等多个维度。

第九十八条 监事会负责对商业银行董事和监事履职的综合评价，向银行业监督管理机构报告最终评价结果并通报股东大会。

第九十九条 董事会、监事会应当分别根据董事和监事的履职情况提出董事和监事合理的薪酬安排并报股东大会审议通过。

第一百条 董事和监事除履职评价的自评环节外，不得参与本人履职评价和薪酬的决定过程。

第一百零一条 董事和监事违反法律法规或者商业银行章程，给商业银行造成损失的，在依照法律法规进行处理的同时，商业银行应当按规定进行问责。

第一百零二条 对于不能按照规定履职的董事和监事，商业银行董事会和监事会应当及时提出处理意见并采取相应措施。

第一百零三条 商业银行进行董事和监事履职评价时，应当充分考虑外部审计机构的意见。

第二节 高级管理人员薪酬机制

第一百零四条 商业银行应当建立与银行发展战略、风险管理、整体效益、岗位职责、社会责任、企业文化相联系的科学合理的高级管理人员薪酬机制。

第一百零五条 商业银行应当建立公正透明的高级管理人员绩效考核标准、程序等激励约束机制。绩效考核的标准应当体现保护存款人和其他利益相关者合法权益的原则，确保银行短期利益与长期发展相一致。

第一百零六条 高级管理人员不得参与本人绩效考核标准和薪酬的决定过程。

第一百零七条 商业银行出现以下情形之一的，应当严格限定高级管理人员绩效考核结果及其薪酬：

（一）主要监管指标没有达到监管要求的；

（二）资产质量或盈利水平明显恶化的；

（三）出现其他重大风险的。

第一百零八条 高级管理人员违反法律、法规或者商业银行章程，给商业银行造成损失的，在依照法律法规进行处理的同时，商业银行应当按规定进行问责。

第三节 员工绩效考核机制

第一百零九条 商业银行的绩效考核机制应当充分体现兼顾收益与风险、长期与短期激励相协调，人才培养和风险控制相适应的原则，并有利于本行战略目标实施和竞争力提升。

第一百一十条 商业银行应当建立科学的绩效考核指标体系，并分解落实到具体部门和岗位，作为绩效薪酬发放的依据。

商业银行绩效考核指标应当包括经济效益指标、风险管理指标和社会责任指标等。

第一百一十一条 商业银行薪酬支付期限应当与相应业务的风险持续时期保持一致，引入绩效薪酬延期支付和追索扣回制度，并提高主要高级管理人员绩效薪酬延期支付比例。

第一百一十二条 商业银行可以根据国家有关规定制定本行中长期激励计划。

第一百一十三条 商业银行内部审计部门应当每年对绩效考核及薪酬机制和执行情况进行专项审计，审计结果向董事会和监事会报告，并报送银行业监督管理机构。

外部审计机构应当将商业银行薪酬制度的设计和执行情况纳入审计范围。

第七章 信息披露

第一百一十四条 商业银行应当建立本行的信息披露管理制度，按照有关法律法规、会计制度和监管规定进行信息披露。

第一百一十五条 商业银行应当遵循真实性、准确性、完整性和及时性原则，规范披露信息，不得存在虚假报告、误导和重大遗漏等。

商业银行的信息披露应当使用通俗易懂的语言。

第一百一十六条 商业银行董事会负责本行的信息披露，信息披露文件包括定期报告、临时报告以及其他相关资料。

第一百一十七条 商业银行年度披露的信息应当包括：基本信息、财务会计报告、风险管理信息、公司治理信息、年度重大事项等。商业银行半年度、季度定期报告应当参照年度报告要求披露。

第一百一十八条 商业银行披露的基本信息应当包括但不限于以下内容：法定名称、注册资本、注册地、成立时间、经营范围、法定代表人、主要股东及其持股情况、客服和投诉电话、各分支机构营业场所等。

第一百一十九条 商业银行披露的财务会计报告由会计报表、会计报表附注等组成。

商业银行披露的年度财务会计报告须经具有相应资质的会计师事务所审计。

第一百二十条 商业银行披露的风险管理信息应当包括但不限于以下内容：

（一）信用风险、流动性风险、市场风险、操作风险、声誉风险和国别风险等各类风险状况；

（二）风险控制情况，包括董事会、高级管理层对风险的监控能力，风险管理的政策和程序，风险计量、监测和管理信息系统，内部控制和全面审计情况等；

（三）采用的风险评估及计量方法。商业银行应当与外部审计机构就风险管理信息披露的充分性进行讨论。

第一百二十一条 商业银行披露的公司治理信息应当包括：

（一）年度内召开股东大会情况；

（二）董事会构成及其工作情况；

（三）独立董事工作情况；

（四）监事会构成及其工作情况；

（五）外部监事工作情况；

（六）高级管理层构成及其基本情况；

（七）商业银行薪酬制度及当年董事、监事和高级管理人员薪酬；

（八）商业银行部门设置和分支机构设置情况；

（九）银行对本行公司治理的整体评价；

（十）银行业监督管理机构规定的其他信息。

第一百二十二条 商业银行披露的年度重大事项应当包括但不限于以下内容：

（一）最大十名股东及报告期内变动情况；

（二）增加或减少注册资本、分立或合并事项；

（三）其他重要信息。

第一百二十三条　商业银行发生以下事项之一的，应当自事项发生之日起十个工作日内编制临时信息披露报告，并通过公开渠道发布，因特殊原因不能按时披露的，应当提前向银行业监督管理机构提出申请：

（一）控股股东或者实际控制人发生变更的；

（二）更换董事长或者行长的；

（三）当年董事会累计变更人数超过董事会成员人数三分之一的；

（四）商业银行名称、注册资本或者注册地发生变更的；

（五）经营范围发生重大变化的；

（六）合并或分立的；

（七）重大投资、重大资产处置事项；

（八）重大诉讼或者重大仲裁事项；

（九）聘任、更换或者提前解聘会计师事务所的；

（十）银行业监督管理机构规定的其他事项。

第一百二十四条　商业银行应当通过年报、互联网站等方式披露信息，方便股东和其他利益相关者及时获取所披露的信息。上市银行在信息披露方面应同时满足证券监督管理机构的相关规定。

第一百二十五条　商业银行董事、高级管理人员应当对年度报告签署书面确认意见；监事会应当提出书面审核意见，说明报告的编制和审核程序是否符合法律法规和监管规定，报告的内容是否能够真实、准确、完整地反映商业银行的实际情况。

董事、监事、高级管理人员对定期报告内容的真实性、准确性、完整性无法保证或者存在异议的，应当陈述理由和发表意见，上市银行应当按照相关规定予以披露。

第一百二十六条　商业银行监事会应当对董事、高级管理人员履行信息披露职责的行为进行监督；关注公司信息披露情况，发现存在违法违规问题的，应当进行调查和提出处理建议，并将相关情况及时向银行业监督管理机构报告。

第八章　监督管理

第一百二十七条　银行业监督管理机构应当将商业银行公司治理纳入法人监管体系中，并根据本指引全面评估商业银行公司治理的健全性和有效性，提出监管意见，督促商业银行持续加以完善。

第一百二十八条　银行业监督管理机构通过非现场监管和现场检查等实施对商业银行公司治理的持续监管，具体方式包括风险提示、现场检查、监管通报、约见会谈、与内外部审计师会谈、任职资格审查和任前谈话、与政府部门及其他监管当局进行协作等。

第一百二十九条　银行业监督管理机构可以派员列席商业银行董事会、监事会和年度经营管理工作会等会议。商业银行召开上述会议时，应当至少提前三个工作日通知银行业监督管理机构。商业银行应当将股东大会、董事会和监事会的会议记录和决议等文件及时报送银行业监督管理机构备案。银行业监督管理机构应当对商业银行董事和监事的履职评价进行监督。

第一百三十条　银行业监督管理机构应当就公司治理监督检查评估结果与商业银行董事会、监事会、高级管理层进行充分沟通，并视情况将评价结果在银行董事会、监事会会议上通报。

第一百三十一条　对不能满足本指引及其他相关法律法规关于公司治理要求的商业银行，银行业监督管理机构可以要求其制定整改计划，并视情况采取相应的监管措施。

第九章 附 则

第一百三十二条 有限责任公司制商业银行应当参照本指引关于股东大会、监事会和监事的规定在银行章程中对股东会、监事的权利和责任作出规定。本指引关于董事长、副董事长、董事（包括独立董事）提名和选举的相关规定不适用于独资银行。

第一百三十三条 本指引中"以上"均含本数。

第一百三十四条 中国银行业监督管理委员会负责监管的其他金融机构参照执行本指引，并应当符合本指引所阐述的原则。

第一百三十五条 本指引由中国银行业监督管理委员会负责解释。

第一百三十六条 本指引自发布之日起施行。本指引施行前颁布的《国有商业银行公司治理及相关监管指引》（银监发〔2006〕22号）、《外资银行法人机构公司治理指引》（银监发〔2005〕21号）和《中国银监会办公厅关于进一步完善中小商业银行公司治理的指导意见》（银监办发〔2009〕15号）同时废止，《股份制商业银行公司治理指引》（中国人民银行公告〔2002〕第15号）不再适用。

第三编 农村金融机构
政策法规

中国银监会关于调整村镇银行组建核准有关事项的通知

银监发〔2011〕81号

各银监局，各政策性银行、国有商业银行、股份制商业银行，邮政储蓄银行，各省级农村信用联社，北京、天津、上海、重庆、宁夏黄河农村商业银行：

自2006年银监会调整放宽农村地区银行业准入政策以来，各银监局积极引导村镇银行的组建和发展。村镇银行总体运营健康平稳，较好地坚持了支农支小、服务县域的市场定位，初步探索出了在金融资源供给上的"东补西"、在金融服务改善上的"城带乡"的科学发展模式，对建设中国特色的农村金融体系、整体提升农村金融服务水平积累了有益经验。为支持优质主发起行发起设立村镇银行，有效解决村镇银行协调和管理成本高等问题，促进规模发展、合理布局，提高组建发展质量，进一步改进农村金融服务，现就调整村镇银行组建核准有关事项通知如下：

一、调整组建村镇银行的核准方式。由现行银监会负责指标管理、银监局确定主发起行和地点并具体实施准入的方式，调整为由银监会确定主发起行及设立数量和地点，由银监局具体实施准入的方式。

二、完善村镇银行挂钩政策。在地点上，由全国范围内的点与点挂钩，调整为省份与省份挂钩；在次序上，按照先西部地区、后东部地区，先欠发达县域、后发达县域的原则组建。

三、村镇银行主发起行要按照集约化发展、地域适当集中的原则，规模化、批量化发起设立村镇银行。村镇银行主发起行除监管评级达二级以上（含）、满足持续审慎监管要求外，还应有明确的农村金融市场发展战略规划、专业的农村金融市场调查、翔实的拟设村镇银行成本收益分析和风险评估、足够的合格人才储备、充分的并表管理能力及信息科技建设和管理能力、已经探索出可行有效的农村金融商业模式以及有到中西部地区发展的内在意愿和具体计划等。

四、有意设立村镇银行且符合条件的银行业金融机构，应向银监会提出申请，并附本行村镇银行发展战略、跨区域发展自我评估报告、年度村镇银行发起设立规划等材料。对于实施属地监管的法人机构，应同时抄送属地银监局。属地银监局应在收到相关申请后十五个工作日内出具意见，报送银监会。经银监会核准后，相关银行业金融机构按照有关规定分别向拟设村镇银行所在地银监局、银监分局申请筹建及开业。

五、自本通知印发之日起，已获准筹建的村镇银行，可继续按照有关规定申请开业。对于筹建申请已受理但尚未核准筹建的拟设村镇银行，银监局要将其主发起行情况报送银监会，由银监会审查并核准主发起行。对符合规模化、批量化组建村镇银行条件的，银监会将予以积极支持。

请各银监局将此文转发至辖内银监分局及城市商业银行、农村合作金融机构。

二〇一一年七月二十五日

农户贷款管理办法

银监发 ［2012］ 50 号

第一章 总 则

第一条 为提高银行业金融机构支农服务水平，规范农户贷款业务行为，加强农户贷款风险管控，促进农户贷款稳健发展，依据《中华人民共和国银行业监督管理法》、《中华人民共和国商业银行法》等法律法规，制定本办法。

第二条 本办法所称农户贷款，是指银行业金融机构向符合条件的农户发放的用于生产经营、生活消费等用途的本外币贷款。本办法所称农户是指长期居住在乡镇和城关镇所辖行政村的住户、国有农场的职工和农村个体工商户。

第三条 本办法适用于开办农户贷款业务的农村金融机构。

第四条 中国银监会依照本办法对农户贷款业务实施监督管理。

第二章 管理架构与政策

第五条 农村金融机构应当坚持服务"三农"的市场定位，本着"平等透明、规范高效、风险可控、互惠互利"的原则，积极发展农户贷款业务，制定农户贷款发展战略，积极创新产品，建立专门的风险管理与考核激励机制，加大营销力度，不断扩大授信覆盖面，提高农户贷款的可得性、便利性和安全性。

第六条 农村金融机构应当增强主动服务意识，加强产业发展与市场研究，了解发掘农户信贷需求，创新抵押担保方式，积极开发适合农户需求的信贷产品，积极开展农村金融消费者教育。

第七条 农村金融机构应当结合自身特点、风险管控要求及农户服务需求，形成营销职能完善、管理控制严密、支持保障有力的农户贷款全流程管理架构。具备条件的机构可以实行条线管理或事业部制架构。

第八条 农村金融机构应当建立包括建档、营销、受理、调查、评级、授信、审批、放款、贷后管理与动态调整等内容的农户贷款管理流程。针对不同的农户贷款产品，可以采取差异化的管理流程。对于农户小额信用（担保）贷款可以简化合并流程，按照"一次核定、随用随贷、余额控制、周转使用、动态调整"模式进行管理；对其他农户贷款可以按照"逐笔申请、逐笔审批发放"的模式进行管理；对当地特色优势农业产业贷款，可以适当采取批量授信、快速审批模式进行管理。

第九条 农村金融机构应当优化岗位设计，围绕受理、授信、用信、贷后管理等关键环节，科学合理设置前、中、后台岗位，实行前后台分离，确保职责清晰、制约有效。

第十条　农村金融机构应当提高办贷效率，加大惠农力度，公开贷款条件、贷款流程、贷款利率与收费标准、办结时限以及廉洁操守准则、监督方式等。

第十一条　农村金融机构开展农户贷款业务应当维护借款人权益，严禁向借款人预收利息、收取账户管理费用、搭售金融产品等不规范经营行为。

第十二条　农村金融机构应当提高农户贷款管理服务效率，研发完善农户贷款管理信息系统与自助服务系统，并与核心业务系统有效对接。

第三章　贷款基本要素

第十三条　贷款条件。农户申请贷款应当具备以下条件：

（一）农户贷款以户为单位申请发放，并明确一名家庭成员为借款人，借款人应当为具有完全民事行为能力的中华人民共和国公民；

（二）户籍所在地、固定住所或固定经营场所在农村金融机构服务辖区内；

（三）贷款用途明确合法；

（四）贷款申请数额、期限和币种合理；

（五）借款人具备还款意愿和还款能力；

（六）借款人无重大信用不良记录；

（七）在农村金融机构开立结算账户；

（八）农村金融机构要求的其他条件。

第十四条　贷款用途。农户贷款用途应当符合法律法规规定和国家有关政策，不得发放无指定用途的农户贷款。按照用途分类，农户贷款分为农户生产经营贷款和农户消费贷款。

（一）农户生产经营贷款是指农村金融机构发放给农户用于生产经营活动的贷款，包括农户农、林、牧、渔业生产经营贷款和农户其他生产经营贷款。

（二）农户消费贷款是指农村金融机构发放给农户用于自身及家庭生活消费，以及医疗、学习等需要的贷款。农户住房按揭贷款按照各银行业金融机构按揭贷款管理规定办理。

第十五条　贷款种类。按信用形式分类，农户贷款分为信用贷款、保证贷款、抵押贷款、质押贷款，以及组合担保方式贷款。农村金融机构应当积极创新抵质押担保方式，加强农户贷款增信能力，控制农户贷款风险水平。

第十六条　贷款额度。农村金融机构应当根据借款人生产经营状况、偿债能力、贷款真实需求、信用状况、担保方式、机构自身资金状况和当地农村经济发展水平等因素，合理确定农户贷款额度。

第十七条　贷款期限。农村金融机构应当根据贷款项目生产周期、销售周期和综合还款能力等因素合理确定贷款期限。

第十八条　贷款利率。农村金融机构应当综合考虑农户贷款资金及管理成本、贷款方式、风险水平、合理回报等要素以及农户生产经营利润率和支农惠农要求，合理确定利率水平。

第十九条　还款方式。农村金融机构应当建立借款人合理的收入偿债比例控制机制，合理确定农户贷款还款方式。农户贷款还款方式根据贷款种类、期限及借款人现金流情况，可以采用分期还本付息、分期还息到期还本等方式。原则上一年期以上贷款不得采用到期利随本清方式。

第四章　受理与调查

第二十条　农村金融机构应当广泛建立农户基本信息档案，主动走访辖内农户，了解农户信贷需求。

第二十一条　农村金融机构应当要求农户以书面形式提出贷款申请，并提供能证明其符合贷款条件的相关资料。

第二十二条　农村金融机构受理借款人贷款申请后，应当履行尽职调查职责，对贷款申请内容和相关情况的真实性、准确性、完整性进行调查核实，对信用状况、风险、收益进行评价，形成调查评价意见。

第二十三条　贷前调查包括但不限于下列内容：

（一）借款人（户）基本情况；

（二）借款户收入支出与资产、负债等情况；

（三）借款人（户）信用状况；

（四）借款用途及预期风险收益情况；

（五）借款人还款来源、还款能力、还款意愿及还款方式；

（六）保证人担保意愿、担保能力或抵（质）押物价值及变现能力；

（七）借款人、保证人的个人信用信息基础数据库查询情况。

第二十四条　贷前调查应当深入了解借款户收支、经营情况，以及人品、信用等软信息。严格执行实地调查制度，并与借款人及其家庭成员进行面谈，做好面谈记录，面谈记录包括文字、图片或影像等。有效借助村委会、德高望重村民、经营共同体带头人等社会力量，准确了解借款人情况及经营风险。

第二十五条　农村金融机构应当建立完善信用等级及授信额度动态评定制度，根据借款人实际情况对借款人进行信用等级评定，并结合贷款项目风险情况初步确定授信限额、授信期限及贷款利率等。

第五章　审查与审批

第二十六条　农村金融机构应当遵循审慎性与效率原则，建立完善独立审批制度，完善农户信贷审批授权，根据业务职能部门和分支机构的经营管理水平及风险控制能力等，实行逐级差别化授权。

第二十七条　农村金融机构应当逐步推行专业化的农户贷款审贷机制，可以根据产品特点，采取批量授信、在线审批等方式，提高审批效率和服务质量。

第二十八条　贷中审查应当对贷款调查内容的合规性和完备性进行全面审查，重点关注贷前调查尽职情况、申请材料完备性和借款人的偿还能力、诚信状况、担保情况、抵（质）押及经营风险等。依据贷款审查结果，确定授信额度，作出审批决定。

第二十九条　农村金融机构应当在办结时限以前将贷款审批结果及时、主动告知借款人。

第三十条　农村金融机构应当根据外部经济形势、违约率变化等情况，对贷款审批环节进行评价分析，及时、有针对性地调整审批政策和授权。

第六章　发放与支付

第三十一条　农村金融机构应当要求借款人当面签订借款合同及其他相关文件，需担保的应当当面签订担保合同。采取指纹识别、密码等措施，确认借款人与指定账户真实性，防范顶冒名贷款问题。

第三十二条　借款合同应当符合《中华人民共和国合同法》以及《个人贷款管理暂行办法》的

规定，明确约定各方当事人的诚信承诺和贷款资金的用途、支付对象（范围）、支付金额、支付条件、支付方式、还款方式等。借款合同应当设立相关条款，明确借款人不履行合同或怠于履行合同时应当承担的违约责任。

第三十三条 农村金融机构应当遵循审贷与放贷分离的原则，加强对贷款的发放管理，设立独立的放款管理部门或岗位，负责落实放款条件，对满足约定条件的借款人发放贷款。

第三十四条 有下列情形之一的农户贷款，经农村金融机构同意可以采取借款人自主支付：

（一）农户生产经营贷款且金额不超过 50 万元，或用于农副产品收购等无法确定交易对象的；

（二）农户消费贷款且金额不超过 30 万元的；

（三）借款人交易对象不具备有效使用非现金结算条件的；

（四）法律法规规定的其他情形。鼓励采用贷款人受托支付方式向借款人交易对象进行支付。

第三十五条 采用借款人自主支付的，农村金融机构应当与借款人在借款合同中明确约定；农村金融机构应当通过账户分析或现场调查等方式，核查贷款使用是否符合约定用途。

第三十六条 借款合同生效后，农村金融机构应当按合同约定及时发放贷款。贷款采取自主支付方式发放时，必须将款项转入指定的借款人结算账户，严禁以现金方式发放贷款，确保资金发放给真实借款人。

第七章 贷后管理

第三十七条 农村金融机构应当建立贷后定期或不定期检查制度，明确首贷检查期限，采取实地检查、电话访谈、检查结算账户交易记录等多种方式，对贷款资金使用、借款人信用及担保情况变化等进行跟踪检查和监控分析，确保贷款资金安全。

第三十八条 农村金融机构贷后管理中应当着重排查防范假名、冒名、借名贷款，包括建立贷款本息独立对账制度、不定期重点检（抽）查制度以及至少两年一次的全面交叉核查制度。

第三十九条 农村金融机构风险管理部门、审计部门应当对分支机构贷后管理情况进行检查。

第四十条 农村金融机构应当建立风险预警制度，定期跟踪分析评估借款人履行借款合同约定内容的情况以及抵质押担保情况，及时发现借款人、担保人的潜在风险并发出预警提示，采取增加抵质押担保、调整授信额度、提前收回贷款等措施，并作为与其后续合作的信用评价基础。

第四十一条 农村金融机构应当在贷款还款日之前预先提示借款人安排还款，并按照借款合同约定按期收回贷款本息。

第四十二条 农村金融机构对逾期贷款应当及时催收，按逾期时间长短和风险程度逐级上报处理，掌握借款人动态，及时采取措施保全信贷资产安全。

第四十三条 对于因自然灾害、农产品价格波动等客观原因造成借款人无法按原定期限正常还款的，由借款人申请，经农村金融机构同意，可以对还款意愿良好、预期现金流量充分、具备还款能力的农户贷款进行合理展期，展期时间结合生产恢复时间确定。已展期贷款不得再次展期。展期贷款最高列入关注类进行管理。

第四十四条 对于未按照借款合同约定收回的贷款，应当采取措施进行清收，也可以在利息还清、本金部分偿还、原有担保措施不弱化等情况下协议重组。

第四十五条 农村金融机构应当严格按照风险分类的规定，对农户贷款进行准确分类及动态调整，真实反映贷款形态。

第四十六条 对确实无法收回的农户贷款，农村金融机构可以按照相关规定进行核销，按照账销案存原则继续向借款人追索或进行市场化处置，并按责任制和容忍度规定，落实有关人员责任。

第四十七条 农村金融机构应当建立贷款档案管理制度，及时汇集更新客户信息及贷款情况，确保农户贷款档案资料的完整性、有效性和连续性。根据信用情况、还本付息和经营风险等情况，对客户信用评级与授信限额进行动态管理和调整。

第四十八条 农村金融机构要建立优质农户与诚信客户正向激励制度，对按期还款、信用良好的借款人采取优惠利率、利息返还、信用累积奖励等方式，促进信用环境不断改善。

第八章 激励与约束

第四十九条 农村金融机构应当以支持农户贷款发展为基础，建立科学合理的农户贷款定期考核制度，对农户贷款的服务、管理、质量等情况进行考核，并给予一定的容忍度。主要考核指标包括但不限于：

（一）农户贷款户数、金额（累放、累收及新增）、工作量、农户贷款占比等服务指标；

（二）农户贷款到期本金回收率、利息回收率及增减变化等管理指标；

（三）农户贷款不良率、不良贷款迁徙率及增减变化等质量指标。

第五十条 农村金融机构应当根据风险收益相匹配的原则对农户贷款业务财务收支实施管理，具备条件的可以实行财务单独核算。

第五十一条 农村金融机构应当制订鼓励农户贷款长期可持续发展的绩效薪酬管理制度。根据以风险调整收益为基础的模拟利润建立绩效薪酬考核机制，绩效薪酬权重应当对农户贷款业务予以倾斜，体现多劳多得、效益与风险挂钩的激励约束要求。

第五十二条 农村金融机构应当建立包含农户贷款业务在内的尽职免责制度、违法违规处罚制度和容忍度机制。尽职无过错，且风险在容忍度范围内的，应当免除责任；超过容忍度范围的，相关人员应当承担工作责任；违规办理贷款的，应当严肃追责处罚。

第九章 附 则

第五十三条 农村金融机构应当依照本办法制定农户贷款业务管理细则和操作规程。

第五十四条 其他银行业金融机构农户贷款业务，参照本办法执行。

第五十五条 本办法施行前公布的有关规定与本办法不一致的，按照本办法执行。

第五十六条 本办法由中国银监会负责解释。

第五十七条 本办法自2013年1月1日起施行。

中国银监会办公厅关于农村中小金融机构实施富民惠农金融创新工程的指导意见

银监办发〔2012〕189号

为推动农村中小金融机构建立健全农村金融服务创新体系，立足"三农"需要，坚持市场导向，兼顾发展差异，积极创新"量体裁衣"式的金融产品和服务方式，全面提升农村金融服务水平，帮助广大农民群众发展生产，改善生活，加快实现富民惠农奔小康，现就实施富民惠农创新工程提出以下指导意见。

一、工作目标

顺应农村金融市场竞争格局和农村金融服务需求变化，围绕富民惠农目标，全面推进农村金融产品服务创新，积极创新符合农村经济特点，低成本、可复制、易推广的金融产品和服务方式，提升农村金融服务质量和效率，提高风险防控水平，持续满足多元化、多层次的农村金融服务需求，促进农业增产、农民增收和农村经济发展。

二、基本原则

（一）需求导向原则。坚持以客户为中心，以"三农"金融服务需求为导向，积极创新"量体裁衣"式的金融产品和服务方式，持续提升创新工作的针对性。

（二）因地制宜原则。要立足区域经济发展水平，兼顾不同主体服务需求的差异性，不断适应"三农"金融服务需求新变化，积极创新易于为百姓理解接受、操作性强的金融产品和服务方式。

（三）成本合理原则。坚持市场化原则，紧扣国家和地方出台的强农惠农富农政策有效开展。加强创新产品服务的成本核算，实行保本微利，保证业务开展的商业可持续性。

（四）风险可控原则。妥善处理金融创新与风险防控的关系，严格落实风险防范措施，做到制度先行，强化人员培训，有效防范各类风险。

三、工作内容

（一）理念创新。农村中小金融机构要将富民惠农金融创新作为提升核心竞争力和履行社会责任的重要途径，不断创新和丰富服务"三农"和社区的经营理念。以专业化的经营、特色化的产品、差异化的服务、精细化的管理作为农村金融理念创新的基本原则。

（二）组织创新。按照"流程银行"要求构建以农村金融服务为核心的组织架构，建立健全跨部门、跨层级的良好信息沟通和紧密业务协作机制，鼓励通过专业支行或事业部方式，加强对区域支柱行业和特色产业的金融服务。

（三）产品创新。根据农村金融服务对象、行业特点、需求差异，细分客户群体，积极开发符合农村经济特点和农户消费习惯的金融产品。加强融资产品创新，满足不同客户的融资需求，科学运用微贷管理等先进技术，开发多样化有特色的农户、商户贷款产品，积极扩大小额信用贷款和联保贷款覆盖面，探索与银行卡授信相结合的小额信贷产品；创新涉农科技金融产品，切实加大对农业技术转移和成果转化的信贷支持；立足区域经济特点，围绕地方支柱行业、特色产业及其核心企业、产业集群开发产业链信贷产品，促进区域经济发展；开发促进农业产业化经营和农民专业合作社发展的信贷产品，促进农业规模化发展和产业升级；加快结算产品创新，根据农村金融客户的融资特点创新结算产品，开发适合农村客户需要的结算工具，提高农村客户结算效率，降低资金在途成本。

（四）担保方式创新。在有效防范信用风险的前提下，创新开办多种担保方式的涉农贷款业务，有效解决担保难问题。扩大抵押担保范围，鼓励法律法规不禁止、产权归属清晰的各类资产作为贷款抵质押物；要因地制宜灵活创新抵押、共同担保、产业链核心企业担保、专业担保机构担保、应收账款质押、商铺承租权质押、自然人保证、信用、联保和互保等贷款担保方式；积极鼓励以政府资金为主体设立的各类担保机构为涉农业务提供融资担保；加强与保险机构合作，探索开展涉农贷款保证保险业务等业务品种。在全面调查农户信用状况等"软信息"基础上，适当降低担保门槛和抵押贷款比重。

（五）商业模式创新。着力打造适应农村金融服务特点的商业模式，以全面满足"三农"客户需求、实现客户价值最大化为目标，整合内外部金融服务资源，探索"信贷工厂"、"金融管家"等不同形式，形成完整、高效、具有独特核心竞争力、可持续经营的运行系统，实现对农户、商户、农企的标准化、批量化、规模化的营销、服务和管理。

（六）业务流程创新。积极开展流程再造，合理配置审批权限，简化审批手续，实行限时审批，动态管理授信额度，建立透明高效的信贷流程。探索推行在线审批等方式，对专业化市场商户、农民专业合作社社员等风险特征类似的客户群体可以探索采用集中授信方式。

（七）服务渠道创新。拓宽授信业务申请渠道，利用通信、网络、自助终端等科技手段广泛受理客户申请。鼓励有条件的农村中小金融机构推广农户贷款"一站式"服务，开办自助循环贷款业务。加快推进农村地区支付服务基础设施建设，积极探索电话银行、手机银行、网上银行等灵活、便捷的服务方式，逐步扩展服务功能，延伸服务范围。

（八）信用体系建设创新。完善区域信用评价体系，创新农户信息采集方式，建立农户信用信息共享机制。建立健全农户经济档案，全面记录农户贷款还款情况，加强各类信用信息的收集管理工作，引导增强农户信用意识，为开展产品服务创新打造良好外部信用环境。

四、保障措施

（一）组织保障。省级联社应成立由主要负责人牵头负责，各相关业务部门参加的富民惠农金融创新工程领导小组，组织制订金融创新规划，指导开展相关培训和经验交流，定期进行工作总结，及时为县域农村合作金融机构金融创新提供全方位的业务指导以及 IT 系统等技术支持，研发推广区域性的农村金融服务产品。农村中小金融机构由主要负责人牵头负责本机构富民惠农金融创新组织实施工作，制订切实可行的实施方案，分解、细化工作任务，明确各项工作的牵头与协办部门。

（二）制度保障。农村中小金融机构要围绕富民惠农金融服务创新，积极引进、吸收国内外先进成熟的业务管理技术和经验，对各业务条线的管理制度进行全面梳理、总结和优化。对于新推出的金融创新产品和服务，制定相应的操作规程和内部管理制度，条件成熟的应制定产品手册。

（三）机制保障。一是创新风险机制。坚持"内控先行、简便有效"原则，采取"人防+技防"方式，创新风险管理技术方法，规避道德风险和操作风险。通过创新担保方式、银保合作等，有效缓释和转移信用风险。二是创新定价机制。要按照收益全面覆盖风险和成本的原则，根据农村经济发展需要，针对不同客户群体及其风险特征，实行灵活的差别定价，实现商业可持续发展。对信用记录良好的"三农"客户，可采取贷款利率优惠方式进行正向激励。三是创新激励机制，建立富民惠农金融创新专项奖励制度和免责机制，充分激发员工创新潜能。监管部门要从实际效果出发，建立农村金融创新科学评价机制，并将考核结果作为支农服务评价和监管评级的重要内容。

（四）人才保障。积极引进、培养创新人才，建立高效实用的营销队伍，在人力资源方面对金融创新工作予以倾斜，为构建可持续发展的金融创新体系奠定基础。省级联社要加强对全省农村合作金融机构创新业务培训，集中辖内创新人才资源，建立一支熟悉"三农"和现代金融业务的复合型创新专家团队，充分发挥省级联社的金融创新平台作用。

（五）科技保障。要建立先进的客户信息管理系统，开展数据分析与挖掘，细分客户群体，提供差异化的金融服务。要建立健全与内部控制相适应的创新型业务信息管理系统，保证新业务顺利推广，风险监控及时到位。

二〇一二年六月十八日

中国银监会办公厅关于农村中小金融机构
实施金融服务进村入社区工程的指导意见

银监办发〔2012〕190号

为做好农村金融服务工作，提高农村金融网点覆盖率和服务便利度，现就农村中小金融机构开展金融服务进村入社区工程提出以下指导意见。

一、工作目标

以邓小平理论和"三个代表"重要思想为指导，深入贯彻落实科学发展观，按照强农、惠农、富农政策要求，强化"三农"市场定位，健全服务网络，创新服务手段，提升服务水平，通过开展农村金融服务进村入社区工程，提高农村金融服务的广度、深度和密度，推动农村金融服务向乡村和社区延伸，提高农村金融网点覆盖率和服务便利度，使广大农民充分享受安全、便捷、丰富、高效的金融服务，共享农村金融改革发展成果。

二、基本原则

（一）普惠原则。坚持固定网点建设与简易便民服务相结合，产品服务与宣传知识同步推进，着力提高广大农村地区金融服务的覆盖面和可得性，充分满足广大农民的基础金融服务需求。

（二）因地制宜原则。结合当地实际，充分考虑地情、民情、行（社）情等因素，灵活采取多种方式方法有效提升服务水平。

（三）可持续原则。坚持市场化运作与政策扶持引导相结合，实现成本核算和承担社会责任的科学平衡。

（四）内控先行原则。坚持便民服务与风险防控相结合，从完善规章制度入手，严守风险底线，保证业务安全开展。

三、工作内容

（一）完善机构网点布局。按照"布局合理，功能全面，疏密有度，竞争有序"的要求，统筹网点增设，持续加大乡镇及以下网点布设力度，对农村金融需求旺盛的行政村、自然村和中心社区优先增设机构网点。对于不具备设立标准化网点的村镇，在满足基本安全要求的前提下，可设立简易便民服务网点，适当放宽安全设施等级标准，灵活掌握营业时间或约定时间营业。

（二）丰富流动服务方式。对地处偏远、经济欠发达、不具备设立固定网点条件的乡镇及以下地区，在规范管理、确保安全的前提下，可由就近营业网点灵活采取流动服务车、马背银行、背包银行等多种形式，开展定时定点或流动服务，扩大服务范围。

（三）广泛布设金融电子机具。在经济发展状况较差、地处偏远，但人口相对密集的乡镇、行政村和中心社区积极尝试通过安装 ATM 机、POS 机方式，解决小额现金存取、转账、查询等方面的服务需求。

（四）加快自助服务终端推广力度。依托农户家庭、商户和农村社区等，不断加大金融自助服务终端安装力度，丰富金融自助服务终端服务功能，满足广大农户小额现金存取、自助缴费、转账、汇款等多种服务需求。

（五）提升银行卡营销和服务水平。不断挖掘、丰富银行卡功能，使银行卡逐步成为农民享受现代金融服务的良好载体。利用遍布城乡的渠道优势，向广大农民宣传银行卡知识，培养用卡习惯，发展特约商户，改善用卡环境，不断提高银行卡在农村地区的普及应用程度。

（六）加大现代支付结算渠道推广应用。完善电子银行系统功能，加大宣传推介力度，促进网上银行、手机银行、电话银行在农村地区的推广应用，使广大农民足不出户就能够及时、方便地办理各项金融业务，充分享受现代科技金融服务成果。

（七）加强银村（社区）合作。建立与村委会、社区服务中心的信息沟通与共享机制，不断延伸、拓宽服务范围，在基础信息收集、信用等级评定、金融业务推广以及基本业务受理等方面积极开展合作，充分发挥农村基层组织在金融服务中的桥梁作用，促进农村金融信息共享。

（八）丰富金融宣传服务内涵。高度重视对农村金融消费者的培训与教育，结合"送金融知识下乡"长效工作机制，通过设立宣传点、流动宣传车、志愿服务小分队等方式，利用平面媒体、广播电视、手机短信等多种渠道，广泛宣传普及存贷款、支付结算、银行卡、投资理财、抵制非法集资等多方面金融知识，帮助农户提高对现代金融服务的理解和接受能力、金融风险防范意识和信用意识。开展送资金、送信息、送金融知识服务，畅通与农民的长期沟通渠道，提高农业生产科技含量和市场风险防范能力，逐步优化农村金融生态环境。

四、保障措施

（一）加强组织推动。各银监局要明确牵头部门，定期对实施情况进行督导。省联社要按照工作目标要求制定总体实施规划，确定分阶段工作任务，积极推动组织实施工作。农村中小金融机构要结合当地实际，明确工作任务，细化工作措施，狠抓工作落实，确保工作实效。

（二）加强政策扶持。各银监局和省联社要积极协调地方政府，在积极落实已有扶持政策的基础上，争取在营业用房、营运费用、电子机具购置、网络设施建设等方面给予适当的补贴和支持。涉及市场准入等行政许可事项的，监管部门可适度放宽准入标准，开辟绿色通道，缩短审批时限。省联社要在绩效考核和薪酬分配政策等方面，完善向工作开展较好机构适度倾斜的政策。

（三）加强风险管控。各银监局和省联社要指导农村中小金融机构建立明确的规章制度、完善的操作流程和有效的风险控制措施，加强对各项具体工作措施的前期论证和后续评估，指导农村中小金融机构落实风险管控措施，做好风险防范工作。

（四）加强评价考核。各银监局和省联社要加强跟踪指导，组织加大经验推广交流力度，根据工作推进情况，定期对行政村网点覆盖率、简易便民服务网点数量、自助机具布设以及金融知识普及等方面情况进行考评通报，确保金融服务进村入社区工程取得实效。

二〇一二年六月十八日

中国银监会办公厅关于农村中小金融机构实施阳光信贷工程的指导意见

银监办发〔2012〕191号

为有效缓解农村融资难题，解决农村中小金融机构和"三农"客户双方信息不对称问题，更好支持社会主义新农村建设，促进农村中小金融机构提升农村金融服务水平，提高农村金融服务的可得性和满足度，现就推行阳光信贷工程提出如下意见。

一、工作目标

通过实行信贷过程公开化、透明化管理，提高信贷业务透明度，让客户了解金融机构办理贷款的全过程，推动农村中小金融机构更加贴近客户，打造一条公开透明、规范高效、互惠互利的支农绿色通道，切实保证信贷全过程公开、公平、公正，促进信贷管理规范化，调动社会参与积极性，充分满足涉农信贷需求，真正实现富民惠农。

二、基本原则

（一）公开透明，实惠便捷。向社会公开贷款条件和承诺，确保客户知情权，让客户放心与农村中小金融机构打交道，切实享受优惠便利的信贷服务。

（二）服务优化，风险可控。再造信贷流程，提升贷款易得性，走群众路线，让社会参与监督评价，有效防范信贷风险。

（三）公平普惠，兼顾效率。坚持广覆盖、普惠性的市场定位，提高贷款覆盖面，在承担社会责任基础上追求经济效益。

（四）因地制宜，务实创新。在总体原则指导下，农村中小金融机构可以结合本地区农村经济社会实际情况，对阳光信贷具体规则进行调整，鼓励进行多种形式的探索和实践，重在实效。

三、主要内容

（一）推行公示制度。全面公开贷款条件、流程、利率、收费标准、办结时限和监督方式。

一是推进服务透明化，让客户对能否贷款、能贷多少、利率多高、如何办理、向谁投诉等心中有数。根据实际情况，在服务辖区的村部、乡镇集市等人群聚集地设立信贷承诺服务公示栏，向社会公开信贷业务服务承诺内容，扩大服务承诺知晓面。

二是在官方网站和营业网点醒目位置向群众公开贷款种类、对象、条件、程序等，将信贷人员姓名、照片、联系方式、工作职责、服务范围等内容上墙。

三是根据客户意愿和商业保密需要，将客户信用等级、授信额度等以手机短信、寄送信函等适当的形式告知农户，确保每个客户公开透明地接受信贷服务。

（二）开展社会评议。探索实施社会公开授信评议，解决金融机构与农户之间信息不对称问题。

一是按照行政村（或自然村）组成授信评议小组，在调查的基础上，对所有建档农户开展信用评议工作。

二是通过外部咨询村干部、向具有公信力的村民调查了解、实地走访等多种方式，对辖区农户进行深入广泛的摸底调查；在以我为主前提下，有选择地吸收威望高、人品好、情况熟，并在当地有一定知名度和影响力的群众代表等参与授信评议。

三是结合群众评议意见，确定客户授信范围和授信额度，并筛选出暂缓授信对象，实行名单式管理。

（三）实行阳光操作。将信贷业务的建档、营销、受理、调查、评级、授信、审批、放款等各个环节实行阳光化操作，保障信息的客观性和准确性。

一是在当地政府部门支持下，开展拉网式、广覆盖建档。

二是可采取逐村连片受理申请方式，畅通贷款咨询、申请渠道，或在网点设立阳光信贷办贷大厅、信贷服务专门窗口等，指定专人负责答疑解惑，积极推行"首问负责制"、"一次性告知制"、"一站式服务"等服务方式，切实改变客户往返多次"跑"贷款的状况。

三是统一审查农户授信档案的合规性和完整性，在信贷管理系统中锁定经阳光信贷授信的农户名单和金额，未经批准不得随意调整农户授信额度。在情况熟悉、个人信用良好的前提下，适当简化用信手续。

（四）承诺办理时限。对每一笔贷款申请，同意受理的应根据申请的贷款类别，从受理申请、贷前调查到贷中审查、审批、发放的每个环节均要合理确定办结时间，及时告知客户，提高办贷效率。不符合受理条件的要在限定的时间内通知申请人，并说明原因，做好记录备查。

（五）公开定价标准。根据公开透明、提高社会参与度的要求，公开贷款定价标准。

一是公开在办理贷款业务中应严格遵守的各项规定：不得以贷转存、不得存贷挂钩、不得以贷收费、不得浮利分费、不得借贷搭售、不得一浮到顶、不得转嫁成本。

二是公开贷款利率定价方法，对不同的行业、资产负债率、担保方式以及综合贡献度设置利率浮动系数。

三是公开优惠政策，根据信用程度、贷款用途、经济实力、行业、偿债能力等方面综合评分，对优秀客户实行差别扶持，享受利率优惠、额度放宽、手续简化等各种优惠政策。

四是公开对特定对象减费让利的原则，明确界定小微企业、"三农"、弱势群体、社会公益等领域相关金融服务的优惠对象范围，公布优惠政策、优惠方式和具体优惠额度，切实体现扶小助弱的社会责任。

（六）强化社会监督。充分发挥社会监督作用，有效监督违规放贷、不作为行为，杜绝吃、拿、卡、要等不良行为。

一是结合当地实际，建立健全投诉受理和争议协调机制，在营业网点、村和乡镇集市等人群聚集地设立信贷监督箱，公布举报电话或网络投诉渠道，对客户投诉做到件件有回音、事事有答复。

二是选聘符合条件的群众代表担任阳光信贷监督员，帮助开展舆情监督和宣传等工作。定期召开阳光信贷监督员座谈会，利用其密切联系群众的有利条件，广泛听取他们的意见和建议。

三是充分发挥群众的知情作用，将信用观念差、有不良行为的人员剔除出授信名单，在筛选优秀信用客户时，也要广泛听取群众意见，接受群众监督。

四是对于经群众举报查实不文明办贷、不廉洁办贷的，或未按贷款限时服务承诺办理业务的，按照规定严肃处理、追究责任。

四、工作要求

（一）加强组织领导，精心推动实施。省（区）联社要结合当地实际制定本省（区）推进阳光信贷工程的方案，开展检查监督，建立阳光信贷工程评价机制，推广好的做法和先进经验，及时解决出现的新情况和新问题，不断促进阳光信贷工程深入推进。农村中小金融机构要从明确自身发展战略的高度，提高对阳光信贷工程重要性的认识，明确牵头部门，制定实施方案，明确工作思路和工作目标，探索建立符合自身特色的阳光信贷制度和流程、绩效考评体系。在总体原则指导下，科学规划，重在实效，树立标杆和典型，在取得经验和试点成效后逐步推广。

（二）广泛宣传动员，争取各界支持。各相关单位要充分运用新闻媒体及会议、标语、横幅、海报、传单、卡片、宣传册等多种形式，开展全方位、多层次的宣传活动，取得广大客户的理解、支持和配合，让阳光信贷深入人心、家喻户晓。农村中小金融机构要及时向地方政府汇报工作推进情况，寻求帮助解决工作中遇到的问题与困难。同时要注意加强与当地党政有关部门、乡（镇）的联动，互通信息，共同推动。

（三）强化监督指导，净化经营环境。监管部门要开展监督评价，督促农村中小金融机构改造信贷流程，转变经营理念，对于阳光信贷支农效果明显的机构，要在增设机构、开办新业务和监管评级等方面予以倾斜。对于不公开、不透明，侵害金融消费者权益的机构，要严格依法依规问责。

二〇一二年六月十八日

第四编 外资金融机构
政策法规

中国银行业监督管理委员会外资金融机构行政许可事项实施办法

（银监会 2006 年第 4 号令，经 2005 年 11 月 10 日中国银行业监督管理委员会第 40 次主席会议通过，自 2006 年 2 月 1 日起施行）

第一章 总 则

第一条 为规范中国银行业监督管理委员会（以下简称银监会）及其派出机构对外资金融机构的行政许可行为，明确行政许可事项、条件、操作流程和期限，保护申请人合法权益，根据《中华人民共和国银行业监督管理法》、《中华人民共和国商业银行法》、《中华人民共和国行政许可法》、《中华人民共和国外资金融机构管理条例》等法律、行政法规及国务院有关决定，制定本办法。

第二条 本办法适用于《中华人民共和国外资金融机构管理条例》和《外资金融机构驻华代表机构管理办法》规定的独资银行、合资银行、独资财务公司、合资财务公司、外国银行分行和外资金融机构驻华代表机构。

本办法所称外资法人机构是指独资银行、合资银行、独资财务公司和合资财务公司。

第三条 银监会及其派出机构依照本办法和《中国银行业监督管理委员会行政许可实施程序规定》，对外资金融机构实施行政许可。

第四条 外资金融机构下列事项应经银监会及其派出机构行政许可：机构设立、机构变更、机构终止、调整业务范围、增加业务品种和高级管理人员任职资格等。

第五条 本办法要求提交的资料，除年报外，凡用外文书写的，应当附有中文译本。以中文或英文以外文字印制的年报应附中文或英文译本。

第六条 本办法要求提交的资料，如要求由授权签字人签署，应一并提交该授权签字人的授权书。

本办法要求提交的营业执照复印件或其他经营金融业务许可文件复印件、授权书、外国银行对其中国境内分支机构承担税务和债务责任的担保书、所在国家或地区主管当局的意见书（函），应经所在国家或地区认可的机构公证或经中华人民共和国驻该国使馆、领馆认证，但中国工商行政管理机关出具的营业执照复印件除外。

第二章 机构设立

第一节 独资银行、合资银行设立

第七条 独资银行、合资银行的注册资本最低限额为 3 亿元人民币等值的自由兑换货币。注册资本应当是实缴资本。

银监会根据独资银行、合资银行的业务范围和审慎监管的需要，可以提高其注册资本的最低限额。

第八条　设立独资银行、合资银行，应当具备下列条件：

（一）独资银行投资人或合资银行外国合资者为金融机构；

（二）独资银行唯一股东或最大股东必须是商业银行，资本充足率不低于 8%；合资银行外方唯一股东或外方最大股东必须是商业银行，资本充足率不低于 8%；

（三）独资银行唯一股东或最大股东必须在中国境内已经设立代表机构 2 年以上；合资银行外方唯一股东或外方最大股东在中国境内已经设立代表机构；合资银行外方唯一股东或外方最大股东若为香港银行或澳门银行，则不需先设立代表机构；在中国境内已经设立的代表机构是指受银监会监管的代表机构；

（四）独资银行唯一股东或最大股东、合资银行外方唯一股东或外方最大股东提出设立申请前 1 会计年度末的总资产不少于 100 亿美元；独资银行唯一股东或最大股东、合资银行外方唯一股东或外方最大股东若为香港银行或澳门银行，则提出设立申请前 1 会计年度末的总资产不少于 60 亿美元；

（五）独资银行投资人或合资银行外国合资者所在国家或地区有完善的金融监督管理制度，并且独资银行投资人或合资银行外国合资者受到所在国家或地区有关主管当局的有效监管；

（六）独资银行投资人或合资银行外国合资者所在国家或地区有关主管当局同意其申请。

第九条　设立独资银行、合资银行，申请人还应满足以下审慎性条件：

（一）具有合理的法人治理结构；

（二）具有良好的持续经营业绩；

（三）按照审慎会计原则编制财务报告，且会计师事务所对申请前 3 年的财务报告持无保留意见；

（四）无重大违法违规记录，无不良信用记录；

（五）具有良好的行业声誉和社会形象；

（六）符合法律法规对金融业投资人的其他相关要求；

（七）银监会规定的其他审慎性条件。

第十条　设立独资银行、合资银行分为申请筹建和申请设立两个阶段。

第十一条　筹建独资银行、合资银行的申请，由银监会受理、审查和决定。

申请筹建独资银行、合资银行，应向银监会提交申请资料，并向拟设机构所在地银监会派出机构抄送申请资料。

拟设机构所在地银监会派出机构应当自收到申请资料之日起 20 日内向银监会提出书面意见。银监会应自收到完整申请资料之日起 6 个月内，作出批准筹建或不批准筹建（即《中华人民共和国外资金融机构管理条例》第十三条所指"受理"或"不受理"）的决定。

第十二条　申请筹建独资银行、合资银行，申请人应提交下列申请资料：

（一）由出资各方董事长或行长（首席执行官、总经理）联名签署的致银监会主席的筹建申请书（函），筹建独资银行申请书（函）的内容至少包括拟设独资银行的名称、注册资本额和经营的业务种类，筹建合资银行申请书（函）的内容至少包括拟设合资银行的名称、合资各方名称、注册资本额、合资各方出资比例和申请经营的业务种类；

（二）可行性研究报告，内容至少包括申请人的基本情况、对拟设独资银行或合资银行市场前景的分析、未来业务发展规划、组织管理架构和开业后 3 年的资产负债规模与盈利预测；

（三）拟设独资银行或合资银行的章程；

（四）拟设合资银行合资经营合同；

（五）独资银行投资人或合资银行合资各方所在国家或地区有关主管当局核发的营业执照的复印件或其他经营金融业务许可文件的复印件；

（六）独资银行投资人或合资银行合资各方最近 3 年的年报；

（七）独资银行投资人或合资银行外国合资者所在国家或地区有关主管当局对其申请的意见书（函）；

（八）初次设立独资银行、合资银行的申请人所在国家或地区金融体系情况和有关金融监管法律法规规定；

（九）申请人的章程；

（十）申请人及其所在集团的组织结构图、主要股东名单、海外分支机构与联营公司名单；

（十一）申请人反洗钱的制度或规定；

（十二）银监会要求提交的其他资料。

申请人向银监会提交的申请资料为一式两份，向拟设机构所在地银监会派出机构抄送的申请资料为一份。

第十三条　申请人自收到筹建批准文件之日起 15 日内到拟设机构所在地银监会派出机构领取设立申请表。独资银行、合资银行的筹建期为自领取设立申请表之日起 6 个月。申请人未在 6 个月内完成筹建工作，申请延长筹建期的，应在筹建期届满 1 个月前向所在地银监会派出机构，提交由拟设机构筹备组负责人签署的申请书（函），说明理由，并提供相关证明材料。拟设机构所在地银监会派出机构应自收到申请资料之日起 15 日内作出批准或不批准的决定，同时抄报上一级银监会派出机构和银监会。筹建延期的最长期限为 3 个月。

申请人应在前款规定的期限届满前提交设立申请；未提交的，筹建批准文件失效，由银监会注销筹建许可。

第十四条　拟设独资银行、合资银行完成筹建，可申请设立。独资银行、合资银行设立的申请，由拟设机构所在地银监会派出机构受理和初审验收、银监会审查和决定。

申请设立独资银行、合资银行，应向拟设机构所在地银监会派出机构提交申请资料。

拟设机构所在地银监会派出机构应自受理之日起 30 日内将申请资料、初审意见及验收意见报银监会，同时将初审意见及验收意见抄报上一级银监会派出机构。初审过程中，拟设机构所在地银监会派出机构应将验收结果书面通知申请人。验收不合格的，申请人可以在接到通知书之日起 10 日后向拟设机构所在地银监会派出机构重新提交设立申请。

银监会应自收到完整申请资料之日起 30 日内，作出批准或不批准的决定。

第十五条　申请设立独资银行、合资银行，应向拟设机构所在地银监会派出机构提交下列申请资料一式三份：

（一）拟设机构筹备组负责人签署的致银监会主席的申请书（函）；

（二）银监会规定的申请表；

（三）经申请人授权签字人签署的拟任董事长、行长（首席执行官、总经理）的名单、简历、身份证明复印件和学历证明复印件；

（四）由拟任人签署的有、无不良记录陈述书；

（五）法定验资机构出具的验资证明；

（六）安全防范措施和与业务有关的其他设施的资料；

（七）银监会要求提交的其他资料。

第十六条　独资银行、合资银行经批准设立的，应在收到设立批准文件并领取金融许可证后，到工商行政管理机关办理登记，领取营业执照。

独资银行、合资银行应当自领取营业执照之日起6个月内开业。未能按期开业的，应在开业期限届满1个月前向拟设机构所在地银监会派出机构提出开业延期申请。拟设机构所在地银监会派出机构在接到书面申请之日起15日内作出是否批准的决定。开业延期的最长期限为3个月。

独资银行、合资银行未在前款规定期限内开业的，设立批准文件失效，由银监会注销设立许可，收回其金融许可证，并予以公告。

第二节　独资财务公司、合资财务公司设立

第十七条　独资财务公司、合资财务公司的注册资本最低限额为2亿元人民币等值的自由兑换货币。注册资本应当是实缴资本。

银监会根据独资财务公司、合资财务公司的业务范围和审慎监管的需要，可以提高其注册资本的最低限额。

第十八条　设立独资财务公司或合资财务公司，应具备下列条件：

（一）独资财务公司投资人或合资财务公司外国合资者为金融机构；

（二）独资财务公司唯一股东或最大股东必须是商业银行或财务公司，商业银行资本充足率不低于8%；合资财务公司外方唯一股东或外方最大股东必须是商业银行或财务公司，商业银行资本充足率不低于8%；

（三）独资财务公司唯一股东或最大股东应在中国境内已经设立代表机构2年以上；合资财务公司外方唯一股东或外方最大股东在中国境内已经设立代表机构；合资财务公司外方唯一股东或外方最大股东若为香港、澳门的银行或财务公司，则不需先设立代表机构；在中国境内已经设立的代表机构，是指受银监会监管的代表机构；

（四）独资财务公司唯一股东或最大股东、合资财务公司外方唯一股东或外方最大股东提出设立申请前1会计年度末的总资产不少于100亿美元；独资财务公司唯一股东或最大股东、合资财务公司外方唯一股东或外方最大股东若为香港、澳门的银行或财务公司，则提出设立申请前1会计年度末的总资产不少于60亿美元；

（五）独资财务公司投资人或合资财务公司外国合资者所在国家或地区有完善的金融监督管理制度，并且独资财务公司投资人或合资财务公司外国合资者受到所在国家或地区有关主管当局的有效监管；

（六）独资财务公司投资人或合资财务公司外国合资者所在国家或地区有关主管当局同意其申请。

第十九条　设立独资财务公司或合资财务公司，还应满足本办法第九条规定的审慎性条件。

第二十条　设立独资财务公司或合资财务公司，分为申请筹建和申请设立两个阶段。

第二十一条　筹建独资财务公司、合资财务公司的申请，由银监会受理、审查和决定。

申请筹建独资财务公司、合资财务公司，应向银监会提交申请资料，并向拟设机构所在地银监会派出机构抄送申请资料。

拟设机构所在地银监会派出机构应当自收到申请资料之日起20日内向银监会提出书面意见。银监会应自收到完整申请资料之日起6个月内，作出批准筹建或不批准筹建（即《中华人民共和国外资金融机构管理条例》第十三条所指"受理"或"不受理"）的决定。

第二十二条　申请筹建独资财务公司或合资财务公司，申请人应提交下列申请资料：

（一）由出资各方董事长或行长（首席执行官、总经理）联名签署的致银监会主席的筹建申请书（函），筹建独资财务公司申请书（函）的内容至少包括拟设独资财务公司的名称、注册资本额和经营的业务种类，筹建合资财务公司申请书（函）的内容至少包括拟设合资财务公司的名称、合资各方名称、注册资本额、合资各方出资比例和申请经营的业务种类；

（二）可行性研究报告，内容至少包括申请人的基本情况、对拟设独资财务公司、合资财务公司市场前景的分析、未来业务发展规划、组织管理架构和开业后 3 年的资产负债规模与盈利预测；

（三）拟设独资财务公司或合资财务公司章程；

（四）拟设合资财务公司合资经营合同；

（五）独资财务公司投资人或合资财务公司合资各方所在国家或地区有关主管当局核发的营业执照的复印件或经营金融业务许可文件的复印件；

（六）独资财务公司投资人或合资财务公司合资各方最近 3 年的年报；

（七）独资财务公司投资人或合资财务公司外国合资者所在国家或地区有关主管当局对其申请的意见书（函）；

（八）初次设立独资财务公司或合资财务公司申请人所在国家或地区的金融体系情况和有关金融监管法律法规规定；

（九）申请人的章程；

（十）申请人及所在集团的组织结构图、主要股东名单、海外分支机构与联营公司名单；

（十一）申请人反洗钱的制度或规定；

（十二）银监会要求提交的其他资料。

申请人向银监会提交的申请资料为一式两份，向拟设机构所在地银监会派出机构抄送的申请资料为一份。

第二十三条　申请人自收到筹建批准文件之日起 15 日内到拟设机构所在地银监会派出机构领取设立申请表。独资财务公司、合资财务公司的筹建期为自领取设立申请表之日起 6 个月。申请人未在 6 个月内完成筹建工作，申请延长筹建期的，应在筹建期届满 1 个月前向拟设机构所在地银监会派出机构提交由拟设机构筹备组负责人签署的申请书（函），说明理由，并提供相关证明材料。拟设机构所在地银监会派出机构应自收到申请资料之日起 15 日内作出批准或不批准的决定，同时抄报上一级银监会派出机构和银监会。筹建延期的最长期限为 3 个月。

申请人应在前款规定的期限届满前提交设立申请；未提交的，筹建批准文件失效，由银监会注销筹建许可。

第二十四条　拟设独资财务公司、合资财务公司完成筹建，可申请设立。设立独资财务公司、合资财务公司的申请，由拟设机构所在地银监会派出机构受理和初审验收、银监会审查和决定。

申请设立独资财务公司、合资财务公司，应向拟设机构所在地银监会派出机构提交申请资料。

拟设机构所在地银监会派出机构应自受理设立申请之日起 30 日内将申请资料、初审意见及验收意见报银监会，同时将初审意见及验收意见抄报上一级银监会派出机构。初审过程中，拟设机构所在地银监会派出机构应将验收结果书面通知申请人。验收不合格的，申请人可以在接到通知书之日起 10 日后向拟设机构所在地银监会派出机构重新提交设立申请。

银监会应自收到完整申请资料之日起 30 日内，作出批准或不批准的决定。

第二十五条　申请设立独资财务公司、合资财务公司，申请人应向拟设机构所在地银监会派出机构提交下列申请资料一式三份：

（一）拟设机构筹备组负责人签署的致银监会主席的申请书（函）；

（二）银监会规定的申请表；

（三）经申请人授权签字人签署的拟任董事长、总经理的名单、简历、身份证明复印件和学历证明复印件；

（四）由拟任人签署的有、无不良记录陈述书；

（五）法定验资机构出具的验资证明；

（六）安全防范措施和与业务有关的其他设施的资料；

（七）银监会要求提交的其他资料。

第二十六条 独资财务公司、合资财务公司经批准设立的，应在收到设立批准文件并领取金融许可证后，到工商行政管理机关办理登记，领取营业执照。

独资财务公司、合资财务公司应当自领取营业执照之日起6个月内开业。未能按期开业的，应在开业期限届满1个月前向拟设机构所在地银监会派出机构提出开业延期申请，拟设机构所在地银监会派出机构在接到书面申请之日起15日内作出是否批准的决定。开业延期的最长期限为3个月。

独资财务公司、合资财务公司未在前款规定期限内开业的，设立批准文件失效，由银监会注销设立许可，收回其金融许可证，并予以公告。

第三节 外国银行分行设立

第二十七条 外国银行分行的营运资金（由其总行无偿拨付）不少于1亿元人民币等值的自由兑换货币。

银监会根据外国银行分行的业务范围和审慎监管的需要，可以提高其营运资金的最低限额。

第二十八条 设立外国银行分行，应具备下列条件：

（一）申请人在中国境内已经设立代表机构2年以上，在中国境内已经设立的代表机构是指受银监会监管的代表机构；

（二）申请人提出设立申请前1会计年度末的总资产不少于200亿美元，并且资本充足率不低于8%；申请人若为香港银行或澳门银行，则提出设立申请前1会计年度末的总资产不少于60亿美元，并且资本充足率不低于8%；

（三）申请人所在国家或地区有完善的金融监督管理制度，并且申请人受到所在国家或地区有关主管当局的有效监管；

（四）申请人所在国家或地区有关主管当局同意其申请。

第二十九条 设立外国银行分行，还应满足下列审慎性条件：

（一）具有合理的法人治理结构；

（二）具有良好的持续经营业绩；

（三）按照审慎会计原则编制财务报告，且会计师事务所对申请前3年的财务报告持无保留意见；

（四）无重大违法违规记录，无不良信用记录；

（五）具有良好的行业声誉和社会形象；

（六）申请人所在国家或地区政治经济稳定，金融监管当局与银监会已建立良好的沟通机制；

（七）银监会规定的其他审慎性条件。

第三十条 申请人在中国境内增设分行，其在中国境内已设分行应满足下列审慎性条件：

（一）具有稳健的风险管理体系；

（二）具有健全的内部控制制度；

（三）具有有效的管理信息系统；

（四）管理层具有良好的专业素质和管理能力；

（五）具有良好的持续经营业绩；

（六）资产质量良好；

（七）无重大违法违规记录；

（八）具有有效的反洗钱措施；

（九）银监会规定的其他审慎性条件。

第三十一条 设立外国银行分行，分为申请筹建和申请设立两个阶段。

第三十二条　筹建外国银行分行的申请，由银监会受理、审查和决定。

申请筹建外国银行分行，应向银监会提交申请资料，并向拟设机构所在地银监会派出机构抄送申请资料。

拟设机构所在地银监会派出机构应自收到申请资料之日起 20 日内向银监会提出书面意见。银监会应自收到完整申请资料之日起 6 个月内，作出批准筹建或不批准筹建（即《中华人民共和国外资金融机构管理条例》第十三条所指"受理"或"不受理"）的决定。

第三十三条　申请筹建外国银行分行，申请人应提交下列申请资料：

（一）由申请人董事长或行长（首席执行官、总经理）签署的致银监会主席的申请书（函），内容至少包括拟设外国银行分行的名称、营运资金数额和经营的业务种类。外国银行分行名称包括中、外文名称，中文名称应当标明该外国银行的国籍及责任形式；

（二）可行性研究报告，内容至少包括申请人的基本情况、对拟设分行市场前景的分析、未来业务发展规划、组织管理架构和开业后 3 年的资产负债规模与盈利预测；

（三）申请人所在国家或地区有关主管当局核发的营业执照复印件或其他经营金融业务许可文件复印件；

（四）申请人所在国家或地区有关主管当局对其申请的意见书（函）；

（五）申请人最近 3 年的年报；

（六）初次设立外国银行分行的申请人所在国家或地区的金融体系情况和有关金融监管法律法规规定；

（七）申请人的章程；

（八）申请人及所在集团的组织结构图、主要股东名单、海外分支机构与联营公司名单；

（九）申请人反洗钱的制度或规定；

（十）银监会要求提交的其他资料。

申请人向银监会提交的申请资料为一式两份，向拟设机构所在地银监会派出机构抄送的申请资料为一份。

第三十四条　申请人自收到筹建批准文件之日起 15 日内到拟设机构所在地银监会派出机构领取设立申请表。外国银行分行的筹建期为自领取设立申请表之日起 6 个月。申请人未在 6 个月内完成筹建工作，申请延长筹建期的，应在筹建期届满 1 个月前向拟设机构所在地银监会派出机构提交由拟设机构筹备组负责人签署的申请书（函），说明理由，并提供相关证明材料。拟设机构所在地银监会派出机构应自收到申请资料之日起 15 日内作出批准或不批准的决定，同时抄报上一级银监会派出机构和银监会。筹建延期的最长期限为 3 个月。

申请人应在前款规定的期限届满前提交设立申请；未提交的，筹建批准文件失效，由银监会注销筹建许可。

第三十五条　拟设外国银行分行完成筹建，可申请设立。设立外国银行分行的申请，由拟设机构所在地银监会派出机构受理和初审验收、银监会审查和决定。

申请设立外国银行分行，应向拟设机构所在地银监会派出机构提交申请资料。

申请设立外国银行分行，拟设机构所在地银监会派出机构应自受理之日起 30 日内将申请资料、初审意见及验收意见报银监会，同时将初审意见及验收意见抄报上一级银监会派出机构。初审过程中，拟设机构所在地银监会派出机构应将验收结果书面通知申请人，验收不合格的，申请人可以在接到通知书之日起 10 日后向拟设机构所在地银监会派出机构重新提交设立申请。

银监会应自收到完整申请资料之日起 30 日内，作出批准或不批准的决定。

第三十六条　申请设立外国银行分行，申请人应向拟设机构所在地银监会派出机构提交下列申请资料一式三份：

（一）拟设机构筹备组负责人签署的致银监会主席的申请书（函）；

（二）银监会规定的申请表；

（三）经申请人授权签字人签署的拟任行长（总经理）简历、身份证明复印件和学历证明复印件；

（四）经申请人授权签字人签署的对拟任行长（总经理）的授权书；

（五）由拟任人签署的有、无不良记录陈述书；

（六）法定验资机构出具的验资证明；

（七）安全防范措施和与业务有关的其他设施的资料；

（八）外国银行总行对该拟设分行承担税务、债务的责任担保书；

（九）银监会要求提交的其他资料。

第三十七条　外国银行分行经批准设立的，应在收到设立批准文件并领取金融许可证后，到工商行政管理机关办理登记，领取营业执照。

外国银行分行应当自领取营业执照之日起 6 个月内开业。未能按期开业的，应在开业期限届满 1 个月前向拟设机构所在地银监会派出机构提出开业延期申请，拟设机构所在地银监会派出机构在接到书面申请之日起 15 日内作出是否批准的决定。开业延期的最长期限为 3 个月。

外国银行分行未在前款规定期限内开业的，设立批准文件失效，由银监会注销设立许可，收回其金融许可证，并予以公告。

第四节　独资银行分行、合资银行分行设立

第三十八条　设立独资银行分行、合资银行分行，申请人应具备下列条件：

（一）在中国境内开业 3 年以上；

（二）提出申请前 2 个会计年度连续盈利；

（三）资本充足率不低于 8%；

（四）每增设一个分行，申请人应拨付不少于 1 亿元人民币的等值自由兑换货币作为拟设分行的营运资金；包括拟设分行在内，申请人对其所有境内分行累计拨付营运资金总额不得超过其注册资本的 60%。

第三十九条　设立独资银行分行、合资银行分行，申请人还应满足下列审慎性条件：

（一）具有合理的法人治理结构；

（二）具有稳健的风险管理体系；

（三）具有健全的内部控制制度；

（四）具有有效的管理信息系统；

（五）管理层具有良好的专业素质和管理能力；

（六）具有良好的持续经营业绩；

（七）资产质量良好；

（八）无重大违法违规记录；

（九）具有有效的反洗钱措施；

（十）银监会规定的其他审慎性条件。

第四十条　设立独资银行分行、合资银行分行，分为申请筹建和申请设立两个阶段。

第四十一条　筹建独资银行分行或合资银行分行的申请，由独资银行总行或合资银行总行所在地银监会派出机构受理和初审、银监会审查和决定。

申请筹建独资银行分行或合资银行分行，申请人应向独资银行总行或合资银行总行所在地银监会派出机构提交申请资料，并向拟设机构所在地银监会派出机构抄送申请资料。

　　独资银行总行或合资银行总行所在地银监会派出机构自受理之日起 20 日内将初审意见及申请资料报银监会，同时将初审意见抄报上一级银监会派出机构。拟设机构所在地银监会派出机构应自收到申请资料之日起 20 日内向银监会提出书面意见。

　　银监会应自收到完整申请资料之日起 6 个月内，作出批准筹建或不批准筹建（即《中华人民共和国外资金融机构管理条例》第十三条所指"受理"或"不受理"）的决定。

　　第四十二条　申请筹建独资银行分行或合资银行分行，应提交下列申请资料：

　　（一）由申请人董事长或行长（首席执行官、总经理）签署的致银监会主席的申请书（函），内容至少包括拟设分行的名称、营运资金数额和经营的业务种类；

　　（二）董事会同意申请设立分行的决议；

　　（三）可行性研究报告，内容至少包括申请人的基本情况、对拟设分行市场前景的分析、未来业务发展规划、组织管理架构和开业后 3 年的资产负债规模与盈利预测；

　　（四）营业执照复印件；

　　（五）申请人最近 3 年的年报；

　　（六）申请人的章程；

　　（七）银监会要求提交的其他资料。

　　申请人向独资银行总行或合资银行总行所在地银监会派出机构提交的申请资料为一式三份，向拟设机构所在地银监会派出机构抄送的申请资料为一份。

　　第四十三条　申请人自收到筹建批准文件之日起 15 日内到拟设机构所在地银监会派出机构领取设立申请表。独资银行分行、合资银行分行的筹建期为自领取设立申请表之日起 6 个月。申请人未在 6 个月内完成筹建工作，申请延长筹建期的，应在筹建期届满 1 个月前向拟设机构所在地银监会派出机构提交由拟设机构筹备组负责人签署的申请书（函），说明理由，并提供相关证明材料。拟设机构所在地银监会派出机构应自收到申请资料之日起 15 日内作出批准或不批准的决定，同时抄报上一级银监会派出机构和银监会。筹建延期的最长期限为 3 个月。

　　申请人应在前款规定的期限届满前提交设立申请；逾期未提交的，筹建批准文件失效，由银监会注销筹建许可。

　　第四十四条　拟设独资银行分行、合资银行分行完成筹建，可申请设立。设立独资银行分行、合资银行分行的申请，由拟设机构所在地银监会派出机构受理和初审验收、银监会审查和决定。

　　申请设立独资银行分行、合资银行分行，应向拟设机构所在地银监会派出机构提交申请资料。

　　拟设机构所在地银监会派出机构应自受理之日起 30 日内将申请资料、初审意见及验收意见报银监会，同时将初审意见及验收意见抄报上一级银监会派出机构。初审过程中，拟设机构所在地银监会派出机构应将验收结果书面通知申请人。验收不合格的，申请人可以在接到通知书之日起 10 日后向拟设机构所在地银监会派出机构重新提交设立申请。

　　银监会应自收到完整申请资料之日起 30 日内，作出批准或不批准的决定。

　　第四十五条　申请设立独资银行分行、合资银行分行，应向拟设机构所在地银监会派出机构提交下列申请资料一式三份：

　　（一）拟设分行筹备组负责人签署的致银监会主席的申请书（函）；

　　（二）银监会规定的申请表；

　　（三）经申请人授权签字人签署的拟任行长（总经理）的简历、身份证明复印件和学历证明复印件；

　　（四）经申请人授权签字人签署的对拟任行长（总经理）的授权书；

　　（五）由拟任人签署的有、无不良记录陈述书；

　　（六）法定验资机构出具的验资证明；

（七）安全防范措施和与业务有关的其他设施的资料；

（八）银监会要求提交的其他资料。

第四十六条　独资银行分行、合资银行分行经批准设立的，应在收到设立批准文件并领取金融许可证后，到工商行政管理机关办理登记，领取营业执照。

独资银行分行、合资银行分行应当自领取营业执照之日起 6 个月内开业。未能按期开业的，应在开业期限届满 1 个月前向拟设机构所在地银监会派出机构提出开业延期申请，拟设机构所在地银监会派出机构在接到书面申请之日起 15 日内作出是否批准的决定。开业延期的最长期限为 3 个月。

独资银行分行、合资银行分行未在前款规定期限内开业的，设立批准文件失效，由银监会注销设立许可，收回其金融许可证，并予以公告。

第五节　同城营业网点设立

第四十七条　设立同城支行，应具备下列条件：

（一）在拟设支行当地设有分行（含视同分行管理的机构，本节下同）或分行以上的机构且正式营业 1 年以上，且该机构资产质量良好；

（二）拟设支行当地已设立的分支机构具有较强的内部控制能力，最近 1 年无重大违法违规行为，且无因内部管理混乱导致的重大案件；

（三）由外资金融机构总行或分行拨付的营运资金不得低于人民币 1000 万元或等值的自由兑换货币；

（四）由独资或合资银行总行拨付营运资金的，拨付金额应在总行资本金总额的 60% 之内；由独资或合资银行分行拨付营运资金的，累计不得超过分行营运资金的 60%；由外国银行分行拨付营运资金的，累计不得超过分行可运用营运资金的 60%，可运用营运资金是指扣除 30% 的生息资产之后剩余的营运资金；

（五）具有合格的高级管理人员和从业人员；

（六）具有合格的营业场所、安全防范措施和与业务有关的其他设施；

（七）申请人在一个城市一次只能申请设立一个同城支行；在该申请获得不同意筹建的批复或获得开业批准后，申请人方可再行申请；

（八）银监会规定的其他条件。

第四十八条　设立同城支行，分为申请筹建和申请开业两个阶段。

第四十九条　筹建同城支行的申请，由所在地银监局或其授权的银监分局受理、审查和决定。申请筹建同城支行，申请人应向所在地银监局或其授权的银监分局提交筹建申请。

所在地银监局或其授权的银监分局应自受理之日起 3 个月内作出批准或不批准的决定。

第五十条　申请筹建同城支行，应向所在地银监局或其授权的银监分局提交下列申请资料一式两份：

（一）由拟设地分行或分行以上机构负责人签署的申请书（函），内容至少包括拟设同城支行的名称、所在地、营运资金数额和业务范围；

（二）可行性研究报告，内容至少包括申请人的基本情况、对拟设机构市场前景的分析、未来业务的发展规划和组织管理架构；

（三）申请人最近 2 年的财务报告；

（四）筹建人员名单及主要负责人简历；

（五）最近 1 年新设机构的经营管理情况；

（六）银监会要求提交的其他资料。

第五十一条　申请人自收到筹建批准文件之日起 15 日内到拟设机构所在地银监会派出机构领

取开业申请表。同城支行的筹建期为自领取开业申请表之日起 6 个月。申请人未在 6 个月内完成筹建工作，申请延长筹建期的，应在筹建期届满 1 个月前向所在地银监局或其授权的银监分局，提交由拟设机构筹备组负责人签署的申请书（函），说明理由，并提供相关证明材料。所在地银监局或其授权的银监分局应自收到完整申请资料之日起 15 日内作出批准或不批准的决定，同时抄报上一级银监会派出机构和银监会。筹建延期的最长期限为 3 个月。

申请人应在前款规定的期限届满前提交开业申请；未提交的，筹建批准文件失效，由筹建决定机关注销筹建许可。

第五十二条　同城支行开业的申请，由拟设机构所在地银监局或其授权的银监分局受理、审查和决定。

申请同城支行开业，应向拟设机构所在地银监局或其授权的银监分局提交申请资料。

拟设机构所在地银监局或其授权的银监分局应自受理之日起 30 日内，对筹建事项进行审查验收，作出批准或不批准的决定。

第五十三条　申请同城支行开业，申请人应向拟设机构所在地银监局或其授权的银监分局提交下列申请资料一式两份：

（一）由拟设地分行或分行以上机构负责人签署的致所在地银监局负责人或其授权的银监分局负责人的申请书（函），内容至少包括拟开业的同城支行的名称、地址、营运资金数额和业务范围；

（二）银监会规定的申请表；

（三）法定验资机构出具的验资证明；

（四）拟任高级管理人员的相关背景资料及从业人员情况一览表；

（五）营业场所的所有权证或使用权证的复印件；

（六）营业场所的安全、消防设施的合格证明及相关证明的复印件；

（七）银监会要求提交的其他资料。

第五十四条　同城支行经批准开业的，应在收到开业批准文件并领取金融许可证后，到工商行政管理机关办理登记，领取营业执照。

同城支行应当自领取营业执照之日起 6 个月内开业。未能按期开业的，应在开业期限届满 1 个月前向所在地银监局或其授权的银监分局提出开业延期申请，所在地银监局或其授权的银监分局在接到书面申请之日起 15 日内作出是否批准的决定。开业延期的最长期限为 3 个月。

同城支行未在前款规定期限内开业的，开业批准文件失效，由开业决定机关注销开业许可，收回其金融许可证，并予以公告。

第五十五条　设立自助银行，应具备下列条件：

（一）在拟设地设有分行或分行以上的机构，且该机构的资产质量良好；

（二）在拟设地已设立的分支机构具有较强的内部控制能力，最近 1 年无重大违法违规行为，且无因内部管理混乱导致的重大案件；

（三）具有合格的营业场所、安全防范措施和与业务有关的其他设施；

（四）申请人在一个城市一次只能申请设立 3 个自助银行。在该申请获得不同意设立的批复或获得设立批准后，申请人方可再行申请；

（五）银监会规定的其他条件。

第五十六条　设立自助银行的申请，由拟设机构所在地银监局或其授权的银监分局受理、审查和决定。

申请设立自助银行，应向拟设机构所在地银监局或其授权的银监分局提交申请资料。

拟设机构所在地银监局或其授权的银监分局应自受理之日起 3 个月内作出批准或不批准的决定。

第五十七条　申请设立自助银行，申请人应向拟设机构所在地银监局或其授权的银监分局提交下列申请资料一式两份：

（一）由拟设地分行或分行以上机构负责人签署的致所在地银监局或其授权的银监分局负责人的申请书（函）；

（二）拟设置的机型、数量及提供的服务种类；

（三）拟设地点的市场分析，内容至少包括目标市场、服务需求和竞争状况；

（四）拟负责自助银行日常管理的机构或人员；

（五）安全监控方案及维护措施；

（六）银监会要求提交的其他资料。

第五十八条 设置只提供取款、转账和查询服务的自动取款机（ATM），应向所在地银监局或其授权的银监分局备案，并依照本办法第五十七条规定提交申请资料。

所在地银监局或其授权的银监分局应自受理之日起 15 日内作出备案回复。

第六节 外资金融机构驻华代表机构设立

第五十九条 设立外资金融机构驻华代表机构，申请人应具备下列条件：

（一）所在国家或地区有完善的金融监督管理制度；

（二）是由所在国家或地区金融监管当局批准设立的金融机构，或者是金融性行业协会会员；

（三）外资金融机构申请在中国境内设立总代表机构的，应在中国境内已设立 5 个或 5 个以上分支机构（含代表机构）；

（四）经营状况良好，无重大违法违规记录；

（五）具有有效的反洗钱措施；

（六）银监会规定的其他条件。

在中国境内注册的外资金融机构设立代表机构，申请人仅应具备前款第（四）项至第（六）项条件。

第六十条 设立外资金融机构驻华代表机构的申请，由银监会受理、审查和决定。

申请设立外资金融机构驻华代表机构，应向银监会提交申请资料，并向拟设机构所在地银监会派出机构抄送申请资料。

拟设机构所在地银监会派出机构自收到申请资料之日起 20 日内应当向银监会提出书面意见。银监会应自受理之日起 6 个月内作出批准或不批准的决定。

第六十一条 申请设立外资金融机构驻华代表机构，申请人应提交下列资料：

（一）银监会规定的申请表；

（二）由董事长或行长（首席执行官、总经理）签署的致银监会主席的申请书（函）；

（三）所在国家或地区有关主管当局核发的营业执照复印件或其他经营金融业务许可文件复印件；

（四）申请人的章程；

（五）申请人及所在集团的组织结构图、主要股东名单、海外分支机构与联营公司名单；

（六）申请前 3 年的年报；

（七）由所在国家或地区金融监管当局出具的对其在中国境内设立代表机构的意见书（函），或由所在行业协会出具的推荐信；

（八）经申请人授权签字人签署的拟任首席代表或总代表的身份证明复印件、学历证明复印件、简历，以及由拟任人签署的有、无不良记录陈述书；

（九）由董事长或行长（首席执行官、总经理）或其授权签字人签署的对首席代表或总代表的授权书；

（十）申请人的反洗钱措施；

（十一）银监会要求提交的其他资料。

外资法人机构申请设立代表机构的，提交的申请资料不包括前款第（七）项规定的资料。

申请人向银监会提交的申请资料为一式两份，向拟设机构所在地银监会派出机构抄送的申请资料为一份。

第三章　机构变更

第一节　外资法人机构调整或转让注册资本、变更持有资本总额或者股份总额 10%以上的股东

第六十二条　外资法人机构调整或转让注册资本、变更持有资本总额或股份总额 10%以上的股东，新入股的股东应符合《中华人民共和国外资金融机构管理条例》和本办法第八条、第九条、第十八条、第十九条关于股东条件的规定。

第六十三条　外资法人机构调整或转让注册资本，变更持有资本总额或股份总额 10%以上的股东的申请，由所在地银监会派出机构受理和初审，银监会审查和决定。

外资法人机构申请调整或转让注册资本、变更持有资本总额或股份总额 10%以上的股东，应向所在地银监会派出机构提交申请资料。

所在地银监会派出机构应自受理之日起 20 日内将初审意见及申请资料报银监会，同时将初审意见抄报上一级银监会派出机构。银监会应自收到完整申请资料之日起 3 个月内作出批准或不批准的决定。

第六十四条　外资法人机构申请调整或转让注册资本、变更持有资本总额或股份总额 10%以上的股东，应向所在地银监会派出机构提交下列申请资料一式三份：

（一）董事长或行长（首席执行官、总经理）签署的致银监会主席的申请书（函）；

（二）关于调整或转让注册资本、变更股东的董事会决议；

（三）变动投资额或股权比例的投资各方的董事会决议或其法定代表人签署的意见书（函），拟受让方是金融机构的，应提供所在国家或地区金融监管当局认可的意见书（函）；

（四）相关股东签署的转让协议或合同；

（五）拟受让方所在国家或地区有关主管当局核发的营业执照复印件或其他经营金融业务许可文件复印件；

（六）拟受让方章程、组织结构、主要股东名单、海外分支机构与联营公司名单；

（七）拟受让方反洗钱的制度或规定；

（八）拟受让方最近 3 年的年报；

（九）银监会要求提交的其他资料。

第二节　外国银行分行、独资或合资银行分行变更营运资金

第六十五条　外国银行分行、独资或合资银行分行变更营运资金的申请，由所在地银监会派出机构受理和初审、银监会审查和决定。

申请外国银行分行、独资或合资银行分行变更营运资金，应向所在地银监会派出机构提交申请资料。

所在地银监会派出机构应自受理之日起 20 日内将初审意见及申请资料报银监会，同时将初审意见抄报上一级银监会派出机构。银监会应自收到完整申请资料之日起 3 个月内，作出批准或不批

准的决定。

第六十六条　外国银行分行、独资或合资银行分行申请变更营运资金，应向所在地银监会派出机构提交由董事长或行长（首席执行官、总经理）签署的致银监会主席的申请书（函）以及银监会要求提交的其他资料一式三份。

第三节　外资法人机构修改章程

第六十七条　外资法人机构应在其章程所列内容发生变动后一年内提出修改章程的申请。

第六十八条　外资法人机构修改章程的申请，由所在地银监会派出机构受理和初审、银监会审查和决定。

外资法人机构申请修改章程，应向外资法人机构所在地银监会派出机构提交申请资料。

外资法人机构所在地银监会派出机构应自受理之日起 20 日内将初审意见及申请资料报银监会，同时将初审意见抄报上一级银监会派出机构。银监会应自收到完整申请资料之日起 3 个月内，作出批准或不批准的决定。

第六十九条　外资法人机构申请修改章程，应向外资法人机构所在地银监会派出机构提交下列申请资料一式三份：

（一）董事长或行长（首席执行官、总经理）签署的致银监会主席的申请书（函）；

（二）股东会或董事会修改章程的决议；

（三）原章程和新章程草案；

（四）原章程与新章程变动对照表；

（五）由律师事务所出具的关于修改章程的法律意见书（函）；

（六）银监会要求提交的其他资料。

第四节　外资金融机构在同城内变更营业场所或地址

第七十条　外资金融机构在同城内变更营业场所或地址，分为外资金融机构营业性机构在同城内变更营业场所和外资金融机构驻华代表机构在同城内变更地址两种情形。

外资金融机构在同城内变更营业场所或地址的申请，由所在地银监会派出机构受理、审查和决定。

外资金融机构申请在同城内变更营业场所或地址，应向所在地银监会派出机构提交申请资料。

所在地银监会派出机构应自受理之日起 3 个月内，对新营业场所进行验收，并作出批准或不批准的决定。在审查过程中，所在地银监会派出机构应将验收结果书面通知申请人。验收不合格的，申请人可以在接到通知书之日起 10 日后向所在地银监会派出机构要求复验。

第七十一条　外资金融机构营业性机构申请在同城内变更营业场所，应向所在地银监会派出机构提交下列申请资料一份：

（一）由外资法人机构董事长或行长（首席执行官、总经理）、外国银行分行行长或总经理签署的致所在地银监会派出机构负责人的申请书（函）；

（二）拟迁入营业场所的租赁或购买合同或协议的复印件；

（三）银监会要求提交的其他资料。

第七十二条　外资金融机构驻华代表机构申请在同城内变更地址，应向所在地银监会派出机构提交由首席代表或总代表签署的变更地址申请书（函）以及银监会要求提交的其他资料一份。

第五节　外资金融机构更名

第七十三条　外资金融机构更名的申请，由银监会受理、审查和决定。

外资金融机构申请更名，应向银监会提交申请资料，并向外资金融机构所在地银监会派出机构抄送申请资料。

银监会应自受理之日起3个月内，作出批准或不批准的决定。

第七十四条 外资金融机构更名分为下列两种情形：

（一）外国银行分行或外资金融机构驻华代表机构因母行（母公司）合并（分立）原因更名；

（二）外国银行分行或外资金融机构驻华代表机构因母行（母公司）合并（分立）以外的原因更名以及其他外资金融机构更名。

第七十五条 外国银行分行或外资金融机构驻华代表机构因母行（母公司）合并（分立）原因拟更名的，可以申请分两步或直接办理更名手续。

第七十六条 外国银行分行或外资金融机构驻华代表机构因母行（母公司）合并（分立）原因申请分两步办理更名手续的，申请人应在更名前将外国银行（公司）的董事长或行长（首席执行官、总经理）签署的致银监会主席的申请书（函）、外国银行（公司）所在国家或地区金融监管当局对其合并（分立）的认可函（批准书）一式两份提交银监会，一份抄送外国银行分行或外资金融机构驻华代表机构所在地银监会派出机构。银监会自收到完整的初步申请资料后1个月内以签署信函的形式确认其拟更名申请。

第七十七条 外国银行分行或外资金融机构驻华代表机构因母行（母公司）合并（分立）原因申请分两步办理更名手续的，申请人应在更名后30日内提交下列正式申请资料：

（一）新机构董事长或行长（首席执行官、总经理）签署的致银监会主席的申请书（函）；

（二）由新机构填写的银监会规定的申请表；

（三）新机构所在国家或地区金融监管当局的正式批准书；

（四）新机构的营业执照复印件或其他经营金融业务许可文件复印件；

（五）新机构董事长或行长（首席执行官、总经理）签署的新机构对中国境内分行的税务、债务责任担保书；

（六）新机构的合并财务报表；

（七）新机构的章程；

（八）新机构的董事会名单；

（九）新机构的最大十家股东或主要合伙人名单；

（十）新机构的组织结构图；

（十一）银监会要求提交的其他资料。

外国银行分行或外资金融机构驻华代表机构在更名时更换高级管理人员的，还应同时提交高级管理人员任职资格审核需要的资料。

申请人向银监会提交的申请资料为一式两份，向外国银行分行或外资金融机构驻华代表机构所在地银监会派出机构抄送的申请资料为一份。

第七十八条 外国银行分行或外资金融机构驻华代表机构申请直接办理更名手续的，应提交的申请资料适用本办法第七十七条的规定。

第七十九条 外国银行分行或外资金融机构驻华代表机构因母行（母公司）合并（分立）以外的原因更名，以及其他外资金融机构更名的，申请人应提交下列申请资料：

（一）申请人董事长或行长（首席执行官、总经理）签署的致银监会主席的申请书（函）；

（二）外国银行（公司）所在国家或地区金融监管当局对其更名的正式批准书；

（三）更名后营业执照复印件或其他经营金融业务许可文件复印件；

（四）银监会要求提交的其他资料。

申请人向银监会提交的申请资料为一式两份，向外国银行分行或外资金融机构驻华代表机构或其他外资金融机构所在地银监会派出机构抄送的申请资料为一份。

第六节　外资金融机构转入信贷资产

第八十条　外资金融机构转入信贷资产的申请，由所在地银监会派出机构受理、审查和决定。

外资金融机构申请转入信贷资产，应向所在地银监会派出机构提交申请资料。

所在地银监会派出机构应自受理之日起1个月内，作出批准或不批准的决定。

第八十一条　外资金融机构申请转入信贷资产，应向所在地银监会派出机构提交该外资金融机构授权签字人签署的致所在地银监会派出机构负责人的申请书（函）以及银监会要求提交的其他资料一份。

第七节　外国银行分行动用生息资产

第八十二条　外国银行分行动用生息资产的申请，由所在地银监会派出机构受理、审查和决定。

外国银行分行申请动用生息资产，应向所在地银监会派出机构提交申请资料。

所在地银监会派出机构应自受理之日起1个月内，作出批准或不批准的决定。

第八十三条　外国银行分行申请动用生息资产，应向所在地银监会派出机构提交申请书（函）一份。

第四章　调整业务范围和增加业务品种

第一节　外资金融机构申请经营人民币业务

第八十四条　外资金融机构申请经营人民币业务，分为初次申请经营人民币业务和申请扩大人民币业务服务对象范围两种情形。

第八十五条　初次申请经营人民币业务，应具备下列条件：

（一）拟开办人民币业务的外资金融机构提出申请前在中国境内开业3年以上，其中香港银行或澳门银行的内地分行提出申请前在内地开业2年以上；

（二）拟开办人民币业务的外资金融机构提出申请前2年连续盈利，其中设在东北和西部地区的外国银行分行、香港银行或澳门银行内地分行的盈利性指标按内地分行合并考核。

前款第一项所称开业3年是指自外资金融机构获准设立之日起至申请日止满3年，第二项所称申请前2年连续盈利是指外资金融机构截至申请日的前2个会计年度经审计的财务报告显示盈利，其中设在东北和西部地区的外国银行分行、香港银行或澳门银行内地分行截至申请日前2个会计年度经审计的内地分行合并财务报告显示盈利。

第八十六条　初次申请经营人民币业务，还应具备本办法第三十九条规定的审慎性条件。

第八十七条　申请扩大人民币业务服务对象范围，应具备下列条件：

（一）拟扩大人民币业务服务对象范围的外资金融机构提出申请前2年连续盈利，其中设在东北和西部地区的外国银行分行、香港银行或澳门银行内地分行盈利性指标按照其内地分行合并考核；

（二）本办法第三十九条规定的审慎性条件。

前款第（一）项所称申请前2年连续盈利，是指外资金融机构截至申请日前2个会计年度经审计的财务报告显示盈利，其中设在东北和西部地区的外国银行分行、香港银行或澳门银行内地分行截至申请日前2个会计年度经审计的内地分行合并财务报告显示盈利。

第八十八条　外资金融机构经营人民币业务的申请，由拟经营人民币业务的外资金融机构所在地银监会派出机构受理和初审、银监会审查和决定。

申请经营人民币业务，应向拟经营人民币业务的外资金融机构所在地银监会派出机构提交申请资料。

拟经营人民币业务的外资金融机构所在地银监会派出机构应自受理之日起20日内将初审意见及申请资料报银监会，同时将初审意见抄报上一级银监会派出机构。银监会应自收到完整申请资料之日起3个月内，作出批准或不批准的决定。

第八十九条 申请经营人民币业务，申请人应向拟经营人民币业务的外资金融机构所在地银监会派出机构提交下列申请资料一式三份：

（一）申请人董事长或行长（首席执行官、总经理）签署的致银监会主席的申请书（函），内容至少包括经营人民币业务的具体内容、拟增加的资本金或拨付的营运资金；

（二）可行性研究报告；

（三）拟修改的章程（仅限外资法人机构）；

（四）拟开办业务的操作规程及内部控制制度；

（五）截至申请日的前2个会计年度经审计的资产负债表及损益表；设在东北和西部地区的外国银行分行、香港银行或澳门银行内地分行截至申请日的前2个会计年度经审计的内地分行合并资产负债表及损益表；

（六）银监会要求提交的其他资料。

第二节 独资银行、合资银行、外国银行分行开办电子银行业务、增加或变更电子银行业务品种

第九十条 独资银行、合资银行、外国银行分行利用互联网等开放性网络或无线网络开办的电子银行业务，包括网上银行、手机银行和利用掌上电脑等个人数据辅助设备开办的电子银行，应经审批。

第九十一条 独资银行、合资银行、外国银行分行开办电子银行业务，应具备下列条件：

（一）在中华人民共和国境内设有营业性机构；

（二）金融机构的经营活动正常，建立了较为完善的风险管理体系和内部控制制度，在申请开办电子银行业务的前一年内，金融机构的主要信息管理系统和业务处理系统没有发生过重大事故；

（三）制定了电子银行业务的总体发展战略、发展规划和电子银行安全策略，建立了电子银行业务风险管理的组织体系和制度体系；

（四）按照电子银行业务发展规划和安全策略，建立了电子银行业务运营的基础设施和系统，并对相关设施和系统进行了必要的安全检测和业务测试；

（五）对电子银行业务风险管理情况和业务运营设施与系统等，进行了符合监管要求的安全评估；

（六）建立了明确的电子银行业务管理部门，配备了合格的管理人员和技术人员；

（七）其所在国家（地区）监管当局具备对电子银行业务进行监管的法律框架和监管能力；

（八）银监会要求的其他条件。

第九十二条 开办以互联网为媒介的网上银行业务、手机银行业务等电子银行业务，除应具备第九十一条所列条件外，还应具备以下条件：

（一）电子银行基础设施设备能够保障电子银行的正常运行；

（二）电子银行系统具备必要的业务处理能力，能够满足客户适时业务处理的需要；

（三）建立了有效的外部攻击侦测机制；

（四）外资金融机构的电子银行业务运营系统和业务处理服务器可以设置在中华人民共和国境

内或境外。设置在境外时，应在中华人民共和国境内设置可以记录和保存境内业务交易数据的设施设备，能够满足金融监管部门现场检查的要求，在出现法律纠纷时，能够满足中国司法机构调查取证的要求。

第九十三条　获准开办电子银行业务后，增加或者变更以下电子银行业务种类，应经审批：

（一）有关法律法规和行政规章规定需要审批但金融机构尚未申请批准，并准备利用电子银行开办的；

（二）金融机构将已获批准的业务应用于电子银行时，需要与证券业、保险业相关机构进行直接实时数据交换才能实施的；

（三）金融机构之间通过互联电子银行平台联合开展的；

（四）提供跨境电子银行服务的；

（五）银监会规定的其他业务种类。

第九十四条　开办、增加或变更电子银行业务的申请，由银监会受理、审查和决定。

申请开办、增加或变更电子银行业务，应向银监会提交申请材料，并向拟开办电子银行业务的独资银行、合资银行或外国银行分行所在地银监会派出机构抄送申请材料。

所在地银监会派出机构应自收到申请材料之日起 20 日内向银监会提出书面意见。银监会自受理之日起 3 个月内，作出批准或不批准的决定。

第九十五条　申请开办电子银行业务，申请人应将下列申请资料一式两份提交银监会，一份提交独资银行、合资银行或外国银行分行所在地银监会派出机构：

（一）独资银行、合资银行或外国银行致银监会主席的申请书（函）；

（二）拟申请的电子银行类型及其拟开展的业务种类；

（三）电子银行业务发展规划；

（四）电子银行业务运营设施与技术系统介绍；

（五）电子银行业务系统测试报告；

（六）电子银行安全评估报告；

（七）电子银行业务运行应急计划和业务连续性计划；

（八）电子银行业务风险管理体系及相应的规章制度；

（九）电子银行的管理部门、管理职责，以及主要负责人介绍；

（十）申请单位联系人以及联系电话、传真、电子邮件信箱等联系方式；

（十一）银监会要求提交的其他资料。

第九十六条　申请增加或变更需要审批的电子银行业务种类，申请人应将下列申请资料一式两份提交银监会，一份提交独资银行、合资银行或外国银行分行所在地银监会派出机构：

（一）独资银行、合资银行、外国银行总行或外国银行主报告行致银监会主席的申请书（函）；

（二）拟增加或变更业务种类的定义和操作流程；

（三）拟增加或变更业务种类的风险特征和防范措施；

（四）有关管理规章制度；

（五）申请单位联系人以及联系电话、传真、电子邮件信箱等联系方式；

（六）银监会要求提交的其他资料。

第三节　外资金融机构开办衍生产品交易业务

第九十七条　开办衍生产品交易业务，应具备下列条件：

（一）具有健全的衍生产品交易风险管理制度和内部控制制度；

（二）具备完善的衍生产品交易前、中、后台自动连接的业务处理系统和实时的风险管理系统；

（三）衍生产品交易业务主管人员应当具备 5 年以上直接参与衍生交易活动和风险管理的资历，且无不良记录；

（四）具有从事衍生产品交易或相关交易 2 年以上、接受相关衍生产品交易技能专门培训半年以上的交易人员至少 2 名，相关风险管理人员至少 1 名，风险模型研究人员或风险分析人员至少 1 名，以上人员均需专岗人员，相互不得兼任，且无不良记录；

（五）拥有适当的交易场所和设备；

（六）外国银行分行申请开办衍生产品交易业务，其母国应具备对衍生产品交易业务进行监管的法律框架，其母国监管当局应具备相应的监管能力；

（七）银监会规定的其他条件。

外国银行分行申请开办衍生产品交易，若不具备前款第（一）项至第（五）项所列条件的，应具备前款第（六）项、第（七）项和以下条件：

（1）应获得其总行（地区总部）对该分行从事衍生产品交易品种和限额等方面的正式授权；

（2）除总行另有明确规定外，该分行的全部衍生产品交易统一通过给其授权的总行（地区总部）衍生产品交易系统进行实时交易，并由其总行（地区总部）统一进行平盘、敞口管理和风险控制。

第九十八条　开办衍生产品交易业务的申请，由所在地银监会派出机构受理和初审、银监会审查和决定。

申请开办衍生产品交易业务，应向所在地银监会派出机构提交申请资料。

所在地银监会派出机构应自受理之日起 20 日内将初审意见及申请资料报银监会，同时将初审意见抄报上一级银监会派出机构。银监会应自收到完整申请资料之日起 3 个月内，作出批准或不批准的决定。

第九十九条　申请开办衍生产品交易业务，应向所在地银监会派出机构提交下列申请资料一式三份：

（一）由授权签字人签署的致银监会主席的申请书（函），内容至少包括拟开办的衍生产品品种及性质（代客还是自营、最终用户还是交易商）；

（二）可行性研究报告，内容至少包括申请人母行从事衍生产品交易的基本情况，在华分行开办衍生产品交易的市场前景、目标客户分析，申请人从事衍生产品业务的专业技能和业务特长；

（三）业务计划书，内容至少包括衍生产品交易的组织结构和职责分工，拟开办衍生产品的业务模式和发展规划，境内各分行在拟开办业务中的职责分工以及交易权限，开办衍生产品业务后 3 年的业务规模与盈利预测；

（四）衍生产品交易业务内部管理规章制度，内容至少包括衍生产品交易业务的指导原则、操作规程（操作规程应体现交易前、中、后台分离原则）和突发事件的应急计划，衍生产品交易的风险模型指标及量化管理指标，交易品种及其风险控制制度，风险报告制度和内部审计制度，衍生产品交易业务研究与开发的管理制度及后评价制度，交易员守则，交易主管人员岗位责任制度，对各级主管人员与交易员的问责制度和激励约束制度，对前、中、后台主管人员及工作人员的培训计划；

（五）衍生产品交易的会计制度，内容至少包括总行从事衍生产品业务的会计制度，拟开办的业务品种的会计记录和会计核算的具体说明；

（六）主管人员和主要交易人员名单、履历，以及在衍生产品交易中的职责；

（七）风险敞口量化或限额的授权管理制度，内容至少包括总行关于交易限额设定以及授权管理制度，对境内各分行的风险敞口限额、止损限额的设定和管理；

（八）交易场所、设备和系统的安全性测试报告；

（九）银监会要求的其他资料。

不具备本办法第九十七条第一款第（一）项至第（五）项所列条件的外国银行分行申请开办衍生产品交易业务，还应提交下列资料：

（一）其总行（地区总部）对该分行从事衍生产品交易品种和限额等方面的正式书面授权文件；

（二）除其总行另有明确规定外，其总行（地区总部）出具的确保该分行全部衍生产品交易通过给其授权的总行（地区总部）衍生产品交易系统实时进行，由其负责进行平盘、敞口管理和风险控制的承诺函。

外资金融机构拟在中国境内两家以上分行开办衍生产品交易业务，可由外资法人机构总行或外国银行主报告行统一向所在地银监会派出机构提交申请资料。

第四节　独资银行、合资银行、外国银行分行开办合格境外机构投资者境内证券投资托管业务

第一百条　开办合格境外机构投资者境内证券投资托管业务，应具备下列条件：

（一）有专门的基金托管部；

（二）实收资本不少于80亿元人民币；

（三）有足够的熟悉托管业务的专职人员；

（四）具备安全保管基金全部资产的条件；

（五）具备安全、高效的清算、交割能力；

（六）具备外汇指定银行资格和经营人民币业务资格；

（七）最近3年没有重大违反外汇管理规定的记录；

（八）外国银行只能由其在中国境内的一个分行开办，独资银行及合资银行只能由其总部开办。

外国银行境内分行在境内持续经营3年以上的，可申请成为托管人，其实收资本按其境外总行的计算。

第一百零一条　开办合格境外机构投资者境内证券投资托管业务的申请，由所在地银监会派出机构受理和初审、银监会审查和决定。

申请开办合格境外机构投资者境内证券投资托管业务，应向所在地银监会派出机构提交申请资料。

所在地银监会派出机构应自受理之日起20日内将初审意见及申请资料报银监会，同时将初审意见抄报上一级银监会派出机构。银监会应自收到完整申请资料之日起3个月内，作出批准或不批准的决定。

第一百零二条　申请开办合格境外机构投资者境内证券投资托管业务，应向所在地银监会派出机构提交下列申请资料一式三份：

（一）由申请人总部授权签字人签署的致银监会主席的申请书（函）；

（二）拟开办业务的详细介绍和为从事该项业务所做的必要准备情况，内容至少包括操作规程、风险收益分析、控制措施、专业人员及计算机系统的配置；

（三）申请人最近1年的年报；

（四）银监会要求提交的其他资料。

第五节　独资银行、合资银行、外国银行分行开办个人理财业务

第一百零三条　独资银行、合资银行、外国银行分行开办以下个人理财业务，应经审批：

（一）保证收益理财计划；

（二）为开展个人理财业务而设计的具有保证收益性质的新的投资性产品；

（三）需经银监会批准的其他个人理财业务。

第一百零四条　独资银行、合资银行、外国银行分行开展需要批准的个人理财业务应具备以下条件：

（一）具有相应的风险管理体系和内部控制制度；

（二）有具备开展相关业务工作经验和知识的高级管理人员、从业人员；

（三）具备有效的市场风险识别、计量、监测和控制体系；

（四）信誉良好，近两年内未发生损害客户利益的重大事件；

（五）银监会规定的其他审慎性条件。

第一百零五条　开办个人理财业务的申请，由所在地银监会派出机构受理和初审，银监会审查和决定。

申请开办个人理财业务，应向所在地银监会派出机构提交申请材料。

所在地银监会派出机构应自受理之日起 20 日内将初审意见及申请材料报银监会，同时将初审意见抄报上一级银监会派出机构。银监会应自收到完整申请资料之日起 3 个月内，作出批准或不批准的决定。

第一百零六条　独资银行、合资银行、外国银行分行申请需要批准的个人理财业务，应向所在地银监会派出机构提交下列申请资料一式三份：

（一）由授权签字人签署的申请书（函）；

（二）拟申请业务介绍，包括业务性质、目标客户群以及相关分析预测；

（三）业务实施方案，包括拟申请业务的管理体系、主要风险及拟采取的管理措施等；

（四）内部相关部门的审核意见；

（五）银监会要求的其他文件和资料。

独资银行、合资银行开办个人理财业务，由其总行向所在地银监会派出机构提交申请材料。外国银行拟在中国境内两家以上分行开办个人理财业务，由其主报告行统一向所在地银监会派出机构提交申请材料。

第六节　外资金融机构开办法规未明确规定的业务

第一百零七条　外资金融机构申请开办法规未明确规定的业务，包括：

（一）申请开办《中华人民共和国外资金融机构管理条例》第十七条第（十三）项和第十八条第（十）项规定的其他业务，或者在已有业务范围内增加须审批的新业务品种；

（二）申请开办银监会规定须向所在地银监会派出机构备案的业务。

第一百零八条　开办《中华人民共和国外资金融机构管理条例》第十七条第（十三）项和第十八条第（十）项规定的其他业务，或者在已有业务范围内增加须审批的新业务品种的申请，由所在地银监会派出机构受理和初审、银监会审查和决定；开办银监会规定须向所在地银监会派出机构备案的业务，由所在地银监会派出机构受理、审查和决定。

申请开办《中华人民共和国外资金融机构管理条例》第十七条第（十三）项或者第十八条第（十）项规定的其他业务，或者在已有业务范围内增加须审批的新业务品种，或者银监会规定须向所在地银监会派出机构备案的业务，应向所在地银监会派出机构提交申请资料。

所在地银监会派出机构应自受理开办《中华人民共和国外资金融机构管理条例》第十七条第（十三）项或者第十八条第（十）项规定的其他业务的申请、或者在已有业务范围内增加须审批的新业务品种的申请之日起 20 日内将初审意见及申请资料报银监会，同时将初审意见抄报上一级银监会派出机构。银监会应自收到完整申请资料之日起 3 个月内，作出批准或不批准的决定。

所在地银监会派出机构应自受理开办银监会规定须向所在地银监会派出机构备案的业务的申请

之日起 3 个月内作出备案回复，同时抄报上一级银监会派出机构和银监会。

第一百零九条 申请开办《中华人民共和国外资金融机构管理条例》第十七条第（十三）项或者第十八条第（十）项规定的其他业务，或者在已有业务范围内增加须审批的新业务品种，或者开办银监会规定须向所在地银监会派出机构备案的业务，应向所在地银监会派出机构提交下列申请资料一式三份：

（一）由外资金融机构总部授权签字人签署的申请书（函）；

（二）拟开办业务的详细介绍和从事该业务所做的必要准备情况，内容至少包括操作规程、风险收益分析、控制措施、专业人员及计算机系统的配置；

（三）银监会要求提交的其他资料。

外资金融机构拟申请在中国境内两家或两家以上分行开办新的业务品种，由外资法人机构总部或外国银行主报告行提交申请资料。

第五章　高级管理人员任职资格核准

第一节　外资法人机构董事长、行长（总经理）任职资格核准

第一百一十条 担任外资法人机构董事长、行长（总经理）应具备下列条件：

（一）熟悉并遵守中国金融监管法律法规；

（二）具有与担任职务相适应的专业知识、工作经验和组织管理能力；

（三）无不良记录；

（四）有 10 年以上从事金融工作或 15 年以上相关经济工作经历（其中从事金融工作 5 年以上），并有 3 年以上担任业务部门经理或相当于业务部门经理以上职位的经历；

（五）具有大学本科以上（包括本科，下同）学历，若不具有大学本科以上学历，应相应增加 6 年以上从事金融或 8 年以上相关经济工作经历（其中从事金融工作 4 年以上）；

（六）银监会规定的其他条件。

第一百一十一条 有下列情形之一的，不得担任外资法人机构董事长、行长（总经理）：

（一）有犯罪记录的；

（二）因违法而受到重大处罚的；

（三）对所任职的金融机构或其他企业（公司）的破产、重大违规、被吊销金融许可证或营业执照负有主要责任或直接领导责任，且未满 5 年的；

（四）过去 5 年内因重大工作失误给所任职的金融机构或其他企业（公司）造成重大损失的。

第一百一十二条 外资法人机构董事长、行长（总经理）任职资格核准的申请，由所在地银监会派出机构受理和初审、银监会审查和决定。

外资法人机构申请其董事长、行长（总经理）任职资格核准，应向所在地银监会派出机构提交申请资料。

所在地银监会派出机构自受理申请之日起 20 日内将初审意见及申请资料报银监会，同时抄报上一级银监会派出机构。银监会自收到完整申请资料之日起可约见拟任人谈话，30 日内应作出核准或不核准的决定。

第一百一十三条 外资法人机构申请其董事长、行长（总经理）任职资格核准，应向所在地银监会派出机构提交下列申请资料一式三份：

（一）申请人授权签字人签署的致银监会主席的申请书（函）；

（二）经申请人授权签字人签署的拟任人简历；

（三）经申请人授权签字人签署的拟任人身份证明复印件、学历证明复印件；

（四）外资法人机构章程规定应召开董事会或股东大会会议的，还应提交董事会或股东大会会议决议；

（五）由拟任人签署的有、无不良记录陈述书；

（六）银监会要求提交的其他资料。

第二节　外资法人机构副董事长、副行长（副总经理）任职资格核准

第一百一十四条　担任外资法人机构副董事长、副行长（副总经理）应具备以下条件：

（一）熟悉并遵守中国金融监管法律法规；

（二）具有与担任职务相适应的专业知识、工作经验和组织管理能力；

（三）无不良记录；

（四）具有5年以上从事金融工作或10年以上相关经济工作经历（其中从事金融工作3年以上），并有2年以上担任业务部门经理或相当于业务部门经理以上职位的经历；

（五）具有大学本科以上学历，若不具有大学本科以上学历，应相应增加6年以上从事金融或8年以上相关经济工作经历（其中从事金融工作4年以上）；

（六）银监会规定的其他条件。

第一百一十五条　有下列情形之一的，不得担任外资法人机构副董事长、副行长（副总经理）：

（一）有犯罪记录的；

（二）因违法而受到重大处罚的；

（三）对所任职的金融机构或其他企业（公司）的破产、重大违规、被吊销金融许可证或营业执照负有主要责任或直接领导责任，且未满5年的；

（四）过去5年内因重大工作失误给所任职金融机构或其他企业（公司）造成重大损失的。

第一百一十六条　外资法人机构副董事长、副行长（副总经理）任职资格核准的申请，由所在地银监局受理、审查和决定。

外资法人机构申请其副董事长、副行长（副总经理）任职资格核准，应向所在地银监局提交申请资料。

所在地银监局自受理之日起可约见拟任人谈话，30日内应作出核准或不核准的决定。

第一百一十七条　外资法人机构申请其副董事长、副行长（副总经理）任职资格核准，应向所在地银监局提交下列申请资料一式三份：

（一）申请人授权签字人签署的致所在地银监局负责人的申请书（函）；

（二）经申请人授权签字人签署的拟任人简历；

（三）经申请人授权签字人签署的拟任人身份证明复印件、学历证明复印件；

（四）外资法人机构章程规定应召开董事会或股东大会会议的，还应提交董事会或股东大会会议决议；

（五）由拟任人签署的有、无不良记录陈述书；

（六）银监会要求提交的其他资料。

第三节　外资法人机构董事、行长（总经理）助理、财务总监、总稽核、高级合规经理、营运总监或银监会认为需要备案的其他高级管理人员的任职资格备案

第一百一十八条　担任外资法人机构董事、行长（总经理）助理、财务总监、总稽核、高级合规经理、营运总监或银监会认为需要备案的其他高级管理人员，应具备下列条件：

（一）熟悉并遵守中国金融监管法律法规；

（二）具有与担任职务相适应的专业知识、工作经验和组织管理能力；

（三）无不良记录；

（四）银监会规定的其他条件。

第一百一十九条　有下列情形之一的，不得担任外资法人机构董事、行长（总经理）助理、财务总监、总稽核、高级合规经理、营运总监或银监会认为需要备案的其他高级管理人员：

（一）有犯罪记录的；

（二）因违法而受到重大处罚的；

（三）对所任职的金融机构或其他企业（公司）的破产、重大违规、被吊销金融许可证或营业执照负有主要责任或直接领导责任，且未满5年的；

（四）过去5年内因重大工作失误给所任职金融机构或其他企业（公司）造成重大损失的。

第一百二十条　外资法人机构董事、行长（总经理）助理、财务总监、总稽核、高级合规经理、营运总监或银监会认为需要备案的其他高级管理人员的任职资格备案的申请，由所在地银监会派出机构受理、审查和决定。

外资法人机构申请其董事、行长（总经理）助理、财务总监、总稽核、高级合规经理、营运总监或银监会认为需要备案的其他高级管理人员的任职资格备案，应向所在地银监会派出机构提交申请资料。

所在地银监会派出机构应自受理之日起30日内作出备案回复。

第一百二十一条　外资法人机构申请其董事、行长（总经理）助理、财务总监、总稽核、高级合规经理、营运总监或银监会认为需要备案的其他高级管理人员的任职资格备案，应向所在地银监会派出机构提交下列申请资料一份：

（一）申请人授权签字人签署的对拟任人的授权书；

（二）经申请人授权签字人签署的拟任人简历；

（三）经申请人授权签字人签署的拟任人身份证明复印件、学历证明复印件；

（四）由拟任人签署的有、无不良记录陈述书；

（五）银监会要求提交的其他资料。

第四节　独资或合资银行分行、外国银行分行行长（总经理）任职资格核准

第一百二十二条　担任独资或合资银行分行、外国银行分行行长（总经理）应具备下列条件：

（一）熟悉并遵守中国金融监管法律法规；

（二）具有与担任职务相适应的专业知识、工作经验和组织管理能力；

（三）无不良记录；

（四）具有5年以上从事金融工作或10年以上相关经济工作经历（其中从事金融工作3年以上），并有2年以上担任业务部门经理或相当于业务部门经理以上职位的经历；

（五）具有大学本科以上学历，若不具有大学本科以上学历，应相应增加6年以上从事金融或8年以上相关经济工作经历（其中从事金融工作4年以上）；

（六）银监会规定的其他条件。

第一百二十三条　有下列情形之一的，不得担任独资或合资银行分行、外国银行分行行长（总经理）：

（一）有犯罪记录的；

（二）因违法而受到重大处罚的；

（三）对所任职的金融机构或其他企业（公司）的破产、重大违规、被吊销金融许可证或营业执照负有主要责任或直接领导责任，且未满5年的；

（四）过去 5 年内因重大工作失误给所任职金融机构或其他企业（公司）造成重大损失的。

第一百二十四条　独资或合资银行分行、外国银行分行行长（总经理）任职资格核准，分为随机构设立初次任命行长（总经理）的任职资格核准和更换行长（总经理）的任职资格核准两种情形。

第一百二十五条　随机构设立初次任命的分行行长（总经理）任职资格核准，随机构设立申请一并受理、审查和决定。

第一百二十六条　更换分行行长（总经理）的任职资格核准的申请，由分行所在地银监局受理、审查和决定。

申请更换分行行长（总经理）任职资格核准，应向独资或合资银行分行、外国银行分行所在地银监局提交申请资料。

所在地银监局自受理之日起可约见拟任人谈话，30 日内应作出核准或不核准的决定。

第一百二十七条　申请更换分行行长（总经理）的任职资格核准，应向分行所在地银监局提交下列申请资料一式三份：

（一）申请人授权签字人签署的致所在地银监局负责人的申请书（函）；

（二）经申请人授权签字人签署的对拟任人的授权书；

（三）经申请人授权签字人签署的拟任人简历；

（四）经申请人授权签字人签署的拟任人身份证明复印件和学历证明复印件；

（五）由拟任人签署的有、无不良记录陈述书；

（六）银监会要求提交的其他资料。

第五节　独资或合资银行分行、外国银行分行副行长（副总经理）、支行行长任职资格核准

第一百二十八条　担任独资或合资银行分行、外国银行分行副行长（副总经理）、支行行长应具备下列条件：

（一）熟悉并遵守中国金融监管法律法规；

（二）具有与担任职务相适应的专业知识、工作经验和组织管理能力；

（三）无不良记录；

（四）具有 4 年以上从事金融工作或 6 年以上相关经济工作经历（其中从事金融工作 2 年以上）；

（五）具有大学本科以上学历，若不具有大学本科以上学历，应相应增加 6 年以上从事金融或 8 年以上相关经济工作经历（其中从事金融工作 4 年以上）；

（六）银监会规定的其他条件。

第一百二十九条　有下列情形之一的，不得担任独资或合资银行分行、外国银行分行副行长（副总经理）、支行行长：

（一）有犯罪记录的；

（二）因违法而受到重大处罚的；

（三）对所任职的金融机构或其他企业（公司）的破产、重大违规、被吊销金融许可证或营业执照负有主要责任或直接领导责任，且未满 5 年的；

（四）过去 5 年内因重大工作失误给所任职金融机构或其他企业（公司）造成重大损失的。

第一百三十条　独资或合资银行分行、外国银行分行副行长（副总经理）、支行行长任职资格核准的申请，由独资或合资银行分行、外国银行分行、支行所在地银监局受理、审查和决定。

申请独资或合资银行分行、外国银行分行副行长（副总经理）、支行行长任职资格核准，应向独资或合资银行分行、外国银行分行、支行所在地银监局提交申请资料。

所在地银监局自受理之日起可约见拟任人谈话，30 日内应作出核准或不核准的决定。

第一百三十一条 申请独资或合资银行分行、外国银行分行副行长（副总经理）、支行行长任职资格核准，应向所在地银监局提交下列申请资料一式三份：

（一）申请人授权签字人签署的致所在地银监局负责人的申请书（函）；

（二）经申请人授权签字人签署的对拟任人的授权书；

（三）经申请人授权签字人签署的拟任人简历；

（四）经申请人授权签字人签署的拟任人身份证明复印件和学历证明复印件；

（五）由拟任人签署的有、无不良记录陈述书；

（六）银监会要求提交的其他资料。

第六节　独资或合资银行分行、外国银行分行财务总监、合规经理、营运总监或银监会认为需要备案的其他高级管理人员的任职资格备案

第一百三十二条 担任独资或合资银行分行、外国银行分行财务总监、合规经理、营运总监或银监会认为需要备案的其他高级管理人员应具备下列条件：

（一）熟悉并遵守中国金融监管法律法规；

（二）具有与担任职务相适应的专业知识、工作经验和组织管理能力；

（三）无不良记录；

（四）银监会规定的其他条件。

第一百三十三条 有下列情形之一的，不得担任独资或合资银行分行、外国银行分行财务总监、合规经理、营运总监或银监会认为需要备案的其他高级管理人员：

（一）有犯罪记录的；

（二）因违法而受到重大处罚的；

（三）对所任职的金融机构或其他企业（公司）的破产、重大违规、被吊销金融许可证或营业执照负有主要责任或直接领导责任，且未满 5 年的；

（四）过去 5 年内因重大工作失误给所任职金融机构或其他企业（公司）造成重大损失的。

第一百三十四条 独资或合资银行分行、外国银行分行财务总监、合规经理、营运总监或银监会认为需要备案的其他高级管理人员的任职资格备案的申请，由所在地银监会派出机构受理、审查和决定。

申请独资或合资银行分行、外国银行分行财务总监、合规经理、营运总监或银监会认为需要备案的其他高级管理人员的任职资格备案，应向所在地银监会派出机构提交申请资料。

所在地银监会派出机构应自受理之日起 30 日内作出备案回复。

第一百三十五条 申请独资或合资银行分行、外国银行分行财务总监、合规经理、营运总监或银监会认为需要备案的其他高级管理人员任职资格备案，应向所在地银监会派出机构提交下列申请资料一份：

（一）申请人授权签字人签署的对拟任人的授权书；

（二）经申请人授权签字人签署的拟任人简历；

（三）经申请人授权签字人签署的拟任人身份证明复印件和学历证明复印件；

（四）由拟任人签署的有、无不良记录陈述书；

（五）银监会要求提交的其他资料。

第七节　外资金融机构驻华代表机构总代表任职资格核准

第一百三十六条 担任外资金融机构驻华代表机构总代表，应具备下列条件：

（一）具有 5 年以上从事金融或相关经济工作经历，并有 3 年以上担任业务部门经理或相当于业务部门经理以上职位的经历；

（二）具备大学本科以上学历，若不具备大学本科以上学历，须相应增加 6 年从事金融或相关经济工作经历；

（三）银监会规定的其他条件。

第一百三十七条　外资金融机构驻华代表机构总代表任职资格核准的申请，由所在地银监会派出机构受理和初审、银监会审查和决定。

申请外资金融机构驻华代表机构总代表任职资格核准，应向所在地银监会派出机构提交申请资料。

所在地银监会派出机构应自受理之日起 20 日内将初审意见及申请资料报至银监会；银监会自收到完整申请资料之日起可约见拟任人谈话，30 日内应作出核准或不核准的决定。

第一百三十八条　申请外资金融机构驻华代表机构总代表任职资格核准，应向所在地银监会派出机构提交下列申请资料一式三份：

（一）申请人授权签字人签署的致银监会主席的申请书（函）；

（二）申请人授权签字人签署的对拟任人的授权书；

（三）申请人授权签字人签署的拟任人简历；

（四）申请人授权签字人签署的拟任人的身份证复印件和学历证明复印件；

（五）由拟任人签署的有、无不良记录陈述书；

（六）银监会要求提交的其他资料。

第八节　外资金融机构驻华代表机构首席代表任职资格核准

第一百三十九条　担任外资金融机构驻华代表机构首席代表，应具备下列条件：

（一）具有 3 年以上的金融或相关经济工作经历；

（二）具备大学本科以上学历，若不具备大学本科以上学历，须相应增加 3 年从事金融或相关经济工作经历；

（三）银监会规定的其他条件。

第一百四十条　外资金融机构驻华代表机构首席代表任职资格核准，分为随机构设立初次任命首席代表任职资格核准和更换首席代表任职资格核准两种情形。

第一百四十一条　随机构设立初次任命的首席代表的任职资格核准，随机构设立申请一并受理、审查和决定。

第一百四十二条　更换外资金融机构驻华代表机构首席代表的任职资格核准的申请，由外资金融机构驻华代表机构所在地银监局受理、审查和决定。

申请外资金融机构驻华代表机构首席代表任职资格核准，应向外资金融机构驻华代表机构所在地银监局提交申请资料。

外资金融机构驻华代表机构所在地银监局自受理之日起可约见拟任人谈话，30 日内应作出核准或不核准的决定。

第一百四十三条　申请外资金融机构驻华代表机构首席代表任职资格核准，应向所在地银监局提交下列申请资料一式三份：

（一）申请人授权签字人签署的致所在地银监局负责人的申请书（函）；

（二）申请人授权签字人签署的对拟任首席代表的授权书；

（三）申请人授权签字人签署的拟任人简历、身份证明复印件和学历证明复印件；

（四）由拟任人签署的有、无不良记录陈述书；

（五）银监会要求提交的其他资料。

第六章　机构终止

第一节　外资法人机构自行解散

第一百四十四条　外资法人机构有下列情形之一的，经银监会批准后自行解散：

（一）章程规定的营业期限届满或章程规定的其他解散事由出现时；

（二）股东会或董事会决议解散；

（三）因合并或者分立需要解散。

第一百四十五条　外资法人机构自行解散的申请，由所在地银监会派出机构受理和初审、银监会审查和决定。

外资法人机构申请自行解散，应在终止业务活动30日前向所在地银监会派出机构提交申请资料。

所在地银监会派出机构应自受理之日起20日内将初审意见及申请资料报银监会，同时将初审意见抄报上一级银监会派出机构。银监会应自收到完整申请资料之日起3个月内，作出批准或不批准的决定。

第一百四十六条　外资法人机构申请自行解散的，应向所在地银监会派出机构提交下列申请资料一式三份：

（一）董事长或行长（首席执行官、总经理）签署的致银监会主席的申请书（函）；

（二）股东会或董事会的解散决议；

（三）出资各方董事长或行长（首席执行官、总经理）签署的同意该机构自行解散的确认函；

（四）银监会要求提交的其他资料。

第二节　外国银行分行、独资或合资银行分行关闭

第一百四十七条　外国银行、独资银行或合资银行关闭中国境内分行的申请，由拟关闭机构所在地银监会派出机构受理和初审、银监会审查和决定。

外国银行、独资银行或合资银行申请关闭中国境内分行，应向拟关闭机构所在地银监会派出机构提交申请资料。

所在地银监会派出机构应自受理之日起20日内将初审意见及申请资料报至银监会，同时将初审意见抄报上一级银监会派出机构；银监会应自收到完整申请资料之日起3个月内，作出批准或不批准的决定。

第一百四十八条　外国银行、独资银行或合资银行申请关闭中国境内分行，应向拟关闭机构所在地银监会派出机构提交下列申请资料一式三份：

（一）申请人董事长或行长（首席执行官、总经理）签署的致银监会主席的申请书（函）；

（二）独资银行、合资银行董事会关闭分行的决议；

（三）外国银行应提交注册地金融监管当局对其申请的意见书（函）；

（四）银监会要求提交的其他资料。

第一百四十九条　被清算的外国银行分行全部债务清偿完毕后申请提取生息资产，由被清算的外国银行分行所在地银监会派出机构受理、审查和决定。

申请提取生息资产，应向被清算的外国银行分行所在地银监会派出机构提交申请资料。

所在地银监会派出机构应自受理之日起1个月内，作出批准或不批准的决定。

第一百五十条 申请提取被清算的外国银行分行的生息资产，应向所在地银监会派出机构提交下列申请资料一份：

（一）清算组组长签署的申请书（函）；

（二）关于清算情况的报告；

（三）银监会要求提交的其他资料。

第三节 外资金融机构驻华代表机构关闭

第一百五十一条 外资金融机构关闭驻华代表机构的申请，由拟关闭机构所在地银监会派出机构受理和初审、银监会审查和决定。

申请关闭外资金融机构驻华代表机构，应向拟关闭机构所在地银监会派出机构提交申请资料。

所在地银监会派出机构应自受理之日起 20 日内将初审意见及申请资料报银监会，同时将初审意见抄报上一级银监会派出机构。银监会自收到完整申请资料之日起 3 个月内，作出批准或不批准的决定。

第一百五十二条 申请关闭外资金融机构驻华代表机构，应向拟关闭机构所在地银监会派出机构提交申请人董事长或行长（首席执行官、总经理）签署的致银监会主席的申请书（函）以及银监会要求提交的其他资料一式三份。

第四节 外资金融机构停业后申请复业

第一百五十三条 外资金融机构无力清偿到期债务的，银监会可以责令其停业，限期清理。在停业清理期限内，已恢复偿付能力、需要复业的，必须向银监会提出复业申请；未能恢复偿付能力的，应当进行清算。

第一百五十四条 外资金融机构停业后复业的申请，由停业机构所在地银监会派出机构受理和初审、银监会审查和决定。

外资金融机构停业后申请复业，应向停业机构所在地银监会派出机构提交申请资料。

停业机构所在地银监会派出机构自受理之日起 20 日内将初审意见及申请资料报银监会，同时将初审意见抄报上一级银监会派出机构。银监会自收到完整申请资料之日起 3 个月内，作出批准或不批准的决定。

第一百五十五条 外资金融机构停业后申请复业的，应向停业机构所在地银监会派出机构提交下列申请资料一式三份：

（一）申请人董事长或行长（首席执行官、总经理）签署的申请书（函）；

（二）外资法人机构的董事会决议；

（三）银监会要求提交的其他资料。

第七章 附 则

第一百五十六条 本办法中的"日"指工作日。

第一百五十七条 本办法由银监会负责解释。

第一百五十八条 本办法自 2006 年 2 月 1 日起施行。

中华人民共和国外资银行管理条例

（2006 年 11 月 8 日国务院第 155 次常务会议通过，2006 年 11 月 11 日公布，自 2006 年 12 月 11 日起施行）

第一章 总 则

第一条 为了适应对外开放和经济发展的需要，加强和完善对外资银行的监督管理，促进银行业的稳健运行，制定本条例。

第二条 本条例所称外资银行，是指依照中华人民共和国有关法律、法规，经批准在中华人民共和国境内设立的下列机构：

（一）1 家外国银行单独出资或者 1 家外国银行与其他外国金融机构共同出资设立的外商独资银行；

（二）外国金融机构与中国的公司、企业共同出资设立的中外合资银行；

（三）外国银行分行；

（四）外国银行代表处。

前款第（一）项至第（三）项所列机构，以下统称外资银行营业性机构。

第三条 本条例所称外国金融机构，是指在中华人民共和国境外注册并经所在国家或者地区金融监管当局批准或者许可的金融机构。

本条例所称外国银行，是指在中华人民共和国境外注册并经所在国家或者地区金融监管当局批准或者许可的商业银行。

第四条 外资银行必须遵守中华人民共和国法律、法规，不得损害中华人民共和国的国家利益、社会公共利益。

外资银行的正当活动和合法权益受中华人民共和国法律保护。

第五条 国务院银行业监督管理机构及其派出机构（以下统称银行业监督管理机构）负责对外资银行及其活动实施监督管理。法律、行政法规规定其他监督管理部门或者机构对外资银行及其活动实施监督管理的，依照其规定。

第六条 国务院银行业监督管理机构根据国家区域经济发展战略及相关政策制定有关鼓励和引导的措施，报国务院批准后实施。

第二章 设立与登记

第七条 设立外资银行及其分支机构，应当经银行业监督管理机构审查批准。

第八条　外商独资银行、中外合资银行的注册资本最低限额为 10 亿元人民币或者等值的自由兑换货币。注册资本应当是实缴资本。

外商独资银行、中外合资银行在中华人民共和国境内设立的分行，应当由其总行无偿拨给不少于 1 亿元人民币或者等值的自由兑换货币的营运资金。外商独资银行、中外合资银行拨给各分支机构营运资金的总和，不得超过总行资本金总额的 60%。

外国银行分行应当由其总行无偿拨给不少于 2 亿元人民币或者等值的自由兑换货币的营运资金。

国务院银行业监督管理机构根据外资银行营业性机构的业务范围和审慎监管的需要，可以提高注册资本或者营运资金的最低限额，并规定其中的人民币份额。

第九条　拟设外商独资银行、中外合资银行的股东或者拟设分行、代表处的外国银行应当具备下列条件：

（一）具有持续盈利能力，信誉良好，无重大违法违规记录；

（二）拟设外商独资银行的股东、中外合资银行的外方股东或者拟设分行、代表处的外国银行具有从事国际金融活动的经验；

（三）具有有效的反洗钱制度；

（四）拟设外商独资银行的股东、中外合资银行的外方股东或者拟设分行、代表处的外国银行受到所在国家或者地区金融监管当局的有效监管，并且其申请经所在国家或者地区金融监管当局同意；

（五）国务院银行业监督管理机构规定的其他审慎性条件。

拟设外商独资银行的股东、中外合资银行的外方股东或者拟设分行、代表处的外国银行所在国家或者地区应当具有完善的金融监督管理制度，并且其金融监管当局已经与国务院银行业监督管理机构建立良好的监督管理合作机制。

第十条　拟设外商独资银行的股东应当为金融机构，除应当具备本条例第九条规定的条件外，其中唯一或者控股股东还应当具备下列条件：

（一）为商业银行；

（二）在中华人民共和国境内已经设立代表处 2 年以上；

（三）提出设立申请前 1 年年末总资产不少于 100 亿美元；

（四）资本充足率符合所在国家或者地区金融监管当局以及国务院银行业监督管理机构的规定。

第十一条　拟设中外合资银行的股东除应当具备本条例第九条规定的条件外，其中外方股东及中方唯一或者主要股东应当为金融机构，且外方唯一或者主要股东还应当具备下列条件：

（一）为商业银行；

（二）在中华人民共和国境内已经设立代表处；

（三）提出设立申请前 1 年年末总资产不少于 100 亿美元；

（四）资本充足率符合所在国家或者地区金融监管当局以及国务院银行业监督管理机构的规定。

第十二条　拟设分行的外国银行除应当具备本条例第九条规定的条件外，还应当具备下列条件：

（一）提出设立申请前 1 年年末总资产不少于 200 亿美元；

（二）资本充足率符合所在国家或者地区金融监管当局以及国务院银行业监督管理机构的规定；

（三）初次设立分行的，在中华人民共和国境内已经设立代表处 2 年以上。

第十三条　外国银行在中华人民共和国境内设立营业性机构的，除已设立的代表处外，不得增设代表处，但符合国家区域经济发展战略及相关政策的地区除外。

代表处经批准改制为营业性机构的，应当依法办理原代表处的注销登记手续。

第十四条　设立外资银行营业性机构，应当先申请筹建，并将下列申请资料报送拟设机构所在地的银行业监督管理机构：

（一）申请书，内容包括拟设机构的名称、所在地、注册资本或者营运资金、申请经营的业务种类等；

（二）可行性研究报告；

（三）拟设外商独资银行、中外合资银行的章程草案；

（四）拟设外商独资银行、中外合资银行各方股东签署的经营合同；

（五）拟设外商独资银行、中外合资银行的股东或者拟设分行的外国银行的章程；

（六）拟设外商独资银行、中外合资银行的股东或者拟设分行的外国银行及其所在集团的组织结构图、主要股东名单、海外分支机构和关联企业名单；

（七）拟设外商独资银行、中外合资银行的股东或者拟设分行的外国银行最近3年的年报；

（八）拟设外商独资银行、中外合资银行的股东或者拟设分行的外国银行的反洗钱制度；

（九）拟设外商独资银行的股东、中外合资银行的外方股东或者拟设分行的外国银行所在国家或者地区金融监管当局核发的营业执照或者经营金融业务许可文件的复印件及对其申请的意见书；

（十）国务院银行业监督管理机构规定的其他资料。

拟设机构所在地的银行业监督管理机构应当将申请资料连同审核意见，及时报送国务院银行业监督管理机构。

第十五条　国务院银行业监督管理机构应当自收到设立外资银行营业性机构完整的申请资料之日起6个月内作出批准或者不批准筹建的决定，并书面通知申请人。决定不批准的，应当说明理由。

特殊情况下，国务院银行业监督管理机构不能在前款规定期限内完成审查并作出批准或者不批准筹建决定的，可以适当延长审查期限，并书面通知申请人，但延长期限不得超过3个月。

申请人凭批准筹建文件到拟设机构所在地的银行业监督管理机构领取开业申请表。

第十六条　申请人应当自获准筹建之日起6个月内完成筹建工作。在规定期限内未完成筹建工作的，应当说明理由，经拟设机构所在地的银行业监督管理机构批准，可以延长3个月。在延长期内仍未完成筹建工作的，国务院银行业监督管理机构作出的批准筹建决定自动失效。

第十七条　经验收合格完成筹建工作的，申请人应当将填写好的开业申请表连同下列资料报送拟设机构所在地的银行业监督管理机构：

（一）拟设机构的主要负责人名单及简历；

（二）对拟任该机构主要负责人的授权书；

（三）法定验资机构出具的验资证明；

（四）安全防范措施和与业务有关的其他设施的资料；

（五）设立分行的外国银行对该分行承担税务、债务的责任保证书；

（六）国务院银行业监督管理机构规定的其他资料。

拟设机构所在地的银行业监督管理机构应当将申请资料连同审核意见，及时报送国务院银行业监督管理机构。

第十八条　国务院银行业监督管理机构应当自收到完整的开业申请资料之日起2个月内，作出批准或者不批准开业的决定，并书面通知申请人。决定批准的，应当颁发金融许可证；决定不批准的，应当说明理由。

第十九条　经批准设立的外资银行营业性机构，应当凭金融许可证向工商行政管理机关办理登记，领取营业执照。

第二十条　设立外国银行代表处，应当将下列申请资料报送拟设代表处所在地的银行业监督管理机构：

（一）申请书，内容包括拟设代表处的名称、所在地等；

（二）可行性研究报告；

（三）申请人的章程；

（四）申请人及其所在集团的组织结构图、主要股东名单、海外分支机构和关联企业名单；

（五）申请人最近 3 年的年报；

（六）申请人的反洗钱制度；

（七）拟任该代表处首席代表的身份证明和学历证明的复印件、简历以及拟任人有无不良记录的陈述书；

（八）对拟任该代表处首席代表的授权书；

（九）申请人所在国家或者地区金融监管当局核发的营业执照或者经营金融业务许可文件的复印件及对其申请的意见书；

（十）国务院银行业监督管理机构规定的其他资料。

拟设代表处所在地的银行业监督管理机构应当将申请资料连同审核意见，及时报送国务院银行业监督管理机构。

第二十一条　国务院银行业监督管理机构应当自收到设立外国银行代表处完整的申请资料之日起 6 个月内作出批准或者不批准设立的决定，并书面通知申请人。决定不批准的，应当说明理由。

第二十二条　经批准设立的外国银行代表处，应当凭批准文件向工商行政管理机关办理登记，领取工商登记证。

第二十三条　本条例第十四条、第十七条、第二十条所列资料，除年报外，凡用外文书写的，应当附有中文译本。

第二十四条　按照合法性、审慎性和持续经营原则，经国务院银行业监督管理机构批准，外国银行可以将其在中华人民共和国境内设立的分行改制为由其单独出资的外商独资银行。申请人应当按照国务院银行业监督管理机构规定的审批条件、程序、申请资料提出设立外商独资银行的申请。

第二十五条　外国银行分行改制为由其总行单独出资的外商独资银行的，经国务院银行业监督管理机构批准，该外国银行可以在规定的期限内保留 1 家从事外汇批发业务的分行。申请人应当按照国务院银行业监督管理机构规定的审批条件、程序、申请资料提出申请。

前款所称外汇批发业务，是指对除个人以外客户的外汇业务。

第二十六条　外资银行董事、高级管理人员、首席代表的任职资格应当符合国务院银行业监督管理机构规定的条件，并经国务院银行业监督管理机构核准。

第二十七条　外资银行有下列情形之一的，应当经国务院银行业监督管理机构批准，并按照规定提交申请资料，依法向工商行政管理机关办理有关登记：

（一）变更注册资本或者营运资金；

（二）变更机构名称、营业场所或者办公场所；

（三）调整业务范围；

（四）变更股东或者调整股东持股比例；

（五）修改章程；

（六）国务院银行业监督管理机构规定的其他情形。

外资银行更换董事、高级管理人员、首席代表，应当报经国务院银行业监督管理机构核准其任职资格。

第二十八条　外商独资银行、中外合资银行变更股东的，变更后的股东应当符合本条例第九条、第十条或者第十一条关于股东的条件。

特殊情况下，经国务院银行业监督管理机构同意，变更后的股东可以不适用本条例第十条第（二）项或者第十一条第（二）项的规定。

第三章　业务范围

第二十九条　外商独资银行、中外合资银行按照国务院银行业监督管理机构批准的业务范围，可以经营下列部分或者全部外汇业务和人民币业务：

（一）吸收公众存款；

（二）发放短期、中期和长期贷款；

（三）办理票据承兑与贴现；

（四）买卖政府债券、金融债券，买卖股票以外的其他外币有价证券；

（五）提供信用证服务及担保；

（六）办理国内外结算；

（七）买卖、代理买卖外汇；

（八）代理保险；

（九）从事同业拆借；

（十）从事银行卡业务；

（十一）提供保管箱服务；

（十二）提供资信调查和咨询服务；

（十三）经国务院银行业监督管理机构批准的其他业务。

外商独资银行、中外合资银行经中国人民银行批准，可以经营结汇、售汇业务。

第三十条　外商独资银行、中外合资银行的分支机构在总行授权范围内开展业务，其民事责任由总行承担。

第三十一条　外国银行分行按照国务院银行业监督管理机构批准的业务范围，可以经营下列部分或者全部外汇业务以及对除中国境内公民以外客户的人民币业务：

（一）吸收公众存款；

（二）发放短期、中期和长期贷款；

（三）办理票据承兑与贴现；

（四）买卖政府债券、金融债券，买卖股票以外的其他外币有价证券；

（五）提供信用证服务及担保；

（六）办理国内外结算；

（七）买卖、代理买卖外汇；

（八）代理保险；

（九）从事同业拆借；

（十）提供保管箱服务；

（十一）提供资信调查和咨询服务；

（十二）经国务院银行业监督管理机构批准的其他业务。

外国银行分行可以吸收中国境内公民每笔不少于 100 万元人民币的定期存款。

外国银行分行经中国人民银行批准，可以经营结汇、售汇业务。

第三十二条　外国银行分行及其分支机构的民事责任由其总行承担。

第三十三条　外国银行代表处可以从事与其代表的外国银行业务相关的联络、市场调查、咨询等非经营性活动。

外国银行代表处的行为所产生的民事责任，由其所代表的外国银行承担。

第三十四条　外资银行营业性机构经营本条例第二十九条或者第三十一条规定业务范围内的人

民币业务的，应当具备下列条件，并经国务院银行业监督管理机构批准：

（一）提出申请前在中华人民共和国境内开业 3 年以上；

（二）提出申请前 2 年连续盈利；

（三）国务院银行业监督管理机构规定的其他审慎性条件。

外国银行分行改制为由其总行单独出资的外商独资银行的，前款第（一）项、第（二）项规定的期限自外国银行分行设立之日起计算。

第四章　监督管理

第三十五条　外资银行营业性机构应当按照有关规定，制定本行的业务规则，建立、健全风险管理和内部控制制度，并遵照执行。

第三十六条　外资银行营业性机构应当遵守国家统一的会计制度和国务院银行业监督管理机构有关信息披露的规定。

第三十七条　外资银行营业性机构举借外债，应当按照国家有关规定执行。

第三十八条　外资银行营业性机构应当按照有关规定确定存款、贷款利率及各种手续费率。

第三十九条　外资银行营业性机构经营存款业务，应当按照中国人民银行的规定交存存款准备金。

第四十条　外商独资银行、中外合资银行应当遵守《中华人民共和国商业银行法》关于资产负债比例管理的规定。外国银行分行变更的由其总行单独出资的外商独资银行以及本条例施行前设立的外商独资银行、中外合资银行，其资产负债比例不符合规定的，应当在国务院银行业监督管理机构规定的期限内达到规定要求。

国务院银行业监督管理机构可以要求风险较高、风险管理能力较弱的外商独资银行、中外合资银行提高资本充足率。

第四十一条　外资银行营业性机构应当按照规定计提呆账准备金。

第四十二条　外商独资银行、中外合资银行应当遵守国务院银行业监督管理机构有关公司治理的规定。

第四十三条　外商独资银行、中外合资银行应当遵守国务院银行业监督管理机构有关关联交易的规定。

第四十四条　外国银行分行营运资金的 30% 应当以国务院银行业监督管理机构指定的生息资产形式存在。

第四十五条　外国银行分行营运资金加准备金等项之和中的人民币份额与其人民币风险资产的比例不得低于 8%。

国务院银行业监督管理机构可以要求风险较高、风险管理能力较弱的外国银行分行提高前款规定的比例。

第四十六条　外国银行分行应当确保其资产的流动性。流动性资产余额与流动性负债余额的比例不得低于 25%。

第四十七条　外国银行分行境内本外币资产余额不得低于境内本外币负债余额。

第四十八条　在中华人民共和国境内设立 2 家及 2 家以上分行的外国银行，应当授权其中 1 家分行对其他分行实施统一管理。

国务院银行业监督管理机构对外国银行在中华人民共和国境内设立的分行实行合并监管。

第四十九条　外资银行营业性机构应当按照国务院银行业监督管理机构的有关规定，向其所在地的银行业监督管理机构报告跨境大额资金流动和资产转移情况。

第五十条　国务院银行业监督管理机构根据外资银行营业性机构的风险状况，可以依法采取责令暂停部分业务、责令撤换高级管理人员等特别监管措施。

第五十一条　外资银行营业性机构应当聘请在中华人民共和国境内依法设立的会计师事务所对其财务会计报告进行审计，并应当向其所在地的银行业监督管理机构报告。解聘会计师事务所的，应当说明理由。

第五十二条　外资银行营业性机构应当按照规定向银行业监督管理机构报送财务会计报告、报表和有关资料。

外国银行代表处应当按照规定向银行业监督管理机构报送资料。

第五十三条　外资银行应当接受银行业监督管理机构依法进行的监督检查，不得拒绝、阻碍。

第五十四条　外商独资银行、中外合资银行应当设置独立的内部控制系统、风险管理系统、财务会计系统、计算机信息管理系统。

第五十五条　外国银行在中华人民共和国境内设立的外商独资银行的董事长、高级管理人员和从事外汇批发业务的外国银行分行的高级管理人员不得相互兼职。

第五十六条　外国银行在中华人民共和国境内设立的外商独资银行与从事外汇批发业务的外国银行分行之间进行的交易必须符合商业原则，交易条件不得优于与非关联方进行交易的条件。外国银行对其在中华人民共和国境内设立的外商独资银行与从事外汇批发业务的外国银行分行之间的资金交易，应当提供全额担保。

第五十七条　外国银行代表处及其工作人员，不得从事任何形式的经营性活动。

第五章　终止与清算

第五十八条　外资银行营业性机构自行终止业务活动的，应当在终止业务活动30日前以书面形式向国务院银行业监督管理机构提出申请，经审查批准予以解散或者关闭并进行清算。

第五十九条　外资银行营业性机构无力清偿到期债务的，国务院银行业监督管理机构可以责令其停业，限期清理。在清理期限内，已恢复偿付能力、需要复业的，应当向国务院银行业监督管理机构提出复业申请；超过清理期限，仍未恢复偿付能力的，应当进行清算。

第六十条　外资银行营业性机构因解散、关闭、依法被撤销或者宣告破产而终止的，其清算的具体事宜，依照中华人民共和国有关法律、法规的规定办理。

第六十一条　外资银行营业性机构清算终结，应当在法定期限内向原登记机关办理注销登记。

第六十二条　外国银行代表处自行终止活动的，应当经国务院银行业监督管理机构批准予以关闭，并在法定期限内向原登记机关办理注销登记。

第六章　法律责任

第六十三条　未经国务院银行业监督管理机构审查批准，擅自设立外资银行或者非法从事银行业金融机构的业务活动的，由国务院银行业监督管理机构予以取缔，自被取缔之日起5年内，国务院银行业监督管理机构不受理该当事人设立外资银行的申请；构成犯罪的，依法追究刑事责任；尚不构成犯罪的，由国务院银行业监督管理机构没收违法所得，违法所得50万元以上的，并处违法所得1倍以上5倍以下罚款；没有违法所得或者违法所得不足50万元的，处50万元以上200万元以下罚款。

第六十四条　外资银行营业性机构有下列情形之一的，由国务院银行业监督管理机构责令改正，没收违法所得，违法所得50万元以上的，并处违法所得1倍以上5倍以下罚款；没有违法所得或者违法所得不足 50 万元的，处 50 万元以上 200 万元以下罚款；情节特别严重或者逾期不改正的，可以责令停业整顿或者吊销其金融许可证；构成犯罪的，依法追究刑事责任：

（一）未经批准设立分支机构的；

（二）未经批准变更、终止的；

（三）违反规定从事未经批准的业务活动的；

（四）违反规定提高或者降低存款利率、贷款利率的。

第六十五条 外资银行有下列情形之一的，由国务院银行业监督管理机构责令改正，处 20 万元以上 50 万元以下罚款；情节特别严重或者逾期不改正的，可以责令停业整顿、吊销其金融许可证、撤销代表处；构成犯罪的，依法追究刑事责任：

（一）未按照有关规定进行信息披露的；

（二）拒绝或者阻碍银行业监督管理机构依法进行的监督检查的；

（三）提供虚假的或者隐瞒重要事实的财务会计报告、报表或者有关资料的；

（四）隐匿、损毁监督检查所需的文件、证件、账簿、电子数据或者其他资料的；

（五）未经任职资格核准任命董事、高级管理人员、首席代表的；

（六）拒绝执行本条例第五十条规定的特别监管措施的。

第六十六条 外资银行营业性机构违反本条例有关规定，未按期报送财务会计报告、报表或者有关资料，或者未按照规定制定有关业务规则、建立健全有关管理制度的，由国务院银行业监督管理机构责令限期改正；逾期不改正的，处 10 万元以上 30 万元以下罚款。

第六十七条 外资银行营业性机构违反本条例第四章有关规定从事经营或者严重违反其他审慎经营规则的，由国务院银行业监督管理机构责令改正，处 20 万元以上 50 万元以下罚款；情节特别严重或者逾期不改正的，可以责令停业整顿或者吊销其金融许可证。

第六十八条 外资银行营业性机构违反本条例规定，国务院银行业监督管理机构除依照本条例第六十三条至第六十七条规定处罚外，还可以区别不同情形，采取下列措施：

（一）责令外资银行营业性机构撤换直接负责的董事、高级管理人员和其他直接责任人员；

（二）外资银行营业性机构的行为尚不构成犯罪的，对直接负责的董事、高级管理人员和其他直接责任人员给予警告，并处 5 万元以上 50 万元以下罚款；

（三）取消直接负责的董事、高级管理人员一定期限直至终身在中华人民共和国境内的任职资格，禁止直接负责的董事、高级管理人员和其他直接责任人员一定期限直至终身在中华人民共和国境内从事银行业工作。

第六十九条 外国银行代表处违反本条例规定，从事经营性活动的，由国务院银行业监督管理机构责令改正，给予警告，没收违法所得，违法所得 50 万元以上的，并处违法所得 1 倍以上 5 倍以下罚款；没有违法所得或者违法所得不足 50 万元的，处 50 万元以上 200 万元以下罚款；情节严重的，由国务院银行业监督管理机构予以撤销；构成犯罪的，依法追究刑事责任。

第七十条 外国银行代表处有下列情形之一的，由国务院银行业监督管理机构责令改正，给予警告，并处 10 万元以上 30 万元以下罚款；情节严重的，取消首席代表一定期限在中华人民共和国境内的任职资格或者要求其代表的外国银行撤换首席代表；情节特别严重的，由国务院银行业监督管理机构予以撤销：

（一）未经批准变更办公场所的；

（二）未按照规定向国务院银行业监督管理机构报送资料的；

（三）违反本条例或者国务院银行业监督管理机构的其他规定的。

第七十一条 外资银行违反中华人民共和国其他法律、法规的，由有关主管机关依法处理。

第七章　附　则

第七十二条　香港特别行政区、澳门特别行政区和台湾地区的金融机构在内地设立的银行机构，比照适用本条例。国务院另有规定的，依照其规定。

第七十三条　本条例自 2006 年 12 月 11 日起施行。2001 年 12 月 20 日国务院公布的《中华人民共和国外资金融机构管理条例》同时废止。

中华人民共和国外资银行管理条例实施细则

（中国银行业监督管理委员会主席令 2006 年第 6 号，经 2006 年 11 月 17 日中国银行业监督管理委员会第 53 次主席会议通过，2006 年 11 月 24 日公布，自 2006 年 12 月 11 日起施行）

第一章 总 则

第一条 根据《中华人民共和国银行业监督管理法》、《中华人民共和国商业银行法》和《中华人民共和国外资银行管理条例》（以下简称《条例》），制定本细则。

第二条 《条例》所称国务院银行业监督管理机构是指中国银行业监督管理委员会（以下简称中国银监会），所称银行业监督管理机构是指中国银监会及其派出机构。

第二章 设立与登记

第三条 《条例》和本细则所称审慎性条件，至少包括下列内容：

（一）具有良好的行业声誉和社会形象；

（二）具有良好的持续经营业绩，资产质量良好；

（三）管理层具有良好的专业素质和管理能力；

（四）具有健全的风险管理体系，能够有效控制关联交易风险；

（五）具有健全的内部控制制度和有效的管理信息系统；

（六）按照审慎会计原则编制财务会计报告，且会计师事务所对申请前 3 年的财务会计报告持无保留意见；

（七）无重大违法违规记录；

（八）具备有效的资本约束与资本补充机制；

（九）具有健全的公司治理结构。

本条第（八）项、第（九）项适用于外商独资银行及其股东、中外合资银行及其股东以及外国银行。

第四条 《条例》第十一条所称主要股东，是指持有拟设中外合资银行资本总额或者股份总额 50%以上，或者不持有资本总额或者股份总额 50%以上但与拟设中外合资银行之间有下列情形之一的商业银行：

（一）持有拟设中外合资银行半数以上的表决权；

（二）有权控制拟设中外合资银行的财务和经营政策；

（三）有权任免拟设中外合资银行董事会或者类似权力机构的多数成员；

（四）在拟设中外合资银行董事会或者类似权力机构有半数以上投票权。

拟设中外合资银行的主要股东应当将拟设中外合资银行纳入其并表范围。

第五条 有下列情形之一的，不得作为拟设外商独资银行、拟设中外合资银行的股东：

（一）公司治理结构与机制存在明显缺陷；

（二）股权关系复杂或者透明度低；

（三）关联企业众多，关联交易频繁或者异常；

（四）核心业务不突出或者经营范围涉及行业过多；

（五）其他对拟设银行产生重大不利影响的情形。

第六条 《条例》第十条至第十二条所称提出设立申请前1年年末是指截至申请日的上一会计年度末；所称资本充足率符合国务院银行业监督管理机构的规定是指资本充足率不低于8%。

第七条 《条例》第十四条和本细则第十五条、第二十六条、第三十条所称可行性研究报告，内容包括申请人的基本情况、对拟设机构市场前景的分析、拟设机构未来业务发展规划、拟设机构的组织管理结构、对拟设机构开业后3年的资产负债规模和盈利预测等。

《条例》第二十条所称可行性研究报告，内容包括申请人的基本情况、拟设代表处的目的和计划。

第八条 《条例》第十四条第（一）项所称拟设机构的名称、第二十条第（一）项所称拟设代表处的名称，应当包括中文名称和外文名称。

外国银行分行、代表处的中文名称应当标明该外国银行的国籍以及责任形式。

第九条 《条例》和本细则所称营业执照复印件、经营金融业务许可文件复印件、授权书、外国银行对其在中国境内分行承担税务、债务的责任保证书，应当经所在国家或者地区认可的机构公证，并且经中国驻该国使馆、领馆认证。

中国银监会视情况需要，可以要求申请人报送的其他申请资料经所在国家或者地区认可的机构公证，并且经中国驻该国使馆、领馆认证。

第十条 《条例》和本细则所称年报应当经审计，并附申请人所在国家或者地区认可的会计师事务所出具的审计意见书。以中文或者英文以外文字印制的年报应当附有中文或者英文译本。

第十一条 初次设立外资银行的，应当报送所在国家或者地区金融体系情况和有关金融监管法规的摘要。

初次设立代表处的，应当报送由在中国境内注册的银行业金融机构出具的与该外国银行已经建立代理行关系的证明。

第十二条 外国银行在中国境内增设分行，除应当具备《条例》第九条、第十二条规定的条件外，其在中国境内已设分行应当具备中国银监会规定的审慎性条件。

外国银行在中国境内增设代表处，除应当具备《条例》第九条规定的条件外，其在中国境内已设代表处应当无重大违法违规记录。

第十三条 外商独资银行、中外合资银行设立分行，应当具备中国银监会规定的审慎性条件。

第十四条 《条例》第十四条、第十七条、第二十条所称所在地的银行业监督管理机构是指所在地银监局；所称及时报送是指自收到完整的申请资料之日起20日内将申请资料连同审核意见报送中国银监会。

《条例》第十四条、第十七条、第二十条所称申请资料，应当抄送拟设机构或者拟设代表处所在地中国银监会派出机构。

《条例》第十四条、第二十条所称申请书，应当由拟设外商独资银行、中外合资银行出资各方的董事长或者行长（首席执行官、总经理）联合签署，或者由拟设分行、代表处的外国银行的董事长或者行长（首席执行官、总经理）签署，致中国银监会主席。

第十五条　外商独资银行、中外合资银行设立分行，应当先申请筹建，并将下列申请资料报送其总行所在地银监局（一式两份），同时抄送拟设分行所在地银监局：

（一）申请人董事长或者行长（首席执行官、总经理）签署的致中国银监会主席的申请书，内容包括拟设分行的名称、所在地、营运资金、申请经营的业务种类等；

（二）可行性研究报告；

（三）申请人章程；

（四）申请人年报；

（五）申请人反洗钱制度；

（六）申请人营业执照复印件；

（七）董事会同意申请设立分行的决议；

（八）中国银监会要求的其他资料。

外商独资银行、中外合资银行总行所在地银监局应当自收到完整的申请资料之日起 20 日内将申请资料连同审核意见报送中国银监会。

拟设分行所在地银监局应当自收到申请资料之日起 20 日内将审核意见报送中国银监会。

第十六条　设立外资银行营业性机构，申请人应当自接到批准筹建通知书之日起 15 日内到拟设机构所在地中国银监会派出机构领取开业申请表，开始筹建工作。筹建期内申请人应当成立筹备组，负责筹建工作，并将筹备组负责人名单报送所在地中国银监会派出机构，筹建工作完成后，筹备组自行解散。筹建期为 6 个月。

逾期未领取开业申请表的，自批准其筹建之日起 1 年内，中国银监会及其派出机构不受理该申请人在中国境内同一城市设立营业性机构的申请。

第十七条　设立外资银行营业性机构，申请人在筹建期内应当完成下列工作：

（一）建立健全的公司治理结构，并将公司治理结构说明报送所在地中国银监会派出机构（仅限外商独资银行、中外合资银行）；

（二）建立内部控制制度，包括内部组织结构、授权授信、信贷资金管理、资金交易、会计核算、计算机信息管理系统的控制制度和操作规程，并将内控制度和操作规程报送所在地中国银监会派出机构；

（三）配备符合业务发展需要的、适当数量的、且已接受政策法规及业务知识等相关培训的业务人员，以满足对主要业务风险有效监控、业务分级审批和复查、关键岗位分工和相互牵制等要求；

（四）印制拟对外使用的重要业务凭证和单据，并将样本报送所在地中国银监会派出机构；

（五）配备经有关部门认可的安全防范设施，并将有关证明复印件报送所在地中国银监会派出机构；

（六）应当聘请在中国境内依法设立的合格的会计师事务所对其内部控制系统、会计系统、计算机系统等进行开业前审计，并将审计报告报送所在地中国银监会派出机构。

第十八条　申请人申请延长筹建期的，应当在筹建期届满 1 个月前向所在地中国银监会派出机构提出申请。申请书由拟设外资银行营业性机构筹备组负责人签署。

所在地中国银监会派出机构应当自接到延长筹建期的完整申请资料之日起 15 日内作出批准或者不批准延长筹建期的决定，并书面通知申请人，同时逐级抄报中国银监会。决定不批准的，应当说明理由。

申请人未在规定期限内申请延长筹建期的，中国银监会派出机构不受理其申请。

第十九条　拟设外资银行营业性机构在筹建事项完成后，筹备组负责人应当向所在地中国银监会派出机构提出开业前验收。所在地中国银监会派出机构应当在 10 日内进行验收。验收合格的，应当发给验收合格意见书。验收不合格的，应当书面通知申请人，申请人可以自接到通知书之日起10日后向拟设机构所在地中国银监会派出机构提出复验。

第二十条 经验收合格完成筹建工作的，申请人应当将验收合格意见书、拟设外资银行营业性机构筹备组负责人签署的致中国银监会主席的开业申请书连同《条例》第十七条规定的申请资料报送拟设机构所在地银监局（一式两份），同时抄送拟设机构所在地中国银监会派出机构。

拟设机构所在地银监局应当自收到完整的开业申请资料之日起20日内将申请资料、验收合格意见书连同审核意见报送中国银监会。

第二十一条 外资银行营业性机构获准开业后，应当按照有关规定领取金融许可证。

第二十二条 外资银行营业性机构应当自领取营业执照之日起6个月内开业。特殊情况下，经所在地中国银监会派出机构批准可以延期开业。

外资银行营业性机构申请延期开业的，应当在开业期限届满1个月前向所在地中国银监会派出机构提出延期开业申请。申请书由外商独资银行、中外合资银行的董事长或者行长（首席执行官、总经理）或者外国银行分行的行长（总经理）签署。

所在地中国银监会派出机构应当自接到延期开业的完整申请资料之日起15日内作出批准或者不批准延期开业的决定，并书面通知申请人，同时逐级抄报中国银监会。决定不批准的，应当说明理由。

外资银行营业性机构未在规定期限内提出延期开业申请的，中国银监会派出机构不受理其延期开业申请。

开业延期的最长期限为3个月。外资银行营业性机构开业期限届满而未能开业的，原开业批准自动失效。外资银行营业性机构应当向中国银监会交回金融许可证。自原开业批准失效之日起1年内，中国银监会及其派出机构不受理该申请人在同一城市设立营业性机构的申请。

第二十三条 外资银行营业性机构在开业前应当将开业日期书面报送所在地中国银监会派出机构。外资银行营业性机构开业前应当在中国银监会指定的全国性报纸和所在地中国银监会派出机构指定的地方性报纸上公告。

第二十四条 《条例》第十五条至第十九条以及本细则第十六条至第二十三条适用于外商独资银行分行以及中外合资银行分行。

第二十五条 外国银行将其在中国境内的分行改制为由其总行单独出资的外商独资银行，应当符合《条例》和本细则有关设立外商独资银行的条件，并且具备在中国境内长期持续经营以及对拟设外商独资银行实施有效管理的能力。

第二十六条 外国银行将其在中国境内的分行改制为由其总行单独出资的外商独资银行，应当同时申请筹建外商独资银行以及将其在中国境内的所有外国银行分行改制为外商独资银行分行，并将下列申请资料报送拟设外商独资银行总行所在地银监局（一式两份），同时抄送该外国银行在中国境内的所有分行所在地中国银监会派出机构：

（一）外国银行董事长或者行长（首席执行官、总经理）签署的致中国银监会主席的申请书，内容包括拟设外商独资银行及其分支机构的名称、所在地、注册资本或者营运资金、申请经营的业务种类等；

（二）可行性研究报告以及机构改制计划；

（三）拟设外商独资银行的章程草案以及在中国境内依法设立的律师事务所出具的对章程草案的法律意见书；

（四）外国银行董事会关于同意将原外国银行分行改制为由其总行单独出资的外商独资银行的决议；

（五）外国银行董事长或者行长（首席执行官、总经理）签署的同意由拟设外商独资银行承继原外国银行分行债权、债务及税务的意见函，以及在中国境内长期持续经营并对拟设外商独资银行实施有效管理的承诺函；

（六）提出申请前2年该外国银行在中国境内所有分行经审计的合并财务会计报告；

（七）申请人所在国家或者地区金融监管当局对其改制的意见书；

（八）申请人最近3年年报；

（九）中国银监会要求的其他资料。

拟设外商独资银行总行所在地银监局应当自收到完整的申请资料之日起20日内将申请资料连同审核意见报送中国银监会。

中国银监会应当自收到完整的申请资料之日起6个月内作出批准或者不批准改制的决定，并书面通知申请人。决定不批准的，应当说明理由。

第二十七条　外国银行拟保留1家从事外汇批发业务的分行，应当在申请筹建外商独资银行的同时提出申请。

原外国银行分行应当确定分别由从事外汇批发业务的外国银行分行以及外商独资银行分行承继的债权、债务和税务，并将编制好的资产、负债和所有者权益的清单连同由申请人董事长或者行长（首席执行官、总经理）签署的致中国银监会主席的申请书，连同本细则第二十六条规定的申请资料一并报送拟设外商独资银行总行所在地银监局（一式两份），同时抄送原外国银行分行所在地中国银监会派出机构。

第二十八条　外国银行将其在中国境内的分行改制为由其总行单独出资的外商独资银行的，经中国银监会批准，原外国银行分行的营运资金经合并验资可以转为外商独资银行的注册资本，也可以转回其总行。

第二十九条　外国银行将其在中国境内的分行改制为由其总行单独出资的外商独资银行的，经验收合格完成筹建工作，应当将验收合格意见书连同下列申请资料报送拟设外商独资银行总行所在地银监局（一式两份），同时抄送原外国银行分行所在地中国银监会派出机构：

（一）拟设外商独资银行筹备组负责人签署的致中国银监会主席的开业申请书，内容包括拟设外商独资银行及其分支机构的名称、营业地址、注册资本或者营运资金、申请经营的业务种类等；

（二）拟转入拟设外商独资银行的资产、负债和所有者权益的清单；

（三）由在中国境内依法设立的合格的会计师事务所出具的注册资本验资证明；

（四）拟任外商独资银行的董事长、行长以及外商独资银行分行行长、同城支行行长的名单、简历、身份证明、学历证明的复印件；

（五）对外商独资银行分行行长、同城支行行长的授权书；

（六）拟任人签署的无不良记录陈述书；

（七）中国银监会要求的其他资料。

拟设外商独资银行总行所在地银监局应当自收到完整的开业申请资料之日起20日内将申请资料、验收合格意见书连同审核意见报送中国银监会。

中国银监会应当自收到完整的申请资料之日起2个月内作出批准或者不批准开业的决定，并书面通知申请人。决定不批准的，应当说明理由。

第三十条　外国银行拟在中国境内保留1家从事外汇批发业务的分行，应当在拟设外商独资银行申请开业的同时，将下列申请资料报送拟设外商独资银行总行所在地银监局（一式两份），同时抄送原外国银行分行所在地中国银监会派出机构：

（一）外国银行董事长或者行长（首席执行官、总经理）签署的致中国银监会主席的申请书，内容包括拟保留分行的所在地、营运资金、申请经营的业务种类等；

（二）可行性研究报告；

（三）拟保留的从事外汇批发业务的外国银行分行的资产、负债和所有者权益的清单；

（四）由在中国境内依法设立的合格的会计师事务所出具的验资证明；

（五）中国银监会要求的其他资料。

拟设外商独资银行总行所在地银监局应当自收到完整的申请资料之日起 20 日内将申请资料连同审核意见报送中国银监会。

中国银监会应当自收到完整的申请资料之日起 2 个月内作出批准或者不批准保留 1 家从事外汇批发业务的外国银行分行的决定，并书面通知申请人。决定不批准的，应当说明理由。

第三十一条 外国银行将其在中国境内的分行改制为由其总行单独出资的外商独资银行的，应当在拟设外商独资银行筹建期间、办理注册登记手续后，在中国银监会指定的全国性报纸和所在地中国银监会派出机构指定的地方性报纸上公告。

第三十二条 外国银行代表处获得批准设立后，应当按照有关规定到工商行政管理部门办理注册登记手续。

外国银行代表处应当在办理注册登记手续后，在中国银监会指定的全国性报纸以及所在地中国银监会派出机构指定的地方性报纸上公告。

外国银行代表处应当自中国银监会批准设立之日起 6 个月内迁入固定的办公场所，超出 6 个月后仍未开始办公的，中国银监会原批准决定失效。

第三十三条 外国银行代表处迁入固定办公场所后，应当向所在地中国银监会派出机构报送下列资料：

（一）代表处基本情况登记表；

（二）工商登记证复印件；

（三）内部管理制度，内容包括代表处的职责安排、内部分工以及内部报告制度等；

（四）办公场所的租赁合同或者产权证明复印件；

（五）配备办公设施以及租赁电信部门数据通信线路的情况；

（六）公章、公文纸样本以及工作人员对外使用的名片样本；

（七）中国银监会要求的其他资料。

第三十四条 《条例》第十七条第（六）项所称其他资料，至少包括主要负责人的身份证明和学历证明的复印件及其签署的无不良记录陈述书。

《条例》第十七条以及本条前款所称主要负责人是指董事长、行长（首席执行官、总经理）。

第三十五条 外商独资银行、中外合资银行变更注册资本、变更股东或者调整股东持股比例，外国银行变更在中国境内分行营运资金，应当将下列申请资料报送所在地银监局（一式两份），同时抄送外资银行营业性机构所在地中国银监会派出机构：

（一）申请人董事长或者行长（首席执行官、总经理）签署的致中国银监会主席的申请书；

（二）外商独资银行、中外合资银行关于变更事项的董事会决议；

（三）外商独资银行、中外合资银行出资各方关于变更事项的董事会决议或者其法定代表人签署的意见书，外商独资银行、中外合资银行转让方和拟受让方是金融机构的，应当报送所在国家或者地区金融监管当局关于变更事项的意见书；

（四）外商独资银行、中外合资银行相关股东签署的转让协议或者合同；

（五）中国银监会要求的其他资料。

所在地银监局应当自收到完整的申请资料之日起 20 日内将申请资料连同审核意见报送中国银监会。

中国银监会应当自收到完整的申请资料之日起 3 个月内作出批准或者不批准变更的决定，并书面通知申请人。决定不批准的，应当说明理由。

第三十六条　外资银行营业性机构获准变更注册资本或者营运资金、变更股东或者调整股东持股比例，应当自接到中国银监会批准文件之日起 30 日内，聘请在中国境内依法设立的合格的会计师事务所进行验资，并将验资证明报送所在地中国银监会派出机构。

第三十七条　外国银行因合并、分立拟变更其在中国境内分支机构名称的，可以向中国银监会提出初步申请，并报送下列申请资料：

（一）外国银行董事长或者行长（首席执行官、总经理）签署的致中国银监会主席的申请书；

（二）外国银行所在国家或者地区金融监管当局对其合并、分立的许可文件或者批准书。

中国银监会收到完整的申请资料后，以签署信函的形式确认其申请。

外国银行应当在正式合并、分立等变更事项发生 5 日内，向中国银监会及该外国银行在中国境内分支机构所在地中国银监会派出机构报告，并于 30 日内将下列申请资料报送中国银监会（一式两份）：

（一）申请人董事长或者行长（首席执行官、总经理）签署的致中国银监会主席的申请书；

（二）填写好的中国银监会印发的申请表；

（三）申请人章程；

（四）申请人组织结构图、董事会以及主要股东名单；

（五）申请人董事长或者行长（首席执行官、总经理）签署的对其在中国境内分行承担税务、债务的责任保证书；

（六）申请人合并财务报表；

（七）申请人在中国境内分行行长（总经理）、首席代表的简历、身份证明和学历证明的复印件；

（八）申请人董事长或者行长（首席执行官、总经理）或者授权签字人签署的对其在中国境内分行行长（总经理）、首席代表的授权书；

（九）申请人营业执照复印件或者其他经营金融业务许可文件复印件以及所在国家或者地区金融监管当局对外国银行变更事项的许可文件或者批准书；

（十）中国银监会要求的其他资料。

外国银行在向中国银监会递交变更的初步申请和正式申请资料的同时，应当将申请资料抄送该外国银行在中国境内分支机构所在地中国银监会派出机构。

中国银监会应当自收到完整的申请资料之日起 3 个月内作出批准或者不批准变更的决定，并书面通知申请人。决定不批准的，应当说明理由。

第三十八条　外国银行因其他原因申请变更在中国境内分支机构名称的，应当将下列申请资料报送中国银监会（一式两份），同时抄送外国银行在中国境内分支机构所在地中国银监会派出机构：

（一）申请人董事长或者行长（首席执行官、总经理）签署的致中国银监会主席的申请书；

（二）更名后营业执照复印件或者其他经营金融业务许可文件复印件以及外国银行所在国家或者地区金融监管当局对其更名的批准书；

（三）中国银监会要求的其他资料。

中国银监会应当自收到完整的申请资料之日起 3 个月内作出批准或者不批准变更的决定，并书面通知申请人。决定不批准的，应当说明理由。

第三十九条　外资银行营业性机构合并、分立后的注册资本或者营运资金、业务范围由中国银监会重新批准。

第四十条　外商独资银行、中外合资银行更名，应当向中国银监会报送由其董事长或者行长（首席执行官、总经理）签署的致中国银监会主席的申请书（一式两份），同时抄送其总行所在地中国银监会派出机构。

中国银监会应当自收到完整的申请资料之日起 3 个月内作出批准或者不批准变更的决定，并书面通知申请人。决定不批准的，应当说明理由。

第四十一条　外资银行营业性机构及其分支机构在同一城市内变更营业场所或者外国银行代表处在同一城市内变更办公地址，应当将下列申请资料报送所在地中国银监会派出机构：

（一）外商独资银行、中外合资银行的董事长或者行长（首席执行官、总经理）、外国银行分行的行长（总经理）或者代表处首席代表签署的致所在地中国银监会派出机构的申请书；

（二）外资银行拟迁入营业场所或者办公地址的租赁或者购买合同意向书复印件；

（三）中国银监会要求的其他资料。

所在地中国银监会派出机构应当对外资银行营业性机构及其分支机构拟变更的营业场所进行验收。验收合格的，应当发给验收合格意见书。验收不合格的，应当说明理由。外资银行营业性机构可以在接到验收不合格通知书之日起 10 日后向所在地中国银监会派出机构申请复验。

所在地中国银监会派出机构应当自收到完整的申请资料之日起 3 个月内作出批准或者不批准变更营业场所或者办公地址的决定，并书面通知申请人，同时逐级抄报中国银监会。决定不批准的，应当说明理由。

外资银行在获得所在地中国银监会派出机构批准其变更营业场所或者办公地址前，不得迁入新的营业场所或者办公地址。

第四十二条　外商独资银行、中外合资银行章程所列内容发生变动，应当在其章程所列内容变动后 1 年内修改章程。申请修改章程，申请人应当将下列申请资料报送所在地银监局（一式两份），同时抄送所在地中国银监会派出机构：

（一）申请人董事长或者行长（首席执行官、总经理）签署的致中国银监会主席的申请书；

（二）申请人股东会或者董事会决议；

（三）申请人的原章程和新章程草案；

（四）原章程和新章程草案变动对照表；

（五）由在中国境内依法设立的律师事务所出具的对新章程草案的法律意见书；

（六）中国银监会要求的其他资料。

所在地银监局应当自收到完整的申请资料之日起 20 日内将申请资料连同审核意见报送中国银监会。

中国银监会应当自收到完整的申请资料之日起 3 个月内作出批准或者不批准修改章程的决定，并书面通知申请人。决定不批准的，应当说明理由。

第四十三条　外资银行营业性机构临时停业 3 天以上 6 个月以下，应当向所在地中国银监会派出机构提出申请，并说明理由以及临时停业期间安排。

所在地中国银监会派出机构应当自收到外资银行营业性机构临时停业申请之日起 10 日内作出批准或者不批准临时停业的决定。决定不批准的，应当说明理由。

经批准临时停业的，外资银行营业性机构应当在营业场所外公告。

第四十四条　经批准的临时停业期限届满或者导致临时停业的原因消除，临时停业机构应当复业。原申请人应当在复业后 5 日内向所在地中国银监会派出机构报告。营业场所重新修建的，申请人应当向所在地中国银监会派出机构报送营业场所的租赁或者购买合同意向书的复印件、安全和消防合格证明的复印件方可复业。

特殊情况需要延长临时停业期限的，应当按照本细则第四十三条规定重新申请。

第四十五条　外资银行营业性机构有《条例》第二十七条所列情形须变更金融许可证所载内容的，应当根据金融许可证管理的有关规定办理变更事宜。

需要验资的，外资银行营业性机构应当将在中国境内依法设立的合格的会计师事务所出具的验资证明报送所在地中国银监会派出机构。需要验收的，外资银行营业性机构所在地中国银监会派出机构应当进行验收。

外资银行营业性机构持中国银监会的批准文件向工商行政管理机关办理变更登记，换领营业执照。

外资银行营业性机构有《条例》第二十七条第（一）项至第（三）项所列情形之一的，应当在中国银监会指定的全国性报纸以及所在地中国银监会派出机构指定的地方性报纸上公告。公告应当自营业执照生效之日起30日内完成。

第四十六条　外国银行代表处发生更名、变更办公场所等变更事项，应当在办理变更工商登记手续后在所在地中国银监会派出机构指定的地方性报纸上公告。

第三章　业务范围

第四十七条　《条例》第二十九条第（四）项、第三十一条第（四）项所称买卖政府债券、金融债券，买卖股票以外的其他外币有价证券包括但不限于下列外汇投资业务：在中国境外发行的中国和外国政府债券、中国金融机构债券和中国非金融机构债券。

第四十八条　《条例》第二十九条第（十二）项和第三十一条第（十一）项所称资信调查和咨询服务是指与银行业务有关的资信调查和咨询服务。

第四十九条　外国银行分行经营《条例》第三十一条规定的外汇业务，营运资金应当不少于2亿元人民币或者等值的自由兑换货币。

第五十条　外国银行分行经营《条例》第三十一条规定的外汇业务和人民币业务，营运资金应当不少于3亿元人民币或者等值的自由兑换货币，其中人民币营运资金应当不少于1亿元人民币。

第五十一条　外国银行分行改制的由其总行单独出资的外商独资银行可以承继原外国银行分行已经获准经营的全部业务。

第五十二条　外商独资银行、中外合资银行在获准的业务范围内授权其分支机构开展业务。

外国银行分行在获准的业务范围内授权其同城支行开展业务。

第五十三条　《条例》第三十四条是指外资银行营业性机构初次申请经营人民币业务应当具备的条件，其中第（一）项、第（二）项是指拟申请经营人民币业务的外资银行营业性机构开业3年以上，申请前2年连续盈利。开业3年是指自外资银行营业性机构获准开业之日起至申请日止满3年，申请前2年连续盈利是指外资银行营业性机构截至申请日的前2个会计年度经审计的财务会计报告显示盈利。

已经获准经营人民币业务的外资银行营业性机构申请扩大人民币业务服务对象范围，应当具备中国银监会规定的审慎性条件，并经中国银监会审批。

第五十四条　外商独资银行、中外合资银行经营对中国境内公民的人民币业务，除应当具备中国银监会规定的审慎性条件外，还应当具备符合业务特点以及业务发展需要的营业网点。

第五十五条　外资银行营业性机构申请经营人民币业务或者扩大人民币业务服务对象范围，应当将下列申请资料报送所在地银监局（一式两份），同时抄送所在地中国银监会派出机构：

（一）申请人董事长或者行长（首席执行官、总经理）签署的致中国银监会主席的申请书；

（二）可行性研究报告；

（三）拟经营业务的内部控制制度及操作规程；

（四）截至申请日的前2个会计年度经审计的资产负债表及损益表；

（五）中国银监会要求的其他资料。

所在地银监局应当自收到完整的申请资料之日起20日内将申请资料连同审核意见报送中国银监会。

中国银监会应当自收到完整的申请资料之日起3个月内作出批准或者不批准经营人民币业务或

者扩大人民币业务服务对象范围的决定，并书面通知申请人。决定不批准的，应当说明理由。

第五十六条　外资银行营业性机构应当自接到中国银监会批准其经营人民币业务或者扩大人民币业务服务对象范围之日起 4 个月内完成下列筹备工作：

（一）配备符合业务发展需要的、适当数量的业务人员；

（二）印制拟对外使用的重要业务凭证和单据，并将样本报送所在地中国银监会派出机构；

（三）配备经有关部门认可的安全防范设施，并将有关证明的复印件报送所在地中国银监会派出机构；

（四）建立健全人民币业务的内部控制制度和操作规程，并报送所在地中国银监会派出机构；

（五）外资银行营业性机构需要增加注册资本或者营运资金的，应当聘请在中国境内依法设立的合格的会计师事务所验资，并将验资证明报送所在地中国银监会派出机构。

外资银行营业性机构未能在 4 个月内完成筹备工作的，中国银监会原批准决定自动失效。

第五十七条　外资银行营业性机构在筹备工作完成后，应当向所在地中国银监会派出机构提出验收，所在地中国银监会派出机构应当在 10 日内进行验收。验收合格的，应当发给验收合格意见书。验收不合格的，外资银行营业性机构可以自接到通知书 10 日后向所在地中国银监会派出机构提出复验。

外资银行营业性机构持验收合格意见书到中国银监会领取批准书。

第五十八条　外商独资银行分行、中外合资银行分行在其总行业务范围内经授权经营人民币业务。在开展业务前，应当按照本细则第五十六条的规定进行筹备并将总行对其经营人民币业务的授权书报送所在地中国银监会派出机构。

筹备工作完成后，外商独资银行分行、中外合资银行分行应当向所在地中国银监会派出机构提出验收。所在地中国银监会派出机构应当自收到验收资料后 10 日内进行验收。验收合格的，应当发给验收合格意见书。验收不合格的，外商独资银行分行、中外合资银行分行可以自接到通知书 10 日后向所在地中国银监会派出机构提出复验。

外商独资银行分行、中外合资银行分行凭验收合格意见书到中国银监会领取经营人民币业务的确认函，并到工商行政管理机关办理营业执照变更事宜。

第五十九条　外资银行营业性机构及其分支机构经营人民币业务或者扩大人民币业务服务对象范围，应当在中国银监会指定的全国性报纸和所在地中国银监会派出机构指定的地方性报纸上公告。

第六十条　外资银行营业性机构经营《条例》第二十九条第（十三）项或者第三十一条第（十二）项业务，应当向外商独资银行、中外合资银行总行或者外国银行管理行所在地银监局报送下列申请资料（一式两份），同时抄送外资银行营业性机构所在地中国银监会派出机构：

（一）申请人授权签字人签署的致中国银监会主席的申请书；

（二）拟经营业务的详细介绍以及内部控制制度和操作规程；

（三）中国银监会要求的其他资料。

所在地银监局应当自收到完整的申请资料之日起 20 日内将申请资料连同审核意见报送中国银监会。

中国银监会应当自收到完整的申请资料之日起 3 个月内，作出批准或者不批准的决定，并书面通知申请人。决定不批准的，应当说明理由。

第六十一条　外资银行营业性机构及其分支机构经营业务范围内的新产品，应当在经营业务后 5 日内向所在地中国银监会派出机构书面报告，内容包括新产品介绍、风险特点、内部控制制度和操作规程等。

第六十二条　外资银行营业性机构可以按照有关规定从事人民币同业借款业务。

第四章 任职资格管理

第六十三条 《条例》和本细则所称高级管理人员是指需经中国银监会或者所在地银监局核准任职资格的外资银行管理人员。

第六十四条 担任外资银行的董事、高级管理人员和首席代表的人员应当是具有完全民事行为能力的自然人，并具备下列基本条件：

（一）熟悉并遵守中国法律、行政法规和规章；

（二）具有良好的职业道德、操守、品行和声誉，有良好的守法合规记录，无不良记录；

（三）具备大学本科以上（包括大学本科）学历，且具有与担任职务相适应的专业知识、工作经验和组织管理能力；不具备大学本科以上学历，应当相应增加6年以上从事金融或者8年以上相关经济工作经历（其中从事金融工作4年以上）；

（四）具有履职所需的独立性。

第六十五条 外资银行的董事、高级管理人员、首席代表在中国银监会或者所在地银监局核准其任职资格前不得履职。

第六十六条 有下列情形之一的，不得担任外资银行的董事、高级管理人员和首席代表：

（一）有故意或者重大过失犯罪记录的；

（二）担任或者曾任因违法经营而被接管、撤销、合并、宣告破产或者吊销营业执照的机构的董事或者高级管理人员的，但能够证明自己没有过错的除外；

（三）指使、参与所任职机构阻挠、对抗中国银监会及其派出机构进行监督检查或者案件查处的；

（四）违反职业道德、操守或者工作严重失职给所任职的机构造成重大损失或者恶劣影响的；

（五）本人或者其配偶负有数额较大的债务且到期未偿还的；

（六）法律、行政法规、部门规章规定的不得担任金融机构董事、高级管理人员或者首席代表的；

（七）中国银监会认定的其他情形。

第六十七条 中国银监会负责核准或者取消外资银行下列人员的任职资格：

（一）外商独资银行、中外合资银行的董事长、行长（首席执行官、总经理），外商独资银行分行、中外合资银行分行的行长（总经理）；

（二）外国银行分行的行长（总经理）；

（三）外国银行代表处的首席代表。

第六十八条 中国银监会授权外资银行所在地银监局核准更换外商独资银行分行的行长、中外合资银行分行的行长、外国银行分行的行长（总经理）、代表处首席代表的任职资格。

第六十九条 银监局负责核准或者取消本辖区外资银行下列人员的任职资格：

（一）外商独资银行、中外合资银行的董事、副董事长、董事会秘书、副行长（副总经理）、行长助理、首席运营官、首席风险控制官、首席财务官（财务总监、财务负责人）、首席技术官、内审负责人和合规负责人；

（二）外商独资银行分行、中外合资银行分行的副行长（副总经理）和合规负责人，外国银行分行的副行长（副总经理）和合规负责人；

（三）支行行长；

（四）其他对经营管理具有决策权或者对风险控制起重要作用的人员。

第七十条 担任下列职务的外资银行董事、高级管理人员和首席代表应当分别具备下列条件：

（一）担任外商独资银行、中外合资银行董事长，应当具有 8 年以上金融工作或者 12 年以上相关经济工作经历（其中从事金融工作 5 年以上）；

（二）担任外商独资银行、中外合资银行副董事长，应当具有 5 年以上金融工作或者 10 年以上相关经济工作经历（其中从事金融工作 3 年以上）；

（三）担任外商独资银行、中外合资银行行长（首席执行官、总经理），应当具有 8 年以上金融工作或者 12 年以上相关经济工作经历（其中从事金融工作 4 年以上）；

（四）担任外商独资银行、中外合资银行董事会秘书、副行长（副总经理）、行长助理、首席运营官、首席风险控制官、首席财务官（财务总监、财务负责人）、首席技术官，外商独资银行分行、中外合资银行分行、外国银行分行行长（总经理），应当具有 5 年以上金融工作或者 10 年以上相关经济工作经历（其中从事金融工作 3 年以上）；

（五）担任外商独资银行、中外合资银行董事，应当具有 5 年以上与经济、金融、法律、财务有关的工作经历，能够运用财务报表和统计报表判断银行的经营、管理和风险状况，理解银行的公司治理结构、公司章程、董事会职责以及董事的权利和义务；

（六）担任外商独资银行分行、中外合资银行分行、外国银行分行副行长（副总经理），支行行长，应当具有 4 年以上金融工作或者 6 年以上相关经济工作经历（其中从事金融工作 2 年以上）；

（七）担任外商独资银行、中外合资银行内审负责人和合规负责人，应当具有 4 年以上金融工作经历；

（八）担任外商独资银行分行、中外合资银行分行、外国银行分行合规负责人，应当具有 3 年以上金融工作经历；

（九）担任外国银行代表处首席代表，应当具有 3 年以上金融工作或者 6 年以上相关经济工作经历（其中从事金融工作 1 年以上）。

第七十一条　外资银行申请核准董事、高级管理人员和首席代表任职资格，应当将下列申请资料报送拟任职机构所在地银监局（一式两份），同时抄送拟任职机构所在地中国银监会派出机构：

（一）申请人授权签字人签署的致中国银监会的申请书，其中，由中国银监会核准的，致中国银监会主席，由银监局核准的，致有关银监局局长，申请书中应当说明拟任人拟任的职务、职责、权限，及该职务在本机构组织结构中的位置；

（二）申请人授权签字人签署的对拟任人的授权书及该签字人的授权书；

（三）拟任人身份证明、学历证明的复印件；

（四）拟任人简历和未来履职计划的详细说明；

（五）由拟任人签署的无不良记录陈述书以及任职后将守法尽责的承诺书；

（六）外商独资银行、中外合资银行章程规定应当召开股东会或者董事会会议的，还应当报送相应的会议决议；

（七）中国银监会要求的其他资料。

第七十二条　《条例》和本细则所称拟任人的简历、身份证明和学历证明的复印件应当经授权签字人签字。

第七十三条　拟任人在中国境内的银行业金融机构担任过董事、高级管理人员和首席代表的，中国银监会或者所在地银监局在核准其任职资格前，可以根据需要征求拟任人原任职机构所在地银监局的意见。

拟任人原任职机构所在地银监局应当及时提供反馈意见。

第七十四条　外资银行递交任职资格申请资料后，中国银监会以及所在地银监局可以约见拟任人进行任职前谈话。

第七十五条　外资银行营业性机构行长（首席执行官、总经理）、外国银行代表处首席代表离岗连续 1 个月以上的，应当向所在地中国银监会派出机构书面报告，并指定专人代行其职；无特殊情况离岗连续 3 个月以上的，应当更换人选。

第七十六条　外资银行董事、高级管理人员和首席代表存在下列情形之一的，中国银监会及其派出机构可以视情节轻重，取消其一定期限直至终身的任职资格：

（一）被依法追究刑事责任的；

（二）拒绝、干扰、阻挠或者严重影响中国银监会及其派出机构依法监管的；

（三）因内部管理与控制制度不健全或者执行监督不力，造成所任职机构重大财产损失，或者导致重大金融犯罪案件发生的；

（四）因严重违法违规经营、内控制度不健全或者长期经营管理不善，造成所任职机构被接管、兼并或者被宣告破产的；

（五）因长期经营管理不善，造成所任职机构严重亏损的；

（六）对已任职的外资银行董事、高级管理人员、首席代表，中国银监会如发现其任职前有违法、违规或者其他不宜担任所任职务的；

（七）中国银监会认定的其他情形。

第七十七条　拟任人任职资格需报中国银监会核准的，所在地银监局应当自收到完整的申请资料之日起 20 日内将申请资料连同审核意见报送中国银监会。中国银监会应当自收到完整的申请资料之日起 30 日内，作出核准或者不核准的决定，并书面通知申请人。决定不核准的，应当说明理由。

拟任人任职资格需报所在地银监局核准的，所在地银监局应当自收到完整的申请资料之日起 30 日内作出核准或者不核准的决定，并书面通知申请人。决定不核准的，应当说明理由。

第五章　监督管理

第七十八条　外资银行营业性机构应当建立与其中国业务发展相适应的内部控制制度和业务操作规程，并于每年 3 月末前将内部控制制度和业务操作规程的修订内容报送所在地中国银监会派出机构。

第七十九条　外商独资银行、中外合资银行应当设置独立的风险管理部门、合规管理部门和内部审计部门。

外国银行分行应当指定专门部门或者人员负责合规工作。

第八十条　外资银行营业性机构结束内部审计后，应当及时将内审报告报送所在地中国银监会派出机构，所在地中国银监会派出机构可以采取适当方式与外资银行营业性机构的内审人员沟通。

第八十一条　外资银行营业性机构应当建立贷款风险分类制度，并将贷款风险分类标准与中国银监会规定的分类标准的对应关系报送所在地中国银监会派出机构。

第八十二条　《条例》第四十条所称资产负债比例管理的规定是指《中华人民共和国商业银行法》第三十九条的规定。

外商独资银行、中外合资银行有关资产负债比例的计算方法执行银行业监管报表指标体系的规定，按照本外币合计的并表口径考核。

第八十三条　外商独资银行、中外合资银行应当建立关联交易管理制度，关联交易必须符合商业原则，交易条件不得优于与非关联方进行交易的条件。

中国银监会及其派出机构按照商业银行关联交易有关管理办法的规定对关联方及关联交易进行认定。

第八十四条　外资银行营业性机构应当制定与业务外包相关的政策和管理制度，包括业务外包的决策程序、对外包方的评价和管理、控制银行信息保密性和安全性的措施和应急计划等。

外资银行营业性机构签署业务外包协议前应当向所在地中国银监会派出机构报告业务外包协议的主要风险及相应的风险规避措施等。

第八十五条　《条例》第四十四条所称外国银行分行的生息资产包括外汇生息资产和人民币生息资产。

外国银行分行外汇营运资金的30%应当以6个月以上（含6个月）的外币定期存款作为外汇生息资产；人民币营运资金的30%应当以人民币国债或者6个月以上（含6个月）的人民币定期存款作为人民币生息资产。

外国银行分行以定期存款形式存在的生息资产应当存放在中国境内经营稳健、具有一定实力的3家或者3家以下中资商业银行。外国银行分行不得对以人民币国债形式存在的生息资产进行质押回购，或者采取其他影响生息资产支配权的处理方式。

外国银行分行应当分别于每年6月末和12月末向所在地中国银监会派出机构报告生息资产的存在情况，包括定期存款的存放银行、金额、期限和利率，持有人民币国债的金额、形式和到期日等内容。

外国银行分行变更生息资产存在形式、定期存款存放银行应当经所在地中国银监会派出机构批准。未经所在地中国银监会派出机构批准，外国银行分行不得动用生息资产。

第八十六条　《条例》第四十五条所称营运资金加准备金等项之和是指营运资金、未分配利润和贷款损失一般准备之和，所称风险资产是指按照有关加权风险资产的规定计算的表内、表外加权风险资产。

《条例》第四十五条所规定的比例，按照外国银行在中国境内分行单家计算，按季末余额考核。

第八十七条　外国银行分行的流动性资产包括现金、黄金、在中国人民银行存款、存放同业、1个月内到期的拆放同业、1个月内到期的借出同业、境外联行往来及附属机构往来的资产方净额、1个月内到期的应收利息及其他应收款、1个月内到期的贷款、1个月内到期的债券投资、在国内外二级市场上可随时变现的其他债券投资、其他1个月内可变现的资产。上述各项资产中应当扣除预计不可收回的部分。生息资产不计入流动性资产。

外国银行分行的流动性负债包括活期存款、1个月内到期的定期存款、同业存放、1个月内到期的同业拆入、1个月内到期的借入同业、境外联行往来及附属机构往来的负债方净额、1个月内到期的应付利息及其他应付款、其他1个月内到期的负债。冻结存款不计入流动性负债。

外国银行分行应当每日按人民币、外币分别计算并保持《条例》第四十六条规定的流动性比例，按照外国银行在中国境内分行单家考核。

第八十八条　《条例》第四十七条所称境内本外币资产余额、境内本外币负债余额按照以下方法计算：

境内本外币资产余额＝本外币资产总额－境外联行往来（资产）－境外附属机构往来（资产）－境外贷款－存放境外同业－拆放境外同业－买入境外返售资产－境外投资－其他境外资产。

下列投资不列入境外投资：购买在中国境外发行的中国政府债券、中国金融机构的债券和中国非金融机构的债券。

境内本外币负债余额＝本外币负债总额－境外联行往来（负债）－境外附属机构往来（负债）－境外存款－境外同业存放－境外同业拆入－卖出境外回购款项－其他境外负债。

《条例》第四十七条的规定按照外国银行在中国境内分行合并考核。

第八十九条　外资银行营业性机构不得虚列、多列、少列资产、负债和所有者权益。

第九十条　在中国境内设立2家及2家以上外国银行分行的，应当由外国银行总行或者经授权的地区总部指定其中1家分行作为管理行，统筹负责中国境内业务的管理以及中国境内所有分行的合并财务信息和综合信息的报送工作。

外国银行或者经授权的地区总部应当指定管理行行长负责中国境内业务的管理工作，并指定合规负责人负责中国境内业务的合规工作。

第九十一条　外资银行营业性机构应当按照中国银监会的规定，每季度末将跨境大额资金流动和资产转移情况报送其所在地中国银监会派出机构。

第九十二条　外资银行营业性机构由总行或者联行转入信贷资产应当经所在地中国银监会派出机构批准。

第九十三条　外国银行分行有下列情形之一的，应当向该分行或者管理行所在地中国银监会派出机构报告：

（一）外国银行分行未分配利润与本年度纯损益之和为负数，且该负数绝对值与贷款损失准备尚未提足部分之和超过营运资金30%的，应当每季度末报告；

（二）外国银行分行对所有大客户的授信余额超过其营运资金8倍的，应当每季度末报告，大客户是指授信余额超过外国银行分行营运资金10%的客户，该指标按照外国银行在中国境内分行季末余额合并计算；

（三）外国银行分行境外联行及附属机构往来的资产方余额超过境外联行及附属机构往来的负债方余额与营运资金之和的，应当每月末报告，该指标按照外国银行在中国境内分行合并计算；

（四）中国银监会认定的其他情形。

第九十四条　中国银监会及其派出机构对外资银行营业性机构采取的特别监管措施包括以下内容：

（一）约见有关负责人进行警戒谈话；

（二）责令限期就有关问题报送书面报告；

（三）对资金流出境外采取限制性措施；

（四）责令暂停部分业务或者暂停受理经营新业务的申请；

（五）责令出具保证书；

（六）对有关风险监管指标提出特别要求；

（七）要求保持一定比例的经中国银监会认可的资产；

（八）责令限期补充资本金或者营运资金；

（九）责令限期撤换董事或者高级管理人员；

（十）暂停受理增设机构的申请；

（十一）对利润分配和利润汇出境外采取限制性措施；

（十二）派驻特别监管人员，对日常经营管理进行监督指导；

（十三）提高有关监管报表的报送频度；

（十四）中国银监会采取的其他特别监管措施。

第九十五条　外资银行营业性机构应当向所在地中国银监会派出机构及时报告下列重大事项：

（一）财务状况和经营活动出现重大问题；

（二）经营策略的重大调整；

（三）除不可抗力原因外，外资银行营业性机构在法定节假日以外的日期暂停营业2日以内，应当提前7日向所在地中国银监会派出机构书面报告；

（四）外商独资银行、中外合资银行的重要董事会决议；

（五）外国银行分行的总行、外商独资银行或者中外合资银行股东的章程、注册资本和注册地址的变更；

（六）外国银行分行的总行、外商独资银行或者中外合资银行股东的合并、分立等重组事项以及董事长或者行长（首席执行官、总经理）的变更；

（七）外国银行分行的总行、外商独资银行或者中外合资银行股东的财务状况和经营活动出现重大问题；

（八）外国银行分行的总行、外商独资银行或者中外合资银行股东发生重大案件；

（九）外国银行分行的总行、外商独资银行或者中外合资银行外方股东所在国家或者地区以及其他海外分支机构所在国家或者地区金融监管当局对其实施的重大监管措施；

（十）外国银行分行的总行、外商独资银行或者中外合资银行外方股东所在国家或者地区金融监管法规和金融监管体系的重大变化；

（十一）中国银监会要求报告的其他事项。

第九十六条　外国银行代表处应当及时向所在地中国银监会派出机构报告其所代表的外国银行发生的下列重大事项：

（一）章程、注册资本或者注册地址变更；

（二）外国银行的合并、分立等重组事项以及董事长或者行长（首席执行官、总经理）变更；

（三）财务状况或者经营活动出现重大问题；

（四）发生重大案件；

（五）所在国家或者地区金融监管当局对其实施的重大监管措施；

（六）其他对外国银行经营产生重大影响的事项。

第九十七条　非外资银行在中国境内机构正式员工，在该机构连续工作超过 20 日或者在 90 日内累计工作超过 30 日的，外资银行应当向所在地中国银监会派出机构报告。

第九十八条　外商独资银行、中外合资银行和在中国境内设立 2 家及 2 家以上分行的外国银行，应当在每个会计年度结束后聘请在中国境内依法设立的合格的会计师事务所对该机构在中国境内所有营业性机构进行并表或者合并审计，并在会计年度结束后 4 个月内将审计报告和管理建议书报送外商独资银行、中外合资银行总行或者管理行所在地中国银监会派出机构。

外国银行分行应当在每个会计年度结束后聘请在中国境内依法设立的合格的会计师事务所进行审计，并在会计年度结束后 4 个月内将审计报告和管理建议书报送所在地中国银监会派出机构。

第九十九条　外资银行营业性机构聘请在中国境内依法设立的合格的会计师事务所进行年度或者其他项目审计 1 个月前，应当将会计师事务所及其参加审计的注册会计师的基本资料报送所在地中国银监会派出机构。

第一百条　外商独资银行、中外合资银行的年度审计应当包括以下内容：资本充足情况、资产质量、公司治理情况、内部控制情况、盈利情况、流动性和市场风险管理情况等。

外国银行分行的年度审计应当包括以下内容：财务报告、风险管理、营运控制、合规经营情况和资产质量等。

第一百零一条　中国银监会及其派出机构在必要时可以指定会计师事务所对外资银行营业性机构的经营状况、财务状况、风险状况、内部控制制度及执行情况等进行审计。

第一百零二条　中国银监会及其派出机构可以要求外资银行营业性机构更换专业技能和独立性达不到监管要求的会计师事务所。

第一百零三条　外商独资银行、中外合资银行应当在会计年度结束后 6 个月内向其总行所在地中国银监会派出机构报送外商独资银行及其股东、中外合资银行及其股东的年报。

外国银行分行及外国银行代表处应当在其总行会计年度结束后 6 个月内向所在地中国银监会派出机构报送其总行的年报。

第一百零四条　外国银行代表处应当于每年 2 月末前按照中国银监会规定的格式向所在地中国银监会派出机构报送上年度工作报告和本年度工作计划。

第一百零五条 外国银行代表处应当具备独立的办公场所、办公设施和专职工作人员。

第一百零六条 外国银行代表处应当配备合理数量的工作人员，工作人员的职务应当符合代表处工作职责。

第一百零七条 外国银行代表处应当建立会计账簿，真实反映财务收支情况，其成本以及费用开支应当符合代表处工作职责。

外国银行代表处不得使用其他企业、组织或者个人的账户。

第一百零八条 外国银行代表处不得在其电脑系统中使用与代表处工作职责不符的业务处理系统。

第一百零九条 本细则要求报送的资料，除年报外，凡用外文书写的，应当附有中文译本。外资银行营业性机构的内部控制制度、业务操作规程、业务凭证样本应当附有中文译本；其他业务档案和管理档案相关文件如监管人员认为有必要的，也应当附有中文译本。特殊情况下，中国银监会及其派出机构可以要求有关中文译本经外国银行分行的总行、外商独资银行或者中外合资银行的外方股东所在国家或者地区认可的机构公证，并且经中国驻该国使馆、领馆认证。

第六章 终止与清算

第一百一十条 《条例》第五十八条所称自行终止包括下列情形：

（一）外商独资银行、中外合资银行章程规定的营业期限届满或者章程规定的其他解散事由出现的；

（二）外商独资银行、中外合资银行股东会或者董事会决定解散的；

（三）外商独资银行、中外合资银行因合并或者分立需要解散的；

（四）外国银行、外商独资银行、中外合资银行关闭在中国境内分行的。

第一百一十一条 外商独资银行、中外合资银行申请自行解散的，应当将下列申请资料报送所在地银监局（一式两份），同时抄送所在地中国银监会派出机构：

（一）董事长或者行长（首席执行官、总经理）签署的致中国银监会主席的申请书；

（二）股东会或者董事会决议；

（三）股东各方董事长或者行长（首席执行官、总经理）签署的同意该机构自行解散的确认函；

（四）中国银监会要求的其他资料。

所在地银监局应当自收到完整的申请资料之日起20日内将申请资料连同审核意见报送中国银监会。

中国银监会应当自收到完整的申请资料之日起3个月内作出批准或者不批准自行解散的决定，并书面通知申请人。决定不批准的，应当说明理由。

第一百一十二条 外国银行、外商独资银行或者中外合资银行申请关闭在中国境内分行，应当将下列申请资料报送该分行所在地银监局（一式两份），同时抄送外商独资银行、中外合资银行总行所在地银监局以及该分行所在地中国银监会派出机构：

（一）申请人董事长或者行长（首席执行官、总经理）签署的致中国银监会主席的申请书；

（二）外商独资银行、中外合资银行的董事会决议；

（三）外国银行所在国家或者地区金融监管当局对其申请的意见书；

（四）中国银监会要求的其他资料。

该分行所在地银监局应当自收到完整的申请资料之日起20日内将申请资料连同审核意见报送中国银监会。

中国银监会应当自收到完整的申请资料之日起3个月内作出批准或者不批准关闭的决定，并书面通知申请人。决定不批准的，应当说明理由。

第一百一十三条　自中国银监会批准外商独资银行、中外合资银行自行解散或者外国银行、外商独资银行、中外合资银行关闭在中国境内分行的决定生效之日起，被批准自行解散、关闭的机构应当立即停止经营活动，交回金融许可证，并在 15 日内成立清算组。

第一百一十四条　清算组成员包括行长（总经理）、会计主管、中国注册会计师以及中国银监会指定的其他人员。外商独资银行、中外合资银行清算组还应当包括股东代表和董事长。清算组成员应当报经所在地中国银监会派出机构同意。

第一百一十五条　清算组应当书面通知工商行政管理机关、税务机关、劳动与社会保障部门等有关部门。

第一百一十六条　外商独资银行、中外合资银行自行解散或者外商独资银行、中外合资银行和外国银行关闭其在中国境内分行涉及的其他清算事宜按照《中华人民共和国公司法》的有关规定执行。

第一百一十七条　被解散或者关闭的外资银行营业性机构及其分支机构所在地中国银监会派出机构负责监督解散与清算过程，并将重大事项和清算结果逐级报至中国银监会。

第一百一十八条　清算组应当自成立之日起 30 日内聘请在中国境内依法设立的合格的会计师事务所进行审计，自聘请之日起 60 日内向所在地中国银监会派出机构报送审计报告。

第一百一十九条　解散或者关闭清算过程中涉及外汇审批或者核准事项的，应当经国家外汇管理局及其分局批准。

第一百二十条　清算组在清偿债务过程中，应当在支付清算费用、所欠职工工资和劳动保险费后，优先支付个人储蓄存款的本金和利息。

第一百二十一条　清算组应当在每月 10 日前向所在地中国银监会派出机构报送有关债务清偿、资产处置、贷款清收、销户等情况的报告。

第一百二十二条　被清算机构全部债务清偿完毕后，清算组申请提取生息资产，应当向所在地中国银监会派出机构报送下列申请资料，由所在地中国银监会派出机构进行审批：

（一）由清算组组长签署的申请书；

（二）关于清算情况的报告；

（三）中国银监会要求的其他资料。

第一百二十三条　清算工作结束后，清算组应当制作清算报告，报送所在地中国银监会派出机构确认，并报送工商行政管理机关申请注销工商登记，在中国银监会指定的全国性报纸和所在地中国银监会派出机构指定的地方性报纸上公告。清算组应当将公告内容在公告日 3 日前书面报至所在地中国银监会派出机构。

第一百二十四条　清算后的会计档案及业务资料依照有关规定处理。

第一百二十五条　自外国银行分行清算结束之日起 2 年内，中国银监会及其派出机构不受理该外国银行在中国境内同一城市设立营业性机构的申请。

第一百二十六条　外国银行申请关闭在中国境内的分行并提出在同一城市设立代表处的，应当将下列申请资料报送所在地银监局（一式两份），同时抄送所在地中国银监会派出机构：

（一）申请人董事长或者行长（首席执行官、总经理）签署的致中国银监会主席的申请书；

（二）外国银行授权签字人签署的对拟任首席代表的授权书；

（三）拟任首席代表简历；

（四）拟任首席代表的身份证明和学历证明的复印件；

（五）由拟任首席代表签署的无不良记录陈述书；

（六）中国银监会要求的其他资料。

所在地银监局应当自收到完整的申请资料之日起 20 日内将申请资料连同审核意见报中国银监会。

中国银监会应当自收到完整的申请资料之日起 3 个月内作出批准或者不批准关闭分行并在同一城市设立代表处的决定，并书面通知申请人。决定不批准的，应当说明理由。

第一百二十七条　外商独资银行、中外合资银行有违法违规经营、经营管理不善等情形，不予撤销将严重危害金融秩序、损害社会公众利益的，由中国银监会按照《金融机构撤销条例》的规定撤销。

中国银监会责令关闭外国银行分行的，按照《中华人民共和国公司法》的有关规定执行。

第一百二十八条　外商独资银行、中外合资银行因解散而清算，清算组在清理财产、编制资产负债表和财产清单后，发现外商独资银行、中外合资银行财产不足清偿债务的，经中国银监会同意，应当立即向人民法院申请宣告破产。外商独资银行、中外合资银行经人民法院裁定宣告破产后，清算组应当将清算事务移交给人民法院。

第一百二十九条　外资银行营业性机构根据《条例》第五十九条的规定申请复业的，应当将下列申请资料报送所在地银监局（一式两份），同时抄送所在地中国银监会派出机构：

（一）申请人董事长或者行长（首席执行官、总经理）签署的致中国银监会主席的申请书；

（二）外商独资银行、中外合资银行的董事会决议；

（三）中国银监会要求的其他资料。

所在地银监局应当自收到完整的申请资料之日起 20 日内将申请资料连同审核意见报送中国银监会。

中国银监会应当自收到完整的申请资料之日起 3 个月内作出批准或者不批准复业的决定，并书面通知申请人。决定不批准的，应当说明理由。

第一百三十条　外国银行将其在中国境内的分行改制为由其总行单独出资的外商独资银行的，原外国银行分行应当在外商独资银行开业后交回金融许可证，并依法向工商行政管理机关办理注销登记。

第一百三十一条　外国银行申请关闭在中国境内代表处的，应当将下列申请资料报送所在地银监局（一式两份），同时抄送所在地中国银监会派出机构：

（一）外国银行董事长或者行长（首席执行官、总经理）签署的致中国银监会主席的申请书；

（二）中国银监会要求的其他资料。

所在地银监局应当自收到完整的申请资料之日起 20 日内将申请资料连同审核意见报送中国银监会。

中国银监会应当自收到完整的申请资料之日起 3 个月内作出批准或者不批准关闭的决定，并书面通知申请人。决定不批准的，应当说明理由。

第一百三十二条　经批准关闭的代表处应当在依法办理注销登记手续后 15 日内，在中国银监会指定的全国性报纸及所在地中国银监会派出机构指定的地方性报纸上公告，并将公告内容报送所在地中国银监会派出机构。

第七章　附　则

第一百三十三条　外资银行违反本细则的，中国银监会按照《条例》和其他有关规定对其进行处罚。

第一百三十四条　本细则自 2006 年 12 月 11 日起施行。自本细则施行之日起，中国银监会2004 年 7 月 26 日公布的《中华人民共和国外资金融机构管理条例实施细则》同时废止。

第五编 非银行金融机构政策法规

金融资产管理公司条例

(国务院令第 297 号，经 2000 年 11 月 1 日国务院第 32 次常务会议通过，2000 年 11 月 10 日公布，自公布之日起施行)

第一章 总 则

第一条 为了规范金融资产管理公司的活动，依法处理国有银行不良贷款，促进国有银行和国有企业的改革和发展，制定本条例。

第二条 金融资产管理公司，是指经国务院决定设立的收购国有银行不良贷款，管理和处置因收购国有银行不良贷款形成的资产的国有独资非银行金融机构。

第三条 金融资产管理公司以最大限度保全资产、减少损失为主要经营目标，依法独立承担民事责任。

第四条 中国人民银行、财政部和中国证券监督管理委员会依据各自的法定职责对金融资产管理公司实施监督管理。

第二章 公司的设立和业务范围

第五条 金融资产管理公司的注册资本为人民币 100 亿元，由财政部核拨。

第六条 金融资产管理公司由中国人民银行颁发《金融机构法人许可证》，并向工商行政管理部门依法办理登记。

第七条 金融资产管理公司设立分支机构，须经财政部同意，并报中国人民银行批准，由中国人民银行颁发《金融机构营业许可证》，并向工商行政管理部门依法办理登记。

第八条 金融资产管理公司设总裁 1 人、副总裁若干人。总裁、副总裁由国务院任命。总裁对外代表金融资产管理公司行使职权，负责金融资产管理公司的经营管理。

金融资产管理公司的高级管理人员须经中国人民银行审查任职资格。

第九条 金融资产管理公司监事会的组成、职责和工作程序，依照《国有重点金融机构监事会暂行条例》执行。

第十条 金融资产管理公司在其收购的国有银行不良贷款范围内，管理和处置因收购国有银行不良贷款形成的资产时，可以从事下列业务活动：

（一）追偿债务；

（二）对所收购的不良贷款形成的资产进行租赁或者以其他形式转让、重组；

（三）债权转股权，并对企业阶段性持股；

（四）资产管理范围内公司的上市推荐及债券、股票承销；

（五）发行金融债券，向金融机构借款；

（六）财务及法律咨询，资产及项目评估；

（七）中国人民银行、中国证券监督管理委员会批准的其他业务活动。

金融资产管理公司可以向中国人民银行申请再贷款。

第三章　收购不良贷款的范围、额度及资金来源

第十一条　金融资产管理公司按照国务院确定的范围和额度收购国有银行不良贷款；超出确定的范围或者额度收购的，须经国务院专项审批。

第十二条　在国务院确定的额度内，金融资产管理公司按照账面价值收购有关贷款本金和相对应的计入损益的应收未收利息；对未计入损益的应收未收利息，实行无偿划转。

第十三条　金融资产管理公司收购不良贷款后，即取得原债权人对债务人的各项权利。原借款合同的债务人、担保人及有关当事人应当继续履行合同规定的义务。

第十四条　金融资产管理公司收购不良贷款的资金来源包括：

（一）划转中国人民银行发放给国有独资商业银行的部分再贷款；

（二）发行金融债券。

中国人民银行发放给国有独资商业银行的再贷款划转给金融资产管理公司，实行固定利率，年利率为2.25%。

第十五条　金融资产管理公司发行金融债券，由中国人民银行会同财政部审批。

第四章　债权转股权

第十六条　金融资产管理公司可以将收购国有银行不良贷款取得的债权转为对借款企业的股权。金融资产管理公司持有的股权，不受本公司净资产额或者注册资本的比例限制。

第十七条　实施债权转股权，应当贯彻国家产业政策，有利于优化经济结构，促进有关企业的技术进步和产品升级。

第十八条　实施债权转股权的企业，由国家经济贸易委员会向金融资产管理公司推荐。金融资产管理公司对被推荐的企业进行独立评审，制定企业债权转股权的方案并与企业签订债权转股权协议。债权转股权的方案和协议由国家经济贸易委员会会同财政部、中国人民银行审核，报国务院批准后实施。

第十九条　实施债权转股权的企业，应当按照现代企业制度的要求，转换经营机制，建立规范的公司法人治理结构，加强企业管理。有关地方人民政府应当帮助企业减员增效、下岗分流，分离企业办社会的职能。

第二十条　金融资产管理公司的债权转股权后，作为企业的股东，可以派员参加企业董事会、监事会，依法行使股东权利。

第二十一条　金融资产管理公司持有的企业股权，可以按照国家有关规定向境内外投资者转让，也可以由债权转股权企业依法回购。

第二十二条　企业实施债权转股权后，应当按照国家有关规定办理企业产权变更等有关登记。

第二十三条　国家经济贸易委员会负责组织、指导、协调企业债权转股权工作。

第五章　公司的经营和管理

第二十四条　金融资产管理公司实行经营目标责任制。

财政部根据不良贷款质量的情况，确定金融资产管理公司处置不良贷款的经营目标，并进行考核和监督。

第二十五条　金融资产管理公司应当根据不良贷款的特点，制定经营方针和有关措施，完善内部治理结构，建立内部约束机制和激励机制。

第二十六条　金融资产管理公司管理、处置因收购国有银行不良贷款形成的资产，应当按照公开、竞争、择优的原则运作。

金融资产管理公司转让资产，主要采取招标、拍卖等方式。

金融资产管理公司的债权因债务人破产等原因得不到清偿的，按照国务院的规定处理。

金融资产管理公司资产处置管理办法由财政部制定。

第二十七条　金融资产管理公司根据业务需要，可以聘请具有会计、资产评估和法律服务等资格的中介机构协助开展业务。

第二十八条　金融资产管理公司免交在收购国有银行不良贷款和承接、处置因收购国有银行不良贷款形成的资产的业务活动中的税收。具体办法由财政部会同国家税务总局制定。

金融资产管理公司免交工商登记注册费等行政性收费。

第二十九条　金融资产管理公司应当按照中国人民银行、财政部和中国证券监督管理委员会等有关部门的要求，报送财务、统计报表和其他有关材料。

第三十条　金融资产管理公司应当依法接受审计机关的审计监督。

金融资产管理公司应当聘请财政部认可的注册会计师对其财务状况进行年度审计，并将审计报告及时报送各有关监督管理部门。

第六章　公司的终止和清算

第三十一条　金融资产管理公司终止时，由财政部组织清算组，进行清算。

第三十二条　金融资产管理公司处置不良贷款形成的最终损失，由财政部提出解决方案，报国务院批准执行。

第七章　附　则

第三十三条　金融资产管理公司违反金融法律、行政法规的，由中国人民银行依照有关法律和《金融违法行为处罚办法》给予处罚；违反其他有关法律、行政法规的，由有关部门依法给予处罚；构成犯罪的，依法追究刑事责任。

第三十四条　本条例自公布之日起施行。

金融租赁公司管理办法

（中国银行业监督管理委员会令 2007 年第 1 号令，于 2006 年 12 月 28 日经第 55 次主席会议通过，自 2007 年 3 月 1 日起施行）

第一章 总 则

第一条 为促进我国融资租赁业的健康发展，加强对金融租赁公司的监督管理，根据《中华人民共和国银行业监督管理法》、《中华人民共和国公司法》等法律法规，制定本办法。

第二条 本办法所称金融租赁公司，是指经中国银行业监督管理委员会批准，以经营融资租赁业务为主的非银行金融机构。

金融租赁公司名称中标明"金融租赁"字样。未经中国银行业监督管理委员会批准，任何单位和个人不得经营融资租赁业务或在其名称中使用"金融租赁"字样，但法律法规另有规定的除外。

第三条 本办法所称融资租赁，是指出租人根据承租人对租赁物和供货人的选择或认可，将其从供货人处取得的租赁物按合同约定出租给承租人占有、使用，向承租人收取租金的交易活动。

适用于融资租赁交易的租赁物为固定资产。

第四条 本办法所称售后回租业务，是指承租人将自有物件出卖给出租人，同时与出租人签定融资租赁合同，再将该物件从出租人处租回的融资租赁形式。售后回租业务是承租人和供货人为同一人的融资租赁方式。

第五条 本办法所称关联方关系及关联交易，是指符合有关企业会计准则规定的关联方关系及关联交易。

第六条 中国银行业监督管理委员会及其派出机构依法对金融租赁公司实施监督管理。

第二章 机构设立、变更与终止

第七条 申请设立金融租赁公司应具备下列条件：

（一）具有符合本办法规定的出资人；

（二）具有符合本办法规定的最低限额注册资本；

（三）具有符合《中华人民共和国公司法》和本办法规定的章程；

（四）具有符合中国银行业监督管理委员会规定的任职资格条件的董事、高级管理人员和熟悉融资租赁业务的合格从业人员；

（五）具有完善的公司治理、内部控制、业务操作、风险防范等制度；

（六）具有合格的营业场所、安全防范措施和与业务有关的其他设施；

（七）中国银行业监督管理委员会规定的其他条件。

第八条 金融租赁公司的出资人分为主要出资人和一般出资人。主要出资人是指出资额占拟设金融租赁公司注册资本50%以上的出资人。一般出资人是指除主要出资人以外的其他出资人。

设立金融租赁公司，应由主要出资人作为申请人向中国银行业监督管理委员会提出申请。

第九条 金融租赁公司主要出资人应符合下列条件之一：

（一）中国境内外注册的具有独立法人资格的商业银行，还应具备以下条件：

1. 资本充足率符合注册地金融监管机构要求且不低于8%；

2. 最近1年年末资产不低于800亿元人民币或等值的自由兑换货币；

3. 最近2年连续盈利；

4. 遵守注册地法律法规，最近2年内未发生重大案件或重大违法违规行为；

5. 具有良好的公司治理结构、内部控制机制和健全的风险管理制度；

6. 中国银行业监督管理委员会规定的其他审慎性条件。

（二）中国境内外注册的租赁公司，还应具备以下条件：

1. 最近1年年末资产不低于100亿元人民币或等值的自由兑换货币；

2. 最近2年连续盈利；

3. 遵守注册地法律法规，最近2年内未发生重大案件或重大违法违规行为。

（三）在中国境内注册的、主营业务为制造适合融资租赁交易产品的大型企业，还应具备以下条件：

1. 最近1年的营业收入不低于50亿元人民币或等值的自由兑换货币；

2. 最近2年连续盈利；

3. 最近1年年末净资产率不低于30%；

4. 主营业务销售收入占全部营业收入的80%以上；

5. 信用记录良好；

6. 遵守注册地法律法规，最近2年内未发生重大案件或重大违法违规行为。

（四）中国银行业监督管理委员会认可的可以担任主要出资人的其他金融机构。

第十条 金融租赁公司一般出资人应符合中国银行业监督管理委员会投资入股金融机构相关规定。符合本办法主要出资人条件的出资人可以担任金融租赁公司的一般出资人。

第十一条 金融租赁公司的最低注册资本为1亿元人民币或等值的自由兑换货币，注册资本为实缴货币资本。

中国银行业监督管理委员会根据融资租赁业发展的需要，可以调整金融租赁公司的最低注册资本限额。

第十二条 金融租赁公司的设立需经过筹建和开业两个阶段。申请人提交的申请筹建、申请开业的资料，以中文文本为准。资料受理及审批程序按照中国银行业监督管理委员会有关行政许可事项实施规定执行。

第十三条 申请筹建金融租赁公司，申请人应当提交下列文件：

（一）筹建申请书，内容包括拟设立金融租赁公司的名称、注册所在地、注册资本金、出资人及各自的出资额、业务范围等。

（二）可行性研究报告，内容包括对拟设公司的市场前景分析、未来业务发展规划、组织管理架构和风险控制能力分析、公司开业后3年的资产负债规模和盈利预测等内容。

（三）拟设立金融租赁公司的章程（草案）。

（四）出资人基本情况，包括出资人名称、法定代表人、注册地址、营业执照复印件及营业情况以及出资协议。出资人为境外金融机构的，应提供注册地金融监管机构出具的意见函。

（五）出资人最近2年经有资质的中介机构审计的年度审计报告。

（六）中国银行业监督管理委员会要求提交的其他文件。

第十四条 金融租赁公司筹建工作完成后，应向中国银行业监督管理委员会提出开业申请，并提交下列文件：

（一）筹建工作报告和开业申请书。

（二）境内有资质的中介机构出具的验资证明、工商行政管理机关出具的对拟设金融租赁公司名称的预核准登记书。

（三）股东名册及其出资额、出资比例。

（四）金融租赁公司章程。金融租赁公司章程至少包括以下内容：机构名称、营业地址、机构性质、注册资本金、业务范围、组织形式、经营管理和中止、清算等事项。

（五）拟任高级管理人员名单、详细履历及任职资格证明材料。

（六）拟办业务规章制度和风险控制制度。

（七）营业场所和其他与业务有关设施的资料。

（八）中国银行业监督管理委员会要求的其他文件。

第十五条 经中国银行业监督管理委员会批准，金融租赁公司可设立分支机构。设立分支机构的具体条件由中国银行业监督管理委员会另行规定。

第十六条 中国银行业监督管理委员会对金融租赁公司董事和高级管理人员实行任职资格核准制度。

第十七条 金融租赁公司有下列变更事项之一的，须报经中国银行业监督管理委员会批准：

（一）变更名称；

（二）改变组织形式；

（三）调整业务范围；

（四）变更注册资本；

（五）变更股权；

（六）修改章程；

（七）变更注册地或营业场所；

（八）变更董事及高级管理人员；

（九）合并与分立；

（十）中国银行业监督管理委员会规定的其他变更事项。

第十八条 金融租赁公司有以下情况之一的，经中国银行业监督管理委员会批准后可以解散：

（一）公司章程规定的营业期限届满或者公司章程规定的其他解散事由出现；

（二）股东（大）会决议解散；

（三）因公司合并或者分立需要解散；

（四）依法被吊销营业执照、责令关闭或者被撤销；

（五）其他法定事由。

第十九条 金融租赁公司有以下情形之一的，经中国银行业监督管理委员会批准，可向法院申请破产：

（一）不能支付到期债务，自愿或其债权人要求申请破产的；

（二）因解散或被撤销而清算，清算组发现该金融租赁公司财产不足以清偿债务，应当申请破产的。

第二十条 金融租赁公司不能清偿到期债务，并且资产不足以清偿全部债务或者明显缺乏清偿能力的，中国银行业监督管理委员会可以向人民法院提出对该金融租赁公司进行重整或者破产清算的申请。

第二十一条　金融租赁公司因解散、依法被撤销或被宣告破产而终止的，其清算事宜，按照国家有关法律法规办理。

第三章　业务范围

第二十二条　经中国银行业监督管理委员会批准，金融租赁公司可经营下列部分或全部本外币业务：

（一）融资租赁业务；

（二）吸收股东 1 年期（含）以上定期存款；

（三）接受承租人的租赁保证金；

（四）向商业银行转让应收租赁款；

（五）经批准发行金融债券；

（六）同业拆借；

（七）向金融机构借款；

（八）境外外汇借款；

（九）租赁物品残值变卖及处理业务；

（十）经济咨询；

（十一）中国银行业监督管理委员会批准的其他业务。

第二十三条　金融租赁公司不得吸收银行股东的存款。

第二十四条　金融租赁公司经营业务中涉及外汇管理事项的，需遵守国家外汇管理的有关规定。

第四章　经营规则

第二十五条　金融租赁公司的公司治理应当建立以股东（大）会、董事会、监事会、高级管理层等为主体的组织架构，明确各自之间的职责划分，保证相互之间独立运行、有效制衡，形成科学、高效的决策、激励和约束机制。

第二十六条　金融租赁公司应当按照全面、审慎、有效、独立的原则，建立和健全内部控制制度，并报中国银行业监督管理委员会或其派出机构备案。

第二十七条　金融租赁公司的关联交易应当按照商业原则，以不优于对非关联方同类交易的条件进行。

第二十八条　金融租赁公司应当制定关联交易管理制度，具体内容应当包括：

（一）董事会或者经营决策机构对关联交易的监督管理；

（二）关联交易控制委员会的职责和人员组成；

（三）关联方的信息收集与管理；

（四）关联方的报告与承诺、识别与确认制度；

（五）关联交易的种类和定价政策、审批程序和标准；

（六）回避制度；

（七）内部审计监督；

（八）信息披露；

（九）处罚办法；

（十）银监会要求的其他内容。

第二十九条　金融租赁公司的重大关联交易应经董事会批准。重大关联交易是指金融租赁公司与一个关联方之间单笔交易金额占金融租赁公司资本净额5%以上，或金融租赁公司与一个关联方发生交易后金融租赁公司与该关联方的交易余额占金融租赁公司资本净额10%以上的交易。

第三十条 金融租赁公司董事会、未设立董事会的金融租赁公司经营决策机构及关联交易控制委员会对关联交易进行表决或决策时，与该关联交易有关联关系的人员应当回避。

第三十一条 售后回租业务必须有明确的标的物，标的物应当符合本办法的规定。

第三十二条 售后回租业务的标的物必须由承租人真实拥有并有权处分。金融租赁公司不得接受已设置任何抵押、权属存在争议或已被司法机关查封、扣押的财产或其所有权存在任何其他瑕疵的财产作为售后回租业务的标的物。

第三十三条 售后回租业务中，金融租赁公司对标的物的买入价格应有合理的、不违反会计准则的定价依据作为参考，不得低值高买。

第三十四条 从事售后回租业务的金融租赁公司应真实取得相应标的物的所有权。标的物属于国家法律法规规定其产权转移必须到登记部门进行登记的财产类别的，金融租赁公司应进行相关登记。

第五章 监督管理

第三十五条 金融租赁公司应遵守以下监管指标：

（一）资本充足率。金融租赁公司资本净额不得低于风险加权资产的8%。

（二）单一客户融资集中度。金融租赁公司对单一承租人的融资余额不得超过资本净额的30%。计算对客户融资余额时，可以扣除授信时承租人提供的保证金。

（三）单一客户关联度。金融租赁公司对一个关联方的融资余额不得超过金融租赁公司资本净额的30%。

（四）集团客户关联度。金融租赁公司对全部关联方的融资余额不得超过金融租赁公司资本净额的50%。

（五）同业拆借比例。金融租赁公司同业拆入资金余额不得超过金融租赁公司资本净额的100%。

中国银行业监督管理委员会视监管工作需要可对上述指标做出适当调整。

第三十六条 金融租赁公司应按照相关企业会计准则及中国银行业监督管理委员会有关规定进行信息披露。

第三十七条 金融租赁公司应实行风险资产五级分类制度。

第三十八条 金融租赁公司应当按照有关规定制定呆账准备制度，及时足额计提呆账准备。未提足呆账准备的，不得进行利润分配。

第三十九条 金融租赁公司应按规定编制并向中国银行业监督管理委员会报送资产负债表、损益表及中国银行业监督管理委员会要求的其他报表。金融租赁公司法定代表人及直接经办人员对所提供报表的真实性承担法律责任。

第四十条 金融租赁公司应在每会计年度结束后4个月内向中国银行业监督管理委员会或有关派出机构报送前一会计年度的关联交易情况报告。报告内容应当包括：关联方、交易类型、交易金额及标的、交易价格及定价方式、交易收益与损失、关联方在交易中所占权益的性质及比重等。

第四十一条 金融租赁公司应建立定期外部审计制度，并在每个会计年度结束后的4个月内，将经法定代表人签名确认的年度审计报告报送中国银行业监督管理委员会及相应派出机构。

第四十二条 金融租赁公司违反本办法有关规定的，中国银行业监督管理委员会可责令限期整改；逾期未整改的，或者其行为严重危及该金融租赁公司的稳健运行、损害客户合法权益的，中国银行业监督管理委员会可以区别情形，依照《中华人民共和国银行业监督管理法》等法律法规的规定，采取暂停业务、限制股东权利等监管措施。

第四十三条　金融租赁公司已经或者可能发生信用危机，严重影响客户合法权益的，中国银行业监督管理委员会依法对其实行托管或者督促其重组，问题严重的，有权予以撤销。

第四十四条　凡违反本办法有关规定的，中国银行业监督管理委员会按《中华人民共和国银行业监督管理法》等有关法律法规进行处罚。金融租赁公司对中国银行业监督管理委员会的处罚决定不服的，可以依法申请行政复议或者向人民法院提起行政诉讼。

第六章　附　则

第四十五条　本办法由中国银行业监督管理委员会解释。

第四十六条　本办法自 2007 年 3 月 1 日起施行。

非金融机构支付服务管理办法

中国人民银行令 〔2010〕第 2 号

（经 2010 年 5 月 19 日第 7 次行长办公会议通过，2010 年 6 月 14 日公布，
自 2010 年 9 月 1 日起施行）

第一章　总　则

第一条　为促进支付服务市场健康发展，规范非金融机构支付服务行为，防范支付风险，保护当事人的合法权益，根据《中华人民共和国中国人民银行法》等法律法规，制定本办法。

第二条　本办法所称非金融机构支付服务，是指非金融机构在收付款人之间作为中介机构提供下列部分或全部货币资金转移服务：

（一）网络支付；

（二）预付卡的发行与受理；

（三）银行卡收单；

（四）中国人民银行确定的其他支付服务。

本办法所称网络支付，是指依托公共网络或专用网络在收付款人之间转移货币资金的行为，包括货币汇兑、互联网支付、移动电话支付、固定电话支付、数字电视支付等。

本办法所称预付卡，是指以营利为目的发行的、在发行机构之外购买商品或服务的预付价值，包括采取磁条、芯片等技术以卡片、密码等形式发行的预付卡。

本办法所称银行卡收单，是指通过销售点（POS）终端等为银行卡特约商户代收货币资金的行为。

第三条　非金融机构提供支付服务，应当依据本办法规定取得《支付业务许可证》，成为支付机构。

支付机构依法接受中国人民银行的监督管理。

未经中国人民银行批准，任何非金融机构和个人不得从事或变相从事支付业务。

第四条　支付机构之间的货币资金转移应当委托银行业金融机构办理，不得通过支付机构相互存放货币资金或委托其他支付机构等形式办理。

支付机构不得办理银行业金融机构之间的货币资金转移，经特别许可的除外。

第五条　支付机构应当遵循安全、效率、诚信和公平竞争的原则，不得损害国家利益、社会公共利益和客户合法权益。

第六条　支付机构应当遵守反洗钱的有关规定，履行反洗钱义务。

第二章　申请与许可

第七条　中国人民银行负责《支付业务许可证》的颁发和管理。

申请《支付业务许可证》的，需经所在地中国人民银行分支机构审查后，报中国人民银行批准。

本办法所称中国人民银行分支机构，是指中国人民银行副省级城市中心支行以上的分支机构。

第八条　《支付业务许可证》的申请人应当具备下列条件：

（一）在中华人民共和国境内依法设立的有限责任公司或股份有限公司，且为非金融机构法人；

（二）有符合本办法规定的注册资本最低限额；

（三）有符合本办法规定的出资人；

（四）有5名以上熟悉支付业务的高级管理人员；

（五）有符合要求的反洗钱措施；

（六）有符合要求的支付业务设施；

（七）有健全的组织机构、内部控制制度和风险管理措施；

（八）有符合要求的营业场所和安全保障措施；

（九）申请人及其高级管理人员最近3年内未因利用支付业务实施违法犯罪活动或为违法犯罪活动办理支付业务等受过处罚。

第九条　申请人拟在全国范围内从事支付业务的，其注册资本最低限额为1亿元人民币；拟在省（自治区、直辖市）范围内从事支付业务的，其注册资本最低限额为3000万元人民币。注册资本最低限额为实缴货币资本。

本办法所称在全国范围内从事支付业务，包括申请人跨省（自治区、直辖市）设立分支机构从事支付业务，或客户可跨省（自治区、直辖市）办理支付业务的情形。

中国人民银行根据国家有关法律法规和政策规定，调整申请人的注册资本最低限额。

外商投资支付机构的业务范围、境外出资人的资格条件和出资比例等，由中国人民银行另行规定，报国务院批准。

第十条　申请人的主要出资人应当符合以下条件：

（一）为依法设立的有限责任公司或股份有限公司；

（二）截至申请日，连续为金融机构提供信息处理支持服务2年以上，或连续为电子商务活动提供信息处理支持服务2年以上；

（三）截至申请日，连续盈利2年以上；

（四）最近3年内未因利用支付业务实施违法犯罪活动或为违法犯罪活动办理支付业务等受过处罚。

本办法所称主要出资人，包括拥有申请人实际控制权的出资人和持有申请人10%以上股权的出资人。

第十一条　申请人应当向所在地中国人民银行分支机构提交下列文件、资料：

（一）书面申请，载明申请人的名称、住所、注册资本、组织机构设置、拟申请支付业务等；

（二）公司营业执照（副本）复印件；

（三）公司章程；

（四）验资证明；

（五）经会计师事务所审计的财务会计报告；

（六）支付业务可行性研究报告；

（七）反洗钱措施验收材料；

（八）技术安全检测认证证明；

（九）高级管理人员的履历材料；

（十）申请人及其高级管理人员的无犯罪记录证明材料；

（十一）主要出资人的相关材料；

（十二）申请资料真实性声明。

第十二条 申请人应当在收到受理通知后按规定公告下列事项：

（一）申请人的注册资本及股权结构；

（二）主要出资人的名单、持股比例及其财务状况；

（三）拟申请的支付业务；

（四）申请人的营业场所；

（五）支付业务设施的技术安全检测认证证明。

第十三条 中国人民银行分支机构依法受理符合要求的各项申请，并将初审意见和申请资料报送中国人民银行。中国人民银行审查批准的，依法颁发《支付业务许可证》，并予以公告。

《支付业务许可证》自颁发之日起，有效期 5 年。支付机构拟于《支付业务许可证》期满后继续从事支付业务的，应当在期满前 6 个月内向所在地中国人民银行分支机构提出续展申请。中国人民银行准予续展的，每次续展的有效期为 5 年。

第十四条 支付机构变更下列事项之一的，应当在向公司登记机关申请变更登记前报中国人民银行同意：

（一）变更公司名称、注册资本或组织形式；

（二）变更主要出资人；

（三）合并或分立；

（四）调整业务类型或改变业务覆盖范围。

第十五条 支付机构申请终止支付业务的，应当向所在地中国人民银行分支机构提交下列文件、资料：

（一）公司法定代表人签署的书面申请，载明公司名称、支付业务开展情况、拟终止支付业务及终止原因等；

（二）公司营业执照（副本）复印件；

（三）《支付业务许可证》复印件；

（四）客户合法权益保障方案；

（五）支付业务信息处理方案。

准予终止的，支付机构应当按照中国人民银行的批复完成终止工作，交回《支付业务许可证》。

第十六条 本章对许可程序未作规定的事项，适用《中国人民银行行政许可实施办法》（中国人民银行令［2004］第 3 号）。

第三章　监督与管理

第十七条 支付机构应当按照《支付业务许可证》核准的业务范围从事经营活动，不得从事核准范围之外的业务，不得将业务外包。

支付机构不得转让、出租、出借《支付业务许可证》。

第十八条 支付机构应当按照审慎经营的要求，制定支付业务办法及客户权益保障措施，建立健全风险管理和内部控制制度，并报所在地中国人民银行分支机构备案。

第十九条 支付机构应当确定支付业务的收费项目和收费标准，并报所在地中国人民银行分支机构备案。

支付机构应当公开披露其支付业务的收费项目和收费标准。

第二十条 支付机构应当按规定向所在地中国人民银行分支机构报送支付业务统计报表和财务会计报告等资料。

第二十一条 支付机构应当制定支付服务协议,明确其与客户的权利和义务、纠纷处理原则、违约责任等事项。

支付机构应当公开披露支付服务协议的格式条款,并报所在地中国人民银行分支机构备案。

第二十二条 支付机构的分公司从事支付业务的,支付机构及其分公司应当分别到所在地中国人民银行分支机构备案。

支付机构的分公司终止支付业务的,比照前款办理。

第二十三条 支付机构接受客户备付金时,只能按收取的支付服务费向客户开具发票,不得按接受的客户备付金金额开具发票。

第二十四条 支付机构接受的客户备付金不属于支付机构的自有财产。

支付机构只能根据客户发起的支付指令转移备付金。禁止支付机构以任何形式挪用客户备付金。

第二十五条 支付机构应当在客户发起的支付指令中记载下列事项:

(一)付款人名称;

(二)确定的金额;

(三)收款人名称;

(四)付款人的开户银行名称或支付机构名称;

(五)收款人的开户银行名称或支付机构名称;

(六)支付指令的发起日期。

客户通过银行结算账户进行支付的,支付机构还应当记载相应的银行结算账号。客户通过非银行结算账户进行支付的,支付机构还应当记载客户有效身份证件上的名称和号码。

第二十六条 支付机构接受客户备付金的,应当在商业银行开立备付金专用存款账户存放备付金。中国人民银行另有规定的除外。

支付机构只能选择一家商业银行作为备付金存管银行,且在该商业银行的一个分支机构只能开立一个备付金专用存款账户。

支付机构应当与商业银行的法人机构或授权的分支机构签订备付金存管协议,明确双方的权利、义务和责任。

支付机构应当向所在地中国人民银行分支机构报送备付金存管协议和备付金专用存款账户的信息资料。

第二十七条 支付机构的分公司不得以自己的名义开立备付金专用存款账户,只能将接收的备付金存放在支付机构开立的备付金专用存款账户。

第二十八条 支付机构调整不同备付金专用存款账户头寸的,由备付金存管银行的法人机构对支付机构拟调整的备付金专用存款账户的余额情况进行复核,并将复核意见告知支付机构及有关备付金存管银行。

支付机构应当持备付金存管银行的法人机构出具的复核意见办理有关备付金专用存款账户的头寸调拨。

第二十九条 备付金存管银行应当对存放在本机构的客户备付金的使用情况进行监督,并按规定向备付金存管银行所在地中国人民银行分支机构及备付金存管银行的法人机构报送客户备付金的存管或使用情况等信息资料。

对支付机构违反第二十五条至第二十八条相关规定使用客户备付金的申请或指令,备付金存管银行应当予以拒绝；发现客户备付金被违法使用或有其他异常情况的，应当立即向备付金存管银行所在地中国人民银行分支机构及备付金存管银行的法人机构报告。

第三十条　支付机构的实缴货币资本与客户备付金日均余额的比例，不得低于10%。

本办法所称客户备付金日均余额，是指备付金存管银行的法人机构根据最近90日内支付机构每日日终的客户备付金总量计算的平均值。

第三十一条　支付机构应当按规定核对客户的有效身份证件或其他有效身份证明文件，并登记客户身份基本信息。

支付机构明知或应知客户利用其支付业务实施违法犯罪活动的，应当停止为其办理支付业务。

第三十二条　支付机构应当具备必要的技术手段，确保支付指令的完整性、一致性和不可抵赖性，支付业务处理的及时性、准确性和支付业务的安全性；具备灾难恢复处理能力和应急处理能力，确保支付业务的连续性。

第三十三条　支付机构应当依法保守客户的商业秘密，不得对外泄露。法律法规另有规定的除外。

第三十四条　支付机构应当按规定妥善保管客户身份基本信息、支付业务信息、会计档案等资料。

第三十五条　支付机构应当接受中国人民银行及其分支机构定期或不定期的现场检查和非现场检查，如实提供有关资料，不得拒绝、阻挠、逃避检查，不得谎报、隐匿、销毁相关证据材料。

第三十六条　中国人民银行及其分支机构依据法律、行政法规、中国人民银行的有关规定对支付机构的公司治理、业务活动、内部控制、风险状况、反洗钱工作等进行定期或不定期现场检查和非现场检查。

中国人民银行及其分支机构依法对支付机构进行现场检查，适用《中国人民银行执法检查程序规定》（中国人民银行令〔2010〕第1号发布）。

第三十七条　中国人民银行及其分支机构可以采取下列措施对支付机构进行现场检查：

（一）询问支付机构的工作人员，要求其对被检查事项作出解释、说明；

（二）查阅、复制与被检查事项有关的文件、资料，对可能被转移、藏匿或毁损的文件、资料予以封存；

（三）检查支付机构的客户备付金专用存款账户及相关账户；

（四）检查支付业务设施及相关设施。

第三十八条　支付机构有下列情形之一的，中国人民银行及其分支机构有权责令其停止办理部分或全部支付业务：

（一）累计亏损超过其实缴货币资本的50%；

（二）有重大经营风险；

（三）有重大违法违规行为。

第三十九条　支付机构因解散、依法被撤销或被宣告破产而终止的，其清算事宜按照国家有关法律规定办理。

第四章　罚　则

第四十条　中国人民银行及其分支机构的工作人员有下列情形之一的，依法给予行政处分；构成犯罪的，依法追究刑事责任：

（一）违反规定审查批准《支付业务许可证》的申请、变更、终止等事项的；

（二）违反规定对支付机构进行检查的；

（三）泄露知悉的国家秘密或商业秘密的；

（四）滥用职权、玩忽职守的其他行为。

第四十一条　商业银行有下列情形之一的，中国人民银行及其分支机构责令其限期改正，并给予警告或处 1 万元以上 3 万元以下罚款；情节严重的，中国人民银行责令其暂停或终止客户备付金存管业务：

（一）未按规定报送客户备付金的存管或使用情况等信息资料的；

（二）未按规定对支付机构调整备付金专用存款账户头寸的行为进行复核的；

（三）未对支付机构违反规定使用客户备付金的申请或指令予以拒绝的。

第四十二条　支付机构有下列情形之一的，中国人民银行分支机构责令其限期改正，并给予警告或处 1 万元以上 3 万元以下罚款：

（一）未按规定建立有关制度办法或风险管理措施的；

（二）未按规定办理相关备案手续的；

（三）未按规定公开披露相关事项的；

（四）未按规定报送或保管相关资料的；

（五）未按规定办理相关变更事项的；

（六）未按规定向客户开具发票的；

（七）未按规定保守客户商业秘密的。

第四十三条　支付机构有下列情形之一的，中国人民银行分支机构责令其限期改正，并处 3 万元罚款；情节严重的，中国人民银行注销其《支付业务许可证》；涉嫌犯罪的，依法移送公安机关立案侦查；构成犯罪的，依法追究刑事责任：

（一）转让、出租、出借《支付业务许可证》的；

（二）超出核准业务范围或将业务外包的；

（三）未按规定存放或使用客户备付金的；

（四）未遵守实缴货币资本与客户备付金比例管理规定的；

（五）无正当理由中断或终止支付业务的；

（六）拒绝或阻碍相关检查监督的；

（七）其他危及支付机构稳健运行、损害客户合法权益或危害支付服务市场的违法违规行为。

第四十四条　支付机构未按规定履行反洗钱义务的，中国人民银行及其分支机构依据国家有关反洗钱法律法规等进行处罚；情节严重的，中国人民银行注销其《支付业务许可证》。

第四十五条　支付机构超出《支付业务许可证》有效期限继续从事支付业务的，中国人民银行及其分支机构责令其终止支付业务；涉嫌犯罪的，依法移送公安机关立案侦查；构成犯罪的，依法追究刑事责任。

第四十六条　以欺骗等不正当手段申请《支付业务许可证》但未获批准的，申请人及持有其 5%以上股权的出资人 3 年内不得再次申请或参与申请《支付业务许可证》。

以欺骗等不正当手段申请《支付业务许可证》且已获批准的，由中国人民银行及其分支机构责令其终止支付业务，注销其《支付业务许可证》；涉嫌犯罪的，依法移送公安机关立案侦查；构成犯罪的，依法追究刑事责任；申请人及持有其 5%以上股权的出资人不得再次申请或参与申请《支付业务许可证》。

第四十七条　任何非金融机构和个人未经中国人民银行批准擅自从事或变相从事支付业务的，中国人民银行及其分支机构责令其终止支付业务；涉嫌犯罪的，依法移送公安机关立案侦查；构成犯罪的，依法追究刑事责任。

第五章 附 则

第四十八条 本办法实施前已经从事支付业务的非金融机构，应当在本办法实施之日起 1 年内申请取得《支付业务许可证》。逾期未取得的，不得继续从事支付业务。

第四十九条 本办法由中国人民银行负责解释。

第五十条 本办法自 2010 年 9 月 1 日起施行。

信托公司净资本管理办法

（银监会令〔2010〕5 号，经 2010 年 7 月 12 日中国银行业监督管理委员会第 99 次主席会议通过，2010 年 10 月 24 日公布，自公布之日起施行）

第一章 总 则

第一条 为加强对信托公司的风险监管，促进信托公司安全、稳健发展，根据《中华人民共和国银行业监督管理法》、《中华人民共和国信托法》等有关法律法规，制定本办法。

第二条 本办法适用于在中华人民共和国境内依法设立的信托公司。

第三条 本办法所称净资本，是指根据信托公司的业务范围和公司资产结构的特点，在净资产的基础上对各固有资产项目、表外项目和其他有关业务进行风险调整后得出的综合性风险控制指标。对信托公司实施净资本管理的目的，是确保信托公司固有资产充足并保持必要的流动性，以满足抵御各项业务不可预期损失的需要。

本办法所称风险资本，是指信托公司按照一定标准计算并配置给某项业务用于应对潜在风险的资本。

第四条 信托公司应当按照本办法的规定计算净资本和风险资本。

第五条 信托公司应当根据自身资产结构和业务开展情况，建立动态的净资本管理机制，确保净资本等各项风险控制指标符合规定标准。

第六条 中国银行业监督管理委员会可以根据市场发展情况和审慎监管原则，对信托公司净资本计算标准及最低要求、风险控制指标、风险资本计算标准等进行调整。

对于本办法未规定的新产品、新业务，信托公司在设计该产品或开展该业务前，应当按照规定事前向中国银行业监督管理委员会报告。中国银行业监督管理委员会根据信托公司新产品、新业务的特点和风险状况，审慎确定相应的比例和计算标准。

第七条 中国银行业监督管理委员会按照本办法对信托公司净资本管理及相关风险控制指标状况进行监督检查。

第二章 净资本计算

第八条 净资本计算公式为：净资本＝净资产－各类资产的风险扣除项－或有负债的风险扣除项－中国银行业监督管理委员会认定的其他风险扣除项。

第九条 信托公司应当在充分计提各类资产减值准备的基础上，按照中国银行业监督管理委员会规定的信托公司净资本计算标准计算净资本。

第十条　信托公司应当根据不同资产的特点和风险状况，按照中国银行业监督管理委员会规定的系数对资产项目进行风险调整。信托公司计算净资本时，应当将不同科目中核算的同类资产合并计算，按照资产的属性统一进行风险调整。

（一）金融产品投资应当根据金融产品的类别和流动性特点按照规定的系数进行调整。信托公司以固有资金投资集合资金信托计划或其他理财产品的，应当根据承担的风险相应进行风险调整。

（二）股权投资应当根据股权的类别和流动性特点按照规定的系数进行风险调整。

（三）贷款等债权类资产应当根据到期日的长短和可回收情况按照规定的系数进行风险调整。

资产的分类中同时符合两个或两个以上分类标准的，应当采用最高的扣除比例进行调整。

第十一条　对于或有事项，信托公司在计算净资本时应当根据出现损失的可能性按照规定的系数进行风险调整。

信托公司应当对期末或有事项的性质（如未决诉讼、未决仲裁、对外担保等）、涉及金额、形成原因和进展情况、可能发生的损失和预计损失的会计处理情况等在净资本计算表的附注中予以充分披露。

第三章　风险资本计算

第十二条　由于信托公司开展的各项业务存在一定风险并可能导致资本损失，所以应当按照各项业务规模的一定比例计算风险资本并与净资本建立对应关系，确保各项业务的风险资本有相应的净资本来支撑。

第十三条　信托公司开展固有业务、信托业务和其他业务，应当计算风险资本。

风险资本计算公式为：风险资本＝固有业务风险资本＋信托业务风险资本＋其他业务风险资本。

固有业务风险资本＝固有业务各项资产净值×风险系数。

信托业务风险资本＝信托业务各项资产余额×风险系数。

其他业务风险资本＝其他各项业务余额×风险系数。

各项业务的风险系数由中国银行业监督管理委员会另行发布。

第十四条　信托公司应当按照有关业务的规模和规定的风险系数计算各项业务的风险资本。

第四章　风险控制指标

第十五条　信托公司净资本不得低于人民币 2 亿元。

第十六条　信托公司应当持续符合下列风险控制指标：

（一）净资本不得低于各项风险资本之和的 100%；

（二）净资本不得低于净资产的 40%。

第十七条　信托公司可以根据自身实际情况，在不低于中国银行业监督管理委员会规定标准的基础上，确定相应的风险控制指标要求。

第五章　监督检查

第十八条　信托公司董事会承担本公司净资本管理的最终责任，负责确定净资本管理目标，审定风险承受能力，制定并监督实施净资本管理规划。

第十九条　信托公司高级管理人员负责净资本管理的实施工作，包括制定本公司净资本管理的规章制度，完善风险识别、计量和报告程序，定期评估净资本充足水平，并建立相应的净资本管理机制。

第二十条 信托公司应当编制净资本计算表、风险资本计算表和风险控制指标监管报表。

中国银行业监督管理委员会可以根据监管需要，要求信托公司以合并数据为基础编制净资本计算表、风险资本计算表和风险控制指标监管报表。

第二十一条 信托公司应当在每季度结束之日起18个工作日内，向中国银行业监督管理委员会报送季度净资本计算表、风险资本计算表和风险控制指标监管报表。如遇影响净资本等风险控制指标的特别重大事项，应当及时向中国银行业监督管理委员会报告。

第二十二条 信托公司总经理应当至少每年将净资本管理情况向董事会书面报告一次。

第二十三条 信托公司董事长、总经理应当对公司年度净资本计算表、风险资本计算表和风险控制指标监管报表签署确认意见，并保证报表真实、准确、完整，不存在虚假记载、误导性陈述和重大遗漏。

第二十四条 信托公司应当在年度报告中披露净资本、风险资本以及风险控制指标等情况。

第二十五条 信托公司净资本等相关风险控制指标与上季度相比变化超过30%或不符合规定标准的，应当在该情形发生之日起5个工作日内，向中国银行业监督管理委员会书面报告。

第二十六条 信托公司净资本等相关风险控制指标不符合规定标准的，中国银行业监督管理委员会可以视情况采取下列措施：

（一）要求信托公司制定切实可行的整改计划、方案，明确整改期限；

（二）要求信托公司采取措施调整业务和资产结构或补充资本，提高净资本水平；

（三）限制信托公司信托业务增长速度。

第二十七条 对未按要求完成整改的信托公司，中国银行业监督管理委员会可以进一步采取下列措施：

（一）限制分配红利；

（二）限制信托公司开办新业务；

（三）责令暂停部分或全部业务。

第二十八条 对信托公司净资本等风险控制指标继续恶化，严重危及该信托公司稳健运行的，除采取第二十七条规定的相关措施外，中国银行业监督管理委员会还可以采取下列措施：

（一）责令调整董事、监事及高级管理人员；

（二）责令控股股东转让股权或限制有关股东行使股东权利；

（三）责令停业整顿；

（四）依法对信托公司实行接管或督促机构重组，直至予以撤销。

第六章 附 则

第二十九条 本办法由中国银行业监督管理委员会负责解释。

第三十条 本办法自公布之日起施行。

融资性担保公司管理暂行办法

(银监会令〔2010〕3号，经国务院批准，2010年3月8日公布，
自公布之日起施行)

第一章 总 则

第一条 为加强对融资性担保公司的监督管理，规范融资性担保行为，促进融资性担保行业健康发展，根据《中华人民共和国公司法》、《中华人民共和国担保法》、《中华人民共和国合同法》等法律规定，制定本办法。

第二条 本办法所称融资性担保是指担保人与银行业金融机构等债权人约定，当被担保人不履行对债权人负有的融资性债务时，由担保人依法承担合同约定的担保责任的行为。

本办法所称融资性担保公司是指依法设立，经营融资性担保业务的有限责任公司和股份有限公司。

本办法所称监管部门是指省、自治区、直辖市人民政府确定的负责监督管理本辖区融资性担保公司的部门。

第三条 融资性担保公司应当以安全性、流动性、收益性为经营原则，建立市场化运作的可持续审慎经营模式。

融资性担保公司与企业、银行业金融机构等客户的业务往来，应当遵循诚实守信的原则，并遵守合同的约定。

第四条 融资性担保公司依法开展业务，不受任何机关、单位和个人的干涉。

第五条 融资性担保公司开展业务，应当遵守法律、法规和本办法的规定，不得损害国家利益和社会公共利益。

融资性担保公司应当为客户保密，不得利用客户提供的信息从事任何与担保业务无关或有损客户利益的活动。

第六条 融资性担保公司开展业务应当遵守公平竞争的原则，不得从事不正当竞争。

第七条 融资性担保公司由省、自治区、直辖市人民政府实施属地管理。省、自治区、直辖市人民政府确定的监管部门具体负责本辖区融资性担保公司的准入、退出、日常监管和风险处置，并向国务院建立的融资性担保业务监管部际联席会议报告工作。

第二章 设立、变更和终止

第八条 设立融资性担保公司及其分支机构，应当经监管部门审查批准。

经批准设立的融资性担保公司及其分支机构，由监管部门颁发经营许可证，并凭该许可证向工商行政管理部门申请注册登记。

任何单位和个人未经监管部门批准不得经营融资性担保业务，不得在名称中使用"融资性担保"字样，法律、行政法规另有规定的除外。

第九条　设立融资性担保公司，应当具备下列条件：

（一）有符合《中华人民共和国公司法》规定的章程。

（二）有具备持续出资能力的股东。

（三）有符合本办法规定的注册资本。

（四）有符合任职资格的董事、监事、高级管理人员和合格的从业人员。

（五）有健全的组织机构、内部控制和风险管理制度。

（六）有符合要求的营业场所。

（七）监管部门规定的其他审慎性条件。

董事、监事、高级管理人员和从业人员的资格管理办法由融资性担保业务监管部际联席会议另行制定。

第十条　监管部门根据当地实际情况规定融资性担保公司注册资本的最低限额，但不得低于人民币 500 万元。

注册资本为实缴货币资本。

第十一条　设立融资性担保公司，应向监管部门提交下列文件、资料：

（一）申请书。应当载明拟设立的融资性担保公司的名称、住所、注册资本和业务范围等事项。

（二）可行性研究报告。

（三）章程草案。

（四）股东名册及其出资额、股权结构。

（五）股东出资的验资证明以及持有注册资本 5% 以上股东的资信证明和有关资料。

（六）拟任董事、监事、高级管理人员的资格证明。

（七）经营发展战略和规划。

（八）营业场所证明材料。

（九）监管部门要求提交的其他文件、资料。

第十二条　融资性担保公司有下列变更事项之一的，应当经监管部门审查批准：

（一）变更名称。

（二）变更组织形式。

（三）变更注册资本。

（四）变更公司住所。

（五）调整业务范围。

（六）变更董事、监事和高级管理人员。

（七）变更持有 5% 以上股权的股东。

（八）分立或者合并。

（九）修改章程。

（十）监管部门规定的其他变更事项。

融资性担保公司变更事项涉及公司登记事项的，经监管部门审查批准后，按规定向工商行政管理部门申请变更登记。

第十三条　融资性担保公司跨省、自治区、直辖市设立分支机构的，应当征得该融资性担保公司所在地监管部门同意，并经拟设立分支机构所在地监管部门审查批准。

第十四条 融资性担保公司因分立、合并或出现公司章程规定的解散事由需要解散的，应当经监管部门审查批准，并凭批准文件及时向工商行政管理部门申请注销登记。

第十五条 融资性担保公司有重大违法经营行为，不予撤销将严重危害市场秩序、损害公众利益的，由监管部门予以撤销。法律、行政法规另有规定的除外。

第十六条 融资性担保公司解散或被撤销的，应当依法成立清算组进行清算，按照债务清偿计划及时偿还有关债务。监管部门监督其清算过程。

担保责任解除前，公司股东不得分配公司财产或从公司取得任何利益。

第十七条 融资性担保公司不能清偿到期债务，并且资产不足以清偿全部债务或者明显缺乏清偿能力的，应当依法实施破产。

第三章　业务范围

第十八条 融资性担保公司经监管部门批准，可以经营下列部分或全部融资性担保业务：

（一）贷款担保。

（二）票据承兑担保。

（三）贸易融资担保。

（四）项目融资担保。

（五）信用证担保。

（六）其他融资性担保业务。

第十九条 融资性担保公司经监管部门批准，可以兼营下列部分或全部业务：

（一）诉讼保全担保。

（二）投标担保、预付款担保、工程履约担保、尾付款如约偿付担保等履约担保业务。

（三）与担保业务有关的融资咨询、财务顾问等中介服务。

（四）以自有资金进行投资。

（五）监管部门规定的其他业务。

第二十条 融资性担保公司可以为其他融资性担保公司的担保责任提供再担保和办理债券发行担保业务，但应当同时符合以下条件：

（一）近两年无违法、违规不良记录。

（二）监管部门规定的其他审慎性条件。

从事再担保业务的融资性担保公司除需满足前款规定的条件外，注册资本应当不低于人民币1亿元，并连续营业两年以上。

第二十一条 融资性担保公司不得从事下列活动：

（一）吸收存款。

（二）发放贷款。

（三）受托发放贷款。

（四）受托投资。

（五）监管部门规定不得从事的其他活动。

融资性担保公司从事非法集资活动的，由有关部门依法予以查处。

第四章　经营规则和风险控制

第二十二条 融资性担保公司应当依法建立健全公司治理结构，完善议事规则、决策程序和内审制度，保持公司治理的有效性。

跨省、自治区、直辖市设立分支机构的融资性担保公司，应当设两名以上的独立董事。

第二十三条 融资性担保公司应当建立符合审慎经营原则的担保评估制度、决策程序、事后追偿和处置制度、风险预警机制和突发事件应急机制，并制定严格规范的业务操作规程，加强对担保项目的风险评估和管理。

第二十四条 融资性担保公司应当配备或聘请经济、金融、法律、技术等方面具有相关资格的专业人才。

跨省、自治区、直辖市设立分支机构的融资性担保公司应当设立首席合规官和首席风险官。首席合规官、首席风险官应当由取得律师或注册会计师等相关资格，并具有融资性担保或金融从业经验的人员担任。

第二十五条 融资性担保公司应当按照金融企业财务规则和企业会计准则等要求，建立健全财务会计制度，真实地记录和反映企业的财务状况、经营成果和现金流量。

第二十六条 融资性担保公司收取的担保费，可根据担保项目的风险程度，由融资性担保公司与被担保人自主协商确定，但不得违反国家有关规定。

第二十七条 融资性担保公司对单个被担保人提供的融资性担保责任余额不得超过净资产的10%，对单个被担保人及其关联方提供的融资性担保责任余额不得超过净资产的15%，对单个被担保人债券发行提供的担保责任余额不得超过净资产的30%。

第二十八条 融资性担保公司的融资性担保责任余额不得超过其净资产的10倍。

第二十九条 融资性担保公司以自有资金进行投资，限于国债、金融债券及大型企业债务融资工具等信用等级较高的固定收益类金融产品，以及不存在利益冲突且总额不高于净资产20%的其他投资。

第三十条 融资性担保公司不得为其母公司或子公司提供融资性担保。

第三十一条 融资性担保公司应当按照当年担保费收入的50%提取未到期责任准备金，并按不低于当年年末担保责任余额1%的比例提取担保赔偿准备金。担保赔偿准备金累计达到当年担保责任余额10%的，实行差额提取。差额提取办法和担保赔偿准备金的使用管理办法由监管部门另行制定。

监管部门可以根据融资性担保公司责任风险状况和审慎监管的需要，提出调高担保赔偿准备金比例的要求。

融资性担保公司应当对担保责任实行风险分类管理，准确计量担保责任风险。

第三十二条 融资性担保公司与债权人应当按照协商一致的原则建立业务关系，并在合同中明确约定承担担保责任的方式。

第三十三条 融资性担保公司办理融资性担保业务，应当与被担保人约定在担保期间可持续获得相关信息并有权对相关情况进行核实。

第三十四条 融资性担保公司与债权人应当建立担保期间被担保人相关信息的交换机制，加强对被担保人的信用辅导和监督，共同维护双方的合法权益。

第三十五条 融资性担保公司应当按照监管部门的规定，将公司治理情况、财务会计报告、风险管理状况、资本金构成及运用情况、担保业务总体情况等信息告知相关债权人。

第五章　监督管理

第三十六条 监管部门应当建立健全融资性担保公司信息资料收集、整理、统计分析制度和监管记分制度，对经营及风险状况进行持续监测，并于每年6月底前完成所监管融资性担保公司上一年度机构概览报告。

第三十七条　融资性担保公司应当按照规定及时向监管部门报送经营报告、财务会计报告、合法合规报告等文件和资料。

融资性担保公司向监管机构提交的各类文件和资料，应当真实、准确、完整。

第三十八条　融资性担保公司应当按季度向监管部门报告资本金的运用情况。

监管部门应当根据审慎监管的需要，适时提出融资性担保公司的资本质量和资本充足率要求。

第三十九条　监管部门根据监管需要，有权要求融资性担保公司提供专项资料，或约见其董事、监事、高级管理人员进行监管谈话，要求就有关情况进行说明或进行必要的整改。

监管部门认为必要时，可以向债权人通报所监管有关融资性担保公司的违规或风险情况。

第四十条　监管部门根据监管需要，可以对融资性担保公司进行现场检查，融资性担保公司应当予以配合，并按照监管部门的要求提供有关文件、资料。

现场检查时，检查人员不得少于2人，并向融资性担保公司出示检查通知书和相关证件。

第四十一条　融资性担保公司发生担保诈骗、金额可能达到其净资产5%以上的担保代偿或投资损失，以及董事、监事、高级管理人员涉及严重违法、违规等重大事件时，应当立即采取应急措施并向监管部门报告。

第四十二条　融资性担保公司应当及时向监管部门报告股东大会或股东会、董事会等会议的重要决议。

第四十三条　融资性担保公司应当聘请社会中介机构进行年度审计，并将审计报告及时报送监管部门。

第四十四条　监管部门应当会同有关部门建立融资性担保行业突发事件的发现、报告和处置制度，制定融资性担保行业突发事件处置预案，明确处置机构及其职责、处置措施和处置程序，及时、有效地处置融资性担保行业突发事件。

第四十五条　监管部门应当于每年年末全面分析评估本辖区融资性担保行业年度发展和监管情况，并于每年2月底前向融资性担保业务监管部际联席会议和省、自治区、直辖市人民政府报告本辖区上一年度融资性担保行业发展情况和监管情况。

监管部门应当及时向融资性担保业务监管部际联席会议和省、自治区、直辖市人民政府报告本辖区融资性担保行业的重大风险事件和处置情况。

第四十六条　融资性担保行业建立行业自律组织，履行自律、维权、服务等职责。

全国性的融资性担保行业自律组织接受融资性担保业务监管部际联席会议的指导。

第四十七条　征信管理部门应当将融资性担保公司的有关信息纳入征信管理体系，并为融资性担保公司查询相关信息提供服务。

第六章　法律责任

第四十八条　监管部门从事监督管理工作的人员有下列情形之一的，依法给予行政处分；构成犯罪的，依法追究刑事责任：

（一）违反规定审批融资性担保公司的设立、变更、终止以及业务范围的。

（二）违反规定对融资性担保公司进行现场检查的。

（三）未依照本办法第四十五条规定报告重大风险事件和处置情况的。

（四）其他违反法律法规及本办法规定的行为。

第四十九条　融资性担保公司违反法律、法规及本办法规定，有关法律、法规有处罚规定的，依照其规定给予处罚；有关法律、法规未作处罚规定的，由监管部门责令改正，可以给予警告、罚款；构成犯罪的，依法追究刑事责任。

第五十条 违反本办法第八条第三款规定，擅自经营融资性担保业务的，由有关部门依法予以取缔并处罚；擅自在名称中使用"融资性担保"字样的，由监管部门责令改正，依法予以处罚。

第七章 附 则

第五十一条 公司制以外的融资性担保机构从事融资性担保业务参照本办法的有关规定执行，具体实施办法由省、自治区、直辖市人民政府另行制定，并报融资性担保业务监管部际联席会议备案。

外商投资的融资性担保公司适用本办法，法律、行政法规另有规定的，依照其规定。

融资性再担保机构管理办法由省、自治区、直辖市人民政府另行制定，并报融资性担保业务监管部际联席会议备案。

第五十二条 省、自治区、直辖市人民政府可以根据本办法的规定，制定实施细则并报融资性担保业务监管部际联席会议备案。

第五十三条 本办法施行前已经设立的融资性担保公司不符合本办法规定的，应当在 2011 年 3 月 31 日前达到本办法规定的要求。具体规范整顿方案，由省、自治区、直辖市人民政府制定。

第五十四条 本办法自公布之日起施行。

非金融机构支付服务管理办法实施细则

中国人民银行公告〔2010〕第 17 号

第一条 根据《非金融机构支付服务管理办法》（中国人民银行令〔2010〕第 2 号发布，以下简称《办法》）及有关法律法规，制定本细则。

第二条 《办法》所称预付卡不包括：

（一）仅限于发放社会保障金的预付卡；

（二）仅限于乘坐公共交通工具的预付卡；

（三）仅限于缴纳电话费等通信费用的预付卡；

（四）发行机构与特约商户为同一法人的预付卡。

第三条 《办法》第八条第（四）项所称有 5 名以上熟悉支付业务的高级管理人员，是指申请人的高级管理人员中至少有 5 名人员具备下列条件：

（一）具有大学本科以上学历或具有会计、经济、金融、计算机、电子通信、信息安全等专业的中级技术职称；

（二）从事支付结算业务或金融信息处理业务 2 年以上或从事会计、经济、金融、计算机、电子通信、信息安全工作 3 年以上。

前款所称高级管理人员，包括总经理、副总经理、财务负责人、技术负责人或实际履行上述职责的人员。

第四条 《办法》第八条第（五）项所称反洗钱措施，包括反洗钱内部控制、客户身份识别、可疑交易报告、客户身份资料和交易记录保存等预防洗钱、恐怖融资等金融犯罪活动的措施。

第五条 《办法》第八条第（六）项所称支付业务设施，包括支付业务处理系统、网络通信系统以及容纳上述系统的专用机房。

第六条 《办法》第八条第（七）项所称组织机构，包括具有合规管理、风险管理、资金管理和系统运行维护职能的部门。

第七条 《办法》第十条第（二）项所称信息处理支持服务，包括信息处理服务和为信息处理提供支持服务。

第八条 《办法》第十条所称拥有申请人实际控制权的出资人，包括：

（一）直接持有申请人的股权超过 50% 的出资人；

（二）直接持有申请人股权且与其间接持有的申请人股权累计超过 50% 的出资人；

（三）直接持有申请人股权且与其间接持有的申请人股权累计不足 50%，但依其所享有的表决权足以对股东会、股东大会的决议产生重大影响的出资人。

第九条 《办法》第十条所称持有申请人 10% 以上股权的出资人，包括：

（一）直接持有申请人的股权超过 10% 的出资人；

（二）直接持有申请人股权且与其间接持有的申请人股权累计超过 10% 的出资人。

第十条　《办法》第十一条第（一）项所称书面申请应当明确拟申请支付业务的具体类型。

第十一条　《办法》第十一条第（二）项所称营业执照（副本）复印件应当加盖申请人的公章。

第十二条　《办法》第十一条第（五）项所称财务会计报告，是指截至申请日最近1年内的财务会计报告。

申请人设立时间不足1年的，应当提交存续期间的财务会计报告。

第十三条　《办法》第十一条第（六）项所称支付业务可行性研究报告，应当包括下列内容：

（一）拟从事支付业务的市场前景分析；

（二）拟从事支付业务的处理流程，载明从客户发起支付业务到完成客户委托支付业务各环节的业务内容以及相关资金流转情况；

（三）拟从事支付业务的技术实现手段；

（四）拟从事支付业务的风险分析及其管理措施，并区分支付业务各环节分别进行说明；

（五）拟从事支付业务的经济效益分析。

申请人拟申请不同类型支付业务的，应当按照支付业务类型分别提供前款规定内容。

第十四条　《办法》第十一条第（七）项所称反洗钱措施验收材料，是指包括下列内容的报告：

（一）反洗钱内部控制制度文件，载明反洗钱合规管理框架、客户身份识别和资料保存措施、可疑交易报告措施、交易记录保存措施、反洗钱审计和培训措施、协助反洗钱调查的内部程序、反洗钱工作保密措施；

（二）反洗钱岗位设置及职责说明，载明负责反洗钱工作的内设机构、反洗钱高级管理人员和专职反洗钱工作人员及其联系方式；

（三）开展可疑交易监测的技术条件说明。

第十五条　《办法》第十一条第（八）项所称技术安全检测认证证明，是指据以表明支付业务设施符合中国人民银行规定的业务规范、技术标准和安全要求的文件、资料，应当包括检测机构出具的检测报告和认证机构出具的认证证书。

前款所称检测机构和认证机构均应当获得中国合格评定国家认可委员会（CNAS）的认可，并符合中国人民银行关于技术安全检测认证能力的要求。

未按照中国人民银行规定的业务规范、技术标准和安全要求进行技术安全检测认证，或技术安全检测认证的程序、方法存在重大缺陷的，中国人民银行及其分支机构可以要求申请人重新进行检测认证。

第十六条　《办法》第十一条第（九）项所称履历材料，包括高级管理人员的履历说明以及学历、技术职称相关证明材料。

第十七条　《办法》第十一条第（十一）项所称主要出资人的相关材料，应当包括下列文件、资料：

（一）申请人关于出资人之间关联关系的说明材料；

（二）主要出资人的公司营业执照（副本）复印件；

（三）主要出资人的信息处理支持服务合作机构出具的业务合作证明，载明服务内容、服务时间，并加盖合作机构的公章；

（四）主要出资人最近2年经会计师事务所审计的财务会计报告；

（五）主要出资人最近3年内未因利用支付业务实施违法犯罪活动或为违法犯罪活动办理支付业务等受过处罚的证明材料。

主要出资人为金融机构的，还应当提交相关金融业务许可证复印件以及准予其投资支付机构的证明文件。

第十八条　《办法》第十一条第（十二）项所称申请资料真实性声明，是指由申请人出具的、据以表明申请人对所提交的文件、资料的真实性、准确性和完整性承担相应责任的书面文件。

申请资料真实性声明应当由申请人的法定代表人签署并加盖公章。

第十九条　《办法》第十一条、第十三条、第十四条、第十五条所需申请文件、资料均以中文书写为准，并应当提供纸质文档和电子文档（数据光盘）一式三份。

第二十条　申请人应当自收到受理通知之日起10日内在所在地中国人民银行分支机构的网站上连续公告《办法》第十二条所列事项3日。

第二十一条　《支付业务许可证》分为正本和副本，正本和副本具有同等法律效力。

支付机构应当将《支付业务许可证》（正本）放置其住所显著位置。支付机构有互联网网站的，还应当在网站主页显著位置公示其《支付业务许可证》（正本）的影像信息。

第二十二条　支付机构申请续展《支付业务许可证》有效期的，应当提交下列文件、资料：

（一）公司法定代表人签署的书面申请，载明公司名称、支付业务开展情况、申请续展的理由；

（二）公司营业执照（副本）复印件；

（三）《支付业务许可证》（副本）复印件。

支付机构申请续展《支付业务许可证》有效期的，不得同时申请变更其他事项。

第二十三条　中国人民银行对支付机构的经营情况进行全面审查和综合评价后作出是否准予续展《支付业务许可证》有效期的决定。

中国人民银行准予续展《支付业务许可证》有效期的，支付机构应当交回原许可证，领取新许可证。

第二十四条　《支付业务许可证》在有效期内非因不可抗力灭失、损毁的，支付机构应当自其确认许可证灭失、损毁之日起10日内，在中国人民银行指定的全国性报纸和所在地中国人民银行分支机构指定的地方性报纸上连续公告3日，声明原许可证作废。

第二十五条　支付机构应当自公告《支付业务许可证》灭失、损毁结束之日起10日内持登载声明向所在地中国人民银行分支机构重新申领许可证。

中国人民银行审核后向支付机构补发《支付业务许可证》。

第二十六条　《支付业务许可证》（副本）在有效期内灭失、损毁的，比照本细则第二十四条、第二十五条办理。

第二十七条　支付机构拟变更《办法》第十四条所列事项的，应当向所在地中国人民银行分支机构提交公司法定代表人签署的书面申请，载明公司名称、拟变更事项及变更原因。

第二十八条　《办法》第十五条第（四）项所称客户合法权益保障方案，应当包括下列内容：

（一）对客户知情权的保护措施，明确告知客户终止支付业务的原因、停止受理客户委托支付业务的时间、拟终止支付业务的后续安排；

（二）对客户隐私权的保护措施，明确客户身份信息的接收机构及其移交安排、销毁方式及其监督安排；

（三）对客户选择权的保护措施，明确可供客户选择的、两个以上客户备付金退还方案。

客户合法权益保障方案涉及其他支付机构的，还应当提交与所涉支付机构签订的客户身份信息移交协议、客户备付金退还安排相关证明文件。

第二十九条　《办法》第十五条第（五）项所称支付业务信息处理方案，应当明确支付业务信息的接收机构及其移交安排、销毁方式及其监督安排。

涉及其他支付机构的，还应当提交与所涉支付机构签订的支付业务信息移交协议相关证明文件。

第三十条　支付机构应当根据法律法规、部门规章的有关规定确定其支付业务的收费项目和收费标准。法律法规、部门规章未明确支付业务的收费项目和收费标准的，支付机构可以按照市场原则合理确定其支付业务的收费项目和收费标准。

支付机构应当在营业场所显著位置披露其支付业务的收费项目和收费标准。支付机构有互联网网站的，还应当在网站主页显著位置进行披露。

支付机构调整支付业务的收费项目或收费标准的，应当在实施新的支付业务收费项目或收费标准之前按照前款规定连续公示 30 日。

第三十一条　支付机构应当在每个会计年度结束之日起 4 个月内向所在地中国人民银行分支机构报送上一会计年度经会计师事务所审计的财务会计报告。

第三十二条　《办法》第二十一条所称支付服务协议，包括符合法律法规要求、可供调取查用的纸质形式或数据电文形式的合同。

支付机构应当在营业场所显著位置披露其支付服务协议的格式条款内容。支付机构有互联网网站的，还应当在网站主页显著位置进行披露。

第三十三条　支付机构的支付服务协议格式条款应当遵循公平原则，全面、准确界定支付机构与客户之间的权利、义务和责任。

支付机构应当提请客户注意支付服务协议格式条款中免除或者限制其责任的内容，并予以说明。

支付机构拟调整支付服务协议格式条款的，应当在调整前 30 日告知客户，并提示拟调整的内容。未向客户履行告知义务的，调整后的条款对该客户不具有约束力。

第三十四条　《办法》第二十二条所称支付机构的分公司从事支付业务办理备案手续时，应当提交下列文件、资料：

（一）公司法定代表人签署的书面报告；

（二）《支付业务许可证》（副本）复印件；

（三）分公司营业执照（副本）复印件。

上述文件、资料需提供纸质文档一式两份，由支付机构及其分公司分别报送所在地中国人民银行分支机构。

支付机构可以根据业务需要为备案的分公司申请《支付业务许可证》（副本）。分公司应当将《支付业务许可证》（副本）放置分公司住所显著位置。

第三十五条　《办法》第二十二条所称支付机构的分公司终止支付业务办理备案手续时，应当提交下列文件、资料：

（一）公司法定代表人签署的书面报告；

（二）《支付业务许可证》（副本）复印件；

（三）分公司营业执照（副本）复印件；

（四）客户合法权益保障方案；

（五）中国人民银行要求的其他资料。

前款第（四）项所称客户合法权益保障方案比照本细则第二十八条办理。

上述文件、资料需提供纸质文档一式两份，由支付机构及其分公司分别报送所在地中国人民银行分支机构。

支付机构分公司应当于备案时交回其持有的《支付业务许可证》（副本）。

第三十六条　《办法》第三十二条所称灾难恢复处理能力，是指支付机构应当在支付业务中断后 24 小时之内恢复支付业务，并至少符合以下要求：

（一）具有应急处理和灾难恢复的制度规定；

（二）具有稳妥的应急处理预案及演练计划；

（三）具有必要的灾难恢复处理人员和应急营业场所；

（四）具有同机房数据备份设施和同城应用级备份设施。

第三十七条　支付机构因突发事件导致支付业务中止超过 2 小时的，应当立即将有关情况报告所在地中国人民银行分支机构，并在 3 个工作日内以书面形式报告事故的原因、影响及补救措施。

支付机构的分公司出现上述情形的，支付机构及其分公司应当比照前款分别报告所在地中国人民银行分支机构。

第三十八条　支付机构应当采取必要的管理措施和技术措施，防止客户身份信息和支付业务信息等资料灭失、损毁、泄露。

支付机构不得以任何形式对外提供客户身份信息和支付业务信息等资料。法律法规另有规定的除外。

第三十九条　支付机构对客户身份信息和支付业务信息的保管期限自业务关系结束当年起至少保存 5 年。

司法部门正在调查的可疑交易或违法犯罪活动涉及客户身份信息和支付业务信息，且相关调查工作在前款规定的最低保存期届满时仍未结束的，支付机构应当将其保存至相关调查工作结束。

第四十条　支付机构对会计档案的保管期限适用《会计档案管理办法》（财会字〔1998〕32 号文印发）相关规定。

第四十一条　《办法》第三十八条所称重大违法违规行为，包括：

（一）支付机构的高级管理人员明知他人实施违法犯罪活动仍为其办理支付业务的；

（二）支付机构多次发生工作人员明知他人实施违法犯罪活动仍为其办理支付业务的。

第四十二条　本细则自发布之日起实施。

融资性担保机构重大风险事件报告制度

银监发〔2010〕75 号

第一条 为及时掌握融资性担保机构重大风险事件情况，切实加强对重大风险事件的应急管理，防止重大风险事件对融资性担保业造成冲击，避免单体风险转化为系统性风险，根据《融资性担保公司管理暂行办法》，制定本制度。

第二条 本制度所称监管部门是指由省、自治区、直辖市人民政府确定的负责监督管理本辖区融资性担保机构的部门。

第三条 本制度所称融资性担保机构是指依法设立的经营融资性担保业务的公司制和公司制以外的担保机构及其分支机构。

第四条 本制度所称重大风险事件是指可能严重危及融资性担保机构正常经营、偿付能力和资信水平，影响地区金融秩序和社会稳定的事件。

第五条 融资性担保机构重大风险事件报告和应急管理工作实行属地管理。监管部门负责本辖区的融资性担保机构重大风险事件报告和应急管理工作。

第六条 监管部门应建立职责关系明确、报告路线清晰、反应及时有效的重大风险事件报告机制、应急管理机制和问责制度。

监管部门主要负责人对本辖区的融资性担保机构重大风险事件报告和应急管理工作负责；监管部门应指定专人专岗具体负责重大风险事件的接报、上报和应急管理工作。

第七条 融资性担保机构应在重大风险事件发生后及时向监管部门报告简要情况，24 小时内报告具体情况。融资性担保机构应报告的重大风险事件具体包括以下情形：

（一）融资性担保机构引发群体事件的；

（二）融资性担保机构发生担保诈骗、金额可能达到其净资产 5%以上的担保代偿或投资损失的；

（三）融资性担保机构重大债权到期未获清偿致使其流动性困难，或已无力清偿到期债务的；

（四）融资性担保机构主要资产被查封、扣押、冻结的；

（五）融资性担保机构因涉嫌违法违规被行政机关、司法机关立案调查的；

（六）发现融资性担保机构主要出资人虚假出资、抽逃出资或主要出资人对公司造成其他重大不利影响的；

（七）3 个月内，融资性担保机构董事会、监事会或高级管理层中有二分之一以上辞职的；

（八）融资性担保机构主要负责人失踪、非正常死亡或丧失民事行为能力的，或被司法机关依法采取强制措施的；

（九）监管部门要求报告的其他情况。

第八条 监管部门应对本辖区发生的融资性担保机构重大风险事件的性质、事态变化和风险程度及时做出判断，对可能影响地区金融秩序和社会稳定的重大风险事件，应在事件发生 24 小时内，向所在省、自治区、直辖市人民政府和联席会议进行报告。监管部门应报告的重大风险事件具体包括以下情形：

（一）融资性担保机构引发群体事件的；

（二）注册资本 5000 万元人民币以上，或融资性担保责任余额 5 亿元人民币以上的融资性担保机构破产、解散或被撤销的；

（三）融资性担保机构发生重大担保诈骗、担保代偿或投资损失，可能危及金融秩序或引发系统性风险的；

（四）其他可能危及金融秩序、影响社会稳定或引发系统性风险的情况。

报告内容包括重大风险事件的简要情况、可能产生的风险、已采取和拟采取的应急措施。

第九条 监管部门应在第八条所列重大风险事件处置完毕的 20 个工作日内，将事件的整体处置情况报告所在省、自治区、直辖市人民政府和联席会议。

第十条 监管部门应依据本制度和当地实际情况建立重大突发风险事件应急管理机制。

监管部门应制定重大突发风险事件应急管理预案，明确应急管理岗位及其职责、应急管理措施和应急管理程序，及时、有效地处置重大突发风险事件，保护债权人和其他相关利益人的合法权益，有效维护社会稳定，防止系统性风险的发生。

第十一条 监管部门应会同相关部门建立融资性担保机构重大风险事件的协调处置机制，确保本辖区发生融资性担保机构重大风险事件时，能够及时、有效地进行处置。

第十二条 对可能影响地区金融秩序和社会稳定的重大风险事件，监管部门应依照法律、法规和政府信息公开制度的有关规定，及时、准确地公开重大风险事件的相关信息。

第十三条 监管部门应建立融资性担保机构重大风险事件报告和应急管理的问责制度，对故意迟报、瞒报、谎报真实情况的融资性担保机构及其主要负责人，给予相应处理。

第十四条 本制度自发布之日起施行。

融资性担保机构经营许可证管理指引

银监发 [2010] 77 号

第一条 为规范监管部门对融资性担保机构经营许可证的管理，促进融资性担保机构依法经营，维护融资性担保市场秩序，根据《融资性担保公司管理暂行办法》等有关规定，制定本指引。

第二条 本指引所称监管部门是指省、自治区、直辖市人民政府确定的负责监督管理本辖区融资性担保机构的部门。

本指引所称融资性担保机构是指依法设立的经营融资性担保业务的公司制和公司制以外的担保机构及其分支机构。

第三条 本指引所称融资性担保机构经营许可证是指监管部门依法颁发的特许融资性担保机构经营融资性担保业务的法律文件。

融资性担保机构经营许可证的颁发、换发、注销等由监管部门依法办理。

第四条 融资性担保机构依法取得融资性担保机构经营许可证后，方可向有登记管辖权的工商行政管理部门等登记机关申请办理注册登记。

第五条 各省、自治区、直辖市监管部门结合监管工作实际，按照依法、公开、高效的原则确定本辖区融资性担保机构经营许可证的管理方式。

融资性担保机构跨省、自治区、直辖市设立的分支机构，由分支机构所在地监管部门颁发、换发、注销经营许可证。

第六条 融资性担保机构经营许可证机构编码第一位为省、自治区、直辖市名称简称，其他编码由省、自治区、直辖市监管部门统一编制，并实行机构编码终身制。

融资性担保机构经营许可证如遗失或损坏，申请换发经营许可证时，原机构编码继续沿用。

融资性担保机构经营许可证如被注销，该机构编码自动作废，不再使用。

第七条 融资性担保机构经营许可证应载明下列内容：

（一）机构名称；

（二）注册资本；

（三）业务范围；

（四）营业地址（住所或分支机构所在地）；

（五）机构编码；

（六）发证机关及公章（监管部门及公章）；

（七）有效期限；

（八）颁发日期。

第八条 融资性担保机构经营许可证有效期限为 5 年。

融资性担保机构经营许可证有效期限届满，需要延续的，应提前 90 日向发证机关提出延续申请，换发新的融资性担保机构经营许可证；不再延续的，应提前 90 日向发证机关报告，注销融资性担保机构经营许可证，并做好善后工作。

第九条　融资性担保机构设立、变更、终止，应经监管部门许可后颁发、换发或缴回经营许可证。

第十条　融资性担保机构向监管部门申请领取融资性担保机构经营许可证时，应提供下列材料：

（一）监管部门的批准文件；

（二）融资性担保机构（筹建）介绍信；

（三）经办人员的合法有效身份证明；

（四）监管部门要求的其他材料。

第十一条　融资性担保机构经营许可证遗失、损坏或载明内容变更的，应向监管部门申请换发经营许可证。

经营许可证遗失的，融资性担保机构应在监管部门指定的网站或公开发行的报纸上声明旧证作废，重新申请领取新证。

经营许可证损坏的，融资性担保机构应在重新申请领取新证后缴回旧证。

经营许可证载明内容变更的，融资性担保机构应将旧证缴回发证机关，并持本指引第十条规定的材料重新申请领取新证。

第十二条　监管部门根据行政许可决定需向融资性担保机构颁发、换发经营许可证的，应自作出行政许可决定之日起10个工作日内向申请人颁发、换发经营许可证。

第十三条　融资性担保机构被注销经营许可证的，应在收到监管部门有关文件、法律文书或人民法院宣告破产裁定书之日起15个工作日内，办理经营许可证注销手续并将经营许可证缴回发证机关。逾期不缴回的，由发证机关及时依法收缴。融资性担保机构被注销经营许可证的情形包括：

（一）融资性担保机构经营许可被撤销的；

（二）融资性担保机构经营许可被撤回的；

（三）融资性担保机构解散的：

（四）融资性担保机构破产的：

（五）融资性担保机构被撤销的；

（六）融资性担保机构经营许可证有效期限届满不再延续的；

（七）监管部门规定的其他情形。

第十四条　颁发或换发经营许可证，融资性担保机构应在监管部门指定的网站或公开发行的报纸上进行公告。

融资性担保机构经营许可证被注销的，监管部门应在网站或公开发行的报纸上进行公告。

公告的具体内容应包括：机构名称、注册资本、业务范围、营业地址（住所或分支机构所在地）、机构编码、有效期限、邮政编码、联系电话。

第十五条　融资性担保机构经营许可证应在营业场所的显著位置公示。

第十六条　融资性担保机构经营许可证由融资性担保业务监管部际联席会议办公室统一印制。

第十七条　监管部门应加强融资性担保机构经营许可证的信息管理，建立完善的机构管理档案系统，依法披露融资性担保机构经营许可证的有关信息。

第十八条　监管部门应按照融资性担保机构经营许可证编码方法打印融资性担保机构经营许可证，经营许可证加盖监管部门的单位公章方具效力。

第十九条　监管部门应将融资性担保机构经营许可证作为重要凭证专门管理，建立经营许可证颁发、换发、注销、收缴、销毁登记制度。

监管部门对于融资性担保机构经营许可证管理过程中产生的废证、收回的旧证、依法注销和缴回的经营许可证，应加盖"作废"章，作为重要凭证专门归档，定期销毁。

第二十条　本指引自发布之日起施行。

融资性担保公司公司治理指引

银监发〔2010〕99号

第一章 总 则

第一条 为建立健全融资性担保公司公司治理机制，防范融资性担保业务风险，促进融资性担保行业稳定健康发展，根据《中华人民共和国公司法》、《融资性担保公司管理暂行办法》等有关规定，制定本指引。

第二条 本指引所称监管部门是指省、自治区、直辖市人民政府确定的负责监督管理本辖区融资性担保公司的部门。

第三条 本指引是监管部门对融资性担保公司公司治理进行监督和评价的依据。融资性担保公司应当遵循本指引建立健全公司治理机制。

第四条 本指引所称公司治理包括建立以股东（大）会、董事会、监事会、高级管理层为主体的组织架构，并对各主体之间相互制衡的责、权、利关系作出制度安排，保障融资性担保公司建立明晰的治理结构、科学的决策机制、合理的激励机制和有效的约束机制。

第五条 融资性担保公司应当根据现代企业制度要求和公司实际制定公司章程，并载明法律、法规、规章以及本指引要求的相关事项。

第六条 融资性担保公司的董事、监事、高级管理人员应当具有审慎经营的风险意识、相应的业务技能和实际经验。

第二章 股东和股东（大）会

第七条 融资性担保公司的股东应当具备下列条件：

（一）信誉良好，无重大违法违规记录。

（二）具备持续出资能力。

（三）了解融资性担保业务的风险、流程及相关规定等。

第八条 融资性担保公司股东（大）会职权依据法律、法规和公司章程确定。

股东（大）会决定公司的重大事项，至少应当包括决定融资性担保公司的经营方针和重大投资计划，选举和更换董事、监事，审议批准董事会、监事会报告，审议批准公司年度财务预决算方案，对公司增资、减资等重大事项作出决议等。

第九条 股东（大）会会议每年至少召开一次，不能出席会议的股东可以委托代理人参加。股东委托代理人参加会议的，应当出具授权委托书。

股东（大）会重大决议应当及时向监管部门报告。

第十条　股东应当积极支持融资性担保公司可持续审慎经营、稳定健康发展。

第十一条　股东不得利用其股东地位损害融资性担保公司及其他利益相关者的合法权益，不得有虚假出资、出资不实、抽逃出资或变相抽逃出资等行为。

第十二条　国有独资融资性担保公司不设股东会，由国有资产监督管理机构行使股东会职权。国有资产监督管理机构可以依据法律，授权公司董事会行使股东会的部分职权。

第三章　董事和董事会

第十三条　董事会向股东（大）会负责，董事会职权依据法律、法规和公司章程确定。

董事会的职权至少应当包括负责召集股东（大）会会议，执行股东（大）会决议，向股东（大）会报告工作，决定公司的经营计划，制定年度财务预决算方案，决定内部管理机构设置，聘任或解聘总经理，制定公司基本管理制度等。

第十四条　董事会应当及时了解、提示、控制和处置公司总体风险和主要风险。

第十五条　董事会可以根据实际需要设立风险管理、关联交易控制、审计、法律、薪酬等专门委员会。

各专门委员会应当就公司业务合规情况、风险状况、内控制度的有效性及执行情况、经营业绩等向董事会提供专业意见，并依据董事会授权对相关情况进行监督和检查。

第十六条　董事会应当保证融资性担保公司合法合规经营，董事会在履职时应当充分考虑股东、债权人、员工及其他利益相关者的合法权益。

第十七条　董事会应当倡导融资性担保公司形成健康的企业文化、良好的道德氛围、诚实信用的价值准则和审慎经营的风险意识。

第十八条　董事会应当建立规范的会议制度，明确董事会会议的召开方式、频率、议事规则和表决程序，并应当保存完整的董事会会议记录。董事会会议由董事长或董事长指定的其他董事会成员召集并主持。经三分之一以上董事提议可以召开董事会临时会议。

董事会重大决议应当及时向监管部门报告。

第十九条　董事应当具备相关任职资格。董事任期应当在公司章程中明确规定。

作为公司法定代表人的董事长不得兼任党政机关职务。

第二十条　董事对融资性担保公司及全体股东负有忠实与勤勉义务。董事应当依照相关法律、法规和公司章程规定认真履行职责，维护公司和全体股东的利益。

董事不得超越公司授权或利用职权谋取私利或损害公司利益。

第二十一条　融资性担保公司可以根据需要聘任独立董事。

独立董事由股东提名，股东（大）会选举产生。同一股东原则上只能提名一名独立董事。跨省、自治区、直辖市设立分支机构的融资性担保公司，应当设两名以上独立董事。

在融资性担保公司的股东机构任职者以及与该公司或其控股股东有利害关系者不得担任独立董事。

第二十二条　独立董事应当积极参与董事会的各项决策，尤其应当对融资性担保公司的关联交易、重大风险管理等事项发表独立意见，发现董事会、董事、高级管理人员有违反法律、法规和公司章程规定情形的，应当在董事会会议上提出纠正要求。

第二十三条　规模较小的融资性担保公司可以不设董事会。不设董事会的融资性担保公司股东（大）会会议由执行董事召集和主持。执行董事可以兼任公司总经理。执行董事的职权由公司章程确定。

第四章　监事和监事会

第二十四条　融资性担保公司可以根据公司实际设立监事会。监事会由股东代表和适当比例的职工代表组成，其中职工代表的比例不低于三分之一，具体比例由公司章程规定。职工代表由全体职工或职工代表大会推举产生。

第二十五条　监事会向股东（大）会负责，履行对董事会和高级管理层监督的职责，监事会职权依据法律、法规和公司章程确定，至少应当包括检查财务会计状况，对董事、高级管理人员违反法律、法规和公司章程的行为进行监督，防止董事会、高级管理层的行为损害公司、股东、债权人、员工及其他利益相关者的合法权益，定期向股东（大）会报告董事、高级管理人员的履职情况等。

第二十六条　监事会发现董事会、高级管理层有违反法律、法规和公司章程的行为时，应当建议予以纠正并对有关责任人员进行处分。董事会或高级管理层应当及时进行纠正或处分，并将结果书面报告监事会。

第二十七条　董事、总经理、财务负责人及其他高级管理人员不得兼任监事。监事应当具备相关任职资格。监事任期应当在公司章程中明确规定。

第二十八条　监事应当依照法律、法规和公司章程规定，忠实履行监督职责。

第二十九条　监事可以列席董事会会议和高级管理层会议，发表独立意见，但不享有表决权。监事可以提议召开临时股东（大）会会议，以及行使公司章程规定的其他职权。

第三十条　融资性担保公司应当保障监事会独立开展工作所需的知情权、调查权和相关经费。

第三十一条　规模较小的融资性担保公司可以不设监事会。不设监事会的融资性担保公司可以设一至二名监事，由监事履行监事会的职责。

第五章　高级管理层

第三十二条　融资性担保公司的高级管理层由总经理、副总经理、首席风险官、首席合规官、财务负责人等组成。总经理由董事会聘任，向董事会负责，其他高级管理人员的任免权限和程序由公司章程规定。高级管理人员应当具备相关任职资格。

第三十三条　高级管理人员应当诚实守信，恪尽职守，审慎经营，不得利用职务之便以任何手段为自己或他人谋取不正当利益或损害公司利益。

高级管理人员不得兼任党政机关职务。

第三十四条　高级管理层职权应当依据法律、法规和公司章程确定。

第三十五条　总经理依照法律、法规、公司章程和董事会授权，组织开展经营管理活动。

第三十六条　高级管理层应当根据公司发展战略，建立内部规章制度和风险管理措施，拟订经营计划并经董事会批准后组织实施。

高级管理层应当按有关规定建立完善的公司内部控制体系，确保公司安全稳健运行。

第三十七条　高级管理层应当选任合格人员管理各业务部门和分支机构，并对公司各项经营活动和业务风险进行严格监控。

第三十八条　融资性担保公司应当建立高级管理层向董事会定期报告的制度，真实、准确、完整、及时地报告有关经营业绩、财务状况、风险状况及其他重大事项。

第三十九条　高级管理层应当建立和完善会议制度，并制定相应的议事规程。高级管理层会议应当有正式的书面记录。会议记录应当及时提交董事会、监事会。

第六章 首席风险官 首席合规官

第四十条 跨省、自治区、直辖市设立分支机构的融资性担保公司应当设立首席风险官、首席合规官，其他融资性担保公司可以根据公司实际设立首席风险官、首席合规官。首席风险官、首席合规官应当由取得注册会计师、律师等相关资格，并具有融资性担保、金融或法律从业经验的人员担任。

第四十一条 首席风险官负责公司信用风险、市场风险、操作风险、流动性风险的识别、评估、监测和控制，并应当就加强风险管理和风险处置向董事会和高级管理层提出建议。

第四十二条 首席合规官负责研究审查公司的合规政策，审查内部规章制度的合法性与合规性，确保公司经营管理活动符合法律、法规、规章、公司章程和内部规章制度的要求，对项目合规风险进行评估并就加强合规风险管理向董事会和高级管理层提出建议。

第四十三条 首席风险官应当担任公司项目审批机构的成员，享有与其他成员同等的表决权。

第四十四条 首席合规官应当担任公司项目审批机构的成员，首席合规官对公司违法违规经营事项具有一票否决权。

第七章 激励约束机制

第四十五条 融资性担保公司应当根据国家和地方有关规定，建立有利于公司可持续发展的激励与约束机制，制定与公司效益和个人业绩相联系的绩效评价标准和程序。

第四十六条 融资性担保公司的薪酬分配制度应当经董事会批准。董事会应当向股东（大）会就公司董事、高级管理人员履行职责、绩效评价、薪酬等情况作出专项说明。

第四十七条 融资性担保公司应当与员工签订聘用协议，对公司员工的聘期、绩效考核、薪酬待遇、解聘事由、双方的权利义务及违约责任进行约定。

第八章 附 则

第四十八条 本指引适用于在中华人民共和国境内依法设立的融资性担保公司，公司制以外的融资性担保机构参照本指引的有关规定执行。

第四十九条 本指引自发布之日起施行。

融资性担保公司信息披露指引

银监发 〔2010〕100 号

第一章 总 则

第一条 为规范融资性担保公司的信息披露行为，促进融资性担保公司与银行业金融机构等债权人之间的业务合作和融资性担保公司的稳定健康发展，根据《融资性担保公司管理暂行办法》、《企业会计准则》等有关规定，制定本指引。

第二条 本指引所称监管部门是指省、自治区、直辖市人民政府确定的负责监督管理本辖区融资性担保公司的部门。

第三条 融资性担保公司根据本指引披露信息的对象为债权人及其他利益相关者。

第四条 鼓励融资性担保公司在遵循本指引的基础上向社会公众公开披露信息。

第五条 融资性担保公司应当遵循真实性、准确性、完整性、及时性和可比性的原则披露信息。

第六条 融资性担保公司的信息披露应当遵守法律、法规、规章、国家会计制度和其他相关规定。

第七条 融资性担保公司披露的年度财务会计报告应当经具有相应资质的社会中介机构审计。

第八条 监管部门应当依据法律、法规和规章加强对融资性担保公司信息披露的监督、指导。

第二章 信息披露的内容

第九条 融资性担保公司按照本指引应当披露的信息包括：

（一）年度报告。

（二）重大事项临时报告。

（三）法律、法规、规章和监管部门规定披露的其他信息。

第十条 融资性担保公司应当按照本指引的规定编制和披露年度报告，年度报告应当至少包括以下内容：

（一）公司概况。

（二）公司治理和内部控制。

（三）风险管理。

（四）担保业务总体情况和融资性担保业务情况。

（五）资本金构成和资金运用情况。

（六）财务会计报告。

融资性担保公司委托外部评级机构进行主体信用评级的，应当将公司信用评级报告内容概要在年度报告中予以披露。

第十一条 融资性担保公司应当在公司概况中披露下列信息：

（一）公司简介。

（二）经营计划。

（三）组织架构、分支机构设置及人员情况。

（四）合作的金融机构。

第十二条 融资性担保公司应当在公司治理和内部控制中披露下列信息：

（一）公司最大十名股东或实际控制人名称、基本情况及报告期内的变动情况。

（二）本年度内召开的股东（大）会重要决议。

（三）董事会的构成及其工作情况。

（四）监事会的构成及其工作情况。

（五）高级管理层的构成及其基本情况。

（六）内部控制情况，重点披露公司内部控制建设和执行情况。

第十三条 融资性担保公司应当披露下列风险管理情况：

（一）风险管理概况。包括：风险管理的原则、流程、组织架构和职责划分以及新建制度，经营活动中面临的主要风险，准备金的提取标准，代偿损失的核销标准，反担保措施的保障程度，风险预警机制和突发事件应急机制情况。

（二）信用风险管理。包括：信用风险的管理方法，产生信用风险的业务活动，信用风险暴露的期末数。

（三）流动性风险管理。包括：影响流动性的因素，反映流动性状况的有关指标以及流动性资产与一年内到期担保责任的匹配情况，流动性风险的管理方法。

（四）市场风险管理。包括：因利率、汇率以及其他因素变动而产生的总体市场风险水平及不同类别的市场风险水平，市场风险的管理方法。

（五）操作风险管理。包括：由于内部程序、人员、系统的不完善或执行不力，或外部事件造成的风险，操作风险的管理方法。

（六）其他风险管理。包括：可能对公司、债权人和其他利益相关者造成严重不利影响的其他风险因素，公司对该类风险的管理方法。

第十四条 融资性担保公司应当就本年度担保业务总体情况和融资性担保业务情况分别披露下列信息：

（一）承保情况：期末在保余额、当年累计担保额、近三年累计担保额。

（二）代偿情况：当年新增代偿额、近三年累计代偿额。

（三）追偿及损失情况：当年代偿回收额、近三年累计代偿回收额和累计损失核销额。

（四）准备金情况：未到期责任准备金余额、担保赔偿准备金余额、一般风险准备金余额。

（五）集中度情况：最大十家客户集中度明细、最大三家关联客户集中度明细。

（六）放大倍数：担保业务放大倍数、融资性担保业务放大倍数。

（七）业务质量：担保代偿率、代偿回收率、担保损失率、拨备覆盖率。

（八）接受监管部门检查和整改的情况。

第十五条 融资性担保公司应当披露本年末资本金构成及本年度资金运用明细。

第十六条 融资性担保公司披露的财务会计报告应当至少包括：资产负债表、利润表、现金流量表、所有者权益变动表以及财务报表附注。

融资性担保公司披露的财务会计报告应当按照《企业会计准则》的有关规定编制。

第十七条 融资性担保公司发生重大事项，应当制作重大事项临时报告并及时披露，法律、法规、规章及有关规定禁止披露的信息除外。重大事项包括但不限于下列情况：

（一）公司第一大股东变动及原因。

（二）公司董事长、监事会主席（监事长）、总经理变动及原因。

（三）公司名称、公司章程、注册资本和住所的变更。

（四）公司合并、分立、解散等事项。

（五）公司的重大诉讼事项。

（六）其他可能严重危及公司正常经营、偿付能力和资信水平，影响地区金融秩序和社会稳定的事件。

第十八条　融资性担保公司披露的重大事项临时报告应当至少包括：重大事项发生的时间、基本情况、可能产生的影响、已采取和拟采取的应对措施。

第三章　信息披露的管理

第十九条　融资性担保公司应当建立健全信息披露制度，完善信息披露流程，指定专人负责信息披露事务。

第二十条　融资性担保公司应当于每年 4 月 30 日前披露上一年年度报告，因特殊原因不能按时披露的，应当至少提前 10 个工作日向监管部门申请延期披露。

第二十一条　融资性担保公司应当将重大事项临时报告自事项发生之日起 3 个工作日内及时披露。

第二十二条　融资性担保公司可以采用邮寄、电子邮件或其他适当的方式将年度报告和重大事项临时报告送达债权人及其他利益相关者。

融资性担保公司应当将年度报告同时报送监管部门。

第二十三条　融资性担保公司董事会或总经理对公司披露信息的真实性、准确性、完整性和及时性负责。公司的年度报告和重大事项临时报告由法定代表人签署。

融资性担保公司设独立董事的，独立董事应当就所披露信息的真实性、准确性、完整性和及时性发表意见并单独列示。

第四章　附　则

第二十四条　本指引没有规定、但不披露相关信息可能导致对公司经营管理和风险状况产生错误判断的，融资性担保公司应当将相关信息视为关键信息及时予以披露。

第二十五条　本指引适用于在中华人民共和国境内依法设立的融资性担保公司，公司制以外的融资性担保机构信息披露参照本指引的有关规定执行。

第二十六条　本指引涉及的指标适用《融资性担保行业统计报表制度》的有关规定。

第二十七条　本指引自发布之日起施行。

融资性担保公司内部控制指引

银监发〔2010〕101 号

第一章　总　则

第一条　为建立健全融资性担保公司内部控制制度，防范融资性担保业务风险，促进融资性担保公司稳健经营，根据《中华人民共和国公司法》《融资性担保公司管理暂行办法》等有关规定，制定本指引。

第二条　本指引所称监管部门是指省、自治区、直辖市人民政府确定的负责监督管理本辖区融资性担保公司的部门。

第三条　本指引是监管部门对融资性担保公司内部控制进行监督和评价的依据。融资性担保公司应当遵循本指引建立健全内部控制制度。

第四条　本指引所称内部控制是融资性担保公司为实现经营目标，通过制定和实施一系列制度、程序和方法，对风险进行事前防范、事中控制、事后监督纠正的动态机制和过程。

第五条　融资性担保公司内部控制的目标：

（一）确保法律、法规、规章和公司内部规章制度的贯彻执行。

（二）确保公司发展战略的全面实施，经营目标和效率的充分实现。

（三）确保公司风险管理体系的有效性。

（四）确保业务记录、财务信息和其他管理信息的真实、准确、完整和及时。

第六条　融资性担保公司内部控制应当遵循以下原则：

（一）全面性原则。内部控制应当贯穿公司的各项业务流程和各个操作环节，覆盖所有的部门和岗位，并由全体人员参与，任何决策或操作均应有案可查。

（二）重要性原则。内部控制应当在全面控制的基础上，关注重要业务和高风险事项。

（三）制衡性原则。内部控制应当在治理结构、机构设置及权责分配、业务流程等方面相互制约、相互监督，同时兼顾运营效率。内部控制的监督、评价部门应当独立于内部控制的建设、执行部门，并有直接向董事会、监事会和高级管理层报告的渠道。

（四）适应性原则。内部控制应当与公司经营规模、业务范围、竞争状况和风险水平等相适应，并随着情况的变化及时加以调整。

（五）成本效益原则。内部控制应当权衡成本与效益，以合理的成本实现有效控制。

第七条　融资性担保公司应当在内部环境、风险评估、控制活动、信息与沟通、内部监督等方面采取必要的制度、程序和方法，建立科学、有效的激励约束机制，培育良好的内部控制文化，为全体员工创造充分了解内部控制要求，忠实、勤勉、合规、审慎履行职责的环境和氛围。

第二章 内部控制职责

第八条 融资性担保公司应当明确划分董事会、监事会、高级管理层之间、相关部门之间、岗位之间、上下级机构之间的职责，建立职责清晰、相互监督制约的机制。

第九条 董事会负责保证公司建立并实施充分而有效的内部控制体系；负责定期检查评价整体经营战略和重大政策的执行情况；负责确保公司在法律和政策的框架内审慎经营，明确设定可接受的风险程度，确保高级管理层采取必要措施识别、评估、监测并控制风险。

第十条 监事会负责监督董事会、高级管理层完善内部控制体系；负责监督董事会及董事、高级管理层履行内部控制职责；负责要求董事及高级管理人员纠正其损害公司利益的行为并监督执行。

第十一条 高级管理层负责制定内部控制政策，对内部控制体系的充分性与有效性进行监测与评估；负责保证董事会决策的贯彻落实；负责建立和完善内部组织机构，形成有效的内部激励约束机制；负责建立识别、评估、监测并控制风险的程序和措施，并保证内部控制的各项职责得到有效履行。

第十二条 融资性担保公司应当设立专门的风险管理部门。风险管理部门应当独立于其他业务部门，负责具体制定并实施识别、评估、监测和控制风险的制度、程序和方法，保障风险管理目标的实现。

不设首席风险官的融资性担保公司，风险管理部门负责人的任免、薪酬待遇由总经理决定，但应当事先征得董事会同意。

风险管理负责人（首席风险官、不设首席风险官的融资性担保公司风险管理部门负责人）对项目审批机构表决通过的项目持有否定意见时，应当将意见提交总经理。如总经理否定风险管理负责人意见，而风险管理负责人坚持自己意见的，总经理应当将有关争议提交董事会研究决定。

第十三条 融资性担保公司应当对项目审批实行统一的法人授权制度，明确规定项目审批人的权限和审批程序，严格按照权限和程序审批业务。

上级机构应当根据下级机构的风险管理水平、资产质量、所处地区经济环境以及担保额度等因素，合理确定项目审批权限。

第十四条 对于额度较大的担保或投资项目，融资性担保公司应当通过建立有效的项目审批机构进行集体决策。项目审批机构应当有经验丰富的专业人士参加。项目审批机构审议表决应当遵循集体审议、明确发表意见、多数同意通过的原则，全部意见应当记录存档。

第十五条 融资性担保公司各个部门和岗位应当有正式、成文的岗位职责说明和清晰的报告关系。

融资性担保公司对各项业务都应当有明确的保前调查、保时审查、保后检查的工作标准和尽职要求。

第三章 业务活动的内部控制

第十六条 融资性担保公司应当以融资性担保业务为核心主业，在法律、法规和规章允许的范围内开展其他业务。

第十七条 融资性担保公司应当制定和完善全面、系统、成文的业务政策和相关管理制度，明确规定融资性担保的对象、范围、方式、条件、程序、担保限额以及禁止担保等事项。

第十八条 融资性担保公司应当规范项目受理、评审、审批、签约承保、保后监管、代偿、追偿等全部业务环节的工作流程、操作规则和运行机制。

第十九条 融资性担保公司应当制定符合法律、法规、规章、政策和公司章程要求的明确的项目受理标准。负责项目受理的人员应当严格审查担保申请人资格的合法性、融资背景以及申请材料的真实性。

第二十条 融资性担保公司应当制定符合法律、法规、规章、政策和公司章程要求的明确的项目评审标准。评审标准应当包括定性标准和定量标准。

第二十一条 项目评审应当从定性、定量方面作出依据充分的分析判断；应当全面考察项目情况，评估拟设定的反担保措施的合法性、标的的价值和可实现性；应当严格评审被担保对象的财务状况，认真核查各类财务报表、产品库存和业务合同，查清其真实性、合法性和价值；应当严格审查担保项目所融资资金的用途，确保通过担保融资的资金用于符合国家产业政策和改善民生的活动。

第二十二条 项目评审人员不得少于2人。项目评审人员应当对评审项目进行实地考察。评审结束时，项目评审人员应当制作项目评审报告，包括项目基本情况、风险因素、评审结论以及拟设立反担保措施在内的担保方案等内容。

第二十三条 项目审批机构和人员应当切实核查所提交的全部项目资料，重点把握项目风险因素和保障措施。必要时项目审批机构和人员应当对项目进行实地考察。

第二十四条 融资性担保项目签约承保应当明确各类合同生效条件和签订程序；遵循先落实保障措施后签约承保的原则，依法办理反担保抵质押登记；核实债权人、债务人的签约资格和权限，加强印章管理。

第二十五条 融资性担保公司应当根据合同约定要求被担保人按期提供财务报表，并进行保后现场检查；应当根据实际情况对全部或部分在保项目进行及时的风险排查，并逐步实现对在保项目的风险分类。

第二十六条 融资性担保公司应当合理调控项目集中度，避免可能出现的集中代偿。当代偿率出现大幅度上升时，融资性担保公司应当暂时停止办理新的担保项目。

第二十七条 融资性担保项目发生代偿时，融资性担保公司应当依据法律和合同约定切实履行担保人的权利和义务，及时对被担保人和反担保人的相关财产采取必要保全措施。

融资性担保项目发生代偿后，融资性担保公司应当及时进行追偿。追偿应当以最大限度减少损失为原则。追偿小组应当由原经办人员、法律、风险管理、审计等部门人员组成。

不符合有关法律法规规定、不符合财务制度规定时限的代偿损失不得核销。代偿收入应当按有关财务制度处理。

第二十八条 融资性担保公司对于政府重点支持的、成熟的、额度较小的担保项目，可以采取简易程序。按照简易程序办理的项目也应当进行必要的评审，采取合理的风险防范措施，落实项目评审、审批责任人。

第二十九条 融资性担保公司设立新的机构或开办新的业务，应当事先制定相关流程和规则，对风险因素进行计量和评估，并提出风险防范措施。

第三十条 融资性担保公司应当按《融资性担保公司管理暂行办法》的有关规定建立对关联交易进行监督和控制的机制。融资性担保公司从事关联交易应当符合诚实、信用和公允原则，不得以优于对非关联方的条件为关联方提供担保。

第三十一条 融资性担保公司的其他业务，包括非融资性担保业务、投资业务等，应当与其融资性担保业务相匹配，严格防止风险累积和叠加。

第三十二条 融资性担保公司应当按照有关法律法规的要求建立健全财务、会计管理制度。

融资性担保公司应当严格控制财务风险，保持资本充足、拨备充足。

第四章　内部控制的监督与纠正

第三十三条　融资性担保公司应当建立内部控制报告、评价和纠正的机制，对内部控制的制度建设以及执行情况定期进行回顾和评价，并根据国家相关规定、组织结构、经营状况、市场环境的变化进行修订和完善。

业务部门、内审部门及其他相关部门和人员应当经常对各项业务经营状况进行检查，及时发现内部控制存在的问题，并应当有畅通的报告渠道和迅速有效的纠正措施。

第三十四条　融资性担保公司应当建立有效的信息交流和反馈机制，确保董事会、监事会、高级管理层及时了解公司经营和风险状况，确保有关信息能够在相关部门和员工中顺畅传递和反馈。

第三十五条　内审部门和岗位应当有权获得公司的所有经营信息和管理信息，并对各个部门、岗位和各项业务实施全面的监督和评价。

第三十六条　融资性担保公司应当按照规定进行会计核算和业务记录，建立完整的会计、统计和业务档案并妥善保管，确保原始记录、合同等资料真实、完整。

融资性担保公司应当及时按规定提供、披露财务信息，接受同级财政部门的财务监督。

第三十七条　融资性担保公司应当建立有效的核对、监控制度，对各种账证、报表定期进行核对；对现金、有价证券等资产和反担保抵质押物进行及时盘点和有效的持续监控，切实掌握相关变动情况，并及时采取必要的补救措施；对办理的融资性担保业务和相关业务实行复核或事后监督，对重要业务实行双签制度，对授权执行情况进行监控。

第三十八条　融资性担保公司应当按照有关规定，聘请具有相应资质的社会中介机构进行年度全面审计，其中应当包括对尽职调查的审计。审计报告应当及时报送董事会和股东（大）会，并抄送监事会。

第三十九条　融资性担保公司应当建立有效的应急管理机制，制定应急管理预案，定期进行测试。在突发事件或紧急情况发生时，应当按照应急管理预案及时处置，以预防或减少可能造成的损失，确保业务持续开展，并按有关规定建立健全重大风险事件报告制度和信息披露制度。

第五章　附　则

第四十条　本指引适用于在中华人民共和国境内依法设立的融资性担保公司，公司制以外的融资性担保机构参照本指引的有关规定执行。

第四十一条　本指引自发布之日起施行。

非金融机构支付服务业务系统检测认证管理规定

中国人民银行公告 [2011] 第 14 号

第一章 总 则

第一条 为加强非金融机构支付服务业务的信息安全管理与技术风险防范，保证其系统检测认证的客观性、及时性、全面性和有效性，依据《非金融机构支付服务管理办法》（中国人民银行令 [2010] 第 2 号发布）、《非金融机构支付服务管理办法实施细则》（中国人民银行公告 [2010] 第 17 号公布）制定本规定。

第二条 非金融机构支付服务业务系统检测认证，是指对申请《支付业务许可证》的非金融机构（以下统称非金融机构）或《非金融机构支付服务管理办法》所指的支付机构（以下统称支付机构），其支付业务处理系统、网络通信系统以及容纳上述系统的专用机房进行的技术标准符合性和安全性检测认证工作。

第三条 非金融机构在申请《支付业务许可证》前 6 个月内应对其业务系统进行检测认证；支付机构应根据其支付业务发展和安全管理的要求，至少每 3 年对其业务系统进行一次全面的检测认证。

第四条 本规定所称的检测机构应按照国家有关认证认可的规定取得资质认定，通过中国合格评定国家认可中心的认可，并取得中国人民银行关于非金融机构支付服务业务系统检测授权资格。

第五条 本规定所称的认证机构应经国家认证认可监督管理委员会批准成立，通过中国合格评定国家认可中心的认可，并取得中国人民银行关于非金融机构支付服务业务系统认证授权资格。

第六条 中国人民银行负责检测、认证资格的认定和管理工作，并定期向社会公布通过检测、认证资格认定的机构名单及其业务范围。

第七条 非金融机构或支付机构在检测认证过程中应与检测机构和认证机构建立信息保密工作机制。

第八条 支付机构不得连续两次将业务系统检测委托给同一家检测机构。

第二章 检 测

第九条 非金融机构或支付机构在实施业务系统检测前，应作如下准备：

（一）与检测机构签订书面合同，合同应明确规定保密条款；

（二）与检测机构就检测的范围、内容、进度等事项进行沟通，制定详细的检测计划，并签字确认；

（三）向检测机构提交所申请检测认证的业务系统与生产系统的一致性声明。

第十条　检测应严格遵守中国人民银行制定的技术标准和检测规范，真实反映非金融机构或支付机构业务系统技术标准符合性和安全性状况，保证非金融机构或支付机构业务系统符合国家信息系统安全等级保护第三级的基本要求。

第十一条　业务系统检测应包括但不限于：

（一）功能测试。验证业务系统的功能是否正确实现，测试其业务处理的准确性。

（二）风险监控测试。评估业务系统的风险监控、预警和管理措施，测试其业务系统异常交易、大额交易、非法卡号交易、密码错误交易等风险的监测和防范能力。

（三）性能测试。验证业务系统是否满足业务需求的多用户并发操作，是否满足业务性能需求，评估压力解除后的自恢复能力，测试系统性能极限。

（四）安全性测试。评估业务系统在网络安全、主机安全、应用安全、数据安全、运行维护安全、电子认证安全、业务连续性等方面的能力及管理措施，评价其业务系统的安全防控和安全管理水平。

（五）文档审核。验证业务系统的用户文档、开发文档、管理文档等是否完整、有效、一致，是否符合相关标准并遵从更新控制和配置管理的要求。

第十二条　检测机构应于检测完成后10个工作日内向非金融机构或支付机构提交正式的检测报告（一式四份）。

第十三条　检测报告应包括以下内容：

（一）支付服务业务系统名称、版本；

（二）检测的时间、范围；

（三）检测设备、工具及环境说明；

（四）检测机构名称、检测人员说明；

（五）检测内容与检测具体结果描述；

（六）检测过程中发现的问题及整改情况；

（七）检测结果及建议；

（八）申请检测认证的业务系统与生产系统的一致性声明；

（九）其他需要说明的问题。

第十四条　非金融机构或支付机构在收到检测机构出具的检测报告后，应及时将检测报告及相关材料提交认证机构，并申请认证。

第三章　认　证

第十五条　非金融机构或支付机构在实施支付服务业务系统认证前，应与认证机构签订书面合同，合同应明确规定保密条款。

第十六条　认证应秉承客观、公正、科学的原则，按照国家有关认证认可法律法规及中国人民银行关于非金融机构支付服务业务系统的技术标准和认证要求实施。

第十七条　认证机构应及时处理认证申请，并在正式受理申请后的20个工作日内向非金融机构或支付机构通告认证结果，对合格机构出具认证证书。

第四章　监督与管理

第十八条　支付机构正式开办支付业务后，有下列情况之一的，应及时进行检测：

（一）出现重大安全事故；

（二）业务系统应用架构变更、重要版本变更；

（三）生产中心机房场地迁移；

（四）其他中国人民银行要求的情况。

第十九条 检测认证程序、方法不符合国家检测认证相关规定和中国人民银行相关要求，或检测认证结果严重失真的，中国人民银行及其分支机构可以要求重新进行检测或认证，因此而产生的费用由违反规定的检测机构、认证机构承担。

第二十条 检测机构或认证机构未按照中国人民银行制定的检测认证规范和相关要求进行检测认证活动，或未严格坚持科学、公正的原则进行检测认证工作并造成不良后果的，中国人民银行视其情节轻重给予以下处罚：

（一）通报批评；

（二）责令限期改正，整改期间暂停相关检测认证工作；

（三）整改不力的，取消其从事非金融机构支付服务业务系统检测或认证资格，并报国家认证认可监督管理部门备案。

第五章 附 则

第二十一条 本规定由中国人民银行负责解释。

第二十二条 本规定自发布之日起施行。

金融资产管理公司并表监管指引（试行）

银监发〔2011〕20号

第一章 总 则

第一条 为规范和加强对金融资产管理公司（以下简称资产公司）及其附属法人机构的并表监管，防范金融风险，根据《中华人民共和国银行业监督管理法》、《金融资产管理公司条例》等有关法律、法规，参照《银行并表监管指引（试行)》、《企业会计准则》制定本指引。

第二条 本指引适用于经国务院批准已实施股份制改革的资产公司及其附属法人机构（以下简称集团）。附属法人机构是指由资产公司控制的境内外子公司以及按照本指引应纳入并表监管范围的其他机构。

第三条 本指引所称并表监管是指在单一法人监管的基础上，对集团的资本以及风险进行全面和持续的监管，识别、计量、监控和评估集团的总体风险状况。

第四条 银监会按照本指引对资产公司进行并表监管。

第五条 资产公司并表监管采用定性和定量两种方法。

定性监管主要是针对集团的公司治理、内部控制、风险管理等因素进行审查和评价。

定量监管主要是针对集团的资本充足性和杠杆率管理，以及大额风险、流动性风险、重大内部交易等状况进行识别、计量、监测和分析，进而在并表的基础上对集团的风险状况进行量化的评价。

第六条 银监会通过与国家相关部门、境内外其他金融监管机构建立的监管协调机制，协调监管政策和措施，实现监管信息共享。

第二章 并表监管范围

第七条 银监会遵循"实质重于形式"的原则，以控制为基础，兼顾风险相关性，确定资产公司的并表监管范围。

第八条 资产公司投资的法人机构，符合下列条件之一的，应当纳入并表监管范围：

（一）资产公司直接或子公司拥有，或与其子公司共同拥有50%以上表决权的机构。

（二）资产公司拥有50%以下的表决权，但有下列情形之一的机构，应当纳入并表范围：

1. 通过与其他投资者之间的协议，持有该机构50%以上的表决权；

2. 根据章程或协议，有权决定该机构的财务和经营政策；

3. 有权任免该机构董事会或类似权力机构的多数成员；

4. 在该机构董事会或类似权力机构占多数表决权。

（三）在确定能否控制被投资机构时，应考虑集团持有的该机构当期可转换公司债券、当期可执行的认股权证等潜在表决权因素，确定是否符合上述并表标准。对于当期可以实现的潜在表决权，应当计入资产公司对被投资机构的表决权。

（四）其他有证据表明资产公司实际控制被投资机构的情况。

（五）银监会有权根据资产公司的股权结构变动、风险类别确定和调整并表监管范围。

第九条　当被投资机构不为资产公司所控制，但根据风险相关性，被投资机构的总体风险足以对资产公司的财务状况及风险水平造成重大影响，或其所产生的合规风险、声誉风险造成的危害和损失足以对资产公司的声誉造成重大影响的，应当纳入并表监管的范围。

第十条　下列被投资机构可以不列入资产公司的并表监管范围：

（一）已关闭或已宣告破产的机构；

（二）因终止而进入清算程序的机构；

（三）决定在三年内出售的、资产公司的权益性资本在 50%以上的被投资机构；

（四）受所在国外汇管制及其他突发事件影响、资金调度受到限制的境外附属机构；

（五）资产公司短期或阶段性持有的债转股企业。

资产公司应制定阶段性持有债转股企业的退出计划，并报银监会备案。对于超出计划退出期限仍未退出且具有实际控制权的债转股企业应纳入并表范围。

第十一条　资产公司金融类子公司对非金融机构提供长期清偿担保的，该非金融机构应纳入并表范围；无清偿担保或清偿担保可无条件撤销的，由资产公司按审慎原则处理。

第十二条　资产公司应于每年第一季度末向银监会报告上一年度并表范围及并表管理情况，包括但不限于按照本《指引》确定的合格资本、财务、风险及其他并表管理状况等。

第三章　并表监管内容

第一节　最低资本与杠杆率管理

第十三条　资产公司的最低资本管理是指集团拥有的合格资本不得低于银监会规定的最低资本要求。

资产公司的杠杆率管理是为了确保集团拥有充足资本以缓冲资产损失而建立的基于法人分类的多指标、多口径的系统管理方法。

第十四条　资产公司资本的并表管理应充分考虑集团所处的商业化转型阶段，将定性管理和定量管理相结合。

定性管理主要是优化资本配置，提高资本使用效率；定量管理主要是最低资本管理和杠杆率管理。

第十五条　资产公司应当根据国家宏观政策和自身发展战略，优化金融及非金融业务布局，控制行业投资的范围和比重。

第十六条　资产公司应当在并表基础上计算集团拥有的合格资本，充分考虑资本的期限、损失吸收能力以及收益分配等因素对合格资本的影响。

第十七条　集团合格资本工具包括核心资本和附属资本两部分。核心资本工具可包括：实收资本、资本公积、盈余公积、未分配利润、少数股权等；附属资本工具可包括重估储备（须经财政部批准）、一般准备、优先股、可转换债券、混合资本债券、长期次级债券等。

第十八条　资产公司应当明确核心资本与附属资本的项目构成，审慎确定有关资本项目在核心资本和附属资本中的比重，持续满足监管要求。

第十九条　资产公司应确认其与子公司以及子公司之间是否存在交叉持股和相互持有次级债等合格资本工具，以及对集团以外的资本投资等情况，并确保这些情况在计算集团资本充足水平时已得到审慎处理。处理方法包括并表轧差、资本扣减和风险加权等。

第二十条　集团的最低资本要求为资产公司以及资产公司按照持股比例计算的各子公司最低资本要求之和，减去依照相关法律、法规和监管规定应扣减的金额。

第二十一条　资产公司不良资产（包括收购的金融机构和非金融机构不良资产以及债转股股权和抵债股权）运营的最低资本要求为以不良资产收购成本为基础计算的风险加权资产的8%。

资产公司附属商业银行、信托公司、金融租赁公司的最低资本要求按照银监会监管规定执行。附属保险公司的最低资本要求按照保险监管机构最低资本监管规定执行。证券、期货公司按照证券监管机构净资本监管规定执行。

资产公司应当参照商业银行表外业务转换系数相关规定，审慎计算表外业务的最低资本要求。

第二十二条　资产公司应当确保自身及子公司同时满足单一资本充足要求。在充分评估子公司的超额资本数量及其可转换性的基础上，资产公司可以按照持股比例计入资本，计算资本充足水平。

第二十三条　资产公司应当审查自身及子公司是否通过发债等方式筹集资金用于相互或对外投资，并对这种情况是否构成对集团稳健性的负面影响予以充分评估。

第二十四条　资产公司应制定多维度的杠杆率指标监测体系，包括净资产与总资产比率、核心资本净额与调整后的资产余额比率等。除计算集团合并杠杆率外，还应分别计算资产公司单一法人的杠杆率、金融类子公司合并口径的杠杆率、全部子公司合并口径的杠杆率。

第二十五条　资产公司在计算集团合并杠杆率时，应当将非金融类子公司纳入并表范围，但不包括证券、保险和信托等金融类子公司开展的经纪业务。在计算资产公司单一法人杠杆率时，应将资产公司对子公司的资本投资予以扣减，或依据审慎原则适当处理。

第二十六条　资产公司应当逐步建立超额资本池，以应对因不可预见因素导致的损失和缓冲经济周期波动的影响。超额资本池中的资金存放形式应保持较高的流动性，包括可自由处置的现金、国债、未质押的可流通证券等。

第二十七条　资产公司应分别对资产公司单一法人、金融类子公司和非金融类子公司的资本充足水平、杠杆率和对外担保等情况进行分析，全面、审慎评估子公司的资本充足水平及变动对资产公司的影响。

第二十八条　对未达到最低资本要求的资产公司，应当制定具体的资本补充计划。

第二十九条　银监会根据集团资产质量与运营状况，经全面审慎评估，必要时可以要求集团持有超过其最低资本要求的资本，调整或制定差异化的杠杆率要求，限制集团的风险资产增速和对外资本投资，以确保集团的稳健性。

第二节　集团内部交易

第三十条　本指引所称集团内部交易是指集团内部交易方之间发生的包括资产、资金、服务等资源或义务转移的行为。不包括资产公司及其子公司与对其有直接或间接控制、共同控制、实际控制或重大影响的其他股东之间的交易。

集团内部交易范围包括：资产买卖和委托处置、投资、授信、融资（借贷、买卖公司债券、股东存款及提供担保等）以及代理交易等。

第三十一条　集团内部交易方包括资产公司、子公司以及资产公司可实际控制或产生重大影响的其他法人机构或组织（政策性债转股企业除外）。

第三十二条　集团内部交易应当遵守国家法律、法规和会计制度等相关规定，遵循诚信、公允、透明的原则。涉及银行、证券、保险、信托、金融租赁、上市公司等，还应遵守相关监管规定。

第三十三条 集团在依法合规和有效控制风险的前提下，可以通过正当、合理的内部交易在业务、资金、渠道网络、机构人员、信息、品牌等方面加强协同，整合资源，提高综合经营效益，实现集团的战略发展目标。

第三十四条 集团内部交易分为重大内部交易和一般内部交易。

重大内部交易是指数额较大以及可能对内部交易方经营与财务状况产生重大影响的内部交易。包括但不限于：

（一）与监管机构明确界定的重大关联交易对应的内部交易；

（二）与监管机构明确规定须报经审批的关联交易对应的内部交易。

一般内部交易是指除重大内部交易以外的其他内部交易。

第三十五条 资产公司应当按照相关法律、法规及监管规定，结合业务开展情况，制定集团内部交易管理制度，加强内部交易管理，规范内部交易行为，降低内部交易的复杂程度，确保内部交易合法、合规、合理，风险可控。内部交易管理制度应当报银监会备案。

第三十六条 资产公司应当明确内部交易审议（审查）决策机构和相应的管理职能。子公司可以根据业务开展情况或资产公司的授权，明确内部交易审议（审查）机构及其相应的管理职能。

第三十七条 资产公司内部交易审议（审查）机构应当对内部交易进行审慎管理，及时、全面地掌握内部交易的实施情况，有效防范和控制可能产生的不当利益输送和监管套利等行为。

第三十八条 资产公司应当制定科学、规范的内部交易审议（审查）决策程序，并严格按程序进行内部交易审议（审查）和决策。

重大内部交易实行审批或备案制度：

（一）监管机构明确界定的或明确规定须报经审批的重大关联交易对应的内部交易，有关交易方在履行内部审议（审查）和决策程序后，应当按照相关规定报送审批，按照监管机构的审批意见实施。交易方不属于银监会监管范围的，资产公司应当报银监会备案。

（二）监管机构未明确规定须报经审批的重大关联交易对应的内部交易，由有关交易方履行内部审议（审查）和决策程序，资产公司按季度报银监会备案。

一般内部交易按照资产公司内部授权程序进行。

第三十九条 资产公司内部交易审议（审查）机构负责按规定确认内部交易方，查询、收集内部交易信息，评估重大内部交易的合法性和合规性等，并在履行审议（审查）程序后提交有关决策机构决策。

第四十条 资产公司应当依法依规对经内部交易审议（审查）机构审议（审查）通过的重大内部交易进行决策，并采取有效措施防止股东、债权人及其他利益相关者的合法权益受到内部交易的侵害。

第四十一条 资产公司应当充分发挥监事会的监督作用，加强对内部交易的监控和制约。

第四十二条 资产公司应当健全与完善内部交易的定价机制，确保内部交易价格的公允性与合理性。

第四十三条 资产公司应当制定和完善相关内部控制制度，加强对内部交易的风险管控。

第四十四条 资产公司应当建立和实行内部交易表决权回避制度。内部交易决策机构和审议（审查）机构对内部交易进行表决时，在所涉及内部交易方同时担任职务的人员应当回避。

第四十五条 资产公司应当建立健全内部交易风险隔离机制，在资金、业务、信息、人员等方面建立"防火墙"制度，防止通过内部交易不当转移利润和转嫁风险，减少利益冲突，避免风险过度集中，保护利益相关者的合法权益，维护公平竞争的市场环境。

第四十六条 资产公司应当建立和实行内部交易综合考核与评价机制，完善协同经营的激励约束与分配协调机制。定期开展内部交易综合考核和评价，并将考评结果与激励约束和分配协调机制挂钩。

第四十七条 资产公司应当建立和实行内部交易信息报告制度，明确报告路径和程序，按规定报告内部交易的开展情况，并保证报告信息的真实性和完整性。资产公司应当于每年第一季度末向银监会报送上一年度集团内部交易开展情况的综合报告（包括重大内部交易和一般内部交易，其中一般内部交易可以合并报告）。

第四十八条 监管机构明确规定需披露信息的关联交易对应的集团内部交易，有关交易方应按规定公开披露内部交易的开展情况，并保证披露信息的真实性和完整性。

第四十九条 资产公司当应建立和实行内部交易的内部审计制度，定期或不定期对内部交易实施情况进行内部审计。

第三节 大额风险暴露管理

第五十条 资产公司大额风险暴露是指集团并表后的资产组合对单个交易对手或一组有关联的交易对手、行业或地理区域、特定类别的产品等超过集团资本一定比例的风险集中暴露。银监会可以根据资产公司的实际情况相应确定和调整资产公司大额风险暴露监管标准。

第五十一条 资产公司应当在并表基础上管理风险集中与大额风险暴露。

第五十二条 资产公司应当根据自身的资本和资产负债规模，制定大额风险暴露的政策和流程，持续进行并表监测，通过相关报告制度，确保及时识别总体资产组合中的风险集中程度，评估集中度较高的资产对资产公司的影响，按照有关管理制度对风险集中度较高的资产采取相应措施。

第五十三条 资产公司应当有效识别集团层面上大额风险暴露最为集中的行业领域、地理区域等相关信息，结合行业或区域经济周期波动等因素，分析判断这些风险集中可能给集团带来的负面影响。

第五十四条 资产公司应当监测自身及其子公司从事包含杠杆率、期权等具有信用放大效应的结构性融资产品的信用风险暴露，关注因不同风险因素之间相互关联而产生连锁效应的特定产品的信用风险暴露。

第五十五条 跨境经营的资产公司，应当逐步建立国家或地区风险评估体系，根据资产公司自身的规模和业务特点、业务所在国家或地区的经济实力和稳定性，制定不同国家或地区的大额风险管理政策和程序细则。

第五十六条 资产公司应当定期审查大额风险暴露管理的充分性和有效性。审查考虑的因素包括：资本充足状况、大额风险承担与公司风险集中度管理政策是否一致、交易对手的业务性质以及资产公司的风险管控能力等。

第四节 流动性风险管理

第五十七条 资产公司的流动性风险分为融资流动性风险和市场流动性风险。

融资流动性风险是指资产公司在不影响日常经营或财务状况的情况下，无法有效满足资金需求的风险。

市场流动性风险是指由于市场深度不足或市场动荡，资产公司无法以合理的市场价格出售资产以获得资金的风险。

第五十八条 资产公司应当加强对流动性风险的并表管理。对于跨境设立的分支机构，还应充分考虑资本管制、外汇管制以及金融市场发展差异程度等因素对流动性的影响，对风险管理政策和程序做出相应调整。资产公司与存在资金流动障碍的子公司之间不得进行流动性轧差处理。

第五十九条 资产公司应当关注子公司的流动性风险，制定向子公司提供流动性支持的预案，并报银监会备案。

第六十条 资产公司应当坚持审慎性原则，充分识别、有效计量、持续监测和控制流动性风险，确保其资产负债结构与流动性要求相匹配。资产公司应通过设立更加稳定、持久和结构化的融资渠道来提高应对流动性风险的能力。

第六十一条 资产公司应当定期评估集团流动性管理政策的充分性和有效性，以及流动性应急预案的充分性和可操作性。关注并分析集团整体的资产负债状况、现金流状况等，特别是负债集中度、资产负债期限错配对流动性可能带来的负面影响。

第四章　并表监管基础

第一节　公司治理

第六十二条 资产公司应当按照国家相关法律、法规规定和现代金融企业制度要求，建立健全以股东大会、董事会、监事会和高级管理层等为主体的公司治理架构，明确界定各治理主体以及董事、监事、高级管理人员的职责权限，建立科学、高效的决策、执行和监督制度，完善激励约束机制，提高公司治理的有效性，最大限度地维护股东、债权人、公司自身和员工等利益相关方的合法权益。

第六十三条 资产公司应结合整体战略规划和对子公司的管理要求，按照"合规、精简、高效"的原则，不断优化投资结构，简化控股层级，并指导子公司建立完善公司治理结构。资产公司的法人层级原则上应控制在三级以内，除个别特殊行业外，不得在二级子公司下设立法人机构。

第六十四条 资产公司应统筹结合自身发展定位及整体经营计划，加强业务整合和管理流程优化，完善内部授权制度和风险绩效综合评价制度，指导子公司开展各项业务。

第六十五条 在维护子公司独立法人经营自主权的前提下，资产公司依法承担对集团整体战略规划、资源配置和风险管理的职责，对集团内部的人力资源、财务会计、品牌文化实施有效管理，加强内部业务协同和资源共享，建立全覆盖的风险管理和内部审计体系，提高整体运营效率和风险防控能力。

第六十六条 资产公司应当建立和完善以资本回报、风险控制和持续发展为核心的综合考核指标体系，以综合考核指标为导向的内部资源配置机制和以综合考核结果为基础的激励约束机制，定期对自身和子公司的经营业绩和发展情况进行全面考核，确保稳健经营和合理资本回报。

第六十七条 资产公司建立薪酬制度、长期股权激励制度和企业年金制度应当符合国家有关规定，并充分考虑国民经济发展水平、社会和行业薪酬水平以及本公司实际经营状况等因素，制定合理可行的实施方案，依法履行规定程序后实施。

第二节　风险控制

第六十八条 资产公司应在并表基础上建立与其业务性质、规模和复杂程度相适应，覆盖集团各个层面、各业务领域和区域（境内外）的全面风险管理体系，全面认识、分析和管理各类风险，确保集团风险管理与战略发展目标相一致。

第六十九条 资产公司应当在集团层面上建立全面、独立、专业的风险管理组织体系，明确有关各方的风险管理职责，逐步建立和完善自上而下的风险政策执行、监督评价机制和自下而上的风险报告制度，不断完善垂直化的风险管理组织架构。

第七十条 资产公司董事会对全面风险管理承担最终责任，并向股东大会负责，董事会下设的风险管理委员会和审计委员会根据董事会授权履行相应职责。高级管理层负责全面风险管理的日常工作并向董事会负责。监事会对董事会及高级管理层在全面风险管理中的履职情况进行监督。

第七十一条　资产公司应当根据有关监管规定，结合自身业务特点和全面风险管理的要求，制定风险管理政策、制度和流程，并根据集团发展、技术更新及市场变化等因素，及时修订和完善。

第七十二条　资产公司应当多层次、多维度地识别经营过程中的各类风险，分析风险的成因、组成要素和相关条件。风险识别应综合考虑内部和外部因素，并选择与其自身业务特点和发展阶段相适应的分析技术和方法。

第七十三条　资产公司应当按照相关规定进行风险分类和评估。评估内容包括：战略风险、经营风险、财务风险、法律风险、声誉风险等。根据已识别风险可能给集团造成的影响和损失，确定该风险对实现集团经营目标的影响程度，形成风险管理的依据。

资产公司可采用问卷调查、集体讨论、专家咨询、情景分析和管理层访谈等定性方法对各类风险的成因、特征及后果进行风险评估。具备条件的资产公司可逐步引入统计分析、内部评级法、敏感性分析等定量方法对风险进行量化分析，并随着风险数据的积累和计量水平的提高不断加以改进和完善。

第七十四条　资产公司应根据自身发展战略和条件，结合风险评估和计量结果明确风险管理的重点，并选择合适的风险管理工具，制定相应的风险应对方案。风险应对方案应包括解决该风险要达到的具体目标，涉及的管理业务流程，需要的条件和资源，拟采取的具体措施及风险管理工具等内容。

第七十五条　资产公司应当按照相关监管规定，建立支持全面风险管理的内部控制体系，完善内部控制制度和全流程风险控制措施。内部控制制度和全流程风险控制措施至少应包括以下内容：

（一）有效的内部授权制度；

（二）业务与风险管理审批制度；

（三）风险监测和风险管理报告制度；

（四）重大风险预警和应急处理制度；

（五）风险管理责任制度；

（六）内部审计监督制度；

（七）风险管理考核评价制度；

（八）重要岗位的权力制衡制度；

（九）防火墙和风险隔离制度。

第七十六条　资产公司应当定期对全面风险管理的健全性、合理性和有效性进行监督检查，分析、评价全面风险管理体系的设计和执行结果，发现薄弱环节，不断完善全面风险管理体系，确保全面风险管理工作的持续有效实施。

第七十七条　资产公司当应逐步建立与全面风险管理相适应、涵盖风险管理基本流程和内部控制系统各个环节的风险管理信息系统，包括风险信息的采集、存储、分析、报告、披露等。风险管理信息系统应准确、及时、持续地支持集团风险的识别、监测、预警、管控和报告等工作。

第七十八条　资产公司应当在集团范围内强化风险管理文化建设。董事会成员和高级管理人员应当在培育统一风险管理文化中发挥表率作用，并通过持续开展风险教育与培训，增强全体员工的风险管理意识，努力将风险管理意识转化为全体员工的共同认识和自觉行动，促进公司形成系统、规范、高效的全面风险管理机制。

第七十九条　资产公司应当每半年向银监会报告集团的风险管理情况，并按规定报送相关信息资料。针对重大突发风险事件，资产公司应当制定相应的重大事项报告制度，并报银监会备案。

第三节 信息系统管理

第八十条 资产公司应制定与其经营战略相适应的信息化建设规划，并结合实际情况，在集团范围内逐步做到"统一规划、统一标准、集中建设、集中管理"。

第八十一条 资产公司信息化建设规划应从业务和管理需求出发，保持适度的前瞻性，并确保信息系统的稳定性和可扩展性。信息化建设规划应在集团范围内最大限度地统筹资源，避免盲目投资和重复建设。

第八十二条 资产公司应当按照相关法律、法规和监管规定的要求，集中建设符合专业技术标准的数据中心、灾备中心、开发测试中心和业务后援中心，建立健全各项管理措施和应急机制，保障业务持续、安全、稳定运行。

第八十三条 资产公司应结合实际，制定合理的系统架构以及技术和数据标准，加强对软件生命周期、信息科技产品采购和服务外包的科学管理，保障开发质量，降低运营成本，防范道德风险，提高服务满意度。

第八十四条 资产公司应将主要业务流程、关键控制点和业务处理规则嵌入系统程序，使内部控制流程与信息系统有机结合，实现对业务流程和主要风险点的自动化控制，减少或消除人为操纵因素。

第八十五条 资产公司应按照监管指引要求，积极采取措施，力争实现集团内部管控信息和非现场并表监管信息的自动化采集处理，优化系统辅助分析和预警功能。

第八十六条 资产公司应统筹规划、突出重点，研究制定和完善集团信息安全标准规范和信息安全制度体系，落实信息安全管理职责，完善信息安全管理机制，建立健全信息安全检查机制，依据已确立的技术法律、法规、监管规定、内部制度与相关技术标准，定期开展信息安全检查，确保信息安全。

第八十七条 资产公司应当按照不同密级设置信息系统用户访问权限，加强日志审计和系统监测，严格控制后台操作和非授权访问。认真执行数据加密和备份策略，确保核心数据存放安全和有效恢复。

第八十八条 资产公司应逐步健全信息科技治理结构，设立集团层面的信息科技管理委员会，负责审批集团的信息战略规划方案、信息化投资预算与计划，以及审批与协调重大信息科技项目、监督信息系统整体运行情况等。

资产公司应当明确集团信息科技管理部门，统一负责集团信息系统的规划、信息科技资源的协调与共享、信息科技制度体系建设、信息化需求管理等。

第四节 战略与声誉风险管理

第八十九条 资产公司应当明确战略管理职能部门，负责集团的战略制定和评估工作，在科学制定战略发展规划的基础上，配合董事会有关专门委员会，定期开展对战略规划执行情况的评估。

第九十条 集团战略决策应反映外部环境、行业、经济、技术、市场竞争、监管等方面的变化。在进行战略投资、重大项目等决策时，应关注集团管理资源和能力、资本与资金来源、人员和信息系统以及沟通渠道等能否有效支持业务发展战略。

第九十一条 资产公司应建立完整的集团战略发展评估体系。集团设定的战略目标应科学、合理，并与公司的文化、价值观、社会责任、业务方向和风险容忍度保持一致。

第九十二条 资产公司应关注自身及其子公司所产生的风险和损失对集团的声誉可能造成的负面影响，制定应急预案，采取有效措施管理声誉风险。

第五节　信息披露管理

第九十三条　资产公司应当建立和完善并表信息披露制度，规范披露程序，明确内部管理职责，按照相关法律、法规和监管规定的要求对外披露信息。

第九十四条　资产公司对外披露并表信息应当遵循真实性、及时性、完整性、一致性原则，对信息披露中的虚假和误导性陈述及重大遗漏等承担相应的法律责任。

第九十五条　资产公司披露的并表信息内容应主要包括：公司的基本信息、资本信息、风险管理信息等。资产公司可以根据自身实际情况，自主增加披露其他相关信息。

资产公司对外披露信息应当严格执行国家保密相关规定。

第九十六条　资产公司对外披露并表信息应指定专门机构管理、专人负责，主要通过公司网站和指定媒体进行。

资产公司应完善公司信息系统及网站建设，确保并表信息披露渠道通畅。

第五章　并表监管方式

第一节　非现场监管

第九十七条　银监会对资产公司的并表监管重点关注整体情况及单一法人数据与资产公司并表数据的差异，资产公司与子公司以及子公司之间的交易，金融类子公司和非金融类子公司对集团财务状况和风险状况的重大影响等方面内容，定期对资产公司进行全面风险评价。

第九十八条　银监会通过制定资产公司非现场监管报表指标体系，开展非现场监测与分析，全面掌握集团总体架构、股权结构及其变化、经营情况等。对于在非现场监管中发现的资产公司监管指标异常变动等情况，可以采取风险提示、约见高级管理人员、现场走访、要求整改等措施，并密切监督其整改的进展。

第九十九条　对资产公司违反风险管理、最低资本要求、杠杆率、大额风险暴露、流动性、内部交易、信息披露等审慎监管标准的行为，银监会可以要求资产公司立即采取措施补救并按照法律、法规和监管规定采取相应的监管措施。

第一百条　银监会根据并表监管情况，可以组织资产公司和外部审计机构参加并表三方会谈，讨论监管和外部审计过程中发现的问题，加强对并表监管关注事项的交流和沟通。

第二节　现场检查

第一百零一条　银监会现场检查的对象为资产公司，必要时可协调相关监管机构，由相关监管机构对资产公司下属的证券、期货、基金、保险等子公司进行检查。经相关监管机构同意，银监会可以通过与相关监管机构成立联合检查组等方式，对资产公司下属的证券、期货、基金、保险等子公司实施现场检查。

第一百零二条　银监会可以根据非现场并表监管情况，以及资产公司的风险状况、规模、组织架构及业务复杂程度，合理安排和制定并表现场检查计划。

第一百零三条　银监会根据现场检查计划确定的检查内容和重点进行现场检查，检查结束后向资产公司出具《现场检查意见书》或《行政处罚决定书》。要求资产公司对检查发现的问题进行整改，并对违法、违规行为进行处罚。

第一百零四条　银监会可以在《现场检查意见书》或《行政处罚决定书》印发后对资产公司的整改措施落实情况进行跟踪或实施后续检查，关注和评估资产公司的风险及其管控情况的变化。

第三节　监管协调与信息共享

第一百零五条　银监会通过与境外其他监管机构加强协调合作及信息共享，确保资产公司的境外机构得到充分、有效的监管。

第一百零六条　银监会通过与国家相关部门及境内其他监管机构建立监管协调机制，在监管内容、信息报送、审批政策和具体监管措施等方面加强信息沟通和协调配合，全面掌握资产公司及其各金融类子公司的风险水平与风险管理状况，对重大紧急问题进行磋商，协调现场检查的范围和方式等。对监管中发现的资产公司金融类子公司存在的重大风险以及涉嫌违法违规的问题，由银监会按照监管职责分工移送相关监管机构处理。

第一百零七条　银监会推动建立电子信息平台，加强与国家相关部门及其他监管机构的监管信息共享。

第一百零八条　银监会可以通过签订双边监管备忘录等形式与境外监管机构开展监管合作，对资产公司跨境业务的监管和协调做出安排。

第六章　附　则

第一百零九条　未经国务院批准实施股份制改革的资产公司的并表监管参照本指引执行。

第一百一十条　本指引由银监会负责解释和修订。

第一百一十一条　本指引自公布之日起施行。

信托公司参与股指期货交易业务指引

银监发〔2011〕70号

第一条 为规范信托公司参与股指期货交易行为，有效防范风险，根据《中华人民共和国信托法》、《中华人民共和国银行业监督管理法》、《信托公司管理办法》和《银行业金融机构衍生产品交易业务管理暂行办法》等法律法规，制定本指引。

第二条 信托公司直接或间接参与股指期货交易，应当经中国银监会批准，并取得股指期货交易业务资格。

信托公司参与股指期货交易应当遵守期货交易所有关规则。

第三条 信托公司固有业务不得参与股指期货交易。

信托公司集合信托业务可以套期保值和套利为目的参与股指期货交易。信托公司单一信托业务可以套期保值、套利和投机为目的开展股指期货交易。

第四条 信托公司申请股指期货交易业务资格，应当具备下列条件：

（一）最近年度监管评级达到3C级（含）以上。

申请以投机为目的开展股指期货交易，最近年度监管评级应当达到2C级（含）以上，且已开展套期保值或套利业务一年以上。

（二）具有完善有效的股指期货交易内部控制制度和风险管理制度。

（三）具有接受相关期货交易技能专门培训半年以上、通过期货从业资格考试、从事相关期货交易1年以上的交易人员至少2名，相关风险分析和管理人员至少1名，熟悉套期会计操作程序和制度规范的人员至少1名，以上人员相互不得兼任，且无不良记录；

期货交易业务主管人员应当具备2年以上直接参与期货交易活动或风险管理的资历，且无不良记录。

（四）具有符合本指引第六条要求的IT系统。

（五）具有从事交易所需要的营业场所、安全防范设施和其他相关设施。

（六）具有严格的业务分离制度，确保套期保值类业务与非套期保值类业务的市场信息、风险管理、损益核算有效隔离。

（七）银监会规定的其他条件。

第五条 信托公司申请股指期货业务资格，由属地银监局初审，报送银监会审批。

银监会直接监管的信托公司直接报送银监会审批。

第六条 信托公司开展股指期货信托业务，IT系统应当符合以下要求：

（一）具备可靠、稳定、高效的股指期货交易管理系统及股指期货估值系统，能够满足股指期货交易及估值的需要；

（二）具备风险控制系统和风险控制模块，能够实现对股指期货交易的实时监控；

（三）将股指期货交易系统纳入风险控制指标动态监控系统，确保各项风险控制指标符合规定标准；

（四）信托公司与其合作的期货公司IT系统至少铺设一条专线连接，并建立备份通道。

第七条 信托公司开展股指期货信托业务，应当制定相应的业务流程和风险管理等制度，经公司董事会批准后执行。

第八条 信托公司以套期保值、套利为目的参与股指期货交易，应当制定详细的套期保值、套利方案。套期保值方案中应当明确套期保值工具、对象、规模、期限以及有效性等内容；套利方案中应当明确套利工具、对象、规模、套利方法、风险控制方法等内容。

第九条 信托公司风险管理部门应当对套期保值或套利交易的可行性、有效性进行充分研究、及时评估、实时监控并督促信托业务管理部门及时调整风险敞口，确保套期保值或套利交易的可行性、有效性。

第十条 信托公司开展股指期货信托业务，应当选择适当的客户，审慎进行股指期货投资。

信托公司在与客户签订参与股指期货交易的信托合同前，应当了解客户的资产情况，审慎评估客户的诚信状态、客户对产品的认知水平和风险承受能力，向客户进行充分的风险揭示，并将风险揭示书交客户签字确认。

第十一条 信托公司开展股指期货信托业务，应当在信托合同中明确约定参与股指期货交易的目的、比例限制、估值方法、信息披露、风险控制、责任承担等事项。

第十二条 信托公司、托管机构应当根据交易所的相关规定，确定信托资金参与股指期货交易的交易结算模式，明确交易执行、资金划拨、资金清算、会计核算、保证金存管等业务中的权利和义务，建立资金安全保障机制。

第十三条 信托公司在开展股指期货信托业务时，应当依据法律法规定和信托文件约定，及时、准确、完整地进行信息披露。

信托公司应当在信托资产管理报告中充分披露参与股指期货交易的有关情况，如投资目的、持仓情况、损益情况等，并充分说明投资股指期货对信托资产总体风险的影响情况以及是否符合既定的投资目的。

第十四条 信托公司集合信托计划参与股指期货交易，应当遵守下列规则：

（一）信托公司集合信托计划参与套期保值交易时，在任何交易日日终持有的卖出股指期货合约价值总额不得超过集合信托计划持有的权益类证券总市值的20%；在任何交易日日终持有的买入股指期货合约价值总额不得超过信托资产净值的10%。

（二）信托公司集合信托计划参与股指期货交易须符合交易所相关规则。

（三）信托公司集合信托计划参与股指期货交易时，在任何交易日日终所持有的权益类证券市值和买入股指期货合约价值总额的合计价值，应当符合信托文件关于权益类证券投资比例的有关约定。

（四）银信合作业务视同为集合信托计划管理。

（五）结构化集合信托计划不得参与股指期货交易。

第十五条 信托公司单一信托参与股指期货交易，在任何交易日日终持有股指期货的风险敞口不得超过信托资产净值的80%，并符合交易所相关规则。

第十六条 因证券期货市场波动、信托规模变动等信托公司之外的原因致使股指期货投资比例不符合规定的，在该情形发生之日起2个工作日内，信托公司应当向银监会或属地银监局报告，并应当在10个工作日内调整完毕。调整完毕后2个工作日内应当再次向银监会或属地银监局报告。

第十七条 信托公司股指期货信托业务终止的，应当在清算结束后3个工作日内申请注销股指期货交易编码，并在5个工作日内向银监会或属地银监局报告。

第十八条 信托公司开展股指期货信托业务选择的合作保管银行应具备下列条件：

（一）具有独立的资产托管业务部门，配备熟悉股指期货业务的专业人员；

（二）有保管信托财产的条件；

（三）有安全高效的针对股指期货业务的清算、交割和估值系统；

（四）有满足保管业务需要的场所、配备独立的监控系统；

（五）银监会规定的其他条件。

第十九条　信托公司开展股指期货交易业务选择的合作期货公司应当具备下列条件：

（一）按照中金所的会员分级制度，具备全面结算会员或者交易结算会员资格；

（二）最近年度监管评级达到 B 级（含）以上；

（三）具备二类或二类以上的技术资格；

（四）有与业务规模相匹配的风险准备金余额。

第二十条　信托公司开展股指期货信托业务时，应当亲自处理信托事务，自主决策。信托文件事先另有约定的，信托公司可以聘请第三方为信托业务提供投资顾问服务。

第二十一条　前条所称投资顾问，应当满足以下条件：

（一）依法设立，没有重大违法违规记录；

（二）实收资本金不低于人民币 1000 万元；

（三）有合格的股指期货投资管理和研究团队，团队主要成员通过证券、期货从业资格考试，在业内具有良好的声誉，无不良从业记录，并有可追溯的证券或期货投资管理业绩证明；

（四）有健全的业务管理制度、风险控制体系、规范的后台管理制度和业务流程；

（五）有固定的营业场所和与所从事业务相适应的软硬件设施；

（六）银监会规定的其他条件。

第二十二条　信托公司应当就第三方投资顾问管理团队的基本情况、从业记录和过往业绩等开展尽职调查。信托公司应当制定第三方顾问选聘规程，并向银监会或其派出机构报告。

第二十三条　信托公司聘请第三方开展股指期货交易时，要做好交易实时监控和与第三方的即时风险通报。信托公司应该建立与第三方的多渠道联系方式，保证能够即时传达风险指令，并具有盘中按照净值管理要求进行自主调仓的管理能力。

第二十四条　信托公司开展股指期货交易信托业务不得有以下行为：

（一）以任何方式承诺信托资金不受损失，或者以任何方式承诺信托资金的最低收益；

（二）为股指期货信托产品设定预期收益率；

（三）利用所管理的信托财产为信托公司，或者为委托人、受益人之外的第三方谋取不正当利益或进行利益输送；

（四）从事内幕交易、操纵股指期货价格及其他违法违规活动；

（五）法律法规和银监会、中金所及其他监管机构禁止的其他行为。

第二十五条　本指引实施前，信托公司已开展的信托业务未明确约定可以参与股指期货交易的，不得投资股指期货。变更合同投资股指期货的，应按照约定的方式取得委托人（受益人）的同意，同时对相关后续事项做出合理安排。

第二十六条　本指引由银监会负责解释。

第二十七条　本指引自印发之日起施行。

第六编　部分地区金融机构政策法规

浙江"十二五"银行业发展规划

浙银监发〔2011〕115 号

一、"十一五"期间浙江银行业发展回顾

"十一五"是浙江银行业快速发展的五年，是银行业资本实力、资产质量和市场形象大幅提升的五年。其间，浙江银行业金融机构以科学发展观为指导，深入贯彻落实国家宏观调控政策，积极推进改革创新，不断改进金融服务，有效防范金融风险，大力支持经济发展，较好地实现了金融与经济发展的良性互动。

（一）银行业实现了健康快速发展

"十一五"期间，面对异常复杂的局面，浙江银行业金融机构认真贯彻落实国家宏观调控政策，主动加强信贷政策与产业政策的协调，不断加大对支柱行业、战略性新兴产业发展和传统产业改造的信贷支持，确保了国家和省重点项目的贷款发放，在有力化解国际金融危机冲击的同时实现了自身的健康快速发展。截至 2010 年末，浙江银行业金融机构本外币总资产 64746 亿元，比 2005 年末增加 40816 亿元，增长了 1.7 倍；本外币存款余额 54478 亿元，超过 42000 亿元的预定目标，5 年年均增速达到 20.87%；本外币贷款余额为 46939 亿元，超过 34000 亿元的预定目标，5 年年均增速达 22.35%；在全国沿海经济相对发达的六省市（北京、上海、广东、山东、浙江、江苏）中，存款余额、增量和增速分别由 2005 年的第 5 位、第 4 位、第 3 位跃居到 2010 年的第 4 位、第 4 位、第 2 位；贷款余额、增量和增速 2005 年分别为第 2 位、第 3 位、第 3 位，2010 年分别为第 2 位、第 1 位、第 2 位。

在业务快速发展的同时，浙江银行业的产业地位也不断提升。2010 年末，浙江金融业增加值达 2288 亿元，远超 1300 亿元的预定目标；5 年年均增长 24.1%，超过 18% 的预定目标。金融业增加值占全省生产总值及第三产业的比重逐年上升，2010 年末分别达 8.4% 和 19.48%，超过 6.5% 和 14% 的预定目标。金融业对全省 GDP 的贡献率也逐年提高，对 GDP 的拉动系数由 2005 年的 0.64 上升至 2010 年的 0.99。金融业正逐步成为我省发展现代服务业的一个重要组成部分。

（二）银行业金融服务的组织体系逐渐完善

随着产业地位的不断提升，浙江银行业的组织体系也日趋完善，浙江已经发展成为国内银行业金融机构最完整的省份之一。目前，政策性银行、国有大型银行、全国性股份制商业银行均已在浙江设立了分支机构，外资银行从无到有并初具规模，邮政储蓄银行正式挂牌，村镇银行、农村资金互助社、贷款公司等新型农村金融机构试点逐步推开。截至 2010 年末，浙江共有政策性银行 3 家、国有商业银行 5 家、股份制商业银行 12 家、城市商业银行及城市信用社 12 家、农村合作金融机构 81 家（其中农村合作银行 42 家、农村信用联社 39 家）、农村商业银行 1 家、村镇银行 17 家、农村资金互助社 5 家、外资银行 10 家，信托、金融租赁等非银行金融机构 8 家，以及 1 家邮政储蓄银行，机构网点总数达到 10534 个，此外还有 4 家资产管理公司。

（三）银行业改革与对外开放深入推进

浙江银行业金融机构以完善机构布局和强化机构功能为重点，积极有序地推进银行业改革和对外开放。一是农村金融改革成效突出。全省两级法人农信联社深化改革工作全面完成，农村合作银行股份制改革工作稳步推进，第一家股份制农村商业银行获准开业；农村合作金融机构跨区域投资入股试点顺利实施，在全国率先完成央行专项票据兑付，率先实现主要监管指标达标；新型农村金融机构试点取得新进展。二是城市商业银行和城市信用社的综合改革全面推进。城市商业银行基本完成阶段性增资扩股工作，资本充足率明显提高，跨区域经营取得进展。三是各国有商业银行在浙分支机构根据总行股份制改革进程，稳步推进各项机制改造工作。四是其他银行业金融机构改革齐头并进。农业发展银行业务范围由单一支持棉粮油收储扩大到新农村建设各个领域；股份制商业银行向县域延伸的速度加快，浙商银行进一步加大了拓展国内市场的步伐；邮储体制改革稳步推进，分支机构组建全面完成，小额贷款试点继续深化；金信信托重整复牌有序推进。

同时，银行业对外开放步伐明显加快。一方面，引进境外机构战略投资者取得实质性成效。围绕优化公司治理结构和提高经营管理水平的目标，杭州银行与澳洲联邦银行开展战略合作已取得实质性成果；杭州联合银行成为国内首个引入境外战略投资者（荷兰合作银行）的农村合作金融机构，正积极利用荷兰合作银行的先进技术和经验，分阶段分项目有序推进流程改造工作；杭州工商信托引入摩根士丹利取得初步成效；浙能财务公司引入西门子财务有限责任公司。另一方面，随着浙江经济的持续快速发展和浙江金融业的全面开放，浙江经济对外资银行的吸引力日益加大，花旗、汇丰、渣打、法兴和星展银行等国际著名金融机构相继进入浙江。通过这些机构业务网络的延伸，带动了更多外资金融机构和企业前来浙江投资，推进了浙江经济金融的国际化程度。

（四）银行业金融创新明显加强

"十一五"期间，浙江银行业金融机构资产规模不断扩大，经营效益稳步提升，各项指标均保持全国领先水平。2010年末，浙江银行业金融机构实现税后利润1059亿元；资产利润率达2.35%，高出全国平均水平0.56个百分点，接近国际先进银行水平。浙江主要银行机构盈利结构明显改善，中间业务快速发展，中间业务收入率达17.89%。盈利结构的调整、运行效率的提升得益于银行业金融创新的持续推进。近年来，为鼓励和推动银行业金融创新，浙江银行业监管部门（以下简称监管部门）通过制定工作方案、指导意见、搭建创新交流平台等方式，指导银行业金融机构逐步建立健全创新业务的管理体系，鼓励银行业金融机构在坚持制度先行的前提下，大力发展中间业务。在监管部门的督促和引领下，浙江银行业金融机构的创新理念显著增强、创新组织体系逐渐完善、创新形式日益多样、创新领域进一步拓宽，并紧密结合浙江市场实际，积极制定科学的发展战略，不断推进包括运行机制、组织管理和服务产品等方面的金融创新，实现了金融服务逐步个性化，各类金融理财产品不断出现，融资顾问业务迅速增长；金融业务逐步多元化，中间业务收入快速增长，具有创新性和高附加值的担保承诺、交易等中间业务发展迅速；金融交易逐步电子化，电子化交易渠道实现了跨越式发展。

（五）银行业"支农支小"工作成效显著

在监管部门的引领下，浙江银行业金融机构在加大信贷资源投入的同时，自觉履行社会责任，切实加强"支农支小"工作，加大对重点领域和经济薄弱环节的信贷支持。"浙江银行业支农深化年"活动取得实效，"两权"和"两卡"贷款试点不断扩大，率先完成"空白乡镇金融网点与服务覆盖工程"，实现建制乡镇金融网点全覆盖，使更多农户享受到了便利的基本性金融服务。银行业小企业金融服务理念不断深化，"六项机制"进一步完善。小企业贷款担保形式和服务方式不断创新，涌现了"抱团增信"、"网络联保"、"桥隧模式"、"小本贷款"、"信贷工厂"等多种贴合中小企业需求的金融服务模式，信贷支持力度不断加大，小企业贷款占全部贷款的比重逐步上升。小企业金融服务专营体系初步形成，在全国产生了较好的示范效应。截至2010年末，浙江银行业金融机构小企业贷款余额 10504 亿元，涉农贷款余额 17852 亿元，均居全国首位。

（六）银行业抗风险能力不断增强

"十一五"期间，浙江银行业金融机构以体制机制改革的深入推进为契机，高度重视风险管理体系建设，不断提高风险管控能力，逐步从信用风险管理阶段迈入了全面风险管理时代。一是信用风险管理体系日益健全，风险管理工作机制不断完善。各国有商业银行和股份制商业银行基本建立了垂直审贷制度，专业化程度明显提高；浙江的法人银行业金融机构充分吸收信用风险垂直管理的优点，结合自身的机构特点，实行了风险管理派驻制或双线报告制。部分银行业金融机构探索开发与国际银行业风险管理接轨的内部评级体系和零售打分卡体系。二是操作风险管理体系和制度日益健全。通过不断深入推进案件专项治理工作，加大案件风险防控力度，银行业金融机构的案防能力明显提升。目前，银行业金融机构基本建立了比较完整的操作风险管理制度体系，不少银行还开发了操作风险管理系统，实现了对操作风险的实时监控。三是合规风险管理和内部控制功能日益强化。在监管部门的持续推动和督促下，目前各银行业金融机构已经逐步建立起与整体经营架构相匹配的合规管理和风险管理组织架构，建立了专门的合规风险管理部门，进行了全面的合规风险管理评估；垂直管理的专业化稽核体系正在形成，银行业的内控管理水平明显提升。得益于浙江良好的外部信用环境和银行业不断增强的风险管控能力，"十一五"期间，浙江银行业金融机构不良贷款余额和不良贷款率持续实现"双降"，贷款质量保持全国第一。2010 年末，浙江主要银行业金融机构五级分类不良贷款比率 0.91%，比 2005 年末下降 1.14 个百分点。法人银行机构资本充足率、拨备覆盖率均大幅提高，分别达 13.42%、260.51%。

（七）银行业监管效率和水平不断提高

近年来，浙江银监局坚持审慎监管、分类监管原则，因行施策，因险施略，逐步完善调查研究、现场检查和非现场监测"三位一体"的全面风险防控体系。一是充分发挥风险预警功能。密切关注各类风险线索，重点调查剖析银行业运行突出风险，及时发出风险提示。二是强化非现场监管的风险监测功能。大力推进非现场监管信息系统建设，逐步建立和完善了集团客户风险、大额贷款、关联交易风险、贷款质量迁徙等监测分析制度，及时发现风险点和异常变化。三是积极探索 EAST 系统与现场检查的有机结合，使现场检查效率得到明显提高。四是积极配合政府部门妥善处置突发性风险，及时指导协调债权银行处置系列企业经营危机，有效避免因风险蔓延引发区域性金融风险，维护了地方经济金融的稳定。五是强化对法人银行业金融机构的资本监管和市场约束。通过监管意见、差别化的准入政策等措施，督促辖内法人银行业金融机构增强风险防范的自觉性，着力完善股权结构和公司治理，加强信息披露。

"十一五"期间，浙江银行业无论在自身发展还是与外部经济环境的协调发展方面均实现了飞跃，银行业金融机构竞争实力、服务水平均得到了大幅提升，形成了在全国独具特色的"浙江高品质银行现象"，初步打造了享誉国内的"浙银品牌"。回顾五年的历程，我们也必须清醒地看到，浙江银行业仍存在一些制约其持续快速发展的因素。例如，经营理念和风控技术与国际先进银行相比仍存在较大差距，激励约束机制不够科学，传统盈利模式对银行业可持续发展的制约日显，银行业服务的区域不平衡仍较突出。这些问题都需要在"十二五"期间予以重点关注并妥善解决。

二、指导思想和总体目标

未来五年，经济一体化和金融全球化的趋势依然不会改变，但世界经济结构和多极化发展格局将处在重要调整期，中国经济将进入向成熟经济体转变的新阶段，对浙江而言既会带来广阔的发展空间，也将面临调整带来的严峻考验。作为经济的核心，银行业必须顺势而为，成为经济发展方式转变的支持者和推进者，这是银行业自身可持续发展的基础。

（一）环境分析

1. 浙江经济在转型中求发展，对银行业金融支撑作用的需求更加迫切。未来五年，资源、环境和产业结构的矛盾将更显突出，浙江经济转型升级进一步加快，资金需求和金融产品需求进一步增加，特别是浙江海洋经济发展已经列入国家战略，义乌国际贸易综合改革试点也已正式启动，银行业发展正面临着历史性的新机遇。伴随内需逐步扩大和浙江人均收入水平进一步提高，消费者金融服务需求将向多元化、深层次转变，银行业必须把握发展方式转变中的价值链变化精髓，为消费者和投资者提供更为多样化的金融服务。产业转型升级也迫使银行面临信贷结构、客户结构调整和资产风险增加的巨大压力，对信贷管理能力提出新的要求。如何在此过程中因势利导，平衡好进与退的关系，发挥好金融对经济的支撑和引领作用，是"十二五"期间银行业继续健康稳健发展的关键。

2. 传统的经营管理方式面临挑战，银行发展模式和管理理念遭遇瓶颈。未来五年，浙江银行业金融机构数量将进一步增加，同业竞争更为激烈。市场竞争日趋充分、利率市场化进程不断加快，"金融脱媒"后企业融资渠道更加多元，金融行业交叉渗透经营趋势日益明显，传统以利差为主的盈利模式和以扩大存贷款为主的发展模式面临挑战。银行业必须加强利率定价能力，降低存款依存度，加大金融创新能力，避免恶性竞争，通过自身经营方式的转型，谋求可持续发展。此外，随着公众维权意识不断加强，银行业的服务方式和服务水平都将面临挑战，从而考验银行的经营理念、管理水平以及从业人员的素质。

3. 监管改革的不断深化，对银行业的经营管理和风险管控能力提出了更高的要求。本轮金融危机引发了全球金融监管改革的热潮，有关国际组织和各国监管部门也纷纷出台新规，防范系统性风险，加强对金融业特别是银行业的监管。受国际监管趋势的影响，国内银行业监管势必也将更加严格，特别是巴塞尔资本协议重新修订后，银监会已经据此出台了一系列的改革措施，包括更加严格的资本监管要求、逆周期的监管制度安排以及薪酬行为的监管等，这些都对银行业的资本管理、流动性风险管理以及激励考核等方面提出了更高的要求。此外，正在全面推进实施的"三个办法、一个指引"，要求银行业按照全流程管理，强化实贷实付、受托支付，对信贷资金流向实行更为严格的监管，银行传统的业务发展方式、信贷管理、资金控制能力也都面临着考验。

4. 地方政府积极推动金融业发展，浙江银行业发展区域优势明显。长三角区域经济一体化进程不断加快，地方政府积极谋划包括金融业在内的现代服务业发展规划和各种支持政策，为浙江银行业发展创造了良好的外部环境和政策环境。在上海国际金融中心建设的辐射影响下，长三角地区金融机构的集聚效应更为明显。特别是浙江银行业资产质量和盈利能力长期以来保持良好，对金融机构具有很强的吸引力，"洼地效应"将进一步凸显。地方政府积极出台鼓励政策，省内区域金融中心辐射效应将逐步呈现。

（二）指导思想

"十二五"时期浙江银行业发展的指导思想是：以邓小平理论和"三个代表"重要思想为指导，全面贯彻落实科学发展观，围绕"八八战略"和"创业富民、创新强省"的总战略，以持续打造"浙银品牌"为核心，以打造"中小企业金融服务中心"和"民间财富管理中心"为重点，主动接轨上海国际金融中心建设，更加注重培育金融创新能力，不断优化服务功能，丰富金融产品；更加注重保护消费者权益，持续开展消费者教育活动，增强金融产品透明度，不断提高金融消费者满意度；更加注重风险防范，完善内部控制体系，全面提升银行业对经济社会的价值创造和社会责任贡献度；更加注重深化改革，加快推进业务、收入、客户、渠道结构的转型，努力实现理念、管理和文化的升级，促进我省经济社会平稳健康发展。

（三）总体目标

——保持与经济增长相适应的发展速度。继续实现存贷款规模的适度平稳增长，提高配置效率。在发挥现行有效信贷支持功能的前提下，整合信贷资源、优化信贷结构，加大对小企业和"三农"的信贷支持力度，突出支持产业结构调整和经济发展转型。

——构建功能健全、结构合理、竞争充分、优势互补、深度覆盖的机构体系。大力发展各类银行业金融机构，深化改革，培育和发展各类新型农村金融机构，鼓励法人银行业金融机构进一步完善公司治理，适度引进外资和外省市银行业金融机构，形成种类丰富、层次多样的银行业机构体系。持续完善欠发达地区的机构体系，提升县域地区金融网点覆盖面。

——保持良好的银行业运行质量。到 2015 年，浙江法人银行业金融机构全面建立起组织健全、运行稳定、制度完善、管理有效的公司治理结构；资本补充渠道进一步拓宽，整体抗风险能力显著提高；银行业的合规管理文化基本形成，内部管理和风险控制水平得到全面提升。

——实现和谐共赢的发展效益。在进一步提升盈利能力的基础上，全面树立银行业社会责任意识，增加信息透明度，维护金融消费者合法权益，大幅提升行业服务水平；大力推广绿色信贷、低碳金融，加大对新兴产业的支持力度，促进经济可持续发展；转变经营理念和利润增长模式，优化业务结构，建立科学有效的薪酬激励和内部考核机制。

——强化金融创新，加快战略转型。基本建立适应浙江省经济转型升级要求的金融创新体系，提升产品与服务创新能力；加强行业合作，加快技术创新，推进银团贷款，发展并购贷款、股权质押和知识产权质押等创新型业务，进一步解决产业转型升级中的融资难问题，提升贷款的可获得性。推动银行业金融机构经营机制与管理模式的创新，逐步实现从传统的资金供应者向金融服务商的转变，实现金融服务的多样化和综合化，银行业自身的转型升级取得实质性进展。

（四）主要指标

——发展质量指标。"十二五"期末，浙江银行业金融机构本外币总资产突破 10 万亿元，存款余额突破 9 万亿元、贷款余额突破 8 万亿元，年均增速均保持在 12% 以上；资产质量继续保持全国领先，不良贷款率控制在 1.5% 以下；盈利能力进一步提高，税后资产利润率保持在 1.5% 以上；经营效益进一步提升，成本收入比控制在 30% 以下。

——转型升级指标。产业地位不断提升，浙江银行业金融机构增加值在 GDP 和第三产业增加值中的占比分别提高 2 个百分点；收入结构调整不断加快，主要银行业金融机构中间业务收入率提高到 20% 以上；信贷结构不断优化，绿色信贷、战略性新兴产业贷款、涉农和小企业贷款的增速始终高于全部贷款增速和全国平均水平。

——审慎监管指标。规划期内，浙江银行业金融机构根据过渡期安排，加快推进新监管标准的实施。争取到"十二五"期末，提前达到新的监管标准，法人银行业金融机构核心一级资本充足率、一级资本充足率、资本充足率分别不低于 5%、6%、8%，并保持 2.5% 以上的留存超额资本，杠杆率不低于 4%，在存贷比持续达标的基础上，流动性覆盖率、净稳定融资比例均达到 100% 以上；银行业金融机构的贷款拨备率和拨备覆盖率分别不低于 2.5% 和 150%。

三、具体任务

（一）依托金融创新推进战略转型，提升品牌竞争力

经济社会发展方式的转变，要求银行业自身必须加快实现战略转型。金融创新是银行业金融机构推进业务、收入、客户、渠道结构转型，转变盈利模式的有效途径。规划期内，银行业金融机构要以有利于提高金融资源配置效率为目标，通过进一步提升发展质量，强化创新能力和运行效率，有效增强风险管控和抵御能力，不断培育浙江银行业的核心竞争力。

任务 1：提高金融资源配置效率，推动经济转型升级

1. 重点发展与浙江经济社会发展方式转型密切相关的新型金融业务，提高金融资源配置效率。有针对性地选择不同的金融资源配置路径，及时调整营销方式、服务渠道、信贷结构和融资工具等业务经营策略，实现金融资源配置与产业转型升级在更高层次上的良性互动。

2. 围绕浙江"块状经济"向"集群经济"的转变，不断创新信贷支持模式。重点加大对装备制造业、高新技术产业和先进临港工业的金融支持力度，确保纺织、轻工、装备、建材、有色金属、医药、电子信息、汽车、船舶、石化、钢铁等我省十一大产业转型升级的金融服务支持。

3. 围绕"海洋经济发展示范区建设"和"义乌国际贸易综合改革试点"，努力探索金融支持海洋经济发展的新机制，综合运用银团贷款等产品，满足港口基础设施建设和海洋产业重大项目的资金需求；在国际贸易、供应链融资等体现港口经济和国际贸易特点的金融业务领域，加快产品创新的步伐。

4. 充分发挥绿色金融、并购贷款业务在推进信息技术、节能环保、生物、新材料、新能源等战略性新兴产业中的作用。密切跟踪我省碳交易市场的发展，在风险可控的前提下，适时创新推出银行业的碳金融产品。稳妥退出"两高一剩"行业，对资源浪费严重、污染环境、不具备安全生产条件、工艺技术、装备等生产能力落后的企业采取限制措施，不具备转型升级条件的在"十二五"期间逐步稳妥退出。

任务 2：加快金融创新步伐，推动银行业结构转型

5. 进一步完善银行业创新体系。银行业金融机构要继续按照《商业银行金融创新指引》和《浙江辖内银行业金融创新活动的指导意见（试行）》的要求，建立和完善金融创新的组织和管理体系，形成有效的金融创新推进机制。鼓励国有商业银行和股份制商业银行的分支机构创造条件，向总行申请各项创新授权，提高业务创新的市场反应能力；支持法人银行业金融机构加快人才引进和能力建设，提高创新水平和创新能力。"十二五"期末，浙江成为国内金融创新最活跃的地区之一。

6. 加快推进业务结构、收入结构、客户结构的转型。银行业金融机构要针对产业转型、消费升级、财富管理等领域加快服务方式、服务渠道和金融工具的创新；要通过整合资源、产品和服务渠道，重点发展财务顾问、信用卡、理财等创新型中间业务，推动非利息收入的快速增长，逐步实现业务和收入的多元化。

7. 培育和发展特色业务。紧贴浙江块状经济和农村经济发达的特点，进一步开拓各类具有特色的产品和服务。重点扶持 2~3 家小企业业务突出的城市商业银行在国内形成明显的小企业金融产品品牌。鼓励在浙江的银行业分支机构主动争取总行的试点政策，加快发展各类特色业务，并在系统内形成较大的影响力。鼓励非银行金融机构充分发挥自身的组织和业务优势，重点围绕"民间财富管理中心"建设的要求，加快推进产品创新。

任务 3：全面提升发展质量，夯实银行业发展基础

8. 管理质量明显加强。银行业金融机构要强化战略研究和管理，结合自身面临的环境和发展基础，制定清晰可行的差异化发展战略；要依托信息技术推进流程再造，建立与新监管标准相适应的全面风险管理体系，健全"制度约束—合规教育—风险排查—严格问责"的案防工作机制，力争实现案件数量和金额的"双降"；要不断完善考核激励机制，形成科学的薪酬管理体系。

9. 服务质量明显优化。银行业金融机构要从保护消费者权益的高度全面落实提升服务质量的监管要求，不断优化服务流程，加强服务质量评估和考核，推动形成良好的金融服务文化；加大对信息系统和人力资源的投入，建立完善的客户服务和投诉处理机制；不断推进消费者金融教育服务活动，更加重视弱势群体的金融可获得性，全面提高社会对银行业服务的满意度。

10. 资产质量持续改善。银行业金融机构要按照经济结构调整和产业转型升级的要求，着力调整和优化资产结构；继续完善大额授信风险的识别、评估和控制机制，有效控制风险集中度；要健全信贷风险后续评估和纠正机制，提高五级分类的准确性，保持不良贷款低位稳定；按照监管改革的新要求，建立完善具有前瞻性的拨备计提制度和流动性风险管理制度。

（二）推动银行产业做强做大，提升品牌影响力

"十二五"期间，银行业要在自身提升竞争力的基础上形成良好的产业发展格局，既充分竞争又有序发展，银行业金融服务的广度和深度得到进一步提升。银行业进入新的良性发展阶段，"浙银品牌"的行业特质日益清晰，在国内初步形成较强的整体品牌影响力。

任务4：进一步提升法人银行业金融机构的整体实力

规划期内，浙商银行、各城市商业银行、农村中小金融机构和信托、租赁等非银行金融机构建成股权结构合理、治理机制完善、内部控制有效、经营特色突出、业务结构科学，具有较强竞争优势的机构。通过横向联合、社会资本参与、吸引战略投资者、寻找国内外合作伙伴、引进先进技术和管理经验等方式，实现向现代银行企业制度的跨越和银行业的整体升级。

11. 进一步完善公司治理。法人银行业金融机构应按照多元化、均衡性原则，积极引入先进战略投资者，形成性质多元、梯次分层、相互制衡的股权结构。加强董事会（或理事会，下同）战略规划和风险监控能力，明晰董事会和高级管理层的职责边界和有关权限，形成相互配合和制衡的公司治理机制，逐步解决目前普遍存在的董事会、高管层和党委会等职责边界不明晰，专门委员会职责发挥不充分等问题。通过监管督促、强化培训等方式全面提高董、监事会成员的履职能力和履职意识，适当增加独立董事、外部监事的人数。

12. 建立动态的资本补充机制。法人银行业金融机构董事会应加强对资本的规划和管理，积极采取增资扩股、引入战略投资者、发行次级债和股票等措施，建立持续有效的动态资本补充机制，确保资本的持续补充与业务发展相匹配。

规划期内，浙商银行和各城市商业银行要通过多种手段把资本保持在适当水平上，有条件的要积极争取公开上市；农村中小金融机构要加快推进股份制改革，审慎选择新股东，积极引进战略投资者，把提高资本质量与改善管理结合起来；村镇银行要积极争取主发起行的持续资本支持，确保业务发展的资本需求；非银行金融机构也要积极推进增资扩股和引进战略投资者工作，有条件的要积极争取公开上市。

13. 加强风险管理能力和风险抵御能力。法人银行业金融机构要加快推进全面风险管理体系建设，提升全面风险管理水平，增强对复杂形势的研判和应对能力，科学识别、计量、评价、监测、控制和缓释风险，推动风险及早暴露和有效处置；要高度重视流动性风险管理，建立和完善流动性风险管理体系，制定科学合理的风险管理策略和程序；要努力提升市场风险管理能力，抓紧健全和完善有关会计制度，加快推进市场风险识别、监测、计量的各项基础性工作。

14. 信息化建设取得新的进展。法人银行业金融机构应把信息化建设作为提升管理水平的一项重要内容，密切跟踪国际先进银行的发展趋势，形成与业务发展相适应的信息建设规划。要加强IT治理能力，注重对信息资源的开发利用，全面提升信息科技对银行经营管理的支撑作用；要通过进一步加强信息化基础建设，建立稳定可靠的生产运行环境，建立合理、统一的应用体系架构；要加强信息安全体系建设，实施信息安全检查和监管制度，确保信息系统安全稳定运行。

已经实现跨区域发展的法人银行机构应加快建立适应异地分支机构管理需要的信息管理体系，充分运用信息科技提升总行对各地分支机构的统一管理和风险控制能力。

任务5：优化产业发展结构，不断完善机构功能体系

15. 推进银行业之间的全面合作。鼓励政策性银行、全国性商业银行分支机构与浙江法人银行业金融机构开展业务、管理等方面的合作，实现资源共享和优势互补。推动区域内法人银行，特别是农村金融机构之间的重组与战略合作。引导商业银行与金融租赁、信托等非银行金融机构的战略合作，丰富综合性金融服务产品。

16. 大型银行和股份制商业银行在浙分支机构加快推进金融创新，保持高水平的资产质量，引领浙江银行业的战略转型。进一步提升服务和管理层次，保持并扩大在系统内的领先优势。继续完善内部管理机制，调整组织架构，切实改变重业务拓展、轻内部管理的考核激励导向。

17. 积极探索多种进入方式，继续大力引进具有先进管理经验、运行机制和金融技术的外资银行机构。加强与国际先进银行的交流与合作，通过吸引战略投资和开设分支机构，提升浙江金融业的国际化水平。制定相关支持政策，吸引国际先进银行在浙江设立数据处理中心、呼叫中心、业务支持中心等后援机构，为上海打造国际金融中心提供配套服务。

18. 加快推进新型农村金融机构的试点工作。规划期末村镇银行试点扩大到所有县级区域。以农民专业合作社为依托积极稳妥推进农村资金互助社的试点。农村和县域金融机构数量不断增加，初步形成充满活力的可持续发展的农村金融市场。

19. 支持其他银行业金融机构加快推进改革。政策性银行和资产管理公司按照国家战略部署实现商业化经营或战略转型。深化邮政储蓄银行改革，建设一批全功能银行网点，改善代理网点服务环境和形象，巩固邮政金融业务在广大农村地区的优势地位，形成银行网点和代理网点业务品种错位发展、功能优势互补的格局。各信托公司充分发挥信托制度优势，发展成为在区域内有较大影响力的现代财富管理机构。各财务公司创新各种手段，加快引导集团内企业转型升级的步伐。各金融租赁公司明确发展定位，突出主业特色，加快引进战略投资者，鼓励有条件的机构在境内外上市。

任务6：科学规划网点布局，不断丰富金融服务渠道

20. 通过科学规划网点布局，实现银行业重心下移。国有商业银行机构布局更加合理，努力实现网点综合化经营和专业化经营有机结合。鼓励股份制商业银行逐步填补金华、衢州、舟山等地区的空白区域，不断增加县域网点。各城市商业银行不断提高在全省各县（市）、经济强镇的覆盖率。支持农业发展银行完善机构网点布局，符合条件的信贷组逐步升格为县级支行。

21. 科学发展各类专营机构。围绕中小企业金融服务中心建设，加快推进小企业专营机构的发展，鼓励银行机构在各中心城市设立区域性小企业专营中心，并逐步向县域延伸。围绕增长方式转变和产业升级，加快发展消费金融、科技金融等创新型专营机构，重点引进私人银行、信用卡等创新型业务的专营机构（事业部）在浙江设立区域中心和业务处理中心。加快探索消费金融公司、汽车金融公司、科技支行等机构在浙江的发展。逐步建立完善对各类专营机构的监督管理体系，实现各类专营业务的健康快速发展。

22. 物理网点与电子服务渠道建设并重，提升电子化服务的科技水平。银行业金融机构要积极引进先进的电子服务平台，利用多种技术手段和媒介方式，通过自助银行、网络银行、手机银行等现代化金融服务渠道，构建多形式、多层次、全方位的电子渠道服务体系。

（三）实现经济金融的协调科学发展，提升品牌持续力

加快经济结构调整和转变增长方式是"十二五"期间浙江经济发展的主线。银行业必须发挥好金融支持经济的核心作用，在保持自身快速健康发展的同时，充分发挥金融的要素保障功能，积极履行社会责任，形成科学健康的金融企业文化。这既是确保"浙银品牌"持续发展的必由之路，也是保证品牌持续能力的基础。

任务 7：保持信贷投入适度增长，强化金融要素支撑功能

23. 继续发挥"浙银品牌"优势，改善资金"洼地"功能，在吸引资金流入的同时，盘活存量资金，保持信贷投入的适度增长，有效保障浙江经济社会发展的资金需求。

24. 正确处理金融发展与支持实体经济的关系，全面推进"三个办法、一个指引"的贯彻落实，以实现信贷全流程管理为基础，确保信贷的有效投入，加大对实体经济的信贷支持，进一步强化金融要素对经济健康、持续发展的支撑能力。

25. 以"浙银论坛"为平台，推动政府、银行、企业的合作沟通机制建设，主动搭建项目对接、银企合作平台，实现信贷政策与产业政策的有效衔接，提高投入效率。

任务 8：切实履行社会责任，金融支农支小工作上新台阶

26. 不断提高社会责任意识，树立正确的经营理念和价值观念，有序参与市场竞争；以消费者教育和权益保护为重点，致力于实现利益相关者的共同利益，保护环境和资源，维护和增进社会公益。法人银行业金融机构应建立健全社会责任管理体系，采取适当的方式发布社会责任报告，增进与社会各界的沟通与交流，主动接受社会各界监督。

27. 紧密围绕浙江"创业富民"战略实施，以融资推动为重点，完善金融服务为内容，加强政府合作为手段，把政府、金融、市场和企业等要素资源进行有效整合，积极支持新农村建设、中小企业、保障性住房等重点民生领域的发展。

28. 加快小企业金融服务的优化升级，保持并扩大小企业金融服务的领先优势，实现小企业金融服务覆盖率、满足率和服务满意率明显提升。围绕"中小企业金融服务中心"建设，深入推进小企业金融服务专营体系建设，加强对县域小企业金融服务。进一步深化"六项机制"建设，增强风险定价能力，兼顾好自身利益和客户利益、短期利益和长期利益的关系，充分发挥"扶小助长"的功能。加强与小企业信用担保机构的合作，强化风险共担的市场理念，增强小企业融资能力。加大小企业金融产品创新力度，努力创建具有本机构特色的小企业金融服务品牌，满足小企业个性化、多元化的融资需求。积极改进和创新信贷方式，探索适合小企业的担保抵押方式，进一步推进动产、应收账款、仓单、排污权等抵质押方式，力争在各类权利质押、集体土地使用权抵押等方面取得突破。

29. 充分发挥金融的资源配置功能，助推城乡经济社会的一体化发展，持续加大对"三农"领域的信贷投入力度。加强农村金融产品创新力度，不断完善农村信贷担保机制，健全林权、海域使用权、水域滩涂养殖权、大型农业生产设施及设备抵押贷款制度，探索开展土地承包经营权、农村住房、农村集体经营性建设用地使用权等抵押贷款试点。

任务 9：强化人力资源管理，持续推进金融企业文化建设

30. 加快推进职业化的员工队伍建设。银行业金融机构要充分利用毗邻上海国际金融中心的区

位优势，加大高级管理人才和专业技术人才的引进力度，探索建立与业务有效发展相适应的员工素质提高机制，制定实施中高级管理人才、核心业务人才为主体的人力资源开发战略；要广泛开展员工职业道德教育，建立完善员工培训体系，为人才的成长发展搭建良好的基础平台。

31. 建立科学的激励考核机制。合理、高效的激励制度是吸引、留住、激励员工的必要手段，也是培育良好金融企业文化的基础。银行业金融机构要按照《商业银行稳健薪酬监管指引》的要求，制定与人才培育、风险控制和文化建设相适应的薪酬机制，建立兼顾经济效益指标、风险成本控制指标和社会责任指标的绩效考核指标体系。

32. 全面开展金融企业文化建设。"十二五"期末，诚信为本、审慎经营、科学管理、服务社会、全员和谐的金融企业文化特质成为"浙银品牌"内涵的一项重要内容。银行业金融机构要结合自身特点和所处发展阶段，不断创新文化建设方式和途径，在员工中形成统一的核心价值观；要坚持把"以人为本"的思路贯彻在文化建设的全过程中，重视员工的满意度和幸福感，重视员工的职业生涯设计和规划，重视教育培训，营造良好的企业文化建设氛围。

四、政策措施

辖内各级监管部门应以推动实施新监管标准为契机，主动更新监管理念，提高风险监管的系统性和前瞻性，通过非现场监管、现场检查、市场准入等监管方式，充分发挥对银行业的指导和监督作用，确保银行业既安全稳健运营又充满生机和活力；通过与其他机构和社会公众全方位的沟通联系，发挥对银行业的服务功能，努力为"十二五"期间银行业实现科学发展创造一个良好的经营环境。

（一）充分发挥市场准入的引导和规范作用，完善结构性监管措施

监管部门应充分发挥市场准入监管在银行业发展中的事前引导作用，应充分考虑银行产业发展和改善金融服务的需要，对有利于提升产业发展层次、改善银行业治理结构、提高金融服务充分性的机构准入申请要优先予以支持；应按照鼓励和规范并重、培育和防险并举的监管原则，重点支持创新型中间业务产品的发展，审慎支持有条件的银行开展衍生产品业务；加强对高级管理人员的任职监管，探索对高级管理人员的动态监管措施；对风险较大、内控薄弱、违规问题较多、主要监管指标不达标的银行业金融机构，在市场准入方面要采取限制措施；对经营管理较好的银行金融机构，在市场准入方面给予更大的支持。

（二）进一步完善持续监管体系，提高持续监管效率

现场检查和非现场监管是专业化银行监管工作的核心内容，也是风险为本的持续监管体系的基础。监管部门应围绕全面风险管理能力的系统性评估，加强监管联动，完善监管流程和联动机制，有针对性地开展现场检查工作，切实加强和改进非现场监管，增强调研、检查工作的前瞻性与灵活性，充分发挥监管联动作用。

监管部门应以提高持续监测效率为目的，加强非现场监管资源集成和信息沟通共享；要以建立统一的信息平台为目标，在考虑可行性、实用性及针对性原则的基础上，将内部各岗位和各个风险监测系统掌握的监管信息进行整合，推进非现场监管的信息化；要重点规范银行数据采集和上报制度，逐步探索与各项检查口径一致的数据采集规范，完善并强化统计通报制度和依法处罚力度，提高非现场监管和风险监测系统数据采集的准确性和时效性；要善于结合辖内银行业风险的实际情况，充分运用理论分析、经验判断和模型推导等多种方法，探索非现场数据的分析方法，形成一批能有效跟踪风险、预警风险的非现场监测模型。

监管部门应以实现监管规范化为目的，推进现场检查标准化，要针对不同地区和不同机构的风险情况确定检查重点、检查频度和检查深度，切实提高现场检查的计划性和有效性；要加强对现场检查技术、经验的总结和分类研究，制定详细的工作程序和操作手册，分阶段在不同的现场检查项

目中实施标准化工作；要着重探索以法人和风险为导向的现场检查体系，加强对银行风险管理的现场检查，评估银行公司治理和风险管理的有效性；要加快对创新业务和信息科技风险等新风险、新内容的现场检查技术的研究和探索。

监管部门应加强与银行的日常沟通和信息交流，提高调查研究的效用，推进风险监管联动机制建设。要加强对经济金融运行新情况和新问题的调查，深入分析其中的深层次原因；要强化对监管工作面临难点问题和各类风险的研究，跟踪了解银行业改革创新和市场竞争的最新动态，及时采取有效的监管措施和手段；要积极推行并全面实施监管工作评价制度，完善非现场监测、现场检查、调查研究"三位一体"的风险监管体系。

（三）注重监管的协调与服务，充分发挥监管的效能

寓监管于服务是协调加强监管与促进发展的有效途径，是科学监管理念的具体体现。监管部门应在强化监管的同时，注重发挥监管的协调与服务功能，有效服务地方经济发展，应加强与地方政府的沟通，在法人银行改革、防范和化解大额授信风险、银行业基础设施建设等方面积极争取政策支持；应主动加强长三角地区的金融监管合作，加强和深化长三角区域银行业务与服务合作，在产品研发与营销、资源共享、风险防范、人员交流等方面加强协作；应主动加强同人民银行、证监、保监等部门的信息交流，推动完善监管协作机制，就重大监管事项、跨行业监管等问题进行有效磋商，支持银行业依法拓展业务，加快金融创新；应主动与各媒体建立良好的互动关系，构建监管部门与社会公众之间相互沟通的渠道，充分发挥媒体在金融消费者教育和舆论监督等方面的正面引导作用；应充分发挥行业自律功能，引导银行业协会建立并完善行业信息交流和沟通制度、通报制度和评比制度，促进会员自律，发挥行业惩戒作用。

（四）持续推进社会信用环境建设，优化银行业发展环境

银行业的健康发展离不开良好的社会信用环境。积极推动政府从组织上保障银行业改革发展的顺利进行，特别是在社会信用环境建设中，形成统一的征信系统基础数据库，不断优化与银行业金融机构的数据交换，提高系统查询速度，提高征信信息异议纠错效率，保证信息质量；出台组建信用评估中介机构相关政策指引，发展政府引导、市场运作的独立资信评估公司；在农村地区进一步推广信用村镇建设，发挥基层组织在收集、提供信息方面的优势，开发完善农户信用档案库；建立健全信用法规体系和行业标准，规范信息公开、使用和保护；建立诚信激励与失信惩戒机制，引导市场主体信用自律；加大金融纠纷案件执行力度，打击金融逃废债行为，依法对恶意行为人进行行政处罚直至追究刑事责任，维护金融债权。

关于推进上海地区银团贷款业务发展的指导意见

沪银监通〔2011〕264 号

第一条 为进一步推动上海地区银团贷款业务发展，促进在沪中外资银行业金融机构转变经营理念，分散授信风险，提高信息透明度，规范市场竞争秩序，根据《中华人民共和国银行业监督管理法》、《中华人民共和国商业银行法》、《中国银监会关于印发〈银团贷款业务指引〉（修订）的通知》等法律法规，结合在沪中外资银行业金融机构银团贷款业务发展实际，制定本指导意见。

第二条 本指导意见适用于经中国银监会及其派出机构批准设立并经营贷款业务的在沪中外资银行业金融机构（以下简称银行）。

本指导意见所指的银团贷款，是由两家或两家以上银行基于相同贷款条件，依据同一贷款合同，按约定时间和比例，通过代理行向借款人提供的本外币贷款或授信业务。

银团贷款业务应当遵守国家有关法律法规，符合各项信贷监管政策，坚持平等互利、公平协商、诚实履约、风险自担、合作共赢、规范竞争的原则。

第三条 符合下列情形之一的，原则上应采取银团贷款方式：

（一）融资额超过 20 亿元（含 20 亿元）的大型项目（房地产项目除外）。

（二）融资额超过 10 亿元（含 10 亿元）的房地产项目。

（三）单一企业或单一项目融资总额超过贷款行资本净额的 10%，或单一集团客户授信总额超过贷款行资本净额的 15%。

（四）借款人以竞争性谈判选择银行的融资项目。

（五）监管部门要求组建银团贷款的其他情形。

第四条 符合下列情形之一的，鼓励采取银团贷款方式：

（一）融资额超过 10 亿元的非房地产项目融资。

（二）大型集团客户超过 20 亿元的融资。

（三）单一客户超过 10 亿元的大额流动资金融资。

第五条 各银行应进一步加强银团贷款业务合作，主动维护市场秩序。

（一）完善银团贷款发起程序。各银行要建立完善"银团贷款邀请函"机制，牵头行每次邀请潜在参加银行的数量下限不得少于 3 家。单家银行担任牵头行时，其承贷份额原则不得少于银团贷款融资总额的 20%；分销给其他银团成员的份额原则上不得低于 50%。

（二）规范银团贷款合同文本。各银行要积极依据中国银行业协会制定的银团贷款合同示范文本制定银团贷款合同，银团贷款合同要有效约定银团成员之间的权利义务关系和法律责任。

（三）贯彻落实中国银监会"三个办法，一个指引"要求。各银行要细化银团贷款合同约定，明确银团成员间的贷款划付流程时限、支付管理以及贷后管理等内容。

（四）银行开办银团贷款业务应自觉遵守各项监管法规和行业自律要求，共同维护本市银团贷款市场秩序，并按照上海银行业同业公会要求报送银团贷款有关信息。

第六条　上海银行业同业公会应有效推动辖内银团贷款市场发展，发挥银团贷款行业自律作用，加强完善以下工作：

（一）成立银团贷款专业委员会，加强对辖内银团贷款业务的行业指导和秩序维护。

（二）根据《中国银监会关于印发〈银团贷款业务指引〉（修订）的通知》以及本指导意见相关内容，及时修订《上海银行业金融机构银团贷款合作公约》。

（三）增强《上海银行业金融机构银团贷款合作公约》约束力，提高银团贷款组建率。建立健全银团贷款业务激励约束机制，定期对成员行执行《上海银行业金融机构银团贷款合作公约》情况及银团贷款业务参与度开展评估考核。评估结果应向成员行通报反馈，并抄报上海银监局。上海银行业同业公会应根据评估结果对成员行采取有效的激励约束措施，奖优罚劣。

（四）建立银团贷款信息交流平台。上海银行业同业公会应进一步修订完善"上海市银团贷款信息发布与统计系统"功能，提高银团贷款数据的准确性、及时性和完整性。同时应建立完善银团贷款合作交流机制，促进银行开展银团贷款业务合作。

第七条　加强对银团贷款业务的指导和推动。上海银监局将加强与上海市有关部门的合作，建立全市重点项目客户名单储备库，加强对重点大型项目银团贷款合作的监管指导，定期对符合银团贷款条件的项目及客户的银团贷款组建情况进行跟踪监测，并采取加大银团贷款业务现场检查力度，与市场准入适当挂钩等措施，推动银行提高银团贷款组建积极性。

第八条　本指导意见由上海银监局负责解释，自 2012 年 1 月 1 日起执行。

浙江银监局办公室关于银行业支持个体经济和小微企业提升发展工作的指导意见

浙银监办 [2013] 49号

各银监分局，各政策性银行浙江省分行（营业部），各国有商业银行浙江省分行（营业部、工行私人银行部杭州分部），浙商银行、各股份制商业银行杭州分行（招行小企业信贷中心杭州分中心），邮储银行浙江省分行、杭州市分行，各金融资产管理公司杭州办事处（浙江省分公司），杭州银行、各城市商业银行杭州分行，省农信联社、杭州辖内各农村中小金融机构，各信托公司、财务公司、金融租赁公司，省银行业协会：

为有效促进个体经济和小微企业提升发展，更好地引导具备一定规模的个体经济转型升级为企业、具备条件的小微企业发展为规上企业（以下简称"两转工作"、两类转型企业简称"两转企业"），充分发挥金融支持实体经济的积极作用，推动我省经济发展方式转变，现就金融支持个体经济和小微企业提升发展工作提出如下意见：

一、立足长远，充分认识金融支持个体经济和小微企业提升发展工作的重要意义

个体经济和小微企业是浙江经济的基础，占全省市场主体总量七成以上，但受法人地位缺失、管理欠规范、发展层次低等因素制约，难以做大做强、提升竞争力。银行业金融机构要秉持科学发展理念，主动承担社会责任，从浙江经济长远发展的战略高度和营造自身良好发展环境出发，重视并切实推动个体经济和小微企业提升发展。

二、坚持有所作为，积极推进金融支持个体经济和小微企业提升发展

各银行业金融机构要结合自身机构特点，准确把握定位，有效利用信贷资源的杠杆作用，以当前正在实施的"两转工作"为抓手，以市场发展趋势为导向，不断提高敏感性和前瞻性，主动对接相关部门和企业，争取工作实效。在支持过程中，既要重视对个体经济和小微企业提升发展的扶持，又要注重风险管理，完善风险管理机制，力求银企合作共赢。

三、加强信贷保障，有效满足个体经济和小微企业提升发展的信贷需求

各银行业金融机构要根据我省个体经济和小微企业提升发展的总体工作部署，要重点结合"两转工作"的推进情况，在内部分配信贷资源的过程中优先保障相关企业的信贷需求。同时，要想方设法拓宽信贷资金来源，通过发行小企业金融债等途径筹集的资金优先用于个体经济和小微企业提升发展，确保信贷可持续投放。

四、推行名单制管理，突出对"两转工作"的重点支持

为发挥"两转工作"先进企业的带头示范作用，各地银行业同业协会、各银行业金融机构要积极争取工商管理部门的支持，及时收集已转型和待转型"两转企业"的信息，进行名单制管理，按照"准确分类，差别对待"原则，在内部考核、风险管理、信贷规模、贷款定价等方面体现对"两转企业"的优先支持。

五、完善信贷考核激励，通过优化机制改进金融服务

一方面，适当提高不良贷款容忍度，鼓励信贷人员加大对个体经济和小微企业提升发展的支持力度。另一方面，优化贷款投放考核，在信贷考核办法中要体现对个体经济和小微企业提升发展的支持，重点要结合"两转企业"的信贷存量和增量，合理调高"两转企业"贷款在考核指标中的权重，充分调动信贷人员的投放积极性。

六、灵活确定信贷利率，通过差异化定价策略体现政策导向

各银行业金融机构要从培育客户和建立长期合作关系角度出发，对个体经济和小微企业在提升发展过程中"两转企业"的贷款定价给予适当优惠，鼓励提供专项收费优惠措施。严格落实"七个不得"规定，禁止附加不合理贷款条件、违规收取费用，切实减轻企业负担。

七、保持信用记录衔接，确保金融服务的延续性

信用记录积累是借款主体获取信贷支持的重要条件。各银行业金融机构要切实防止个体经济和小微企业在提升发展过程中信用记录的割裂，特别要探索完善"两转企业"中个体工商户转为小微企业前后信用记录的衔接做法，有效发挥历史信用记录在"两转企业"申请贷款过程中的参考作用，消除"两转企业"的顾虑。

八、提升服务质量，拓宽金融服务范围

各银行业金融机构要积极探索研究缩短贷款审批期限、提高授信审批效率、推进还款方式创新，全面改进对个体经济和小微企业提升发展过程中的金融服务。重点加强对"两转企业"金融服务需求的调研，积极优化对"两转企业"在支付结算、票据承兑、理财服务等方面的金融服务，力争将对"两转企业"的服务覆盖到企业生产经营、商品贸易、物流运输、工程建设等多个方面。

九、以帮扶"两转企业"健全财务制度为切入点，全面提升"两转企业"的管理能力

各银行业金融机构要根据"两转企业"在转型过程中管理能力相对不足的问题，充分发挥技术、信息和人才等方面优势，重点帮助"两转企业"在转型过程中加强基础性财务报表的编制，提升财务管理能力，有效控制财务管理成本，切实防范投融资风险。同时，各银行业金融机构要深入个体经济、小微企业和"两转企业"走访调研，围绕个体经济和小微企业转型后可能面临的金融服务模式、自身管理、经营风险等方面的转变，适时开展企业家教育活动，帮助"两转企业"顺利转换角色，在有效把控风险的前提下做强做大。

十、积极开展担保方式创新，着力探索破解担保难题

各银行业金融机构要根据个体经济和小微企业提升发展过程中面临的担保难题，重点结合"两转企业"特点，扎实推进担保方式创新，着力破解"两转企业"在转型发展初期因有效抵押物缺乏

等因素造成的担保难问题。积极创造条件，推广应收账款、仓单、租赁权质押等新型担保模式，不断丰富担保方式。

十一、加强信贷产品的开发，争取在"两转企业"中先行先试

各银行业金融机构要大力打造良好的信贷文化，重视第一还款来源，积极推进信用贷款业务。在小微企业信用贷款试点中，优先考虑"两转企业"。在综合评估"两转企业"还款能力、信用记录等因素的基础上为其提供适用的信用贷款产品，满足其融资需求。在"两转企业"较集中的区域可试点开发"两转企业"专用信用贷款产品。

十二、建立沟通合作机制，争取各部门支持

各级监管部门应与工商部门加强沟通，及时共享信息；与财税部门协同研究制定可行的优惠政策，减轻"两转企业"融资成本负担。同时，引导各银行业金融机构与地方政府背景的担保公司开展合作，争取其对"两转企业"优先提供担保，费率适当优惠。

十三、加强监管引领，为个体经济和小微企业提升发展创造有利条件

各级监管部门要立足各地实际，深入调查研究，摸清本辖区个体经济和小微企业提升发展情况，开展必要的监测统计，及时跟踪"两转工作"工作进度，适时提出指导性监管意见，引领银行业推动个体经济和小微企业提升发展。同时，推行差异化监管，针对支持有力的银行业金融机构，在机构准入等方面给予适当激励。

十四、有效发挥银行业协会作用，搭建信息交流平台

各地银行业协会要根据当前个体经济和小微企业提升发展的要求，积极发挥协调作用，配合有关部门抓紧搭建平台，推动工作经验交流和信息共享。对于服务工作中发现的问题，要及时向有关主管部门反馈情况。

十五、广泛宣传引导，营造推进工作的良好氛围

各银行业金融机构要充分发挥自身网点和渠道优势，利用海报、电子显示屏、媒体、网站等载体，大力宣传金融支持个体经济和小微企业提升发展的重要意义和具体举措，重点要宣传提升金融服务、降低融资成本等方面的新举措、新成效。此外，还要加强内部宣传，达成共识，不断激发各分支机构和员工做好支持个体经济和小微企业提升发展的主动性和积极性。

2013年2月28日

天津银监局关于印发《银行业金融机构支持科技型中小企业发展的指导意见》的通知

为深入落实科学发展观，积极推进银行业金融机构体制改革和战略转型，以转变增长方式为契机，进一步改善和加强对小企业的金融服务，现根据有关法律、行政法规及中国银监会有关要求，提出如下指导意见。

一、各银行业金融机构要充分认识加强对科技型中小企业金融服务的重要性。科技型中小企业是我国技术创新的主要载体和经济增长的重要推动力量，在促进科技成果转化和产业化、以创新带动就业、建设创新型国家方面发挥着重要作用。从2010年起，天津市政府以科技"小巨人"计划为引擎，制定了"十二五"时期科技型中小企业实现突破性发展的目标，相继出台了一系列政策和配套措施，推进科技资源和金融资源的结合，促进科技产业的可持续发展。各银行机构应以此为契机，认真学习相关政策和配套措施，了解市、区、县政府对支持科技型中小企业的发展方向、规划和目标，研究市、区、县政府对科技型中小企业的资金支持政策，调研各区、县科技示范园的建设、布局、聚集地情况。在此基础上，研究、制定本行针对科技型中小企业客户的支持战略，加大专营机构的建设力度，加大人员、信贷资金的投入，提高产品创新能力，增强市场竞争力，实现天津市科技型中小企业产融结合模式成熟化、规模化。

二、各银行业金融机构要积极健全中小企业金融服务机构体系，成立专门服务于科技型中小企业的专营支行。截至2010年底，天津市已经建立86家小企业专营机构，并成为各行开展小企业金融服务的核心部门。各行应结合本行经营规划，确定侧重服务科技型中小企业的专营机构，特别是在滨海新区，高新区等高科技中小企业密集的特定区域可设立专门服务高科技中小企业的专营机构；对同时满足以下四个条件的专营机构，我局可认定为科技专营支行，一是科技型企业信贷客户数和发放科技型企业贷款总额分别占总客户数和累计放款额的60%以上；二是独立支持科技型中小企业的信贷计划；三是独立的财务资源配置（单独核算）；四是独立的信贷评审机制。鼓励和支持银行业金融机构结合自身特色，发挥专营化经营优势，为科技型中小企业提供特色金融服务。各行要积极加强与科技部门的协商与合作，互助开发地源科技资源。

三、各银行业金融机构要完善科技型中小企业信贷管理体制，提高效率，改进服务。一是在风险可控的前提下，可适当放宽科技型小企业贷款准入标准，适当下放审批权限，建立适合科技型小企业特点的风险评估、授信审查、授信尽职和奖惩制度；二是要建立横贯型支持小企业信贷管理体制，即前台要加大营销力度，充分利用各种渠道获得的信息，特别是现场实地核查和搜集的非财务信息，分析客户财务状况和偿还能力，中台要做好风险定价，制定相应的风险管理和合规审查标准，后台要从支付结算、人力资源、IT等方面给予支持，以集约化的方式管理风险，提高前、中、后台的合作精神，提高服务效率。

四、各银行业金融机构应在风险可控的前提下，改进融资方式，拓宽融资渠道，满足科技型小企业合理的资金需求。一是结合《流动资金贷款管理暂行办法》，设计科技型小企业贷款需求量测算方法，可在交易真实性的基础上，确保有效控制用途和回款的情况下，根据实际交易需求确定流动资金额度；二是根据本行制定的授信审查要求，对信誉良好的科技型小企业客户实行相应的授信激励政策，可逐笔提高授信金额、延长授信期限；三是按照企业发展所处不同阶段，科学合理地设计贷款合同和还款方式，调整传统整借整还的方式，科学设计还款机制，以季度、半年等周期约定还本付息，做到利随本清；四是针对小企业普遍面临的贷款到期必须"先还后贷"所造成的还款压力等突出问题，各银行机构要按照"六项机制"的要求，积极创新小企业流动资金贷款还款方式，帮助符合国家产业政策、有竞争力、有市场但暂时出现资金困难的科技型小企业渡过难关。

五、各银行业金融机构要着力提高金融产品和服务的创新能力。各行要结合科技型中小企业特点，探索、建立适合科技型中小企业特点的产品体系，促使科技成果转化为融资手段。一是要深入研究相关科技成果的转化能力、未来市场需求规模及产能供给水平等内生因素，合理设计符合借款企业可预期现金流特点的金融产品；二是应适度扩大担保物的范围，增加担保品种，推出知识产权质押、商标权质押、专利权质押、股权质押等，或采取"无形资产＋有形资产"的复合质押方式；三是探索中期集合票据、集合债券等直接融资渠道及投行类产品，丰富科技型中小企业的资金支持手段；四是要提高科技型中小企业财务顾问和咨询的服务水平，可以通过财务运作、融资设计、现金管理等业务，提供更为全面的金融服务。

六、银行业金融投贷业金融服务尽职免责实施细则，切实做到尽职者免责、失职者问责，银行业机构要加强与创业投资基金、股权投资基金合作，力求科技型中小企业在生命周期的不同阶段皆可获得有效的金融支持。鼓励银行机构与创业、股权投资基金合作，形成股权投资和银行信贷之间的投贷联动融资模式。一是对初创期企业，以有担保公司介入为前提，在审慎的原则下，以支持有自己的现金来源的股东、好的创业投资基金的方式进行合作；二是对成长期企业，在跟进创业投资机构和担保公司的基础上，对其存续投资项目中遴选已完成初创、进入成长期科技型小企业，可以逐步减少担保，要依靠回笼款发放流动资金贷款；三是对成熟期企业，可以以知识产权等无形资产质押，对其流动资金给予新的支持。对有能力开展收购兼并的企业还可提供并购类贷款；四是探索以债权融资并吸引股权投资的结构性融资方式，建立资金链供应服务新模式。

七、各银行业金融机构要借力政府各项支持政策，聚焦优质企业。"十二五"期间，全市各级财政将筹集大额资金支持科技型中小企业发展，各银行机构应当充分利用政策导向支持，选准客户。一是重点关注"天使基金"投入的初创期企业和市财政、滨海新区财政资助的成长期、壮大期企业，给予信贷投入，形成资金合力，支持科技型中小企业；二是关注区、县政府出台的利用股权基金融资的奖励政策、"楼宇经济"优惠措施等政策，积极与政府支持的科技型中小企业探求深度合作；三是相关银行作为"科技小巨人"融资服务试点，要积极与市政府相关部门配合，促成专项资金用好用足，真正为"科技小巨人"提供金融服务。

八、各银行业金融机构要积极与担保机构合作，缓释信贷风险。各银行机构应以天津市逐步完善担保服务体系，规范设立科技型中小企业担保机构的良好外部环境为契机，充分利用有关担保政策，加强与专门为科技型中小企业服务的担保公司合作，缓释信贷风险。对于专营科技型中小企业的担保机构，在风险可控的前提下，可以在国家规定的范围内适当提高其担保放大倍数。

九、各银行业金融机构要加强政策、产品宣传，积极搭建银企沟通平台。一是要利用本行网络信息平台加大宣传力度，介绍自身金融产品、服务，突出品牌形象，开拓客户资源；二是加强与政府中小企业主管部门的合作，利用其网络资源加强银行自身的产品和政策宣传；三是天津银监局将联合中小企业局等部门，开辟期刊专栏与网络专页，对各行支持科技型中小企业的良好做法与成功案例进行宣传，弘扬先进，树立典型；四是各行要积极参与政府部门组织的推介会等银企沟通平台，充分宣传自身品牌和服务模式。

十、各银行业金融机构要正确处理尽职、履职和坏账核销的有效环节，适度放宽科技型小企业贷款风险容忍度。一是要通过精细化核算设立科学、合理的、明确的小企业坏账容忍度，对科技型小企业贷款不良率进行单独考核；二是进一步修订、完善小企业金融服务尽职免责实施细则，必须体现出与大企业金融业务的差异性，小企业信贷业务在尽职情况下出现的风险状况要免责；三是合理运用政策，及时核销不良贷款。支持银行业机构按照财政部有关要求，建立中小企业贷款快速核销机制，适当放宽对中小企业贷款的核销条件，授权对符合一定条件的中小企业贷款进行重组和减免，各行要把握时机，及时处置。

深入推进小企业金融服务是银监会一项长期性、持续性任务，各银行机构要在认真落实银监会"六项机制"、"四单原则"等各项政策的基础上，积极开拓思路，改进服务，做好政府、企业沟通衔接，摸索出多方共赢的合作模式，为金融支持科技型中小企业营造良好环境。

二〇一一年五月十一日

新疆银行业金融机构高管人员约见谈话制度（试行）

新银监办发〔2011〕194号

第一章 总 则

第一条 为贯彻银监会"管法人、管风险、管内控、提高透明度"的监管新理念，根据《中华人民共和国银行业监督管理法》、《中华人民共和国商业银行法》、《中国银行业监督管理委员会行政许可实施程序规定》、《中国银行业监督管理委员会中资商业银行行政许可事项实施办法》以及《中国银行业监督管理委员会合作金融机构行政许可事项实施办法》等法律、行政法规制定本制度。

第二条 本制度所称高级管理人员是指中国银行业监督管理委员会新疆银监局纳入高级管理人员任职资格管理范围的对经营管理具有决策权或对风险控制起重要作用的管理人员等。

第二章 谈话方式及周期

第三条 约见谈话分为任职前谈话、履职约见谈话和监管工作谈话。

第四条 约见谈话是新疆银监局通过询问、提醒、告诫、勉励等形式，对辖内银行业金融机构高级管理人员传导监管意图、考核监督而采取的监管行为。

第五条 任职前谈话是新疆银监局对高级管理人员任职资格核准前采取必要的考察方式。

第六条 履职约见谈话是新疆银监局根据需要对高级管理人员履职情况进行咨询、督导、风险提示与预警。

第七条 监管工作谈话是新疆银监局根据需要及现场检查、非现场监管、举报反映和监管部门掌握的情况，向高级管理人员咨询、督导、通报，进行风险提示与预警。

第八条 任职前谈话按照高管人员任职资格许可程序在核准前进行；履职约见谈话和监管工作谈话根据非现场监管、现场检查、高管履职评价等监管工作周期定期（按月、季度）、不定期开展。

第三章 谈话权限

第九条 约见谈话一般按照机构属地监管原则开展。

第十条 新疆银监局核准高级管理人员任职资格的拟任人，任职前谈话可由新疆银监局局长、分管局长或委托分管处长、副处长主谈。新疆银监局委托地州银监分局进行的高级管理人员拟任人任前谈话由分局局长或委托分管局长主谈。

第十一条 约见谈话按照监管权限组织开展，银监局两人以上参加。

（一）约见国有商业银行、政策性银行、邮储银行、外资银行一级分行行长、股份制银行分行行长、城市商业银行董事长（行长）、区农村信用社联合社理事长（主任）、资产管理公司及非银行金融机构主要负责人原则上由银监局局长或分管副局长召集，有关部门负责人及主监管员参加；

（二）约见上述金融机构高管副职可由分管局长或有关部门负责人召集，有关监管人员参加；

（三）约见国有商业银行、政策性银行、邮政储蓄银行、城市商业银行、股份制银行二级分行（支行），市（县）农村信用社联合社高管人员原则上由有关部门负责人召集，有关监管人员参加。

第四章 谈话程序

第十二条 约见会谈工作流程包括会谈准备、召开和整理会谈纪要三个阶段。

第十三条 根据约见谈话方式，银监局在约见谈话前应下发《约见会谈通知书》（特殊情况下也可以电话通知），被约见人员必须按银监局通知的时间、地点准时到位，特殊情况不能到位的，应提前书面说明情况。

第十四条 结合约见谈话方式和监管工作需要，明确相关谈话内容。

（一）任职前谈话会谈内容主要围绕以下内容：

1. 是否掌握与所任职务相应的经济金融学识，金融监管政策的熟悉程度；

2. 对宏观形势的了解与判断、对宏观政策的理解与掌握；

3. 拟任人是否具备银行业经营与管理的素质、经验与能力；

4. 拟任人是否了解拟任职务的职责，熟悉拟任职机构的管理框架、盈利模式，熟知拟任职机构的内控制度，具备与拟任职务相适应的风险管理能力。

（二）履职约见谈话和监管工作谈话应包括被监管机构对相关事项或情况的说明；拟采取的整改措施；银监局对此的监管意见和整改要求。主要围绕以下内容：

1. 业绩跟踪评价，指履职期间主要业务及监管目标完成情况。

2. 非现场监管评价。非现场监管周期（月、季度）监测考核情况。

3. 现场检查通报。通报现场检查结果，请被查机构就现场检查提出的有关问题和事实的真实性、准确性及评价结论提出意见。

4. 谈话提醒通报。指业务异常变化情况及对策；经营管理及重大业务风险防范情况；苗头性、倾向性问题；市场环境、政策环境出现较大变动可能或已经对被监管机构经营产生影响而进行的风险提示；银监局确认的其他内容等。

5. 离任评价。任职期间的监管综合评价。

第十五条 约见会谈应指定专人记录，并根据会议讨论的情况形成会谈纪要。

第十六条 约见谈话应制作监管备忘录。重要事项的谈话应由谈话人双方签字。监管备忘录存入有关银行业机构档案或高级管理人员任职资格档案，作为银监局对银行业机构实施后续监管、评级以及任职资格审核的重要依据之一。

第十七条 银行业机构高级管理人员承诺对谈话的内容负责，保证其真实性。对于故意隐瞒重大情况、弄虚作假的，一经查证属实，银监局将依据有关规定向其上级建议对其进行行政处分，触犯刑律的，移送司法机关。

第十八条 银行业机构对银监局约见谈话中提出的意见、建议必须认真落实，并以书面形式上报银监局。银监局也可在约见谈话的基础上，对违规问题进行调查和现场检查，并根据有关规定和程序作出进一步处理。

第十九条 本制度适用于新疆银监局，各银监分局可参照有关规定和本制度制定相应制度。

第二十条　本制度自公布之日起实行。

附件：
《约见谈话通知书》格式

××××（被约见谈话人所在行全称）

根据《新疆银行业金融机构高管人员约见谈话制度》，我局决定于××××年××月××日约见你行×××（被谈话人姓名）谈话。谈话地点：××××，请于约定时间准时到位，特殊情况不能到位的，应提前书面说明情况。

联系人：

联系电话：

通信地址：

（××××局章）

××××年××月××日

厦门银监局办公室关于加强信息报告工作的通知

市各政策性银行、国有商业银行、股份制商业银行、城市商业银行、农村商业银行、邮政储蓄银行、信托公司、外资银行、村镇银行：

为及时了解辖内银行业金融机构工作动态，全面掌握银行业风险状况，确保监管信息联络通畅，有效维护银行业安全稳定，现就加强信息报告工作有关要求通知如下：

一、授信风险信息报告要求

辖内银行业金融机构应在发现授信风险后 24 小时内报告。具体报告标准为：单一或集团客户授信余额 1000 万元及以上的。

报告内容至少应当包括：授信客户基本情况，如注册时间、注册地点、主营业务、法人代表、股东、实际控制人等情况；授信基本情况，如授信业务品种、授信额度、授信期限、授信余额、风险敞口、担保及抵质押情况等；产生授信风险的原因；授信风险情况，已经或可能造成的影响，如逾期、垫款等情况，金额损失预判；本机构已经采取的措施；对监管部门的建议；其他需要说明的情况。

二、银行业从业人员有关信息报告要求

（一）辖内法人机构行长（总经理）、中外资银行分行行长、代表处首席代表离开厦门 3 个工作日（含）以上的，应在离厦前报告。

报告内容至少应当包括：离厦人员姓名、离厦日期、外出目的地、预计返厦日期、离厦期间代行其职人员等。

（二）辖内银行业金融机构高级管理人员死亡、失踪、被刑拘的，应在事发后 2 小时内报告。

报告内容至少应当包括：高级管理人员单位、姓名、职务、临时代行其职人员、处置措施等。

（三）辖内银行业金融机构从业人员（不含高级管理人员）非正常死亡、失踪、被刑拘的，应在事发后 2 小时内报告。

报告内容至少应当包括：相关人员单位、姓名、职务、处置措施等。

三、业务经营有关信息报告要求

（一）辖内银行业金融机构在经营业务范围内或经总行授权开办的新业务，应在业务开办后 5 个工作日内报告。

报告内容至少应当包括：业务介绍、风险特点、内部控制制度和操作规程等。

（二）辖内银行业金融机构发生火灾、被盗等导致重大经济损失的，应在事发后 2 小时内报告。

报告内容至少应当包括：事发时间、地点、损失金额、处置措施等。

（三）辖内银行业金融机构与其他单位、个人之间的重大纠纷，应在事发后 24 小时内报告。

报告内容至少应当包括：纠纷产生的原因、涉及的单位和人员、可能造成的影响、采取的应对措施等。作为被告涉及诉讼案件的，应在收到法院判决书之日起 5 个工作日内提交副本。

（四）涉及辖内银行业金融机构的重大负面舆情，应在事发后 12 小时内报告。

报告内容至少应当包括：舆情的主要内容、发布和转载的主要媒体、可能造成的影响、采取的应对措施等。

四、内外部检查有关信息报告要求

（一）辖内银行业金融机构接受总行（辖内法人机构除外）内审部门、业务条线部门、纪检监察等相关部门或委托中介机构开展的检查，其他金融监管机构开展的检查，财政、审计、工商、税务、物价等其他监管部门开展的检查，应在接受检查之前 3 个工作日报告检查项目。若有受到处罚的，应在收到处罚意见书之日起 5 个工作日内提交副本。

报告内容至少应当包括：检查单位、检查内容、检查时间安排等。

（二）辖内银行业金融机构接受公安、检察院、法院等司法部门开展的调查、审查，应在收到调查、审查结论之日起 5 个工作日内提交副本。

五、其他信息报告要求

（一）总行级（辖内法人机构除外）领导以及部门主要负责人到厦门视察工作情况，辖内银行业金融机构应在上述人员到达厦门时间确定后提前 3 个工作日报告。

报告内容至少应当包括：来厦人员姓名和职务、来厦日期、来厦事由等。

（二）辖内法人机构参加在厦门召开的行业性交流会议情况，应在会议结束后 10 个工作日内提交会议交流信息情况报告。

报告内容至少应当包括：会议基本情况、会议交流的主要内容、可能对法人机构业务经营产生影响的重要信息。

六、辖内银行业金融机构要高度重视信息报告工作，将本通知要求具体落实到相关职能部门，并指定专门人员负责本通知执行中的联络、信息报送等工作。

七、辖内银行业金融机构原则上应通过厦门银行业电子政务传输系统向我局办公室报告有关信息，并加盖公章。其中，要求报送副本的有关资料可以采用邮递、专人送达等方式报送。

遇临时或突发情况不能按照本通知要求的时限报送的，应在第一时间通过电话、传真、NOTES邮箱等方式报送。

对属于涉密信息的报告，应注明保密级别，并严格遵守有关保密管理规定。

八、对符合银监会《重大突发事件报告制度》、《银行业金融机构案件（风险）信息报送及登记办法》、《银行业金融机构重要信息系统投产及变更管理办法》等规章制度有关报送标准的信息，应当按照上述规章制度要求的方式报送，不再按照本通知的要求报送。

特此通知。

二零一二年九月二十八日

宁波银监局关于设立小微企业金融服务专营机构的实施意见

甬银监发〔2012〕202号

为巩固和深化我市银行业在小微企业金融服务工作方面所取得的成果，促进辖区银行业金融机构进一步完善小微企业的金融服务，优化小微企业融资环境，根据《中国银监会关于支持银行业机构进一步改进小企业金融服务的通知》（银监发〔2011〕59号）、《中国银监会关于支持银行业机构进一步改进小型微型企业金融服务的补充通知》（银监发〔2011〕94号）精神，现就设立小微企业金融服务专营机构提出如下意见：

一、鼓励和引导银行业金融机构加大小微企业金融服务力度，对推进小微企业贷款成效明显、风险管理到位的银行业金融机构在市场准入方面给予更多的激励。积极支持银行业金融机构批量化设立专业从事小微企业金融服务的专营机构。

二、银行业金融机构批量化设立小微企业金融服务专营机构的基本条件为：

（一）制定了符合本行特点的小微企业金融服务发展规划；

（二）推行"六项机制"建设和"四单"原则有成效；

（三）小微企业授信户数占本行辖内所有企业授信户数的比例不低于70%、最近六个月月末平均小微企业授信余额占本行授信余额之比不低于30%；

（四）完成上年度小微企业贷款监管指标；

（五）风险管控良好，近2年未发生案件和重大违法违规行为；

（六）IT系统建设、管理人才储备等能够满足新设机构的经营管理需要；

（七）授信业务仅限于小微企业和个人，上级行不得予以小微企业和个人业务以外的授权或转授权，并承诺不以任何名义突破授信业务限制。

三、银行业金融机构批量化设立小微企业金融服务机构可采取综合型和单一功能型网点两种模式。综合型和单一功能型网点统一冠名为"××银行××小微企业专营支行"。

四、所谓单一功能型网点，是指组织架构相对简单、服务功能相对单一的网点。该类型网点准入上参照现行设立支行的要求进行审批，不作营运资金、营业面积、人员数量等方面的严格要求，但其岗位设置、人员配备、风险管控等应符合内控管理和开展业务的需要，安全防护及消防方面应符合公安消防部门规定；业务范围仅限于办理存款和结算业务，并可以受理授信业务资料，接受客户咨询。银行业机构不得对该类型网点进行任何形式的授信业务授权和转授权。

五、小微企业金融服务专营机构的年度发展规划和批量化设立方案由银行业金融机构根据本行市场定位、风险管控能力、小企业贷款机制建设等情况合理确定，于每年年初报送我局。我局按照差异化原则，根据各行的管理能力、服务小微企业的实际成效、市场竞争程度等逐家研究、综合评定。

六、银行业金融机构应按《中国银行业监督管理委员会中资银行业机构行政许可事项实施办法》、《中国银行业监督管理委员会农村中小金融机构行政许可事项实施办法》及其相应的申请材料目录和格式要求所规定的条件与程序提出批量化设立支行的申请，在一个监管周期内（每年3月末至次年3月末）每次批量化申请的间隔期限不少于半年。

七、我局将建立有效的约束机制，加强对银行业金融机构批量化设立支行信贷投向、风险管控的监管和后评估，各银行业金融机构在风险可控的前提下，授信业务应始终服务于小微企业。对偏离市场定位、风险控制不力的机构，依照相关监管法规采取相应的监管措施予以纠正，情节严重的取消批量化设立支行政策享受资格。

八、本通知所称"小微企业"按《关于印发中小企业划型标准规定的通知》（工信部联企业〔2011〕300号）规定执行。

宁波银监局关于全市银行业有效支持实体经济发展的指导意见

甬银监发〔2012〕213 号

市辖各银行业金融机构，省农信联社宁波办事处：

为进一步落实党中央国务院和中国银监会的宏观调控政策，深入贯彻宁波市委市政府《关于推进工业经济稳增长调结构促转型的若干意见》、《关于全市金融支持实体经济发展的若干意见》精神，提升银行业服务实体经济和支持小微企业的水平，促进全市"六个加快"发展战略顺利实施，推动经济金融稳定协调发展。经研究，提出如下指导意见：

一、把握战略机遇，增强服务实体经济的意识

（一）深化思想认识，强化责任意识。目前，国际金融危机仍在深化蔓延，经济发展面临下行压力，部分企业融资困难现象依然存在。各银行要密切关注宏观形势变化，不断优化思想认识、转变经营理念，进一步增强服务实体经济的责任意识，推动地方经济转型发展。要积极应对不良贷款反弹压力，不断提高风险管理和化解水平，加强信息共享，强化联合维权机制，按照灵活审慎、"一户一策"要求妥善处理债务危机和各类风险隐患，支持企业渡过临时性难关，维护债权银行整体利益。

（二）坚持与时俱进，强化转型意识。今年以来，市委市政府相继启动了"六个加快"重大项目突破年活动，出台了一系列重大政策，为我市经济转型发展指明了方向、明确了措施、提供了新的动力，也为我市银行业拓展市场、深化服务提供了良好的机遇。各银行要坚持与时俱进，进一步增强转型发展意识、细化战略举措、完善服务机制，为我市经济金融良性协调发展作出更大的贡献。

二、明确指导思想，把握服务实体经济的方向

（一）突出主题主线，明确工作目标。宁波银行业服务实体经济，支持小微企业发展应以科学发展为主题，以转变发展方式为主线，以破难解困、共赢发展为目标，以践行"三思三创"精神为契机，在严风险底线、防范系统性区域性风险的前提下，通过进一步转变经营理念、开拓工作思路、加快创新步伐、加强内部管理，促进经济金融协调发展。

（二）围绕工作方针，把握工作原则。各银行要坚持标本兼治、综合施策、审慎灵活、稳步推进的原则，在保持资金平稳供给前提下，按照加快结构调整，加强政策对接，加大支持力度，加强风险防范的方针，充分发挥好资金保障、信贷杠杆、要素引导、服务增效等作用。

（三）加强交流互动，注重舆论引导。密切关注经济金融发展中的难点、热点问题，关注舆论讨论焦点，加强政策宣传、产品推荐、信息披露，建立健全客户投诉信息的收集、上报和处置机

制，妥善处理各种纠纷，为深化银企合作、增进互信营造良好的条件。

三、加强政策对接，构建服务实体经济的合力

（一）提升监管政策的执行效果。全面落实"守底线、强服务、严内控、促转型"的监管要求，一方面坚守风险底线，落实融资平台、房地产等重点领域的监管政策，加大案件风险和表外业务的排查力度，切实防范系统性和区域性风险。另一方面，持续推进银行业改革、开放和发展，按照"有保有压、有扶有控"的方针落实好各项政策，重点抓好结构优化、效率提升等环节，服务好实体经济。

（二）加大海洋经济的支持力度。实践产融结合理念，以贯彻落实宁波市海洋经济发展规划为平台，进一步优化信贷政策，调整业务结构，进一步加大港航服务业、临港先进制造业、海洋新兴产业和海岛资源开发的支持力度，共同培育宁波经济发展新的增长点，实现银行微观价值和社会宏观价值的融合统一。

（三）保障重点项目的资金需求。以深入推进"六个加快"战略、全面实施重大项目突破年活动为契机，启动项目调研，进行部门沟通，做好配套服务工作，及时提供信贷资金。对于已批准的在建续建项目，要按原信贷承诺及时提供后续贷款，支持项目完工建设。对于已完工的项目，要及时提供建设配套和生产营运贷款，促进项目尽快形成生产经营能力。在遵循"总量控制、分类管理、区别对待、缓释风险"原则的基础上，有效支持地方融资平台合理资金需求。根据不同还本付息能力，对平台贷款采取"收回再贷"、"据实定贷"、"重组增贷"等针对性措施。

（四）加大消费信贷的投放力度。一是要按照商业可持续和风险可控的原则，满足合理住房信贷需求。重点支持以市级平台为主开展公租房、廉租房、棚改房三类保障房建设。支持中低价位、中小套型普通商品住房建设。二是将节能产品推广、汽车或家电以旧换新、宽带中国建设、新能源产品消费领域作为支持重点。三是针对汽车贷款、耐用消费品贷款、助学贷款等有利于扩大内需的信贷需求，积极推进期限、还款方式方面的金融创新，加大信贷支持力度。四是开展与融资性担保机构的合作，为有利于扩大就业的企业和下岗再就业人员提供有效金融服务，增强其消费能力。

（五）深化科技金融的合作战略。把落实自主创新战略放在更加突出的位置，积极与科技主管部门、高新园区管委会等政府部门沟通合作，抓紧做好科技金融担保池、科技金融担保补贴和科技金融贷款贴息等政策的对接和落实工作，进一步加强重点科技工作的信贷支持和金融服务，促进科研成果转化，促进战略性新兴产业发展，促进我市经济结构优化和发展方式转变。

四、保持资金供给，强化服务实体经济的力度

（一）加强内部沟通，保持信贷总量平稳。各银行要加强内部交流沟通，全面、及时地向上级行反映宁波经济特点和亮点，通过向上级行争取贷款规模、争取提高存贷比例、向系统内机构调剂规模等有效措施，增加信贷有效投入，加大对实体经济的支持力度，力争今年信贷增量不低于去年。

（二）深化机构改革，提升贷款供给能力。宁波东海银行、宁波通商银行要充分发挥增资扩股、重组改制优势，释放增量资本效能，为经济发展注入新的资金。农村合作金融机构要加快股改进度，积极组建农村商业银行，提升资本实力和资金供给能力，进一步增强服务县域、服务"三农"、服务小微企业的主体作用。支持民营企业参与村镇银行发起设立或增资扩股，村镇银行主发起行的最低持股比例由 20%降至 15%，为民间资金进入银行业提供更大空间。

（三）拓宽融资方式，不断丰富融资来源。落实《银团贷款业务指引》，严格组团标准，完善运作机制和协调机制，确保银团贷款资金按约定投放，加快银团贷款发展。大力发展中期票据、短期融资券承销等新型业务，探索发行专项用于小型微型企业的金融债，加大信托、租赁产品研发力

度，为宁波经济发展引入融资新模式、新渠道。

（四）加强规模调控，保证资金有效供给。密切关注宏观形势、上级行政策的变化情况，关注银团贷款、项目贷款、公开授信项下的后续提款情况，关注表外融资转入表内、短期融资券周转对信贷规模的影响。要进一步增强信贷规模和资金头寸管理的前瞻性、主动性，防止出现信贷政策时松时紧、资金价格大幅波动的情况，全力为实体经济运行和企业持续经营提供平稳的政策预期和融资环境。

五、优化信贷结构，提升服务实体经济的质效

（一）进一步优化贷款投放的区域结构。坚持本地优先、贴近基层方针，进一步加强异地贷款管理，严格授信条件、强化准入审核、控制投放规模，将有限的信贷资源优先用于支持宁波经济发展，确保信贷资金在区域内有效使用。中小商业银行的网点资源和经营重心要向县域发展，向乡镇延伸，力争县域网点的新设数量占比达到半数以上，促使县域资金循环体系不断完善，提高资金转化和使用的效率。

（二）进一步优化贷款投放的行业结构。按照政策引领、项目带动、资金保障的工作思路，进一步加大战略性新兴产业、节能环保、科技创新、现代服务业、文化产业的金融支持力度，推动传统产业改造提升，引导出口结构升级。严格控制高档住宅、投机炒房的贷款需求，严控"两高一剩"行业贷款，充分发挥信贷政策的要素配置、转型引领作用，带动宁波经济发展方式转变。

（三）进一步优化贷款投放的客户结构。坚持支持小微、服务"三农"导向，用足用好批量增设专营机构、专项债券、风险权重和不良容忍度控制等差异化监管政策，深化小微企业贷款"六项机制"，全面落实"四单原则"，进一步满足其融资需求。涉农机构要充分发挥服务"三农"的主体作用，加快农村合作机构股改进度，促进网点、资金、人员等经营资源进一步向县域倾斜，不断提高县域贷款占比，确保涉农贷款和小微企业贷款顺利实现"两个不低于"目标。积极参与"龙头企业创一流工程"，加大龙头企业产业链技改的支持力度，通过供应链融资、融资租赁等产品引领带动中小微企业联动发展。

（四）进一步优化贷款投放的期限结构。在加强流动性风险管理的基础上，根据借款企业的行业特点、资产转变周期等特点合理确定贷款期限，确保信贷周期与企业生产周期相互匹配，防止因贷款期限不匹配等原因而人为增加企业偿债压力和贷款资金挪用风险。

六、加大创新力度，发掘服务实体经济的潜能

（一）加快产品创新和服务模式创新，进一步拓展银企合作业务的深度和广度。把握金融创新原则导向，坚持安全、简单、实用原则，不断扩大服务覆盖面，提高服务满意度。进一步加大小微企业的支持力度，服务"三农"的创新力度，积极推行"信贷工厂"、联保联贷等融资模式，积极尝试知识产权质押、存货质押等新型担保方式，降低贷款运作成本。关注宁波总部经济发展、企业"走出去"进度加快等新情况、新问题，持续开展"千名客户进万家"等主题活动，不断深化银企交流合作，提高金融创新的针对性和有效性。

（二）实施组织创新和管理机制创新，进一步提升发展方式转变的速度和成效。在市场分层、客户分类基础上，加大组织创新力度，依据自身资源禀赋有选择、针对性地实施事业部制改革，落实网点建设规划和分类指标，加快小微企业专营机构、科技支行、物流支行、商贸支行、社区支行等特色网点建设，为特定行业、特定目标群体提供差异化、个性化的金融服务。在转变理念、明确目标的基础上，加大管理机制创新，抓好考核问责、资源分配、权限管理等体制机制的优化调整工作，突出小微企业、涉农金融的差异化考核政策，确保全行按照既定战略目标发展。

七、强化内部管理，夯实服务实体经济的基础

（一）落实贷款新规，持续推进信贷管理体制改革。以提升金融服务水平为宗旨，以服务实体经济、加强风险管控为主线，通过抓组织保障、抓方案设计、抓责任落实、抓检查监督，形成目标明确、条理清晰、运作有序、反馈及时的改革推进机制，力争在加强风险管理、控制投放节奏、优化信贷结构、提高经营效率、促进协调发展等方面取得新进展、新成效。

（二）坚持实贷实付，确保信贷资金流入实体经济。进一步强化贷前用途调查、放款资料审核、贷后资金跟踪，确保贷款用途与申报用途、合同约定相符合。密切关注贷款资金辗转回流等异常情况，深入剖析其表现形式、操作特点、实施动机、风险隐患，采取针对性的管理措施，防止贷款资金违规挪用于股市、楼市的投机炒作，确保贷款用途真实、可靠，服务实体经济取得良好成效。

（三）抵制过度融资，合理匹配真实有效融资需求。进一步细化流动资金贷款需求量的测算公式，明确测算依据、统一测算口径，强化测算结果的运用和约束机制，确保企业合理融资、审慎融资、有序融资。针对实际融资额度大于需求测算结果的情况，要按照实事求是、区别对待、平稳过渡原则，深入分析缘由、逐户研究对策，实现理论测算值与实际贷款额度相互统一。严格集团授信和贷款集中度管理，抵制企业过度融资行为，对盲目扩张、高杠杆运作的集团授信要严格限制，严格落实抵押担保等缓释措施，防范资金链断裂风险。

（四）履行社会责任，切实降低实体经济运行成本。坚持科学定价、合理定价，严格执行贷款发放"七个不准"和服务收费"四项原则"，降低企业融资成本。积极落实"三个合理六个禁止"等监管要求，切实减轻小微企业融资负担。持续开展不规范经营整治，不断深化源头治理、程序治理和行为治理，完善服务定价长效机制。建立健全客户投诉和违规举报处理机制，明确处理程序，落实管理责任，加强信息披露，进一步巩固银企合作的基础。

八、做好贯彻落实，确保服务实体经济的成效

（一）完善发展规划，落实工作实施方案。把服务实体经济、支持小微企业作为一项长期性的战略任务，按照全面规划、稳步推进、务求实效原则予以推进。要把本《指导意见》的内容融入到银行自身的长期发展规划中，明确工作方案和实施路径，确定阶段性目标，有计划、分步骤地有序推进，确保各项工作目标顺利实现。

（二）优化考核机制，增强工作推进动力。建立健全服务实体经济、支持小微企业方面的考核体系，综合考虑战略部署、目标任务和工作进度等因素，精心设计考核对象、考核时点、考核指标、考核权重等要素。细化考核结果的运用措施，通过加强考核引导、强化激励约束等措施，促进银行经营模式转型，提升各项工作成效。

九、加强自律监督，优化服务实体经济的条件

（一）进一步发挥同业协会的自律监督作用。宁波市银行业协会要以贯彻落实《宁波银行业提升服务品质保障消费者权益宣言书》为抓手，强化同业监督和违约处罚机制，促进全市银行业同业信守规范经营、帮扶小微、支持"三农"、提升服务和履行责任的庄严承诺。以"千佳"、"百佳"示范单位评选等活动为契机，深入开展树典型、立标杆、学先进等活动，促进银行服务水平不断提升。

（二）进一步加强同业协会的协调沟通作用。宁波市银行业协会要全面收集、汇总全市银行业在服务实体经济、支持小微企业中的先进经验、工作难点，及时向监管部门反映情况、提出政策建议，为经济金融协调发展创造良好的政策条件。加强新闻媒体交流，通过组织主题活动、专家论坛、高层专访等方式进一步增进社会各界对银行业的理解和支持。强化社会舆论引导，组织全市银

行业对社会关注的服务收费、支持小微企业等难点热点问题作出及时回应，共同研究解决方案，形成统一宣传口径，共同维护全市银行业的整体社会形象。

2012 年 9 月 12 日

宁夏银监局关于银行业支持县域经济发展的指导意见

宁银监发〔2011〕39号

各银监分局，各政策性银行、国有商业银行、股份制商业银行、邮政储蓄银行宁夏（银川）分行，宁夏银行，黄河农村商业银行，石嘴山银行，永宁县、贺兰县、灵武市农村信用合作联社，贺兰回商村镇银行，宁夏银行业协会：

为贯彻实施党中央新一轮西部大开发战略和宁夏"十二五"时期经济社会发展规划，引导宁夏银行业金融机构充分发挥配置资源的作用，为县域经济较快发展提供良好金融服务，现提出以下意见：

一、充分认识银行业支持县域经济发展的重要意义

县域经济是国民经济的重要基础和支撑力量，加快县域经济发展，对于建设社会主义新农村、全面推进小康社会具有十分重要的意义。银行业支持县域经济发展是深入实施西部大开发战略的客观要求，是落实宁夏"十二五"规划、促进宁夏区域协调发展的战略选择。各银行业金融机构要深入贯彻落实科学发展观和自治区党委、政府关于进一步加快县域经济强县发展的要求，加大对县域地区的信贷支持力度，促进县域经济结构调整，发展县域经济强县，推动宁夏经济实现跨越发展。

二、完善县域银行业金融机构体系和布局

（一）实现基础金融服务全覆盖。鼓励银行业金融机构通过设立自助存取款设备、开展定时定点服务等形式满足乡镇和行政村农户基本的金融需求，着力解决农村偏远地区基础性金融服务供给不充足的问题。

（二）加快发展县域地区农村新型金融机构。支持符合条件的银行业金融机构在县域地区发起组建村镇银行、贷款公司和农村资金互助社等新型农村金融机构。鼓励各类民间资本参与农村新型金融机构的设立。新型农村金融机构的组建地域原则上要安排在乡镇，扩大金融服务的覆盖面。

（三）鼓励大型银行在县域地区恢复或增设分支机构。大型银行现有的县域网点要保持稳定，原则上不再撤并。股份制银行和城市商业银行要逐步加强县域网点的建设，力争每年增设县域分支机构1~2个。邮政储蓄银行在推进二类支行改革中要重点在县城和农村地区、城乡结合部和郊区安排网点。控制乡镇银行业金融机构网点向城市地区迁移，进一步优化县域金融资源配置。

三、加大对县域经济发展的信贷支持力度

（一）确保县域信贷资金回流。县域内银行业金融机构新吸收的存款，主要用于发放当地贷款，新增贷款要占到新增可贷资金的50%以上。县域法人金融机构年度新增当地贷款要占到新增可贷资

金的 70%以上。邮政储蓄银行要结合二类支行的改革，积极探索资金回流的多种方式，拓宽贷款业务品种，支持县域经济建设。

（二）继续增加农业贷款投放。农业发展银行要加强农业基础设施和农村综合开发项目的资金支持。农业银行要坚持为农服务的方向，完善"三农"事业部的经营管理，深入推进惠农卡等业务，持续扩大农村金融服务的覆盖面。农村中小金融机构要发挥支农主力军作用，坚决压缩非农贷款，确保涉农贷款增幅高于贷款平均增幅，扩大农业贷款项目范围，保障农业资金的投入。

（三）积极支持重点区域和重点行业发展。银行业金融机构要按照宁夏"十二五"时期经济社会发展规划的要求，积极支持沿黄城市带建设、廉租房建设以及中部干旱带、南部山区和生态移民新村的发展，加大对水利建设、重点工业园区和优势产业集群的信贷支持，实现信贷资金与宁夏经济发展战略相匹配，推进农业产业化、城乡一体化进程。

（四）进一步支持县域基础设施建设。银行业金融机构要加大农田水利建设、道路、水电、通信以及文化教育卫生等领域的信贷投放，加快县域基础设施的发展，为县域经济发展夯实基础。

（五）大力支持县域特色产业发展。银行业金融机构要根据县域经济发展的特点，探索"一县一策"的金融服务模式，大力支持羊绒、葡萄酿酒、枸杞加工、清真牛羊肉等特色优势产业发展，大力支持县域龙头企业、现代农业示范基地、农民专业合作社等核心企业发展，带动县域经济发展。

（六）深化中小企业金融服务工作。银行业金融机构要认真落实国务院、银监会关于支持中小企业发展的相关规定，加强"六项机制"建设，优先保证中小企业的信贷需求，确保中小企业贷款增幅高于贷款平均增幅。鼓励银行业金融机构在县域设立中小企业信贷专营机构，创新中小企业信贷服务模式，降低中小企业融资门槛。城市商业银行和农村中小金融机构要坚持"立足地方、服务中小"的原则，重点做好中小企业金融服务工作，支持县域经济发展。

四、创新促进县域经济发展的金融服务方式

（一）创新金融产品和服务方式。银行业金融机构要在覆盖贷款风险的前提下，根据县域经济的特点和客户的多样化融资需求，科学运用银团贷款、小额信用贷款等方式，创新、发展多元化、结构性融资产品。要加大县域地区银行卡业务的推广和银行自助设备的布设，帮助县域客户提高金融意识，推进县域金融服务的电子化和信息化进程。

（二）创新县域贷款的担保方式。银行业金融机构要积极开展林权、土地承包经营权和农业设施抵押等担保方式，拓宽农民融资渠道。进一步完善农户联保贷款的模式，扩大联保贷款的范围，充分利用农户、企业、中介机构等多种担保形式，发挥农业产业链的联合增信功能，解决农户和小企业担保能力不足的问题。

（三）创新县域信贷管理制度。银行业金融机构要适应县域经济发展需要，改革县域分支机构的信贷管理方式，逐步解决在贷款管理权限、业务流程、激励机制、绩效考核等方面存在的问题；要适当调整县域分支机构的贷款审批权限和中小企业的信贷准入标准，在保证核心法律要素齐备的条件下，优化授信流程，简化审批环节，合理运用贷款利率浮动政策，避免贷款利率一浮到顶。

五、建立促进县域金融发展的激励机制

（一）建立监管激励约束机制。对在金融服务薄弱乡镇开展业务以及改善县域金融服务成效显著的银行业金融机构，银行业监管部门在市场准入、业务创新等方面予以优先考虑，并以适当方式给予表彰。对涉农贷款和中小企业贷款不能按规定保持增幅的银行业金融机构，银行业监管部门要采取限制市场准入、增加现场检查频率等约束性监管措施。银行业协会要将各银行业金融机构改进县域金融服务的措施作为开展评先创优活动的重要考核内容。

（二）科学实施监管问责。对银行业金融机构在支持县域经济发展中严格遵守相关规定和程序，勤勉尽责，只是由于市场突变等不可预见因素而造成贷款质量下降的，可以适当免除相关信贷人员的责任，调动信贷人员的工作积极性。

（三）准确把握信贷风险。银行业监管部门要引导银行业金融机构统筹兼顾"保增长"与"防风险"并重的要求，将信贷资金投向国家和自治区政府鼓励扶持的产业和区域。切实加强贷款风险监管，严格落实国务院关于抑制产能过剩、淘汰落后产能、促进节能减排的各项调控要求，严格控制对高耗能高排放项目的信贷投入。要严肃查处各银行业金融机构的不正当竞争行为，维护县域金融市场秩序。

（四）加强工作沟通和服务协调。银行业监管部门要主动加强与地方政府和相关部门的沟通，积极协调落实减税、贴息等相关政策，推动政府建立完善政策保障机制和财政资金激励机制，为金融支持县域经济发展创造良好的外部环境。要组织各银行业金融机构交流经验，加强协作，解决县域金融服务中存在的问题，促进县域经济又好又快发展。

宁夏银监局关于加强村镇银行管理的意见

宁银监办发 [2011] 216 号

各银监分局，各村镇银行：

为进一步促进村镇银行审慎经营、科学发展，根据《中华人民共和国银行业监督管理法》、《中华人民共和国商业银行法》、《中华人民共和国公司法》、《村镇银行管理暂行规定》、《中国银监会关于加强村镇银行监管的意见》、《中国银监会办公厅关于进一步加强村镇银行监管的通知》等法律法规和规范性文件，现提出以下意见：

一、加强公司治理

（一）建立健全公司治理机制。村镇银行应根据其决策管理的复杂程度、业务规模和服务特点设置简洁、灵活的组织机构。按照"股东参与、简化形式、运行科学、治理有效"原则，因地制宜建立市场导向、职责明确、制衡有效的公司治理模式。建立协调统一、合理制衡的管理体制和科学有效的决策、执行和监督机制。

（二）依法行使股东权利。股东要按照所持股份（出资额）进行表决。股东应当遵守法律、行政法规和村镇银行章程，依法行使股东权利。对村镇银行主要股东和高级管理人员存在违法违规问题，股东可以向村镇银行董事会反映，也可以直接向属地监管部门举报和反映。主发起行要切实履行好大股东的职责，派遣合格人员到村镇银行担任董事并进行监督和考核，促进其依法勤勉履行职责；帮助村镇银行完善公司治理；指导村镇银行制定发展战略，健全风险管理，编制报送监管报表；向村镇银行提供信息科技、支付结算、风险管理、制度建设、人员培训、产品开发方面的支持和帮助；建立对村镇银行流动性风险管理支持机制，当村镇银行可能或已经出现流动性风险等重大经营风险时，村镇银行发起行要加强对村镇银行的支持和监督，共同防范风险；对符合并表监管要求的，主发起行要按照非现场监管信息系统并表监管要求，向监管部门报送监管信息，对村镇银行实行合并报表审计，严格监督资金外流。

（三）正确履行董事会的职责。村镇银行董事会必须负起责任并制定好总体的风险管理目标、市场定位和发展战略。要完善董事的选举机制，优化董事会结构，提高决策的科学性。董事会要明确界定与高级管理层在授信、投资、财务和人事等方面的权限，避免职责不清和越权决策。村镇银行不设董事会的，由执行董事行使董事会相关职责，由利益相关者组成的监督部门（岗位）或利益相关者派驻的专职人员行使监督检查职责。

（四）规范高级管理层的经营管理。村镇银行的高级管理层应与董事会建立良好的分工协作关系，建立向董事会和监事会定期报告制度。高级管理层应当在董事会授权下依法合规经营，应按照组织结构功能进行合理分工，由不同高级管理人员分管并加强相互制衡，对重要事项决策要坚持双人控制原则。

（五）建立有效的监督制衡机制。村镇银行监事会要对董事会和高级管理层的履职和尽职等情况进行监督，监事人数不得少于 3 人。资产规模较小、尚不具备条件的村镇银行，经属地监管机构同意可暂不设监事会，但必须设立专门的审计监督部门负责履行监督职责。监事会要对董事开展年度履职评价并报监管部门。

二、加强内部控制

（一）建立健全内部控制体系。村镇银行要参照《商业银行内部控制指引》要求建立与其业务性质、规模及复杂程度相适应的完善的内部控制制度。要合理设定组织架构以及部门、机构职责，明确授权及分层负责办法，建立科学的覆盖全部业务、岗位和人员的授信、内部审计、存款、贷款、投资、新业务开发、财务管理、计算机、劳动用工和分配等政策、程序和操作规范。要建立合规管理制度、风险管理制度和内部审计制度，以维持内部控制制度有效运作。

（二）强化内、外部审计。村镇银行要建立独立的内部审计部门，并制定向董事会或监事会直接报告制度。审计人员应为具有会计、审计等方面专业知识的专职人员。在做好日常监测的同时，应定期对内部控制制度进行测试和评估，检查内部控制制度贯彻落实情况，提出内部控制制度改进意见，不断提高内部控制质量；还应加强包括公司治理、经营的合规性、贷款风险分类准确性、非现场监管报表真实性等重点内容的内部审计检查。董事会应定期对内部控制体系实施评价。具备条件的村镇银行还应聘用会计师事务所的外部审计人员对内部控制制度的有效性进行测试，对内部审计情况进行评估并提出管理建议。内外部审计报告应及时报属地监管机构备案。

（三）强化对内控制度的评价、监督。村镇银行的高级管理层要负责建立识别、计量、监测和控制风险的程序、组织结构和适当的内部控制政策，监督内部控制制度充足性和有效性。董事会应定期对内部控制体系实施评价。

（四）严格控制成本费用支出。村镇银行要严格按照现行财务管理制度，严格控制费用支出，重点加强对非营业性固定资产购置和工资等营业费用支出的管理，做到费用支出与业务发展相适应。

三、加强全面风险管理

（一）建立全面风险管理体系。村镇银行要树立全面风险管理理念，按照审慎监管原则和要求，加强合规经营，确保各项监管指标持续达标。特别是做好流动性风险、信用风险和操作风险的识别、计量、监测与控制，明确风险管理的责任部门，提出各个环节风险的控制要求，落实授信尽职情况的审查工作，全面提高风险管理能力，将经营风险控制在能够承受的程度之内。

（二）加强流动性风险管理。村镇银行要加强流动性风险管理，做好流动性前瞻性预防，将存贷比控制在合理水平。同时加强日常监测，严密监测相关指标的异常波动，建立以日均存贷款为基础的内部存贷比监测、考核机制，开展多种情境下的流动性风险压力测试，保持负债的稳定性，解决好资产负债期限错配的问题，增强对重大风险事件的应急防范。

（三）加强信贷精细化管理。村镇银行要严格执行贷款风险五级分类的操作和认定程序，切实提高贷款分类的准确性，提足拨备。要坚持小额、分散的原则，严格实施授信管理，认真落实"三个办法一个指引"和授信尽职审批工作指引要求，在"贷款三查"上从制度机制、审慎信贷文化建设和人力资源配备等方面切实落实监管要求，从根本上解决贷款管理不到位、不审慎问题。要严格执行受托支付的有关规定，完善内部执行考核和责任追究机制，保证受托支付比例数据的真实统计，确保受托支付贷款按"三个办法一个指引"走款必须在任何时点达到 80%。

（四）加强贷款集中度风险管理。村镇银行应建立完善的授信管理制度和管理信息系统，对贷款质量、大额授信、集团客户授信和行业集中度风险进行重点监测。村镇银行对单一客户、集团客户授信比例须符合《中华人民共和国商业银行法》和银监会的有关规定。新增单一客户和集团客户授信比例不得超过监管要求。

（五）加强大额关联交易和内部关系人交易风险管理。村镇银行对股东和内部关系人的关联授信应报董事会或股东大会同意，条件不得优于其他借款人同类贷款条件，授信金额不得超过其对村镇银行的投资额。村镇银行不得对异地股东及其设在注册地的关联企业授信。村镇银行应根据自身特点，参照《商业银行与内部人和股东关联交易管理办法》等制度制定大额关联交易和内部关系人交易的政策、程序，报属地监管机构备案。村镇银行每年应定期对关联交易程序进行评价、调整和改进，并对关联交易情况进行专项审计。

（六）加强操作风险管理。村镇银行应建立操作风险管理架构和组织结构，制定防范操作性风险的战略、政策和程序，严格执行防范操作风险"十三条"规定，实施定期轮岗、强制休假和行务公开等制度。

四、加强信息披露

村镇银行应参照《商业银行信息披露暂行办法》要求，制定信息披露的要素、程序和方法，规范信息披露工作。村镇银行董事会为信息披露工作的主体，并对信息披露真实性、及时性、全面性承担责任。董事会要增强信息披露自觉性，按照规定要求及时进行信息披露，可聘请会计师事务所等社会中介机构对其年度会计报表进行审计，保证村镇银行披露的信息准确、完整并具备可比性。对信息披露不规范、不真实、不完整的，违反信息披露规定的，属地监管机构应严格按照银监会信息披露规定进行处罚。

五、加强资本管理

村镇银行要制定合理的资本回报率，防止过度追求利润，自开业之日起三年内原则上不能以现金形式分红。村镇银行要加强资本充足率管理，根据资产变化和业务发展规律等情况合理制定提高资本充足率的计划，使风险资产规模的扩张能够控制在资本承受的范围内，确保资本充足率在任何时点达标。对未达到监管最低要求的村镇银行，要启动资本纠正机制，实行股东定向增资或引入新的机构投资者，在规定整改的期限内达到监管要求。主发起行和股东对村镇银行的风险承担最终责任。

六、加强股权管理

村镇银行的主发起行要对持股5%以上股东资质的真实性进行严格核查，特别要加强关联关系的核查。股东必须具备能够持续增补资本金的能力，并有效参与村镇银行的公司治理。主发起行要与股东签订股东承诺书，要求股东明确承诺资金来源真实合法，不存在股权代持情形，提供资料真实有效，在能力允许的条件下有责任和义务进一步补充资本，以及如违反承诺的责任要在三个月之内自动退出等具体内容。对存在隐瞒关联关系并超过规定持股比例的股东，村镇银行应督促股东限期三个月之内转让超持的股份，并终止其超持股份的表决权。

七、加强案件防控工作

（一）建设案件防控长效机制。村镇银行要积极构建案件防控治理规范化、制度化、常态化的长效工作机制。全面建立起"查、防、堵、惩、教"相结合的案件防控工作机制，增强案件防控能力，实现安全稳健发展。

（二）培育企业合规文化。村镇银行要重视并积极培育企业合规文化，管理人员要倡导依法合规经营理念，严格落实合规管理责任，坚持稳健经营理念，规范各项决策管理，加强高管人员监督管理；高度重视员工的行为管理，有效开展员工思想和业务教育，在员工中营造合规守纪氛围，增强员工自我保护意识，加强对员工日常行为的关注和管理，培育良好的企业合规文化。

八、坚持支农市场定位

村镇银行要坚持立足县域，服务"三农"、服务社区，根据辖区内农民、农业、农村经济发展对金融服务的需求，制定适合当地的信贷政策，可用资金应全部用于当地农村经济建设，涉农贷款比例不得低于全部贷款的50%。在内控先行的原则下，村镇银行要创新金融产品，改进服务方式，提高服务水平，充分满足县域内农户、农业和农村经济发展的需要。

九、进一步规范村镇银行组建工作

村镇银行的主发起行在宁夏区内设立村镇银行以及宁夏银行业金融机构在区外设立村镇银行，事前均须主动和属地监管机构充分沟通。在未获得银监会批准筹建村镇银行许可前，不得以村镇银行的名义装修营业网点、招收员工等。宁夏地区村镇银行的主发起行及设立数量和地点由银监会决定，宁夏银监局具体实施准入。有意设立村镇银行且符合条件的银行业金融机构，应向银监会提出申请，抄送属地银监局。属地银监局在收到相关申请后十五个工作日内出具意见，报送银监会。经银监会核准后，相关银行业金融机构按照规定分别向拟设村镇银行所在地监管机构申请筹建及开业。

十、依法加大对违规行为的查处力度

村镇银行要依法合规经营，严格遵守审慎监管指标，如发现偏离支农服务方向、贷款流向异地、审慎监管指标不达标、违规购买理财产品、违规受让他行贷款、违规发放政府融资平台以及贷款"垒大户"、逆程序发放贷款、抵质押担保无效、贷款风险分类不准确等问题，要加大内部责任追究处罚力度，按照"谁调查、谁审批、谁放款、谁负责"的原则严格问责，并报监管部门。

银行监管部门要加大对违法违规行为的处罚力度，对在规定期限内仍达不到监管要求的，要视情况依法采取限制市场准入、资产扩张、利润分配和责令调整资产结构、调整高级管理人员、停办部分或所有业务、停业整顿、限期重组等措施予以纠正。

二〇一一年十一月一日

安徽银监局关于实施差异化监管加强小型微型企业金融服务的意见

皖银监发〔2011〕28号

各银监分局，各政策性银行、国有商业银行安徽省分行，各股份制商业银行合肥分行，邮政储蓄银行安徽省分行，徽商银行，各城市商业银行合肥分行，安徽省联社，国元信托公司，长丰科源、肥西石银、肥东湖星村镇银行：

为引导辖内银行业金融机构践行科学发展观，进一步改善和加强对小型微型企业金融服务，根据《中国银监会关于支持商业银行进一步改进小型微型企业金融服务的补充通知》（银监发〔2011〕94号）和《中国银监会关于支持商业银行进一步改进小企业金融服务的通知》（银监发〔2011〕59号）精神，并结合安徽省实际提出如下工作意见：

一、明确小微企业金融服务工作目标。各银行业金融机构要确保当年小微企业贷款增幅高于全部贷款增幅，小微企业贷款增量高于上年贷款增量。安徽银监局将据此对各银行业金融机构进行认真考核和开展监管评价。

二、各类银行业金融机构要找准定位，积极探索小微企业金融服务的特色化、专业化经营之路。大型银行要发挥骨干带头作用，强化社会责任意识，坚持抓大不放小，将小微企业作为重点支持对象，加大力度支持小微企业发展；中小银行，特别是省内法人银行，更要找准有效服务小微企业的市场定位，提供特色、专业服务，着力支持县域、社区小微企业加快发展和转型升级，真正办成小微企业专业银行。

三、实施小微企业金融服务联动监管。安徽银监局完善小微企业金融服务办公室与各职能监管处室定期举行联动监管会议，将银行业金融机构的市场准入事项与其小微企业金融服务绩效挂钩，并通过窗口指导、监督检查等方式加以督导，对于小微企业贷款投放力度大、创新能力强、增速连续两年高于各项贷款平均增速的银行，在机构、业务准入方面将予以优先支持。

四、完善小微企业金融服务监测体系。在进一步完善已有的小微企业贷款监测制度和小微企业集群监测制度基础上，建立小微企业专营机构监测制度，按月统计，及时掌握小微企业专营机构建设进展情况。建立小微企业金融服务创新监测制度，按月统计银行业金融机构产品、服务创新项目和内容。建立小微企业金融服务舆情监测制度，及时监测辖内银行业金融机构在媒体正面宣传及信息采用情况、负面报道情况等。

五、建立小微企业金融服务信息共享机制。进一步密切与省经信委、省财政厅、省工商联等单位的沟通联系，加强信息共享，拓展金融部门信息采集渠道，及时向银行业金融机构提供小微企业相关融资需求信息，进一步推动辖区小微企业授信工作的深入开展。

六、对小微企业贷款适当放宽监管标准。对小微企业金融服务良好的商业银行，经监管部门认定，存贷比、贷款风险资本权重等监管指标采取比大中型企业贷款宽松、灵活的考核办法，将单户

500 万元以下的小微企业贷款视同零售贷款处理，减轻商业银行的资本压力，引导商业银行多发放小微企业贷款。

七、对小微企业贷款不良率实行差异化考核，适当提高小微企业贷款不良率的容忍度。各银行业金融机构对小微企业不良贷款要实行差异化管理，建立独立的小微企业贷款不良资产免责制度并报监管部门备案，明确界定免责范围，对小微企业信贷人员实行尽职免责。辖内法人机构必须明确制定内部不良贷款容忍度指标，从正向激励的角度鼓励小微企业信贷人员拓展业务。

八、支持银行发行用于发放小微企业贷款的金融债。在当前银行存贷比考核压力较大的情况下，对于小微企业贷款增速不低于各项贷款平均增速、增量高于上年同期水平的辖内法人银行机构，优先支持其发行专项用于小微企业贷款的金融债。同时，要求发行金融债筹集到的资金必须全部用于发放小微企业贷款，不得挪作他用；对于发行金融债所对应的单户授信额在 500 万元以下的小微企业贷款，不纳入存贷比考核范围，全力为小微企业腾挪信贷空间。

九、加快辖内小微企业金融服务专营机构建设。以"管理集中化、核算独立化、队伍专业化、产品多元化、作业流程化、经营协同化"为标杆，鼓励辖内法人银行和股份制商业银行在皖分支机构设立独立的专营机构，专营机构应专注于服务小微企业，专营机构设立当年小微企业贷款占全部贷款比应不低于 60%，并逐年提高。指导国有大型商业银行小微企业专营机构向县（市）支行延伸服务网点；辖内法人银行设有 "在行式"小微企业专营机构的，要求其总行相应设立单独的管理部门。

十、积极支持商业银行改造设立专门从事小微企业金融服务的专业分支行或特色分支行。给予专门的信贷规模、授信权限、绩效考核等政策支持，充分发挥其典型示范作用。今后新设支行级机构基本以服务小微企业为主，并做好相关后评价工作。

十一、将小微企业金融服务与同城支行准入挂钩。对于小微企业授信户数达到银行辖内全部企业授信户数 60%以上且最近 6 个月月末平均小微企业授信余额占银行辖内全部企业授信余额 60%以上的商业银行，在满足监管部门审慎监管要求的基础上，允许其一次同时筹建多家同城支行。

十二、将小微企业金融服务与来皖新设机构准入挂钩。将小微企业金融服务能力作为省外银行业金融机构来皖新设机构的一个重要前提性指标。今后，省外银行业金融机构来皖设立分支机构或发起设立村镇银行，要考核其小微企业贷款户数占比、100 万元以下贷款户数占比、户均贷款等项指标。

十三、鼓励银行落实小微企业金融服务"四单"管理。即单列小微企业信贷计划，单独配置人力和财务资源，单独客户认定与信贷评审，单独会计核算，确保今年小微企业贷款增速不低于全部贷款增速，增量高于上年同期水平。

十四、鼓励银行继续深化六项机制建设。加强内部信贷管理，提高工作效率，形成对小微企业金融服务前中后台的横贯型管理和支持机制。

十五、鼓励银行重点支持符合国家产业和环保政策、有利于扩大就业、有偿还意愿和偿还能力，具有商业可持续性的小微企业的融资需求。积极探索符合实际的金融支持现代化农业的金融服务方式，加大对节能减排和生态环保项目的支持，积极推动符合国家产业政策要求的小微企业健康发展，实现信贷资金的合理配置。

十六、鼓励银行创新小微企业流动资金贷款还款方式。根据银行合同约定和企业实际需求，银行在贷款到期前一定时间内按客户的申请重新对小微企业客户进行授信审查，如审查通过，可适当延长贷款期限，无须签订新的《借款合同》；如原担保抵（质）押条件足以覆盖由此引发的各种风险，也可不新签《担保合同》和重新办理有关手续。

十七、鼓励银行合理确定利率水平。银行根据小微企业贷款的筹资成本、风险程度，在确保收益能够覆盖风险的前提下，贷款利率尽量不上浮或少上浮，杜绝小微企业贷款利率一律上浮、一浮到顶的简单化、逐利化做法，防止因企业筹资成本过高而带来新的经济金融风险。

十八、鼓励银行积极开展小微企业金融服务创新。一是管理模式的创新，包括工作机制、管理方式、内控制度等多方面的创新。各银行业金融机构要进一步优化信贷流程，简化审批程序，缩短审批时间，降低管理成本，提高工作效率。鼓励银行建立适合于小微企业授信的评级指标和标准，合理下放基层行贷款审批权限。二是服务模式的创新。各银行业金融机构要围绕不断满足小微企业个性化、多元化、多层次的金融服务需求，结合当地小微企业的生产经营特点，进一步创新小微企业贷款担保抵押方式，力争在各类权利质押、动产质押、企业联保、集体土地使用权抵押等方面取得新突破，并在风险可控的前提下积极推进信用贷款方式。各级监管部门要按照先行先试原则，鼓励银行业金融机构不断创新小微企业信贷模式、产品和服务；及时梳理总结辖内小微企业金融服务的新模式、新技术和新产品，加强宣传推介。

十九、禁止存贷挂钩。不得要求小微企业以事先提供存款或将部分贷款资金转为存款作为发放贷款的条件，不得变相提高贷款利率。

二十、禁止一切不合理收费。除银团贷款的管理费和承诺费外，其他费用如贷款承诺费、管理费、顾问费、咨询费等全部取消，不得向小微企业收取。

二十一、禁止搭售任何金融产品。贷款时不得强求客户购买各类理财、保险、基金等产品，不得额外增加企业负担。

二十二、禁止向民间借贷中介机构融资。严禁银行从业人员与金融掮客合作，确保信贷资金支持实体经济发展。

二十三、禁止将银行自身考核指标压力转嫁给企业。不得采取压票、限制客户转账等不正当竞争手段开展业务。各级监管部门要采取综合性监管措施，银行业协会也要充分发挥作用，加大行业自律监督，进一步树立银行业负责任的良好形象。

二十四、加强小微企业贷款的风险管控。各银行业金融机构在大力拓展小微企业贷款业务的同时，一定要牢固坚持一手抓经营发展，一手抓风险管控的经营理念，决不能顾此失彼，放松对风险的管控。一是要结合小微企业金融业务特点，在简化办理手续，减少审批环节，提高办事效率的同时，科学制定风险控制敞口，对小微企业金融业务实行全流程监控。二是严格信贷投向管理，严格限制向高耗能、高污染行业发放贷款，充分规避产业风险，实现信贷资金的合理配置，防止信贷资金借道流向民间借贷。三是积极做好小微企业不良贷款核销工作。各银行业金融机构每年核销的小微企业不良贷款原则上占到不良贷款核销总额的50%以上。

二十五、积极开展宣传教育和舆情引导。各银行业金融机构要通过电视报纸等新闻媒体、户外广告以及银企对接等传播平台，定期开展宣传教育活动，展示小微企业金融产品，帮助客户树立正确的金融产品消费观念，增进社会公众对小微企业金融服务工作的了解，营造良好的舆论氛围。

请各银监分局将此意见转发至辖内银行业金融机构。

二〇一一年十一月十七日

中国银监会黑龙江监管局审慎监管强制措施
操作规程（试行）

(2011 年 3 月 25 日经黑龙江银监局 2011 年第三次局长会议审议修改通过)

第一章 总 则

第一条 为加强黑龙江省银行业监督管理，规范黑龙江银监局系统审慎监管强制措施的实施，及时纠正银行业金融机构违反审慎经营规则的行为，维护银行业安全稳健运行，保护存款人和其他客户的合法权益，根据《中华人民共和国银行业监督管理法》第三十七条及相关规定，制定本操作规程。

第二条 黑龙江省银行业金融机构违反审慎经营规则，经黑龙江银监局责令限期改正后，逾期仍未改正的；或者银行业金融机构的行为违反审慎经营规则，严重危及银行业金融机构稳健运行、损害存款人和其他客户合法权益的，经黑龙江银监局局长会议研究决定，黑龙江银监局分管局领导签批，可以区别情形，采取本规程第五十条所列的审慎监管强制措施。

第三条 黑龙江银监局实施审慎监管强制措施应当依照法定条件，正确适用法律、法规，选择适当的监管强制方式，实现当事人审慎经营的目的。

第四条 实施审慎监管强制措施应当严格依法进行，不得滥用职权，侵犯公民、法人或者其他组织的合法权益。实施其他监管手段可以促使银行业金融机构实现审慎经营目的的，一般不实施审慎监管强制措施。

第五条 实施审慎监管强制措施，应当告知当事人享有陈述和申辩的权利。本规程另有规定的除外。

第六条 实施审慎监管强制措施，应当告知当事人有依法申请行政复议或者提起行政诉讼的权利。

当事人对实施审慎监管强制措施决定不服，申请行政复议或者提起行政诉讼的，审慎监管强制措施不停止执行，法律另有规定的除外。

第七条 对黑龙江银监局违法实施审慎监管强制措施造成损害的，被采取审慎监管强制措施的银行业金融机构有权依法要求赔偿。

第二章 立 项

第八条 黑龙江银监局相关监管部门在行政许可、非现场监管、现场检查等监管过程中，或收到举报、控告材料，或接受司法机关、其他监管单位移送材料，发现银行业金融机构涉嫌违反审慎经营规则，经初步审查认为应当采取审慎监管强制措施的，由其填写《审慎监管强制措施立项审批表》，经黑龙江银监局分管局领导批准，予以立项。

第九条 黑龙江银监局各银监分局在行政许可、非现场监管、现场检查等监管过程中，或收到举报、控告材料，或接受司法机关、其他监管单位移送材料，发现银行业金融机构涉嫌违反审慎经营规则，经提请分局局长会议审议，初步审查认为应当采取审慎监管强制措施的，可以分局正式文件形式向黑龙江银监局相应的监管部门提出书面立项申请，并将相关材料全部移交相关监管部门。

第十条 相关监管部门在接到银监分局立项申请后，应当进行初步审查，并在 15 个工作日内提出是否同意立项的初步审查意见。认为应当采取审慎监管强制措施的，由其填写《审慎监管强制措施立项审批表》，经黑龙江银监局分管局领导批准，予以立项；认为不应当采取审慎监管强制措施的，经黑龙江银监局分管局领导批准，以正式文件告知银监分局不予立项的审查意见及理由等。

第三章 调查取证

第十一条 对立项部门已立项涉嫌违反审慎经营规则的行为，由该部门进行全面、客观、公正的调查，收集有关证据；必要时，依法进行现场检查。

按照监管职责分工，如立项部门无现场检查职权，由立项部门牵头，联合有现场检查职权的相关监管部门进行全面、客观、公正的调查，收集有关证据；必要时，联合进行现场检查。

第十二条 检查（调查）人员在进行调查取证时，不得少于两人，并在向当事人或者有关人员出示有效证件后，将上述情况作书面记载或体现在相关询问笔录中，交当事人或者有关人员签章确认。

询问应当制作《询问笔录》。笔录应当记载时间、地点、询问情况，由被询问人和检查（调查）人员逐页签名或盖章；被询问人员要求补正的，应由被询问人在补正处签字。被询问人拒绝签名或盖章的，检查（调查）人员应当在笔录中予以说明；制作笔录时，应避免空字或空行。

第十三条 检查（调查）部门在收集证据时，可以采取抽样取证方法，在证据可能灭失或者以后难以取得的情况下，经黑龙江银监局负责人批准，可以先行登记保存，并应当在 7 日内作出处理决定，在此期间，当事人或者有关人员不得销毁、转移证据。

第十四条 检查（调查）部门对每项违反审慎经营规则行为所收集的证据应当具有合法性、客观性和关联性，能够形成完整、严密、互相印证的证据体系，充分证明违反审慎经营规则行为。收集证据的范围应当包括与违反审慎经营规则行为相关的所有业务凭证、账簿、财务会计报表、统计报告、电子数据文件、当事人陈述和证人证言等。

第十五条 调查取证中收集的证据应当符合法定形式。调查取证中应当尽量收集证据原件，对于确实无法取得原件的，可以进行复制，但必须由当事人按规定在复制件上签字盖章；事实确认材料和询问或调查笔录应当由检查（调查）人员及当事人签字（盖章）。

第十六条 检查（调查）部门应注重程序上的证据。对告知书、决定书等法律文书的送达，以及是否听取了当事人的陈述和申辩等，应当保存证据。

第十七条 检查（调查）部门在作出具体行政行为之前应当收集充分的证据，不应在行政相对人提起行政复议或行政诉讼时再去收集证据。

第十八条 检查（调查）部门对检查（调查）程序的合法性、所查明有关事实的真实性、证据的合法性及移送材料的完整性负责。

第十九条 在检查（调查）过程中，检查（调查）人员可以对被检查（调查）的银行业金融机构有关董事、高级管理人员进行监管谈话，要求其就有关风险管理、内部控制、资产质量、损失准备金、风险集中、关联交易、资产流动性等审慎经营方面重大事项作出说明。

第二十条 检查（调查）结束，检查（调查）部门应当对检查（调查）的有关情况、证据和结果进行研究讨论，对有关行为的事实、性质和责任人员责任进行认定。认定后，检查（调查）人员应当制作《现场检查（调查）事实确认书》，就检查（调查）查实的有关事实、证据等向被检查（调查）单位或个人和有关直接责任人员进行反馈，并要求被检查（调查）单位或个人、直接责任人员在《现场检查（调查）事实确认书》上签署意见并签字或盖章，有关人员拒绝签字或盖章的，应做出书面说明，提出拒绝签字的理由。

第二十一条 检查（调查）终结，检查（调查）部门应当写出调查报告。

调查报告应当包括下列内容：

（一）调查工作开展情况；

（二）被调查当事人的基本情况；

（三）经调查核实的事实、证据；

（四）提出采取审慎监管强制措施的种类、幅度或不采取审慎监管强制措施的初步意见，以及意见的依据。

检查部门的现场检查报告符合前款要求的，视同调查报告。

第四章 证据移交

第二十二条 经立项及调查取证确认后，对当事人存在的违反审慎经营规则行为应先采取责令限期改正的，由检查（调查）部门制作《责令限期改正通知书》并提请局长会议审议。检查（调查）部门根据局长会议决定将《责令限期改正通知书》报分管局领导签批后，向应当被采取责令限期改正的银行业金融机构发出。

《责令限期改正通知书》应当列举违反审慎经营规则的行为和事实，主要证据、依据，以及责令限期改正的期限和逾期未改正的后果等。

第二十三条 经立项及调查取证确认后，对当事人存在的违反审慎经营规则行为已严重危及该银行业金融机构稳健运行、损害存款人和其他客户合法权益的，或责令限期改正后经核查逾期未改正的，由检查（调查）部门提出采取审慎监管强制措施的意见，制作《采取审慎监管强制措施意见书》，连同《调查报告》或《现场检查报告》一并移送法律部门。

《采取审慎监管强制措施意见书》应当载明下列内容：

（一）拟被采取审慎监管强制措施当事人的基本情况。

（二）违反法律、行政法规、规章的事实和证据名称。

（三）拟采取审慎监管强制措施的法律依据。

（四）拟采取审慎监管强制措施决定。

第二十四条 提出采取审慎监管强制措施决定意见的，检查（调查）部门应制作证据清单，将证明当事人违反审慎经营规则行为的全部证据材料按照书证、物证、视听资料、证人证言、当事人的陈述、鉴定结论、勘验笔录、现场笔录分类移送法律部门。

第二十五条 检查（调查）部门移送的书证材料，应当符合下列要求：

（一）提供书证的原件，原本、正本和副本均属于书证的原件。提供原件确有困难的，可以提供与原件核对无误的复印件、照片、节录本。复印文件、资料应当与原件核对一致后，由被调查或检查的银行业金融机构在复印件上载明"与原件核对无误"的字样并盖章或者由其授权代表签字。

（二）提供由有关部门保管书证原件的复制件、影印件或者抄录件的，应当注明出处，经该部门核对无误后加盖其印章。

（三）提供报表、图纸、会计账册、专业技术资料等书证的，应当附有说明材料。

第二十六条　检查（调查）部门移送的物证材料，应当符合下列要求：

（一）提供原物。提供原物确有困难的，可以提供与原物核对无误的复制件或者证明该物证的照片、录像等其他证据。

（二）原物为数量较多的种类物的，提供其中一部分。

第二十七条　检查（调查）部门移送的计算机数据或者录音、录像等视听资料，应当符合下列要求：

（一）提供有关资料的原始载体，提供原始载体确有困难的，可以提供复制件。

（二）注明制作方法、制作时间、制作人和证明对象等。

（三）声音资料应当附有该声音内容的文字记录。

第二十八条　检查（调查）部门移送的证人证言，应当符合下列要求：

（一）写明证人的姓名、年龄、性别、职业、住址等基本情况。

（二）有证人的签名，不能签名的，应当以盖章等方式证明。

（三）注明出具日期。

（四）附有居民身份证复印件等证明证人身份的文件。

第二十九条　检查（调查）部门向法律部门移送的鉴定结论，应当载明委托人和委托鉴定的事项、向鉴定部门提交的相关材料、鉴定的依据和使用的科学技术手段、鉴定部门和鉴定人鉴定资格的说明，并应有鉴定人的签名和鉴定部门的盖章。通过分析获得的鉴定结论，应当说明分析过程。

第三十条　证据涉及国家秘密、商业秘密或者个人隐私的，检查（调查）部门在移送时应当作出明确标注。

第三十一条　检查（调查）部门应当对其移送的证据材料分类编号，对证据材料的来源、证明对象和内容作简要说明，并在移送证据清单上签名或者盖章，注明提交日期。

第三十二条　法律部门收到检查（调查）部门移送的证据材料，应当出具收据，注明证据的名称、份数、页数、件数、种类等以及收到的时间，由经办人员签名或者盖章。

法律部门发现移送材料不齐全或不符合规定要求的，应一次告知检查（调查）部门需补正的全部内容。

第五章　告知与决定

第三十三条　法律部门收到《调查报告》、《采取审慎监管强制措施意见书》及相关的证据材料后，应当进行初步审查。法律部门审查的内容包括：

（一）本单位是否有管辖权。

（二）违反审慎经营规则事实是否清楚，证据是否确凿充分。

（三）调查取证程序是否合法。

（四）定性是否准确。

（五）适用法律、行政法规和规章是否正确。

（六）采取审慎监管强制措施种类、幅度是否适当。

（七）是否需要先采取责令限期改正。

（八）其他依法应当审查的内容。

第三十四条　经审查，法律部门分别作出如下处理：

（一）对违反审慎经营规则的行为或事实清楚，证据确凿充分，适用法律、行政法规和规章正确，但需先采取责令限期改正的，应将全部材料退回检查（调查）部门，由检查（调查）部门先作出《责令限期改正通知书》，并提请局长会议审议。

（二）违反审慎经营规则的行为事实清楚，证据确凿、充分，程序合法，法律部门认为能够准确定性，准确适用法律的，需采取审慎监管强制措施，制作《审慎监管强制措施意见告知书》。

（三）有下列情形之一的，法律部门在与检查（调查）部门充分沟通基础上提出纠正意见，由检查（调查）部门重新进行事实认定或调查取证：

1. 违反审慎经营规则的行为或事实不清的。

2. 证据不足。

3. 程序不合法。

第三十五条 法律部门制作《审慎监管强制措施意见告知书》需考虑的主要因素包括：

（一）问题或违法行为的严重程度。

（二）银行业金融机构过去有无不良记录。

（三）银行业金融机构自身采取适当纠正措施的能力和积极性。

第三十六条 法律部门将《审慎监管强制措施意见告知书》、调查报告、相关证据以及其他相关材料报经分管局领导审批后，向当事人发出《审慎监管强制措施意见告知书》。《审慎监管强制措施意见告知书》应当载明下列内容：

（一）拟被采取审慎监管强制措施当事人的基本情况。

（二）当事人违反审慎经营规则的行为、事实和证据。

（三）拟采取审慎监管强制措施的法律依据。

（四）拟采取的审慎监管强制措施。

（五）告知当事人依法享有陈述和申辩的权利。

第三十七条 当事人要求陈述和申辩的，应当在收到《审慎监管强制措施意见告知书》之日起10 个工作日内将陈述和申辩的书面材料提交黑龙江银监局。

黑龙江银监局必须充分听取当事人的意见，由法律部门对当事人提出的事实、理由和证据进行复审。当事人提出的事实、理由和证据成立的，应当予以采纳。

第三十八条 当事人放弃陈述、申辩权利，或者在听取当事人的陈述、申辩，并对陈述、申辩中涉及的事实和证据进行核实之后，法律部门仍认为必须采取审慎监管强制措施的，应当制作《审慎监管强制措施决定书》。《审慎监管强制措施决定书》应当载明下列内容：

（一）被采取审慎监管强制措施当事人的基本情况。

（二）当事人违反审慎经营规则的行为、事实和证据。

（三）采取审慎监管强制措施的法律依据。

（四）采取的审慎监管强制措施。

（五）当事人依法享有的复议和诉讼的权利。

第三十九条 法律部门应当将《审慎监管强制措施决定书》、《审慎监管强制措施意见告知书》、调查报告、相关证据、当事人陈述、申辩意见以及其他相关材料一并提交黑龙江银监局局长会议审议决定。

黑龙江银监局局长会议根据审查结果，作出决定。

第四十条 银行业金融机构正在实施的违反审慎经营规则的行为严重危及该银行业金融机构稳健运行、损害存款人和其他客户合法权益且情况紧急的，经相关监管部门牵头，与法律部门共同提请黑龙江银监局局长会议审议，局长会议认为确有必要对该银行业金融机构立即采取审慎监管强制措施的，可不向当事人发出《审慎监管强制措施意见告知书》，直接作出采取审慎监管强制措施的决定。

对于因客观条件不具备无法通过局长会议审议的，可采取传签或在采取保密措施情况下通过通信表决方式作出是否采取审慎监管强制措施的决定。

对于无法传签或通过通信表决方式审议的，可由黑龙江银监局主要负责人或主持工作的负责人作出是否采取审慎监管强制措施的决定。

第四十一条　法律部门根据局长会议决定将《审慎监管强制措施决定书》报分管局领导签批后，向应当被采取审慎监管强制措施的银行业金融机构发出，并报银监会备案。

第六章　执行与解除

第四十二条　被责令限期改正的银行业金融机构，应当在期满后 10 个工作日内，向黑龙江银监局提交整改报告。黑龙江省辖内法人机构及其分支机构的整改报告还应经过该机构董事会审议，并加盖董事会印章。

黑龙江银监局在收到整改报告 5 个工作日内，由相关监管部门对整改情况进行验收。对经限期改正、违反审慎经营规则情况已消除的，验收完毕后 3 个工作日内，由相关监管部门制作《解除责令限期改正通知书》，并提请局长会议审议。

相关监管部门根据局长会议决定，将《解除责令限期改正通知书》报分管局领导签批后，向应当被责令限期改正的银行业金融机构发出。《解除责令限期改正通知书》于送达之日生效。

第四十三条　《审慎监管强制措施决定书》应当在宣告后，由法律部门与相关监管部门当场交给当事人；当事人不在场的，应当在 7 日内依照《中华人民共和国民事诉讼法》第七十八条至第八十四条的规定，将《审慎监管强制措施决定书》送达当事人。

审慎监管强制措施决定作出后，被采取审慎监管强制措施的银行业金融机构必须执行。

第四十四条　黑龙江银监局对银行业金融机构采取审慎监管强制措施后，如该银行业金融机构属于严重违反审慎经营规则的情形，黑龙江银监局可以依照《中华人民共和国银行业监督管理法》第四十六条第（五）项规定同时对该机构作出行政处罚。

第四十五条　黑龙江银监局作出审慎监管强制措施决定时，可规定或不规定审慎监管强制措施的具体期限。对于不规定具体期限的，如当事人经过整改，认为自身整体状况有较大改善且符合审慎经营规则的，可向黑龙江银监局提交整改报告并申请验收。黑龙江省辖内法人机构及其分支机构的整改报告还应经过该机构董事会审议，并加盖董事会公章。

第四十六条　相关监管部门具体负责验收工作，出具验收意见，提出是否解除审慎监管强制措施的建议。对经验收符合有关审慎经营规则的，验收完毕后 3 个工作日内由该部门制作《解除审慎监管强制措施决定书》，提交局长会议审议。

相关监管部门根据局长会议决定，将《解除审慎监管强制措施决定书》报分管局领导签批后发出。《解除审慎监管强制措施决定书》于送达之日生效。

对验收仍不符合审慎经营规则的，原审慎监管强制措施继续有效，但黑龙江银监局可根据违反审慎经营规则的银行业金融机构实际状况，采取本规程第四十八条、第四十九条规定的接管、撤销、行政处罚等处理方式。

第四十七条　审慎监管强制措施的解除不适用下列审慎监管强制措施：

（一）责令控股股东转让股权或者限制有关股东的权利。

（二）责令调整董事、高级管理人员或者限制其权利。

第四十八条　经过验收，相关监管部门发现银行业金融机构的状况进一步恶化，已经或者可能发生信用危机，严重影响存款人和其他客户合法权益的；或有违法经营、经营管理不善等情形，不予撤销将严重危害金融秩序、损害公众利益的，可提出采取接管或撤销等更为严厉的监管强制措施的验收意见。

第四十九条　经过验收，相关监管部门发现银行业金融机构的状况进一步恶化，违反审慎经营规则的情节特别严重，可提出责令停业整顿或者吊销其经营许可证的行政处罚的验收意见。

第七章 附 则

第五十条 本规程所称的审慎监管强制措施是指《中华人民共和国银行业监督管理法》第三十七条所规定的有关措施，具体包括：

（一）责令暂停部分业务、停止批准开办新业务。

（二）限制分配红利和其他收入。

（三）限制资产转让。

（四）责令控股股东转让股权或者限制有关股东的权利。

（五）责令调整董事、高级管理人员或者限制其权利。

（六）停止批准增设分支机构。

第五十一条 本规程所称审慎经营规则，其内容依照《中华人民共和国银行业监督管理法》第二十一条的规定，由法律、行政法规规定，或由中国银行业监督管理委员会依照法律、行政法规的规定制定。包括风险管理、内部控制、资本充足率、资产质量、损失准备金、风险集中、关联交易、资产流动性等。

第五十二条 黑龙江省各银监分局不得独立作出采取审慎监管强制措施的决定。

第五十三条 本规程所附文书格式是规程的组成部分。文书的制作，原则上应遵循附件所列格式，特别情况可作适当调整。《审慎监管强制措施立项审批表》、《询问笔录》、《责令限期改正通知书》、《审慎监管强制措施意见告知书》、《审慎监管强制措施决定书》、《解除责令限期改正通知书》、《解除审慎监管强制措施决定书》等法律文书，由办公室统一编号，按公文处理程序办理。

第五十四条 本规程由黑龙江银监局负责解释，自发布之日起实施。《中国银监会黑龙江监管局关于修订〈中国银行业监督管理委员会黑龙江监管局审慎监管强制措施操作规程（试行）〉的通知》（黑银监发〔2009〕36号）同时废止。法律、行政法规、中国银行业监督管理委员会规章对审慎监管强制措施另有规定的，以上位法规定为准。

吉林银监局关于规范推进银团贷款工作的通知

吉银监发 [2011] 167 号

各银监分局，国家开发银行、农业发展银行、工商银行、农业银行、中国银行、建设银行、交通银行、中国邮政储蓄银行吉林省分行，光大银行、浦发银行、招商银行、民生银行、中信银行、兴业银行、华夏银行长春分行，吉林银行，盛京银行长春分行，吉林省农村信用社联合社，吉林省银行业协会：

2006 年以来，全省银行业银团贷款工作发展态势良好，各银行业金融机构不断优化合作方式，积极规范推进银团贷款工作，有效解决了一批大型重点项目的融资需求，为吉林省地方经济发展作出了积极贡献。但各银行业金融机构在开展银团贷款业务中，还存在运作不规范等问题。为进一步推进银团贷款规范、有序、健康发展，有效识别、防范和分散贷款集中度风险，促进各银行业金融机构的合作共赢，现就加强银团贷款工作提出以下要求。

一、健全和完善银团贷款机制，逐步实现"四个统一"

各银行业金融机构要认真按照中国银监会《银团贷款业务指引》等文件规定开展银团贷款业务，不断健全和完善银团贷款业务管理办法，建立推进银团贷款工作的长效机制。吉林省银行业协会要充分发挥督促和协调作用，加强行业自律，指导各银行业金融机构严格执行中国银行业协会《银团贷款合作公约》，不断促进全省银行业银团贷款业务健康发展，逐步实现统一平台、统一标准、统一流程、统一文本的目标。

二、有效防范贷款集中度风险，严守两条红线

各银行业金融机构要认真按照中国银监会《商业银行风险监管核心指标（试行）》的有关要求开展授信业务，要在加强对大额授信风险识别、评估的基础上，有效实施授信集中度限额管理。法人机构要严控贷款集中度风险，严守单一集团客户授信（含商业银行持有的集团客户成员企业发行的公司债券、企业债券、短期融资券、中期票据等债券资产，下同）集中度不高于15%，单一客户贷款集中度不高于10%的红线，超出红线的，要采取有效措施尽快达到监管要求。

农村中小金融机构要严格遵守《中国银监会办公厅关于加强农村中小金融机构集中度风险监管的通知》（银监办发 [2011] 201 号）要求，牢固树立并坚守服务"三农"的市场定位，全面压缩超集中度比例授信，坚决杜绝新增贷款超集中度风险监管指标情况的发生。

各银行业金融机构要针对贷款集中度风险认真开展自查工作，完善集中度风险管理制度和体系，逐步达到监管指标要求。法人机构超过集中度监管指标的存量授信应通过银团贷款方式尽快进行整改，分支机构单一客户贷款占全部贷款比例较高的，建议通过银团贷款方式进行重组，以有效化解贷款集中度风险。

三、充分利用银团贷款业务运作平台，不断促进银团贷款工作规范健康发展

各银行业金融机构可以充分利用吉林省银行业协会银团贷款业务运作平台，按照规定，科学、有序、灵活地进行运作。对于符合条件的项目，要及时推荐；按照"分散风险、共享收益"的原则，不断扩大银团贷款项目涉及的行业领域。尤其是在目前存款准备金率不断提高、银行业资金面偏紧的情况下，对融资数额较小的项目也提倡运用银团贷款方式进行叙作。积极发挥中小银行机构的作用，不断促进中小银行机构银团贷款业务的开展。

吉林省银行业协会要充分发挥吉林省银团贷款合作委员会作用，强化自律协调职能，督促银团贷款合作委员会成员行认真贯彻落实有关文件规定，积极沟通联系，按照吉林省银行业协会银团贷款合作委员会章程、工作指引和操作流程的要求，组织各银行业金融机构深入推进银团贷款工作。督促各银行业金融机构按季及时上报银团贷款各项数据，由银团贷款合作委员会办公室整理汇总并存档。在适当条件下探索二级市场的建立和运作，有效维护信贷资产转让市场秩序。

各级监管部门要进一步加大监管力度，通过现场检查和非现场监管等方式，将各银行业金融机构执行贷款新规和银团贷款相关规定情况、是否存在贷款集中度风险及自查整改情况等作为检查重点，对大额授信业务中存在违规行为的银行机构，视具体情况依法采取相应监管措施。

各银行业金融机构与吉林省银行业协会要通力合作、各司其职，切实抓好落实。对工作中遇到的新问题和新情况，要及时反映报告。

请吉林省农村信用社联合社将本通知转发辖内农村合作金融机构。

二〇一一年十月十日

河北银监局关于河北银行业支持商圈融资
发展的指导意见

银监冀局发〔2011〕194号

各银监分局，各政策性银行河北省分行、各国有商业银行河北省分行、河北省农信联社、各股份制商业银行石家庄分行、邮储银行河北省分行、东亚银行石家庄分行，各金融资产管理机构、信托公司、财务公司、租赁公司，河北银行，河北省银行业协会：

为缓解中小商贸企业融资难题，深化银商合作，促进银行业服务水平提升，根据商务部、银监会《关于支持商圈融资发展的指导意见》（商秩发〔2011〕253号）有关精神，现就河北银行业支持商圈融资发展提出如下意见：

一、充分认识重要意义，积极促进商圈融资发展

"商圈"是指集聚于一定地域或产业内的商贸业经营群体，以商品交易市场、商业街区、物流园区、电子商务平台等为主要形式，目前已成为中小商贸服务企业生产与发展的重要载体。目前，河北省商圈融资发展尚处于起步阶段，据不完全统计，截至2011年6月末，省内银行业金融机构开办了国内保理、网贷通、商铺抵押贷款等商圈融资业务品种41项，发放商圈贷款1787笔、余额186亿元，不良贷款比例0.43%。

发展商圈融资是缓解中小商贸企业融资困难的重大举措。有助于增强中小商贸经营主体的融资能力，缓解融资困难，促进中小商贸企业健康发展；有助于促进商圈发展，增强经营主体集聚力，提升产业关联度，整合产业价值链，推进商贸服务业结构调整和升级，从而带动税收、就业增长和区域经济发展，实现搞活流通、扩大消费的战略目标；同时，也有助于银行业金融机构和融资性担保机构等培养长期稳定的优质客户群体，扩大授信规模，降低融资风险。河北银行业应高度重视商圈融资发展，将其作为一项重要工作内容来抓，结合本辖区、本机构实际，研究制定科学的业务发展规划和切实可行的具体工作措施，积极促进商圈融资发展。

二、加大支持力度，鼓励和引导银行业合理布局商圈营业网点

银行业金融机构应指定专门机构、选配专业人员、优化组织架构，构筑专业、标准、高效的商圈金融服务体系。在成熟商圈加大营业网点设立、自助机具布放和电子银行服务的力度，改善营业网点的硬件设施与环境条件。

银行业监管部门应鼓励和引导辖内银行业金融机构按照风险可控、经营可持续的原则合理布局商圈营业网点。为银行业金融机构布局商圈营业网点开辟行政许可"绿色通道"，优化行政许可程序，提高行政许可效率。

三、创新融资产品和工具，提升金融服务能力

银行业金融机构应根据商贸主体特点创新融资产品和工具，并针对商圈融资特点完善审批流程、提高审批效率，加强对商圈各经营主体的金融服务。鼓励和支持银行业金融机构大力发展以下融资业务品种：

（一）商圈担保融资。商圈担保融资是指商圈管理机构利用对入驻商圈的中小商贸企业日常管理的控制力优势，根据信用程度对入驻商圈的中小商贸企业进行筛选，然后通过融资性担保机构为其中的合格者提供担保并获取银行信贷支持的融资模式。银行业金融机构应建立与商圈管理机构、融资性担保机构及商圈内中小商贸企业之间的风险分担机制，加大力度积极发展商圈担保融资。

（二）供应链融资。供应链融资是指银行围绕相关行业中的核心企业，通过引入具备监控能力的物流企业及保险公司，为其上游供应商、下游经销商及终端用户共同组成的供应链集群提供信贷支持的融资模式。银行业金融机构应充分发挥核心企业在供应链融资过程中的风险识别、风险监管及链条内增信等重要作用，在有效整合利用供应链内企业信息的基础上，积极开展动产质押等融资业务，大力发展供应链融资。

（三）电子商务融资。电子商务融资是指银行利用系统自动评级授信和利率定价模型，为在第三方电子商务平台上经营的网商企业提供自助申贷、提款和还款等服务的短期小额流动资金贷款业务；或者与网上商品交易市场商合作，以交易商品现货等作保障，开发计算机辅助评价和利率定价模型，为市场交易商提供自助申贷、提款和还款等服务的短期融资业务。

银行业金融机构应加强市场调研，积极开展商圈融资模式的研发与推广，针对不同专业市场、产业集群、工业园区等集群式客户，运用第三方增信、第三方保证、小企业联保、组合担保等多种措施进行创新，为小企业量身定做融资方案，积极开展商铺经营权质押、租赁权质押、商标权质押、联保贷款、保理等融资模式试点，并不断改进优化，向商圈内中小企业及个体工商户提供更加丰富、灵活和便捷的金融产品和融资服务。

四、加强沟通协作，建立银行业金融机构与商圈的合作机制

银行业金融机构应进一步增强服务意识和主动营销意识，加大与实体商圈及虚拟商圈的业务合作力度。一是应与商圈管理机构、融资性担保机构等建立各种形式的合作，畅通与经营主体间的信息沟通渠道，及时获取各类信息。积极组织参与银企对接会、洽谈会等，及时了解并满足商圈融资需求。采取客户走访、问卷调查等多种方式，搜集掌握客户信息，建立商圈信息档案，寻找业务合作契合点。二是积极开展与各类网络商城、社区、网络交易平台等虚拟商圈的合作，充分利用认证评价信息和经过授权获得的网上交易信息，科学评价网络经营主体信用状况，进一步提高风险识别和风险控制能力。三是根据商圈及商贸企业经营规模、经营方式、资金运营规律等不同情况，为其制定专门审批机制，在贷款审批中采用灵活的绿色通道制，为企业抓住商机赢得时间。四是加强商圈内电子结算平台建设，建立商圈内交易信息共享机制，解决因信用信息封闭、分散、不对称，无法有效判断交易伙伴信用状况的问题。

五、加强宣传推广，创造良好的商圈融资服务环境

银行业监管部门和银行业金融机构应高度重视商圈融资工作，加强组织领导，创新工作方法，搭建信息交流平台，及时通报违约信息，加大工作成效宣传推广力度，及时总结经验、报送信息。加强与有关方面协调配合，共同营造良好的融资服务环境，有效提高中小商贸企业金融服务水平。

二〇一一年十月十日

福建银监局关于福建银行业支持"三农"工作指导意见

(2011 年 4 月)

为全面贯彻中央农村工作会议和中央一号精神，切实落实福建省"两会"、全省经济工作会议的决策部署，更好地支持农业增产、农民增收和农村经济发展，引导我省银行业紧紧围绕完善服务体系、突出服务重点、改进信管机制、拓展服务方式、优化支农环境、加大监管引导等六大方面工作，扎实做好农村金融服务和监管，努力提高金融服务的质量和效率，特制定本指导意见。

一、统筹城乡发展，加大涉农信贷投入，完善农村金融服务体系

各银行业金融机构要统筹城乡发展，积极加强县域经济服务网络建设，努力完成银监会"2011年现存机构空白乡镇减少四分之一"的任务。努力改善农村金融发展相对滞后的状况，争取在年底前基本实现全省行政村金融服务"不出村"目标，促使我省农村地区金融服务向投资多元、覆盖全面、竞争充分、服务高效的银行业金融服务体系靠拢。增强大局意识，把支持农业增产、农民增收和农村经济发展作为应尽义务，在注重防范金融风险的同时，加大涉农信贷投入，确保今年涉农信贷投放增速高于各项贷款平均增速。

继续壮大农村合作金融机构实力。农村合作金融机构要进一步深化法人治理建设，切实转换经营机制，提升经营效益，有条件的机构应加快向农村商业银行转变的步伐，进一步壮大自身实力，从而增强自身服务"三农"的能力。农村合作金融机构要进一步保持和扩大农村地区机构网点覆盖面，增强空白金融网点乡镇的金融服务力度，原则上不得减少县域服务网点。各地农村合作金融机构要了解农村市场，了解农户信贷需求，围绕实现"三个覆盖"（农村基础金融服务全覆盖、农户信用评级全覆盖、农户有效贷款需求全覆盖）的目标，进一步扩大服务覆盖面，降低户均贷款额度。

稳步推进新型农村金融机构发展。按照《2009~2011 年福建省新型农村金融机构试点发展规划》，稳步推进村镇银行组建工作，争取年内再成立 4 家村镇银行。引导已经运营的村镇银行落实"县域银行"的市场定位，加快发展步伐，实现支持"三农"与自身商业持续发展的和谐统一。

强化商业银行资金向县域回流机制。农业银行要继续深化"三农"金融事业部制改革，切实发挥商业金融支农服务骨干和支柱作用。邮政储蓄银行要结合县域分支机构风险管控能力的提高，逐步加大对县域小额贷款授权和贷款投放力度，完善邮政储蓄资金对农村地区的有效信贷供给和资金回流机制。其他商业银行要稳定现有县域地区机构网点，加大涉农信贷投放力度，加强农村地区电子银行服务建设，丰富县域客户金融服务品种。

改进政策性银行支农功能。农业发展银行要注重发挥中长期政策性贷款业务优势，加强对农村水利建设项目的信贷支持，促进县域经济的发展和农村城镇化的发展；国家开发银行要加大农村基

础设施和县域资金投放力度，重点投向农村的公路、水利、通信、电网、清洁能源等基础设施以及小城镇建设等，改善农村的生产生活条件。进出口银行要根据我省大宗农产品出口的特点，选择省内部分重点农产品出口企业，运用农产品出口卖方信贷等信用手段，支持农产品出口创汇，并大力支持有条件的涉农企业实施"走出去"战略。

二、突出服务重点，推进强农惠农"十大工程"，加大水利建设等重点工作信贷支持

为切实贯彻落实中共福建省委、省政府关于贯彻《中共中央国务院关于加快水利改革发展的决定》的实施意见及银监会办公厅《关于全面做好农村金融服务工作的通知》，各银行业金融机构要按照中央"大兴水利强基础、狠抓生产保供给、力促增收惠民生、着眼统筹添活力"的要求，抓住关键环节，把握最近时期支农服务工作重点。

重点推进强农惠农"十大工程"。各银行业金融机构要明确我省"十二五"期间支农工作十个重点，即加大对省委、省政府提出的水利建设强基工程、造林绿化"四绿"工程、粮食储备扩容工程、标准渔港建设工程、防灾预警保安工程、种子种苗培优工程、农业产业化提升工程、质量安全保障工程、扶贫开发到户工程和乡村综合服务工程等强农惠农"十大工程"的信贷支持。

高度重视水利建设工作。各银行业金融机构要将支持水利建设作为现阶段"三农"金融工作重点，结合自身市场定位与业务功能，合理增加水利建设方面的信贷资金投入。大中型商业银行要充分运用资金规模优势，积极支持省级及以上重点水利项目和水利基础设施建设，加强对城市防洪排涝、居民和工业原水供应、污水处理回用、水资源治理开发利用等工程项目的金融服务。中小银行机构和农业发展银行的县域机构要重点加强对农业大县灌区末级渠系建设和田间工程支持，因地制宜支持山丘小水窖、小水池、小塘坝、小泵站、小水渠等"五小水利"工程建设。

加大闽台农业合作金融支持力度。各银行业金融机构要加大对闽台农业合作项目的信贷投入，积极开发创新适合台商台农的金融产品与服务，鼓励银行业金融机构在台湾农民创业园区增设机构网点，鼓励银行业金融机构积极推出面向园区内台资企业的股权、应收账款、知识产权等多元化动产抵质押及多户联保、个人无限责任连带担保等新型担保方式融资产品。

加大农村城镇化建设的信贷支持。农村城镇化建设是我国最雄厚的内需潜力，也是中央统筹城乡发展的一项重要举措。各银行业金融机构要抓住新农村城镇化建设时机，加强银政合作，主动对接项目，做好综合改革试点小城镇的配套金融服务工作，进一步加大对试点小城镇的旧城改造、新城建设和配套基础设施和公共服务的信贷资金支持力度，大力支持保障房、农村危房改造建设，助推民生工程。

三、正确引导，改进银行业机构涉农信贷管理机制，加大普惠型金融体系建设步伐

农村金融服务发展空间广阔，国家政策支持力度大，各家金融机构拓展培育农村金融市场将大有作为。各银行业金融机构要切实更新支农服务理念，加大普惠型金融体系建设步伐，有效改进涉农信贷服务方式，建立适应农村市场特点的信贷管理机制，创新适合农村市场的支农信贷产品，切实满足农村地区各类型各层次的金融服务需求。

改善涉农信贷管理机制。各银行业金融机构要从履行社会责任，提升企业形象，开发农村市场，培育客户认同度、忠诚度的角度理解加强农村金融服务的历史使命。各银行业金融机构高管层要切实调整考核机制，适度提高涉农不良贷款容忍度，在制度安排上兼顾机构的短期利益与长远发展，对分支机构履行社会责任、开拓农村市场方面的工作给予适当绩效增幅，从制度安排上提升金融企业核心竞争力，打造金融机构"百年老店"的品牌。要未雨绸缪，提前布局，向农村客户推广

自己的金融服务平台，发掘培育潜在客户群，营造银行客户双赢的局面。福建省农村信用社联合社要发挥行业指导职能，引导辖内农村合作金融机构坚持服务"三农"的市场定位，不断完善支农信贷考核体系，特别是加强"两小贷款"及农户贷款面的考核，确保辖内农村合作金融机构农户贷款面较上年有所上升。切实推动农户信用等级评价体系建设，争取用两至三年时间完成全辖农户信用评级档案建设工作，真正把农村各类信贷资金需求对象纳入信贷评价范畴；适当简化贷款审批程序，缩短贷款审批时间，对优质贷款客户建立快速审批通道；针对我省自然灾害特点，建立发放抗灾贷款应急管理机制，确保灾后快速、及时和安全地通过抗灾贷款投放，有效帮助灾区群众恢复生产，重建家园。

坚持便民惠农的服务原则。各银行业金融机构应坚持便民惠农的原则，积极建设普惠型农村金融服务体系，在农村地区完善网点、电话银行、短信银行、网上银行、POS 机等各种结算服务渠道，大力推行金融"不出村"服务。落实惠农措施，减免新农合、新农保参保农户相关卡、折费用，提升柜员窗口服务素质和服务效率，树立良好的企业形象，不断提高客户满意度。农村中小金融机构应继续做好生源地助学贷款、扶贫贷款、就业再就业、巾帼创业、计生户等各类困难群体贷款，加强农村弱势群体金融服务。积极探索建立科学有效的贷款风险定价体系，区别不同贷款对象、用途和风险，实行差别贷款利率，尽量降低农民贷款成本。尽量减少各种办贷收费项目，对优质客户适当免除或降低抵押担保评估等要求，减轻客户抵押评估、保险等费用负担，或者通过延长贷款期限，消除多次放贷或转贷的相关费用。合理布局农村地区的机构网点，对偏远地区可采取定期上门服务、墟日集中办理、信贷员联络卡制度、信贷员"包村包片包户"等方式提高农民金融服务的便利性。有条件的农村地区银行业金融机构要积极开办支农金融超市，推行"一站式"服务和"一条龙"作业，为农民提供综合金融产品服务。

四、拓展农村金融服务产品与模式，完善信贷中介功能

各银行业金融机构应围绕新农合、农村"三网"改造、林权制度改革、家电下乡、农机下乡等农村金融需求的新亮点，积极进行金融产品和服务方式创新，深入挖掘农村市场新业务增长点，切实解决农村金融服务方式单一，农民贷款难担保难等问题，促进农村金融服务供求有效对接。

拓展农村信贷服务新模式。各银行业金融机构要积极拓展农村信贷服务新模式，丰富农村金融产品体系。一方面加大已试点成功的支农信贷新品种或模式的推广力度，另一方面根据农村不断发展的新需求积极创新信贷品种与服务方式，大力支持农村新兴经济体的发展。如拓展农民专业合作社联保贷款，推广"专业组织+成员+农合机构"的联合支农模式，支持农村合作组织发展；拓展农业产业化系列贷款，推广"龙头企业+基地农户+农合机构"的主体支农形式，支持农业产业化发展；拓展农村个体工商户系列贷款产品，支持农村个体经济发展；拓展农村诚信创业系列贷款产品，支持农村劳动力就业；拓展农村小企业服务手段，为农村小企业提供信用证、银行承兑汇票、贴现、应收账款保理等多种融资工具，变单纯依靠贷款支持的模式为提供多样化产品的综合金融服务模式。

完善抵质押担保机制。农村地区银行业金融机构要加强与地方政府的配合，促进有关部门加快农村森林资源资产、海域使用权、经济作物收益权等权益类抵质押登记发证工作，增强抵、质押担保机制制度保障；稳步推进农村小企业动产抵押，选择流动性强、市场价格相对稳定的通用商品或市场前景良好的企业产成品实行动产抵押；在风险可控的前提下稳步扩大小企业仓单质押、企业应收账款、特许经营权、专利权、名牌商标权等权利质押试点范围。

丰富农村金融服务手段。农村地区银行业金融机构要加大农村地区电子化金融服务投入，稳步增设乡镇以下 ATM 服务终端，利用电子化手段延伸农村金融服务触角，为农民提供多样化的金融电子化服务方式。大力发展农村地区商场、卖场或集贸市场作为银行卡特约商户，为农村提供便利

的日常消费、贸易结算服务。广泛开展包括代缴水电、代发工资、代缴税费、补贴资金缴纳和拨付等代收代付类代理业务，为广大农民提供更为快捷的汇兑结算服务。尽快向农村地区推广租赁、保管、理财、信息咨询等金融服务新产品，使农村客户广泛享受现代金融工具和产品服务。加强与地方政府及相关部门、保险公司的合作，创新适合农民生产、生活的复合型金融产品，不断完善农村金融服务产品体系，加强自身服务"三农"的广度和深度。

五、优化农村信用环境，助推支农信贷资金良性循环

为改善支农信贷环境，各银行业监管机构特别是农村地区银行业金融机构要加强与地方各级政府及相关部门的沟通配合，增强建设社会主义新农村的工作合力，共同优化农村地区支农信贷环境。

积极争取支农信贷优惠政策措施。各银行业监管机构特别是农村地区银行业金融机构要积极向地方各级政府、相关部门反映支农服务工作中的具体困难，与地方各级政府及相关部门一起共同完善支农信贷风险的利益补偿机制，力争通过财政补贴、减免税费、建立风险补偿基金等方式弥补政策性信贷亏损，并通过改进信贷管理机制、提升综合服务能力等方式将政策性信贷收益提高到保本微利的水平，进一步扩大政策性信贷的覆盖对象范围，加大对农村弱势群体的信贷支持，促进农村弱势群体脱贫致富。

扎实推进农村地区信用环境建设。各农村地区金融机构要将改善农村信用环境作为农村地区金融服务的一项基础性工作来抓，加强与相关政府部门的配合，积极推进农村企业和个人征信系统建设，逐步实现银行、公安、税务等单位信息联网，促进征信信息共享，防范信贷风险。切实加强对企业会计、财务、审计和资产评估等中介机构的资格审核和遴选工作，对中介机构为企业做假账行为实行一票否决制，促进中介机构增强诚信意识和职业道德，提高市场信息的真实性和透明度。加大宣传力度，加强信用户、信用村、信用乡镇以及信用个体工商户、信用企业、信用社区的评选创建工作，增强农村地区客户的信用意识，逐步营造一个"守信光荣、失信可耻"的农村信用环境。

有效维护农村金融债权。各银行业机构要重视通过司法途径解决金融纠纷，尊重人民法院对金融案件作出的判决和裁定，协调配合人民法院加大对金融纠纷案件的执行力度，促进司法机关依法保护农村地区银行业金融机构的金融债权，加大对逃废银行债务等违法行为的曝光力度和信息共享力度，保障银行业金融机构信贷资产安全。

完善农村信用机制建设。农村合作金融机构要继续加强与乡镇政府、村"两委"的合作，持续深入开展"信用乡镇"、"信用村"创建活动，利用村"两委"熟悉当地农户情况和有利于贷款清收的特点，扩大农户小额信用贷款覆盖范围，提高小额贷款集中化管理能力。农村地区银行业金融机构要结合农村小企业经营特点，完善小企业贷款风险定价、财务核算、贷款审批、激励约束、人员培训、违约信息通报等六项机制，建立科学合理的小企业信用评级制度，在强化风险识别和规避措施的基础上，适当放宽小企业信用贷款准入条件，有效加大小企业信用贷款发放力度。

六、加强支农服务监管，建立县域金融服务质量评价体系

各级银行业监管机构要切实加强对农村地区银行业金融机构的政策引导和窗口指导，有效引导支农信贷投向，强化支农信贷业务监管，规范支农信贷行为，为农村金融健康高效运行提供有力保障。

切实加强支农信贷的窗口指导工作。各级银行业监管机构要认真贯彻银监会、人民银行有关信贷调控政策要求，根据县域经济发展特征，充分利用各类监管手段对信贷投向与节奏进行有效引导，切实加强农村地区银行业金融机构支农服务工作。

积极探索建立县域金融服务质量评价制度。各级银行业监管机构要积极研究建立符合当场实际

的县域银行业金融机构支农服务质量评价体系，通过对县域银行业金融机构在当地网点和分布情况、客户数量和业务规模、新增信贷投向和增速、涉农信贷增速等项目的考核，对县域银行业金融机构支持县域经济特别是"三农"经济的服务能力和水平进行综合评价，逐步将考核结果与县域银行业金融机构的业务和机构准入等行政许可事项挂钩。对支农力度不大的县域银行业金融机构，要及时与上级机构或监管部门沟通，督促县域银行业金融机构在符合安全稳健经营的前提下，加大对县域经济的支持力度。

进一步规范支农信贷行为。各级银行业监管机构要加强对支农信贷业务的后续监督检查，推行阳光办贷机制，严厉打击在支农服务过程中出现的各类强制消费、贷款唯亲及吃、拿、卡、要等不良信贷行为，加大各项涉农金融业务产品的流程公开、价格公开制度，进一步推进涉农信贷规范化、透明化。

二○一一年四月十五日

河南银监局办公室关于做好 2013 年小微企业金融服务工作的指导意见

各银监分局（含济源监管办），各政策性银行河南省分行，各国有商业银行河南省分行，中国邮政储蓄银行河南省分行，各股份制商业银行郑州分行，河南省农村信用社联合社，郑州银行，郑州辖区各村镇银行，各外资银行郑州分行：

2013 年是全面贯彻落实中共十八大精神的开局之年，是实施《中原经济区规划》的起步之年。为进一步提高小微企业金融服务质效，积极推动银行业机构经营转型，大力支持实体经济发展，根据银监会和河南银监局 2013 年监管工作会议精神，现提出如下指导意见。

一、提高支持小微企业重要性的认识

小微企业是实体经济最微观的细胞，也是最具活力的部分。目前，我省共有 38 万家小微企业，占全省企业总数的 93%以上。小微企业的健康发展对于增强经济增长活力、转变发展方式和保持社会和谐稳定具有重要意义。小微企业既是支持实体经济发展的重头戏，也是排头兵。各银行业机构要站在履行社会责任的高度，克服小微企业业务量大、金额小、期限短、成本高、量大利薄的片面认识，将服务小微企业作为支持经济发展薄弱环节和弱势群体的重要体现，作为银行经营转型和拓展业务的重要契机，深耕细作小微企业金融服务这片"新蓝海"；要结合宏观经济运行趋势和地方经济发展实际，继续把小微企业金融服务作为业务发展的重中之重。特别是对于近几年小微企业金融服务工作进展缓慢、成效较差的地区和银行，要深刻反思工作中存在的问题，主动向先进典型学方法、学干劲，不断提高认识，克服不足，加大力度，迎头赶上。全省银行业机构要树立"百业兴、金融兴"的理念，以解决小微企业融资难问题为抓手，服务基层、服务社区、服务小微，通过改善小微企业融资的微循环，打通实体经济发展的大动脉，确保信贷资金真正流入实体经济，实现金融与经济的良性互动，为中原经济区建设和经济社会又好又快发展奠定更加坚实的基础。

二、明确工作要求和目标

支持小微企业发展是坚持金融服务实体经济的本质要求。各银行业机构要进一步优化信贷结构，加大对小微企业信贷支持力度。今年小微企业金融服务工作的总体要求是：全面贯彻落实党的十八大精神，以提高小微企业金融服务的质量和效益为中心，继续加大信贷投入，推动机制建设，健全服务体系，创新服务产品，探索推广小微企业服务新模式、新方法，逐步从单纯的信贷服务向全面金融服务转变。今年总体工作目标是：科学把握信贷投放结构和节奏，继续加大对小微企业信贷支持力度，确保小微企业贷款增速高于当年各项贷款平均增速、增量高于上年同期水平，努力扩大小微企业贷款户数和金融服务的覆盖面，小微企业贷款户数要在 2012 年底的基础上增长幅度不低于 10%。各分局、各银行业机构要紧紧围绕总体要求和工作目标，持续提升小微企业金融服务水平。

三、加大有效信贷投放

小微企业融资是信贷工作的重点和难点。当前部分小微企业经营面临着较大困难，主要来源于宏观经济环境趋紧、市场环境恶化和自身经营管理能力不足等多个方面。各银行业机构要认真落实国家宏观调控政策，科学把握信贷投放总量和节奏，进一步优化信贷结构，单列小微企业信贷计划，确保对小微企业、尤其是单户 500 万元以下小微企业的信贷倾斜，用足用好有限的信贷资源；要坚持商业可持续、市场配置资源的指导思想，明确金融支持小微企业的范围和底线，将符合国家产业和环保政策、有利于扩大就业、有偿还意愿和偿还能力、可持续运营的小微企业作为银行信贷的重点支持对象，满足其合理融资需求，提高贷款的可获得性。

四、提高金融服务质效

小微企业的需求具有多样性。银行不仅是贷款的提供商，更是综合金融的服务商。一方面，银行业机构要不断丰富小微企业金融服务产品种类和内涵，综合应用银行金融工具、非银行金融工具和多元化服务功能，创新金融服务模式，逐步由单纯提供融资服务向综合性金融服务转变；要从小微企业发展的不同阶段和需求特征出发，为小微企业量身定制集企业融资、现金管理、资金结算、投资银行、票据发行、资本运作、财富管理、理财顾问、公司治理等一体化、全方位、综合性的金融服务方案，帮助小微企业提高信用等级、拓宽融资渠道、加快转型升级、提升经营管理水平；各大型银行要充分利用"双百双千"活动平台，通过树立典型示范逐步扩大帮扶范围，发挥支持小微企业的主力军作用，把帮扶典型小企业做实、做活、做出成效，促进银企双赢。另一方面，各银行业机构要继续巩固不规范经营整治活动成果，坚持"科学合理、公开透明"的收费原则，坚决杜绝不合理收费，禁止在发放贷款时附加不合理的贷款条件和不合理收费行为，包括违法违规收取、变相收取承诺费、资金管理费，搭售保险、基金等产品，严格限制对小微企业收取财务顾问费、咨询费等费用，做到主动减费让利，切实降低小微企业融资成本；在风险定价方面，要根据小微企业贷款的风险程度、履约能力、担保方式、合作模式和综合贡献等，合理确定贷款风险度，将其作为对小微企业定价的基础，并结合客户的贷款用途和对资金价格的承受力，科学合理地确定贷款利率，使利息收入能够覆盖资金成本、管理成本和拨备成本，实现灵活定价、银企共赢，为推动小微企业持续健康发展做出贡献。

五、发挥机构特色优势

拓展小微企业金融服务是银行业提高发展效率、转变发展方式、提升核心竞争力的有效途径。各银行业机构要将服务小微企业与发挥银行自身优势紧密结合起来。大型银行要继续深化改革，发挥技术、网点和管理优势，多深入基层，研究推进扁平化、批量化、流程化的小微企业金融服务模式；中小银行要及时调整经营思路和业务重点，进一步明确"立足当地、立足基层、立足社区"的市场定位，主动扎根地方，优化信贷结构，将小微企业作为主要服务对象和信贷支持重点，特别是城市商业银行要进一步转变经营理念，加快业务转型，走出同质化竞争的死胡同，加大小微企业金融产品和服务创新，将小微企业金融服务做成自身的特色和优势，在提高服务实体经济水平的同时实现自身的差异化、特色化发展。

六、大力扶持科技型企业

近年来国家出台了多项政策加大对科技型小企业的扶持。银行业机构要针对科技型小企业的特点，制定相应的扶持措施。如在种子期和初创期，主要提供创业指导，包括市场定位、管理团队整合、商业计划精细化等；在其发展期，主要加大信贷支持，满足企业日常性经营资金需求；在其成熟期，主要是提供投资银行和资本市场对接服务。同时，积极推动地方政府设立小企业发展基金作为种子基金，建立贷款风险补偿机制，提升对高科技、高成长性小微企业的支持力度。

七、推动落实"六项机制"和"四单原则"

近年来，银监会致力于完善小微企业金融服务的政策机制，已初步形成包括"六项机制"、"四单原则"、"银十条"等一整套政策措施框架，为小微企业金融服务营造良好的制度环境。各银行业机构要继续细化完善"六项机制"（利率的风险定价机制、独立核算机制、高效的贷款审批机制、激励约束机制、专业化的人员培训机制、违约信息通报机制），全面落实"四单原则"（单列信贷计划、单独配置人力和财务资源、单独客户认定与信贷评审、单独会计核算），积极开展与小微企业金融需求特点相匹配的专属服务，推动小微企业金融服务转型升级。

八、拓宽金融服务的覆盖面

机构建设是小微企业金融服务的支点，也是银行业机构转变发展方式的重要抓手。银行业机构要科学规划和合理布局机构网点资源，持续提高小微企业金融服务的机构覆盖面。要切实发挥小微企业专营机构的引擎作用，逐步建立由专业支行、特色支行和专营部门组织的小企业专营组织体系，让专营机构当好服务小微企业的急先锋；要在现有的机构体系基础上，进一步向下延伸网点，特别是鼓励银行业机构在城市和城镇成一定规模的产业集聚区等小微企业相对集中的地区，增设专业支行和特色支行；要有序探索以服务小微企业、服务社区为立足点的机构模式，逐步建设扎根基层、服务小微的社区银行；要进一步增设服务县域经济与"三农"领域小微企业的新型农村金融机构，增加融资供给，不断拓宽小微企业金融服务的覆盖面。

九、持续开展金融创新

创新是提高金融服务效率、拓展业务市场的关键。各银行业机构要根据小微企业业务经营和融资需求特点，不断推陈出新。要创新小微企业抵质押担保方式，开发适合小微企业特点的金融产品，加大对新产品和产品组合的应用，形成既有特色又有竞争力的小微企业金融产品系列，满足小微企业用款短、频、急的需求；要在风险可控的前提下，创新业务流程，推进窗口前移贴近"小微"，简化程序支持"小微"，降低门槛方便"小微"，现场办公服务"小微"，不断提高小微企业贷款审批和管理效率；要进一步创新营销模式，加大对专业市场、产业集群、行业协会（商会）等小微企业集中地区的市场拓展，改善小微企业贷款散、多、不易管理等问题。通过专业流程、集群营销和批量开发，实现提高银行收益和降低信贷风险"并重"，提升服务效率和改善扶持效果"双赢"。

十、加强信贷风险管控

做好小微企业金融服务必须以守住风险底线为根本前提。今年以来受国家宏观经济下行、市场需求疲软的影响，企业销售和盈利下滑，贷款违约增多等影响，小微企业信贷风险管控压力加大。各级监管部门要对小微企业信贷业务存在的问题和潜在风险做到心中有数，结合不同时期和环境的特殊性，既要防范小微信贷本身的高风险，尤其是对小微信贷业务占比较高的小银行，要做好风险监测；又要防止过度创新、过度表外化、过度交易化带来的潜在风险。各银行业机构要对自身的风险状况和管控能力有全面清晰的判断，主动贴近市场、贴近客户，充分掌握小微企业融资需求和风险特征，做好风险管理的制度安排和技术准备，并以管好小微企业金融服务的风险为切入点，全面改进银行风险管理能力，提高全流程管理的精细化水平。

十一、发挥监管引领作用

继银监会出台一系列针对小微企业金融服务的差异化监管政策后，河南省政府以及各地市政府相继下发《关于进一步促进小型微型企业健康发展的意见》，加大对小微企业的政策扶持力度。各级监管部门要在"银十条"和政府扶持政策的基础上，进一步研究制定配套政策，尽快在辖内完善并推行小微企业贷款投放考核、贷款差异化监管等实施细则，增强政策的可操作性。要高度重视人才队伍建设，配备专人负责小微企业金融服务工作，明确职责分工，加强业务培训。要进一步明确监管导向，督促银行业机构落实好各项监管政策，对机构准入、资本占用、小微企业专项金融债、贷款不良率差异化考核等方面，跟踪评价政策实施效果，确保已出台的扶持政策落到实处，真正惠及小微企业。同时，要将监管工作与服务地方经济发展有机结合起来，不断探索服务小微企业的新思路、新方法。

十二、积极搭建合作平台

目前，各级政府、社会团体、银行机构对推进和支持小微企业发展已达成共识，沟通协调效率大大提高。各级监管部门要继续加强多方联动，推动健全小微企业金融服务的政策支持与激励体系，形成联动合力。要推动政府有关部门研究制定优化小微企业融资环境的相关配套措施，落实并改进对小微企业贷款的各项财政贴息、税收优惠和费用补贴政策；推动各地建立由财政主导的小微企业贷款风险分担和补偿机制；推动建立统一的小微企业数据库，健全小微企业征信体系、信用担保体系等。同时，督促各银行业机构加大同产业集聚区、行业协会和商会等合作，搭建小微企业营销平台，通过产品推介、方案设计、银企对接，促进小微企业金融服务工作取得更大成效。

2013 年 3 月 21 日

广西银行业金融机构中小企业金融服务
工作考核评价办法（试行）

为科学评价广西银行业金融机构中小企业授信业务开展和管理工作，充分运用激励机制，促进中小企业金融服务工作健康快速发展，根据银监会《银行开展小企业授信工作指导意见》（银监发〔2007〕53号）和广西银监局办公室《关于建立广西辖区银行业金融机构中小企业贷款监测通报制度的通知》（桂银监办发〔2009〕52号）精神，制定本办法。

一、考核对象

各政策性银行、国有商业银行广西区分行，各股份制商业银行南宁分行，邮政储蓄银行广西区分行，自治区农村信用联社，广西北部湾银行，柳州、桂林市商业银行。成立不满两年的银行业金融机构及外资银行不纳入考核范围。

二、考核评价的内容及标准

对各银行业金融机构中小企业金融服务工作的以下九个方面内容进行考核评价：

（一）中小企业金融服务工作发展战略规划建设情况。银行业金融机构是否专题研究中小企业金融服务工作，并做出规划和部署。

（二）中小企业金融服务工作的制度建设情况。银行业金融机构是否为有效开展中小企业金融服务而专门制定了相关的工作制度，是否建立了中小企业金融服务联系点，并有效开展工作。

（三）中小企业授信工作"六项机制"建设情况。银行业金融机构是否按照银监会《银行开展小企业授信工作指导意见》的要求，推进"六项机制"（包括利率的风险定价机制、独立核算机制、高效的审批机制、激励约束机制、专业化的人员培训机制、违约信息通报机制）建设。

（四）中小企业金融服务专营机构设置情况。是否已设立中小企业金融服务专营机构，是否根据机构网点布局改建或增设中小企业金融服务的分支机构，是否已组建专门的中小企业授信客户经理队伍。

（五）中小企业贷款监测通报制度执行情况。银行业金融机构是否按要求及时报送有关报表和材料。

（六）中小企业授信业务的产品和服务创新情况。银行业金融机构是否针对中小企业金融服务需求的特点，开发了专门的中小企业贷款、贸易融资、贴现、保理、贷款承诺、保证、信用证、票据承兑等表内外授信和融资业务产品和服务。

（七）中小企业授信业务的进步度。银行业金融机构中小企业授信户数增量、贷款余额增量及增幅等。

（八）中小企业授信业务质量情况。中小企业贷款不良率控制情况，有无超过规定比例被监管部门或上级行处罚等。

（九）奖励加分项。有创新中小企业金融服务工作机制或管理制度，获交流推广等情况，给予加分。

考核评价采取百分制，评价标准详见《广西银行业金融机构中小企业金融服务工作考核评价情况表》。

三、考核评价期

对各银行业金融机构每年从 1 月 1 日起至 12 月 31 日止的中小企业金融服务工作情况进行考核评价。

四、考核评价的具体方法

各银行业金融机构于考核期满次年 2 月 10 日前，真实、准确地填写《广西银行业金融机构中小企业金融服务工作考核评价情况表》，并报送相关的佐证材料。广西银监局各现场检查处对口对相关银行业金融机构中小企业金融服务工作进行核查，中小企业金融服务办公室综合银行业金融机构自评、对口现场检查处核查及监测通报的有关情况进行评价，报广西银监局推进中小企业和"三农"金融服务联合工作组审定。

五、评价表彰工作

（一）表彰评价的组织领导。由广西银监局推进中小企业和"三农"金融服务联合工作组负责组织协调对各银行业金融机构中小企业金融服务工作的考核评价表彰，广西银监局中小企业金融服务办公室负责评价表彰的日常工作。

（二）评选先进单位和先进个人。广西银监局中小企业金融服务办公室按综合评分的高低排出考核评价名次，依分数从高到低取前五名进行表彰。各银行业金融机构在报送考核评价有关材料的同时，报送 1 名中小企业金融服务工作先进个人推荐人选的事迹材料。原则上获得中小企业金融服务工作先进单位荣誉称号的银行业金融机构，可以获得 1 名中小企业金融服务工作先进个人表彰名额。

附表：

广西银行业金融机构中小企业金融服务工作考核评价情况表

单位名称：

评价内容		评价标准	自评分	佐证材料
一、中小企业金融服务发展战略规划建设情况。		该项满分 5 分。董事会或高管层每年至少召开一次会议，专门就中小企业金融服务做出规划和部署的，得 5 分。否则，不得分。		
二、中小企业金融服务工作的制度建设情况。		该项满分 5 分。制定和实施推进中小企业金融服务工作制度的，得 2 分；建立了中小企业金融服务联系点并有效开展工作的，得 3 分；未建立联系点的，不得分；成效不明显的视情况扣分。		
三、中小企业授信工作"六项机制"建设情况。	1. 利率风险定价机制建设情况。	该项满分 4 分。已实施专门的中小企业授信业务利率风险定价方法的，得 4 分。否则，不得分。		
	2. 独立核算机制建设情况。	该项满分 4 分。单独考核中小企业授信业务成本和收益的，得 4 分。否则，不得分。		
	3. 高效审批机制建设情况。	该项满分 4 分。实行差别授权管理，合理设定审批权限，优化审批流程，得 2 分；授予客户经理、授信审查人员一定的授信审批权限的，得 2 分。否则，不得分。		

续表

评价内容		评价标准	自评分	佐证材料
三、中小企业授信工作"六项机制"建设情况。	4. 激励约束机制建设情况。	该项满分4分。已实现中小企业信贷人员收入与其综合绩效指标挂钩的，得2分；已建立并实施中小企业授信工作尽职制度的，得2分。否则，不得分。		
	5. 专业化人员培训机制建设情况。	该项满分4分。中小企业授信业务培训已在全行范围内开展、成效明显的，得4分；只在部分分支机构范围内开展的，得2分；未开展的，不得分。		
	6. 违约信息通报机制建设情况。	该项满分4分。已建立中小企业违约信息管理系统并在内部进行通报的，得2分；定期向银监会及其派出机构报告的，得1分；通过银行业协会向银行业金融机构通报，对恶意逃废银行债务的中小企业予以联合制裁和公开披露的，得1分。否则，不得分。		
四、中小企业金融服务专营机构设置情况。		该项满分10分。已设立中小企业金融服务专营机构的，得5分，仅在相关业务部门内设二层机构的，得3分；改建或增设中小企业金融服务的机构网点的，得2分；已组建专门的中小企业授信客户经理队伍的，得3分。		
五、中小企业贷款监测通报制度执行情况。		该项满分5分。按制度要求及时报送有关报表和材料，得5分；每迟报一次或报送的材料不符合要求的，每次扣1分，扣完该项分值为止。		
六、中小企业授信业务的产品和服务创新情况。		该项满分6分。考核年度开发或推出专门的中小企业金融产品（服务）的，每项产品（服务）得3分，最多得6分。		
七、中小企业授信业务的进步度。		该项满分40分。根据中小企业授信户数增量（5分。按全区银行业机构排名，前五名得5分，后三名得1分，其他名次得3分；在此基础上如授信户数增量为负数的，不得分）、中小企业贷款余额增量（10分。按全区银行业机构排名，前五名得10分，后三名得4分，其他名次得6分。在此基础上如贷款余额增量低于上年的，不得分）、中小企业贷款余额增幅（25分。高于全部贷款平均增幅的，得满分；低于全部贷款平均增幅的，每低一个百分点，扣2分，扣完该项分值为止）。		
八、中小企业授信业务质量。		该项满分5分。中小企业贷款不良率控制在其总行规定的比例之内即可获得满分，不良率超过其总行规定比例的，每超过一个百分点扣0.5分，扣完该项分值为止。		
九、奖励加分项。		创新中小企业金融服务工作机制或管理制度，获交流推广的，每项加3分。		

注：表中"佐证材料"只填写材料标题，详细材料以附件报送。

广西银行业金融机构案件处置工作
实施细则（试行）

第一章 总 则

第一条 为加强辖内银行业金融机构案件信息和风险信息的报送，规范案件处置工作，根据银监会《关于印发银行业金融机构案件处置三项制度的通知》（银监发〔2010〕111号）等规定，制定本细则。

第二条 广西银监局及派出机构和辖内银行业金融机构案件处置工作应当遵守本细则。

第三条 本细则所称案件是指银行业金融机构从业人员独立或共同实施，或与外部人员合伙实施的，以银行业金融机构或客户的资金、财产为侵犯对象的，涉嫌触犯刑法，依法应当移送司法机关追究刑事责任或已由公安、司法机关依法立案侦查的事件或银行业金融机构遭受外部诈骗、盗窃、抢劫等侵害，依法应当由公安机关立案侦查的事件。

本细则所称案件风险信息是指已被发现，可能演化为案件，但尚未确认案件事实的风险事件的有关信息，主要包括：银行业金融机构员工非正常原因无故离岗或失踪、被拘禁或被双规；客户反映非自身原因账户资金发生异常；收到重大案件举报线索；媒体披露或在社会某一范围内传播的案件线索；大额授信企业负责人失踪、被拘禁或被双规；银行业金融机构员工可能涉及案件但尚未确认的情况；其他由于人为侵害可能导致银行或客户资金（资产）风险或损失的情况。

第四条 本细则所称银行业金融机构案件处置工作包括案件信息报送及登记、案件调查、案件审结和后续处置等。

第五条 银行业金融机构对案件处置工作负有直接责任。银行业金融机构应当制定本机构案件处置内部管理制度，并有效落实和执行。

第六条 广西银监局及各银监分局负责有关案件信息的采集和处理，指导、督促或直接参与辖内银行业金融机构案件的处置工作，督促发案银行业金融机构对责任人实施问责，督促、跟踪及评价后续整改情况，对本辖内的案件处置工作负监管责任。

广西银监局机构监管处和案防主管部门按照分工协作、各有侧重的原则，指导和督促银监分局和银行业金融机构开展案件处置工作。

第七条 广西银监局系统和银行业金融机构应当指定专人全程负责风险信息或案件信息的收集、整理和报告工作。

第八条 案件信息和案件风险信息报送应当坚持"双线报送"和及时、真实的原则。

所谓"双线报送"指案发银行业金融机构和属地银行业监管机构自下而上双线报送案件信息和案件风险信息至银监会案件稽查局。

第九条　广西银监局机关相关部门通过召开银行业金融机构案件防控工作联席会议（以下简称联席会议）的方式，形成部门间的协调机制。

案件防控工作联席会议由广西银监局案防主管部门、政策法规处、各机构监管处、各银监分局组成，必要时可以要求有关银行业金融机构和其他参与办案机构列席会议。

案防主管部门是联席会议召集人。联席会议办事机构设在案防主管部门内，负责安排联席会议的召开，保障联席会议工作有效运转，并督促落实联席会议部署的各项工作任务。联席会议由各组成单位根据工作需要提议，采取不定期的方式召开。

第二章　案件风险信息报送及登记

第十条　银行业金融机构应当在案件风险事件发生后 24 小时内以《案件风险信息快报》的形式向属地银行业监管部门报告，同时逐级向上级机构报告，并建立案件风险信息台账。

对符合银监会《重大突发事件报告制度》重大突发事件报送标准的案件风险信息，应当按照该制度要求的方式报送。

银行业金融机构案件风险信息快报的内容应当包括：事发银行业金融机构名称、事发时间及案件风险事件概况；涉及人员及情况；风险情况及预判；已经或可能造成的影响；事发银行业金融机构或公安、司法机关已采取的措施；其他需要说明的情况；承办部门和主办人员及联系电话。案件风险信息报送的涉案金额和风险金额以上报时了解的金额为准。

《案件风险信息快报》编号格式采取"年份+本年度报送单位发生的风险信息件数"，如 201101 表示报送单位 2011 年发生的第 1 件风险事件。

案件风险信息台账应当包括：事发银行业金融机构名称、事发时间、涉及金额、基本情况、事件登记的时间、承办部门和主办人员等。

第十一条　案发属地银监分局在接报后，应立即对案件风险事件进行核查和确认，确定主办科室和主办人员，并在案件风险事件发生后 24 小时内以《案件风险信息快报》的形式向广西银监局报告，并建立相应台账。

省级银行业金融机构应当自接到下级机构案件风险事件报告后，经核查确认，须在案件风险事件发生后 24 小时内以《案件风险信息快报》的形式向广西银监局报告。

第十二条　广西银监局收到银监分局或省级银行业金融机构案件风险信息报告后，经确认符合本细则第三条第二款规定的，应当确定主办部门和主办人员，同时建立相应台账。只涉及单类银行业金融机构的，相关的机构监管处为主办部门；涉及多类银行业金融机构的，案防主管部门为主办部门。

机构监管处作为主办部门上报案件风险信息须经案防主管部门审查登记后方可上报。经审查确认的案件风险信息，须在案件风险事件发生后 24 小时内以《案件风险信息快报》的形式向银监会案件稽查局报告。

第十三条　银行业金融机构应及时将风险事件的进展情况以《案件风险信息续报》的形式向属地银行业监管部门报告，并逐级向上级机构报告。各银监分局和省级银行业机构应第一时间将案件风险事件进展情况转报广西银监局。

《案件风险信息续报》的编号格式为"案件风险信息编号+续报次数"，如 201101—01 表示编号为 201101 的风险事件第一次续报。

第十四条　如经调查确认案件风险信息不构成案件，银行业金融机构应当立即向属地银行业监管部门报送《案件风险信息撤销报告》，并逐级向上级机构报告。

第十五条　案件风险信息经《案件风险信息撤销报告》撤销后，银行业监管部门和银行业金融机构应当立即在台账中登记撤销。

第十六条　案件风险信息在确认为案件之前不纳入案件统计系统。

第三章　案件信息的报送及登记

第十七条　案件风险信息经调查确认为案件的，或辖区银行业金融机构未经报送案件风险信息直接确认为案件的，应当按照本细则的规定，向属地银行业监管部门报送《案件信息确认报告》，并逐级向上级行报告。广西银监局和银监分局接到《案件信息确认报告》后，应及时向上级案件稽查部门报告。案件信息报送的时点为案件确认后 24 小时之内。

案件的确认标准为：公安、司法机关立案侦查的；银行业金融机构向公安、司法机关报案并立案的；银行业监管部门或其他行政执法部门移送公安、司法机关并立案的；银行业金融机构工作人员因涉案被公安、司法机关采取强制措施的。

第十八条　银行业金融机构案件信息确认报告的内容应当包括：发案银行业金融机构名称、案发时间及案情概况；涉及人员及情况；涉案金额及风险情况；已经或可能造成的影响；本机构或公安、司法机关已采取的措施；其他需要说明的情况；承办部门和主办人员及联系电话。案件涉及金额以立案时公安、司法机关确认的金额为准。

第十九条　银行业金融机构、银行业监管部门应分别建立案件信息台账。

案件信息台账应当包括：

（一）案件信息：发案银行业金融机构名称、案发时间、涉及金额、基本情况、案件登记的时间、承办部门和主办人员等。

（二）案件调查情况：案件性质、涉案金额、风险金额、案件调查报告及公安、司法机关的侦查情况等。

（三）案件审结情况：银行业金融机构整改方案、责任人追究意见及审核意见，采取的监管措施，案件审结报告等。

（四）后续整改情况：后续整改报告、责任追究及后续评价情况等。

第二十条　案件风险信息经《案件信息确认报告》确认为案件后，银行业金融机构和银行业监管部门应当将案件风险信息台账转登记为案件信息台账。

第二十一条　台账登记原则上应当在各环节工作结束后及时完成，登记内容应当要素完整，且与向上级机关和公安、司法机关的报告内容一致。台账是案件处置工作档案的组成部分，应当与案件处置各环节形成的记录、纪要、报告和分析资料等作为案件处置工作档案材料，统一存档备查。

第四章　案件调查和督查

第二十二条　银行业金融机构案件的调查实行专案负责制。银行业金融机构在发生案件后，应当根据案件的性质和金额组成相应层级的专案组，并确定承办部门和主办人员。专案组负责案件的调查工作。

专案组在案件调查过程中应当履行以下职责：

（一）启动应急预案，清查账目，及时采取风险化解措施，保全资产。

（二）调查涉及人员，及时向公安、司法机关报案，协助政府有关部门做好舆情控制，维护发案机构正常经营秩序，积极配合公安、司法机关对案件进行调查，初步确定案件性质。

（三）查清基本案情，确定案件性质，及时向同级银行业监管部门书面报告。

（四）查找内部制度和执行情况存在的问题，厘清案件有关责任。

（五）总结发案原因和教训，提出整改措施和有关责任人处理意见。

第二十三条 广西银监局或银监分局根据案件的性质和金额，组成相应专案督导检查组（以下简称"督查组"），并确定牵头部门和主办人员。督查组负责指导、督促或直接参与辖内银行业金融机构案件调查工作。

广西银监局督查组的组成原则是：只涉及单类银行业金融机构的案件，由区局相关机构监管处牵头组成督查组，必要时案防主管部门及其他相关部门参加；涉及多类银行业金融机构的案件，由案防主管部门牵头，组成有关机构监管处参加的督查组。

督查组在案件调查阶段应当履行以下职责：

（一）指导、督促并跟踪银行业金融机构做好案件应急处置与调查工作，及时掌握案件调查和侦办情况，协调做好跨行资金核查，必要时可以直接介入调查或延伸调查。

（二）督促银行业金融机构及时向公安、司法机关报案，或者按照《中国银监会移送涉嫌犯罪案件工作规定》及时移送案件，开展相应工作。

（三）上报案件信息、案件调查和督查报告。

（四）对银行业金融机构报告的案件性质提出明确意见，根据案件反映的问题，提出有关责任追究、整改措施及对银行业金融机构的行政处罚和强制性监管措施等方面的意见和建议。

案件调查、督查报告的路径是：只涉及单类银行业金融机构的案件，由区局相关机构监管处牵头组成的督查组向分管局领导报告案件调查情况，并负责向银监会对口机构监管部门牵头组成的督查组报送有关案件进展情况、案件调查和督查报告等材料，同时抄报案件稽查局；涉及多类银行业金融机构的案件，由区局案防主管部门牵头组成的督查组向分管局领导报告案件调查情况，负责向银监会案件稽查局报送有关案件进展情况、案件调查和督查报告等材料，同时抄报相关机构监管部门。

第二十四条 案件调查工作结束后，银行业金融机构专案组应当在明确案件性质、查清基本案情、确定涉案金额、初步判定风险后，及时形成案件调查报告向属地银行业监管部门报告。在形成调查报告前，案件调查的进展情况以《案件信息续报》形式向属地银行业监管部门报告。编号参照案件风险信息格式执行。

第二十五条 银行业监管部门督查组在接到银行业机构调查报告后，结合督查工作情况，形成督查报告并附银行业金融机构的调查报告按本细则报告路径向上级有关部门报告。

第二十六条 案件调查和督查应当依照法定权限和程序收集证据。收集的证据材料应当合法、客观，并与所证明的事项相关联。禁止以非法手段获取证据。

银行业金融机构案件调查、银行业监管部门案件督查应当严格遵守保密原则，不得擅自向其他单位和个人披露有关情况。

第二十七条 银行业金融机构和银行业监管部门应当完整保存案件调查、督查过程中形成的各种资料和工作记录，存档备查。

第五章 案件审结

第二十八条 银行业金融机构应当在总结案件教训、分析存在问题、确定问责方案和整改措施后，向属地银行业监管部门提交案件审结报告。

第二十九条 在案件审结报告前，案情的进展以《案件信息续报》的形式报送。

第三十条 广西银监局督查组在收到银行业金融机构的案件审结报告后，结合督查情况形成审结报告，连同整改方案和责任人追究意见逐级上报对口督查牵头部门组成的督查组，同时抄送其他有关部门。

第三十一条　银行业金融机构案件审结后，应当及时向属地银行业监管部门报送案例材料。广西银监局督查组负责向银监会案件稽查局及时报送有关案例材料。案例材料应当包括对案件发生和案件处置的经验、教训等。

第三十二条　银行业金融机构案件处置坚持专案专档制度。发案银行业金融机构和银行业监管部门应当分别建立档案，做到每案立卷，专人管理。

第三十三条　银行业金融机构案件在法院判决后，各报送单位应填报《案件司法结论报告》，并按照"案件信息确认报告"途径报送。

第六章　案件后续处置

第三十四条　银行业金融机构在确定相关人员责任和整改方案后，应当尽快进行责任追究和整改，并将进展情况及时向属地银行业监管部门报告。

第三十五条　广西银监局机构监管处和银监分局应当对银行业金融机构整改方案、下阶段案件防控工作安排及对银行业金融机构和有关责任人的责任追究情况，进行跟踪督促和评价。

第三十六条　广西银监局机构监管处和银监分局应当将案件发生情况、案件处置、风险化解情况、整改效果、责任追究等内容作为对发案银行业金融机构进行监管评级、市场准入审批、监管计划制订的重要参考。

第七章　附　则

第三十七条　本细则由广西银监局负责解释与修订。

第三十八条　本细则自下发之日起执行。

陕西银监局关于进一步加强金融支持小微企业健康发展的实施意见

各银监分局，各政策性银行陕西省分行、国有商业银行陕西省分行、股份制商业银行西安分行，长安银行，西安银行，各城市商业银行西安分行，各外资银行（中国）西安分行，中国邮政储蓄银行陕西省分行，陕西省农村信用社联合社：

为贯彻党的十八大精神，进一步推进小微企业金融服务，支持实体经济发展，根据《中国银监会关于支持商业银行进一步改进小型微型企业金融服务的补充通知》及《陕西省人民政府关于进一步支持小微企业健康发展的实施意见》等文件精神，陕西银监局结合陕西银行业实际提出以下实施意见，请认真贯彻落实。

一、充分重视金融支小微，以有力措施实现两个确保

小微企业金融服务是支持小微企业健康发展的重要支撑，目前国内外经济复杂多变，金融支持小微企业的现实重要性更加凸显。各银行业金融机构应充分重视当前小微企业发展面临的新局面，将金融支持小微企业放在更加重要的位置，不懈努力，采取得力措施进一步强化金融支持力度。通过强化业务计划、指标考核、资源倾斜和激励约束等有力措施，全力推进小微企业金融服务，确保增速不低于全部贷款平均增速、小微企业贷款覆盖面进一步扩大的工作目标，确保各项重要考核监测指标不断提升。监管部门要通过监管引领和服务推动强化小微企业金融服务。一是加强监测分析。强化对接，建立供需台账。二是加强走访督导，完善监测分析，通过采取监管措施进行引领和督导。三是加强考核通报。今后各银行业金融机构每年年初均应出具小微企业金融服务承诺书，监管部门应定期对执行情况进行考核通报。四是加强服务推进。提高行政审批效率，强化政策辅导和信息交流，对未完成工作目标的银行业机构要强化金融监管，并与银行市场准入及监管评级挂钩。

二、加强相关政策研究，积极落实差异化信贷管理要求

各银行业金融机构应吃透中央相关政策精髓，加强高管和信贷人员对银监系统2005年以来关于小微企业方面的一系列规范性文件、政策及业务的学习领会和落实运用。要积极落实差异化信贷管理要求，深化小微企业金融服务"六项机制"和专营机构"四单原则"，建立和完善激励约束机制，运用看"三表三品"（水表、电表、税表，人品、押品、产品）和"一重一轻"（重现金流，轻抵押）等信贷调查方式，落实"信贷工厂"、"打分卡"、"地缘信贷"、"四眼看管"等信贷评审模式，合理运用批量审贷方式，进一步奠定支持小微企业健康发展的坚实基础。

三、推进网点建设，进一步扩大小微企业金融服务覆盖面

一是大型商业银行要积极拓展小微企业贷款，提高存贷比，支持地方经济协调发展。对实现"小微企业贷款增速不低于当年全部贷款平均增速"目标和"四项重点考核贷款"考核结果良好的，

开辟行政审批的"绿色通道",优先办理审批准入事项。二是中小商业银行要转变理念,加快进行以小微企业金融服务为主的战略性转移。对符合机构准入条件且达到"小微企业贷款增速不低于当年全部贷款平均增速"、小微企业授信客户数占该行所有授信客户数 60% 以上和"四项重点考核贷款"考核结果良好的,可允许一次同时筹建 2 家同城支行。三是鼓励符合条件的商业银行设立小微企业专营机构和科技支行等专业支行或特色支行;鼓励商业银行向经济欠发达县域延伸机构网点;小微企业专营机构、科技支行、经济欠发达县域网点不受指标限制。四是支持和鼓励符合条件的商业银行到县域和乡镇设立村镇银行,增强对金融薄弱区域的支持。五是现有各银行业金融机构要积极发放小微企业贷款,扩大和增强金融服务覆盖面及功能;新设的银行业金融机构、网点应主要从事小微企业金融服务,法人小微企业贷款户数不得低于全部法人企业贷款户数的 90%。新设的银行业金融机构、网点营业一年以上仍达不到要求的,暂缓市场准入事项,直至达标。

四、着力发展"四项重点考核贷款",扬长促短

四项重点考核指标是陕西银监局根据银监会小微企业金融服务政策,结合陕西实际确定的具有鲜明特色的考核指标,银行业金融机构要加大力度,全力推进"四项重点考核贷款"。设立时间在 2 年以上的银行业金融机构,均要实现"单户授信 500 万以下小微企业贷款"、"科技型中小微企业贷款"、"知识产权质押贷款"零的突破。"小微企业信用贷款"空白项也应随着风险管控水平的提高实现突破。完成情况将在考核、通报和表彰中予以体现。

五、重点和优先支持战略性新兴产业和创新项目,提高核心竞争力

一是要深化金融与科技结合,重点对节能环保、高端装备制造、新一代信息技术、生物工程、新能源、新材料、新能源汽车等战略性新兴产业予以信贷支持。二是要重点加大对文化产业的支持,特别是那些能够帮助树立正确的道德观、价值观和人生观,激励奋发上进的文化创作项目。三是对能够提高国家核心竞争力产业的,具有国际领先地位和广阔产业化市场前景的,具有明显节能减排、环境保护、低碳经济等国家产业政策鼓励的知识产权项目,尤其是自主研发的发明专利产业化项目,应优先予以贷款支持。

六、加大与担保机构合作力度,调整信贷担保结构

各银行业金融机构在风险可控前提下,应适当放宽与持牌融资性担保机构的合作条件,适当降低其准入门槛,加强与实力雄厚的融资性担保机构合作,扩大担保公司保证贷款规模,有效调整小微企业信贷担保结构,缓解"抵押依赖"。

七、适当放宽风险容忍度,强化尽职免责

不支持小微企业贷款零风险政策,但小微企业不良贷款率偏低的银行业金融机构可以适当放宽不良贷款率容忍度,通过扩大信贷规模提高银行收益;下级机构不得对上级下达的不良贷款率容忍度逆向加码;进一步放宽科技支行的不良贷款率容忍度。各银行业金融机构要制定单独的有切实操作性的小微企业贷款尽职免责制度,报陕西银监局备案。对科技型中小微型企业贷款、知识产权质押贷款,特别是属于第五条列示产业和项目产生的不良贷款,除主观原因外,要不打折扣地执行尽职免责政策。

八、促进和完善风险补偿和资金补贴体系运作,发挥财政资金撬动作用

陕西银监局与省科技厅等共同建立了陕西省科技型中小企业贷款风险补偿基金,该基金对于科技型中小微企业承担的科技产业化项目的贷款本金损失及自主知识产权质押贷款损失,按 50% 予以

风险补偿。陕西银监局还与省中小企业促进局及省知识产权局明确了对知识产权质押贷款贴息及最高不超过 5 万元的评估费补助政策。各银行业金融机构应积极扩大宣传，用足用好相关政策。

九、规范金融服务，切实降低小微企业融资成本

除银团贷款外，禁止各行对小微企业贷款收取承诺费、资金管理费。严格限制各行向小微企业收取财务顾问费、咨询费等费用。陕西银监局将继续开展商业银行服务收费检查，坚决清理纠正金融服务不合理收费。

各银行业金融机构应进一步完善科学合理的小微企业贷款定价机制，在合法、合规和风险可控前提下，合理确定贷款利率；在商业可持续发展的同时，履行社会责任，对小微企业贷款利率少上浮或不上浮，切实减轻企业融资成本，涵养和扩大银行客户资源，进一步采取扶助性的优惠利率，支持创新型和创业型小微企业。

二〇一三年三月六日

青海银监局关于进一步推进小微企业金融服务工作的指导意见

为深入贯彻落实国务院、中国银监会和青海省人民政府关于支持小微企业发展有关要求，着力解决小微企业融资方面的突出问题，巩固小微企业金融工作成果，促进小微企业金融业务可持续发展，进一步改进小微企业金融服务，推进青海银行业全面提升小微企业金融服务工作水平，制定本指导意见。

一、高度重视小微企业金融服务工作

各银行业机构要从战略发展和全局高度深化认识，加快转变发展方式，不断推进结构调整和改革创新，积极主动地为小微企业提供金融服务，做好小微企业金融服务工作。要加大对小微企业的贷款投放力度，努力实现小微企业贷款增速不低于全部贷款的平均增速，增量高于上年同期水平，并重点加大对单户授信总额500万元（含）以下小微企业的信贷支持。

二、采取差异化的扶持政策

各银行业机构要对经营效益好、财务健全、管理规范、具备发展前景的小微企业，进一步加大信贷支持力度，对符合本行战略定位、业务发展和服务需要的小微企业要重点加大扶持力度。

三、建立高效的贷款审批机制

各银行业机构要进一步优化信贷审批流程，积极推广灵活高效的贷款审批模式，努力实现小微企业贷款评审的标准化、流程化、批量化作业，提高审批效率。在防范操作风险、经营风险等前提下，确保符合贷款条件的小微企业获得方便、快捷的信贷服务，改善小微企业贷款环境，为小微企业提供优质服务。同时，加强贷款监管和最终用户监测，确保贷款真正用于小微企业正常生产经营，防止被挪用。

四、加大产品创新力度

各银行业机构要积极探索小微企业贷款模式、产品和服务创新，根据小微企业融资需求特点，加强对新型融资模式、服务手段、信贷产品及抵（质）押方式的研发和推广，增加对小微企业的信贷支持。

五、积极拓展小微企业服务范围

政策性银行要发挥导向作用，结合总行小微企业信贷模式和青海省实际，加强机制创新，大力发展适合小微企业特点的贷款业务；大型银行要积极调整信贷结构，继续向下延伸小微企业金融服务网点，进一步提高小微企业金融服务覆盖面，提高服务效率；股份制银行要在总行的战略定位下突出本土特色，创新服务方式，形成自身的特色品牌、特色产品和特色管理，提升核心竞争力；鼓励邮政储蓄银行设置小微企业专营机构，完善小微企业信贷中心职能，为小微企业、社区居民提供小额信贷服务；城市商业银行要强化"服务地方、服务小微企业"的市场定位，新增小微企业贷款占比高于上年；农村合作金融机构新增小微企业和涉农贷款占比不低于70%；村镇银行要切实加强对涉农小微企业、农牧业产业化龙头企业、农村专业合作社等当地农村客户的信贷支持力度。

六、进一步加大考核力度

监管部门将"一个重点、两个不低于"要求纳入年度持续监管意见和监管评级中，根据各机构目标完成情况制定差别化的监管措施，进一步完善小微企业金融服务的考核评价体系。对未完成考核目标的机构实施重点监督。将采取监管提示书、约见谈话、审慎监管会议等监管措施，属分行级机构的还要以适当的方式通报总行，敦促其从总行层面加强督导和考核，属法人机构的将从市场准入上予以限制，切实从内生动力上加强小微企业金融服务。

七、建立小微企业贷款定期监测制度

监管部门将进一步加大对小微企业贷款定期监测，及时将小微企业贷款增量、增幅及工作开展情况分地区、分机构进行通报，督促各银行业机构加大信贷投入力度。对工作进展不大、排名靠后的地区和银行业机构通过窗口指导、约见谈话等方式加以督促，切实为小微企业可持续发展创造良好的金融环境。

八、支持发行专项用于小微企业贷款的金融债

对达到"两个不低于"要求的地方法人金融机构，监管部门将结合小微企业业务发展、贷款质量、专营机构建设、产品及服务创新、战略定位等情况，鼓励其申请发行小微企业专项金融债，并在行政审批上给予优先受理和审核。

九、实行差异化的机构准入政策

对连续两年实现小微企业贷款投放增速不低于全部贷款平均增速，且小微企业授信客户数占全行辖内所有企业授信客户数达到60%以上以及最近六个月月末平均小微企业授信余额占比达到青海银行业机构平均水平之上的银行业机构，监管部门视其风险管控水平、IT系统建设水平、管理人才储备和资本充足等状况，允许在间隔期限不低于半年的情况下一次同时申请筹建多家同城支行。鼓励设立专门从事小微企业金融服务的专业支行或特色支行，各银行业机构可通过新设或改造的形式，将部分支行改造成为专门从事小微企业金融服务的专业支行或特色支行；鼓励和支持各银行业机构在金融服务和机构空白乡镇设立网点；鼓励大型银行在建立专营机构的基础上向下延伸服务网点，充分发挥专营机构的作用和效能；鼓励和支持各商业银行积极通过制度、产品服务的不断创新，切实支持科技型小微企业的成长。

十、采取差别化的考核指标

商业银行在计算资本充足率时，对符合相关条件的小微企业贷款，应根据《商业银行资本管理办法》相关规定，在权重法下允许适用75%的优惠风险权重；在内部评级法下比照零售贷款适用优惠的资本监管要求。在计算存贷比时，对获准发行小微企业贷款专项金融债的商业银行，债项对应的单户授信500万元（含）以下的小微企业贷款，可不纳入存贷比考核范围。对小微企业不良贷款率执行差异化的考核标准，根据各行实际平均不良率适当提高对小微企业贷款的容忍度。

十一、清理不合理收费，降低小微企业融资成本

除银团贷款外，禁止各银行业机构对小微企业贷款收取承诺费、资金管理费。严格限制各银行业机构向小微企业收取财务顾问费、咨询费等费用。

十二、建立多元化的小微企业服务体系

各银行业机构要积极协调地方政府和各部门，落实和完善相关财税支持政策。要加强同小额贷款公司、担保机构的科学有序合作，为小微企业发展创造良好的信用环境和社会基础。

十三、加强舆论宣传，营造良好社会环境

各银行业机构、各级监管部门要继续加强同各新闻媒体的合作，大力宣传小微企业融资政策、融资知识和银行支持小微企业发展的主要成就，传播推广先进经验，正向引导银行业机构加强和改进小微企业金融服务工作，为小微企业金融服务营造全社会共同支持参与的良好氛围和环境。

2013 年 4 月

山东银监局关于进一步贯彻落实贷款新规加强信贷精细化管理的指导意见

银监鲁发〔2011〕166号

为提升信贷精细化管理水平，加快银行发展方式转变，银监会先后出台了《固定资产贷款管理暂行办法》（银监会令 2009 年第 2 号）、《流动资金贷款管理暂行办法》（银监会令 2010 年第 1 号）、《个人贷款管理暂行办法》（银监会令 2010 年第 2 号）、《中国银监会〈关于印发项目融资业务指引〉的通知》（银监发〔2009〕71 号）（即"三个办法一个指引"，以下统称贷款新规）以及《中国银监会关于规范中长期贷款还款方式的通知》（银监发〔2010〕103 号）等规范性文件，提出了全新的信贷理念和流程。从辖内银行业金融机构贯彻落实及现场检查情况看，贷款新规的执行和落实不断推进和深入，在引领经营新理念、推进信贷精细化管理方面的作用初步显现。但是，贷款新规执行过程中仍然不同程度地存在擅自降低受托支付标准、规避业务监管、推进落实步伐缓慢、问题整改不彻底甚至屡查屡犯等现象，与贷款新规的理念和要求相去甚远。为进一步推进贷款新规的贯彻落实，并以此为契机提升信贷精细化管理水平，切实转变银行经营理念和方式，现提出以下意见：

一、进一步加强对贷款新规的理解和把握，从践行科学发展观的高度推进贯彻落实

（一）银行业金融机构要站在科学发展观的高度，深刻领会贷款新规的精神要义和主要内容。要深刻认识到，贷款新规所倡导和着重体现的全流程管理、诚信申贷、协议承诺、实贷实付、贷放分控、贷后管理等精神，既是对国外信贷管理实践精髓的总结和提炼，也是兼顾我国银行业的管理差异和经营实际的再造和完善。深入贯彻落实贷款新规，既是银行业金融机构转变发展方式、提升信贷精细化管理水平、实现长期可持续发展的内在需求和必然选择，也是推动信贷资金进入实体经济、更好地服务和促进经济发展方式转型的有效途径。

（二）银行业金融机构要从践行科学发展观的角度，自觉将贷款新规的理念和要求融入信贷管理的流程再造和运行。要对照贷款新规的要求，认真查摆和纠正当前信贷管理中存在的基础配套及考核制度不完善、信贷管理模式粗放、信贷流程安排不科学、风险点把控不细致、信贷合同签订和执行不严肃、放款支付环节管理不严格、贷后管理不到位等不审慎、不精细行为，切实将有效的信贷风险管理贯穿到贷款生命周期始终。

二、加强全流程管理，实施业务流程再造

（三）银行业法人机构要深刻领会全流程管理的理念精髓，从制度层面进行信贷业务流程再造。要将信贷业务流程的各环节进行细致分解，将各环节职责落实到具体的部门和岗位，建立适合具体部门和岗位的考核办法和问责机制。制度的安排上要充分体现制衡原则，贷款受理与调查、风险评

价与审批以及贷款发放要由独立的部门负责；相互制约的部门、岗位要由不同的行领导分管。通过制度的重新设计和不断完善，实现对各环节风险的全面管理。

（四）银行业分支机构要根据总行制度的规定和要求，制定实施细则和措施，确保相关制度得到有效贯彻落实。对于总行相关改革不到位、相关制度不完善、不能有效落实贷款新规要求的，分支机构要积极向总行提出建议，或向总行申请权限，尽快完成相关制度的完善和岗位设置。

三、加强尽职调查管理，把好信贷准入关

（五）银行业金融机构要落实具体的责任部门和岗位，对借款人的合法地位、信用状况、收入来源以及贷款用途是否合规进行全面细致的调查。要通过尽职调查，督促借款人在申贷中恪守诚实守信原则，如实、全面、及时向贷款人提供财务信息和进行重大事项披露。负责调查的部门和人员要切实负起信贷准入把关守口的责任，严格按照新规要求充分履行尽职调查职责，切实防范贷款风险和骗贷案件的发生。

（六）银行业金融机构要结合本机构的信贷政策，在调查环节把好信贷准入关口。要严格审核固定资产贷款是否符合国家的产业、土地、环保及投资项目资本金制度等相关政策，是否按规定履行了投资项目合法管理程序，同时要强化与相关部门的沟通衔接，及时把握国家及相关行业政策的变化，确保贷款的受理符合规定的前置条件。

四、加强统一授信管理，防范集中度风险

（七）银行业金融机构要将表内、外融资业务纳入统一授信管理，建立严格的授信风险管理体制，完善授信政策和管理信息系统，确保授信工作人员独立履行职责。银行业法人机构要建立完整统一的授信业务操作程序，明确尽职要求，并根据相关法规的调整及时对授信制度进行修订和补充。银行业分支机构要严格执行总行统一的授信业务操作程序，并将相关问题和建议及时向总行反馈，严防授信业务操作风险。

（八）银行业金融机构要按区域、行业等维度建立风险限额管理制度，坚守客户授信集中度红线。根据借款人风险大小和自身风险承受能力，合理确定对集团客户的总体授信额度；根据客户有关财务指标和非财务因素，合理测算流动资金贷款需求量；要坚守对单一客户和集团客户10%和15%两个授信集中度指标，防止信贷投放过分集中于某一客户。

（九）银行业金融机构应在法律法规允许的范围内合理确定对单一客户的信贷投放集中程度，当单一客户的信贷需求超过一家银行的风险承受能力时，要采取组织银团贷款、联合贷款和贷款转让等措施分散风险。原则上为单一客户或单一项目提供融资总额10亿元以上人民币或等值外币的贷款项目，要通过组建银团贷款的方式发放。

五、加强贷款合同管理，修订补正合同条款

（十）银行业金融机构要与借款人及其他相关当事人签订符合贷款新规要求的书面借款、担保等相关合同。尚未按照新规修改合同的银行业法人机构，要尽快修改、细化和完善已有的合同文本，详细规定各方当事人的权利、义务及违约责任，避免对重要事项未约定、约定不明或约定无效。银行业分支机构要积极向总行反映相关情况和监管部门要求，推动总行修改完善合同或授权分支机构进行修改完善。

（十一）银行业金融机构要在合同中增加有关支付的规定，与借款人约定但不限于以下事项：支付资金用途，支付方式，受托支付的金额标准，支付方式变更及触发变更条件，贷款资金支付的限制、禁止行为，以及借款人应及时提供的贷款资金使用记录和资料。同时还要与借款人约定对借款人相关账户实施监控，必要时可约定专门的贷款发放账户和还款准备金账户。

（十二）银行业金融机构要进一步细化借款合同中的提款条件，在合同中明确应提交的提款申请及证明提款申请符合提款条件的材料。固定资产贷款提款条件应包括与贷款同比例的资本金已足额到位、项目实际进度与已投资额相匹配等要求。当前还要特别强化按照建设项目工程进度提取贷款条件的设定，实行贷款客户和建筑承包商（施工队）对建设项目工程进度的双签确认，确保贷款银行按照工程实际进度支付贷款。

（十三）银行业金融机构要在贷款合同中对中长期贷款还款方式进行统一规范，合理确定还款方式，实行分期偿还，做到每半年一次还本付息，有条件的可按季度进行偿还。要按照新老划段对贷款合同进行分类管理，对于"整贷整还"类中长期贷款的存量部分，要通过积极的借贷双方协商，采取修订合同或增加补充条款的方式，实现还款方式的调整。对于新增的中长期贷款，要根据项目建设运营周期和项目预期现金流情况，合理测算贷款期限，科学确定还款方式。

六、加强贷放分控管理，确保受托支付比例不低于80%

（十四）银行业金融机构要设立独立的贷款发放部门或岗位，负责审核各项放款前提条件和贷款资金用途。放款部门对贷款使用和发放的合规性及与协议是否相符独立负责。

（十五）银行业法人机构要按照贷款新规、《中国银监会办公厅关于严格执行〈固定资产贷款管理暂行办法〉、〈流动资金贷款管理暂行办法〉和〈项目融资业务指引〉的通知》（银监办发〔2010〕53号）及《中国银监会办公厅关于印发"三个办法一个指引"有关指标口径及流贷受托支付标准的通知》（银监办发〔2011〕142号）的规定，根据本行的区域环境、客户特点、授信规模及管理能力，自行制定符合本机构实际情况的贷款资金受托支付标准。银行业分支机构的受托支付标准要按照总行规定和要求执行，并争取总行授权，结合区域特点调整受托支付标准。各机构自行制定的受托支付标准不得低于银监会相关文件的要求。

（十六）对于符合贷款新规受托支付最低标准规定的贷款资金支付，银行业金融机构要在进行相应审核相符后，将贷款资金支付给符合合同约定的借款人交易对手。银行业金融机构原则上要在贷款发放当天，将贷款资金通过借款人账户支付给借款人交易对手，确因客观原因在贷款发放当天不能将贷款资金支付给借款人交易对手的，要在下一工作日完成受托支付。2011年当年累计发放固定资产、流动资金、个人三类贷款的受托支付金额占当年累计发放三类贷款按贷款新规要求应受托支付金额的比重要达到80%以上。

（十七）银行业金融机构要根据权限，自行或向上级行申请，对本机构的信息系统进行修改和完善，排除阻碍受托支付的系统因素。有条件的机构，应实现系统对受托支付的刚性约束，减少人为等因素的干扰。

（十八）银行业金融机构要严格执行受托支付的有关规定。严禁擅自放宽受托支付标准，严禁超项目进度放款，严禁虚设交易支付贷款资金，严禁化整为零、分拆支付规避受托支付，严禁贷款资金在借款人账户长时间滞留。各机构不得通过放松支付管理进行不正当竞争，努力营造公平、良好、和谐的贷款新规执行环境。

七、加强贷后管理，持续监测信贷资金流向

（十九）银行业金融机构要建立贷款质量监控制度和贷款风险预警体系，定期、不定期地对借款人的信用状况、贷款担保的变动情况进行检查与分析，对于可能出现影响贷款安全的不利情形，要对贷款风险进行重新评价并采取针对性措施。

（二十）银行业金融机构要加强对贷款资金进入企业资金池的管理。对于符合自主支付条件的流动资金贷款进入资金池的，要对进池后的资金流向进行持续跟踪监测，确保流向符合约定用途。

（二十一）银行业金融机构要切实发挥贷款合同在贷后管理中的法律约束作用。对于出现借款

人违反合同或出现导致贷款风险的合同约定情形的，要充分发挥贷款合同的制约作用，及时按照合同约定采取有效措施，切实防范信贷风险。

八、准确市场定位，实施差异化市场战略

（二十二）银行业金融机构要全面落实贷款新规关于防控信贷风险的要求，根据自身的性质、规模和市场营销及风险控制能力，在市场细分的基础上制定差异化的市场战略，形成符合自身特点的特定客户结构，研发适应目标客户需求的特色信贷业务产品，有效防范信贷风险。

（二十三）城市中小银行业金融机构要发挥自身地方银行、社区银行的地缘、人缘优势，坚持服务地方经济、服务小微企业、服务城镇居民的市场定位，积极开展与大银行的错位竞争。要紧紧围绕服务小企业，持续开展"六项机制"建立和创新，努力打造小企业贷款"品牌"产品，不断增强小企业的服务能力和实力。

（二十四）农村中小银行业金融机构要坚持服务"三农"大方向，充分发挥农村金融主力军作用。要压降非农贷款，集中资金力量优先满足"三农"及小企业的信贷需求，其他农村金融机构也要进一步加大服务"三农"力度，确保全年涉农贷款增量占比不低于上年的目标。

（二十五）大中型商业银行要把支持中小企业和"三农"作为新的业务和利润增长点。要利用银监会近期出台的对小企业金融服务的差异化考核和激励政策，充分发挥自身机构和网点优势，建立适度倾斜的考核机制，引导增加对小企业和"三农"的信贷比重。鼓励各行立足自身业务特点、客户基础新设或改造部分分支行为专门服务小企业的专营分支行或特色分支行，实现小企业专营机构服务网点和功能的延伸。

（二十六）银行业金融机构要研究新巴塞尔协议监管新指标对银行业差异化经营的约束和影响。要正确分析自身机构特点和经济走势，根据资本监管指标和自身资本状况确定差异化经营和发展模式，根据流动性监管指标和自身流动性状况确定差异化的客户结构和产品结构，不断增强监管指标与银行差异化发展战略的匹配度。

九、把握宏观政策，强化重点领域风险防控

（二十七）银行业金融机构要进一步强化对政府融资平台贷款的风险防范。要按照贷款新规的要求，强化对平台贷款合同管理，根据平台自身现金流情况和地方政府财力情况，与地方政府和平台客户协商贷款合同修订工作，调整还款计划，实现平台贷款还款方式和还款期限的转变。对于还款来源不足、主要依靠政府财政支持的地方政府融资平台，研究采用差额补足协议方式弥补还款资金缺口。对于新增地方政府融资平台贷款或是已审批和续建项目，要加强贷款发放时的再审查和支付管理，切实提高平台贷款贯彻执行贷款新规的走款比例。

（二十八）银行业金融机构要进一步强化对房地产贷款的风险防范。继续认真贯彻差别化住房信贷政策，严格执行贷款操作流程，进一步强化房地产开发贷款的风险管理。要本着市场化和审慎经营要求，科学支持保障性住房建设，切实把握期限原则上不超过15年，且不设宽限期，一年分两次还本付息，利随本清等要求。要开展新一轮压力测试，并采取有力措施，防范房价下降过程中出现的借款人恶意违约信贷风险。

（二十九）银行业金融机构要严格按照时间表做好银信理财合作业务表外转表内工作。对于2011年按合同约定到期的，采取自然到期的办法，不再按照季度计入风险资产和计提拨备；对于2012年及以后到期的，从今年期每季度至少有25%的余额计入风险资产、计提拨备并计算资本金，必须于今年内全部完成。各机构要按照相关要求规范银信理财合作业务，有效防范银信合作业务风险。

（三十）银行业金融机构要严格落实国家产业政策和环保政策的市场准入要求，按照相关规定

坚决限制对高耗能、高污染和产能过剩行业的信贷投入，合理上收"两高一剩"行业的授信审批权限，对不符合国家节能减排政策以及国家明确要求淘汰的违规在建项目，不得对其增加授信。

十、加强信贷文化建设，提升信贷精细化管理水平

（三十一）地方法人银行业机构的董事会和高管层要从战略层面谋划贷款新规的贯彻落实工作，制定贷款新规实施的长期规划、改革步骤和分期目标，根据贷款新规的要求完善有关制度、调整部门岗位设置，形成贯彻落实贷款新规的良好机制和氛围。

（三十二）各银行省级管辖行要认真落实总行贯彻贷款新规的有关文件精神，并根据辖内分支机构的具体情况，对新规的执行作出安排、部署和督导，不断加大对贯彻落实贷款新规的推动力度，切实提高信贷业务的管理水平。

（三十三）银行业金融机构要按照贷款新规的理念改革完善激励机制和绩效考核办法。要将落实贷款新规、加强信贷业务精细化管理的有关要求细化成具有科学性、合理性和可行性的具体指标列入考核办法，正向激励基层机构严格执行，规范发展。

（三十四）银行业金融机构要加大责任追究和问责力度。要按照监管部门的要求，及时调度贷款新规走款比例，督促贷款新规的贯彻落实。对没有严格落实贷款新规、没有执行笔笔贷时审查和定期贷后跟踪检查，并因此诱发贷款挪用和其他风险的机构，严格追究条线主管领导及相关人员的责任。

（三十五）银行业金融机构要加大贷款新规的宣传培训力度，力求使每一名信贷业务从业人员都能领会贷款新规和信贷业务精细化管理的重要意义，掌握贷款新规的核心原则和操作规范，自觉按照新规的要求开展各种信贷业务，逐步克服长期形成的惯性陋习，形成良好的信贷氛围，培育健康的信贷文化。

十一、加大监管考核和问责力度，推动贷款新规落实到位

（三十六）银行业金融机构要认真执行监管部门建立的定期报告制度，按规定时间及时上报贷款新规走款比例和中长期贷款合同修订补正执行率等重大监管工作事项的数据和简要情况，按季度对贷款新规的全面执行情况进行总结报送。山东银监局将对各机构贯彻落实贷款新规的措施、成效、问题整改及定期报告情况进行总结评价，评价结果将纳入金融机构监管评级、高级管理人员年度履职考评，并作为市场准入和现场检查频度的重要参考依据。

（三十七）各银监分局要切实履行属地监管职责，加大对辖内银行业金融机构贷款新规执行情况的检查和督促力度，并定期报送辖区相关情况和信息。各分局推动措施、信息报送和采用情况及辖内银行贷款新规走款比例和中长期贷款合同修订补正执行率等情况，将作为重要的考核指标纳入年度考核。

（三十八）各级监管部门要按照贷款新规、《关于切实做好2011年地方政府融资平台贷款风险监管工作的通知（银监发〔2011〕34号）和《关于印发银行业违规清单、检查要点及处罚规则的通知》（银监办发〔2011〕182号）等文件要求，做好对违反贷款新规行为的查处问责工作，目前尤其要重视对贷前调查、受托支付、贷后管理等薄弱环节问题的督促整改和屡查屡犯违规行为的查处。对违反贷款新规要求发放和管理贷款，特别是形成贷款风险甚至骗贷案件的，要依照相关规定实施行政处罚和采取强制监管措施，严格追究相关机构和责任人员的责任。